A lei de potência

A lei de potência

↓

*Capital de risco
e a criação
do novo futuro*

Sebastian Mallaby

Tradução de
Cláudia Mello Belhassof
Natalie Gerhardt
Paula Diniz

Copyright © 2022 by Sebastian Mallaby

TÍTULO ORIGINAL
The Power Law

EDIÇÃO
Carolina Leocadio

PREPARAÇÃO
João Guilherme Rodrigues

REVISÃO
Fernanda Machtyngier

REVISÃO TÉCNICA
Bárbara Morais

DESIGN DE CAPA
Angelo Bottino

DIAGRAMAÇÃO
Julio Moreira | Equatorium Design

CIP-BRASIL. CATALOGAÇÃO NA PUBLICAÇÃO
SINDICATO NACIONAL DOS EDITORES DE LIVROS, RJ

M219L
    Mallaby, Sebastian, 1964-
      A lei de potência : capital de risco e a criação do novo futuro / Sebastian Mallaby ; tradução Natalie Gerhardt, Cláudia Mello Belhassof, Paula Diniz. - 1. ed. - Rio de Janeiro : Intrínseca, 2022.
    608 p. ; 23 cm.

    Tradução de: The power law
    Apêndice
    Inclui índice
    Inclui gráficos
    ISBN 978-65-5560-534-1

    1. Capital de risco - Califórnia - Área da Baía de São Francisco. 2. Indústria de tecnologia de ponta - Finanças. 3. Empresas novas - Finanças. 4. Inovações tecnológicas - Aspectos econômicos. I. Gerhardt, Natalie. II. Belhassof, Cláudia Mello. III. Diniz, Paula. IV. Título.

22-77294   CDD: 332.041540973
                                     CDU: 330.131.7(73)

Meri Gleice Rodrigues de Souza - Bibliotecária - CRB-7/6439

[2022]
Todos os direitos desta edição reservados à
EDITORA INTRÍNSECA LTDA.
Rua Marquês de São Vicente, 99, 6º andar
22451-041 – Gávea
Rio de Janeiro – RJ
Tel./Fax: (21) 3206-7400
www.intrinseca.com.br

Para Zanny

A maioria das pessoas acredita que ideias improváveis não são importantes, mas a única coisa importante é o improvável.
— Vinod Khosla

O Vale do Silício é dominado pelo culto ao indivíduo. Mas esses indivíduos representam o triunfo de uma rede de pessoas.
— Matt Clifford

O grande desafio nas parcerias de risco é que os dirigentes devem se controlar para não matar uns aos outros.
— Michael Moritz

Gaste o menos possível, porque cada dólar que você recebe do investidor vai ser arrancado do seu rabo depois.
— Paul Graham

John, investimento em *venture capital*, isso não é um emprego de verdade. É como ser corretor de imóveis.
— Andy Grove, da Intel, em conversa com John Doerr

Sumário

Introdução	Pessoas irracionais	11
Capítulo um	Arthur Rock e o capital de libertação	30
Capítulo dois	Finanças sem finanças	57
Capítulo três	Sequoia, Kleiner Perkins e capital ativista	77
Capítulo quatro	Os rumores da Apple	103
Capítulo cinco	Cisco, 3Com e a ascensão do Vale do Silício	117
Capítulo seis	Planejadores e improvisadores	148
Capítulo sete	Benchmark, SoftBank e "Todo mundo precisa de 100 milhões de dólares"	182
Capítulo oito	Dinheiro para o Google, meio que por nada	210
Capítulo nove	Peter Thiel, Y Combinator e a revolta da juventude do Vale	234
Capítulo dez	Vá para a China e agite	267
Capítulo onze	Accel, Facebook e o declínio da Kleiner Perkins	299
Capítulo doze	Um russo, um tigre e a ascensão do patrimônio de crescimento	327
Capítulo treze	A força da Sequoia em números	360
Capítulo catorze	Pôquer com unicórnios	404
Conclusão	Sorte, habilidade e a competição entre as nações	447
Agradecimentos		483
Apêndice: gráficos		487
Notas		493
Linha do tempo		577
Índice		583

Introdução

Pessoas irracionais

A sede principal das atividades de *venture capital*, ou capital de risco, do Vale do Silício está agrupada ao longo da Sand Hill Road, em Palo Alto. Não muito distante dali, Patrick Brown caminhava com determinação em seu quintal, que fica no campus da Universidade Stanford. No alto de uma pequena colina atrás de sua casa, ajoelhado e com as mãos no chão, Brown, um professor de 54 anos desgrenhado em sua camiseta, observava a vegetação pelos óculos de armação redonda. Com delicadeza, feito um detetive coletando amostras que podem ser uma pista vital, ele começou a arrancar alguns trevos selvagens pela raiz.[1] Um jardineiro comum talvez se surpreendesse ao descobrir que aquelas raízes logo valeriam 3 milhões de dólares.

Brown é um dos principais geneticistas do mundo. Em 1995, seu laboratório foi pioneiro ao publicar um trabalho sobre microarranjo de DNA, que ajuda a distinguir o tecido saudável do canceroso. Ele tinha acabado de ser nomeado para a Academia Nacional de Ciências e para a Academia Nacional de Medicina nos Estados Unidos. O geneticista foi laureado com o prêmio Howard Hughes, que lhe garantia financiamento irrestrito para pesquisa. Mas seu objetivo no alto daquela colina não tinha nada a ver com genética. O ano era 2010, e Brown aproveitava seu período sabático para planejar a queda do complexo industrial de carnes.

Um amigo o colocara nesse caminho ao fazer um comentário aleatório. Com grande consciência ambiental, Brown se preocupava com o fato de que a pecuária ocupava um terço do território mundial, provocando significativa emissão de gases do efeito estufa, poluição da água e também perda de biodiversidade. Estava claro que o planeta precisava de um tipo melhor de alimentação para a crescente população do século XXI. Foi quando o amigo de Brown mencionou que, se fosse possível criar um hambúrguer vegetariano mais gostoso do que o de carne, o livre mercado resolveria o problema em um passe de mágica. Restaurantes mais ousados começariam a servi-lo e, então, o McDonald's faria o mesmo, e logo a carne seria eliminada do sistema alimentar.[2]

Quanto mais Brown pensava sobre o assunto, mais agitado ficava. *E se* fosse possível criar um hambúrguer vegetariano mais saboroso? *É claro* que é possível criar um hambúrguer vegetariano mais saboroso! Por que ninguém se dedicava a esse problema solucionável? "As pessoas acabaram de se dar conta de que temos um sistema com alta capacidade destrutiva e que isso nunca vai acabar", disse Brown, irritado. "Elas só pensam: 'Que droga, temos um problema.'"

Na maioria dos lugares e momentos da história da humanidade, a epifania de Brown não teria consequências. Mas, como o próprio Brown concluiu depois, ele tinha "a grande sorte de estar no epicentro do capital de risco".[3] Como Stanford ficava no coração do Vale do Silício e seu campo de golfe se estendia ao longo da Sand Hill Road, Brown começou a escavar o quintal com um claro objetivo em mente. Aquelas raízes de trevos continham heme, a molécula condutora de ferro encontrada na hemoglobina responsável pela cor vermelha do sangue. Se Brown conseguisse mostrar como a molécula dessa planta poderia imitar as propriedades da carne crua, haveria grandes chances de que um investidor de risco financiasse uma empresa de hambúrguer vegetal.

Brown dissecou as raízes da planta com uma navalha e as misturou para extrair e cultivar os sumos. Em pouco tempo tinha o necessário para criar um hambúrguer vegetal com o mesmo cheiro, textura e umidade do feito com 100% da melhor carne bovina. "Cheguei a um ponto no qual, embora não tivesse muitos dados, eu tinha o suficiente para procurar e conversar com algumas empresas de capital de risco — que existem aos montes no Vale do Silício — e pedir dinheiro a elas."

Um colega cientista mencionou que Vinod Khosla, o investidor de risco à frente da Khosla Ventures, estava interessado em financiar projetos ecologicamente corretos e de "tecnologia limpa". O que ele não mencionou foi que Khosla era também um defensor da crença mais estimulante do Vale do Silício: a de que a maioria dos problemas sociais poderia ser resolvida com soluções tecnológicas caso os inventores fossem instigados a ser ambiciosos o bastante. "Todo progresso depende de alguém irracional o suficiente", o "desajustado criativo", declarou Khosla, citando de modo livre George Bernard Shaw e Martin Luther King Jr.[4] Ele adorava acrescentar: "A maioria das pessoas acredita que ideias improváveis não são importantes, mas a única coisa importante é o improvável." Se você fosse apresentar uma invenção para receber o investimento de Khosla, era melhor que não caísse na categoria que ele apelidava de "uma folha de papel higiênico, não duas".[5] Khosla queria sonhos radicais — quanto mais arrojados e improváveis, melhor.

Brown foi de bicicleta até o escritório de Khosla, um imóvel elegante de vidro e madeira. Tinha preparado uma apresentação que mais tarde admitiu ser "ridícula".[6] O primeiro *slide* expunha seu objetivo: tornar supérflua toda a indústria de carne animal. Os óculos redondos lhe conferiam um ar visionário, no estilo John Lennon e Steve Jobs, e pareciam totalmente adequados.

Khosla tem olhos grandes, traços bem definidos e cabelo espesso e grisalho, bem curto. Ele encarou o visitante com olhar travesso.

"Isso é impossível!", falou, com prazer.

Mas Khosla estava pensando com seus botões: "Se existe uma chance em cem de que isso funcione, é um risco que vale a pena correr."[7]

Brown apresentou a proposta de uma indústria da carne sem carne, explicando que dividiria o desafio em seus componentes e partes: como reproduzir o cheiro, a consistência, o gosto e a aparência de um hambúrguer de carne de verdade. Ao analisarmos cada questão de forma isolada, uma ambição antes impossível se torna um conjunto de problemas solucionáveis. Por exemplo, o suco de raiz de trevo gotejaria como sangue no carvão quente e passaria de vermelho a marrom na churrasqueira. Era como se o dr. Frankenstein tivesse se juntado a Ray Kroc. Ninguém mais comeria carne bovina.

Khosla aplicou o teste que usava com quem o procurava atrás de financiamento. A questão não era Brown provar que sua ideia com certeza funcionaria, mas sim se Khosla conseguiria pensar em um motivo para o produto obviamente não dar certo. Quanto mais Khosla ouvia o visitante, menos conseguia negar que ele tinha algo a oferecer.

Em seguida, Khosla avaliou Brown como pessoa. Ele gostava de declarar que tinha uma abordagem estilo Yoda quando se tratava de investimentos: capacitar pessoas que sentem a força e deixar que elas façam sua mágica.[8] Não teve dúvidas de que Brown era brilhante, como mostravam suas credenciais de geneticista. Estava adentrando um novo campo, o que significava que não trazia preconceitos sobre o que a sabedoria convencional considerava possível. Além disso, Brown era tão determinado quanto brilhante: estava pronto para deixar a posição acadêmica como professor de Stanford e o cheque em branco da fundação Howard Hughes. Levando tudo em consideração, Brown se encaixava no arquétipo de empreendedor ideal de Khosla: um intelecto incrível, a disposição de arriscar o próprio pescoço e o glorioso excesso de confiança e ingenuidade.[9]

Havia um último teste que era importante para Khosla. Se Brown de fato conseguisse produzir um hambúrguer vegetal saboroso, seria capaz de gerar lucros igualmente suculentos? Khosla tinha o hábito de investir em projetos cujas chances de fracasso eram nove em dez. Mas a baixa probabilidade precisava ser equilibrada com a perspectiva de um grande retorno: se a empresa prosperasse, Khosla queria lucrar mais do que dez vezes o valor investido — de preferência, muito mais. Não havia por que apostar no sucesso, a não ser que esse sucesso valesse realmente a pena.

Brown chegou ao último *slide*, no qual reunira todos os dados sobre o mercado que não despertavam o menor interesse de um cientista. Declarou, sem muitos rodeios, que se tratava de "um mercado global de um trilhão e meio de dólares atendido por uma tecnologia pré-histórica".[10]

Khosla se interessou. Se hambúrgueres feitos de planta fossem capazes de imitar a experiência dos clientes quando consumiam carne — o gosto, a consistência, a cor e a suculência ao virar um hambúrguer na grelha —, o potencial era cósmico.

Brown encarou Khosla e disse: "Prometo torná-lo ainda mais rico do que já é, se me der esse dinheiro."[11]

Com isso, Khosla apostou 3 milhões de dólares na Impossible Foods, como Brown escolheu nomear sua empresa.[12] Quando recontou a história em 2018, Khosla estava satisfeito ao demonstrar o progresso da empresa desde 2010: a Impossible Foods tinha mais de 100 milhões de dólares de receita anual. Porém a principal mensagem enfatizada por Khosla transcendia os dólares e os centavos. "Dá para imaginar que, se Patrick fracassasse, ele se tornaria motivo de piada para o resto da vida por ter categoricamente declarado que seria capaz de acabar com a pecuária no mundo", disse Khosla. Mas, continuou, essa chacota seria inadequada. O que é melhor: tentar e fracassar ou nunca tentar?[13] As pessoas sensatas — gente bem ajustada, sem excesso de confiança ou ingenuidade — costumam fracassar nas missões importantes da vida porque nem ao menos tentam realizá-las. Na opinião de Khosla, Brown deveria ser considerado um herói, a despeito do que acontecesse com a empresa. Mudanças realmente importantes costumam parecer impossíveis logo que são vislumbradas por seus inventores messiânicos. Mas não há glória alguma em projetos que provavelmente serão bem-sucedidos, pois, por definição, eles não transformarão as aflições da humanidade.

O próprio Khosla era irracional, um desajustado criativo. Quando criança, na Índia, seu país natal, rebelou-se contra a religião dos pais, recusou-se a seguir os passos do pai no Exército e também a aceitar um casamento arranjado. No dia de seu casamento, programou o despertador do relógio de pulso, declarando que a parte religiosa da cerimônia deveria levar trinta minutos. Assim que se formou em engenharia, partiu para os Estados Unidos, onde, na Universidade Carnegie Mellon, aprofundou os estudos na área. Depois disso, decidiu ir para a Stanford Business School. Ao descobrir que precisava de dois anos de experiência profissional para conseguir ingressar, começou a trabalhar em dois empregos ao mesmo tempo e, depois de um ano, declarou que tinha cumprido o requisito. Em 1982, após conseguir o diploma de administração, Khosla se uniu a três cientistas da computação para fundar a Sun Microsystems, cujas poderosas estações de trabalho fizeram história na evolução da computação. Convencido e insolente, Khosla logo foi demitido e se tornou um investidor de risco.

Juntando-se à Kleiner Perkins, renomada sociedade de investimentos de risco, Khosla descobriu seu verdadeiro *métier*. A impaciência descomedida — a determinação de que tudo é possível e de que as coisas sempre deveriam ser feitas a seu modo — o tornou um tirano, mas acima de tudo um visionário. Um pouco mais velho, comprou uma vila com 47 casas na costa da Califórnia e perdeu uma série de processos em que tentava bloquear o acesso público à praia, mesmo que nunca tivesse tempo de passar a noite lá — algo que jamais aconteceu. Mas ele canalizava o desprezo pelo pensamento convencional com uma série de investimentos incríveis, perdendo dinheiro com bastante frequência e às vezes descobrindo uma mina de ouro. Quando conheceu Patrick Brown, tudo em Khosla — o apetite pelo risco, o amor pela autoconfiança, a busca por ideias improváveis — o tornou a personificação viva da lei de potência, a regra mais difundida no capital de risco.[14]

Muitos fenômenos na vida costumam ter uma distribuição normal: quase todas as observações de um conjunto de dados se aglomeram em torno da média. Por exemplo, a altura média de um homem norte-americano é de 1,77 metro, e dois terços ficam dentro de uma variação de sete centímetros dessa média. Quando se coloca a altura em um eixo x e a probabilidade de que um homem terá tal altura no eixo y, o que se vê é uma curva em formato de sino: a maior probabilidade é que a altura de um homem esteja dentro da média, e essa probabilidade diminui à medida que você se afasta desse ponto médio. As chances de conhecer um homem que esteja 25 centímetros fora dessa média, ou seja, com menos de 1,52 metro ou mais de dois metros, são muito pequenas. Quanto mais longe da média, mais próximo de zero fica o traçado da curva.

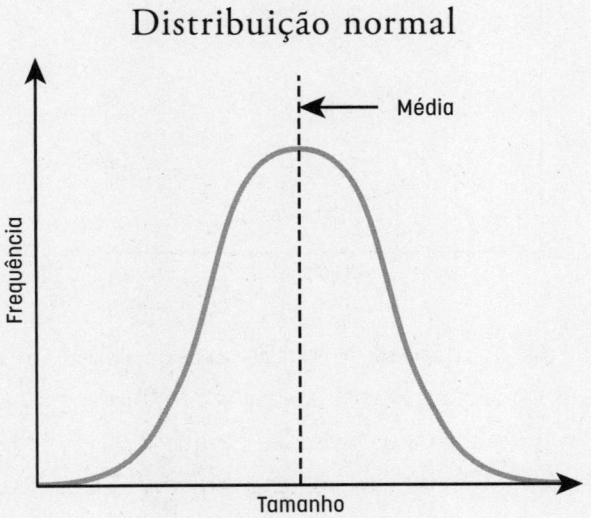

Distribuição normal

No entanto, nem todos os fenômenos seguem esse padrão. Se considerarmos um gráfico da riqueza dos americanos em vez da altura, a curva será bem diferente. Pessoas mais ricas do que a média costumam ser muito mais ricas, portanto o lado direito do gráfico da riqueza apresenta uma cauda longa que se estende entre a curva e o eixo x. Como os muito ricos são numerosos e ricos o suficiente para impactarem toda a nação, a média é mais alta do que a mediana. Além disso, em uma distribuição normal, é possível remover o elemento mais discrepante de uma amostra sem afetar a média geral. Por exemplo: se um astro da NBA que tem 2,13 metros de altura sair de um cinema, a média de altura dos outros 99 homens que estão assistindo ao filme cai de 1,778 metro para 1,774 metro. Em comparação, em uma distribuição assimétrica, a retirada de elementos discrepantes pode ter um efeito drástico. Se Jeff Bezos sair do cinema, a média de riqueza dos que continuaram assistindo ao filme vai despencar.

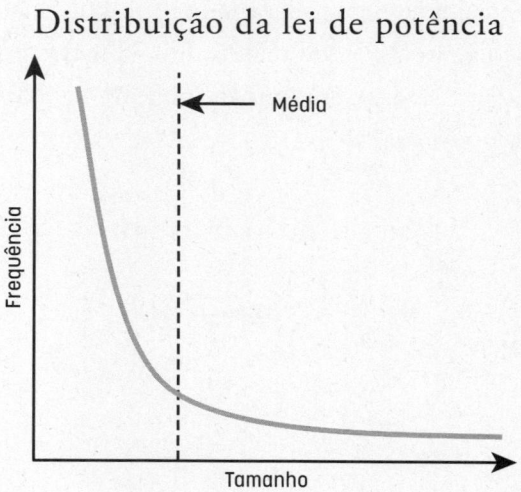

Distribuição da lei de potência

Esse tipo de distribuição assimétrica às vezes é chamado de regra 80/20: a ideia de que 80% da riqueza está nas mãos de 20% das pessoas, que 80% das pessoas vivem em 20% das cidades ou que 20% de todos os artigos científicos ganham 80% das citações. Na verdade, não há nada de mágico nos números oitenta ou vinte — poderíamos muito bem dizer que 10% das pessoas detêm 80% da riqueza, ou talvez 90% dela. No entanto, independentemente dos números exatos, todas essas distribuições são exemplos da lei de potência, chamada assim porque os vencedores avançam em uma progressão exponencial acelerada, de forma que sua ascensão é muito mais rápida do que em uma progressão linear. Quando Jeff Bezos acumula uma enorme riqueza, suas oportunidades de enriquecer ainda mais se multiplicam; quanto mais um artigo é citado, mais conhecido se torna, aumentando a probabilidade de atrair mais citações. Sempre que há elementos discrepantes cujo sucesso se automultiplica, há uma mudança de domínio da distribuição normal para a da região regida pela lei de potência — de um mundo no qual as coisas apresentam ligeiras variações para um de contrastes extremos. E, ao cruzar essa fronteira perigosa, é melhor começar a pensar nas coisas de forma diferente.

Tal diferença na forma de pensar fica particularmente evidente na área de finanças. Investidores cujo foco são moedas, títulos e ações costumam supor uma distribuição normal para as mudanças de preço: os valores oscilam para mais ou para menos, mas movimentos extremos não são comuns. E é claro que esses movimentos são possíveis, como demonstram os colapsos financeiros. Mas entre 1985 e 2015 o índice S&P 500 oscilou menos de 3% de seu ponto inicial em 7.633 de 7.817 dias; em outras palavras, por um total de 98% do tempo, o mercado é notavelmente estável.[15] Uma vez que a distribuição das mudanças de preço nesses mercados amplamente negociados se aproxima da normal, os especuladores se concentram em obter lucros a partir das modestas flutuações que ocorrem na maioria dos dias.[16] Como o astro do basquete de 2,13 metros de altura no cinema, grandes saltos inesperados de preço são raros e moderados o suficiente para não afetarem a média.

Agora considere os retornos em capital de risco. Horsley Bridge é uma empresa de investimento em fundos de risco que apostou em sete mil start-ups entre 1985 e 2014. Um pequeno subconjunto dessas negociações, responsável por 5% do total do capital usado, gerou um total de 60% de todos os retornos financeiros da Horsley Bridge nesse período.[17] (Para contextualizar: em 2018, 5% dos subsetores com melhor desempenho no S&P 500 representavam apenas 9% do desempenho total do índice.)[18] Outros investidores de risco relatam ainda mais retornos assimétricos: a Y Combinator, que apoia start-ups de tecnologia, calculou em 2012 que três quartos de seus ganhos vieram de apenas duas das 280 empresas nas quais apostou.[19] "O maior segredo em capital de risco é que o melhor investimento em um fundo de sucesso iguala ou supera todo o resto do fundo combinado", escreveu o investidor de risco Peter Thiel.[20] Certa vez, Bill Gurley, da Benchmark Capital, comentou: "O capital de risco não é um negócio tipo *home run*, está mais para um *Grand Slam*."[21]

Isso significa que investidores de risco *precisam* ser ambiciosos, como um tenista que quer vencer os quatro torneios do *Grand Slam*, em vez de um jogador de beisebol que deseja fazer um *home run* em um jogo. Julian Robertson, conhecido por trabalhar selecionando as ações mais lucrativas de fundos de multimercado, costumava dizer que procurava ações que pudessem dobrar em três anos, um resultado que consideraria "fabuloso".[22] No entanto, se investidores de risco embarcassem nesse tipo de escolha, o resultado quase certo seria o fracasso, porque a lei de potência gera relativamente poucas start-ups que conseguem ao menos dobrar de valor. A maioria fracassa totalmente, e nesse caso o valor do lucro fica perto de zero — uma catástrofe impensável para um investidor de mercado de ações. Mas cada ano traz consigo aquela chance de um novo *Grand Slam*, e a única coisa que importa no investimento de risco é ter uma fatia dele.[23]

Quando apostam em carros voadores, turismo espacial ou sistemas de inteligência artificial que escrevem roteiros de cinema, os investidores de risco de hoje em dia estão seguindo a lógica da lei de potência. O trabalho deles é justamente olhar além do horizonte, buscar aquelas possibilidades de alto risco e imensa recompensa que a maioria das pessoas acredita serem inalcançáveis. "Poderíamos curar o câncer, a demência e todas as doenças da idade e da decadência metabólica", entusiasma-se Peter Thiel, com óbvio desdém pelo incrementalismo. "Podemos inventar meios mais rápidos de viajar de um lugar para outro na superfície do planeta. Podemos até descobrir como escapar inteiramente deste planeta e colonizar novas regiões inexploradas."[24] É claro que investir naquilo que é categoricamente impossível constitui um desperdício de recursos. Mas o erro mais comum e mais humano é investir de maneira tímida demais: apostar em ideias óbvias que podem ser copiadas pelos outros, e a consequência disso é que será mais difícil conseguir lucrar com elas.

◆

O que nos traz de volta a Vinod Khosla. Nas duas décadas que passou na Kleiner Perkins, antes de fundar a própria firma de investimento de risco, ele aprendeu a não se preocupar com as apostas que não davam retorno. Tudo que tinha a perder era apenas o próprio dinheiro.[25] Khosla se preocupava com as apostas que se pagavam e, em meados da década de 1990, ele se fixou em uma noção particularmente audaciosa e divergente: que, com a chegada da internet, os consumidores não ficariam satisfeitos com apenas o dobro ou o triplo das linhas telefônicas tradicionais. Na verdade, clamariam por uma mudança na largura de banda, envolvendo roteadores que lidassem com fluxos de dados mil vezes maiores. Enquanto as empresas de telecomunicações desdenhavam desse papo de ficção científica, Khosla se propôs a investir em empresas que tornariam essa mudança possível.

O nome das start-ups que Khosla financiou foram praticamente esquecidos: Juniper, Siara e Cerent. Porém elas são exemplos do que os investidores de risco fazem de melhor e também exemplos de como geram tanto riqueza quanto progresso. Enquanto empresas estabelecidas no setor de telecomunicações planejavam atualizações incrementais, Khosla apostava na ideia de um grande salto mesmo sem ter uma visão precisa do que as pessoas fariam com toda aquela largura extra de banda. À época, ninguém tinha imaginado ainda as mídias sociais nem o YouTube; a fotografia digital era pouco mais do que um conceito. Mas Khosla viu o que tinha acontecido com outras tecnologias revolucionárias. Depois da invenção do semicondutor, ou depois da invenção dos cabos de Ethernet que ligavam computadores pessoais, o uso foi crescendo gradualmente até explodir em uma curva de ascensão exponencial; essa era a lei de potência da inovação que era subjacente à financeira observada em portfólios de capital de risco. Khosla estava disposto a apostar que a internet seguiria um padrão semelhante: uma adoção constante na primeira metade da década de 1990, seguida por uma aceleração empolgante formando uma lei de potência com curva quase vertical.

O resultado foi que um conjunto das empresas de Khosla obteve mais do que apenas sucesso. Ao inventarem uma nova geração de hardware e software que aumentam a largura de banda, tais empresas conquistaram grandes fatias de um mercado em expansão. Khosla ganhou a primeira grande bolada com a Juniper Networks, que construía roteadores de internet: ele investiu 5 milhões de dólares e obteve lucros impressionantes de 7 bilhões de dólares para o fundo da Kleiner. Isso significa um aumento de 1.400 vezes da participação inicial, gerando, na época, a maior rentabilidade de capital de risco de todos os tempos.[26] Khosla aplicou mais alguns poucos milhões em uma empresa de equipamento de redes, a Siara Systems, e acabou com um lucro de 1,5 bilhão de dólares.[27] No caso da Cerent, ele convidou a Cisco, a gigante e dominante empresa de roteadores, para um investimento conjunto: entre outras coisas, a Cerent facilitaria a entrega de dados por voz. Quando a Cisco recusou o convite, dizendo que a start-up era um tiro no escuro, Khosla entrou sozinho com um investimento de 8 milhões de dólares, recrutando os primeiros engenheiros e atuando como CEO.[28] E então ele colheu os doces frutos da vingança. Assim que a tecnologia da Cerent provou ser viável, a Cisco fez duas ofertas para a empresa: 300 milhões de dólares em dezembro de 1998 e 700 milhões de dólares em abril do ano seguinte. Mas Khosla, acreditando na lei de potência, sabia que os vencedores costumam continuar vencendo: ele assumiu o risco de dispensar a Cisco e assistiu ao crescimento exponencial das receitas da Cerent. Quatro meses depois, em agosto de 1999, Khosla recebeu a informação de que a Cisco tinha preparado outra oferta, dessa vez de 7 bilhões de dólares. A notícia chegou quando ele estava de férias em Machu Picchu, a 2.500 metros de altitude na Cordilheira dos Andes, no Peru. Khosla entrou em um helicóptero, depois pegou um avião e selou o negócio com um aperto de mãos durante um café da manhã em San José, no dia seguinte.

De acordo com alguns cálculos, Khosla era o principal investidor de risco do Vale do Silício e não fazia nenhuma objeção quanto a aumentar sua riqueza.[29] Ele realizou uma busca mundial por um arquiteto para construir sua casa perto de Stanford e investiu dinheiro nos vinhedos próximos.[30] Porém o que mais vitalizava Khosla era uma vontade de contrariar que ele exibia desde a juventude: por que os pais frequentavam o templo, por que ele não podia escolher onde trabalhar e quem amar, por que as coisas não podiam ser diferentes? E, assim como Patrick Brown não queria nada menos do que eliminar todo o setor de carne do planeta, Khosla fez reivindicações extraordinárias para seu trabalho. Capital de risco não era só um negócio, era também uma mentalidade, uma filosofia, uma teoria de progresso. Ele gostava de dizer que setecentos milhões de pessoas aproveitavam o estilo de vida que sete bilhões desejavam. Inovadores arrojados estimulados por investidores de risco ainda mais arrojados ofereciam a melhor aposta para satisfazer as aspirações humanas.[31]

◆

Investidores de risco não costumam manter essa tendência, como logo veremos. Mas você não precisa acreditar na visão de Khosla para concordar que ela é importante. A abordagem do capital de risco em relação a experimentos de alto risco e altas recompensas representa uma forma distinta de encarar o mundo, e as pessoas fora do Vale do Silício podem aprender com ela. Para exemplificar, governos, instituições financeiras e corporações gastam muita energia para fazer previsões do futuro, principalmente por meio de análises estatísticas de padrões do passado; sem uma previsão clara, comprometer recursos pareceria irresponsável. Mas, pela perspectiva dos investidores de risco, a calibração disciplinada dos cientistas sociais convencionais pode funcionar como uma venda sobre os olhos, e não como um telescópio. Extrapolações de dados do passado só servem para prever o futuro quando não há muito a ser previsto; se amanhã será uma mera extensão do hoje, por que se preocupar com previsões? As revoluções que farão diferença — as grandes rupturas que geram riqueza para os inventores e provocam ansiedade nos trabalhadores, ou que embaralham o equilíbrio político e alteram as relações humanas — não podem ser previstas com base em extrapolações de dados anteriores justamente porque tais revoluções são totalmente disruptivas. Em vez disso, elas surgirão como resultado de forças que são complexas demais para se prever — resultantes da sopa primordial de experimentadores, hackers e sonhadores arrogantes —, e tudo que se pode saber é que, daqui a dez anos, o mundo será muito diferente. Sociedades maduras e confortáveis, dominadas por pessoas que analisam todas as probabilidades e gerenciam cada risco, deveriam aceitar um amanhã que não pode ser previsto. O futuro pode ser *descoberto* por meio de experimentos iterativos e apostas de risco,[32] mas não pode ser *previsto*.

Que tipo de experimento tem mais probabilidade de ser bem-sucedido? Nesse ponto as pessoas que não estão nos centros de inovação também podem aprender com Khosla. A maioria de nós pressupõe que os especialistas em cada campo serão responsáveis por ampliar as fronteiras do conhecimento. Mas, como vimos na aposta de Khosla em Patrick Brown, isso é racional demais. Os especialistas talvez sejam a fonte mais provável de avanços incrementais, mas pensamentos radicais e inovadores tendem a vir de fora da respectiva área. "Se estou construindo uma empresa na área da saúde, não quero um CEO dessa área", afirma Khosla. "Se estou construindo uma empresa de manufatura, não quero um CEO desse setor. Eu quero alguém muito inteligente, capaz de rever as suposições desde a base até o topo." Afinal, continua, a inovação no varejo não veio da rede Walmart, mas sim da Amazon. A inovação da mídia não veio da revista *Time* nem da CBS, mas do YouTube, Twitter e Facebook. A inovação espacial não veio da Boeing nem da Lockheed, mas da SpaceX de Elon Musk. Os carros da próxima geração não vieram da GM nem da Volkswagen, mas de outra empresa de Musk, a Tesla. "Não consigo pensar em nenhuma grande inovação vinda de especialistas nos últimos trinta ou quarenta anos!", exclama Khosla. "Pense nisso. Não é surpreendente?"

Se é mais fácil descobrir o futuro por meio de projetos ambiciosos que parecem impossíveis, podemos tirar outra conclusão. Graças ao trabalho de Ronald Coase, laureado com o Nobel, a profissão de economista reconheceu há muito tempo duas grandes instituições do capitalismo moderno: os mercados, que coordenam a atividade por meio de precificação e contratos de plena concorrência; e as corporações, que fazem isso reunindo grandes equipes lideradas por gerentes com uma abordagem de cima para baixo. No entanto, os economistas concentraram-se menos no meio-termo em que Khosla habita: as redes de capital de risco que estão em algum lugar entre os mercados e as corporações. Ainda assim, as redes de investidores de risco merecem mais atenção. Por meio dos experimentos fora do comum ao estilo de Khosla, tais redes promoveram mais progressos na ciência aplicada do que qualquer outro setor: mais do que as unidades de pesquisa e desenvolvimento corporativas centralizadas, mais que indivíduos isolados fazendo experiências no fundo da garagem e mais do que qualquer tentativa governamental na escolha de vencedores tecnológicos. Como as start-ups financiadas por investidores de risco se provaram muito férteis, elas mudaram a forma como as pessoas trabalham, socializam, fazem compras e se divertem; como acessam a informação e a manipulam, e como tiram as próprias conclusões — ou seja, a forma como pensam.

Investidores de risco conquistaram esse impacto desproporcional ao combinarem os pontos fortes das corporações com os do mercado. Eles canalizam capital, funcionários talentosos e grandes clientes para start-ups promissoras; dessa forma, replicam a formação de equipes, recursos e visão estratégica encontrada nas corporações.[33] Ao mesmo tempo, porém, como sua rede de contatos é fluida e amorfa, eles têm a flexibilidade do mercado. Os poderosos da Sand Hill Road podem apoiar uma start-up cuja ideia de negócios é inovadora ou um avanço científico; podem modelá-la, expandi-la, cochichar seu nome nos ouvidos certos. Mas, quando a rodada de financiamento de risco se exaure, é hora de a start-up passar por um teste de mercado. Se não houver compradores entusiasmados para a próxima fatia das ações da empresa, seus preços vão refletir esse comportamento, o que faz com que os investidores de risco a fechem, para evitar o desperdício de recursos resultante de apostas especulativas em pesquisa e desenvolvimento além do ponto em que o sucesso parece impossível. Como se submetem a essa análise periódica dos sinais dados pelos preços, os investidores de risco são bons tanto em reconhecer o fracasso quanto em apostar logo nos primeiros indicadores de sucesso. A maneira como misturam as estratégias corporativas e o respeito pelo mercado representa a terceira grande instituição do capitalismo moderno, que deve ser acrescentada às duas outras que Ronald Coase enfatizou.

Nos últimos cinco anos, conforme o setor se expandia em três dimensões distintas, ficou cada vez mais evidente que a importância das redes de capital de risco tem sido subestimada. Primeiro, ele cresceu além da sua fortaleza no Vale do Silício, construindo postos avançados na Ásia, em Israel e na Europa, assim como em algumas das principais cidades dos Estados Unidos.[34] Segundo, o mercado cresceu de forma setorial, colonizando novos mercados conforme a gama de tecnologias apoiadas por capital de risco consegue um alcance mais amplo, abrangendo tudo desde o setor automobilístico ao hoteleiro. Terceiro, o capital de risco se espalha para além da fase de start-up da existência de uma empresa, uma vez que o Vale do Silício germinou corporações multibilionárias que demoraram a abrir o capital para acionistas públicos. Em 1997, a Amazon abriu o capital com apenas três anos de existência, valendo meros 438 milhões de dólares. Enquanto este livro era escrito, em 2020, mais de 480 "unicórnios" ostentavam uma avaliação de mais de 1 bilhão de dólares, mas não parecem ter pressa para abrir o capital.[35] Muitas das empresas mundiais mais disruptivas e dinâmicas pertencem a investidores de risco e outros investidores privados de tecnologia — sendo, dessa forma, governadas ou desgovernadas por eles.

Este livro tem dois objetivos amplos. O primeiro é explicar a mentalidade do capital de risco. Existem dezenas de histórias do Vale do Silício que se concentram em inventores e empreendedores; mas há pouco esforço para entender as pessoas que financiam e geralmente modelam as empresas. Por meio de uma reconstrução cuidadosa de transações célebres — desde a Apple e a Cisco até WhatsApp e Uber —, a história nestas páginas mostra o que acontece quando investidores de risco e start-ups se conectam, e por que o capital de risco é tão diferente dos outros tipos de finanças. A maioria dos financistas investe seu capital escasso com base em análises quantitativas. Investidores de risco se encontram com pessoas, as seduzem e raramente se preocupam com planilhas.[36] A maioria dos financistas valoriza empresas ao projetar seu fluxo de caixa. Investidores de risco costumam apostar em start-ups antes que elas tenham um fluxo de caixa para ser analisado. Outros financistas negociam milhões de dólares em ativos em um piscar de olhos. Investidores de risco assumem participações relativamente pequenas em empresas reais e as mantêm. Mais fundamentalmente, outros financistas fazem extrapolações com base em tendências do passado, desconsiderando o risco de eventos extremos "de cauda". Investidores de risco procuram desvios radicais do passado. Eventos de cauda são tudo que eles querem.

O segundo objetivo deste livro é avaliar o impacto social do capital de risco. Afinal, os próprios investidores de risco costumam afirmar que estão "transformando o mundo em um lugar melhor". De fato é verdade em alguns casos: a Impossible Foods é um desses exemplos. Por outro lado, videogames e mídias sociais promovem vício em telas e notícias falsas, mesmo enquanto oferecem entretenimento e informação e permitem à vovó admirar as fotos do netinho que mora longe. É fácil zombar da disparidade entre a retórica dos investidores de risco e a prática. Em abril de 2020, durante a pandemia do coronavírus, o investidor de risco Marc Andreessen afirmou que era "hora de colocar a mão na massa". "Onde estão os trens de alta velocidade, os monotrilhos planadores, os *hyperloops* e, sim, os carros voadores?", perguntou ele.[37] No mês seguinte, a sociedade de Andreessen investiu no Clubhouse, um aplicativo de mídia social somente para convidados. Enquanto isso, os pronunciamentos abrangentes do setor de risco contrastam com a limitação de sua monocultura. A pouca participação das mulheres é óbvia: em 2020, elas representavam apenas 16% dos sócios investidores. A disparidade quanto à diversidade racial é ainda maior: apenas 3% dos sócios de firmas de capital de risco são negros.[38] Justamente porque o capital de risco contribui tanto para o desenvolvimento da sociedade, ele precisa se tornar mais diverso, tanto em termos dos investidores que contrata quanto das start-ups que financia. Por fim, e mais revelador — uma vez que este é o cerne do que o setor apresenta como função principal —, investidores de risco devem contar com seu histórico como administradores de empresas de tecnologia. Eles têm uma admirável tradição de construir start-ups iniciantes. Porém têm menos sucesso na administração de unicórnios multibilionários, como a empresa de aluguel de escritórios WeWork ou a gigante de transportes Uber.

Em suma, investidores de risco estão longe de ser perfeitos. Ainda assim, mesmo quando a disposição pública geral se virou contra o complexo industrial de tecnologia, o aspecto positivo do capital de risco ficou ainda mais atraente. Até bem recentemente, economistas explicavam por que algumas áreas geográficas ficam mais ricas do que outras examinando as diferenças de nível dos países: nações bem-sucedidas se beneficiam de um estado de direito saudável, preços estáveis, educação etc. Entretanto, ultimamente a questão mais imediata é por que algumas regiões do país deixam outras tão para trás no desenvolvimento de centros de inovação e geração de prosperidade. Já está claro há bastante tempo que uma região pode superar outras, como aconteceu no Vale do Silício; a pergunta eterna é por quê.[39] E, para responder corretamente, precisamos atualizar o sistema de Ronald Coase: precisamos estudar as redes de capital de risco de forma tão profunda quanto estudamos mercados e corporações. Em um mundo com crescente competição geoeconômica, os países com centros de inovação mais criativos têm uma probabilidade maior de se tornar mais prósperos e, no fim das contas, mais poderosos. (E, em um mundo com crescente desigualdade de renda, os países que conseguirem estimular maior diversidade regional nas regiões desses centros serão mais felizes e mais estáveis.) Mesmo enquanto buscam regular grandes empresas de tecnologia, os governos devem fazer o possível para fomentar start-ups de tecnologia — um desafio político para o qual voltaremos em breve.

Por ora, basta dizer uma coisa sobre esse desafio. Independentemente dos fracassos dos investidores de risco, eles são um ingrediente essencial dos agrupamentos dinâmicos de start-ups. Em qualquer dia no Vale do Silício, centenas de investidores de risco estão buscando jovens vestindo camiseta: estão conversando com pessoas, conectando-as, responsabilizando-se por uma start-up enquanto ela procura contratar um programador cuidadoso, assegurando um cliente cético de que o produto de outra start-up é confiável. O conteúdo do presente livro demonstra que o furor dessa atividade explica boa parte da variação de criatividade entre as regiões: ao forjarem conexões entre empreendedores, ideias, clientes e capital, os investidores de risco transformam uma mera aglomeração de pessoas inteligentes em uma rede criativa. A abordagem tradicional do crescimento econômico precisa abrir espaço para esse fenômeno, o qual também explica o surgimento da China como uma incrível potência tecnológica. Realmente, se hoje os Estados Unidos correm o risco de perder a liderança para a China na atual corrida tecnológica, isso se deve principalmente ao fato de o capital de risco inspirado no modelo do Vale do Silício ter sido o pontapé inicial da economia digital chinesa. Além disso, o setor de risco chinês tem uma vantagem em relação a seu rival: ele tem uma abertura maior para mulheres.

Mas estou colocando a carroça à frente dos bois. Para entender os investidores de risco — compreender como pensam e por que são importantes —, precisamos começar do início. Pois sem essa estranha tribo de financistas os pomares do vale de Santa Clara talvez nunca tivessem se ligado ao silício, e uma riqueza impressionante talvez jamais tivesse sido criada.

Capítulo um

Arthur Rock e o capital de libertação

❖

O sucesso tem muitos pais, e o Vale do Silício não é nenhuma exceção. Ao voltar às origens dessa região milagrosamente inovadora, alguns partem pelo ano de 1951, quando Fred Terman, o reitor da área de engenharia de Stanford, criou o famoso parque de pesquisas da universidade. Outros começam a contar essa história cinco anos mais tarde, quando William Shockley, o pai do semicondutor, abandonou a Costa Leste para abrir uma empresa no campus de Terman, levando pela primeira vez o silício para o Vale. Entretanto, a história mais interessante — aquela que mira o holofote direto para a força que torna o Vale tão distinto — começa no verão de 1957, quando oito dos jovens pesquisadores de ph.D. de Shockley se rebelaram, foram embora e ficaram por conta própria. Nem a senioridade de Shockley, nem sua fama, nem mesmo seu Prêmio Nobel foram capazes de deter os rebeldes; os "Oito Traidores" não aguentavam mais a liderança pesada de Shockley e decidiram buscar um novo lar. Foi esse ato de deserção que criou a cultura mágica do Vale, estilhaçando as suposições tradicionais acerca de hierarquia, autoridade e lealdade de trabalhar por décadas até se aposentar com a recompensa de um relógio de ouro.

A deserção de 1957 só foi possível devido a uma nova forma de financiamento, originalmente chamada de capital de aventura. A ideia era apoiar tecnólogos que não possuíam recursos e que tinham ideias arriscadas demais para conseguir empréstimo bancário, mas ofereciam a chance de um retorno retumbante para os investidores que gostavam de invenções audaciosas. O financiamento dos Oito Traidores e sua empresa, a Fairchild Semiconductor, possivelmente foi a primeira aventura desse tipo a acontecer na Costa Oeste, mudando a história da região. Depois que a Fairchild obteve o financiamento de 1,4 milhão de dólares, ficou evidente que qualquer equipe no Vale com ideias grandiosas e forte ambição conseguiria se desenvolver, ter uma chance para começar e, em geral, inventar a forma organizacional que mais se adequasse à sua fantasia. Engenheiros, inventores, trabalhadores audazes e sonhadores artísticos poderiam se encontrar, se unir, se separar, competir e colaborar entre si, tudo isso como cortesia desse novo modo de financiamento. O capital de aventura às vezes era um capital de deserção, mas também podia ser o capital para montar uma equipe ou um capital apenas experimental. Mas, seja lá como for visto, o talento precisava ser libertado.[1] Era o início de uma revolução.

A invenção desse novo capital de libertação, ou *liberation capital*, explicava mais do que as pessoas se dão conta, mesmo hoje em dia. As teorias rivais do que possibilitou a primazia do Vale — ser a sede da Universidade Stanford, deter contratos militares e um pouco da irreverência contracultural da Costa Oeste — nunca convenceram ninguém. Afinal, Stanford não era mais distinta do que o Instituto de Tecnologia de Massachusetts (MIT), que, por sua vez, ficava a curta distância de Harvard, criando um agrupamento de pesquisa muito mais potente do que qualquer coisa que o Vale do Silício pudesse oferecer no início.[2] Do mesmo modo, era verdade que Stanford tinha o benefício de receber investimento militar para pesquisa; que os filmes dos aviões espiões U-2 eram revelados no Ames Research Center, um centro de pesquisa da Nasa que ficava próximo dali; e que a divisão espacial e de mísseis da Lockheed construiu armas lançadas por submarino em seu campus no Vale.[3] No entanto, o famoso complexo industrial militar dos anos 1950 era, em especial, uma aliança da Costa Leste entre o Pentágono e Cambridge, Massachusetts. A personificação daquele eixo era Vannevar Bush, reitor da faculdade de engenharia do MIT, fundador da Raytheon, uma empresa de defesa sediada em Cambridge, e principal conselheiro para desenvolvimento científico de Franklin Roosevelt durante a Segunda Guerra Mundial. Milhões de dólares de financiamento federal enchiam os centros de pesquisa da região de Boston que tinham o apoio do Pentágono, e no fim da década de 1960 mais de cem start-ups de tecnologia surgiram a partir desses laboratórios.[4] Em outras palavras: se os laços militares determinassem a localização da ciência aplicada, Cambridge deveria ter sido o centro do universo.[5]

Se nem Stanford nem os contratos de defesa explicam a ascensão do Vale do Silício, o que dizer da teoria de que aquela região era célebre pela contracultura da Costa Oeste, que dava liberdade para as pessoas imaginarem tecnologias que ainda nem tinham nascido? Doug Engelbart, do Augmented Human Intellect Research Center em Palo Alto, criador das primeiras versões do mouse de computador e da interface gráfica do usuário, participou de experimentos com LSD e usou o financiamento do Pentágono para explorar o treinamento de crescimento pessoal conhecido como "est". O jovem Steve Jobs também se envolveu com o misticismo oriental; começou a andar descalço, lavava os pés no banheiro da empresa e afirmava que a dieta frugívora que seguia tornava o banho regular desnecessário. "Quem inventou o século XXI foram hippies maconheiros de chinelo de dedo da Costa Oeste como Steve, porque eles tinham um olhar diferente", comentou Bono, roqueiro e amigo de Steve Jobs. Algumas versões dessa história são amplamente aceitas no Vale do Silício, cujos habitantes gostam de ver a si mesmos tanto como pessoas descoladas quanto como ricas e poderosas. De acordo com essa narrativa, em vez de procurar o advogado mais próximo para patentear seus produtos, a visão anticorporativa dos hippies os levou a compartilhar ideias. O igualitarismo deles assegurou que estivessem abertos para qualquer gênio desgrenhado que talvez conseguisse enxergar ou sentir algo — algo com o potencial de mudar tudo.

Ainda hoje no Vale do Silício é possível ver traços dessa contracultura: nas sandálias, mesmo que o náilon da geração seguinte tenha substituído as franjas de couro; na orientação política de esquerda liberal e, às vezes, libertária; na convicção de que a produtividade pode aumentar com microdoses de LSD. No entanto, o problema da explicação cultural para o desenvolvimento excepcional da Costa Oeste é que o resto do mundo nunca foi tão conservador quanto acreditam os incentivadores do Vale. A ética hacker, encorajada por nerds comunalistas obcecados por programação e que se recusavam, por princípios, a ganhar dinheiro com isso, na verdade teve origem no MIT — como o Tech Model Railroad Club, um grupo de alunos de graduação do MIT que, antes de ter a atenção desviada para o computador TX-0, era encantado pela tecnologia por trás dos modelos de trens. (O TX-0 era tão fascinante que as autoridades do MIT consideraram se livrar dele.[6] "As pessoas pararam de tomar banho, de comer, de ter uma vida social e, é claro, de estudar", de acordo com um dos relatos.)[7] Da mesma forma, Tim Berners-Lee, o inventor da World Wide Web, de origem britânica e cuja residência ficava em Genebra, combinou a imaginação criativa com um desdém antimaterialista nos negócios. "Se quiser usar o código, envie um e-mail para mim", escreveu ele em uma declaração pública, recusando-se a lucrar em cima de sua invenção. Na Finlândia, lugar no qual Bono não costumava fazer muitos shows, Linus Torvalds criou os fundamentos do sistema operacional Linux e os disponibilizou gratuitamente. Em suma, fora do Vale do Silício não faltava originalidade, nem faltava preconceito contra os negócios originados pela contracultura.

A verdade é que a distinta genialidade do Vale do Silício não está na capacidade inventiva, seja ela contracultural ou não.[8] O primeiro transístor foi criado em 1947, não no Vale do Silício, mas na Bell Labs, em Nova Jersey. O primeiro computador pessoal foi o Altair, criado no Novo México. O primeiro precursor da World Wide Web, o software de gerenciamento de rede chamado Gopher, era de Minnesota. O primeiro navegador foi desenvolvido por Marc Andreessen, na Universidade de Illinois. O primeiro mecanismo de busca, Archie, foi inventado por Alan Emtage na Universidade McGill, em Montreal. O primeiro site de rede social baseado na internet foi o SixDegrees.com, lançado por Andrew Weinreich, na cidade de Nova York. O primeiro smartphone se chamava Simon Personal Communicator e foi desenvolvido por Frank Canova no laboratório da IBM, em Boca Raton, Flórida.[9] Não existe nenhuma região geográfica — nem mesmo o Vale do Silício — que domine as invenções. Ainda assim, todos esses produtos revolucionários têm algo em comum: quando se tratava de transformar ideias em produtos de sucesso no mercado, o Vale do Silício era o lugar onde a magia acontecia.

E o que explica essa magia? O título de um artigo da *Time* em 1995 ecoava a resposta de Bono: "We Owe It All to the Hippies" [Devemos tudo aos hippies, em tradução livre].[10] Mas a distinta genialidade do Vale é a de que a aura de contracultura combina com um desejo ardente e sincero por riqueza. Os inventores maconheiros de chinelo de dedo que Bono conhecia nunca tiveram vergonha de ganhar vastas fortunas, e o Vale é o lugar onde a ascensão profissional é desprezada não apenas por boêmios, que desdenham da burguesia, mas ainda mais pelas pessoas de altíssimo desempenho, que acreditam que galgar seus degraus é uma forma lamentavelmente lenta de progredir. Steve Jobs estava entre os muitos que incorporaram os dois lados dessa cultura contraditória. Como um igualitário, era modesto demais para exigir uma vaga exclusiva à chefia no estacionamento da empresa, mas também arrogante demais para deixar de estacionar em uma vaga reservada a deficientes.[11] Era um colaborador comunalista, compartilhando a propriedade intelectual de forma gratuita com rivais ostensivos; também era um concorrente capitalista, paranoico e controlador. Essa combinação de criatividade despreocupada e potente ambição comercial realmente definia o Vale do Silício, transformando-o no lugar onde voos de fantasia imaginativa resultaram em negócios que moldaram sociedades e culturas.

Definir em que ponto essa cultura contraditória floresceu é sem dúvida difícil. Alguns responsabilizam o franco materialismo dos pioneiros da corrida do ouro do século XIX em São Francisco, que enriqueceu trabalhadores fora das hierarquias antigas, espalhando uma onda de empreendedorismo, a qual inclui a criação da primeira calça jeans Levi Strauss. Outras teorias enfatizam a prosperidade e a educação da Califórnia, que acarretaram uma combinação de foco progressista e vício no trabalho. Mas a tônica do capital de libertação oferece outra explicação, uma que merece mais atenção do que tem recebido até agora. Ao libertar talentos para converter ideias em produtos, e ao unir experimentos não convencionais com alvos comerciais definidos, essa forma distinta de financiamento gerou a cultura de negócios que tornou o Vale tão frutífero. Em uma era anterior, o tipo de finanças do JPMorgan transformou os negócios dos Estados Unidos em oligopólios robustos; nos anos 1980, os títulos podres de Michael Milken alimentaram uma explosão de aquisições corporativas e cortes de custos radicais. Do mesmo modo, o capital de risco marcou uma cultura industrial, tornando o Vale do Silício o cadinho mais durável e produtivo de ciência aplicada de todos os tempos. Graças ao capital de risco, os Oito Traidores tiveram a oportunidade de abandonar William Shockley, lançar a Fairchild Semiconductor e tornar todo esse milagre possível. Em 2014, incríveis 70% das empresas de tecnologia de capital aberto no Vale conseguiam traçar uma linhagem direta à Fairchild.[12]

Um ano antes de se voltarem para o capital de libertação, os jovens pesquisadores do Shockley Semiconductor Laboratory estavam descobrindo que seu patrão era ao mesmo tempo um gênio científico e um tirano maníaco. Quando foram recrutados por Shockley, sentiram-se honrados por terem sido escolhidos: receber uma ligação de um grande cientista era como "atender ao telefone e falar com Deus".[13] Bonito, de óculos e com entradas começando a aparecer na testa, Shockley não era apenas o pai dos semicondutores, mas também um ótimo *showman*: ele iniciava suas palestras prometendo chegar a um assunto interessante; e então abria um livro que começava a soltar fumaça.[14] Mas, no momento em que os jovens recrutas se viram diante desse Deus, começaram a perceber seus defeitos. Shockley simulava demissões públicas, postava os salários dos funcionários no quadro de avisos da empresa e ria dos cientistas por aceitarem trabalhar por aquela merreca.[15] Ele contratava os pesquisadores mais inteligentes que conseguia encontrar, mas adorava diminuí-los, às vezes pegando no pé de um funcionário: "Tem certeza de que você tem mesmo ph.D.?" Quando alguns membros da equipe demonstravam querer publicar artigos acadêmicos, Shockley respondia com desprezo e egotismo. Fazia algumas anotações sobre uma de suas próprias teorias e dizia: "Aqui, mostrem isso e publiquem."[16] "Acho que 'tirano' não é suficiente para sintetizar a personalidade de Shockley", comentou mais tarde um dos jovens pesquisadores.[17]

Em maio de 1957, quinze meses depois do lançamento das operações de Shockley, seu investidor financeiro lhe fez uma visita. No ano anterior, quando Shockley precisou de dinheiro, o capital de risco mal existia.[18] Então ele procurara Arnold Beckman, fundador da empresa Beckman Instruments, no sul da Califórnia. Beckman criou uma divisão na própria empresa para Shockley, na esperança de ver um progresso rápido e lucrativo. Agora aparecia para exigir mais produção comercial e menos disfunção gerencial.

A reação do cientista foi de desafio: "Se não está gostando do que estamos fazendo aqui, posso pegar este grupo e conseguir apoio em outro lugar."[19] Depois saiu furioso da sala.

Ao verem o chefe gritar com Beckman, os jovens pesquisadores sob seu comando perceberam que estavam diante de uma alternativa. Eram os anos 1950, a era das grandes corporações, muito trabalho e hierarquias de colarinho branco; o título de um best-seller de 1956 proclamava um novo tipo de americano, o dócil "homem organizacional". Até mesmo os campos de pesquisa e desenvolvimento eram cada vez mais desmotivacionais: um dos capítulos de *The Organization Man* recebeu o título de "The Bureaucratization of the Scientist" [A burocratização do cientista, em tradução livre].[20] Os engenheiros de Shockley poderiam se submeter ao espírito da época e definhar sob a improdutividade de um gerente sufocante, ou aproveitar a oportunidade criada pela explosão. Então durante o almoço eles se reuniram e decidiram levar as reclamações que tinham para Beckman, exigindo que ele impusesse limites a Shockley. Um dos rebeldes declarou: "Que droga! Ou nós fazemos alguma coisa a respeito disso ou não falamos mais no assunto!"[21]

Gordon Moore, que mais tarde se tornaria chefe de pesquisa e desenvolvimento da Fairchild Semiconductor, foi escolhido como porta-voz do grupo. Com uma calvície precoce antes dos trinta anos e sobrancelhas grossas atrás de óculos de armação moderna demais para a época, Moore era ao mesmo tempo tranquilo e despretensioso e completamente confiante e obstinado. Ele ligou para Beckman do telefone da casa de um colega de trabalho logo depois da reunião dos rebeldes.[22]

— Não leve a sério aquela ameaça — disse Moore para Beckman, referindo-se à explosão de Shockley. — A essa altura, mesmo se quisesse, ele não conseguiria levar o grupo com ele.

— As coisas não estão indo bem por aí, não é? — perguntou Beckman com uma ponta de nervosismo.

— Não, não estão nada bem.[23]

Discutiram mais alguns pontos durante a ligação, e Beckman concordou em se encontrar com Moore e seus colegas e prometeu levar as reclamações dos pesquisadores para o chefe. Apesar do talento científico, Shockley estava adiando o progresso; às vezes, é preciso uma boa defenestração para que o capitalismo avance. Beckman prometeu aos rebeldes que Shockley perderia as responsabilidades gerenciais e que o papel dele na empresa ficaria restrito a uma função de consultoria.

Contudo, depois de alguns dias, Beckman perdeu a coragem. Ele geria a própria empresa e poderia tomar as decisões que bem entendesse; ao contrário de um investidor de risco dos dias de hoje, não precisava prestar contas para nenhum investidor sobre o retorno dos investimentos.[24] Desse modo, estava livre para evitar decisões desconfortáveis, e a ligação de um cientista veterano da Costa Leste, protestando que a mudança de cargo seria a ruína de Shockley, foi o suficiente para fazê-lo mudar de ideia. O raciocínio de Beckman foi: Shockley podia até ser um tirano, mas era um tirano laureado com um Nobel. Então informou aos jovens rebeldes que eles teriam que fazer as pazes com o chefe.

Com dificuldade de mudar a empresa de dentro para fora, os amotinados consideraram as opções. Eram todos extremamente qualificados, portanto não seria difícil serem contratados por outras empresas. Porém eles sabiam que era muito mais provável que realizassem algum grande feito caso continuassem juntos como uma equipe. Ao mesmo tempo, se manter a equipe unida significasse continuar sofrendo nas mãos de Shockley, então essa não era uma perspectiva muito boa. Afinal, em um episódio que acontecera havia pouco tempo, o tirano exigira que os funcionários se submetessem a um detector de mentiras.[25]

Uma noite, enquanto refletiam acerca do problema, os rebeldes chegaram a uma possível solução. O pai de Eugene Kleiner, o único membro do grupo com mais de trinta anos, tinha contato com uma firma de investimentos de Nova York. Kleiner escreveria para o corretor do pai e pediria ajuda. A equipe de engenheiros de Shockley estava pronta para pedir demissão, explicaria Kleiner na carta. Talvez alguma instituição financeira com boas conexões poderia encontrar um empregador disposto a contratar a equipe inteira?

Àquela altura da história, nenhum dos rebeldes tinha pensado em abrir uma nova empresa. A ideia simplesmente não havia passado pela cabeça deles: algum fundo de capital de risco disposto a apoiar uma equipe de cientistas jovens e desconhecidos era uma coisa bastante rara na época; além disso, eles eram contrários ao espírito das finanças pós-guerra. A Crise de 1929 e a Depressão que a seguiu destruíram, para uma geração inteira, o apetite dos investidores pelo risco; as casas de gerenciamento de grandes fortunas tinham nomes como Fidelity e Prudential e estavam mais interessadas em preservar o capital do que em arriscar alguma coisa. Considerando que financistas queriam comprar qualquer patrimônio corporativo, eles optavam por empresas já estabelecidas e seguras — de preferência aquelas com capital de giro suficiente para que um acionista pudesse contar com o lucro *mesmo que elas falissem*. O lendário investidor Benjamin Graham, com a assistência de um jovem funcionário chamado Warren Buffett, descobria empresas que negociavam pelo menos um terço abaixo de seu valor de caixa, estoque e contas a receber para que pudessem ser liquidadas com lucro: em uma ação bem-sucedida, Buffett comprou um bloco da Union Street Railway de New Bedford, Massachusetts, que estava sendo vendido por 45 dólares, mas que tinha 120 dólares por ação em dinheiro no banco.[26] Portanto, desde que existissem barganhas com margens de segurança tão grandes a serem encontradas, investimentos em tecnologia arriscada soavam quase infames. Em 1952, a *Fortune* observou que "um segurado desavisado poderia ficar chocado se descobrisse, por exemplo, que seu seguro de vida da John Hancock ajudava a financiar... parafernálias científicas".[27]

É claro que havia exceções para essa cautela, mas eram raras e obscuras. Em 1949, um ex-marxista romântico chamado Alfred Winslow Jones tinha criado o primeiro fundo de multimercado, que operou fora do radar até a década de 1960, quando uma multidão de pistoleiros com costeletas começou a imitar seus métodos. Três anos antes de Jones, duas famílias ricas da Costa Leste — os Whitneys e os Rockefellers — começaram a se envolver de forma amadora na abertura de negócios arriscados, mas seus motivos eram patrióticos e filantrópicos, e não simplesmente comerciais. Na Costa Oeste, um grupo de corretores de São Francisco convidava empreendedores para apresentar suas start-ups em almoços informais, mas, na época da deserção de Shockley, isso ainda era algo bem incipiente. O experimento inicial mais sério — o que merece ser visto como verdadeiro precursor do moderno capital de risco — foi a American Research and Development Corporation (ARD). No entanto, a ARD se concentrava na área de Boston, e os rebeldes de Shockley nem tinham ouvido falar nela. Assim como os Whitneys e os Rockefellers, a ARD era motivada pelos serviços públicos. E, como vemos agora, sua estrutura não serviu de modelo para os investidores de risco que vieram depois.

John Hay Whitney foi um exemplo desses experimentos precoces em finanças arriscadas.[28] Um artigo de 1951 no *New Yorker* dizia que ele tinha uma "consciência social vibrante", resultado de suas experiências durante a Segunda Guerra Mundial.[29] Feito prisioneiro pelos alemães, ele informou aos captores que estava lutando pela liberdade; quando os inimigos responderam que os Estados Unidos não eram mais livres do que a Alemanha de Hitler, Whitney viu que alguns soldados americanos concordaram com a cabeça. Chocado, voltou para casa depois da guerra, tirou seu nome do Registro Social e criou uma fundação para cuidar de problemas sociais. Como parte de seus esforços, lançou um fundo de 5 milhões de dólares para proteger o espírito do empreendimento livre ao fornecer capital de investimento para empreendedores.³⁰ No entanto, depois de cinco anos de operações, a J. H. Whitney & Company só tinha apoiado dezoito empreendimentos; seus sucessos incluíram um dos primeiros fabricantes do material de construção perlita e também a Vacuum Foods, produtora do suco de laranja de caixinha Minute Maid. Além disso, nos primeiros cinco anos Whitney superou o muito mais seguro S&P 500 por uma margem relativamente modesta.³¹ De fato, levando em consideração a base ajustada ao risco que os financiadores usam como medição, a existência do fundo não se justificava.³²

O ego de Whitney, para não mencionar sua consciência vibrante, foi freado por comentaristas que o colocavam entre banqueiros comuns. O *New York Times* se referiu ao fundo criado por ele como uma "firma bancária de investimentos de Nova York", e um dia o patriarca, irritado, desafiou os colegas a sugerirem um termo melhor.

— Creio que deveríamos incluir a conotação de risco na descrição da nossa firma — respondeu alguém.

— Acho que o aspecto mais interessante do nosso negócio é que ele é arriscado — disse outra pessoa.

— Que tal firma de investimentos privados de capital de risco? — sugeriu uma terceira, simplificando de "arriscado" para "risco", conforme já vinha sendo usado em alguns círculos.³³

— É isso! — concordou Whitney.

Os editores do *New York Times* foram devidamente informados sobre o termo desejado pelo filantropo, e em 1947 o jornal já fazia referências ocasionais à expressão capital de risco.³⁴ Entretanto, apesar dos esforços de Whitney, sua inovação linguística não caiu na boca do povo. Em 1962, os investidores pioneiros do setor de tecnologia que se apresentavam como investidores de risco eram recebidos com olhares perplexos.³⁵

Em abril de 1946, a família Rockefeller promoveu esforço semelhante ao de Whitney, com o objetivo de resolver a reconhecida ausência de financiamento para novas firmas. "O que queremos fazer é o oposto do sistema antigo de reter o capital até que um campo ou uma ideia se provem totalmente seguros", declarou Laurance Rockefeller, o principal impulsionador, acrescentando ainda: "Vamos investir em muitas áreas subdesenvolvidas."[36] O fundo ofertado por ele apoiou uma fábrica de algodão na África, uma empresa de pesca no Pacífico Sul, uma empresa de helicópteros da Pensilvânia e um projeto cinematográfico em Long Island. "O capital deixou de ser usado apenas para o lucro", disse Rockefeller, animado. "Ele é investido onde pode ser mais bem usado."[37] Como resultado, talvez os lucros dele não tenham sido tão bons. Em 1961, o *Barron's* fez uma reportagem dizendo que a Rockefeller Brothers teve um retorno de 40 milhões de dólares para os 9 milhões que investiu durante os quinze anos de negócios.[38] O S&P 500 teve resultado de 600% no mesmo período.[39]

Os primeiros amadores da Costa Oeste ao menos conseguiram retornos espetaculares. Reid Dennis, um dos seis financistas que participavam de almoços de investimento em São Francisco, ganhou uma aposta inicial na Ampex, empresa pioneira de gravadores de fita cassete. A Ampex chamara a atenção do cantor Bing Crosby, que preferia jogar golfe nas tardes de domingo a tocar ao vivo em seu programa de rádio. "Eu me lembro de pensar que não sabia nada sobre gravação de fitas", revelou Dennis posteriormente, "mas achei que a tecnologia seria útil para muito mais coisas do que apenas gravar a voz de Bing Crosby."[40] Então em 1952, recém-saído da faculdade de administração de empresas, Dennis juntou as economias que tinha — um total de 15 mil dólares — e investiu tudo na empresa, dizendo para a mulher que, "se ela foi boa o suficiente para me conquistar, conseguiria encontrar outra pessoa para sustentá-la se tudo desse errado".[41] A Ampex foi um grande sucesso e abriu o capital em 1958, quando Dennis ganhou cerca de 1 milhão de dólares — um retorno, como os investidores de risco aprenderam a dizer mais tarde, de 67 vezes o investimento.[42] "Percebi que era uma boa forma de ganhar a vida", disse Dennis, com nostalgia. "Então comecei a procurar outras empresas de alta tecnologia por aqui."[43]

O sucesso com a Ampex construiu a reputação de Dennis entre os corretores de São Francisco, o que, por sua vez, levou à criação do clube de almoços informais que foi autodenominado de "o Grupo". Começando em 1957, cinco ou seis participantes regulares reuniam-se no Sam's ou no

Jack's, restaurantes do distrito financeiro onde "o linguado era confiável e o pão, fresco".[44] O Sam's era um favorito em particular porque tinha cabines de compensado que davam a ilusão de privacidade, mesmo que o compensado tivesse apenas pouco mais de um centímetro de espessura.[45] O empreendedor contava sua história, os homens comiam o pão, e então o requerente era instruído a aguardar o veredicto na calçada. Se tudo saísse bem, haveria um aperto de mãos e uma promessa de investimento entre 80 e 100 mil dólares, com a probabilidade de mais capital dos seguidores e frequentadores do Grupo.[46] "Nós basicamente fomos criados em meio aos negócios, e então mudaram o nome para capital de risco", contou Dennis.[47] Mas, mesmo que o clube de almoços de São Francisco tenha tido alguns sucessos, só financiou pouco mais de duas dezenas de negócios no final dos anos 1950 e início da década de 1960. Seu significado completo só surgiria depois, quando fosse formalizado como Associação de Investidores de Risco do Oeste.[48]

Entre todos os experimentos iniciais, não foi surpresa alguma que Boston tenha liderado nos anos imediatamente posteriores à guerra. Considerando a localização do MIT, no cerne do complexo industrial e militar, era natural apostar que o desenvolvimento econômico da região talvez fosse acelerado pelo financiamento de tecnologias nos seus laboratórios. Para liderar esse tipo de esforço, um grupo de elite da Nova Inglaterra — entre os quais estavam os líderes do MIT e o presidente do Federal Reserve Bank de Boston — procurou Georges Doriot, um elegante imigrante francês com bigode e postura militares que lecionava na Harvard Business School. Com as bênçãos dos patriarcas de Boston, Doriot assumiu o leme da pesquisa e do desenvolvimento dos Estados Unidos em 1946.

Doriot era a perfeita personificação do complexo militar-industrial. Durante a Segunda Guerra Mundial, ele supervisionara a aquisição de tecnologia para a logística militar do Pentágono, cargo que usou para trabalhar em prol de inovações — sapatos para o frio, tecidos impermeáveis e a Doron, uma armadura leve de plástico que recebeu o nome em sua homenagem. Assim, ele era perfeito para a tarefa de investir em firmas de alta tecnologia que surgiam de laboratórios próximos de Boston e contavam com o apoio do Pentágono.⁴⁹ Ele atormentava a equipe de investimentos para fazer visitas regulares aos laboratórios, às vezes colocando uma passagem de metrô na mesa e chamando a atenção do jovem sentado tranquilamente atrás dela. "O MIT fica a uma viagem de metrô de distância."⁵⁰ Uma das vitórias iniciais de Doriot foi a High Voltage Engineering Corporation, uma empresa que saiu do MIT para fabricar geradores e aceleradores de partículas nucleares, desafiando empresas líderes tais como a General Electric.⁵¹

Em 1957 — ano em que o Grupo começou a realizar os almoços de negócios e o ano do motim contra Shockley —, Doriot fez a aposta que transformou a sorte da ARD. Ele financiou a Digital Equipment Corporation, empresa fundada pelos dois professores do MIT que ajudaram a desenvolver o computador TX-0 no Laboratório Lincoln, o qual contava com apoio militar. A façanha do TX-0 foi mostrar que transístores podiam superar o desempenho de tubos de vácuo em equipamentos construídos para os militares; a premissa da Digital Equipment era a de que transístores também tinham a capacidade de revolucionar os computadores desenvolvidos para civis. Para um investidor de risco moderno, essa apresentação de venda seria atraente no mesmo instante: os fundadores vinham de um laboratório de ponta com a proposta de comercializar uma tecnologia que já tinha sido comprovada. Contudo, no clima financeiro da década de 1950, até mesmo os cientistas mais convincentes tinham dificuldades de levantar capital, e Doriot explorou esse fato ao máximo, fazendo uma proposta para os fundadores da Digital Equipment que mais tarde seria considerada um insulto. A ARD faria um investimento de 70 mil dólares e um empréstimo de 30 mil em troca de 70% da empresa: era uma proposta do tipo "pegar ou largar". Sem alternativa, os professores do MIT aceitaram; também não protestaram quando Doriot pressionou para elevar a posse para 77%.⁵² Com uma participação tão grande, Doriot estava em posição de obter um lucro enorme com o sucesso dos professores. Quando a ARD fechou, em 1972, tinha lucrado mais de 380 milhões de dólares com a aposta na Digital Equipment — ou 2,3 bilhões de dólares em valores atualizados.⁵³ Uma verdadeira mina de ouro que provavelmente foi responsável por cerca de

80% de todos os ganhos que a ARD gerou em um quarto de século.⁵⁴ Foi uma demonstração inicial da lei de potência.

Doriot às vezes é considerado o pai do capital de risco — um argumento construído pelo seu biógrafo, Spencer Ante.⁵⁵ Assim como John Hay Whitney, Doriot tinha dificuldades para se distinguir dos financistas comuns, mas, como professor de uma faculdade de administração, tinha mais perspicácia e capacidade de persuasão para definir a missão do capital de risco. Em palestras ministradas com seu forte sotaque francês, ele proclamava que as maiores recompensas seriam obtidas com os projetos mais ambiciosos e menos óbvios; que investidores precisavam ter a paciência de esperar até que os retornos amadurecessem no longo prazo; e que as melhores perspectivas envolviam tecnologia avançada, e não uma empresa de suco de laranja ou uma empresa de pescaria na Ásia.⁵⁶ Antecipando-se aos investidores de risco posteriores, ele compreendeu que seu papel era não apenas fornecer dinheiro, mas também oferecer consultoria gerencial, auxílio na contratação de pessoas e dicas sobre tudo, desde marketing até finanças. Ele organizou feiras de tecnologia para mostrar os produtos das empresas de seu portfólio e aconselhou a Digital Equipment a apresentar amostras de placas de circuito sobre um forro de veludo roxo, da mesma forma que um joalheiro mostraria um broche valioso. Ligar seus protegidos à rede da ARD fazia parte dos serviços de Doriot. "Sua empresa estava em exibição", disse um fundador sobre as reuniões anuais com boa presença de público, nas quais empreendedores se misturavam com investidores. "O networking criado e a possibilidade de conhecer pessoas, tudo isso era muito importante. Qualquer coisa que ajudasse a manter a confiança quando você não tem motivos para ser confiante é muito importante."⁵⁷

A forma como Doriot falava com os fundadores de empresas sobre sua própria sociedade era assustadoramente moderna. Os fundadores eram jovens, obstinados e corajosos; o papel do investidor de risco era o de contribuir com sabedoria e experiência. Os fundadores eram brilhantes, instáveis e, às vezes, emocionalmente frágeis; "O investidor de risco deve sempre estar disponível para aconselhar, persuadir, dissuadir, encorajar, mas sempre ajudando a construir."⁵⁸ Assim como investidores de risco que vieram depois, Doriot era enfático ao dizer que os fundadores de empresas eram os astros do drama empresarial. "Procure pessoas criativas com visão das coisas que precisam ser feitas" era seu conselho; mostre "lealdade à ideia e a seu criador: a pessoa criativa".[59] Não é necessário dizer que a adoração deferente de Doriot por "pessoas criativas com visão" não o impediu de embolsar 77% dos resultados delas. Até isso Doriot antecipou, a hipocrisia que às vezes marcaria o setor de capital de risco em anos futuros.

Ainda assim, de muitas formas Doriot foi menos o fundador e mais um profeta fracassado: um pioneiro que tropeçou no território errado e tirou seus seguidores do caminho certo. A ARD foi a primeira empresa de capital de risco a levantar capital de investidores institucionais, mas em vez de criá-la como uma sociedade, como os futuros investidores de risco, Doriot a estruturou como uma empresa de capital aberto. Essa decisão o prendeu a uma cama de gato de regulamentações.[60] A ARD viu-se restringida na própria capacidade de conceder opções de ações aos funcionários, na própria liberdade de investir capital novo em empresas do portfólio e na forma como calculava o valor dos investimentos.[61] Em 1964, a Comissão de Valores Mobiliários dos Estados Unidos (SEC, na sigla em inglês) fez uma incursão na sede da ARD, aparecendo sem aviso no edifício John Hancock, em Boston. "Esperavam que estivéssemos aqui sem nada para fazer além de recebê-los e passar os dois dias seguintes na companhia deles", disse Doriot, bufando.[62] Depois da incursão, a SEC afirmou que a avaliação da Digital Equipment — cem vezes maior do que o custo de aquisição — precisava de uma nova declaração. "A avaliação está alta demais? Baixa demais? O que há de errado com ela?", protestou Doriot, furioso.[63] "Eu realmente me ressinto de, depois de vinte anos de experiência, ser obrigado a receber dois homens aqui, por dois dias, para eles nos dizerem que não sabemos o que estamos fazendo." Doriot arquivava as correspondências que enviava aos reguladores. Uma pasta tinha a etiqueta "Não enviadas por conselho dos advogados".

Além da péssima escolha para a estrutura jurídica, Doriot prejudicou o encanto de seu exemplo ao desdenhar dos incentivos financeiros. Ele nunca abandonou a marca de serviço público que veio com a missão de desenvolvimento regional original da ARD. "Ganhos de capital são um prêmio, não um objetivo", proclamava com orgulho.[64] Ele se recusava a pagar bem seus jovens tenentes, dizendo-lhes que não estavam nos negócios para ganhar dinheiro, mas para servir ao país.[65] Também prometia nunca abandonar as empresas de seu portfólio cujo desempenho era abaixo do esperado, mesmo que perdesse um capital que poderia ser investido de forma mais produtiva em outro lugar; era como se tirar o apoio de um dos seus protegidos fosse o equivalente moral a abandonar um camarada ferido no campo de batalha. Como Doriot se recusava a atar dinheiro a sucesso e vice-versa, sua equipe e investidores ficaram fartos: tudo bem receber retornos psíquicos, mas queriam também retornos financeiros. Charles P. Waite, funcionário da ARD que trabalhava arduamente para abrir o capital de uma das empresas do portfólio, se recorda: "Minha contribuição tinha sido substancial: o patrimônio líquido do CEO foi de 0 para 10 milhões de dólares, e eu recebi um aumento de 2 mil dólares."[66] Por parte dos investidores de Wall Street, eles viam a ARD como uma estranha empresa filantrópica e consistentemente avaliavam suas ações abaixo do preço de mercado quando comparado ao valor das empresas que integravam o portfólio.[67]

A incapacidade da ARD de impressionar Wall Street e seu consequente fracasso em gerar um setor de imitadores trouxeram uma dolorosa ironia. Apesar dos erros, Doriot acumulou participações em empreendimentos de crescimento empolgantes ao longo de seus 25 anos de negócios; graças à Digital Equipment e à lei de potência, ele multiplicou em cerca de trinta vezes a participação dos investidores originais, derrotando o S&P 500.[68] Ainda assim, durante toda a sua existência, o valor das ações da ARD reproduzia uma daquelas empresas tristemente desvalorizadas e maduras que Benjamin Graham e Warren Buffett tanto amavam. Por conta do desdém de Wall Street, a ARD valeria mais para seus donos caso fosse liquidada ou fundida a outra empresa. E foi o que aconteceu em 1972.

Era esse o inóspito cenário financeiro em junho de 1957, quando os jovens pesquisadores de Shockley planejaram a revolta. A ARD ainda não tinha financiado a Digital Equipment; o grupo de almoços de São Francisco estava apenas começando; uma dupla de plutocratas filantrópicos financiava projetos estranhos em lugares exóticos no exterior ou na Costa Leste. Não surpreende que não passasse pela cabeça dos rebeldes de Shockley se imaginar arrecadando capital para abrir a própria empresa. Em vez disso, a carta de Eugene Kleiner para o corretor do pai apresentava um desejo diferente: a equipe de cientistas insatisfeitos com Shockley esperava ser contratada por "uma empresa que pudesse oferecer um bom gerenciamento".[69] A esposa de Kleiner, Rose, datilografou a carta com data de 14 de junho de 1957 e a enviou para a firma Hayden, Stone & Co., em Nova York. O corretor que atendia o pai de Kleiner estava prestes a se aposentar da Hayden e, por isso, encaminhou a carta para um jovem MBA chamado Arthur Rock.[70] Delgado, taciturno e com olhos anuviados por trás dos grandes óculos, Rock não era um investidor óbvio, e principalmente não era dado a finanças aventureiras. Ao contrário dos Whitneys e dos Rockefellers, Rock tivera uma infância pobre em Rochester, Nova York, como filho de imigrantes falantes de iídiche e servindo refrigerante na pequena mercearia do pai. Ao contrário de Doriot, ele não tinha nenhuma experiência com tecnologia militar, nem mesmo com militares; durante um período sofrido como recruta do Exército, irritou-se ao ter que se reportar a superiores que não considerava "muito brilhantes". Talvez por causa da infância difícil — ele teve poliomielite, tinha péssimo desempenho nos esportes e sofreu nas mãos de colegas antissemitas — Rock fosse reservado ao ponto de ser irascível.[71] Financistas devem ser agradáveis. Mas Rock não tinha a menor paciência para os tolos e deixava isso bem claro.

Ainda assim, como a sorte demonstraria, Rock era a pessoa perfeita para receber a carta de Kleiner. Dois anos antes, ele tinha organizado um pacote de financiamento para a General Transistor, a primeira fabricante independente de semicondutores de germânio, que seriam usados em aparelhos auditivos. Tendo subido nesse setor emergente, Rock conhecia o status de divindade de Shockley entre os cientistas — o deus que poderia contratar qualquer um —, o que, então, o levou a concluir que Kleiner e seus colegas deveriam estar no topo da área deles. Ao mesmo tempo, o fato de a equipe de Kleiner estar a ponto de se amotinar acrescentou mais uma dimensão à questão: ficou claro que os cientistas, além de credenciais, tinham caráter.[72] A combinação de uma equipe de elite e uma tecnologia potencialmente de ponta indicou uma óbvia oportunidade comercial. Era um prospecto análogo ao da Digital Equipment, que Doriot financiaria mais tarde naquele verão.

Em 20 de junho de 1957, Rock fez uma ligação de longa distância para Kleiner, confirmando o interesse. No dia seguinte, escreveu uma carta pedindo a ele que mantivesse sua equipe unida até que pudessem se encontrar pessoalmente.[73] Na semana seguinte, Rock pegou um avião para São Francisco, acompanhado por um sócio chamado Alfred "Bud" Coyle.

Rock e Coyle se encontraram com Kleiner e seus camaradas para um jantar em São Francisco. Os visitantes de Wall Street entenderam que os rebeldes queriam trabalhar como um time, sem a supervisão sufocante de Shockley. Também entenderam que os engenheiros queriam permanecer no vale de Santa Clara, onde todos possuíam casa própria. Mas eles tinham ido propor uma nova forma de atender àqueles objetivos — uma forma que nem passara pela cabeça dos rebeldes.

"O modo de fazer isso é abrir a própria empresa de vocês", declarou Rock com simplicidade.[74] Com isso, os cientistas poderiam trabalhar de forma independente e no local que escolhessem. Mas era mais do que isso, pois eles seriam fundadores da própria empresa. Seriam donos dos frutos da própria magia criativa. Como um lobo solitário que venceu na vida pelos próprios méritos mesmo não sendo um dos alfas, Rock dava grande importância a esse último ponto. Como se fosse algum tipo de justiça.[75]

Eles precisaram de tempo para digerir a proposta de Rock. "Ficamos muito surpresos", disse posteriormente um pesquisador chamado Jay Last. "Arthur nos disse que poderíamos abrir a nossa própria empresa. Isso era completamente novo para nós."[76]

Gordon Moore, o engenheiro que liderou a tentativa fracassada com Arnold Beckman, disse que sua reação não foi muito diferente. Anos depois, quando já tinha fama como cofundador de duas empresas famosas do Vale do Silício, Moore ainda sentia dificuldade de se descrever como um "empreendedor acidental". "Eu não sou do tipo que simplesmente diz 'ei, eu vou fundar uma empresa'", explicou ele. "Um empreendedor acidental como eu precisa tropeçar em uma oportunidade ou receber um empurrãozinho."[77] Naquele restaurante em São Francisco, no fim de junho de 1957, Rock o estava empurrando com força.

O próprio Rock tem uma lembrança diferente. Ao recordar-se daquele jantar, ele lembrou que a menção à abertura de uma empresa mudou a postura dos pesquisadores. "Eles pareceram ganhar um pouco de vida", disse posteriormente.[78] Livre do senso de missão patriótica de Doriot, Rock comemorou em silêncio. Na sua opinião, o fato de os cientistas terem reagido aos incentivos financeiros era um bom sinal.[79]

A discussão passou então para aspectos práticos. Os pesquisadores disseram que precisavam de 750 mil dólares para abrir uma empresa. Rock e Coyle argumentaram que eles deveriam receber pelo menos 1 milhão de dólares. Os investidores de Wall Street estavam projetando mais confiança do que era de fato justificado: encontrar mais de 1 milhão para lançar uma cooperativa não testada não seria nada fácil.[80] Mas a ousadia dos financistas serviu para acabar com qualquer dúvida. Com a promessa de um pacote de financiamento de sete dígitos, qualquer resistência que os pesquisadores pudessem ter foi por água abaixo.

Em seguida, veio a pergunta de quem seria o líder dos rebeldes. Na carta para a Hayden, Kleiner disse abertamente que o grupo de traidores, sete na época, não contava com "ninguém com ambições de alto gerenciamento". Aquilo não era problema enquanto o plano era serem gerenciados por outra empresa. Mas, se o novo objetivo era serem independentes, os cientistas precisavam identificar um líder capaz de unir o grupo. Convencer investidores a financiar uma cooperativa frouxa, sem nenhum executivo chefe plausível, estava fora de questão.

Entre os jovens no laboratório de Shockley, Robert Noyce destacava-se como a escolha óbvia. Charmoso, brincalhão e atraente, era o engenheiro que comparara a ligação de recrutamento de Shockley com uma audiência divina. Mas Noyce estava na dúvida se deveria se juntar ao motim e, portanto, não tinha participado de nenhuma reunião até aquele momento. Filho e neto de ministros congregacionais de uma cidadezinha em Iowa, ele se preocupava com a questão ética de trair Shockley. Nas palavras de um dos rebeldes, Noyce estava se perguntando "o que Deus ia pensar dele".[81]

Rock e Coyle convenceram os sete a tentar persuadir Noyce. Os financistas tinham exposto a visão da libertação. Os pesquisadores teriam que retribuir ao recrutar um chefe.

Os rebeldes escolheram Sheldon Roberts, um dos membros do grupo, para telefonar para Noyce. A ligação se estendeu até tarde da noite, com Noyce alternando entre desejo e cautela. Por fim, com o incentivo de 1 milhão de dólares, além de um pacote de financiamento atraente, Noyce concordou em participar de uma reunião com Coyle e Rock.[82]

No dia seguinte, Sheldon Roberts usou o carro da família para buscar Noyce e, então, os dois foram passando para pegar cada um dos conspiradores, parando em Los Altos, Palo Alto e Mountain View. Ao fim, chegaram ao hotel Cliff, no centro de São Francisco, e seguiram para o salão Redwood, com sua decoração *art déco*, onde Rock e Coyle os aguardavam.

Quando a reunião começou, Rock percebeu que já não havia mais aquela fraqueza presente na negociação. O recém-chegado Robert Noyce era um líder natural. Seus olhos brilhavam com determinação.[83] Os colegas ficaram satisfeitos em deixá-lo falar por eles.[84]

Não havia mais motivos para não seguirem adiante. Bud Coyle pegou dez notas novinhas em folha no valor de dez dólares cada e propôs a todos ali presentes que as assinassem. As notas seriam "seu contrato uns com os outros", disse Coyle.[85] Aquilo foi uma premonição de contratos baseados na confiança — de aparência informal, mas ainda assim feitos com base no dinheiro — que viriam a marcar o Vale do Silício em anos vindouros.

◆

Ao contrário da ARD de Doriot, os corretores da Hayden, Stone & Co. não tinham um pote de ouro para financiar start-ups. Em vez disso, apoiavam as empresas ao juntar coalizões de investidores interessados de forma pontual, com o capital dos sócios da Hayden responsável por uma pequena fatia do total. Agora, para levantar os mais de 1 milhão de dólares prometidos para os Oito Traidores, Rock anotou o nome de cerca de 35 investidores em potencial. A ARD e a Rockefeller Brothers estavam na lista.[86] Assim como empresas de tecnologias que poderiam ter interesse em investir em semicondutores.

Rock logo descobriu como a visão que tinha era radical. Os grupos de investimento como a ARD e a Rockefeller arranjaram desculpas. Os rebeldes não tinham experiência gerencial; a ideia de preencher um cheque tão gordo os deixava nervosos. Nesse meio-tempo, as empresas de tecnologia que Rock contatou faziam objeções diferentes: considerariam investir o capital para criar uma nova subsidiária, como Beckman tinha feito com Shockley, mas não estavam propensas a apoiar oito cientistas sem ter o direito de controlá-los.[87] Além disso, apoiar os desertores de Shockley e permitir-lhes que abrissem o próprio empreendimento desdobraria um precedente disruptivo: e se os próprios funcionários dos apoiadores também exigissem ações da empresa?[88] Rock achava justo que os jovens cientistas fossem donos dos frutos do próprio empreendimento, mas os outros achavam que aquilo era sinônimo de problemas. O objetivo era sempre o mesmo: que o homem organizacional fosse instintivamente obediente, sem exceção. Por que comprar a lealdade dos trabalhadores com opções acionárias quando a cultura da década de 1950 conseguia isso de graça?

Depois de entrar em contato com 35 investidores potenciais, Rock não conseguiu levantar nem um centavo sequer. Foi quando Bud Coyle sugeriu Sherman Fairchild, *playboy* com uma fortuna herdada que se autodescrevia como "vagabundo" e entusiasta das ciências.[89] Assim como os Whitneys e os Rockefellers, Fairchild tinha dinheiro suficiente para bocejar diante da possibilidade de ganhar mais. Mas, ao contrário dessas duas famílias, ele talvez se interessasse pela ideia de um novo empreendimento na área dos semicondutores.

No fim de agosto de 1957, Bob Noyce e Eugene Kleiner pegaram um avião para Nova York. Foram direto para a casa de Sherman Fairchild, em Manhattan, que era equipada com paredes de vidro e venezianas automáticas.⁹⁰ Depois das cordialidades iniciais, Noyce fez uso da habilidade que Rock tinha visto nele. Encarando Fairchild com aqueles olhos brilhantes, Noyce lhe explicou que o futuro seria construído em dispositivos de silício e cabos, ou seja, de areia e metal simples, materiais que não custam quase nada. Haveria um grande fluxo de lucros para a empresa que criasse esses transístores a partir dos elementos básicos citados, e Fairchild poderia ser o visionário que apoiou o campeão.⁹¹ Foi uma variante do discurso conhecido como "chamado para a grandeza" que os empreendedores carismáticos repetiriam várias vezes no Vale. Fairchild comprou a proposta.

Tudo que restava agora era fechar os termos do negócio. Rock prometeu aos desertores a chance de terem a própria empresa, e deu seu melhor para cumprir a promessa. Cada um dos oito fundadores foi convidado a investir 500 dólares para ter cem cotas da start-up. Os homens, com dificuldade, rasparam as economias que tinham; o valor correspondia ao salário de duas ou três semanas, e Noyce precisou ligar para os pais para perguntar se a avó poderia lhe emprestar o dinheiro.⁹² Quanto à Hayden, Stone & Co., eles compraram 225 cotas pelo mesmo valor pago pelos fundadores, e mais trezentas foram reservadas para ajudar a recrutar executivos seniores. Apesar do carisma de Noyce, Fairchild o via apenas como o chefe interino. Assim, cada um dos fundadores ficou com menos de 10% da empresa, com a perspectiva de que essa participação chegasse a 7,5% quando a nova gerência se materializasse. Enquanto isso, a empresa de Fairchild, a Fairchild Camera and Instrument, acumulava quase todo o capital inicial — cerca de 1,4 milhão de dólares, colhendo os 5.125 dólares investidos pelos cientistas e pela Hayden. Mas, como o capital de Fairchild foi investido na forma de empréstimo em vez de participação, a posse dos fundadores não foi diluída.⁹³

Considerando isso, os oito cientistas fundadores fecharam um excelente negócio. No entanto, antecipando a falta de clareza de financiamentos de risco posteriores, alguns desses números não eram o que pareciam ser. Afinal, os negociadores de Sherman Fairchild tinham uma grande jogada nas mãos: 35 outros investidores rejeitaram Rock na cara dura. Se Georges Doriot, da ARD, tinha conseguido 77% da Digital Equipment arriscando 100 mil dólares, os homens de Fairchild teriam sido idiotas ao arriscar

1,4 milhão de dólares sem ganhar nada em troca. O resultado foi um negócio que dava aos oito cientistas uma aparente autonomia, mas que, na verdade, não se sustentava. O empréstimo de Fairchild não era, na realidade, um empréstimo, pois vinha com uma opção de compra de todas as ações da empresa por 3 milhões de dólares.[94] Do mesmo modo, os desertores de Shockley estavam ganhando uma posse que não era uma posse propriamente dita: a Fairchild Camera and Instrument controlava a operação de semicondutores por meio de uma relação de votação. Rock dera seu melhor para manter a promessa, mas não tinha como operar milagres.

◆

Se o objetivo de Rock era libertar talentos de um gerente sufocante, os resultados logo se provariam muito mais ruidosos e gloriosos do que ele jamais poderia ter imaginado. Durante os primeiros meses, os oito cientistas trabalharam em uma garagem; depois se mudaram para uma construção inacabada que ainda nem contava com eletricidade. Sem se deixarem abalar, os homens libertos ligaram cabos a um poste elétrico próximo para poder usar uma serra elétrica; estavam no inverno, e Vic Grinich, um cientista magro e de cabelo cacheado, era visto do lado de fora, enfrentando o clima, protegido com luvas, gorro, cachecol e cachimbo, além de um aquecedor ligado na tomada.[95] A estratégia da empresa era discutida em sessões informais e colaborativas; nas reuniões comerciais eles serviam brownies e uísque; e funcionários novos, que mal haviam se formado, tinham autorização para tomar grandes decisões de compra. Quando começou a esquentar, Bob Noyce, o executivo interino da cooperativa, apareceu para trabalhar de bermuda.[96]

Seis meses depois de fundada a empresa, Rock foi para a Califórnia a fim de verificar o progresso. Ele tinha diversos motivos. A Hayden ainda possuía ações que representavam pouco mais de um quinto da nova start-up, sem contar as letras miúdas da Fairchild, e Rock estava em busca de mais negócios tecnológicos na Costa Oeste. Além disso, Rock tinha gostado pessoalmente dos oito cientistas. Aos 31 anos de idade, era da mesma geração que eles. Acabou criando um vínculo maior com os que ainda eram solteiros e gostavam de viajar para as montanhas nos fins de semana.[97] Com as cicatrizes da experiência de infância com a pólio, Rock se tornara um talentoso esquiador e alpinista. As Sierras eram outro bom motivo para ir à Costa Oeste.

Em 26 de março de 1958, uma quarta-feira, Rock jantou com Noyce. No dia seguinte, enviou um relatório animado para Coyle: "Tenho muitas informações internas e parece que as coisas estão bem melhores do que eles deram a entender." A Fairchild tinha feito a primeira venda, enviando cem transístores para a IBM com um valor unitário de 150 dólares. Cada dispositivo continha materiais que custavam 2 ou 3 centavos de dólar, além de talvez 10 centavos pela mão de obra. Então a margem operacional era espetacular. Nesse meio-tempo, Noyce e seus colegas estavam empurrando as fronteiras científicas em um ritmo que Shockley jamais teria permitido. A equipe estava fazendo experiências com novas combinações de metais em semicondutores, e Noyce tinha ideias para comutadores inovadores e um scanner revolucionário. Além disso, todo o esforço era conscientemente comercial. Antes da fundação da Fairchild Semiconductor, como Noyce refletiria mais tarde, os pesquisadores usavam jalecos brancos e ficavam trancados em laboratórios. Porém na Fairchild Semiconductor eles saíam e conversavam com os clientes; mesmo antes de desenvolverem os primeiros transístores, já tinham se encontrado com potenciais compradores na área aviônica militar e descobriram que tipo de dispositivo venderiam. Outras equipes de desenvolvimento corporativo — Bell Labs, Texas Instruments — poderiam rivalizar com a Fairchild em termos de excelência científica. No entanto, os fundadores da Fairchild focavam mais no mercado. Eles queriam entender quais produtos seriam mais úteis e o que faria sua participação crescer.[98]

A Fairchild Semiconductor tinha começado tão bem que Noyce estava se sentindo expansivo. Rock terminou o relatório para Coyle em tom de brincadeira: "Você vai ficar feliz em saber que quebrei o braço em uma tentativa malsucedida de pagar a conta."[99]

No segundo ano de existência, a Fairchild Semiconductor estava se saindo ainda melhor. Noyce e seus colegas inventaram um processo revolucionário que possibilitou a combinação de múltiplos transístores em um pequeno circuito integrado, e em 1959 a Fairchild Semiconductor recebeu encomendas avaliadas no valor de cerca de 6,5 milhões de dólares, treze vezes mais do que no ano anterior. A jovem empresa, depois do desconto de impostos, já tinha faturado por volta de 2 milhões de dólares e, considerando as imensas margens operacionais, tinha motivos para esperar lucros incríveis enquanto o volume de vendas só aumentava.[100] As notícias eram tão maravilhosas, na verdade, que a Fairchild Camera and Instrument decidiu exercer a opção de pagar os 3 milhões de dólares definidos no contrato e contrair todas as ações da Fairchild Semiconductor.[101]

Foi um momento agridoce para Noyce e os cofundadores. Cada um dos Oito Traidores recebeu 300 mil dólares, seiscentas vezes mais do que o investimento inicial que haviam feito dois anos antes; o faturamento chegou perto de trinta anos de salário. Ao mesmo tempo, porém, a Fairchild Camera estava se dando ainda melhor: estava pagando um índice preço/lucro de cerca de 1,5 por uma firma com crescimento espetacular. Para colocar isso em perspectiva, em 1959 o preço de uma ação da IBM era entre 34 e 51 vezes maior do que seus lucros.[102] Considerando que a Fairchild estava no meio de uma extraordinária expansão — entre o início de 1959 e o início de 1960, o número de funcionários saltou de 180 para 1.400 —, um índice razoável de preço/lucro para a Fairchild Semiconductor estaria perto da faixa da IBM, por volta de cinquenta. Esses números aproximados significam que, como os lucros estavam por volta de 2 milhões de dólares, a Semiconductor, em uma transação aberta, talvez valesse 100 milhões de dólares. Em outras palavras: em troca de arriscar um capital inicial de 1,4 milhão de dólares, os investidores da Costa Leste conseguiram um lucro memorável. Noyce e os cofundadores trabalharam a pleno vapor e ganharam, juntos, 2,4 milhões de dólares, enquanto o financista passivo saiu com quarenta vezes mais do que isso.[103]

Do ponto de vista de Arthur Rock, estava na hora de fazer a próxima jogada. Sua firma recebeu o mesmo lucro que os Oito Traidores, o qual equivalia a um ganho de seiscentas vezes, representando um ótimo lucro de quase 700 mil dólares. Mas Rock tinha a sensação de que havia margem para se sair ainda melhor. Tinha conseguido um grande negócio, mas permitira que a maior parte do lucro ficasse para a Fairchild. Ele tentara ajudar os oito cientistas, mas só conseguiu fazer isso em parte. Entretanto, na verdade o que fez foi demonstrar que o capital de libertação era muito mais do que apenas manter uma equipe unida no local onde as pessoas possuíam casas. O capital de libertação tinha a ver com revelar o talento humano. Tinha a ver com aguçar incentivos. Tinha a ver com forjar um novo tipo de ciência aplicada e uma nova cultura comercial.

Capítulo dois

Finanças sem finanças

Se o capital de libertação ocasionou o surgimento dos Oito Traidores e da Fairchild Semiconductor, a década seguinte trouxe mais dois avanços que criaram o moderno ofício do capital de risco. Em primeiro lugar, os investidores em tecnologia abraçaram a ideia de um fundo de capital por tempo limitado, rejeitando vários formatos rivais. Em segundo lugar, eles conceberam um novo tipo de gestão de risco, adequado às peculiaridades dos portfólios de risco. Ao contrário de outros, os investidores de risco não podiam diversificar seus riscos em ações, títulos e imóveis e eram obrigados a fazer apostas esquisitas e concentradas em um pequeno número de start-ups de tecnologia. Durante a década de 1960 — ironicamente, o período em que os professores de finanças fizeram da diversificação a pedra fundamental da teoria moderna de portfólio —, Arthur Rock e seus imitadores improvisaram uma abordagem totalmente distinta para assumir riscos, inventando o que pode ser chamado de "finanças sem finanças".

A primeira inovação — a criação de um novo tipo de fundo de reserva de emergência financeira — vinha preocupando os formuladores de políticas havia vários anos. Em 1955, o guru da administração Peter Drucker, à época ainda em ascensão e mais tarde aclamado como o mais importante pensador da área de negócios da era, apontou um paradoxo do capitalismo praticado em meados do século XX. Fundos de pensão em pleno desenvolvimento administravam o dinheiro do "pequeno investidor" e foram assumindo cada vez mais a propriedade efetiva de grandes empresas públicas, mas o dinheiro do pequeno investidor não estava sendo canalizado para empresas pequenas. Em outras palavras, as fontes de capital estavam sendo democratizadas, mas o mesmo não se aplicava ao acesso ao capital, porque os grandes fundos de pensão que serviam como agentes para o pequeno investidor não tinham uma forma prática de definir o escopo das start-ups. Sendo assim, empreendedores sofriam para conseguir financiamento. A fonte de capital mais provável provinha dos lucros retidos de empresas já estabelecidas. Dessa maneira, a Beckman Instruments financiou Shockley e a Fairchild Camera and Instrument, os Oito Traidores. Mas essa forma de financiamento tinha um viés. As empresas estabelecidas "naturalmente investem nos campos com os quais estão familiarizadas", lamentou Drucker; portanto, as "áreas mais promissoras de empreendimentos econômicos podem ficar sem financiamento". Drucker concluiu que havia "sinais claros" de que a economia estava sendo "inadequadamente nutrida pelo capital de risco".[1]

Drucker identificara o problema, mas nem ele nem outros pensadores políticos encontraram a solução. Ele citou o que considerou ser o exemplo promissor da American Research and Development de Georges Doriot. "No fim das contas, podemos ter várias empresas de desenvolvimento, algumas inseridas em uma região; outras, em um setor", propôs ele. Mas, como vimos, a estrutura de empresa pública da ARD atraiu uma carga regulatória exaustiva, e, já que foi criada como uma empresa aberta e não como um fundo por tempo limitado, faltava um senso de urgência. Assim, em vez de impulsionar empreendimentos de sucesso para arrecadar mais capital de outros investidores a fim de se expandir rapidamente, Doriot se contentou em deixá-los crescer ao reinvestir os lucros. Graças ao endosso de Drucker, a ARD atraiu seguidores. Apesar do endosso, ninguém teve um bom desempenho.

Outros articuladores de reformas adotaram o diagnóstico de Drucker, mas preferiram uma solução diferente. Em 1958, estimulado pelo lançamento do primeiro satélite feito pelo homem, o Sputnik, por parte da União Soviética, o governo federal prometeu subsídios para um novo tipo de instrumento de risco, a Small Business Investment Company (SBIC). Os subsídios eram generosos, com empréstimos baratos e benefícios fiscais. Porém, como a maioria dos incentivos de risco que os governos em todo o mundo ofereceriam mais tarde, eles estavam atrelados a condições. Para se qualificar e obter a assistência máxima, o fundo da SBIC precisava ser de até 450 mil dólares, o que impedia esse tipo de empresa de manter os profissionais competentes. As SBICs não podiam remunerar a equipe de investimentos com opções de participação na empresa, nem investir mais do que 60 mil dólares em uma empresa de portfólio, dificultando o início de start-ups com capital adequado.[2] Até o chefe do programa das SBICs se exasperou. "As regras foram elaboradas a partir de preceitos legais e sem muita consciência dos efeitos comerciais", reclamou ele.[3]

Mas isso não cortou as asinhas dos aspirantes a investidores. Em 1962, Bill Draper e Pitch Johnson, que se formaram na Harvard Business School e cursaram a disciplina de administração lecionada por Doriot, criaram a décima segunda SBIC no país e se estabeleceram em Palo Alto. Os dois formavam uma dupla improvável: Draper era alto e magro, com sobrancelhas que pareciam taturanas; Johnson era baixo e forte, um ex-astro do atletismo na época de faculdade. Mas os dois homens tinham a vantagem de terem famílias ricas, o que os ajudou a juntar 150 mil dólares, qualificando-os, por sua vez, a receber um pequeno empréstimo de 300 mil dólares do programa da SBIC. Assim, munidos de 450 mil dólares, o máximo regulamentado, os sócios alugaram dois Pontiacs que combinavam e partiram para os pomares de ameixa e damasco do vale de Santa Clara.[4]

Não havia nada particularmente sofisticado no método de investimento dos dois. Subiam e desciam duas vias em específico: uma se chamava Comercial e a outra, Industrial.[5] Quando avistavam a placa de uma empresa que tinha "eletro-" ou "-ônica" no nome, paravam no estacionamento não pavimentado, abriam a porta de entrada e cumprimentavam a recepcionista.

— O presidente está por aí? — perguntavam eles.

— Vou ver se ele está — respondia a recepcionista. — O que foi mesmo que os senhores disseram que fazem? Capital de risco?[6]

Draper e Johnson foram persistentes e prosperaram como investidores de risco nas décadas seguintes. Mas a primeira experiência com o formato de SBIC foi apenas parcialmente bem-sucedida. Dadas as restrições impostas pelos reguladores, os sócios buscaram oportunidades para comprar o máximo possível de participação em uma empresa pelo investimento permitido de 60 mil dólares: a primeira transação lhes garantiu 25% da Illumitronic Systems, fabricante de balanças para linhas de montagem. Mas provavelmente poucos empreendedores aceitariam tais condições. "A empresa não ia a lugar nenhum", escreveu Draper mais tarde sobre a Illumitronic. "Para o empreendedor era bom, contudo para os investidores de risco era um mau negócio."[7] Outro investimento da Draper-Johnson, uma start-up chamada Electroglas, deixou ainda mais visíveis as desvantagens da estrutura da SBIC. Quando a Electroglas começou a enfrentar problemas, Draper e Johnson quiseram dar suporte com uma nova estratégia e capital fresco. Mas o teto regulatório sobre os investimentos da dupla limitava a influência quanto à estratégia e os proibia de injetar dinheiro no negócio.[8] Após três anos de prospecção financeira, Draper e Johnson dissolveram a parceria vendendo o portfólio dos dois por um lucro modesto.[9]

A maioria das SBICs, porém, se saiu ainda pior. Mas, pior do que as restrições sobre como investir o capital, a falha fatal acabou sendo as condições aparentemente generosas com as quais montavam um negócio. Um grande empréstimo do governo parecia atraente, mas precisava ser pago com juros. Mesmo com uma taxa de juros subsidiada de 5%, essa obrigação teve uma consequência impeditiva: obrigou as SBICs a investir em start-ups que pagavam dividendos. Isso era a antítese de toda a ideia de investimento em tecnologia: novos empreendimentos, em geral, exigiam pelo menos um ano de pesquisa e desenvolvimento antes de começar a vender o produto, e, então, se o produto fosse bem-sucedido, eles normalmente iam querer reinvestir cada dólar da receita para escalonar seus esforços de vendas antes que algum rival os copiasse. Portanto, a necessidade de dividendos por parte das SBICs as colocava em uma posição contraditória diante das empresas orientadas para o crescimento às quais elas deveriam dar suporte. Para promover a inovação, o governo havia criado um veículo de investimento inadequado para empresas inovadoras.[10]

Por conta dessa falha de estruturação, a maioria das SBICs desistiu de tentar investir em empreendimentos da área de tecnologia. Em 1966, apenas 3,5% das empresas de portfólio da SBIC estavam engajadas em ciências aplicadas, minando o propósito original do programa do projeto.[11] E, assim, as SBICs não só falharam como política pública, mas também tiveram dificuldades comerciais. Como se esquivaram de empreendimentos tecnológicos promissores porém arriscados, o desempenho de seus investimentos enfraqueceu, e logo houve dificuldade para levantar capital.[12] No pico, no início da década de 1960, as SBICs tinham contabilizado mais de três quartos de todos os investimentos de capital de risco. Em 1968, foram ofuscadas por um novo rival que nem o governo nem Peter Drucker haviam previsto: a sociedade de responsabilidade limitada.[13]

◆

A ascensão desse novo rival começou em 1961, quando Arthur Rock saiu da corretora em Nova York. Estava cansado de negociar ações de companhias públicas, até porque o mercado com tendência de alta do final dos anos 1950 tornara difícil encontrar ações com perspectiva de crescimento, as chamadas *growth stocks*, a preços atraentes. Rock, portanto, decidiu abrir um negócio em que ainda poderia haver espaço para barganhas — na Califórnia, onde se propôs a buscar "as empresas mais especulativas e completamente inexperientes".[14] Chegando em São Francisco, juntou forças com Tommy Davis, um sulista arrojado e herói de guerra que compartilhava o entusiasmo pela tecnologia. "Fez-se fortuna no passado ao fincar trilhos de aço em todo o país", comentou Davis. "Passei a acreditar que a sorte da minha geração sairia da mente dos humanos."[15]

Davis e Rock decidiram mudar a forma como a tecnologia era financiada. Antes de 1961, Davis havia feito experiências com investimentos em tecnologia em nome da Kern County Land Company, uma empresa de petróleo, gado e imóveis no Vale Central da Califórnia.[16] Isso ia ao encontro da observação de Peter Drucker de que a principal fonte de capital para inovação estava nos lucros retidos das empresas estabelecidas; infelizmente, como Drucker havia previsto com precisão, a Kern County Land logo ordenou a Davis que evitasse a área de eletrônica especulativa que estivesse fora da zona de conforto da empresa.[17] Arthur Rock, por sua vez, encontrara seus próprios desafios na Hayden, Stone & Co., pois lá o procedimento consistia em identificar primeiro os negócios e, em seguida, fazer telefonemas aleatórios para encontrar uma fonte de capital disposta a investir. Como quase não havia fundos dedicados para financiar start-ups, esse dinheiro era escasso, e o poder de barganha ficava na mão dos investidores. Os inovadores sofreram, exatamente como prometera Drucker.

Para preencher essa lacuna no mercado de capitais, Davis e Rock se estabeleceram em sociedade de responsabilidade limitada, a mesma estrutura jurídica que havia sido usada por uma empresa rival que durou pouco, chamada Draper, Gaither & Anderson.[18] Em vez de identificarem start-ups e depois procurarem investidores corporativos, os dois começaram levantando um fundo que tornaria desnecessário esse tipo de investidor. Como os dois sócios ativos, ou "administradores", Davis e Rock semearam o fundo com 100 mil dólares, cada, tirados do próprio capital. Ignorando os empréstimos fáceis nos moldes das SBICs, então na moda, eles levantaram pouco menos de 3,2 milhões de dólares de cerca de trinta "cotistas" — indivíduos ricos que serviam como investidores passivos.[19] A beleza desse tamanho e estrutura era que a sociedade Davis & Rock agora tinha um fundo de reserva financeira 7,5 vezes maior do que uma SBIC e, com ele, a munição para fornecer às empresas capital suficiente para que crescessem de forma agressiva. Ao mesmo tempo, ao manter o número de investidores passivos abaixo do limite legal de cem, a sociedade passou despercebida pelo radar regulatório, evitando as restrições que dominaram as SBICs e a ARD de Doriot.[20] Para evitarem outra fraqueza encontrada em seus concorrentes, Davis e Rock prometeram, no início, liquidar o fundo após sete anos. Os sócios administradores tinham o próprio dinheiro no fundo e, portanto, um incentivo saudável para investir com cautela. E, ao mesmo tempo, poderiam empregar o capital dos sócios externos apenas por um período limitado. A cautela dos dois seria equilibrada com uma agressividade deliberada.

Na verdade, tudo sobre o projeto do fundo foi calculado para apoiar uma mentalidade de crescimento que fosse inteligente, mas poderosa. Ao contrário das SBICs, a Davis & Rock levantou dinheiro puramente na forma de patrimônio, e não de dívidas. Os fornecedores de capital — ou seja, os cotistas externos — sabiam que não deveriam esperar dividendos, então Davis e Rock estavam livres para investir em start-ups ambiciosas que usavam cada dólar de capital para expandir os negócios.[21] Como sócios administradores, os dois foram pessoalmente incentivados a priorizar a expansão: foram remunerados na forma de uma participação de 20% na valorização do capital do fundo. Enquanto isso, Rock se esforçava para estender essa mentalidade de capital aos funcionários de suas empresas do portfólio. Tendo testemunhado o efeito da participação acionária dos funcionários na cultura inicial da Fairchild, ele queria premiar gerentes, cientistas e vendedores com ações e opções de compra de ações. Em suma, todos na órbita da Davis & Rock — os cotistas, os sócios administradores, os empreendedores, os principais funcionários — eram remunerados com participações na empresa. Era um mundo distante da ARD, em que os investidores quase não tinham interesse financeiro na expansão das empresas de seu portfólio.

Mesmo enquanto forjavam essa cultura agressiva de participação, Davis e Rock promoveram uma divisão dos espólios que anunciou uma nova ordem. Na ARD, Doriot havia confiscado 77% das ações da Digital Equipment por apenas 100 mil dólares de capital, deixando parcos 23% para os fundadores. Na nova ordem prevista pela sociedade Davis & Rock, as coisas seriam diferentes. Ao permitirem alguma variação inevitável entre as empresas, os fundadores geralmente podiam esperar manter cerca de 45% de suas start-ups, com os funcionários recebendo cerca de 10% e a sociedade de capital de risco contentando-se com os 45% restantes,[22] os quais, por sua vez, seriam divididos entre os sócios administradores e os cotistas.

Os provedores passivos de capital ficariam com quatro quintos dos ganhos do fundo de risco, o equivalente a possuir 36% dos ganhos de capital das empresas do portfólio. Davis e Rock compartilhariam os outros 9%, o que significa que ficariam com cerca de um quinto do que os fundadores receberam. Ou seja, os provedores de capital se dariam bem, mas não tão bem assim. "Nunca quis ser o cadáver mais rico do cemitério", disse Rock mais tarde.[23]

Em 10 de outubro de 1961, a Davis & Rock apresentou seu Certificado de Sociedade. Seus investidores externos incluíam seis dos oito fundadores da Fairchild, alguns dos quais se tornaram companheiros de Rock em viagens de esqui e em caminhadas repletas de aventuras.[24] A Hayden, Stone & Co. também investiu, assim como vários clientes da empresa que haviam enriquecido com as dicas de tecnologia de Rock. Os dois sócios administradores — um, tímido e lacônico; o outro, solar e tagarela — alugaram um escritório simples no décimo sexto andar do grande Russ Building, com fachada de tijolos, na Montgomery Street, em São Francisco. Em uma porta no final de um corredor comprido, havia uma pequena placa com apenas "1635". Investir em start-ups discretas seria uma atividade discreta.

Rock e o sócio articularam uma abordagem de gestão de risco que teria repercussões entre os futuros investidores de capital de risco. A teoria moderna de portfólio, o conjunto de ideias que estava dominando as finanças na academia, enfatizava a diversificação: por possuírem uma ampla combinação de ativos expostos a uma vasta variedade de riscos não correlacionados, os investidores poderiam reduzir a volatilidade geral de suas participações e melhorar a relação entre risco e retorno. Davis e Rock ignoraram esse ensinamento e prometeram fazer apostas concentradas em cerca de uma dúzia de empresas. Embora isso implicasse perigos óbvios, seria tolerável por duas razões. Em primeiro lugar, ao comprar pouco menos da metade do patrimônio de uma empresa, a sociedade Davis & Rock teria um lugar garantido no conselho da empresa, além de poder de voto em sua estratégia: na ausência de diversificação, um investidor de risco poderia gerenciar o risco exercendo uma medida de controle sobre seus ativos. Em segundo lugar, Davis e Rock insistiram que investiriam apenas em empresas ambiciosas e de alto crescimento — aquelas cujo valor poderia saltar pelo menos dez vezes em cinco a sete anos. Para os críticos que consideraram tal teste excessivamente exigente, Davis retorquiu que seria "insensato aceitar um menos rigoroso". O investimento de risco era necessariamente especulativo, explicou ele, e a maioria das start-ups fracassaria; portanto, os vencedores teriam que lucrar bastante para tornar o portfólio bem-sucedido.[25] "Na minha opinião, não arriscar nas pequenas empresas é contraproducente", insistiu Davis.[26] Embora não usassem o termo, Davis e Rock estavam reconhecendo a lógica da lei de potência. A melhor maneira de gerenciar o risco era abraçá-lo sem medo.

No início da década de 1960, enquanto os sócios apresentavam essa visão, a academia transformava as finanças em uma ciência quantitativa. No entanto, de acordo com a maneira como Davis e Rock viam as coisas, a arte de investir em risco era necessariamente subjetiva. Julgamentos quanto a start-ups de tecnologia "viriam da 'experiência e intuição' ou da 'gentileza'", como Rock escreveu certa vez para Davis.[27] Métricas quantitativas de investimento, como a relação preço-lucro, seriam irrelevantes, porque os empreendimentos mais promissores provavelmente não teriam nenhum lucro no momento em que buscavam capital. Da mesma forma, eles não teriam os ativos físicos — os edifícios, o maquinário, o estoque e os veículos — que constituem o "valor contábil" em empresas maduras; assim, outra métrica-padrão usada em mercados públicos não faria sentido. Ou seja, os investidores de risco teriam que apostar em start-ups sem os parâmetros tranquilizadores usados por outros financistas. Eles não teriam escolha, a não ser praticar finanças sem finanças.

Tendo descartado as métricas convencionais de investimento, os sócios precisavam de algo mais para seguir em frente. E conseguiram isso nos julgamentos que eles faziam das pessoas, não importando que pudesse ser um embasamento frágil, por meio do qual comprometeriam capital. Davis, com ousadia, explicou certa vez que o princípio central do negócio de risco pode ser resumido em quatro palavras: "Apoie as pessoas certas."[28] Por sua vez, Rock adquiriu o hábito de pular as projeções financeiras dos planos de negócios e ir direto para a apresentação dos currículos dos fundadores.[29] "O fator mais importante no longo prazo para qualquer empresa é, obviamente, a gestão", disse Rock ao Harvard Business School Club de São Francisco, em 1962. "No entanto, acredito que na indústria da ciência aplicada isso seja ainda mais verdadeiro." O único ativo das start-ups de tecnologia, e a única razão possível para investir nelas, era o talento humano, ou o que Rock gostava de chamar de "valor contábil intelectual". "Se você está comprando um valor contábil intelectual, então é melhor que dê muita ênfase às pessoas que você espera que capitalizem o intelecto delas", discursou Rock.[30]

Ao contrário dos investidores de risco posteriores, muitos dos quais eram engenheiros de formação, Davis e Rock não tinham o treinamento necessário para avaliar as ideias técnicas dos fundadores.[31] Então compensaram essa deficiência buscando conselhos dos cotistas do fundo, vários dos quais administravam start-ups científicas. Mas eles também dependiam da inteligência emocional. Rock, em particular, acreditava que suas intuições em relação às pessoas lhe davam uma vantagem como investidor. O temperamento tímido de alguém observador fez dele um ouvinte especialista. E, portanto, encontrava-se várias vezes com fundadores de empresas promissoras antes de se comprometer a apoiá-los. O método que seguia era o de fazer perguntas abertas — Quem eles admiravam? Com que erros haviam aprendido? — e esperar pacientemente que os empreendedores preenchessem o vazio criado por seu silêncio.[32] Autocontradição, pensamentos ilusórios, gosto pela bajulação em detrimento da honestidade: essas eram as pistas de que Rock deveria rejeitar um investimento. Consistência inteligente, atitude realista e corajosa, determinação impetuosa: esses eram os sinais de que deveria aproveitar a oportunidade.[33] "Eles veem as coisas como são e não como querem que sejam?", Rock costumava se perguntar.[34] "Eles largariam o que estavam fazendo sem hesitar para realizar algo que ajudasse o negócio, ou continuariam jantando?"[35] "Quando converso com empreendedores, estou avaliando não só o que os move, mas também o caráter, a fibra", refletiu Rock.³⁶ "Acredito tanto nas pessoas que acho que falar com elas é muito mais importante do que descobrir demais acerca do que querem fazer."

Essa crença nos indivíduos — e a prioridade proporcionalmente baixa atribuída ao produto ou ao mercado em que trabalhavam — ficou bem evidente em um dos primeiros investimentos da Davis & Rock. Antes de abrirem o próprio negócio, os dois sócios concordaram em evitar start-ups de computadores: o domínio da IBM nesse setor o tornava uma zona morta. Mas no dia em que tomou posse do escritório no Russ Building, com sua arquitetura neogótica, Davis recebeu o telefonema de um consultor que conhecia da época em que morava no condado de Kern.

O consultor estava claramente animado. Ele exaltava um matemático chamado Max Palevsky, anunciando seu novo empreendimento como "a proposta mais empolgante já vista".

Sentado no chão do escritório vazio, ainda sem mobílias, Davis ouviu cada detalhe. Ele queria muito acreditar. Ligações empolgantes como essa foram exatamente o motivo pelo qual saíra do condado de Kern, e lá estava ele em seu primeiro dia no escritório novo, ouvindo o tipo de conversa com que havia sonhado. Davis logo se emocionou. "Minha voz disparou aguda", lembrou ele mais tarde.

Então pensou em fazer uma pergunta: "Espere um minuto, o que esse cara vai fazer?" Fabricar computadores, foi a resposta do consultor.

Analisando essa conversa anos depois, Davis demonstrou falso desânimo. O empreendedor parecia tão maravilhoso. Mas desafiar a IBM era para tolos.³⁷

Por respeito ao consultor, Davis concordou em se encontrar com esse matemático. Assim que o fez, ficou claro que Max Palevsky era especial. Filho de um pintor de paredes russo que falava iídiche, ele cresceu em uma área pobre de Chicago e depois foi para a famosa universidade da cidade, onde estudou lógica. Isso provou ser um trampolim para a computação, e, após vários anos de sucesso na indústria, Palevsky estava cheio de energia aos trinta e muitos anos, brandindo uma nova visão do mercado de computadores. Graças ao advento do semicondutor, os computadores não precisavam mais de válvulas termiônicas volumosas e caras; portanto, Palevsky poderia construir máquinas que superariam as da IBM. No entanto, o que importava mais do que o currículo e a visão de mercado do matemático era o dinamismo de sua presença. Davis disse mais tarde que, quando ia às corridas de cavalo, gostava de apostar no animal que *queria* vencer. Bem, Palevsky era tão apaixonado por sua proposta de empresa que, apesar do medo de voar, cruzou o país em busca de capital, sobrevivendo à base de doces e de adrenalina.[38]

Davis ligou para Rock, que ainda não tinha preparado a mudança para sair de Nova York. Sem fôlego, Davis explicou que havia encontrado um investimento maravilhoso. Juntos, eles precisavam apoiar esse empreendimento: uma empresa de computadores totalmente nova que bateria de frente com a IBM.

No outro lado da linha houve silêncio. Rock então disse: "Pelo amor de Deus, formei sociedade com um idiota."[39]

No entanto, quando Rock conheceu Palevsky, também se rendeu. O que mais impressionou Rock foi a afetuosidade e a informalidade do matemático.[40] Ele sabia brincar, lisonjear e bajular e, em geral, tirava o melhor dos outros: era um anti-Shockley. Empreendedores com magia empresarial não podem perder, refletiu Rock mais tarde. "Se a estratégia deles não funcionar, podem desenvolver outra."[41]

A Davis & Rock investiu 257 mil dólares na nova empresa da Palevsky, a Scientific Data Systems (SDS). A aposta acabou se saindo melhor do que eles poderiam imaginar: a SDS foi a fabricante de computadores que mais cresceu na década de 1960. Quando Davis e Rock encerraram a sociedade, em 1968, suas participações na SDS valiam 60 milhões de dólares, mais do que justificando a alegação de que uma aposta audaciosa poderia levar ao sucesso um portfólio inteiro.[42]

Como Davis e Rock se concentravam de forma bastante intensa na qualidade dos fundadores, eles exerciam seu poder após o investimento de forma respeitosa. Usavam suas posições no conselho para proteger seu fundo contra o risco de erros bobos, recusando-se a permitir que os fundadores desperdiçassem dinheiro, insistindo em um senso de urgência, às vezes reprimindo propostas fracas e perguntando de forma abrupta: "De que adianta isso?"[43] No caso da Scientific Data Systems, Rock presidiu o conselho e fez tudo que pôde para ajudar, examinando a maioria das contratações em potencial e garantindo que as contas da empresa refletissem o verdadeiro estado dos negócios.[44] Palevsky apreciou a contribuição de Rock e mais tarde o descreveu como "uma mão muito firme no leme". Os dois fizeram uma viagem de negócios à Rússia: filhos norte-americanos de russos falantes de iídiche visitando a terra de seus ancestrais e odiando cada momento. ("A melhor coisa de ir para a Rússia foi sair de lá", lembrou Rock mais tarde.)[45] Em 1969, quando a Xerox fez uma oferta pela SDS, Palevsky reconheceu que Rock dominava mais os detalhes financeiros e pediu a ele que ficasse à frente da negociação. O resultado foi a venda corporativa da década, com a Xerox pagando pouco menos de 1 bilhão de dólares.[46]

◆

Em 30 de junho de 1968, Davis e Rock encerraram a sociedade. Graças à SDS, mas também a uma empresa na área da defesa chamada Teledyne, o fundo inicial de 3,4 milhões de dólares agora valia quase 77 milhões, um retorno extraordinário de 22,6 vezes. Foi um desempenho que facilmente superou o de Warren Buffett nesse período, bem como o do inventor do "fundo de multimercado", Alfred Winslow Jones. Somando a parte deles na valorização do fundo ao ganho em suas apostas pessoais de 100 mil dólares, cada sócio saiu com quase 10 milhões — ou o equivalente a 74 milhões de dólares nos valores atuais. Chegou uma enxurrada de cartas dos cotistas. "Prezados Tommy e Arthur, o recorde absolutamente fenomenal que vocês estabeleceram como gestores de investimentos durante os sete anos da Davis & Rock me deixa, como cotista, sem palavras para expressar minha gratidão", disse um deles.[47]

Dois anos antes, em 1966, um artigo da *Fortune* havia divulgado os lucros de Alfred Winslow Jones, de encher os olhos, e toda uma nova indústria de fundos de multimercado tinha surgido. A sociedade Davis & Rock atraiu atenção semelhante, com efeitos parecidos no capital de risco. Um perfil elogioso publicado no *Los Angeles Times* exibia uma foto dos sócios vestindo terno e gravata, Davis com um lenço elegante aparecendo no bolso da camisa.[48] Enquanto isso, a *Forbes* suscitava a questão existencial na mente de muitos leitores: "Como conseguir ser igual a Arthur Rock?"[49] Ao responder a essa pergunta, Rock expôs sua teoria de investimento focado em pessoas, mencionando que pretendia encontrar um sócio mais jovem para lançar um novo fundo. Logo chegaram cartas de candidatos de todo o país querendo o emprego, inclusive a de um jovem de Boston chamado Dick Kramlich, que Rock acabou contratando. Enquanto isso, Davis lançou sua própria nova sociedade, chamando-a de Mayfield Fund, e assim começaram a surgir rivais sem parar. Dois jovens oponentes chamados Bill Hambrecht e George Quist lançaram um banco de investimento em fundos de risco e em tecnologia de mesmo nome, o qual mais tarde desempenharia um papel central no Vale do Silício. Um engenheiro do Texas chamado Burt McMurtry deixou o setor de eletrônicos para tentar a sorte como investidor de risco, iniciando uma carreira que culminaria em uma parceria que apoiou a Sun Microsystems e a Microsoft. Em Nova York, a família Rockefeller formalizou seu compromisso com o capital de risco ao criar a Venrock, um fundo dedicado baseado no modelo da Davis & Rock. Os grandes bancos de Wall Street quiseram participar da festa, contratando pessoal com MBA para trabalhar em suas unidades. Em São Francisco, o clube de investimento informal conhecido como o Grupo se transformou na Western Association of Venture Capitalists. No ano de notório sucesso de 1969, 171 milhões de dólares em capital privado fluíram para o setor, o equivalente a cinquenta novas sociedades da Davis & Rock.[50]

O triunfo do modelo da Davis & Rock se destacou em relação ao fracasso dos formatos alternativos de risco. Em Boston, o vice de Georges Doriot, Bill Elfers, expressou sua frustração palpável com a estrutura de empresa pública da ARD ao desertar e acabar fundando uma sociedade no estilo Davis & Rock chamada Greylock; em 1972, a ARD não existia mais. O dinheiro parou de chegar às SBICs, e as melhores — incluindo uma empresa chamada Sutter Hill, que havia comprado o portfólio de Draper e Johnson — pagaram seus empréstimos com o governo e recrutaram cotistas privados, abraçando a cultura de participações da Davis & Rock. Enquanto isso, as observações de Peter Drucker sobre as armadilhas do investimento corporativo ganharam destaque graças ao destino da Fairchild Semiconductor. Era como se os deuses do destino gostassem de finais em que o círculo se completa.

◆

Em um famoso ensaio da *Esquire*, o grande contador de histórias Tom Wolfe apresenta Robert Noyce, o carismático líder dos Oito Traidores da Fairchild, como o pai do Vale do Silício.[51] Noyce veio de uma família de ministros congregacionais em Grinnell, Iowa, bem no centro do meio-oeste, composto de terras tão planas quanto a estrutura social. Quando Noyce se mudou para a Califórnia, Grinnell foi junto, "como se estivesse costurada no forro de seu casaco". Instintivamente, ele queria administrar a Fairchild sem nenhuma divisão entre chefes e trabalhadores. Não haveria vagas reservadas no estacionamento para os executivos, nenhum refeitório sofisticado para os diretores nem nenhuma restrição quanto a quem poderia falar nas reuniões. Em vez disso, haveria igualdade de condições, uma ética de trabalho feroz e a crença de que cada funcionário tinha uma participação na empresa.

Segundo a história contada por Wolfe, o problema com os senhores da Costa Leste da Fairchild Semiconductor era que eles nunca seriam capazes de compreender essa ética igualitária. A Costa Leste tinha uma abordagem feudal em relação à organização corporativa: havia reis e senhores, vassalos e soldados, e os limites eram estabelecidos de acordo com protocolos e privilégios. Enquanto os caras da empresa de semicondutores de Noyce, na Costa Oeste, detestavam pretensão social, os executivos da Costa Leste tinham limusines e *chauffers*. Se os caras dos semicondutores operavam em cubículos utilitários, decorados em um estilo que Wolfe chamava de "Galpão Glorificado", os executivos da Costa Leste valorizavam seus escritórios baroniais "com painéis esculpidos, lareiras falsas, escrivaninhas, *bergères*, livros com capa de couro e vestiários". E, além dessas grandes discrepâncias de estilo, havia um conflito prático. Os engenheiros da Costa Oeste acreditavam que os homens que montaram o negócio deveriam ser recompensados com ações. Já os senhores feudais da Costa Leste eram gananciosos e míopes demais para compartilhar a recompensa.

No entanto, apesar da magistral narrativa de Wolfe, foi Arthur Rock quem entendeu esse conflito mais cedo e mais instintivamente do que Noyce, e foi Rock quem garantiu que o igualitarismo da Costa Oeste triunfasse. Desde seu primeiro encontro com os Oito Traidores, Rock percebeu que possuir participação na empresa era uma motivação poderosa para os cientistas: foi por isso que ele estruturou a Fairchild Semiconductor para que todos eles tivessem ações. Depois que os chefes da Costa Leste da Fairchild exerceram sua opção e assumiram a propriedade total, Noyce continuou a ser leal ao pessoal da Costa Leste, mas Rock rapidamente percebeu que a magia da empresa fora deturpada. Seus companheiros prediletos de caminhada, dois integrantes dos Oito Traidores chamados Jay Last e Jean Hoerni, reclamaram das mudanças na Fairchild, expressando o ressentimento pelo fato de não terem mais participação na empresa. Jay Last disse que agora se sentia como "só mais um funcionário trabalhando em um laboratório de pesquisa para outra pessoa".[52]

Rock ouviu as queixas dos amigos e pediu a eles que tomassem as rédeas do próprio destino. Não adiantava esperar; mereciam uma participação financeira nos frutos que suas pesquisas renderiam. Se Rock os libertara uma vez, poderia facilmente fazê-lo de novo. Ele aconselhou Last e Hoerni a conversar com a Teledyne, a empresa que se tornaria o segundo investimento de maior sucesso no portfólio da Davis & Rock.

O tempo passou e nada aconteceu. Last e Hoerni pareciam tímidos demais para agir. Então Rock conversou com o chefe da Teledyne, Henry Singleton, explicando por que seus amigos de escalada seriam um trunfo para a empresa. Em seguida, ligou para a Fairchild no meio da troca de presentes de Natal da empresa, que tinha ninguém menos do que Jay Last fantasiado de Papai Noel. Agora era a hora de aproveitar o momento. Então Rock pressionou o vacilante Papai Noel, lançando o desafio do homem ou do rato que viria a ser amado por futuros caçadores de talentos. Henry

Singleton estava esperando um telefonema, instigou Rock. Ele estava lá, sentado, esperando a ligação de Last e contando com isso.[53]

Last telefonou para Singleton e concordou em se encontrar com ele na sede da Teledyne, em West Los Angeles,[54] e prometeu levar Hoerni junto.

Como Hoerni odiava viajar de avião, os dois pesquisadores vestiram o que chamavam de ternos de negociação e dirigiram para o sul. Depois de várias horas de discussão, em que Last e Hoerni se certificaram de que obteriam uma grande quantidade de participação no patrimônio, o acordo foi fechado.[55] Exultantes, os dois homens voltaram para o carro e dirigiram para as montanhas Old Woman, no deserto de Mojave. Eles retiraram algumas buzinas e cornetas do porta-malas e se sentaram no meio do deserto, dois cientistas de terno celebrando o Ano-Novo e suas novas perspectivas — as quais se tornaram possíveis graças a Arthur Rock.[56]

Depois de Rock demonstrar que os cientistas podiam se libertar dos soberanos opressores do mundo corporativo não uma, mas repetidas vezes, o destino da aposta de risco corporativo da Fairchild estava selado. Last e Hoerni logo persuadiram mais dois dos Oito Traidores, Sheldon Roberts e Eugene Kleiner, a segui-los até a Teledyne, onde também foram recompensados com concessões adequadas de patrimônio.[57] Mais deserções vieram, e, no final de 1965, um engenheiro particularmente animado preencheu o questionário de demissão de seis páginas da Fairchild e rabiscou em letras garrafais "EU QUERO FICAR RICO".[58] Na primavera de 1967, ninguém menos que o principal tenente de Noyce saiu, atraindo 35 funcionários da Fairchild para a principal concorrente, a National Semiconductor.[59] O grupo desmoralizado que ficou na Fairchild se reunia semanalmente em um bar local chamado Walker's Wagon Wheel. "Bem, é sexta-feira, quem a National pegou esta semana? Filhos da puta!"[60]

No final de 1967, os chefes da Costa Leste da Fairchild finalmente acordaram para a situação. Graças à mudança cultural iniciada por Rock, a recusa da empresa em conceder ações a pesquisadores talentosos ficou insustentável. Mas, embora a Fairchild tenha aprovado um pacote de opções para os funcionários, já era tarde demais. Junto à perda de talentos, o dinheiro também ia embora e, depois de nove anos trabalhando para o pessoal da Costa

Leste, até mesmo Noyce percebeu que o jogo havia acabado. Em abril de 1968, recorreu a Gordon Moore, um dos dois traidores que permaneceram com ele na Fairchild. "Estou pensando em pedir as contas", disse.[61]

Quando Noyce havia rompido relações com Shockley, tinha sido uma decisão difícil; a possibilidade de criar uma nova empresa estava além de sua imaginação. Mas agora, uma década depois, a Costa Oeste tinha mudado. Não havia mais necessidade de ir de cabeça baixa para outra empresa; não havia necessidade nem mesmo de aceitar o investimento de um soberano do mundo corporativo. Graças ao sucesso da sociedade Davis & Rock, havia dinheiro disponível para apoiar start-ups sem ativos ou lucros, desde que tivessem talento e ambição. A lacuna no mercado de capitais identificada por Peter Drucker fora preenchida.

Noyce ligou para Arthur Rock. Havia muitos investidores de risco à disposição, mas Rock tinha financiado a Fairchild. Sua reputação era grande graças à SDS e à Teledyne.

Noyce explicou que estava saindo da Fairchild e planejando abrir uma nova empresa.

— Por que demorou tanto? — Foi tudo o que Rock disse.[62]

Noyce respondeu que precisava de 2,5 milhões de dólares, uma quantia consideravelmente maior do que a Fairchild e a SDS haviam levantado quando surgiram.

— Conte comigo — prometeu Rock.[63]

Algumas semanas depois daquele telefonema, Noyce e Gordon Moore pediram demissão da Fairchild. O capital de risco os libertava, de novo.

O que veio a seguir ampliou a revolução onde o talento era recompensado e o capital encontrava seu lugar. Para arrecadar dinheiro para a nova empresa, que Noyce e Moore chamaram de Intel, Rock elaborou um plano de negócios que invertia o modelo da Fairchild. Em vez de conceder direitos especiais ao investidor — direitos que consistem, no caso da Fairchild, na opção de comprar a empresa inteira —, o financiamento da Intel foi projetado para privilegiar os empreendedores. Noyce e Moore comprariam, cada um, 245 mil cotas da empresa por 245 mil dólares, e o próprio Rock seria responsável pela compra de mais de dez mil cotas nos mesmos termos. Os investidores externos arrecadariam 2,5 milhões de dólares, porém fariam isso com um valor diferente — não pagando 1 dólar por cota, mas 5 dólares —, o que significa que controlariam o mesmo número de ações que os fundadores, embora tivessem investido cinco vezes mais. Como já era padrão nos negócios de Arthur Rock, outra parcela de ações foi reservada para recompensar os funcionários, mas dessa vez o princípio foi levado ainda mais a sério. Em outras empresas do portfólio de Rock, os principais engenheiros, executivos e vendedores haviam recebido ações e opções de compra de ações. No caso da Intel, todos os funcionários receberam alguma ação.

Em 16 de outubro de 1968, Rock começou a juntar dinheiro externo. Tendo então recém-encerrado o fundo da Davis & Rock, faltava um veículo de investimento que lhe fornecesse o capital. Mas agora ele não tinha dificuldade para encontrar patrocinadores ansiosos. Dos 32 nomes da lista original de Rock, apenas um se recusou a investir; o restante se considerou sortudo ao receber seu telefonema. Max Palevsky entrou no jogo, assim como a operação de risco da família Rockefeller, que estava prestes a compensar sua estreia instável no setor. Os seis outros membros dos Oito Traidores compraram ações, e Robert Noyce se certificou de que sua pequena *alma mater*, a Grinnell College, fosse convidada a participar.[64] Enquanto isso, Sherman Fairchild foi retirado da lista após a devida ponderação, e uma multidão de investidores frustrados passou a clamar por acesso; um almirante especialmente persistente telefonou repetidas vezes para a esposa de Moore.[65] Agora, em vez de os investidores selecionarem empresas para investir, os empreendedores estavam escolhendo entre os investidores. A mudança estabelecida pela sociedade de Davis & Rock atingiu sua fruição plena.

O crédito que o próprio Rock merece por esses desdobramentos é, obviamente, discutível. Mas com certeza ele merece mais do que recebeu. A narrativa predominante sobre a cultura do Vale do Silício transforma os fundadores de empresas em celebridades, e a narrativa requintada de Tom

Wolfe apresenta as raízes de Noyce na pequena cidade de Iowa como a gênese da cultura de negócios igualitária e acessível a todos da Costa Oeste.[66] Todavia, como vimos, foi Arthur Rock quem deu o impulso para a criação da Fairchild e quem abriu os olhos dos fundadores para a possibilidade de serem donos dos frutos de suas pesquisas. Foi Rock quem demonstrou o potencial da sociedade de responsabilidade limitada que desenvolveu a cultura de cotas do Vale e foi ele quem ajudou a catalisar o fracasso do modelo de risco corporativo na Fairchild, arrancando Jean Hoerni e Jay Last de lá. Além disso, quando se tratou da criação do plano de ações dos funcionários da Intel, provavelmente foi Rock quem propôs o acesso para todos e certamente foi quem elaborou os detalhes do plano.[67] Em uma carta escrita em agosto de 1968, na qual expunha seu pensamento, Rock descreveu uma maneira de equilibrar os interesses de investidores e trabalhadores: a Intel deve evitar concessões de ações a funcionários em curto prazo, mas estendê-las a todos que assumiram um compromisso em longo prazo. "Existem muitos milionários que não fizeram nada por sua empresa, exceto ir embora após um breve período", observou ele com sabedoria.[68] Sem o conselho criterioso de Rock, o programa de ações dos funcionários da Intel não teria estabelecido tal padrão no Vale do Silício, porque não seria sustentável.

Noyce era de fato filho e neto de ministros congregacionais, como Tom Wolfe corretamente enfatizou. Mas Rock odiava hierarquias com, no mínimo, a mesma intensidade. Ele era o menino judeu vindo de uma cidade pequena, fisicamente inseguro e vítima de bullying. Era o jovem que desprezava a rigidez hierárquica do Exército. Foi o homem que, na primeira oportunidade, libertou-se do *establishment* corporativo da Costa Leste. Em sua lucidez lacônica, justa e direta, Rock era tão hostil à arrogância e à pretensão quanto Noyce. Se Tom Wolfe tivesse escrito um perfil épico sobre Rock em vez daquele sobre Noyce, as origens da cultura igualitária do Vale do Silício poderiam ser atribuídas ao financista e não ao empreendedor. Sem dúvida, a verdade se esconde em algum lugar no meio do caminho.

Capítulo três

Sequoia, Kleiner Perkins e capital ativista

No verão de 1972, um trio de engenheiros da Costa Oeste produziu algo chamado *Pong*, um dos primeiros videogames do mundo. Mas nenhuma pessoa sóbria o consideraria sofisticado. Nele, os jogadores alternavam uma raquete virtual para cima e para baixo, tentando bloquear uma bola, e, quando a bola colidia com a raquete, alguma fenda profunda do cérebro reptiliano era recompensada com um barulhinho agradável. Havia apenas uma regra que os jogadores deveriam dominar: "Se quiserem obter uma pontuação alta, evitem perder a bola."[1] Até mesmo os heroicamente embriagados podiam jogar, e o *Pong* logo foi instalado em bares nas redondezas da área da Baía de São Francisco, arrecadando dinheiro dos apostadores a uma taxa de 1.000 dólares por semana.

Em alguns anos, a equipe por trás do *Pong* atraiu a atenção de um investidor de risco. Nessa época, a Atari, como era chamada a empresa desenvolvedora do jogo, havia se infiltrado em bares por todo o país.[2] Ela abrira uma fábrica em um antigo rinque de patinação e contratara uma equipe de engenheiros de calça boca de sino para inventar novos jogos para os clientes. Investir na Atari, porém, exigiria um novo tipo de investidor de risco, porque se tratava de um novo tipo de empresa de tecnologia. Quando Arthur Rock deu suporte à Fairchild — ou à SDS, à Teledyne ou à Intel —, a aposta estava na tecnologia: a pesquisa e o desenvolvimento gerariam produtos que funcionariam? Por outro lado, com a Atari, a tecnologia era relativamente trivial: o primeiro jogo, *Pong*, foi feito por um inventor inspirado que tinha diploma de bacharel em Berkeley. Em vez de um risco de tecnologia, a Atari envolvia riscos de negócios, de marketing e o que pode ser denominado como o "risco do homem selvagem". Não era para os fracos.

Nolan Bushnell, fundador da Atari, estava na casa dos vinte e poucos anos e não tinha tempo para as aulas básicas de negócios. Com 1,93 metro e cabelos desgrenhados, ele presidia a empresa como se fosse um Hugh Hefner *high-tech*.[3] Mantinha uma torneira de cerveja artesanal fora de seu escritório e gostava de fazer reuniões de negócios em uma banheira de hidromassagem — fosse em casa ou na banheira nova que havia instalado no prédio de engenharia da Atari.[4] As reuniões e as festas na banheira de hidromassagem — às vezes era difícil diferenciar uma da outra — faziam parte da cultura da Atari, que tinha como premissa manter os designers de jogos do sexo masculino felizes, contratando as secretárias mais bonitas disponíveis no mercado.[5] A abordagem de Bushnell para a estratégia corporativa consistia em rabiscar epifanias em pedaços de papel que encontrava soltos no bolso. Os funcionários tinham as despesas de viagem pagas antecipadamente e às vezes fugiam com o dinheiro e nunca mais eram vistos. Os pedidos dos clientes não costumavam ser anotados, fazendo com que processos custosos fossem algo corriqueiro. Embora o *Pong* estivesse gerando receitas, o dinheiro era tão apertado que o estacionamento esvaziava nos dias de pagamento, pois as pessoas corriam para descontar seus cheques antes que a conta da Atari ficasse zerada.[6] Se desde a década de 1950 os negócios norte-americanos vinham sendo dominados pelo homem organizacional, Nolan Bushnell era o completo oposto, o homem desorganizacional: desleixado, pouco sóbrio, criativo e cativante.

Por acaso, a década de 1970 marcou a chegada de um novo tipo de investidor de risco, munido de um kit de ferramentas com mais peças que transformou start-ups do tipo da Atari, antes inviáveis, em apostas concebíveis.

Em vez de apenas identificarem empreendedores e monitorá-los, como Rock havia feito, os novos investidores de risco os moldaram ativamente: disseram aos fundadores das empresas quem contratar, como vender e como estruturar pesquisas. E, para garantir que suas instruções fossem implementadas, os novos investidores de risco surgiram com uma segunda inovação: em vez de organizarem uma grande arrecadação de fundos, distribuíram o capital em *tranches*, com cada infusão cautelosa calibrada para apoiar a empresa até atingir um marco combinado. Se os anos 1950 revelaram o poder do capital de libertação e os anos 1960 trouxeram o fundo de capital por tempo limitado, os avanços dos anos 1970 foram de dois tipos: ativismo acionista prático e financiamento em estágios.

Os grandes pioneiros do novo estilo de empreendimento foram Don Valentine e Tom Perkins, respectivamente as principais figuras dos grandes rivais do Vale do Silício, Sequoia Capital e Kleiner Perkins Caufield & Byers. Eles eram igualmente enérgicos e, graças a seu temperamento, adequados ao ativismo combativo. Dizem que Valentine declarou que fundadores de empresas de baixo desempenho deveriam ser "colocados em uma cela com Charlie Manson" e que uma vez ele repreendeu um subordinado de forma tão severa que o pobre homem desmaiou.[7] Perkins, dono de iates e dândi que só pensava em si mesmo e desfilava a bordo de sua Ferrari, adorava desprezar a sabedoria refinada; mais tarde, quando gastou 18 milhões de dólares comprando um apartamento em São Francisco, declarou num tom desafiador: "Se sou chamado de rei do Vale do Silício, por que não posso ter uma cobertura?"[8]

O perfil agressivo de Valentine era fruto das experiências de sua juventude. O pai era caminhoneiro em Yonkers, Nova York, e funcionário de cargo mais baixo do sindicato dos Teamsters. Ele não concluiu o ensino médio, e a família nunca tivera uma conta bancária. Quando criança, Don frequentou uma escola católica rígida, onde as freiras batiam em seus pupilos, especialmente se tentassem escrever com a mão esquerda, como era o caso do pequeno Valentine. A dura infância de Arthur Rock, junto à fragilidade física após ser infectado com poliomielite, deixou-o isolado e reservado. A educação difícil de Valentine, combinada à sua estrutura física, semelhante à de um boxeador profissional, transformou-o em uma pessoa explosiva, que se ofendia com facilidade e ansiava por uma briga.

Valentine frequentou a Universidade Fordham, administrada por jesuítas, e odiava os professores. Em seguida, veio o alistamento militar. Ele se indignou com a arregimentação e aprendeu que seu "senso de desobediência não era totalmente civil".[9] Por sorte, seu porte físico logo lhe rendeu a indicação para jogar polo aquático pela Marinha em uma base no sul da Califórnia. Ele amava o clima e, após ser dispensado do polo aquático, ingressou no negócio de semicondutores, determinado a permanecer na Costa Oeste. Valentine subiu na hierarquia da Fairchild Semiconductor e, mais tarde, na da rival National Semiconductor, desenvolvendo uma atividade secundária com investimento do próprio bolso, inclusive na fase próspera de Rock-Palevsky, com a SDS. Em 1972, sua reputação era tamanha que a Capital Research and Management, uma respeitável firma de investimentos de Los Angeles, lhe pediu para liderar seu novo movimento rumo ao capital de risco.[10] A cultura na Capital Research era conservadora; os investimentos em tecnologia de que Valentine gostava eram o oposto. Mas, de qualquer maneira, Valentine concordou em assinar o contrato. Seu novo chefe, Bob Kirby, rapidamente o apelidou de "Rocket Man", ou "Homem-Foguete".[11]

O primeiro desafio de Valentine foi levantar capital para seu novo fundo.[12] Discípulo de Ayn Rand, a impetuosa romancista libertária, Valentine não estava disposto a seguir o formato de uma Small Business Investment Company e aceitar empréstimos do governo.[13] Achava que a dívida seria um fardo para as start-ups voltadas para o crescimento e, além disso, fora criado para odiar dívidas: "Meu pai não acreditava em dívidas, então sempre alugávamos, e eu tinha gravado na minha mente que a dívida era uma coisa do mal, limitadora e ruim."[14] Valentine tampouco aceitaria dinheiro de fundos de pensão, porque a "regra do homem prudente" do Departamento do Trabalho proibia investimentos em ativos de alto risco, tal qual capital de risco. Em busca de entidades que não tivessem restrições do governo, Valentine considerou levantar capital de pessoas ricas, seguindo o modelo da Davis & Rock. Mas um amigo apontou que pessoas físicas tinham o hábito de morrer ou se divorciar, de modo que a propriedade precisaria ser dividida, o que significava que tinha que ser precificada. Um fundo de risco que recebia dinheiro de pessoas físicas, portanto, corria o risco de gerar discussões intermináveis acerca do valor de novas empresas de portfólio.[15] Da maneira como Valentine enxergava tudo, a única coisa pior do que se envolver com o governo era se meter com advogados.

Valentine também cogitou levantar dinheiro em Wall Street. Faltavam-lhe, porém, o polimento e a qualificação que os nova-iorquinos prepotentes esperavam. Ele não havia frequentado uma faculdade da Ivy League nem uma escola de administração de elite e odiava sabichões presunçosos, categoria que definia como "pessoas com nomes hifenizados ou algarismos romanos após o sobrenome, descendentes diretos de imigrantes que haviam chegado no navio *Mayflower*, pessoas que gostavam de viver na Costa Leste e que usavam gravatas Hermès, suspensórios, abotoaduras, anéis de sinete e camisas com monograma", como escreveu mais tarde um distinto tenente.[16]

Em uma ocasião, Valentine tentou levantar capital do banco de investimento de Nova York Salomon Brothers.

— Em que escola de administração você estudou? — perguntaram os caras do Salomon.

— Na Fairchild Semiconductor Business School — rosnou Valentine.

Mais tarde, com cara de felicidade, lembrou: "Eles costumavam me olhar como se eu fosse completamente maluco, não apenas um pouco."[17]

Valentine demorou um ano e meio para levantar 5 milhões de dólares para seu primeiro fundo.[18] No entanto, acabou tendo sucesso ao explorar fundos de capital que gozavam de status de caridade: as universidades e as dotações que escapavam não apenas à regulamentação, mas também ao imposto sobre ganhos de capital. A Fundação Ford veio primeiro, e mais tarde se juntaram Yale, Vanderbilt e, por fim, Harvard; ironicamente, os chefes de investimentos da Ivy League mostraram ter uma mente mais aberta em relação a um formando rude da Fordham do que muitos ex-alunos poderiam demonstrar. Com isso, as dotações deram início a um dos grandes ciclos virtuosos do sistema norte-americano. Os investidores de risco apoiavam start-ups com uso intensivo de conhecimento, e uma parte dos lucros era destinada a instituições de pesquisa que geravam mais conhecimento.[19] Até hoje as salas de conferência da antiga empresa de Valentine têm o nome de seus principais cotistas: Harvard, MIT, Stanford e assim por diante.[20]

◆

No verão de 1974, logo depois de angariar 5 milhões de dólares, Valentine apareceu no antigo rinque de patinação que agora era a fábrica improvisada da Atari. Aos quarenta e poucos anos, apesar de estar em forma, parecia debilitado enquanto caminhava pela fábrica. Tossia desconfortavelmente e depois parecia engolir a seco e prender a respiração. Como ele descreveu a cena mais tarde, a fumaça de maconha na instalação era suficiente para "deixar qualquer um de joelhos".[21]

— O que houve? — perguntou Nolan Bushnell a ele.

— Não sei o que essas pessoas estão fumando — respondeu Valentine. — Mas não é a minha praia.[22]

Os investidores de risco já haviam visitado a Atari antes e se retirado rapidamente. Burt McMurtry, um dos novos investidores de risco que entraram no negócio após o sucesso de Rock, considerou a empresa *"open-loop"*, ou de malha aberta, gíria de engenharia para algo caótico.[23] Mas a personalidade combativa de Valentine lhe permitiu ter uma visão diferente. Sem se incomodar com a perspectiva de ter que gritar com fundadores rebeldes e intransigentes, ele se sentia livre para apoiar pessoas indomadas caso estivessem envolvidas em algo lucrativo. Mais do que isso, apoiar uma empresa como a Atari ia ao encontro da ideia que Valentine tinha de si mesmo. Aqueles preciosos aristocratas da Costa Leste não tocariam na Atari nem com uma vara de três metros, e era exatamente esse o motivo pelo qual Valentine estava ansioso para abraçar a empresa. Anos depois, ele relatou com deleite um encontro ocorrido na banheira de hidromassagem da Atari. A convite de Bushnell, Valentine se despiu com confiança e entrou. Enquanto isso, um investidor nervoso de Boston, de camisa branca e gravata, sentou-se ao lado, com uma expressão desconfortável.[24]

Ainda que a cultura livre da Atari não acabasse com os interesses de negócio de Valentine, a questão importante era se a empresa poderia se manter em cima da popularidade inicial do *Pong*. Felizmente, isso envolvia uma série de questões que favoreciam os pontos fortes de Valentine. Ao contrário de Arthur Rock, ele era um operador de negócios proativo por formação e, em seus anos como vendedor de semicondutores, aprendeu como transformar produtos em lucros. Era necessário seguir a versão da invenção que daria a maior margem de lucro e abrir canais de vendas para o maior número possível de clientes. No caso da Atari, isso significava capitalizar em cima de uma das muitas epifanias pouco elaboradas de Bushnell: se o *Pong* pudesse ser vendido para famílias em vez de bares, o mercado poderia se expandir de maneira colossal.[25] Para ir atrás desse mercado doméstico, Valentine imaginou que a Atari precisaria fazer duas coisas: os engenheiros teriam que modificar o jogo para uso privado; e a empresa teria que se associar a um varejista de prestígio — um com influência para gravar o *Pong* na consciência de todos os compradores norte-americanos.

No final de 1974, algumas semanas após a visita à fábrica da Atari, Valentine tomou uma decisão. Ainda não era a hora de investir: a Atari era muito caótica. Mas ele não ia desistir: o potencial era muito grande. Em vez disso, ia se envolver com cautela, aos poucos, e começaria arregaçando as mangas e escrevendo um plano de negócios da Atari. Se tudo corresse bem — se Bushnell adotasse sua estratégia e o plano atraísse o interesse de outros investidores de risco —, Valentine ia investir. Em outras palavras, arriscaria o próprio dinheiro apenas quando a Atari estivesse, ao menos parcialmente, fora de perigo. Ativismo e gradualismo se combinariam, portanto, para fazer com que a cultura da banheira de hidromassagem pudesse ser apoiada.

◆

Por conta do clima do mercado, Valentine podia se dar ao luxo de entrar aos poucos. A expansão dos gastos com programas militares e sociais da década de 1960 deu lugar a tempos mais difíceis; os cortes na defesa eliminaram milhares de empregos, e o embargo do petróleo de 1973 imposto pelos árabes consolidou uma mistura deprimente de baixo crescimento e alta inflação. A contagem de ofertas públicas iniciais despencou de mais de mil em 1969 para apenas quinze em 1974, e nesse período o S&P 500 deu um retorno equivalente a quase nada.[26] O colapso praticamente acabou com o novo negócio de fundos de multimercado, e, da mesma forma, uma manchete da *Forbes* perguntava: "O mercado em queda matou o capital de risco?"[27] Depois de atraírem 171 milhões de dólares em novos fundos em 1969, os investidores de risco levantaram apenas 57 milhões de dólares em 1974 e meros 10 milhões no ano seguinte.[28] Uma charge da *New Yorker* chegou a retratar dois homens gargalhando: "Capital de risco! Lembra-se do capital de risco?"[29]

Todavia, a adversidade trouxe algumas vantagens. Valentine poderia acompanhar a Atari com paciência; não havia necessidade de se preocupar com rivais atacando seu alvo. Então começou a escrever uma estratégia correta para a empresa, focando no desenvolvimento do *Home Pong*. Valentine não ia deixar essa tarefa para os líderes da empresa, que eram incapazes de fazer contabilidade básica. No início de 1975, com Valentine pressionando e cutucando, a Atari criou uma versão doméstica de seu produto, cujo codinome era Darlene, em homenagem a uma das mulheres da empresa.[30] Agora, se a Atari pudesse garantir um distribuidor poderoso, logo atenderia às duas condições de Valentine para investir.

As primeiras tentativas da Atari de fechar um acordo de distribuição fracassaram. Uma equipe da empresa levou o protótipo do *Home Pong* para a feira de brinquedos de Nova York e voltou de mãos vazias. Uma aproximação com a Toys "R" Us foi rejeitada, e as conversas com a Radio Shack fracassaram.[31] Então Valentine arregaçou as mangas de novo. Conversou com um gerente de portfólio de sua empresa controladora, a Capital Research, que ocupava um cargo alto na Sears, uma das varejistas mais formidáveis do país naquela época.[32] Será que o gerente de portfólio poderia arranjar um convite para Bushnell visitar a Sears Tower em Chicago?

Tendo garantido o encontro, Valentine mandou Bushnell para a Sears com instruções para usar um de seus ternos que não fossem de "palhaço" e evitar ser muito "engraçadinho".³³ Bushnell obedeceu, e um comprador da Sears logo retornou a visita.³⁴ Em meados de março, a Sears já havia feito um pedido de 75 mil máquinas de *Home Pong*.³⁵ A Atari agora tinha o que Valentine esperava: um novo produto promissor e um distribuidor poderoso.

No início de junho de 1975, Valentine investiu como o esperado. Comprou 62.500 cotas por 62.500 dólares, fazendo na Atari o que agora seria chamado de "investimento semente".³⁶ Mas era apenas o começo. Depois que a parceria com a Sears amadurecesse e os riscos na Atari diminuíssem um pouco mais, seria hora de montar uma rodada maior de financiamento. Para aumentar a produção do *Home Pong*, a Atari precisaria de muito mais do que 62.500 dólares.

No verão, Valentine observou a aliança Atari-Sears florescer. A equipe da Sears destacou especialistas em manufatura para ajudar a empresa, e ambos os lados se esforçaram para superar o abismo cultural que tanto os dividia. Um dia, uma dúzia de executivos da Sears vestindo ternos de três peças foi visitar a fábrica da Atari e acabou se deparando com um bando de engenheiros jovens e barulhentos, de cabelos compridos, vestindo jeans e camiseta. Bushnell reduziu a tensão colocando caixas gigantes de papelão em uma esteira rolante e convidando os homens da Sears a embarcar, e o grupo saiu feliz em um tour pela fábrica. No jantar daquela noite, os caras da Atari se redimiram ao vestir terno e gravata. Já a equipe da Sears trocou os ternos por camisetas.³⁷

No final de agosto de 1975, Valentine se sentiu pronto para conduzir a próxima rodada de investimentos — a chamada "Série A", no jargão moderno. Ele formou um consórcio que forneceria um pouco mais de 1 milhão de dólares, uma soma sólida em um ano no qual a arrecadação de fundos de todo o negócio de capital de risco em todo o país caiu para apenas 10 milhões. A Atari usou o capital para produzir *Home Pongs* em massa, e a Sears os vendeu tão rápido quanto os recebeu. O ativismo e o financiamento em estágios, sem pressa, estavam dando bons resultados.

Doze meses depois, no verão de 1976, Valentine enfrentou seu próximo desafio. Os engenheiros de calça boca de sino da Atari tiveram uma ideia nova: um console em que seria possível jogar não apenas *Pong*, mas vários jogos à escolha do proprietário. Para capitalizar em cima dessa descoberta, a Atari ia precisar de uma injeção de capital muito maior — talvez um valor de até 50 milhões de dólares. Não havia como os investidores de risco da época conseguirem mobilizar esse tipo de dinheiro, e o mercado de ações estava praticamente fechado; em 1976, apenas 34 empresas conseguiram abrir capital.[38] Para a Atari desenvolver seu console de multijogos, Valentine precisaria inventar outra forma de conseguir capital.

Ele decidiu, então, que a Atari deveria se vender para uma empresa com bastante dinheiro. Mas, para que isso fosse uma opção, seria necessário derrubar um muro pesado: a oposição de Bushnell. "Era sua primeira empresa, como se fosse um filho, e ele não queria abrir mão dela", lembrou Valentine mais tarde.[39]

Abençoado com a personalidade de um rolo compressor, Valentine informou a Bushnell que seu filho precisava de um novo pai. Desse modo, sugeriu a empresa de entretenimento Warner Communications e recorreu a seus amigos da Capital Research para organizar um segundo encontro.[40] Logo depois, Steve Ross, o fundador e presidente da Warner, convidou Bushnell a ir até Nova York para discutir um acordo. Valentine garantiu que também fosse convidado.

No final de 1976, um jato da Warner foi buscar Bushnell e Valentine na Califórnia. A bordo, foram recebidos por Clint Eastwood e a namorada, Sondra Locke. Simpático, Eastwood fez um sanduíche para Bushnell.[41] Quando o avião pousou no Aeroporto de Teterboro, uma limusine fez o traslado do pessoal da Atari para as suítes do hotel Waldorf Towers. Naquela noite, houve um jantar no apartamento palaciano de Steve Ross, e o grupo assistiu a um filme inédito de Eastwood. No final do dia, Bushnell, um admirador das estrelas, concordou em vender a Atari por 28 milhões de dólares.

Foi uma saída satisfatória para Valentine e o novo fundo dele. Sequoia obteve um retorno útil de três vezes, demonstrando o valor dos novos métodos de investimento. Graças ao forte ativismo de Valentine e à abordagem em estágios, uma empresa sem suporte foi transformada em uma vencedora. Nesse meio-tempo, a mesma fórmula trouxe outros sucessos.

Em 1980, o primeiro fundo de Valentine alcançou um retorno anual de quase 60%, igualando a conquista da Davis & Rock e derrotando o retorno de 9% no S&P 500.⁴²

◆

O estilo de investimento ativista de Valentine ecoou por toda a década de 1970. Em 1973, a Sutter Hill Ventures, de Bill Draper, fechou um acordo histórico com a Qume, que inventou a roda eletrônica do tipo margarida para impressoras de impacto. O que tornou o negócio especial, porém, foi a condição que a Sutter Hill impôs: o engenheiro fundador da Qume teria que demitir seu diretor-executivo, que era fraco, e permitir que os empreendedores trouxessem uma estrela formada na Harvard Business School. Quando a empresa decolou, as opções de compra de ações do CEO geraram um grande retorno, e o recado foi dado a seus colegas de classe da HBS, que estavam recebendo salários meramente decentes em empresas da Fortune 500. A Sutter Hill continuou repetindo a fórmula da Qume, libertando executivos de grandes empresas em ascensão e distinguindo o capital de risco da Costa Oeste da versão mais domesticada do Leste. Os investidores de risco de Boston evitavam apoiar start-ups que careciam de um diretor-executivo confiável. Ao controlarem o risco por meio do recrutamento ativista de um CEO, os investidores de risco da Costa Oeste poderiam se dar ao luxo de ser mais ousados.⁴³

O mais ousado de todos foi Tom Perkins, investidor pioneiro que, junto de Don Valentine, definiu a geração de investidores de risco pós-Arthur Rock. Filho da Grande Depressão, Perkins cresceu consumindo "carne enlatada, margarina, pão de forma e gelatina de limão", mas foi nutrido por uma fascinação por eletrônicos típica de nerds, o que para seu pai de porte atlético era uma decepção.⁴⁴ Quando adolescente, queria consertar aparelhos de TV, mas seu professor de física o indicou para o MIT, onde ele estudou engenharia eletrônica e se juntou à equipe de natação e também a uma fraternidade, passando "de nerd em uma escola de atletas a um atleta em uma escola de nerds", como escreveu mais tarde em sua autobiografia.⁴⁵ Depois do MIT e de um período em uma empresa militar privada,

Perkins se matriculou na Harvard Business School, onde teve aulas com Georges Doriot. Alguns anos depois, em 1969, Doriot tentou persuadir Perkins a desistir de um emprego na Hewlett-Packard e a assumir o comando da ARD. Perkins recusou. A remuneração era inadequada.[46]

Em uma manhã de sexta-feira do verão de 1972, Perkins apareceu para o café da manhã no Rickey's Hyatt House, em Palo Alto, o hotel onde os Oito Traidores haviam brindado ao Prêmio Nobel de Shockley e mais tarde celebraram a própria libertação. Convenientemente, o objetivo do café da manhã era conhecer Eugene Kleiner, o traidor que escrevera a carta para Hayden, Stone & Co. pedindo a libertação.[47] Como ajudara no surgimento do capital de risco, Kleiner agora pensava em contribuir diretamente. Ele pretendia iniciar um fundo de risco e, como Doriot, queria recrutar Perkins. Afinal, Perkins era agora uma figura já estabelecida na Costa Oeste. Era o diretor-geral da divisão de computadores da HP e tinha fundado uma start-up que desenvolvera uma nova tecnologia de laser.

Kleiner e Perkins estenderam a conversa do café da manhã até quase a hora do almoço. Faltando quinze para o meio-dia, a equipe do Rickey's os expulsou para que pudesse preparar o restaurante para o almoço dos clientes; os dois foram até a casa de Perkins para continuar a conversa.[48] Perkins falava de forma grandiosa, emanando ideias. Já Kleiner respondia com calma e um forte sotaque vienense. Perkins ficou imaginando Sigmund Freud aconselhando seus pacientes.[49]

O dia seguinte era sábado, e os dois começaram a trabalhar na engrenagem de um fundo de risco. Resolveram colocar os próprios nomes na porta; afinal, se acreditavam no que estavam criando, não deveriam se envergonhar de ter seus nomes na placa.[50] Eles também determinaram que o fundo deveria ter um tempo limitado e que cada um deveria comprometer parte da própria economia; nisso eles seguiram o exemplo da Davis & Rock, que Kleiner conhecia bem porque já tinha sido cotista da sociedade. Acima de tudo, Kleiner e Perkins concordaram que deveriam enfatizar uma abordagem fortemente ativista. Os dois haviam trabalhado como executivos em empresas renomadas da Costa Oeste e tinham fundado as próprias empresas. "Nós nos diferenciamos desde o início dizendo que não somos como esses investidores. Não somos o pessoal de Wall Street, selecionadores de ações, investidores comuns", disse Perkins mais tarde. "Nós próprios somos empreendedores e vamos trabalhar com empreendedores de uma forma empreendedora (...). Estaremos de corpo e alma nisso."[51]

Logo após o Dia do Trabalho, Kleiner e Perkins pegaram a estrada para levantar capital. Perkins insistiu em dirigir, pois Kleiner tinha o hábito de sair da estrada quando se perdia em uma conversa.[52] O primeiro contato foi com Henry Hillman, um magnata de Pittsburgh que ficara impressionado com o sucesso da Davis & Rock e tentara, sem sucesso, fazer com que Tommy Davis administrasse seu dinheiro. Vendo em Kleiner e Perkins uma chance de obter uma parte da atividade da Costa Oeste, Hillman se comprometeu com até 5 milhões de dólares, desde que os sócios pudessem levantar uma quantia equivalente de terceiros. Kleiner e Perkins começaram a levantar 1 milhão de dólares da Universidade Rockefeller, quase a mesma quantia arrecadada de duas seguradoras e um pouco mais de indivíduos ricos e de fundos fiduciários. Na primeira semana de dezembro de 1972, haviam arrecadado um fundo de 8,4 milhões de dólares, consideravelmente mais do que Don Valentine conseguiria juntar.

Kleiner e Perkins se estabeleceram em um novo centro empresarial com poucos andares localizado na Sand Hill Road 3000, tornando-se a primeira sociedade a ocupar o que seria o epicentro do setor de capital de risco.[53] O *timing* não ajudou: estavam lançando o fundo às vésperas da primeira crise do petróleo, e os poucos investimentos iniciais tiveram um desempenho tão ruim quanto a economia. Eles apoiaram uma start-up de semicondutores que seria plausível, mas que foi derrubada por executivos inexperientes. Apaixonaram-se por uma engenhoca de nome dúbio chamada Snow-Job, que convertia motocicletas em *snowmobiles*; Perkins imaginou com carinho o clube de motociclistas Hells Angels e as namoradas dos motoqueiros agitando campos de neve. Infelizmente, o governo agiu em resposta à crise do petróleo proibindo a venda de gasolina para veículos esportivos, o que acabou condenando o Snow-Job à falência.[54] No final de 1974, a Kleiner Perkins havia desembolsado 2,5 milhões de dólares para nove investimentos. Embora quatro deles tenham se saído bem o suficiente para resgatar o portfólio, na época não havia nenhum sinal desse final feliz. Kleiner e Perkins estavam chateados demais para repensar a estratégia.

A nova fórmula da Kleiner Perkins fortaleceu ainda mais o ativismo. Em vez de financiarem empreendedores externos, os sócios incubariam start-ups internamente, trocando ideias com colaboradores juniores. A empresa já havia contratado um fundador de empresa em potencial, um texano com cabelo arrepiado e fala arrastada chamado Jimmy Treybig. Um executivo da Hewlett-Packard que havia trabalhado para Perkins, Treybig se vestia com um estilo desgrenhado e distraído; uma vez, quando os colegas avisaram que ele esquecera o cinto, ele saiu para se arrumar e voltou com dois cintos.[55] Mas o ar caipira do interior do país disfarçava uma tendência a ser competitivo, e Treybig se juntou à Kleiner Perkins porque entendia que a parceria ia financiar a abertura de seu negócio.[56] No jargão que se enraizou posteriormente, Treybig era um empreendedor residente.

Em 1974, cerca de um ano após se juntar à Kleiner Perkins, Treybig teve a ideia de abrir uma empresa. Pegando emprestado o projeto de aeronaves, ele construiria um sistema computacional com processadores reservas, para que o motor pudesse falhar sem gerar uma pane total. Na Hewlett-Packard, Treybig havia lidado com clientes como bancos e bolsas de valores e sabia como esse sistema seria valioso. Os travamentos de computador que destruíam dados e paralisavam os negócios saíam terrivelmente caros. Se Treybig pudesse construir um sistema à prova de falhas, tinha certeza de que poderia vendê-lo. Ao contrário do que acontecia com a Atari, os riscos técnicos eram assustadores, mas os riscos de mercado eram insignificantes.

Apesar dessa inversão, Perkins abordou a ideia de Treybig usando os mesmos métodos de Valentine. Primeiro, arregaçou as mangas e passou longas tardes trocando ideias com Treybig, debatendo a viabilidade de um sistema operacional que mudaria de um processador para outro caso o primeiro não funcionasse bem. "Jimmy e eu fizemos diagramas de como a lógica poderia funcionar, e não conseguimos provar a nós mesmos que isso não poderia ser feito", lembrou Perkins mais tarde.[57] Então, tendo superado esse obstáculo, Perkins investiu 50 mil dólares no projeto. Foi uma quantia simbólica, mais ou menos o equivalente ao investimento inicial de Valentine na Atari. Se o projeto paralisasse, o fundo da Kleiner Perkins perderia menos de 1% do capital que tinha.

Perkins decidiu gastar esse capital semente de 50 mil dólares em consultores que pudessem elevar a outro patamar o *brainstorming* interno dele. Assim, vasculhou sua rede de contatos para trazer os melhores especialistas do Vale pelo menor preço possível. Pagou a um cientista da computação que conhecera na Hewlett-Packard para esboçar uma estrutura viável para um sistema computacional à prova de falhas.[58] Perkins contratou outro ex-aluno da HP para trabalhar na parte de hardware e um terceiro para desenvolver o software.[59] Todas as outras despesas foram em grande maioria descartadas. Treybig ainda estava trabalhando em seu escritório na Kleiner Perkins, sem nenhum custo para o empreendimento. Quando o projeto precisava de aconselhamento financeiro, Jack Loustaunou, outro colaborador interno, fornecia-o de graça. Brook Byers, que se juntou à Kleiner Perkins alguns anos depois como um sócio júnior, refletiu sobre as lições que a KP tirou dessa experiência. Concentrando-se de forma exclusiva nos riscos "extremos" de um projeto, era possível descobrir se o empreendimento provavelmente funcionaria arriscando o mínimo de capital possível.[60]

Quando novembro de 1974 chegou, os consultores haviam enfrentado riscos intensos e saído vitoriosos. Pela primeira vez na história da computação, eles resolveram o desafio do "conflito": o problema que surge quando dois processadores dentro de um sistema solicitam ao mesmo tempo o acesso aos circuitos de comunicação.[61] Agora, finalmente, Perkins autorizou Treybig a incorporar sua nova empresa, que chamou de Tandem Computers. Jack Loustaunou se tornou o diretor financeiro, e Tom Perkins passou a ser o presidente do conselho: três dos cinco fundadores da Tandem — Treybig, Loustaunou e Perkins — eram da KP; os outros dois fundadores eram consultores de hardware e software que tinham sido recrutados por Perkins. A abordagem ativista da década de 1970 havia sido refinada até chegar à sua essência mais pura.

O próximo passo de Perkins foi iniciar uma rodada de investimento da Série A para a Tandem. Ele ensinou Treybig a vender seu peixe. No final, os investidores de risco estavam tentando descobrir uma coisa: "Por que este é um grande mercado e como é possível desenvolver uma posição realmente forte nele?"[62] Então Perkins o levou para a Brooks Brothers para comprar sapatos, meias, camisa, gravata, paletó e calças. "O vendedor provavelmente pensou que ele era meu namorado", escreveu Perkins mais tarde.

Vestidos de forma adequada, os dois homens voaram para Nova York. Perkins pretendia angariar dinheiro com a Venrock, empresa de risco da família Rockefeller que havia apoiado a Intel. Com o rosto emoldurado pelos cabelos bagunçados, Treybig caminhou devagar em direção à sala de conferências da Venrock. "Bem, como eu estou?", perguntou ele. "Tom me vestiu."[63]

Apesar do estilo descontraído de Treybig, a Tandem não conseguiu arrecadar dinheiro. A Venrock rejeitou, Arthur Rock rejeitou, assim como outras sociedades de risco. Foi um resultado ilógico e refletiu mal nos investidores de risco que se recusaram a se envolver. Afinal, Perkins eliminara a maioria dos riscos técnicos; os demais riscos comerciais eram modestos. Mas quase nenhum capital estava fluindo para as sociedades de risco, o que mostrou ser um momento terrível para tentar angariar fundos. A *Business Week* tinha acabado de reviver a velha ideia de que nenhuma start-up poderia enfrentar a IBM. Era esse o pessimismo de meados da década de 1970.[64]

Nessa altura, Perkins poderia ter desistido. Afinal, havia feito apenas um pequeno investimento inicial na Tandem e poderia ter saído de lá com facilidade. Mas, por ter construído a empresa do zero, sabia que Rock, a Venrock e a *Business Week* estavam errados. A tecnologia da Tandem era distinta e ela havia solicitado patentes pelos avanços da empresa; poderia enfrentar a IBM porque era genuinamente inovadora. Outros investidores de risco, sobretudo aqueles sem formação em engenharia, não reconheceram a vantagem científica da Tandem. "Eram financistas", disse Perkins com desdém.[65]

Sendo assim, Perkins resolveu financiar a rodada da Série A da Tandem sem compartilhar o risco com outras sociedades.[66] Colocando as fichas na mesa, no início de 1975 ele investiu 1 milhão de dólares na Tandem, recebendo 40% do patrimônio: foi a maior aposta que a Kleiner Perkins fez durante os anos 1970. Como o próprio Perkins confessou, se a Tandem não tivesse dado certo, talvez nunca houvesse um segundo fundo da Kleiner Perkins.[67]

Mas de fato deu certo. A Tandem passou 1975 transformando seus projetos básicos em um projeto cujas especificações não deixavam dúvidas e em dezembro havia progredido o suficiente para justificar uma rodada de financiamento da Série B. A Kleiner Perkins investiu mais 450 mil dólares e, dessa vez, outros investidores também queriam fazer parte, então a Tandem levantou um total de 2 milhões de dólares. Poucos meses depois, a Tandem fez a primeira venda, e as receitas começaram a subir, multiplicando-se catorze vezes entre 1977 e 1980.[68] Em pouco tempo, ela ofereceu uma demonstração espetacular do que ficou conhecido como a lei de Perkins: "O risco de mercado é inversamente proporcional ao risco técnico", porque, se um problema técnico realmente difícil for resolvido, a concorrência enfrentada será mínima.[69] Graças à barreira elevada para a entrada, a margem de lucro da Tandem permaneceu grande mesmo com o aumento das vendas. Em 1984, a Tandem gerou pouco mais de cem vezes o investimento de 1,45 milhão da KP. O lucro de 150 milhões de dólares superou o retorno combinado de 10 milhões que a KP obteve em todos os primeiros nove investimentos feitos.

Mas, enquanto Tandem estava decolando, Perkins trabalhava em outro projeto que seria ainda mais espetacular.

Para substituir Jimmy Treybig na sociedade, a Kleiner Perkins contratou um novo colaborador júnior chamado Bob Swanson, um rapaz de 26 anos com cara de criança, gosto por roupas elegantes fora de moda e atitude um tanto imatura.[70] Graduando no MIT, Swanson chegara com um belo chapéu de feltro e uma mala com seu nome estampado de forma grandiosa. Ele evitara o alistamento ao cursar química e administração de empresas ao mesmo tempo.[71] Antes de ingressar na KP, havia trabalhado na equipe de capital de risco da Citicorp, que treinava vários investidores de risco de sucesso da época. Mas ele não conseguiu impressionar Kleiner e Perkins. Logo foi excluído da folha de pagamento da empresa.[72]

Isso forçou Swanson a pensar mais uma vez sobre o rumo que tomaria na vida. Então bateu na porta das grandes empresas de eletrônicos do Vale do Silício, mas sua falta de experiência operacional e em engenharia o tornava pouco atraente.[73] No entanto, ele teve uma ideia. Como colaborador da KP, tinha participado de uma conversa durante um almoço que mencionava uma tecnologia chamada DNA recombinante. Foi uma breve referência, que não conseguiu chamar a atenção dos outros à mesa. Como estava desempregado, Swanson resolveu investigar mais sobre o assunto.[74]

Durante semanas, ele leu tudo o que encontrou pela frente acerca dessa nova fronteira da biologia. Kleiner e Perkins haviam permitido que ele continuasse indo ao escritório, embora não estivesse mais sendo pago. Um dia, quando Swanson encontrou Perkins, contou-lhe sobre sua nova obsessão. Cortando e unindo fios de DNA e recombinando-os para produzir material genético artificial, os cientistas podiam reproduzir tudo, desde remédios até borracha — na verdade, qualquer coisa que existisse na natureza. "Essa ideia é absolutamente fantástica! É revolucionária. Isso mudará o mundo! É a coisa mais importante que já ouvi!", disse ele a Perkins.[75]

Perkins não se convenceu, mas Swanson elaborou uma lista de cientistas com experiência naquela tecnologia. E fez *cold calls* para todos eles. Em cada conversa, ouvia a mesma mensagem: o DNA recombinante com certeza tinha um futuro comercial, mas ainda ia demorar — provavelmente estava a décadas de distância. Então Swanson ligou para Herbert Boyer, da Universidade da Califórnia em São Francisco, sem se dar conta de que Boyer era o coinventor da tecnologia do DNA. Swanson usou seu tom padrão: o DNA recombinante era muito promissor; certamente poderia ser comercializado em um futuro próximo! Para sua surpresa, Boyer respondeu que era provável que ele estivesse certo.[76]

Swanson perguntou na mesma hora se os dois poderiam se encontrar. Ele queria conhecer Boyer. Queria discutir as possibilidades.

Boyer disse que estava ocupado.

"Eu realmente preciso e quero falar com você!", insistiu Swanson.

Boyer disse que poderia marcar um encontro de dez minutos na tarde de sexta-feira. Não mais que isso.[77]

Em 16 de janeiro de 1976, por volta das cinco da tarde, Swanson dirigiu até o campus da Universidade da Califórnia e foi ao escritório de Boyer. Um lenço saltava para fora do bolso de seu terno.

Vestido de maneira bem mais informal, Boyer o cumprimentou. Tinha um estilo descontraído, cachos desgrenhados, bigode grosso e o porte físico de um jogador de futebol americano do ensino médio.

Swanson não tinha a menor ideia de que Boyer vinha ponderando as aplicações comerciais do DNA recombinante havia meses, desde que pensara que seu filho doente poderia precisar de um hormônio de crescimento pouco encontrado.[78] Mas, para o deleite de Swanson, Boyer reiterou que as aplicações comerciais poderiam estar a apenas alguns anos de distância — não décadas. Os dois conversaram no laboratório — o rapaz quadradão e mimado dos anos 1950 e o cara desgrenhado e descolado dos anos 1970 —, e logo o entusiasmo de Swanson pelo potencial do DNA recombinante para mudar o mundo criou um vínculo inesperado entre os dois. Boyer levou Swanson a um bar e, depois de três horas, os dois concluíram que deveriam trabalhar juntos.[79] Boyer tinha o conhecimento científico; Swanson entendia de negócios. Boyer tinha a compreensão do ritmo monumental da pesquisa acadêmica em laboratório. Swanson queria acelerar, e muito, esse processo.

— É preciso escrever o projeto de pesquisa para conseguir um financiamento — explicou Boyer.

— Bem, e se você tivesse o dinheiro? — contestou Swanson. — E se não fosse necessário escrever nenhum projeto de pesquisa e, em vez disso, você só tivesse o dinheiro?[80]

Logo Boyer se viu pensando de maneira diferente. Com a liberdade proporcionada pelo capital de risco, a tecnologia do DNA recombinante poderia ser comercializada em bem menos tempo do que ele havia imaginado.[81] O dinheiro poderia libertar os cientistas para fazer coisas que não teriam tentado antes. Era uma nova forma de capital de libertação.

Boyer e Swanson formaram uma sociedade, cada um entrando com 500 dólares para cobrir as taxas legais envolvidas no processo de dar o pontapé inicial.[82] Então redigiram seis páginas descrevendo um *pitch*, uma proposta de investimento. Em seguida, prepararam-se para encontrar Tom Perkins.

Em 1º de abril de 1976, Swanson apareceu com Boyer na sala de conferências da Kleiner Perkins.[83] Swanson esboçou o plano de negócios. A empresa, agora chamada Genentech, precisava de seis meses para negociar as licenças que regem as técnicas de *splicing* genético, detidas pela Universidade da Califórnia e Stanford. Em seguida, recrutaria um microbiologista e dois químicos orgânicos para embarcarem na pesquisa. Swanson calculou que levaria dezoito meses e meio milhão de dólares para chegar perto da fabricação do primeiro produto. O dinheiro seria destinado para o aluguel do espaço, a compra de equipamentos, a contratação de cientistas e a realização de experimentos. O horizonte de tempo era uma fração do que o *establishment* da biologia acreditava ser possível. Naturalmente, não havia garantia de que os experimentos seriam bem-sucedidos.

Perkins ficou fascinado pela tecnologia. Criar o que chamou de "Frankenstein microbiano" era quase como brincar de Deus.[84] Ele também ficou impressionado com Boyer. Independentemente de os experimentos funcionarem ou não, ao menos o cara cabeludo e com bigode sabia como conduzi-los.[85] E, se dessem certo, o céu era o limite. O primeiro produto que a Genentech se propôs a fabricar foi a insulina, para a qual havia um mercado enorme e crescente. A maneira já existente de coletar insulina evocava imagens de feitiçaria medieval: cada gota do hormônio tinha que ser extraída das glândulas do pâncreas de porcos e vacas. Perkins percebeu sozinho que a Genentech teria um pouco menos de 50% de chance de criar um produto viável.[86] Mas justamente porque os desafios técnicos eram descomunais as barreiras para entrar nesse negócio seriam elevadas, e a Genentech seria capaz de extrair grandes margens se tivesse sucesso. Era outra ilustração da lei de Perkins.

No dia seguinte, Perkins encontrou Swanson novamente e fez uma sugestão. A ciência era cativante, mas o custo de 500 mil dólares para comprová-la era alto demais, dada a incerteza. Portanto, Perkins propôs repetir a fórmula que havia desenvolvido para a Tandem: identificar os riscos extremos e, em seguida, encontrar a maneira mais barata de ir atrás deles. Swanson deveria cortar o custo de seus experimentos deixando de contratar cientistas ou montar um laboratório.[87] Em vez disso, deveria contratar o trabalho inicial com laboratórios existentes.

Perkins estava sugerindo o que equivalia a uma empresa virtual. A economia pós-guerra dos Estados Unidos tinha sido dominada por grandes corporações e sindicatos de trabalhadores. A Genentech marcaria, então, a chegada de uma nova forma industrial, mais conectada entre si e mais ágil.[88] No futuro, os departamentos centrais de pesquisa em gigantes industriais seriam substituídos por start-ups com o suporte de empreendimentos que trariam o conhecimento conforme a necessidade. A Perkins já havia lançado a Tandem ao recrutar consultores temporários da Hewlett-Packard. Agora pedia à Genentech que fizesse o mesmo no campo mais complexo da biotecnologia.

Swanson e Boyer aceitaram a proposta. Usariam o orçamento inicial para firmar um contrato com a Universidade da Califórnia em São Francisco, onde a equipe de Boyer tinha experiência na área de *splicing* genético; contariam com um hospital de pesquisa chamado City of Hope, que tinha especialistas em síntese de genes, e com a Caltech, que possuía uma instalação de testes excepcional. Dessa forma, teriam as melhores equipes em campo e também reduziriam os custos. A Genentech ainda poderia falhar, mas não perderia dinheiro.

Perkins concordou em investir a nova quantia de que Swanson precisava: meros 100 mil dólares. Era pouco mais do que os 50 mil que havia adiantado para contratar os primeiros consultores da Tandem. Em troca desse singelo compromisso, representando pouco mais de 1% do fundo Kleiner Perkins, ele adquiriu um quarto da participação da Genentech. Não havia nada de injusto nisso: Swanson tentara firmar o negócio de outro modo e não tinha encontrado compradores.[89] Mas, ao comprar um quarto da Genentech por um preço muito barato, o investidor de risco assumiu uma posição que poderia render a uma taxa extraordinariamente alta. Se

Perkins esperava, digamos, um retorno de vinte vezes o valor com base no investimento de 500 mil dólares proposto por Swanson, isso significava que agora ele poderia ganhar cem vezes o investimento feito no valor de 100 mil. Com um múltiplo de cem vezes em perspectiva, Perkins estava fazendo um bom negócio, contanto que a Genentech tivesse mais do que uma chance em cem de inventar um produto. A estimativa pessoal de Perkins sobre as chances da Genentech era muito maior — não uma em cem, mas um pouco abaixo de cinquenta e cinquenta. Ao propor uma estratégia para isolar e neutralizar riscos intensos, Perkins transformou uma aposta de risco assustadora em uma proposta irresistível.

Em maio de 1976, um regulador de valores mobiliários da Califórnia escreveu à Kleiner Perkins expressando preocupação com o risco do investimento na Genentech:

"A Kleiner & Perkins percebe que um investimento na Genentech é altamente especulativo, mas nosso trabalho é fazer investimentos altamente especulativos", respondeu Kleiner com tranquilidade.[90]

No fim das contas, criar um primeiro produto custou à Genentech mais tempo e capital do que Swanson tinha previsto. Para manter a empresa funcionando, Perkins propôs uma nova rodada de financiamento em fevereiro de 1977 e outra em março de 1978, sempre atraindo dinheiro de outros investidores ao prometer atingir o próximo marco da pesquisa. Mas a virtude do financiamento em estágios se tornou cada vez mais óbvia. À medida que os riscos sucessivos foram sendo eliminados, cada rodada de financiamento valorizava a Genentech mais do que a anterior, de modo que os fundadores puderam levantar somas maiores e ceder menos cotas. Começaram cedendo um quarto da empresa por meros 100 mil dólares em 1976. No ano seguinte Boyer e Swanson venderam uma participação de 26% por 850 mil dólares e em 1978 venderam apenas 8,9% por 950 mil dólares.[91] Se Swanson e Boyer tivessem insistido em levantar todo o capital de que precisavam no início — o momento de risco máximo —, teriam cedido mais cotas e possuiriam uma fatia menor da própria empresa.

Mesmo que tenha mitigado a diluição das participações dos fundadores, o financiamento em estágios também impulsionou incentivos para os pesquisadores que começaram a trabalhar com a tecnologia de DNA. Os cientistas sabiam que só poderiam continuar os experimentos caso atingissem os marcos prometidos antes que o dinheiro da Genetech acabasse.[92] Ao mesmo tempo, quando alcançaram suas metas, passaram a ter um interesse pessoal na maior valorização da empresa resultante. Assim como Arthur Rock havia feito na Intel, Perkins insistiu que os funcionários da Genentech, incluindo os principais fornecedores, obtivessem opções de compra de ações.[93] A princípio, nem todos os cientistas se importaram com as opções ou entenderam o que significavam. "Eu tinha um rabo de cavalo que ia até a metade das minhas costas. Fumava maconha todos os dias", disse um deles. "Não me importava com dinheiro ou ações nem com qualquer outra coisa." Mas, quando a Genentech multiplicou em 26 vezes seu valor durante os primeiros dois anos, a cultura de participação na empresa se consolidou.[94] Todos, incluindo o zelador, torciam para que ela se saísse bem. Até aquele cientista de rabo de cavalo mudou de opinião quando a participação dele passou a valer mais de 1 milhão de dólares.[95]

Perkins também contribuiu de forma intangível para a cultura da Genentech. Foi o primeiro investidor de risco a desfrutar assumidamente do papel de fomentador e líder, sinalizando aos cientistas que haviam deixado a academia para trás e agora faziam parte de algo glamouroso. Após chegar ao escritório roncando o motor de sua Ferrari vermelha, dava ordens e anunciava prazos, dando aos pesquisadores a sensação de estarem em uma missão especial.[96] Numa bela noite de julho de 1978, Perkins convidou Swanson para jantar com dois de seus principais cientistas e as respectivas esposas. Os visitantes se reuniram na mansão de Perkins nas colinas com vista para São Francisco e a ponte Golden Gate, onde Perkins exibiu seus jardins, tapeçarias e carros antigos, e o grupo jantou sendo servido por um mordomo devidamente uniformizado. Do lado de fora da mansão, Swanson acenou com entusiasmo e exclamou para seus pesquisadores: "É para isso que todos nós estamos trabalhando!" "Foi motivador para nós o fato de ele ter convidado dois cientistas humildes para a casa dele", um dos convidados lembrou mais tarde.[97]

Poucos dias depois, a motivação se provou útil. Perkins enviou um de seus convidados do jantar, um jovem ph.D. chamado Dave Goeddel, para incitar os pesquisadores contratados no laboratório do hospital City of Hope a concluírem o último estágio do projeto de insulina. Usando todo o poder de seu carisma sem igual, Perkins instruiu: "Não volte antes de ter a insulina pronta."

Goeddel prontamente atendeu ao chamado. Teve a honra de ser o escolhido para a missão e o prazer de receber o pedido diretamente da boca de Perkins.[98] Assim, voou até Los Angeles e fez com que a equipe passasse várias noites sem dormir, trabalhando. Em setembro de 1978, sob o brilho das luzes da televisão, uma entrevista coletiva anunciou a produção de insulina artificial para uma nação chocada.

Dois anos depois, em 1980, a Genentech estreou no mercado de ações antecipando o que aconteceria na década de 1990. Pelos padrões convencionais, a empresa estava completamente despreparada para uma flutuação econômica: gastara tanto em pesquisa que ainda era pouco lucrativa. Mas Perkins fazia parte de uma rica tradição de risco: para persuadir os investidores a apostar nas tecnologias do amanhã, é necessário primeiro libertá-los das métricas financeiras de ontem. Nos primeiros dias do capital de risco, Arthur Rock persuadiu os investidores a apoiarem empresas que não atendiam aos padrões de referência de investimento, inventando a ideia de "valor contábil intelectual". Duas décadas depois, Perkins emergiu como o responsável pelo próximo passo lógico: não apenas as empresas sem lucros devem atrair financiamento de risco; elas também devem poder abrir seu capital. Para empurrar Wall Street para esse divisor de águas, Perkins colocou Boyer na estrada para deslumbrar possíveis investidores usando a ciência: empunhando adereços de contas coloridas, o professor explicou como o DNA de um organismo poderia ser inserido em outro, deixando o público do setor financeiro boquiaberto. Para firmar a oferta de ações da Genentech, a Kleiner Perkins contratou Bud Coyle, o antigo chefe de Arthur Rock na Hayden, Stone & Co., convencendo-o a desistir da aposentadoria. Coyle era celebrado em Wall Street por sua participação na descoberta do negócio de semicondutores. Cada investidor se lembrou de como isso havia sido lucrativo.

A Genentech abriu o capital na bolsa Nasdaq em 14 de outubro de 1980. Um minuto após o sino tocar, as ações saltaram do preço de oferta de 35 dólares para espantosos 80 dólares, e em vinte minutos subiram para 89 dólares, o pico mais rápido do primeiro dia na história de Wall Street. Perkins, que estava em Nova York para a ocasião, ligou para Swanson, na Califórnia, e o acordou. "Bob, você é o homem mais rico que conheço", anunciou Perkins ao funcionário que um dia já havia demitido.[99]

Para a Kleiner Perkins, as recompensas foram quase igualmente impressionantes. Quando o mercado se acalmou no final do primeiro dia de negociação, as ações que tinham custado à KP em média 1,85 dólar valiam, então, 71 dólares cada.[100] Com as ações subindo, a sociedade se viu em meio a uma quantia mais de duzentas vezes maior.[101] Junto da Tandem, a bonança da Genentech transformou o primeiro fundo da Kleiner Perkins em uma lenda e foi uma ilustração da lei de potência. Em 1984, os catorze investimentos no primeiro fundo mostraram um lucro combinado de 208 milhões de dólares. Desse total, 95% vieram da Tandem e da Genentech. Sem esses dois investimentos de sucesso, o primeiro fundo teria gerado um múltiplo de 4,5 vezes, ainda superando com bom descanso o retorno do S&P 500 no período de onze anos. Com esses dois *home runs*, o múltiplo foi de 42 vezes. Aproximando-se do desempenho de Don Valentine e Davis & Rock, a Kleiner Perkins quase quintuplicou o retorno no mercado de ações.[102]

Foi jogo de sorte ou foi mais do que isso? É difícil comprovar habilidade em investimentos de risco porque, como vimos, depende de julgamentos subjetivos, em vez de métricas objetivas ou quantificáveis. Se um fundo de multimercado especializado em empresas endividadas contrata analistas e advogados para examinar uma empresa falida, ele pode descobrir precisamente qual título tem o suporte de qual garantia e pode prever como o juiz de falência provavelmente decidirá; seus lucros não são fruto da sorte. Da mesma forma, se um fundo de multimercado algorítmico contratar astrofísicos para procurar padrões nos mercados, pode acabar descobrindo sinais estatísticos que são seguramente lucrativos. Porém, quando Perkins apoiou a Tandem e a Genentech ou quando Valentine apoiou a Atari, eles não conseguiram garantir a mesma certeza. Estavam investindo em fundadores humanos com combinações humanas de brilhantismo e fraqueza e lidando com produtos e processos de manufatura que eram complexos e que ainda não tinham sido testados; enfrentavam concorrentes cujos comportamentos não podiam ser previstos; e estavam investindo em horizontes distantes. Como consequência, os riscos quantificáveis foram multiplicados por incertezas não quantificáveis; havia desconhecidos conhecidos e desconhecidos desconhecidos; a estimulante imprevisibilidade da vida não podia ser mascarada por modelos financeiros organizados. Entretanto, é claro que nesse ambiente a sorte teve importância. A Kleiner Perkins perdeu dinheiro em seis dos catorze investimentos de seu primeiro fundo. Seus métodos não eram tão infalíveis quanto os computadores da Tandem.

Mas Perkins e Valentine não foram simplesmente sortudos. Assim como Arthur Rock adotou métodos e atitudes que o colocaram à frente da ARD e das Small Business Investment Companies na década de 1960, as principais figuras da década de 1970 tiveram uma vantagem sobre seus concorrentes. Perkins e Valentine haviam sido executivos em empresas importantes do Vale do Silício; sabiam ser práticos, e suas contribuições para o sucesso das empresas integrantes do portfólio deles foram óbvias. Foi Perkins quem levou os primeiros consultores para eliminar os riscos extremos na Tandem e quem pressionou Swanson a contratar a pesquisa da Genentech com laboratórios existentes. Da mesma forma, foi Valentine quem fez com que a Atari se concentrasse no *Home Pong* e se aliasse à Sears e quem fez com que a Warner Communications comprasse a empresa. A eliminação precoce de riscos e o financiamento em estágios fizeram maravilhas para as três empresas. Observadores céticos às vezes perguntam se os investidores de risco criam inovação ou se eles se expõem a ela. No caso de Don Valentine e Tom Perkins, não havia muita passividade. Por força de caráter e intelecto, eles imprimiram sua vontade nas empresas de portfólio.

Capítulo quatro

OS RUMORES DA APPLE

No fim da década de 1970, quando a Kleiner Perkins endossou a Genentech, o setor de capital de risco da Costa Oeste havia desenvolvido grande parte da sua caixa de ferramentas moderna. O fundo de capital por tempo limitado havia substituído a influência da Small Business Investment Company e o modelo de empresa pública da ARD. Os investidores de risco entenderam que deveriam tentar fazer *home runs*, e não jogadas simples e duplas. O ativismo e o financiamento em estágios haviam se tornado as formas aceitas de se gerenciar start-ups arriscadas. Em toda parte no Vale do Silício, os investidores de risco caçavam oportunidades para libertar talentos e conduzi-los para a criação de novos setores.

O próximo avanço para o capital de risco não foi uma expansão da caixa de ferramentas. Em vez disso, está relacionado ao surgimento de uma rede de empreendimentos de risco. Estimulado pelos retornos da lei de potência sobre os primeiros investimentos de capital de risco, bem como por um relaxamento das restrições aos investimentos em fundos de pensão e um corte no imposto sobre ganhos de capital, o dinheiro inundou os fundos de risco, e uma dispersão de investidores pioneiros se transformou em algo qualitativamente diferente. Em vez de poucos indivíduos inteligentes, agora havia uma espessa teia de especialistas em start-ups, e ela era significativa porque a força combinada de suas ações era maior do que a soma de seus esforços separados. Era como passar de um sistema impulsionado por gênios para um sistema impulsionado pela evolução. Uma pessoa brilhante pode fazer coisas grandiosas. Um grande grupo de pessoas pode tentar muitas coisas. Por meio de um processo evolutivo de tentativas, erros e descobertas ocasionais, o grupo pode avançar mais rápido do que o indivíduo.

A fertilidade da rede foi ilustrada pela história da Apple, fundada em 1976 por Steve Jobs e Steve Wozniak. Aparentemente, a Apple era uma candidata óbvia para um investimento de risco, porque muitos *insiders* já entendiam que o computador pessoal (PC, em inglês) seria a próxima grande novidade na área da tecnologia. O Palo Alto Research Center (PARC), da Xerox, tinha reconhecido o PC como "uma ideia cuja hora chegou" e fabricado um protótipo completo, com mouse e interface gráfica. A Intel e a National Semiconductor haviam considerado a possibilidade de fabricar um PC, e em duas ocasiões Steve Wozniak oferecera o design do Apple I à empregadora dele, a Hewlett-Packard.[1] Mas todas as quatro empresas tinham decidido não construir um PC, inibidas pelo que o especialista em inovação Clayton Christensen chamou de "dilema da inovação". A Xerox temia que um escritório computadorizado e sem papel prejudicasse seu principal negócio, as fotocópias. A Intel e a National Semiconductor temiam que produzir um computador as colocasse em conflito com os fabricantes de computadores já existentes, que estavam entre seus principais clientes. A HP temia que construir um computador doméstico e barato prejudicaria suas máquinas de alto nível, que eram vendidas por cerca de 150 mil dólares. Todas as quatro empresas tinham uma participação grande demais no *status quo* para arriscar interrompê-lo. Portanto, para os investidores de risco, uma start-up que preenchia o vácuo resultante parecia ser uma aposta óbvia.

E, mesmo assim, quando a Apple decidiu levantar capital, as estrelas do firmamento do capital de risco não reconheceram a oportunidade, provando que até os mais brilhantes investidores de risco são capazes de cometer erros que custam caro. Tom Perkins e Eugene Kleiner se recusaram até mesmo a se encontrar com Steve Jobs. Bill Draper, da Sutter Hill, enviou um funcionário para visitar a Apple e, quando este contou que Jobs e Wozniak o deixaram esperando, Draper os considerou arrogantes.[2] Enquanto isso, o antigo sócio de Draper na SBIC, Pitch Johnson, se perguntava: "Qual é a utilidade de um computador doméstico? Você vai colocar receitas nele?"[3] Rejeitado várias vezes, Jobs lançou sua rede até Stan Veit, dono da primeira loja varejista de computadores de Nova York, propondo-lhe que adquirisse 10% da Apple pela bagatela de 10 mil dólares. "Olhando para aquele hippie de cabelos compridos e para os amigos dele, pensei: 'Você seria a última pessoa no mundo a quem eu confiaria meus 10 mil'", lembra Veit com arrependimento.[4] Jobs ofereceu um terço da Apple por 50 mil dólares a Nolan Bushnell, que o havia contratado na Atari. "Eu era tão inteligente e disse não", lembrou Bushnell. "É divertido pensar nisso quando não estou chorando."[5]

Felizmente para Jobs e Wozniak, a rede de capital de risco do Vale já era grande o suficiente em 1976 para que um punhado de recusas não fosse algo definitivo. A dupla logo encontrou o caminho até Don Valentine, da Sequoia.

A maneira como isso aconteceu foi uma prova do poder das redes de contatos. Ao se recusar a apoiar a Apple, Nolan Bushnell tentou compensar a rejeição apresentando Jobs ao empreendedor que havia apoiado a Atari: Valentine. Ao mesmo tempo, Jobs abordou Regis McKenna, o maior guru de marketing do Vale, propondo que a empresa de McKenna desenvolvesse os comerciais da Apple em troca de uma participação considerável de 20% na start-up. A reação de McKenna foi dizer que 20% de nada valiam aproximadamente nada. Mas, assim como Bushnell, McKenna amenizou o golpe da rejeição passando Jobs adiante para outra pessoa. Mais uma vez, esse alguém era Don Valentine.

Era natural que a rede de contatos do Vale conduzisse Jobs na direção de Valentine. Por ter apoiado a Atari, Valentine havia se estabelecido como a pessoa mais durona para lidar com jovens fundadores rebeldes. Como veterano da indústria de semicondutores, ele se orgulhava de investir em produtos que capitalizavam em cima da tecnologia de chips. No fim das contas, era o investidor ideal para a Apple devido à sua experiência em marketing. Kleiner e Perkins se recusaram a encontrar Jobs porque prefeririam os riscos técnicos aos riscos comerciais.[6] Tendo liderado as vendas da Fairchild e da National Semiconductor, Valentine era uma boa escolha para uma start-up cujo maior desafio seria convencer consumidores comuns de que eles queriam computadores na cozinha.[7]

Embora Valentine fosse perfeitamente adequado para ser o primeiro investidor da Apple, sua reação inicial a Jobs e Wozniak foi de ceticismo. Jobs "estava tentando ser a personificação da contracultura", disse Valentine mais tarde. "Ele tinha uma barba rala, era muito magro e parecia o Ho Chi Minh."[8] Ainda assim, Bushnell e McKenna disseram a ele que valia a pena ouvir os caras. Como valorizava a própria rede, Valentine acabou perguntando o que a Apple estava fazendo.

— Qual é o mercado? — perguntou a Wozniak.

— Um milhão — respondeu Wozniak.

— Como você sabe?

— Bem, existe um milhão de operadores de radioamadorismo, e os computadores são mais populares do que o radioamadorismo."[9]

A resposta de Wozniak sugeria que a Apple não aspirava ir muito além do círculo finito de entusiastas da tecnologia. E, enquanto os jogos da Atari estavam em várias cidades na época da visita de Valentine, em 1976 a Apple mal tinha feito uma venda. Valentine estava em dúvida.

— Diga-me o que preciso fazer para você me financiar — pediu Jobs.

— Precisamos ter alguém na empresa com alguma noção de gestão, marketing e canais de distribuição — respondeu Valentine.

— Tudo bem. Pode me enviar três pessoas — disse Jobs.

Depois desse encontro, Valentine repreendeu Regis McKenna por recomendar a ele que aceitasse a reunião. "Por que você me enviou esses renegados da raça humana?", protestou.[10] Valentine podia ser o único investidor de risco na rede preparado para apoiar a Apple, mas nem ele estava pronto para apostar dinheiro na empresa. No entanto, assim como Bushnell e McKenna tinham rejeitado Jobs e o conectado com Valentine, este agora levou adiante a receptividade de Jobs à ideia de contratar um especialista externo de marketing. Foi quase um reflexo. Uma grande parte do trabalho de Valentine se resumia a fazer e aceitar novos contatos.

Valentine consultou seus contatos e identificou três gerentes experientes que poderiam ajudar a desenvolver a Apple. Jobs vetou um; outro conhecia Jobs e descartou trabalhar com ele. O terceiro era um engenheiro e executivo de vendas chamado Mike Markkula, que Valentine havia conhecido na Fairchild. Markkula tinha enriquecido com as opções de ações da Intel e se aposentado aos 33 anos, planejando jogar tênis e construir móveis.

Em uma segunda-feira no início do outono de 1976, cerca de dezoito meses depois da aposentadoria, Markkula dirigiu seu Corvette dourado até a garagem suburbana de Jobs, uma estrutura modesta que mais tarde inspiraria ondas de start-ups de tecnologia. Markkula tinha costeletas compridas e usava um terno casual chamativo. Seu primeiro pensamento ao ver Jobs e Wozniak foi que eles precisavam de um corte de cabelo.[11]

Mas aí Markkula percebeu outra coisa — algo que as outras pessoas que visitaram a garagem não tinham reconhecido: a tecnologia de Wozniak era realmente impressionante. O protótipo do Apple II sobre a bancada de trabalho não tinha a bagunça padrão de placas de circuito amarradas com conectores complicados. A máquina toda funcionava em uma única placa e havia *slots* para conectar impressoras ou outros dispositivos. O projeto também incorporava chips de memória de acesso aleatório; até onde Markkula sabia, era o primeiro computador do mundo a fazer aquilo. "Era um design elegante e lindamente montado que Woz havia criado", lembrou Markkula. "E eu sou designer de circuitos. Sei do que estou falando."[12]

Assim, Markkula decidiu investir sua energia na Apple. Tornou-se conselheiro dos Steves, estruturando o plano de negócios, atuando como chefe de marketing e presidente da empresa, conseguindo uma linha de crédito bancária e, por fim, investindo 91 mil dólares de seu próprio capital em troca de 26% da empresa.[13] Depois de um processo tortuoso e iterativo, a rede do Vale do Silício finalmente havia chegado à solução certa. Jobs e Wozniak tinham sido rejeitados muitas vezes por diversos investidores, mas um contato levou a outro, e a Apple acabou conseguindo a tábua de salvação de que precisava.

Markkula não era um investidor de risco. Sem dúvida ele foi o primeiro "investidor-anjo" do Vale: alguém que ficou rico com o sucesso de uma start-up e que recicla sua riqueza e experiência e as transforma em novas start-ups. Mas o que mais importava em Markkula era sua rede de conexões. Como veterano da Fairchild Semiconductor e da Intel, era um membro estabelecido do círculo mais restrito do Vale. Agora que ele tinha assinado o contrato com Jobs e Wozniak, a Apple também passou a fazer parte desse círculo.

A Apple ainda precisava de ajuda com publicidade, então Markkula pediu a Regis McKenna que reconsiderasse trabalhar com os Steves. "Regis, eu pago a conta; quero que você faça isso", disse-lhe Markkula.[14] Anteriormente, nem a oferta de um quinto da empresa tinha levado McKenna a se interessar pela Apple. Mas, agora que alguém de sua rede pedia um favor, McKenna estava disposto. Assim, a empresa dele fez o logotipo da maçã mordida com um arco-íris.[15]

Em seguida, Markkula procurou talentos na área de gestão. No passado, nenhum executivo de tecnologia experiente estava disposto a se arriscar em trabalhar para a Apple. Agora, Markkula conseguiu convencer Mike Scott, que fazia parte de sua rede de ex-alunos da Fairchild, a deixar um emprego seguro para ser o primeiro presidente da Apple. Para recrutar Scott e outros executivos experientes, Markkula replicou o plano de opção de compra de ações da Intel. A Apple agora fazia parte da cultura de participação de Arthur Rock.

Markkula também foi atrás da comunidade de capital de risco. Don Valentine continuava relutante em investir, mas Markkula não precisava depender de nenhum investidor de risco em específico, pois tinha outras conexões. Na Fairchild, ele fizera amizade com um colega chamado Hank Smith, que havia se juntado à Venrock, fundo de risco da família Rockefeller. Markkula ligou para Smith e plantou a sementinha de que ele deveria investir na Apple. Em seguida, preparou-se para ir atrás do pote de ouro. Ainda na Intel, Markkula também havia conhecido Arthur Rock, presidente da empresa. Alavancando a própria rede, pediu a Rock que se reunisse com Jobs e Wozniak.

Em 1977, Rock estava curtindo a vida como gestor de riscos sênior do Vale do Silício. Ele apoiava o San Francisco Ballet e colecionava arte moderna. Em seus jantares, tocava um sino de prata para chamar o garçom.[16] Por valorizar o relacionamento com Markkula, Rock concordou em se encontrar com Jobs, mas sua reação foi previsível. "Steve tinha acabado de voltar da Índia, onde estivera com um guru ou algo assim", lembrou Rock mais tarde.[17] "Não tenho certeza, mas parecia que fazia um tempo que ele não tomava banho."[18]

Com Rock incerto, Markkula se voltou para o velho amigo Hank Smith e sua empresa, a Venrock. No outono de 1977, ele e Jobs pegaram um voo tarde da noite para Nova York, seguindo os passos dados por Perkins e Treybig um ano antes.[19] Foram até o número 30 do Rockefeller Plaza e pegaram o elevador até o 56º andar, onde ficavam os escritórios da Venrock. Na chegada, entraram no banheiro masculino para trocar as roupas que tinham usado no voo.

Vestindo ternos azuis novos, Markkula e Jobs foram conduzidos a uma sala de conferências sem janelas, onde se dirigiram a Peter Crisp, investidor sênior da Venrock, junto de Hank Smith e alguns outros sócios.[20] Não estava totalmente claro o que a equipe da Venrock estava querendo ouvir. Jobs e Markkula falaram sobre o potencial tamanho do mercado de PCs; desde a visita de Valentine à garagem, tinham refinado o argumento de venda e agora falavam grandiosamente acerca de um futuro no qual os computadores estariam em todas as salas de estar. Mas os sócios pareciam não captar essa mensagem. "Os detalhes do que Steve disse não teriam importado", lembrou Hank Smith mais tarde. "O território todo era tão especulativo que não dava para interpretar essas coisas de forma literal."[21]

"Estávamos voando às cegas", acrescentou Peter Crisp.[22]

Depois de uma hora e meia, as perguntas se esgotaram, e Jobs e Markkula pararam de falar. Os sócios da Venrock lhes pediram, então, para esperar; assim, saíram para o corredor para tomar uma decisão. Como Hank Smith estivera na Intel, a equipe da Venrock entendeu que os avanços nos semicondutores viabilizavam a ideia de um PC. Como Smith conhecia e respeitava Markkula, eles tinham alguma confiança na capacidade de entrega da Apple.

Por outro lado, como a maioria dos investidores de risco da Costa Leste, a Venrock era relativamente avessa ao risco; muitas vezes se recusava a apoiar start-ups pioneiras, preferindo investir apenas quando já tinham uma receita significativa.[23] Em suma, eles poderiam fechar esse negócio ou ir embora; quem sabia qual era a decisão certa? "Saímos para o corredor, quatro ou cinco de nós. Olhamos uns para os outros, encolhemos os ombros e dissemos: 'Que se dane, vamos arriscar'", lembra Crisp.[24] "As pessoas nos deram muito crédito depois por termos sido inteligentes nessa decisão."[25]

E assim, quase por capricho, a Venrock comprometeu 300 mil dólares por 10% da Apple.[26] Ao avaliar a empresa em 3 milhões de dólares, a negociação significava que o valor da Apple havia aumentado cerca de trinta vezes desde que Stan Veit se recusara a pagar 10 mil dólares por um décimo das ações cerca de um ano antes.

Com a oferta da Venrock no bolso, Markkula voltou à Costa Oeste para dar continuidade a seu networking. Logo fechou um acordo com Andrew Grove, outro ex-colega que em pouco tempo se tornaria presidente da Intel. Grove conhecia bem a Apple porque Markkula vivia tentando roubar seus funcionários. Dessa vez ele concordou em comprar uma pequena participação na nova empresa, e Markkula acrescentou um grande nome à lista de apoiadores.

Com a Venrock e Grove a bordo, a Apple ganhou *momentum*. A empresa se tornou o assunto de um sussurro quase audível; era como se os boatos do Vale murmurassem seu nome sem parar.[27] O outrora indiferente Don Valentine começou a perseguir Markkula, exigindo uma parcela da atividade. Ele apareceu nos escritórios da Apple várias vezes sem ser convidado; uma vez, ao ver Markkula em um restaurante, mandou-lhe uma garrafa de vinho e um bilhete: "Não esqueça que estou planejando investir na Apple."[28] "Não precisávamos do dinheiro dele", lembra Markkula, que acabou deixando Valentine investir com a condição de aceitar ser membro do conselho.[29] Ter um importante investidor de risco no conselho da empresa aumentaria ainda mais seu *momentum*.

Mais ou menos na mesma época, Regis McKenna visitou o escritório de Arthur Rock. Será que Arthur estava escutando os sussurros? Aquele era o momento de aproveitar a oportunidade e investir na Apple. Alguns grandes nomes estavam a bordo. O trem estava partindo.

A imagem do trem em movimento representou uma nova fachada no investimento em estágios. No caso da Atari ou da Genentech, os investidores de risco posteriores assinaram cheques assim que os riscos extremos foram eliminados. No caso da Apple, os investidores de risco estavam sendo informados de que deveriam investir simplesmente porque outros estavam investindo. Por mais circular que fosse essa lógica, ela não era de jeito nenhum absurda. O boato à solta estava enviando uma mensagem: a Apple ia dar certo. Diante dessa prova social, a verdade objetiva sobre as habilidades dos responsáveis pela Apple ou a qualidade de seus produtos poderia ser secundária. Se a Apple estava atraindo financiamento e se sua reputação estava crescendo graças a apoiadores com boas conexões, suas chances de contratar as melhores pessoas e garantir os melhores canais de distribuição iam pelo mesmo caminho. A lógica circular poderia ser uma lógica sólida.[30]

Depois de ouvir McKenna, Rock deixou de lado as dúvidas sobre Jobs e sua higiene. Era hora de investir; a questão era como fazer isso. Com a Venrock investindo 300 mil dólares e Valentine sacudindo o talão de cheques, a Apple sem dúvida não precisava de capital.

Rock se voltou para Dick Kramlich, o jovem sócio que se juntara a ele depois de Tommy Davis. O fundo de capital de risco Rock-Kramlich tinha sido dissolvido pouco tempo antes, devolvendo capital aos cotistas. Mas os dois homens ainda trabalhavam no mesmo escritório, e Rock pediu a Kramlich para ligar para Peter Crisp, na Venrock. Essa foi outra manobra conduzida pelo networking. Kramlich e Crisp se conheciam da Harvard Business School.

Kramlich muitas vezes se ressentia do estilo autoritário de Rock, mas ficou feliz em ligar para seu camarada de Harvard. "Peter, você pode separar uma parte para nós?", perguntou.[31]

Crisp tinha boas intenções com o velho amigo. Além disso, Arthur Rock havia deixado a Venrock entrar na Intel quando montou seu financiamento em 1968, então Crisp estava lhe devendo uma. E, ao oferecer a Kramlich e Rock parte da alocação de 300 mil dólares da Venrock, Crisp eliminaria alguns riscos. Ter o lendário Arthur Rock ligado à Apple também não faria mal algum.[32]

Crisp disse a Kramlich que poderia oferecer 50 mil dólares da alocação da Venrock para a Apple.

Kramlich agradeceu com entusiasmo e foi contar a Rock. "Arthur! Consegui 50 mil dólares para nós!", anunciou de um jeito triunfante. Pelas contas de Kramlich, ele pegaria 10 mil dólares para si e deixaria Rock ficar com os 40 mil restantes.

Rock, então, se retirou para seu escritório, fechou a porta e deu alguns telefonemas. Quando saiu, tinha más notícias para Kramlich. "Tenho muitos favores para retribuir, então você está em décimo primeiro lugar na minha lista de dez", disse Rock. Ele não ia deixar o outrora sócio comprar nenhuma parcela das ações da Apple.

Kramlich ferveu de raiva, mas o status de Rock na rede de contatos do Vale desaconselhava a resistência.[33]

Pouco depois, um divertido amigo britânico de Kramlich chamado Anthony Montagu visitou o Vale do Silício. Ele havia fundado uma empresa de investimentos em Londres chamada Abingworth e era um intruso no Vale.

"Richard, qual é a boa?", perguntou Montagu.[34] Kramlich disse a ele que a boa era a Apple, mas que não havia nenhuma chance de investir. A rodada de financiamento tinha acabado de ser encerrada. O próprio Kramlich não tinha conseguido pegar uma parte.

Ainda assim Montagu parecia ansioso. Tinha ido à Califórnia com o propósito declarado de avaliar o negócio embrionário dos PCs e sabia que a Apple era a líder nesse setor. Então Kramlich ligou para o presidente da Apple, Mike Scott. Será que o amigo britânico poderia lhe fazer uma visita?, foi o que perguntou. Montagu era o segundo filho de uma família rica, então tinha que trabalhar para viver, brincou Kramlich.[35] Será que Scott poderia fazer um favor a ele?

Scott concordou. Mas também disse a Kramlich com firmeza que não havia chance alguma de o tal amigo conseguir investir. A Apple não precisava de mais dinheiro.

Montagu partiu para os escritórios da Apple. Algumas horas depois, ligou para Kramlich. "Dick, estou muito animado", declarou ele. "Essa realmente é a empresa mais empolgante que já vi." Ele ia investir na Apple, não importava o que acontecesse.

"Sabe, sr. Scott", disse Montagu ao anfitrião com seu impressionante sotaque britânico, "trouxe meu sobretudo e minha escova de dentes e vou ficar sentado no saguão. Não vou sair sem comprar algumas ações." Era difícil dizer se ele era um bobo-alegre ou um chato de galocha muito determinado.

Scott respondeu ao visitante que poderia ficar sentado no saguão se quisesse, mas as chances de adquirir ações eram zero.

Montagu disse que ia esperar. "Eu trouxe minha escova de dentes e posso ficar deitado aqui", repetiu, como se a higiene dental fosse o único motivo concebível para não dormir no escritório de alguém.

Às quinze para as sete daquela noite, Mike Scott apareceu de novo. "Sr. Montagu, você é mesmo um cara de sorte", disse ele. Steve Wozniak tinha decidido comprar uma casa. Para conseguir o dinheiro, queria vender parte das próprias ações.

Montagu perguntou quantas ações Wozniak ia vender.

A resposta foi: "450 mil dólares". Eram muito mais ações do que a Venrock ou Valentine haviam conseguido.

Um Montagu eufórico ligou de novo para Kramlich. "Dick, eu não estaria aqui sem você!", disse ele, oferecendo-se para dividir a alocação.

Kramlich nunca contou a Rock que tinha adquirido uma grande parcela da Apple por meio dessa reviravolta da vida e, durante anos, manteve silêncio. Permitiu-se apenas uma comemoração discreta, como um homem que ergue o punho e dá um grito de vitória, mas em silêncio. No portão da frente da casa de Kramlich, em São Francisco, a maçaneta de ferro tem o formato de uma maçã.

O financiamento da Apple deixou claro como a rede de contatos pode ser mais forte do que o indivíduo. Nenhum investidor de risco nessa história se cobriu de glória. Muitos deixaram a Apple escapar por completo, apesar da oportunidade bem óbvia que o dilema da inovação apresentava. A Venrock investiu com indiferença e, principalmente, por causa de uma conexão casual entre Hank Smith e Mike Markkula. Valentine e Rock chegaram no último momento e, sobretudo no caso de Rock, em tamanho modesto; Valentine vendeu tudo no início, em 1979, obtendo um lucro rápido de treze vezes que impulsionou seu primeiro fundo, mas perdeu a expansão posterior da Apple.[36] A maior vencedora dessa saga foi a improvável dupla formada por Anthony Montagu e Dick Kramlich, provando que a sorte às vezes pode ser mais importante do que qualquer outra coisa.[37]

Mas nada dessa bagunça mudou o resultado para a Apple. A empresa levantou capital e reuniu conexões, e seu sucesso atestou o poder da rede do Vale do Silício. Depois que a Venrock, Valentine e Rock embarcaram, não importava a hesitação com que tinham chegado: eles começaram a movimentar seus contatos para ajudar sua nova empresa de portfólio. Uma apresentação de Valentine levou a Apple a contratar Gene Carter, veterano experiente da Fairchild. Um telefonema de Peter Crisp ajudou a Apple a recrutar um chefe de fábrica da Hewlett-Packard.[38] Enquanto isso, Arthur Rock cuidou para que a Apple pudesse se aproveitar da glória dele. Em uma ocasião, quando dois figurões do Morgan Stanley foram até a Costa Oeste, eles almoçaram com Rock, que falou da Apple. "Arthur Rock vai entrar para a história!", relatou a dupla do Morgan Stanley em um memorando logo depois, retransmitindo a visão de Rock sobre a Apple como se fosse a previsão de um oráculo, e não uma propaganda de interesse próprio. "As pessoas que dirigem a empresa... são muito brilhantes, muito criativas e muito motivadas", garantiu Rock.[39]

Em dezembro de 1980, dois meses após a oferta pública inicial (IPO, em inglês) da Genentech, o Morgan Stanley ajudou a Apple a abrir o capital. Dos 237 IPOs naquele ano, o da Apple foi de longe o maior, levantando mais dinheiro do que qualquer IPO desde que a Ford Motor Company fez sua estreia, 24 anos antes.[40] No fim de dezembro, a Apple tinha um valor de mercado avaliado em quase 1,8 bilhão de dólares; era considerada mais valiosa do que a Ford.⁴¹ E, enquanto Valentine tinha rapidamente ganhado treze vezes seu investimento na Apple ao sair, em 1979, a participação de Rock agora disparara 378 vezes, e ele assumiu um assento no conselho da empresa, emparelhando com sua posição como presidente da Intel. De maneira mais incontestável do que nunca, Rock era o estadista sênior do Vale, mas o investimento na Apple foi sua última grande tacada; depois disso ele perdeu forças. "Rock devia ter dominado; devia ter sido o cara que assinava todos os cheques", refletiu Bill Hambrecht. "Ele tinha a posição; tinha o dinheiro por trás. Devia ter sido ele por direito."⁴² Contudo, posição e dinheiro não eram as únicas métricas que importavam. Novas tecnologias e indústrias estavam surgindo, e habilidades além do julgamento financeiro eram cada vez mais necessárias. Rock foi o pai do capital de risco da Costa Oeste, mas não era o homem para fazê-lo avançar.

Mas isso pouco importava, porque agora o capital de risco tinha alcançado a velocidade de escape. Em 1978, o Congresso reduzira o imposto sobre ganhos de capital de 49% para 28%, aumentando, e muito, o incentivo para investir em fundos de risco. No ano seguinte, o governo tinha relaxado a regra do homem prudente, abrindo caminho para os administradores de pensões investirem em ativos de alto risco.⁴³ Em 1980, em uma cena que poderia ter saído diretamente de um drama conspiratório de Hollywood, o investidor de risco Bill Draper se sentou seminu em uma reunião secreta de poderosos em Bohemian Grove e aproveitou a oportunidade para fazer lobby com um assessor de Ronald Reagan por um corte adicional nos ganhos de capital; a taxa foi novamente cortada, dessa vez para 20%, logo depois que Reagan assumiu o cargo.⁴⁴ O baixo imposto sobre ganhos de capital e a mudança na regra do homem prudente fecharam uma combinação de políticas extraordinariamente favoráveis aos investidores de risco. As empresas apoiadas por capital de risco podiam abrir o capital sem mostrar o histórico de lucro. As opções de ações dos funcionários só eram tributadas quando exercidas, não quando eram concedidas. As sociedades de responsabilidade limitada eram isentas de impostos e protegiam os sócios investidores de processos judiciais. Nenhum outro país foi tão amigável com o setor de capital de risco.

Impulsionado pelos atraentes lucros gerados por saídas como as da Genentech e da Apple, o capital inundou os fundos de risco no fim dos anos 1970. Entre 1973 e 1977, o setor de capital de risco havia arrecadado uma média de 42 milhões de dólares por ano. Nos cinco anos seguintes, a média foi de mais de vinte vezes isso — um total de 940 milhões de dólares por ano.[45] Com o retorno do aquecido mercado de IPOs depois da estreia da Apple, as operadoras de capital de risco estabelecidas começaram a gerar lucros extraordinários: retornos anuais entre 30 e 50% se tornaram comuns.[46] E assim, sem surpreender, as principais parcerias entre investidores de risco começaram a arrecadar dinheiro em uma escala sem precedentes. Tendo angariado 5 milhões de dólares para seu primeiro fundo, Don Valentine levantou um segundo fundo de 21 milhões de dólares em 1979, seguido de outro no valor de 44 milhões de dólares em 1981.[47] A Kleiner Perkins passou de 8 milhões de dólares para 15 milhões de dólares e então para 55 milhões de dólares mais ou menos no mesmo período.[48] Até mesmo uma empresa iniciante como a New Enterprise Associates, fundada em 1977 por Dick Kramlich e dois sócios da Costa Leste, conseguiu levantar 45 milhões de dólares para um fundo em 1981.[49] Ao todo, o capital administrado por fundos de risco quadruplicou de 3 bilhões de dólares para 12 bilhões de dólares entre 1977 e 1983, e o número de sociedades de risco independentes mais do que dobrou nesse período.[50]

Arthur Rock podia estar perdendo forças, mas seu legado só crescia.

Capítulo cinco

Cisco, 3Com e a ascensão do Vale do Silício

A importância do boom do capital de risco no fim dos anos 1970 e início dos anos 1980 não era algo evidente para todos. Apesar da lógica do dilema da inovação — de que novas indústrias provavelmente seriam iniciadas por novas empresas e, portanto, um aumento no capital de risco poderia afetar a vitalidade da economia em grande escala —, a maioria dos comentaristas presumia que os chefões já estabelecidos das indústrias seriam os responsáveis por decidir o destino dos Estados Unidos. Em 1978, a Merrill Lynch previu com segurança que "os futuros desenvolvedores de tecnologias promissoras, novos produtos e novos serviços provavelmente serão setores de grandes corporações com bom financiamento".[1] Era como se os Estados Unidos ainda estivessem presos ao mundo da IBM e de Sherman Fairchild. Mas a máquina de capital de risco do Vale do Silício, agora equipada com uma caixa de ferramentas completa e uma densa rede de participantes, estava prestes a dar duas lições simultâneas. Primeiro, que ela conseguiria lutar contra o desafio imposto pelo Japão, cujos formidáveis fabricantes de semicondutores ameaçavam a principal indústria do Vale. E, segundo, que ela poderia finalmente ofuscar seu rival norte-americano de longa data, o polo de tecnologia concentrado em Boston.

O sucesso do Vale do Silício não pode ser explicado com base em intervenções governamentais. Não era como se as iniciativas federais de repente tivessem favorecido a Califórnia em vez de Massachusetts. Nem foi o caso de os Estados Unidos, enfrentando a concorrência dos hipereficientes fabricantes de chips japoneses, reagirem com uma política industrial mágica. Os que acreditam no poder do ativismo estatal costumam citar um consórcio liderado pelo governo chamado Sematech: a partir de 1987, o governo federal canalizou 100 milhões de dólares por ano para esse esforço, melhorando a coordenação entre os fabricantes privados de chips e impulsionando os ganhos na qualidade da fabricação. Mas, enquanto a Sematech ajudava a reduzir as taxas de defeitos e a acelerar a miniaturização, os fabricantes japoneses mantinham a vantagem, e os Estados Unidos desistiram de tentar competir no mercado de dispositivos de memória — o segmento em que a qualidade da produção era o principal diferencial.[2] Em vez disso, o Vale do Silício emergiu triunfante, canalizando sua energia para novas áreas: design de microprocessadores especializados, discos e unidades de disco e equipamentos de rede que conectavam todos os novos equipamentos. Essas novas indústrias aproveitaram os avanços da física e da engenharia provenientes dos laboratórios apoiados pelo governo: nesse sentido, o apoio do setor público foi importante. Contudo, o sucesso do Vale em transformar a pesquisa básica em produtos comerciais refletiu o triunfo de uma ciência que estava menos na moda: a sociologia.

AnnaLee Saxenian, socióloga de Berkeley que escreveu com perspicácia sobre essa fase da história da tecnologia, apontou a diferença fundamental entre o Vale do Silício e seus concorrentes.[3] Em Boston e no Japão, o negócio de eletrônicos era dominado por grandes corporações mais reservadas e com integração vertical: Digital Equipment e Data General, Toshiba e Sony. Por outro lado, o Vale do Silício era um caldeirão borbulhante de pequenas empresas, vigorosas por causa da competição feroz, formidáveis porque eram capazes de formar alianças e colaborações. O que fazia as pequenas empresas do Vale se destacarem, argumentou Saxenian, era o fato de as fronteiras entre elas serem permeáveis. O fundador de uma empresa de unidades de disco conversava com fabricantes de PCs em busca de maneiras de inserir seu dispositivo nas cadeias de produção deles: informações sobre padrões técnicos e design eram trocadas o tempo todo. Um engenheiro podia pedir a um colega de outra start-up um conselho sobre determinado problema; nenhuma cultura de sigilo inibia a cooperação. Um executivo de vendas podia sair de uma start-up na sexta e começar em outra na segunda; às vezes nem precisava trocar de estacionamento, porque as duas empresas ficavam no mesmo prédio. As organizações hierárquicas podem ser boas na coordenação de pessoas quando os objetivos são claros: pense em um exército. Porém, quando se trata de comercializar ciência aplicada, a cultura de "coopetição" do Vale se mostrou mais criativa do que as corporações autossuficientes e com integração vertical de Boston ou do Japão. As grandes empresas reprimem ideias e muitas vezes as desperdiçam. Coalizões mutáveis de pequenas empresas conduzem inúmeros experimentos até encontrarem o melhor caminho a seguir.

Por que foi preciso uma socióloga para identificar a vantagem do Vale do Silício? Os economistas sempre reconheceram a vitalidade dos "clusters" industriais — finanças em Nova York, filmes em Hollywood, tecnologia no Vale do Silício. Eles observam que os clusters desenvolvem mercados de trabalho profundos em áreas especializadas, de modo que uma empresa que precisa de especialistas em, digamos, um tipo específico de software de banco de dados pode contratar exatamente as habilidades que está procurando.[4] Mas Saxenian estava indo além do foco dos economistas na combinação produtiva entre trabalhadores e empregadores. Ao enfatizar os limites permeáveis entre as start-ups do Vale, ela estava sondando a qualidade dos relacionamentos dentro de um cluster e sugerindo por que alguns deles passam à frente de outros. Um cluster que é dominado por empresas grandes, independentes e reservadas se caracteriza por relacionamentos estreitos entre os funcionários internos de cada empresa mas poucos vínculos entre os profissionais de uma empresa e profissionais semelhantes de outra. Já um cluster que consiste em start-ups transitórias tem menos laços profundos entre os colegas, mas é enriquecido por inúmeras conexões externas mais frouxas. Segundo Saxenian, um número pequeno de relacionamentos estreitos contribui para menos compartilhamento de ideias e inovações do que um número grande de relacionamentos fracos. Para isso, ela se baseou em uma ideia levantada por um dos artigos de ciências sociais mais citados de todos os tempos. Em um célebre artigo publicado em 1973, o sociólogo Mark Granovetter alegou que uma infinidade de laços fracos gera uma circulação maior de informações do que um punhado de laços fortes.[5]

Pelo menos até pouco tempo atrás, a profissão de economista não tinha oferecido nenhuma ideia equivalente. Paul Krugman, cujo trabalho pioneiro em geografia econômica o ajudou a ganhar o Prêmio Nobel, lamenta que "as coisas que destaquei nos modelos são uma história menos importante do que as que deixei de lado porque não pude modelá-las, como vazamentos de informações e redes entre pessoas".[6] Mas Saxenian e seus colegas sociólogos colocaram os vazamentos de informações e as redes sociais no centro de seus relatos e estavam muito certos em fazer isso. Sem os fracos laços de Tom Perkins com seus velhos amigos da Hewlett-Packard, a Tandem Computer nunca teria surgido. Sem os fracos laços de Nolan Bushnell com Don Valentine e sem os fracos laços de Valentine com Mike Markkula, a Apple poderia nunca ter se tornado um negócio de verdade. As ideias se espalharam como um incêndio florestal pelo Vale do Silício por conta de lugares como o Walker's Wagon Wheel, um bar lotado onde os engenheiros da IBM e do PARC da Xerox fofocavam livremente. Em outros clusters industriais, as mesmas ideias poderiam não ter se espalhado, porque as relações sociais não eram programadas para uma disseminação rápida.[7]

Entretanto, é claro que a tese de Saxenian levanta uma questão: se fronteiras permeáveis e uma abundância de laços fracos formam um cluster industrial produtivo, o que criou essas condições no Vale do Silício? Existem duas respostas conhecidas. Primeiro, a lei da Califórnia impede que os empregadores segurem os funcionários em acordos de não concorrência; os talentos ficam livres para ir aonde quiserem, ao contrário do que acontece na maioria dos estados, incluindo Massachusetts. Segundo, Stanford foi generosa ao permitir que os professores tirassem licenças sabáticas para trabalhar em start-ups, e essa permissividade fomentou laços entre a academia e as empresas; por outro lado, os professores do MIT corriam o risco de perder a estabilidade caso passassem muito tempo em projetos paralelos. No entanto, embora a ausência de cláusulas de não concorrência e a permeabilidade de Stanford tenham contribuído para a fluidez criativa do Vale, a história vai além. Por um lado, alguns estudos jurídicos têm procurado qualificar a importância das cláusulas de não concorrência.[8] Por outro, as start-ups de tecnologia da Califórnia têm muito mais probabilidade de envolver alunos de graduação de Stanford do que professores de lá.[9] A principal resposta à pergunta de Saxenian — o motivo para o Vale ter uma infinidade de laços fracos — pode ser encontrada em outro lugar. Ela reside no fato de que existe uma tribo de profissionais incansavelmente focada em cultivar esses laços. Essa tribo são os investidores de risco.

E isso nos traz de volta ao boom de capital de risco no fim dos anos 1970 e início dos anos 1980. Não foi por acaso que a enxurrada de dinheiro nas sociedades de capital de risco antecipou o momento em que o Vale do Silício ultrapassaria seus concorrentes no Japão e em Boston. O aumento nos dólares de risco significava que havia intermediários mais ávidos fazendo seus negócios no Vale, ouvindo argumentos de venda, entrevistando funcionários em potencial e conectando ideias, pessoas e dinheiro. Para muitos desses novatos em capital de risco, construir suas redes não era apenas uma das coisas que eles faziam, e sim *a* coisa — a chave para se estabelecerem no negócio. Bill Younger, que ingressou na Sutter Hill em 1981, assumiu a tarefa de levar para almoçar as pessoas mais inteligentes de sua lista de contatos; no fim de cada refeição, ele perguntava: "Quem é o melhor cara com quem você já trabalhou?" Younger então assumia a missão de conhecer esse cara que era o melhor em algo — quase nunca era uma mulher — e no fim da reunião repetia a pergunta: "Quem é o melhor cara por aí?"[10] Depois de um ano mudando de um cara considerado o melhor para outro, Younger tinha uma lista de cerca de oitenta superestrelas e cultivou cada uma delas metodicamente. Ele enviava a um desses indivíduos notáveis um artigo técnico que poderia ser relevante para sua pesquisa; ligava para outro para dizer que um velho colega estava perguntando por ele. Dessa forma, teceu uma teia de conexões fracas que formariam a base de start-ups produtivas quando surgissem as oportunidades certas. O capital social que Saxenian enfatizava não surgiu por acaso.[11]

As pessoas naquele círculo sentiram o modo como o aumento das redes de capital de risco mudou o metabolismo do Vale do Silício. Numa sexta-feira de 1981, Wilfred Corrigan, ex-CEO da Fairchild, divulgou um plano de negócios para uma nova empresa de semicondutores, a LSI Logic. Na terça-feira seguinte, a Kleiner Perkins e dois coinvestidores tinham angariado 2,3 milhões de dólares. "A única razão de ter demorado tanto foi porque segunda-feira era feriado", contou um deles mais tarde.[12] Da mesma maneira, um engenheiro chamado William Dambrackas levantou dinheiro com o primeiro investidor de risco com quem conversou, embora não tivesse nem um protótipo nem projeções financeiras. "Ouvi dizer que os investidores de risco apostam mais no jóquei do que no cavalo", admirou-se Dambrackas. "Fiquei surpreso ao saber que alguém ia investir em uma empresa que ainda não existia."[13] Os investidores de risco estavam sugando pessoas talentosas de grandes empresas com tanta rapidez que até os partidários do Vale se ressentiram: Andy Grove, presidente da Intel, reclamou que os investidores de risco estavam agindo como Darth Vader, atraindo jovens engenheiros e gerentes inocentes para o "lado sombrio" do capitalismo empresarial. "Olhe, nós não colocamos um saco na cabeça deles e os arrastamos para fora das empresas", retrucou Don Valentine.[14] A ausência de acordos de não concorrência executáveis ajudou os investidores de risco nesse impasse. Mas o direito contratual era menos um poder em si do que um amplificador do capital de libertação.

A mudança no metabolismo do Vale do Silício deixou os veteranos desconcertados. Foi-se o tempo em que os investidores de risco podiam fazer as devidas e exigentes diligências antes de apoiar uma start-up. "Antes você tinha dois ou três meses", lamentou Eugene Kleiner. "Agora é questão de semanas ou até mesmo dias, porque, se não investirmos, outra pessoa vai investir."[15] Porém, quaisquer que sejam os riscos dessa confusão frenética, a nova atmosfera era revigorante. A onda de dólares de risco "ajudou a tirar os empreendedores capazes de seus ninhos seguros nas grandes corporações para que pudessem entrar em novos empreendimentos corajosos e criativos", como disse Bill Draper, da Sutter Hill.[16] O risco e a tolerância ao fracasso, muitas vezes atribuídos a um tipo de poção mágica das águas do Vale do Silício, tinham tudo a ver com esse incentivo. Quando um engenheiro chamado Chuck Geschke saiu de um emprego seguro para fundar a empresa de software Adobe, declarou que não se incomodava com a perspectiva de fracasso. Ele tinha visto outros empreendedores navegarem no mundo das start-ups apoiadas por capital de risco e percebeu que o fracasso muitas vezes significava que você arrecadaria mais dólares de risco na próxima vez.[17]

Com a sensação de risco abafada pelo capital de risco e com tantos experimentos inovadores sendo financiados, alguns estavam fadados a acertar em cheio. Seria necessário apenas um punhado de vencedores excepcionais apoiados por capital de risco para consolidar o Vale do Silício como o principal centro de tecnologia do mundo.

◆

Não ocorreu nenhum boom de investimento de risco equivalente em Boston e redondezas. A partir de meados da década de 1960, quando a ARD de Georges Doriot começou a vacilar, um trio de sociedades ao estilo Davis & Rock emergiu de sua sombra: Greylock Partners, Charles River Ventures e, posteriormente, Matrix Partners. Todas as três tiveram um bom desempenho, mas eram parte de uma rede menor e mais fraca, e eram nitidamente menos dinâmicas do que suas rivais da Costa Oeste. Não havia uma tradição de investidores de risco arregaçarem as mangas e ajudarem a projetar start-ups, como Tom Perkins tinha feito com a Tandem e a Genentech. Não havia nem mesmo o hábito de apoiar um tecnólogo promissor e depois encontrar um CEO para ele, como Sutter Hill tinha feito em seu negócio com a Qume. Em vez disso, os investidores de risco da Costa Leste esperavam que as empresas fossem atrás de dinheiro já tendo uma equipe formada; "era uma teoria de concepção imaculada", lembrou um veterano da Costa Oeste.[18] "Não há investimento de risco de verdade em Massachusetts", concordou um gerente sênior de tecnologia de Boston. "A menos que tenha provado centenas de vezes que é bom, você nunca vai receber dinheiro algum."[19] Um empreendedor de Boston que deixou uma gigante local de tecnologia para abrir a própria empresa concluiu: "As pessoas na Nova Inglaterra preferem investir em uma quadra de tênis a investir em alta tecnologia." Então ele fez as malas e se mudou para o Vale do Silício, onde fundou uma empresa de computadores bem-sucedida chamada Convergent. "Recebi promessas de empréstimos de 2,5 milhões de dólares de três pessoas diferentes que me viram escrever o plano de negócios em um guardanapo depois de vinte minutos de almoço", disse ele mais tarde.[20]

A cautela da tribo do capital de risco da Costa Leste estava em tudo que se fazia lá, desde a seleção de quais fundadores apoiar até a forma como eles eram treinados depois do investimento. Buscando reduzir o risco, os investidores de risco de Boston muitas vezes forneciam o que chamavam de "capital de desenvolvimento" para empresas que já tinham um produto comprovado e algumas vendas iniciais; era muito mais seguro assim do que apostar em start-ups inexperientes. Howard Cox, que iniciou uma carreira na Greylock em 1971, se gabava de só ter perdido dinheiro em dois de seus quarenta investimentos. "Eu não apoiava empresas cujo produto poderia fracassar", disse, articulando uma abordagem que os investidores de risco da Costa Oeste teriam considerado ridiculamente covarde.[21] Os contratos entre investidores de risco e start-ups refletiam a mesma divisão entre leste e oeste. Os da Costa Leste insistiam nos direitos de confiscar os ativos de uma start-up caso ela se saísse mal, da mesma forma que os credores hipotecários reivindicam o direito de confiscar casas se os mutuários ficarem inadimplentes. Os da Costa Oeste eram menos presos a essas condições porque, se start-ups recém-nascidas fracassassem, elas teriam poucos ativos que valeriam a pena confiscar. Em um último sinal de cautela, os da Costa Leste tiravam o risco da mesa cedo, muitas vezes preferindo vender uma empresa de portfólio para uma rival maior depois de ter ganhado cinco vezes o que investiram, mais ou menos. Como estavam fazendo menos apostas que chegavam a zero, não se sentiam compelidos a elevar suas vencedoras a dez vezes o valor investido ou mais.

O contraste entre as costas foi cristalizado na história de Bob Metcalfe.[22] Autodenominado "viking americano", com avós de Oslo, Bergen, Leeds e Dublin, Metcalfe ostentava um cabelo louro-avermelhado espesso, usava mocassins e dizia ser "um hippie de direita".[23] Depois de estudar no MIT e em Harvard, mudou-se para o oeste, para o PARC da Xerox, onde raramente usava um despertador, costumava passar a noite no laboratório e inventou uma tecnologia de rede de computadores chamada Ethernet. Era um jogador de tênis muito competitivo e uma força da natureza: combinava o carisma de Steve Jobs para se promover com o virtuosismo de Steve Wozniak em engenharia. Mas, para imensa frustração de Metcalfe, a Xerox não demonstrou nenhum sinal de querer construir um negócio a partir de sua invenção da Ethernet, nem parecia ansiosa para promover um espírito tão livre na hierarquia administrativa.[24] Então Metcalfe pediu demissão e fundou uma start-up chamada 3Com, prometendo que a Ethernet conectaria os computadores pessoais nos escritórios e salas de estar de todo o país.[25]

Quinze anos antes, um engenheiro ambicioso como Metcalfe teria primeiro conseguido financiamento e só depois reunido coragem para pedir demissão. Mas agora a onipresença do capital de libertação podia ser considerada garantida, permitindo a Metcalfe que invertesse a ordem. Ele nunca tinha pensado em como isso era uma bênção. *Claro* que um jovem cientista brilhante não devia definhar em uma burocracia que não aproveitava ao máximo seus talentos. *Claro* que, se um cientista quisesse, tinha a opção — quase o direito — de fundar a própria empresa. Os economistas costumam pensar em termos de mercados e empresas. Mas Metcalfe estava apostando naquela instituição intermediária: a rede de contatos.

Metcalfe saiu em busca de angariar dinheiro para a 3Com em setembro de 1980 e atraiu ofertas em pouquíssimo tempo. O Mayfield Fund, criado pelo ex-sócio de Rock, Tommy Davis, propôs avaliar a 3Com em 2 milhões de dólares ou 7 dólares por ação. Dick Kramlich, da New Enterprise Associates, outro ex-sócio de Rock, formou um consórcio disposto a avaliar a empresa em 3,7 milhões de dólares ou 13 dólares por ação; isso foi antes de a 3Com sequer ter feito qualquer coisa. Mas Metcalfe estava determinado a conseguir mais. Declarando que a empresa valia 6 milhões de dólares e que suas ações deveriam valer 20 dólares cada, decidiu vencer os caras do capital de risco no próprio jogo deles. "Eu sempre me indignei com os MBAs", confessou. "Eles sempre ganhavam mais do que eu, e eu era mais inteligente do que eles."[26]

Metcalfe começou a convidar investidores de risco para almoçar e pedir orientação. "Se você quer dinheiro, pede conselhos. Se quer conselhos, pede dinheiro", refletiu com astúcia.[27] Seu objetivo era absorver a maneira de pensar dos investidores de risco, e em pouco tempo ele notou um padrão. Em algum ponto de todas as conversas, o investidor de risco dava início a uma palestra sobre os três motivos para as start-ups fracassarem: o ego excessivo do fundador, pouquíssimo foco nos produtos mais promissores e pouquíssimo capital. Tendo reconhecido esse mantra, Metcalfe começou a se apossar dele. "Aqui estão os três erros que não vou cometer", anunciava, antes que o investidor de risco pego de surpresa tivesse a chance de apresentar os alertas padrão. "A primeira coisa que decidi é que é mais importante a empresa ter sucesso do que eu a administrar. A segunda é que, embora eu tenha esse plano de negócios que mostra um milhão de produtos, acredite em mim, vamos nos concentrar em poucos. E a terceira é que estou aqui levantando dinheiro porque não vamos ficar subcapitalizados."[28]

A primeira promessa de Metcalfe era a mais intrigante. Exatamente por ter apostado seu ego em conseguir um preço de 20 dólares por ação, ele estava disposto a subordinar o próprio ego quando o assunto era quem ia administrar a empresa. Tinha penetrado na mentalidade dos investidores de risco bem o suficiente para entender a fórmula da Qume: ele sabia que, se aceitasse o dinheiro dos investidores de risco, eles atrairiam gerentes externos. Com essa inevitabilidade, Metcalfe pensou: por que não inverter a ordem? Se ele contratasse um executivo externo antes de angariar o capital, sua empresa ia parecer mais forte e suas ações seriam vendidas por um valor mais alto.

A minúscula equipe fundadora da 3Com não gostou dessa perspectiva. Eles achavam que poderiam construir a empresa sozinhos, com Metcalfe na liderança. Um deles deu a Metcalfe uma tirinha mostrando um rei e uma rainha olhando para seus domínios.

O rei, parecendo em dúvida: "Não tenho certeza se consigo fazer isso."

A rainha, parecendo austera: "Cala a boca e governa."[29]

Apesar da provocação, Metcalfe manteve seu plano de contratar um executivo externo. No fim de 1980, ele usou um discurso em Stanford para anunciar um novo tipo de leilão de capital de risco: declarou que aceitaria financiamento de qualquer investidor que levasse até ele o melhor cara da área operacional com uma experiência de adulto em gestão.[30] Ao exigir que os investidores de risco encontrassem um presidente para a empresa *antes* de investir, Metcalfe pretendia fazê-los aumentarem as possibilidades da 3Com e depois pagarem pelo valor que tinham criado.

Na Costa Leste, os investidores de risco poderiam ter dado de ombros e ido embora. Quem esse inventor sem noção pensava que era para lhes dar ordens? Porém os investidores da Costa Oeste estavam dispostos a trabalhar com potenciais fundadores de sucesso quase sob qualquer condição. Com a crescente infiltração dos PCs, as redes de computadores eram um negócio promissor.

Wally Davis, sócio sênior da Mayfield, ouviu o discurso de Metcalfe em Stanford. Quando voltou ao escritório, repassou tudo. O inventor da Ethernet estava impondo a fórmula da Qume de Sutter Hill a si mesmo. Para investir, a Mayfield teria que trabalhar sua rede de recrutamento e encontrar um executivo experiente para a 3Com.

"Conheço um cara que seria perfeito", disse um sócio júnior da Mayfield, Gib Myers. Ele tinha trabalhado na Hewlett-Packard com um executivo chamado Bill Krause. Formado pela Citadel, uma faculdade militar na Carolina do Sul, Krause era um adulto disciplinado e voltado para processos; na verdade, era disciplinado demais para a maioria das pessoas. Ele ficava à vontade quando escrevia um memorando do tipo MOST — sigla em inglês para "Missão, Objetivos, Estratégia e Táticas". Era bem preciso ao fazer a distinção entre um gerente de marketing de produtos e um diretor de marketing de produtos. Leviandade não era a praia dele. Mas, com o hippie de mocassim ao lado, seu estilo obstinado geraria o equilíbrio ideal.

Myers ligou para Krause e pediu a ele que se encontrasse com Metcalfe no Mac's Tea Room, em Los Altos. Explicou que Metcalfe estava lançando uma nova empresa. Ele e Krause tinham estilos diferentes, mas talvez pudessem se complementar.

Krause, satisfeito, aceitou a proposta. Sempre quisera liderar uma start-up. Tendo comandado a divisão de computadores pessoais da HP, ele conhecia a Ethernet e sentia o devido respeito pelo engenheiro que a inventara. Além disso, Jimmy Treybig, velho amigo de Krause na Hewlett-Packard, tinha deixado a estabilidade da HP para criar a Tandem com apoio de capital de risco. Tinha dado muito certo para ele.[31]

O encontro em Los Altos correu bem. Krause, assim como Metcalfe, era um jogador de tênis competitivo, e os dois concordavam em relação ao futuro da computação. A utilidade de um computador pessoal aumentaria de forma exponencial quando estivesse conectado a uma rede. Na verdade, essa percepção acabou ficando conhecida como a lei de Metcalfe: o valor de uma rede aumenta com o quadrado do número de dispositivos conectados a ela.

Poucos dias depois, Krause conheceu Howard Charney, braço direito de Metcalfe, bem como os outros funcionários do início. Quanto mais conhecia a 3Com, mais se entusiasmava. Se ele saísse da Hewlett-Packard, deixaria uma empresa estável e teria uma redução no salário. Mas seria uma chance de construir alguma coisa do zero e ser proprietário de uma grande parte do patrimônio líquido.

O movimento seguinte de Krause foi comentar o assunto com a esposa, Gay. Escolheu um momento em que os dois estavam correndo juntos ao ar livre. Era uma bela manhã e Gay adorava correr, e Krause disse a ela que estava pensando em assinar um contrato com uma start-up. Ele ia liderar uma equipe muito empolgante! Sempre tinha desejado fazer uma coisa dessas!

Gay continuou correndo sem dizer nada. Pouco depois, Krause olhou e viu que ela estava chorando.

Krause ligou para Metcalfe e pediu ajuda. A conversa com a família não tinha sido muito boa. Será que Metcalfe e Howard Charney poderiam jantar com ele e Gay?

Os Krauses jantaram com Metcalfe e Charney. Mais tarde, na mesma noite, Gay disse:

— Howard Charney é o cara mais inteligente que já conheci. — Em seguida, acrescentou: — Bob Metcalfe é o cara mais carismático que já conheci.

Depois, ela quis saber:

— Mas por que motivo eles precisam de você?

— Isso é um sim? — perguntou Krause.

— Vá em frente — respondeu Gay.[32]

Com Krause pronto para embarcar, Metcalfe achou que tinha tudo de que precisava para pressionar o preço de cada ação para que chegasse a 20 dólares.[33] Porém, mesmo com a supervisão de um adulto, os investidores de risco não estavam se mexendo. A essa altura, a fórmula da Qume tinha virado rotina: eles teriam resolvido a questão da gestão da 3Com de qualquer maneira, de modo que o fato de Metcalfe ter antecipado as coisas não mudou em nada o jogo. Dick Kramlich, da New Enterprise Associates, manteve a oferta de 13 dólares por ação. Jack Melchor, conhecido por apoiar um fabricante de computadores bem-sucedido dos anos 1970 chamado ROLM, também estava oferecendo 13 dólares. Mayfield tinha aumentado os 7 dólares, mas se recusava a ir além do nível aparentemente mágico de 13 dólares. Metcalfe suspeitou de conspiração. A rede do Vale era abundante, mas também podia dar a impressão de ser um cartel. E ela estava se unindo contra ele.

Metcalfe resolveu lançar sua rede mais longe. Não ia pagar pelo privilégio de levantar dinheiro com uma empresa famosa de capital de risco do Vale. O dinheiro dos financistas de Boston era igualmente bom. O capital era uma *commodity*.

A boa notícia para Metcalfe foi que os investidores de risco de Boston ficaram impressionados com a contratação de Krause. Eles gostavam de investir em equipes prontas. A 3Com agora tinha um inventor e um gestor, ambos de primeira categoria. Pouco depois, a Fidelity Ventures, filial de capital de risco da famosa financeira de Boston, anunciou que financiaria a 3Com a 21 dólares por ação. Por fim, Metcalfe conseguiu uma avaliação que excedia sua meta de 20 dólares.[34]

Exultante, ele ligou para Kramlich. "Dick", disse, "temos alguém que acha que valemos o que valemos. Eles só querem um mês para fazer a devida diligência. Então, se você insistir que esse é o acordo e que não vai esperar um mês, vamos sair fora."[35]

Metcalfe esperava que Kramlich agora aumentasse seu preço. Esses financiadores não respeitavam os leilões e a descoberta de preços? Eles não iam desistir agora que o cartel tinha sido descoberto?

Kramlich recusou a isca. Desejou sorte a Metcalfe, mas não ia competir com a oferta de 21 dólares da Fidelity. Ele acreditava que sabia julgar quanto valiam as start-ups, mesmo quando havia poucas métricas objetivas e quantitativas para embasar seu julgamento.

Metcalfe voltou para a Fidelity e anunciou que estava pronto para assinar um *term sheet*, ou "carta de intenções", um documento que estabelece o preço e as condições de um investimento privado. Pela primeira vez, parecia, a comunidade de risco de Boston ia roubar um negócio da Costa Oeste bem debaixo do nariz da fraternidade de Sand Hill Road. Mas Metcalfe logo descobriu o que veio a chamar de "síndrome de ah, a propósito". Tipo "Ah, a propósito, uma condição do negócio é que tenhamos outros investidores".

Na primeira vez em que Metcalfe encontrou essa exigência, ela parecia inocente. Os caras de Boston queriam um coinvestidor e não pareciam ter a própria rede de pretendentes prontos. Sem se preocupar, Metcalfe saiu em busca de outra sociedade pronta para pagar 21 dólares por ação e acabou identificando uma empresa nova-iorquina disposta. Mas aí enfrentou uma segunda condição. "Na verdade, precisamos de uma empresa da *Costa Oeste*", insistiu a Fidelity; evidentemente, os caras de Boston queriam a validação do Vale do Silício. Metcalfe, disposto a tudo, batalhou um pouco mais e acabou identificando um pequeno investidor de risco da Costa Oeste disposto a investir no nível de 21 dólares por ação. Não, o pessoal de

Boston agora fez outra objeção: precisava ser uma *grande* empresa da Costa Oeste. O candidato de Metcalfe não preenchia os requisitos.

Ainda determinado a superar seu obstáculo de 20 dólares por ação, Metcalfe fez mais uma rodada e finalmente encontrou uma grande empresa da Costa Oeste disposta a investir 100 mil dólares.

"O que nós realmente queremos é uma participação *significativa* de uma grande empresa da Costa Oeste ou não poderemos fechar esse negócio", informou a Fidelity.

Enquanto Metcalfe saltava sobre um obstáculo enlouquecedor após o outro, ele se deparou com mais um problema. Novos termos e condições continuavam aparecendo nas letras miúdas do pessoal de Boston. Havia uma cláusula de "conselho explosivo" que dava aos investidores o poder de nomear todos os membros do conselho da empresa. Havia uma cláusula de "cancela baixa" que os protegia contra uma possível diluição de sua participação caso a 3Com depois vendesse uma parte das ações por um preço mais baixo. A Fidelity estava colocando os advogados em ação para tentar administrar o risco intrínseco das start-ups. Ela não queria reconhecer que as start-ups podem fracassar, caso em que os direitos do conselho e as cancelas não fazem diferença.

Depois de um mês de frustração, Metcalfe finalmente concluiu que o investimento prometido de 21 dólares era uma miragem: desaparecia toda vez que ele se aproximava. O ativo mais escasso de uma start-up é o tempo. Os investidores de risco de Boston se revelaram campeões em desperdiçá-lo.

Sem querer voltar para Kramlich com o rabo entre as pernas, Metcalfe foi se encontrar com Jack Melchor, um dos outros investidores de risco do Vale que tinham oferecido 13 dólares.

"Preciso fechar esse negócio", disse Metcalfe.

Sem uma injeção rápida de capital, a 3Com ficaria sem dinheiro para pagar seus funcionários. Metcalfe agora estava disposto a aceitar 13 dólares por ação para concluir o processo de financiamento.

"Tenho só uma condição", acrescentou Metcalfe. A Fidelity Ventures tinha que ser cortada do financiamento.[36]

Com isso, a rede do Vale do Silício concretizou o negócio em questão de minutos. Melchor pegou o telefone e falou com Mayfield e Kramlich, e logo foi acordado que o fundo de Melchor comprometeria 450 mil dólares, Mayfield e Dick Kramlich entrariam com 300 mil dólares cada, e outros 50 mil dólares viriam de pequenos investidores que tinham conexões com a 3Com. Não havia cláusulas de proteção inúteis nas letras miúdas, nenhuma condição de última hora nem nenhuma necessidade de Metcalfe lutar por dólares às custas do tempo que tinha para a própria empresa. Na sexta-feira, 27 de fevereiro de 1981, a 3Com recebeu um cheque de 1,1 milhão de dólares em troca de um terço de seu patrimônio. Se o dinheiro não tivesse chegado naquele dia, a 3Com não teria conseguido cumprir a folha de pagamentos.[37]

Metcalfe não conseguiu os 20 dólares por ação que queria, mas teve o prazer de ligar para seus algozes de Boston uma última vez, informando que eles não poderiam investir na 3Com.

— Por quê? — veio a resposta ofendida. — Nós o apoiamos quando ninguém mais apoiou.

— Não. Vocês mentiram para mim quando ninguém mais mentiu — respondeu Metcalfe.[38]

⬩

A 3Com abriu o capital em 1984, gerando um retorno de quinze vezes para os primeiros investidores. Mas esse sucesso foi uma pequena parte de um fenômeno maior. A revolução do computador pessoal estava ganhando ritmo, e a função dos investidores de risco de conectar redes de contatos se tornou ainda mais valiosa. Os PCs fabricados por start-ups como Apple e Compaq só seriam úteis se pudessem ser ligados a uma série de invenções complementares: unidades de disco, discos de memória e programas de software, bem como tecnologias de rede como a Ethernet. Cada um desses "periféricos" era produzido por uma empresa diferente, e cada qual precisava ser compatível com os PCs no coração do sistema. Assim, os investidores de risco se agitavam pelo Vale do Silício, misturando-se com os engenheiros em bares como o Walker's Wagon Wheel e ouvindo conversas sobre assuntos técnicos. Então, depois de descobrir quais protocolos estavam ganhando visibilidade, eles apoiavam as empresas que os adotavam. Don Valentine, da Sequoia, que fazia questão de passar pelo Wagon Wheel às quartas e sextas, chamava isso de "modelo de porta-aviões".[39] Os dólares de capital de risco lançaram flotilhas de start-ups para atender aos PCs no centro da armada.

Conforme ocupavam os espaços em torno do PC, os investidores de risco muitas vezes negociavam alianças técnicas entre empresas. Em um exemplo, a Sequoia investiu na segunda rodada de financiamento da 3Com e depois sugeriu que uma colaboração entre a 3Com e um fabricante de chips chamado Seeq poderia ajudar a resolver um desafio de engenharia. As duas empresas reuniram todo o conhecimento que possuíam e embarcaram em uma parceria vantajosa para ambas, provando que "alguns segredos são mais valiosos quando compartilhados", como dizem as pessoas no Vale do Silício.[40] Em outro exemplo, a Kleiner Perkins investiu na Sun Microsystems e em um fabricante de chips avançados chamado Cypress; John Doerr, o jovem representante da Kleiner Perkins nos dois negócios, reuniu as duas empresas para produzir um novo dispositivo conhecido como microprocessador SPARC, que melhorou o desempenho das estações de trabalho da Sun. Doerr, evangelista tecnológico hiperativo de quem vamos ouvir falar muito, ficou tão entusiasmado com essas colaborações que falou de um "modelo *keiretsu*": imitando as formidáveis redes industriais do Japão, a Kleiner transformaria seu portfólio de empresas em uma rede de associações férteis. Os fundadores de empresas estressados estavam cabisbaixos, consertando falhas de engenharia e se preocupando com as vendas. Mas os investidores de risco viam o mapa e o território e diziam aos fundadores como navegar por eles.

Promover colaborações entre start-ups exigia certa sensibilidade. A cultura de "coopetição" do Vale do Silício envolvia cooperação em alguns dias e competição em outros. Cabia aos investidores de risco supervisionar esse equilíbrio — para garantir que os segredos fossem compartilhados, mas as confidencialidades não fossem violadas. Em 1981, Doerr apresentou um fabricante de chips chamado Silicon Compilers a uma empresa de rede chamada Ungermann-Bass: assim como aconteceu com a aliança Seeq-3Com, havia uma chance de sinergia. Como a Kleiner Perkins detinha participações na Silicon Compilers e na Ungermann, havia uma presunção de confiança, e as duas empresas rapidamente uniram seus conhecimentos. "Aceitamos a credibilidade e a ética deles com mais rapidez por causa da sanção da Kleiner Perkins", lembrou um engenheiro da Ungermann-Bass mais tarde.[41] Mas, depois de as duas empresas trabalharem juntas por algum tempo, a Ungermann-Bass não ficou impressionada. O chip customizado que a Silicon Compilers desenvolveu parecia só um pouco melhor do que o chip padrão feito pela Intel, que era muito mais barato. A Ungermann-Bass decidiu romper a parceria e presumiu que tinha dado o assunto como encerrado.

Então as coisas ficaram complicadas — para as empresas e para a Kleiner Perkins. Menosprezada, a Silicon Compilers iniciou um novo relacionamento com a rival da Ungermann, a 3Com. Graças à colaboração infrutífera iniciada por Doerr, a propriedade intelectual da Ungermann agora parecia que ia cair nas mãos de seu concorrente mais agressivo. Os líderes da Ungermann-Bass ligaram para a Kleiner Perkins. "Vocês não podem fazer isso!", protestaram. "Nós lhes demos tudo que sabemos!"[42]

O que aconteceu a seguir ilustra a magia secreta do Vale do Silício. Ralph Ungermann, fundador sênior da Ungermann-Bass, foi chamado com seus assessores para ir ao magnífico e bem decorado escritório da Kleiner no alto do Embarcadero Center, em São Francisco, com uma vista espetacular para a baía. Lá, foi convidado a expor todos os detalhes de sua reclamação na frente do mandachuva sênior, Tom Perkins. Com Doerr e a equipe da Silicon Compilers presentes, Perkins presidiu a reunião como um Salomão moderno. "Acabamos de dizer a eles que isso não está certo", lembrou um dos assessores da Ungermann depois.

— Bem, o que você quer? — perguntou Perkins. Seu escritório era decorado com modelos dos carros Bugatti com condensador, que ele colecionava.

Reunindo coragem para exigir o que considerava uma compensação ultrajante, Ralph Ungermann respondeu. Ele queria meio milhão de dólares.

Doerr ficou branco. Um dos caras da Ungermann achou que ele ia desmaiar a qualquer momento.[43]

— Pode nos dar licença? — pediu Perkins.

Ungermann e sua equipe saíram para o saguão.

— Isso foi muito corajoso — disse um dos assessores.

Depois de uma breve espera, foram chamados de volta.

— Está bem. Vamos pagar os 500 mil dólares — anunciou Perkins de um jeito direto. Era uma concessão extraordinária. A Ungermann receberia quase metade da quantia que a 3Com tinha levantado na sua rodada da Série A e ia conseguir isso sem abrir mão de uma única ação do patrimônio.

— Tudo bem. Vamos retirar todas as exigências — respondeu Ungermann.[44]

"Os investidores de risco estão sempre se equilibrando sobre essa linha tênue entre competição e cooperação", um dos colegas da Ungermann refletiu mais tarde. "Toda a identidade de uma parceria de capital de risco gira em torno da gestão do relacionamento entre as empresas do portfólio — em tirar vantagem disso quando for a hora certa e não causar problema quando não for a hora."[45] Os negócios da Kleiner Perkins dependiam da reputação que tinham de garantir um jogo justo. Para preservar a verdadeira confiança da qual dependia sua franquia, meio milhão de dólares era uma pechincha.[46]

E também foi uma bênção para o Vale do Silício. O sucesso dos investidores de risco em administrar a coopetição entre pequenas empresas teve tudo a ver com o triunfo do Vale na década de 1980. Reputação e confiança garantiam que litígios envolvendo grandes somas fossem raros. Dezenas de novos empreendimentos poderiam competir pelos negócios, mas o clima colaborativo do Vale não diminuía. Na área de semicondutores, por exemplo, novas empresas financiadas por capital de risco, como a LSI Logic e a Cypress Semiconductor, ajudaram a desenvolver o mercado de circuitos especializados, permitindo ao Vale que recuperasse sua coroa de líder mundial em semicondutores.[47] No mercado de unidades de disco, os investidores de risco da Costa Oeste apoiaram mais de cinquenta start-ups nos primeiros anos da década, e, embora a superlotação tenha resultado em dezenas de fracassos, os sobreviventes garantiram que o Vale roubasse a indústria das gigantes de computadores da Costa Leste com integração vertical.⁴⁸ Ao todo, as empresas de tecnologia do norte da Califórnia criaram mais de 65 mil novos empregos líquidos durante a década de 1980, mais do que o triplo do número criado em Boston. No fim da década, o Vale do Silício era o lar de 39 das cem empresas de eletrônicos com crescimento mais rápido do país. A área de Boston tinha apenas quatro.⁴⁹

◆

A mais brilhante de todas as estrelas do Vale do Silício nos anos 1980 era uma empresa improvável chamada Cisco. Seus dois impulsionadores principais eram um casal, Leonard Bosack e Sandy Lerner; eles não eram pessoas que conseguiriam levantar capital de risco com facilidade. Bosack era intenso, hostil e robótico em seu modo de pensar. "Len é meio de outro mundo", confessou Lerner; "ele pode assustar as pessoas."⁵⁰ Lerner, por sua vez, tinha sobrevivido a uma infância difícil e tendia a ser rebelde. Certa vez, posou para uma fotografia da *Forbes* deitada nua em um cavalo.

Lerner cresceu sem pai e com mãe alcoólatra, passando a maior parte do tempo com uma tia em um rancho na Califórnia. Quando se formou no colégio, aos dezesseis anos, ela se recusou a jurar lealdade à bandeira, foi agredida pela polícia em um protesto contra a guerra e iniciou um negócio surpreendente para uma futura tecnóloga: um rebanho de gado. Depois de um curto período de trabalho como funcionária júnior de um banco, matriculou-se na Chico State, uma filial do sistema universitário da Califórnia que se distinguia principalmente pelo terrível grito de guerra ("Salve a Chico State... onde os homens são quadrados/e as alunas são mais bonitas"). Lerner se formou em ciências políticas, com especialização em teoria comunista comparada. O pensamento político dela era tão à esquerda que sua ideia de um orçamento adequado para o Pentágono era "ter selos suficientes para enviar cartas avisando do fim de suas atividades", como um colega disse mais tarde.⁵¹

Em dois anos, Lerner se formou na Chico State e se matriculou em um mestrado em econometria na Claremont McKenna College. Ela brincava com a ideia de uma carreira acadêmica, mas queria ficar rica, e seus interesses se voltaram para a computação. Isso a levou a outros trabalhos em matemática computacional em Stanford; ela havia ascendido de uma faculdade de pouca relevância para o auge acadêmico com notável velocidade e era a única mulher no programa que estava cursando em Stanford. Entre os colegas da faculdade estava Len Bosack, que se destacava por tomar banho. "A cultura nerd em Stanford era meio extrema", lembra Lerner.[52] Len "sabia tomar banho e comer com talheres".[53] Os dois embarcaram em um romance na velocidade da fibra óptica[54] e, em 1980, casaram.

Em 1981, depois de concluir o mestrado em Stanford, Lerner conseguiu um emprego como diretora de instalações de informática na escola de administração da universidade. Bosack assumiu a mesma função no departamento de ciência da computação. Os escritórios dos dois eram separados por apenas quatrocentos metros, mas as máquinas não se comunicavam. Graças à tecnologia da Ethernet de Bob Metcalfe, os computadores do laboratório de Bosack podiam se comunicar entre si por uma rede local. Mas o laboratório da escola de administração de Lerner rodava com um protocolo diferente. Ninguém tinha conseguido construir uma ponte entre as duas redes.

Sem buscar a aprovação da universidade, Lerner e Bosack decidiram corrigir esse problema; de acordo com a lenda que seria contada mais tarde na Cisco, eles queriam enviar cartas de amor um para o outro. Dessa forma, primeiro resolveram o problema de engenharia para conectar duas redes que usavam protocolos diferentes. Em seguida, Bosack começou a desenvolver um dispositivo mais avançado — um roteador multiprotocolo, que poderia conectar redes que funcionassem em uma ampla variedade de padrões. O roteador também resolveu uma dor de cabeça que assolava grandes redes: a chamada tempestade de transmissão, na qual pacotes de informações eram retransmitidos por milhares de computadores, fazendo com que as redes travassem devido à sobrecarga. Incorporando o esforço de vários colegas de Stanford, Bosack combinou hardware e software para evitar essas falhas, criando o que ele e Lerner chamaram de Blue Box. Em seguida, os dois começaram a passar cabos coaxiais por bueiros e encanamentos de esgoto, conectando todos os cerca de cinco mil computadores no extenso campus de Stanford. A universidade ainda não tinha aprovado os esforços deles. "Foi parecido com uma ação de guerrilha", disse Lerner mais tarde.[55] Mas, com ou sem aprovação, a nova rede de redes provou ser robusta, e Lerner reconheceu a oportunidade. Ela e Bosack tinham algo que poderia deixá-los ricos. A tecnologia inventada por eles podia se tornar uma empresa.

Lerner e Bosack procuraram as autoridades da universidade e pediram permissão para vender seu avanço na interligação de redes para outras universidades. Apesar da reputação de Stanford de encorajar empreendedores, nesse caso houve recusa; a universidade era menos generosa com sua equipe técnica do que com o corpo docente efetivo. O casal então decidiu que, se Stanford não ia se comportar de forma razoável, os dois teriam o mesmo comportamento e ignorariam as regras da universidade. "E assim, com lágrimas nos olhos, levamos nossos 5 dólares até o escritório do Secretário de Estado em São Francisco e criamos a Cisco Systems", Lerner contou mais tarde.[56]

Em 1986, Lerner e Bosack deixaram Stanford para trabalhar em tempo integral na Cisco. Juntaram-se a três outros ex-funcionários de Stanford e começaram a vender versões caseiras do roteador multiprotocolo. O dinheiro estava apertado, e os fundadores buscaram capital de risco, comparecendo em eventos de networking e tentando convencer dezenas de investidores. Mas esses esforços não deram em nada. Por um lado, o boom do risco havia esfriado. O excesso de capital tinha diminuído os retornos, e no ano anterior as sociedades privadas de capital de risco tinham levantado 2,4 bilhões de dólares, em contraste com pouco mais de 3 bilhões de dólares em cada um dos dois anos anteriores.[57] Por outro lado, o roteador multiprotocolo não poderia ser protegido por patente: Stanford reivindicou a autoria da descoberta da Cisco na interligação de redes. E também havia a questão dos próprios fundadores. Bosack alternava entre o silêncio e implacáveis solilóquios lógicos; Lerner desenvolveu o hábito de dizer "Control D" quando se cansava dos monólogos algorítmicos do marido. Ela, por sua vez, era desagradável para os investidores de risco por diferentes motivos. Fosse por causa de sua natureza, de sua infância caótica ou do preconceito infligido a uma mulher em um campo quase todo masculino, ela dava a impressão de ser assustadoramente agressiva.

Rejeitada pelos investidores, a equipe da Cisco continuou lutando com teimosia. Eles continuaram na ativa estourando os cartões de crédito e adiando salários; Lerner aceitou um emprego para ajudar a pagar as contas, e um dos cofundadores fez um empréstimo pessoal para a empresa.[58] A feroz ética profissional de Bosack era exagerada. "A sinceridade começa com pouco mais de cem horas por semana", disse ele. "Você precisa passar a comer uma vez por dia e tomar banho dia sim, dia não para organizar de verdade sua vida."[59] A determinação da equipe se aprofundou quando os clientes começaram a fazer encomendas dos produtos. Caminhões marrons de entrega começaram a aparecer com frequência em frente à casa no subúrbio que o casal dividia com os pais de Bosack.[60]

No início de 1987, a Cisco tinha feito progresso suficiente para recrutar mais algumas pessoas. Mas, sem o apoio do capital de risco, a empresa não conseguia atingir a velocidade de escape. Na ausência de uma orientação experiente, Lerner e Bosack fizeram contratações baratas e excêntricas. Um ex-oficial da Marinha sem experiência em start-ups chegou para trabalhar como vice-presidente de finanças. Um novo diretor-executivo decidiu vetar a venda de roteadores para um laboratório com conexões militares, explicando que, se o equipamento da Cisco apresentasse mau funcionamento, poderia desencadear a Terceira Guerra Mundial, e essa era uma responsabilidade maior do que ele conseguia suportar.[61] (No dia seguinte, o veto foi revogado. "Ouvi dizer que alguém pegou uma garrafa e bateu na cabeça dele", lembra um ex-membro da Cisco.[62]) E, enquanto a Cisco tropeçava, os concorrentes apareciam. Em meados de 1987, Paul Severino, engenheiro de Boston e empreendedor em série, levantou impressionantes 6 milhões de dólares em financiamento para uma rival chamada Wellfleet Communications; ele parecia pronto para vencer a corrida pelo mercado de interligação de redes.

Mas então a sorte da Cisco mudou — no clássico estilo do Vale do Silício. O diretor-executivo antimilitar conhecia um advogado, esse advogado tinha um sócio chamado Ed Leonard, e Leonard por acaso trabalhava com pessoas na indústria de capital de risco. Em um canto diferente da economia mundial, isso poderia ter sido irrelevante: um advogado como Leonard não teria incomodado caras experientes do capital de risco em nome de um conhecido aleatório. Mas os mandachuvas do Vale do Silício eram diferentes dos de outros lugares, pois queriam ser incomodados. Fazer e receber conexões era sua mercadoria. Se Leonard os apresentasse a um empreendedor com poucas chances de dar certo, isso só aumentaria seu crédito.

Antes de fazer as apresentações, Leonard encontrou Bosack e Lerner para avaliar o potencial do casal. Eles estavam usando camisetas com slogans combativos. Bosack identificou os possíveis significados de cada palavra que Leonard proferiu.[63]

Apesar dos receios, Leonard ligou para um amigo da Sequoia e em pouco tempo estava falando com Don Valentine. "Não sei se estou lhe fazendo um favor", confessou, "mas vou apresentá-lo a uma empresa que tem pessoas muito, *muito* diferentes."

Como investidor que havia apoiado Nolan Bushnell e Steve Jobs, Valentine não ia chutar a Cisco para escanteio só porque os fundadores eram incomuns. O teste que importava era se os roteadores da Cisco faziam o que os fundadores afirmavam fazer. Se fosse verdade, o céu era o limite. Uma tecnologia que possibilitava uma rede de redes seria extremamente valiosa.

Valentine pediu conselho a Charlie Bass, o mais jovem dos dois fundadores por trás da Ungermann-Bass, a antiga rival da 3Com. Bass estava pensando em se tornar sócio da Sequoia.[64] Nesse meio-tempo, atuou como consultor em negócios potenciais, e logo prometeu descobrir se a tecnologia da Cisco funcionava como Bosack dizia.

Em pouco tempo, ele teve a resposta. A Hewlett-Packard era uma das primeiras clientes da Cisco, e Bass falou com um amigo de lá. O amigo deu umas notícias boas e outras ruins. Pela experiência da HP, os roteadores de Bosack eram mais do que bons; eram tão excelentes, na verdade, que a HP pagaria quase qualquer valor para tê-los. No entanto, um investidor na Cisco deveria estar preparado para enfrentar problemas.

Circulava entre os engenheiros da HP a conversa de que era impossível trabalhar com Bosack.

Bass julgou que a questão da personalidade superava a excelência da tecnologia. Ele duvidava que fosse viável investir em Bosack.[65]

Valentine ouviu Bass e chegou à conclusão oposta. Afinal, já tinha se encontrado com Bosack e entendia seus defeitos: até onde sabia, o único assunto que fazia Bosack abandonar a atitude robótica eram os refrigerantes Dr Pepper, pelos quais era apaixonado. Valentine também tinha avaliado Lerner. Ela era inteligente e articulada, mas agressiva e intensa, o que não era bom para a perspectiva dela como formadora de equipes.[66] No entanto, da forma como Valentine via as coisas, nada disso importava. A Hewlett-Packard tinha afirmado que os engenheiros estavam "loucos para conseguir os produtos", como disse Valentine.[67] E daí se Lerner e Bosack eram difíceis de trabalhar? Valentine cuidaria disso depois.

No meio do processo de devida diligência da Sequoia, em 19 de outubro de 1987, o índice de ações Dow Jones despencou 23%. Na segunda-feira seguinte, um importante banqueiro de tecnologia visitou os escritórios da Sequoia para almoçar. "Parem de comprar. Acabou", aconselhou em tom sombrio.[68] Mas Valentine continuava determinado a prosseguir. Com que frequência uma empresa de sete pessoas gerava vendas sem ter uma equipe de vendas?

No fim de 1987, a Sequoia investiu 2,5 milhões de dólares em troca de um terço da Cisco.[69] À primeira vista, esses termos eram bem generosos: seis anos antes, a 3Com tinha vendido um terço da empresa por apenas 1,1 milhão de dólares, embora estivesse em um estágio anterior de desenvolvimento. Mas Valentine tinha entendido os pontos fracos da Cisco e estruturado o negócio levando isso em consideração. Um terço das ações da Cisco era reservado para os gerentes existentes e futuros funcionários, permitindo a Valentine que recrutasse novos executivos que iam tirar a liderança dos fundadores.[70] Lerner e Bosack mantiveram o terço restante, mas a maioria da participação deles foi convertida em opções de ações sem direito a voto, dando a Valentine o controle das decisões do conselho. Bosack teve permissão para ocupar um assento no conselho, mas Lerner foi deixada de fora, talvez por ser mais difícil de lidar — ou talvez por conta do machismo. Quando Lerner reclamou, Valentine garantiu que revisaria o status dela, mas em outro momento.[71]

Em pouco tempo, Valentine revisou a estrutura de liderança da Cisco, porém com um propósito diferente. O CEO tinha perdido a confiança de Lerner e Bosack e, de qualquer maneira, Valentine nunca tinha gostado dele. Então o demitiu e assumiu o cargo de CEO interino. Para completar, Valentine se autonomeou presidente do conselho da Cisco e nomeou seu sócio da Sequoia, o rigoroso Pierre Lamond, como diretor de engenharia. Não havia dúvida agora sobre quem estava comandando a empresa, e também não havia dúvida se isso era uma coisa boa. Kirk Lougheed, um dos cofundadores que haviam saído de Stanford para construir a Cisco, estava aplaudindo em silêncio a tomada de poder de Valentine. "Minha esperança era: aí vêm os profissionais!", lembrou ele. "Eu tinha investido tempo nisso, e as coisas estavam prestes a dar certo. Eu não queria que Len e Sandy estragassem tudo."[72]

Com a tarefa de desenvolver o departamento de engenharia, Lamond trabalhou com a rede da Sequoia e começou a contratar novas pessoas. Sentindo que seu controle estava escapando, Lerner rebateu com fúria.

"Esse cara teve morte cerebral!", declarou ela depois que um dos novos engenheiros de Lamond apareceu na Cisco.

"Morte cerebral!", repetia aos gritos quando o próximo chegava.

Lamond logo concluiu que essa era a expressão preferida de Lerner.[73]

Enquanto isso, Valentine começou a procurar alguém de fora que pudesse atuar como CEO permanente. Ele pedia a cada candidato para descrever a coisa mais extravagante que tinha feito. Ele precisava de um administrador que não tivesse medo de agir como se estivesse fora de si, porque a Cisco era uma empresa fora do normal.

"Nunca fiz nada extravagante", respondeu um candidato.

"Ok, você está morto", pensou Valentine consigo mesmo.[74]

No outono de 1988, Valentine escolheu John Morgridge, executivo veterano da Honeywell que também tinha liderado uma start-up malsucedida. Morgridge confessou alegremente que a Honeywell tinha sido para ele "uma ótima formação sobre como não agir". Isso foi música para os ouvidos de Valentine, que gostava de humildade tanto quanto detestava presunção. A experiência com um fracasso empresarial abrangente era a preparação perfeita para trabalhar na Cisco.⁷⁵

Embora estivesse contratando um CEO externo, Valentine entendia que havia riscos nessa estratégia. Obviamente, era mais simples reter um fundador talentoso: como proprietários e criadores das próprias empresas, os fundadores tinham os incentivos financeiros e emocionais para buscar a grandiosidade. A fórmula da Qume de Sutter Hill envolvia contratar um CEO externo para formar parceria com um fundador técnico. Mas complementar os fundadores não era o mesmo que substituí-los.

Para ter sucesso com Morgridge, Valentine lhe deu incentivos de fundador. Encheu-o de opções de ações, para que pudesse embolsar cerca de 6% do sucesso da Cisco; isso deu a Morgridge mais ações do que alguns CEOs fundadores.⁷⁶ Valentine também fez o possível para recriar os incentivos emocionais dos fundadores. Empreendedores que abrem empresas colocam o ego em jogo; não conseguem seguir em frente nem aceitar um resultado razoavelmente bom. Valentine deixou claro para Morgridge que, se ele parasse, estaria fora. "Não sou muito bom de escolher pessoas", resmungou ele, "mas corrijo meus erros muito rápido."⁷⁷

Quando Lerner soube da contratação de Morgridge, ficou furiosa, disse que ele tinha morte cerebral. Novamente confrontou Valentine, gritando com ele no escritório. Enquanto isso, o restante da equipe de gestão da Cisco brigava sem parar; em uma ocasião, houve troca de socos entre vice-presidentes rivais. Em meio a isso, chamaram um psicólogo empresarial. "O papel dele não era necessariamente fazer com que nos amássemos, mas evitar que agredíssemos fisicamente uns aos outros", lembrou Morgridge.⁷⁸

Era fácil ver por que Charlie Bass tinha duvidado que fosse viável investir nos fundadores da Cisco. Mas, pouco a pouco, Valentine e Morgridge transformaram um coletivo disfuncional em uma empresa séria. Contrataram um novo diretor financeiro, um novo gerente de marketing e uma nova equipe de vendas corporativa; eles construíram uma operação de produção onde antes não existia nada.⁷⁹ Incutiram uma cultura de controle de custos espantosa, e sua disciplina se espalhou pela empresa. Nas viagens a negócios, Morgridge se hospedava na casa de um primo distante para economizar o custo do hotel, o que lhe dava autoridade moral para dizer aos gerentes da Cisco para voarem na classe econômica, algo que ele mesmo fazia, como se esperava. Quando alguns dissidentes reclamaram, Morgridge respondeu que eles podiam viajar na "primeira classe virtual". Ou seja, deviam se transportar mentalmente das poltronas econômicas apertadas fechando os olhos e imaginando o caviar.

Dois anos depois do investimento da Sequoia, no fim de 1989, a Cisco tinha se tornado uma empresa madura com 174 funcionários.[80] Como Valentine havia previsto, as vendas e os lucros estavam bombando.[81] Infelizmente, porém, Lerner estava explodindo. Ela se convenceu de que todos os recém-chegados à Cisco desprezavam os clientes. "Eu os via, com ou sem razão, como as pessoas das quais eu estava tentando proteger os clientes", confessou ela mais tarde.[82] Eu perdia cada vez mais o controle, e o casamento com Bosack acabou. Os colegas que costumavam tolerar suas explosões estavam por um fio.

Em um dia no fim do verão de 1990, Valentine chegou ao escritório na Sand Hill Road e foi recebido de maneira sinistra por seu assistente. Sete executivos da Cisco, liderados pelo diretor financeiro, John Bolger, estavam esperando na sala de conferências. "Eu só senti que eles não estavam ali para comemorar meu aniversário nem nada assim", disse Valentine mais tarde.

Os visitantes foram direto ao ponto. Sandy Lerner precisava sair da empresa. Caso contrário, em um eco dos Oito Traidores, a equipe sênior da Cisco pediria demissão em conjunto.[83]

A reunião terminou em menos de uma hora. Quando os visitantes foram embora, Valentine ligou para Morgridge.

— Tem uma rebelião acontecendo aqui. O que devo fazer? — perguntou.

— Eu disse a eles para irem até você, e, se você concordar, ela está fora — respondeu Morgridge.[84]

Valentine concordou, e Morgridge chamou Lerner para seu escritório. Da maneira como conta, ele tentou explicar a Lerner que ela devia sair para o próprio bem. Graças ao sucesso da Cisco, ela não tinha mais necessidade financeira de trabalhar. E, a julgar por seu comportamento, Sandy não estava feliz daquele feito. "Não sei se você quer viver a vida dessa maneira", Morgridge lembra de ter implorado.[85] Lerner rejeitou as súplicas: não estava pronta para se aposentar. Então Morgridge foi direto ao ponto. "Hoje foi seu último dia", informou a ela.[86]

Quando Bosack soube da demissão de Lerner, em um ato de solidariedade também pediu demissão. Os dois nunca mais pisaram na empresa que tinham fundado. Bosack, uma vez descrito por Lerner como um "alienígena", passou a financiar esforços para descobrir inteligência extraterrestre.[87] Lerner canalizou a energia para uma marca de cosméticos de sucesso chamada Urban Decay, a qual desafiava a estética "Barbie" do complexo industrial da beleza. Um dos produtos da Urban Decay era um esmalte chamado Bruise, que significa "hematoma". Era um fim adequado para uma guerreira.

A demissão dos fundadores da Cisco virou parte da mitologia do Vale do Silício. Supostamente, foi o momento em que o capital de risco se revelou em toda a sua crueldade. O próprio Valentine fez muita coisa para alimentar essa narrativa, cultivando a imagem do cara durão que enlouquecia as pessoas. Mas a verdade sobre a Cisco e sobre a exclusão dos fundadores de empresas em outros lugares é mais sutil. Os investidores de risco nem sempre seguram o machado quando os fundadores recebem o golpe; muitas vezes, são os executivos no topo que se voltam contra o chefe, forçando sua saída.[88] Valentine foi quem autorizou a demissão de Lerner, mas o fez para manter o resto da equipe da Cisco unido. A verdade é que a demissão de Lerner provavelmente revela menos sobre a crueldade do capital de risco do que sobre o machismo nas empresas de tecnologia. Até a década de 1990, as mulheres representavam apenas 9% dos engenheiros nos Estados Unidos e eram ainda mais raras nas start-ups do Vale.[89] Era difícil estar tão isolada.

Os termos do investimento da Sequoia também são controversos. Anos depois, Lerner acusaria Valentine de explorar a falta de experiência financeira dela.[90] A carta de intenções da Cisco estabelecia que dois terços das ações dos fundadores seriam integralizados ao longo de quatro anos; quando Lerner e Bosack saíram da empresa, em agosto de 1990, um terço dessas ações condicionais, ou pouco menos de um quarto de suas participações acionárias totais, ainda não tinha sido integralizado. Seguiu-se uma batalha judicial, na qual os fundadores, sem a antiga inocência, contrataram um advogado agressivo de Los Angeles que comparecia às reuniões em uma limusine branca.[91] Mas, embora o acordo judicial firmado continue obscuro, Lerner e Bosack deixaram a Cisco com pelo menos 46 milhões de dólares cada, talvez mais do que isso. Se tivessem rejeitado o investimento da Sequoia, teriam mantido o controle da empresa. Mas, com uma fatia maior de uma torta muito menor, eles teriam ficado consideravelmente menos ricos.[92]

No entanto, a maior lição da Cisco está relacionada à ascensão do Vale do Silício. Naturalmente, a maioria das empresas célebres da região foi construída por fundadores obstinados, e não é hábito deles compartilhar o crédito com os investidores. Quando se trata da Cisco, porém, a contribuição do capital de risco é indiscutível. Don Valentine assumiu o controle da empresa, expulsando os fundadores e instalando sua própria equipe; não há dúvida de que o estilo mão na massa do investimento de risco da Costa Oeste explica o sucesso que se seguiu. Por outro lado, a rival da Cisco na Costa Leste, Wellfleet, perdeu a liderança em redes por motivos característicos da Costa Leste. A Wellfleet tinha uma excelente equipe de engenharia, e seu fundador, Paul Severino, era um inventor respeitado. Mas, exatamente por Severino ser uma figura consagrada, seus investidores de risco cediam demais; permitiam que ele levasse muito tempo aperfeiçoando os produtos, que por isso demoravam a chegar ao mercado.[93] "A Wellfleet debatia os pontos mais delicados da tecnologia durante dias", lembrou um executivo de tecnologia pesaroso de Boston. "A Cisco estava lá fazendo as vendas acontecerem."[94]

O resultado para o Vale do Silício não foi ganhar só uma empresa de sucesso, mas toda uma indústria. Ao longo da década de 1990 e na década de 2000, a Cisco dominou o negócio de redes, e Don Valentine, que uma década antes tinha decidido desenvolver uma flotilha de empresas para atender ao mercado de PCs, agora descobriu que a start-up fragmentada que ele havia apoiado se tornou seu próprio porta-aviões. Uma frota de empresas de comutação e roteamento navegava ao redor da Cisco, e Valentine ficou no convés da nau capitânia sendo seu presidente por muito tempo depois que um IPO multiplicou o investimento da Sequoia em quase quarenta vezes. Desse ponto de vista privilegiado, Valentine analisava quais tipos de tecnologia inovadora de rede a Cisco podia querer adquirir. Como consequência, a Sequoia apoiou uma série de start-ups que ela vendeu com lucro para a nave mãe. A reputação da parceria cresceu, e o Vale do Silício floresceu.

Capítulo seis

PLANEJADORES E IMPROVISADORES

Em um dia de 1987, um empreendedor chamado Mitch Kapor estava em seu jatinho particular, saindo de Boston em direção a São Francisco.

— Olha isto — disse ele para seu convidado, um engenheiro de software chamado Jerry Kaplan.

Então tirou da mala um Compaq 286 portátil. Era do tamanho de uma máquina de costura pequena.

— Eu preciso atualizar minhas anotações — continuou Kapor, olhando para algumas notas adesivas amarelas e páginas arrancadas de caderno que tinha acabado de tirar do bolso.

Ele tinha cabelos pretos abundantes e penteados para trás, um estilo praiano. Antes de fundar uma empresa de software, havia trabalhado como DJ, consultor psiquiátrico, comediante de *stand-up* e professor de meditação transcendental. Um perfil feito pela revista *Esquire* o descreveu como "uma mistura de Rocky Balboa e mestre de yoga".[1]

— Eu gostaria que houvesse alguma forma de fazer tudo isso direto no computador e esquecer de vez o papel — continuou Kapor.

Talvez haja um jeito, sugeriu Kaplan. E se existisse um computador tão leve e tão pequeno que pudesse ser levado para todos os lugares?

Kaplan e Kapor discutiram a possibilidade dessa visão. Os drives de computador pesavam quase um quilo cada um; a bateria acrescentava mais alguns quilos; o vidro da tela era pesado. O progresso em cada categoria poderia diminuir o volume do computador do futuro. Mas o maior desafio era o teclado, pois eram necessárias mais de sessenta teclas e havia um limite até onde poderiam diminuí-lo. Os amigos então terminaram de almoçar, e Kaplan fechou os olhos e deu uma cochilada.

Quando acordou, Kapor ainda digitava no Compaq. Então, com uma inspiração inesperada depois da soneca, Kaplan arriscou dar uma ideia:

— Imagine se, em vez de digitar o texto, você o escrevesse com algum tipo de dispositivo diretamente na tela?

— Um dispositivo que seria mais como um caderno ou um bloco de notas — refletiu Kapor.

Kaplan absorveu essa ideia por um momento e se perguntou: seria aquela a próxima geração de computadores?

De repente, teve uma experiência que ele mesmo descreveu mais tarde como uma "versão científica e moderna de epifania religiosa".

Ficou evidente que Kapor tinha a mesma sensação: seus olhos estavam vidrados e úmidos. "Ficamos um tempo sem conseguir falar", escreveu Kaplan posteriormente em sua vívida autobiografia sobre o empreendedorismo no Vale do Silício.[2]

Assim que se acalmou, Kapor resolveu transformar em negócios a epifania do computador com caneta. Sua própria experiência o levou a acreditar que aquilo era possível. Quando fundou sua empresa de software em 1981, escolheu o nome de Lotus Development, pois invocava uma aura budista. Dois anos depois, quando a Lotus abriu o capital, sua principal associação era com lucros capitalistas. Por um tempo, seu programa de planilhas a tornou a maior empresa de software do mundo, e Kapor gerou um rápido retorno de cerca de 35 vezes o investimento de risco que recebeu, incluindo o da Kleiner Perkins. Talvez um computador com caneta conseguisse repetir o mesmo truque, pensou Kapor.

Depois de algumas semanas refletindo sobre o conceito, Kapor fez uma proposta para Kaplan:

— Por que você não tenta realizar esse projeto?

— Eu nunca gerenciei nada — objetou Kaplan.

— Você acha que quando fundei a Lotus eu tinha mais experiência do que você? — perguntou Kapor, rindo. — Vamos lá, eu posso apresentá-lo a alguns investidores de risco.

◆

A história que se seguiu registrou metade da atmosfera de risco do Vale do Silício no fim da década de 1980. O aumento nos dólares para investimento de risco atraiu novas sociedades para o jogo, e elas tendiam a ser tímidas e ponderadas. Para abrir caminho para o que agora era um setor estabelecido, as empresas novatas tinham que fazer perguntas. Como as melhores empresas líderes funcionavam? Como poderiam melhorar seus métodos? A novata mais cautelosa era a Accel Capital, a primeira sociedade de risco a se colocar como especialista em tecnologias específicas. Acumulando uma vasta expertise em software e telecomunicações, a Accel tinha como objetivo estar em vantagem para saber quais empreendedores apoiar e como guiá-los até uma saída saudável. Ao mesmo tempo, ela adotava uma abordagem que começou a chamar de "mente preparada". Em vez de procurar a próxima grande descoberta em todo e qualquer lugar, a sociedade conduzia estudos no estilo de consultoria e gerenciamento sobre tecnologias e modelos de negócios que pareciam promissores. No entanto, ao lado dessa cultura de ponderação havia ainda muitos investidores de risco que atuavam seguindo os próprios instintos, acreditando que ideias revolucionárias eram, por definição, tão chocantes que nenhum tipo de preparação mental seria capaz de prevê-las. A tensão entre planejadores e improvisadores punha à prova a identidade do setor, como veremos a seguir.

Para levantar dinheiro para o plano do computador com caneta, Kapor levou Kaplan para se encontrar com John Doerr, o sumo sacerdote dos improvisadores do Vale do Silício. Com a aposentadoria de Eugene Kleiner e Tom Perkins, Doerr e seu amigo Vinod Khosla definiam o ritmo na

Kleiner Perkins e estavam prontos para apoiar start-ups que fossem de fato revolucionárias e capazes de criar setores totalmente novos. Magnético e messiânico, Doerr, em particular, se tornou o investidor mais procurado pelos empreendedores destemidos, que o amavam por patrocinar a visão deles de forma mais passional do que eles mesmos. Ele tinha o "comprometimento emocional de um sacerdote e a energia de um cavalo de corrida", descreveu um empreendedor maravilhado. "O número de vezes que Doerr afirmou que uma coisa era a maior de todos os tempos não cabe nos dedos", observou um investidor rival, com um misto de respeito e cinismo.[3] Magro como um palito, ascético e emanando uma energia nervosa, Doerr dormia pouco, dirigia de forma arriscada e se esforçava muito para estar em três lugares ao mesmo tempo. Em uma tarde de sexta-feira, Tom Perkins o convidou para passar o dia seguinte em seu iate. "Não sei se vai dar", respondeu Doerr. "Talvez eu precise ir para Tóquio."[4]

Doerr parecia ocupado demais para se importar com bens materiais — um estado que atraiu as sensibilidades iogues de Mitch Kapor. Dirigia uma van utilitária, usava calça cáqui amarrotada e camisas de botão simples, e diziam que ele só tinha duas gravatas. Ainda assim, com os rendimentos dos ganhos iniciais inesperados, que incluíam a Compaq e a Sun Microsystems, bem como a Lotus, Doerr comprou uma bela casa no bairro de Pacific Heights, em São Francisco, e depois uma segunda casa, porque ela obstruía a vista da primeira. Essa última construção foi reduzida com a retirada da varanda que atrapalhava a vista e transformada em casa de hóspedes. Sempre que viajava de Boston para São Francisco, Kapor se hospedava lá.

Considerando o relacionamento entre Kapor e Doerr, não foi nenhuma surpresa que a KP tenha sido a primeira porta em que ele bateu quando quis angariar dinheiro. Ainda assim, a forma como o levantamento de dinheiro aconteceu foi extraordinária. De acordo com o relato de Kaplan, ele e Kapor foram até o escritório da Kleiner esperando ter uma conversa introdutória; não tinham preparado um plano de negócios nem feito projeções financeiras. Para surpresa de ambos, porém, foram levados a uma sala de conferências e apresentaram a ideia na frente de todos os sócios. Pensando não ter nada a perder, Kaplan mergulhou na tarefa com gosto para compensar a falta de preparação detalhada ao descrever a grande visão. O computador do futuro, anunciou ele, seria tão leve e fino quanto um caderno (*notebook*, em inglês). Para enfatizar essa parte, jogou a pasta de couro no ar, que pousou com um estalo na frente dos sócios da Kleiner Perkins.

Um pouco depois, Kaplan foi surpreendido novamente quando Doerr ligou para o hotel em que estava hospedado. Ele não fazia ideia de que Doerr sabia como encontrá-lo. Deixando de lado a confusão de Kaplan, Doerr anunciou que a Kleiner tinha a intenção de investir na companhia dele.

Kaplan ficou perdido. Ainda não tinha uma empresa — pelo menos não ainda. A Kleiner não precisava, pelo menos, ver algumas análises financeiras?

"Nós vamos apoiar você e a sua ideia", declarou Doerr com firmeza. Os detalhes não importavam para um inventor com a visão de Kaplan.

Os dois homens passaram os dias seguintes viajando, mas abriram um espaço na agenda para fazer uma parada no aeroporto de St. Louis. Assim, Doerr encontrou Kaplan no portão, e os dois discutiram o acordo: juntos, a Kleiner Perkins, Mitch Kapor e Vinod Khosla comprariam um terço do projeto de Kaplan por 1,5 milhão de dólares. Doerr seria o presidente. Kapor e Khosla seriam membros do conselho.

— Qual vai ser o nome da empresa? — perguntou Doerr.

— GO, em maiúsculas. Como *GO forth*, *GO for it*, *GO for the gold*.

— Ou *Go public* — acrescentou Doerr.*

◆

Um ano depois do lançamento, a GO não tinha ido a lugar nenhum. Uma coisa era vender uma visão para investidores, mas outra completamente diferente era a entrega do resultado. Kaplan e seus dois cofundadores ainda precisavam construir o tal caderno computadorizado e funcional, e o dinheiro estava acabando.

---

* *To go* em inglês corresponde a "ir". *Go forth* significa "seguir em frente"; *go for it*, "ir atrás de alguma coisa"; *go for the gold*, "ir atrás de ouro". Já *go public* significa "abrir capital". (N. da T.)

Em uma reunião de diretoria em 1988, Doerr tranquilizou Kaplan dizendo-lhe que não precisava se preocupar. Que, apesar de ele precisar de dinheiro extra, não seria difícil conseguir.

— Todo mundo quer entrar nesse negócio — afirmou Doerr, confiante.

— Pelo preço certo — avisou Vinod Khosla.

O primeiro 1,5 milhão de dólares da GO tinha sido levantado por 40 centavos por ação, e, mais tarde, o mesmo grupo de investidores aplicou outros 500 mil dólares a 60 centavos. Kaplan temia que esse fosse um preço alto para um produto que ainda não tinha sido desenvolvido, e Khosla parecia concordar. O segundo financiamento atrelou 6 milhões de dólares ao valor da GO.

Antes que qualquer um tivesse a chance de endossar a cautela de Khosla, Mitch Kapor entrou e queria dobrar o valor da GO. Doze milhões foi o que ele sugeriu, com entusiasmo.

Kaplan olhou para Doerr, esperando que ele controlasse a exuberância de Kapor. O presidente do conselho tinha levado as mãos à cabeça. "Presumi que ele estivesse pensando em uma forma educada de dizer para Mitchell que ele estava falando merda", escreveu Kaplan mais tarde.

Doerr ficou estático por alguns segundos. Descruzou as pernas e se levantou de repente, anunciando:

— Acho que devemos pedir 16 milhões de dólares.

Doerr e Kapor começaram a se encarar. De acordo com as lembranças de Doerr, ele e Kapor só estavam tentando fazer o próprio trabalho: definir um preço cheio e justo para um financiamento difícil.[5] Mas Kaplan não conseguia afastar a sensação de que estava assistindo a dois jogadores de pôquer depois que um deles aumentou a aposta. Um dos cofundadores de Kaplan se encolheu na cadeira para evitar ficar entre os dois investidores.

Khosla voltou a falar:

— Vejam bem, não há problema nenhum em pedir, mas esse jogo é perigoso. A precificação nessas rodadas intermediárias é altamente instável. Se acharem que você está perto de ficar sem dinheiro, vão esperar. Se o preço começar a cair, todo mundo começa a ficar apreensivo.

— Ah, mas não existe preço certo — retorquiu Doerr. — Estamos falando do encontro de um comprador que quer comprar e um vendedor que quer vender!

Depois da reunião, Kaplan se juntou aos cofundadores e disse com nervosismo:

— Eu acho que deu tudo certo.

— Certo demais — respondeu um deles. — Essas cotações nas alturas fazem meu nariz sangrar.

— Ei, esses caras são experts — retorquiu o outro. — Quem somos nós para julgar? Eles financiam o tempo todo.

Alguns dias depois, Kaplan ligou para Doerr pedindo-lhe conselho em relação a quem apresentar o projeto. Doerr começou a citar nomes em uma velocidade incrível: investidores de risco regulares, corporações com subsidiárias de investimento de risco, alguns cotistas da Kleiner Perkins, alguns bancos de investimento e, como garantia, Steve Jobs.

A mão de Kaplan começou a doer com o esforço de anotar tudo.

— Já chega! — gritou ele.

Ligar para a KP podia ser como ligar para o corpo de bombeiros, escreveu ele depois. "Eles tendem a aparecer com força e atacar o projeto com uma fúria benevolente, mas obstinada. Com certeza vão apagar o fogo antes de ir embora, mas vão deixar os móveis encharcados e as janelas quebradas."

Kaplan começou a apresentar sua start-up para a lista de investidores de Doerr. Todos demonstraram interesse, mas ninguém quis se comprometer. Frustrado, Kaplan voltou a procurar Doerr.

— Veja bem, temos dinheiro para mais umas quatro semanas e, depois, é o fim — disse ele. — Ninguém está aceitando o preço.

— Tudo bem — respondeu Doerr. — Vamos baixar para doze e fechar o negócio. Pode espalhar a notícia.

Ele tinha voltado à cotação de 12 milhões de dólares que Kapor propusera originalmente.

Kaplan ligou para 21 investidores potenciais, pedindo para que respondessem até as cinco da tarde de segunda-feira, mas nenhuma oferta apareceu.

Na manhã seguinte, Kaplan ligou para Doerr novamente e a ligação caiu direto na secretária eletrônica. Deixou então a seguinte mensagem: "John, esse é o toque para você cair na real. Ninguém quer investir. Estamos ferrados. O que vamos fazer?"

À tarde, Doerr retornou a ligação. Tinha conversado com um cara da Bessemer em Nova York que achava que seus sócios talvez se interessassem. Kaplan deveria correr para pegar um avião e conversar com eles.

Kaplan viajou conforme o combinado e se deparou com mais humilhação. A equipe da Bessemer parecia não ter o menor interesse. "Nós precisamos correr para o aeroporto", disseram eles apressados, ignorando o fato de que o próprio Kaplan tinha corrido para um aeroporto e cruzado o continente para aquele encontro.

Kaplan imaginou que era o fim e ligou para Doerr para dar a notícia.

Doerr não tinha desistido. "É preciso treinar essa arte com convicção", diria ele mais tarde, e não tinha ninguém no Vale do Silício que conseguia vender os prospectos de uma companhia como ele.[6] Ignorando as perguntas sobre o pagamento de indenização dos funcionários, Doerr solicitou a Kaplan e aos cofundadores que esperassem por ele na sala de reuniões da Kleiner às cinco horas da tarde da segunda-feira seguinte.

No horário marcado, Doerr entrou na sala de reuniões sem cumprimentar ninguém e colocou o telefone no meio da mesa.

— O que Scott Sperling disse? — perguntou ele, referindo-se a um investidor de risco parceiro da fundação Harvard.

— Isso já faz muito tempo — respondeu Kaplan. — Acho que ele disse que achou que o preço era alto demais.

— E qual preço ele *não* acha alto demais?

— Não sei ao certo.

— Vamos ligar e perguntar.

Doerr discou o número, ignorando os protestos de Kaplan dizendo que já passavam das oito da noite em Boston. A esposa de Sperling atendeu. Eles conseguiam ouvir o barulho de um bebê ao fundo.

— Alô. Posso falar com o Scott, por favor?

— Um minutinho — respondeu a esposa de Sperling. — Ele está com o bebê agora.

Sperling atendeu e Doerr foi direto ao ponto.

— Scott, nós precisamos fechar esse financiamento e ainda não temos um investimento inicial. Qual a sua posição?

— Existe um mercado enorme se isso funcionar — respondeu Sperling. — Mas sinto que 12 milhões é um preço exagerado.

— E por qual preço você está disposto a entrar?

— Oito milhões.

— E quanto você está disposto a investir nesse nível?

— Até 2 milhões.

Doerr colocou o telefone no mudo.

— Quanto isso dá por ação? — perguntou ele para Kaplan, que já estava digitando os números na calculadora.

— Cerca de 75 centavos de dólar — respondeu Kaplan.

Era bem abaixo dos números que Kapor e Doerr tinham previsto. Mas Sperling estava propondo um aumento respeitável na cotação de mais de 6 milhões de dólares da época do segundo financiamento.

Doerr olhou para a equipe da GO.

— Vocês estão dispostos?

— Por nós, tudo bem — respondeu Kaplan.

Doerr tirou o telefone do mudo.

— Negócio fechado, Scott — disse ele. — Jerry vai ligar para você amanhã cedinho para dar entrada na papelada.

Doer desligou a ligação e se dirigiu à equipe da GO:

— Parabéns, meus caros, vocês agora têm uma entrada.

Ele então saiu da sala, um bombeiro magro com óculos quadrados partindo para a próxima emergência.

Depois da intervenção de Doerr, em questão de dias Kaplan conseguiu levantar mais 6 milhões de dólares; era mais do que os 5 milhões com o qual contava. Continuou o trabalho até 1993, conseguindo dinheiro periodicamente com a ajuda de Doerr, mas fracassando na realização de sua visão de construir um computador que funcionasse com uma caneta. No fim, vendeu a GO a um preço baixo para uma divisão da AT&T. Seus investidores não receberam quase nada.

Como uma parábola do capital de risco, a história da GO expôs o alcance exagerado de Doerr, que investiu com base em uma apresentação improvisada sem o apoio de um plano de negócios, fazendo isso só porque acreditava que poderia simplesmente obrigar um grande salto tecnológico a acontecer. Ao apoiar uma ambição máxima, é provável que ele tenha atrapalhado as perspectivas de Kaplan, afastando-o do tipo de avanço incremental que poderia ser factível. "Ele deveria ter feito aquilo funcionar em uma área pequena, como os entregadores da UPS", refletiu Mitch Kapor mais tarde. "A GO me mostrou o lado ruim da abordagem da Kleiner para os empreendedores. Se você não conseguisse fazer um *home run*, para a Kleiner não importava se a empresa fosse fechada. Era, tipo, pense grande ou nem tente... Há uma certa arrogância na abordagem da KP. Todo aquele ego de estar prestes a mudar o mundo."[7]

Kapor estava certo ao dizer que o estilo de Doerr atraía problemas. Por volta da mesma época do fiasco da GO, Doerr e Khosla lançaram uma empresa que trabalhava com a próxima geração de laptops, chamada Dynabook Technologies, que queimou 37 milhões de dólares de capital de investidores antes de fechar.[8] Doerr também alardeou uma série de perspectivas tecnológicas que se revelaram um fracasso: triagem de genes humanos, medicamentos antienvelhecimento, produtos químicos planejados.[9] Ele parecia ter se esquecido da velha máxima de Tom Perkins: ao investir em uma empresa com um desafio tecnológico, a primeira coisa que você deve fazer é tirar da mesa os riscos extremos.

◆

Se a Kleiner Perkins incorporava o espírito impulsivo do Vale do Silício, a rival iniciante Accel era intencionalmente diferente. Os dois fundadores, Arthur Patterson e Jim Swartz, já eram veteranos nos negócios, e eram planejadores em vez de improvisadores, estrategistas em vez de evangelistas. Patterson, em particular, era tímido e racional. Descendente de um mandachuva de Wall Street, produto tanto da Harvard College quanto da Harvard Business School, estava menos focado na próxima grande tecnologia do que seus concorrentes engenheiros, abrangendo um interesse maior nos mercados financeiros, modelos de negócios e até mesmo políticas governamentais. Ele lia muito e teorizava com fluência, além de escrever uma série de artigos internos codificando a abordagem da Accel. Foi ele que criou o lema da Accel, "mente preparada", pegando-o emprestado do pai da microbiologia no século XIX, Louis Pasteur. "A sorte favorece a mente bem preparada", dizia Pasteur sabiamente.

Patterson era alto, magro e exalava uma excentricidade aristocrática. Certa vez, surpreendeu um novo recruta da Accel servindo um jantar que consistia apenas em doze espigas de milho acompanhadas por um excelente Bordeaux da sua adega.[10] Jim Swartz, por sua vez, também contrastava muito com a Kleiner Perkins, mas por motivos diferentes. Criado em uma cidadezinha da Pensilvânia, com um pai que era motorista de ônibus e trabalhador agrícola, ele acreditava em caráter e disciplina.[11] Os improvisadores da Kleiner Perkins talvez trafegassem por visões messiânicas, mas Swartz apoiava fundadores sólidos, impunha controles financeiros e irradiava sobriedade, integridade e realismo. Certa vez, quando um empreendedor lhe entregou alguns cartões de visita como forma de dar as boas-vindas à diretoria da sua start-up, Swartz os devolveu embrulhados em uma carta furiosa, denunciando um desperdício flagrante de dinheiro. O fundador arfou diante da agressividade, mas decidiu que ele estava certo. Então guardou a carta em sua mesa como um lembrete diário para ter disciplina nos gastos.[12]

A Accel foi fundada em 1983, no auge repentino dos investimentos de capital em fundos de risco, após os cortes no imposto sobre ganhos de capital e depois da extinção da regra do homem prudente. Com somas de dinheiro sem precedentes para aplicar, as sociedades estabelecidas guardavam os bons negócios para si; foram-se os dias de financiamentos da Intel ou da Apple, quando os investidores líderes controlavam o risco ao trazer coinvestidores. Dessa forma, um novo concorrente ao investimento de risco precisava conquistar a oportunidade de investir, e uma forma óbvia de atrair empreendedores era se especializar na tecnologia que eles desenvolviam.

Além disso, a expansão dos negócios de risco significava que a possibilidade de especialização era mais factível do que antes: era possível reduzir o foco e ainda assim ter negócios suficientes para poder escolher. Swartz, que era conhecido por sua aposta espetacular na Ungermann-Bass, empresa pioneira em redes de comunicação, escolheu empresas de telecomunicação como especialidade e se estabeleceu em Princeton, que ficava a uma curta viagem dos engenheiros da Bell Labs, em Murray Hill, Nova Jersey. Patterson escolheu se especializar em software e se estabeleceu no Vale do Silício. Inevitavelmente, a Costa Oeste venceu. À medida que o tempo passava, Swartz percebeu que suas visitas ao norte da Califórnia aumentavam cada vez mais, até que decidiu se mudar de vez para lá.[13]

Para enfatizar a estratégia de especialização, o segundo fundo da Accel, levantado em 1985, destinava-se exclusivamente às empresas de telecomunicações. O documento de oferta declarava que, "em uma economia baseada na informação, quase todo sistema eletrônico se comunicará com outros sistemas". Portanto, seria enorme o mercado para modems, redes de comunicação, compartilhamento de vídeo e outras aplicações de telecomunicações.[14] Para provarem seu comprometimento com essa tese, Patterson e Swartz recrutaram outros peritos em telecomunicações e fincaram a bandeira deles no mapa desse setor oferecendo elaboradas conferências em Stanford. Houve um jantar de gala anual para a elite das telecomunicações, e no dia seguinte trezentas pessoas assistiam a palestras dos profetas da área.[15] Nos intervalos da programação, os empreendedores fizeram apresentações para os investidores. Mais tarde Jim Swartz explicou: "Nossa estratégia era anunciar um fundo, conseguir citações sobre telecomunicações na imprensa, organizar uma conferência e gerar um burburinho."[16] Essa ação impressionou as concorrentes de capital de risco. A Kleiner Perkins investiu 2 milhões de dólares na Accel Telecom.

A Accel gostava de dizer que sua estratégia de especialização a ajudava a evitar distrações e caprichos passageiros. Pegando uma analogia do setor do petróleo, os sócios não seriam aqueles caras que buscam petróleo em lugares aleatórios, perfurando poços quase ao acaso. Pelo contrário, seriam exploradores metódicos que estudavam as propriedades geológicas do território. A computação usando caneta era um exemplo nesse sentido. No início da década de 1990, dezenas de start-ups imitaram a GO, e havia conferências para celebrar essa corrida do ouro. Swartz cumpriu seu papel e participou de um desses encontros para entender o que era aquela nova moda. No entanto, ao serem submetidos ao estilo de escrutínio da Accel, nem a tecnologia de caneta nem os planos de negócios associados a ela pareciam auspiciosos, e Swartz se recusou a desperdiçar capital naquilo. Talvez por causa dessa indiferença à moda relativamente poucos investimentos da Accel fracassaram. Por volta do décimo aniversário da sociedade, um cômputo mostrou que dos 45 investimentos da Accel que passaram por saídas apenas sete tinham perdido dinheiro.[17]

A especialização também ajudava a Accel quando a firma partia para a ofensiva. Como os sócios eram especialistas nos setores em que investiam, logo conseguiam entender a essência de uma apresentação de venda de algum empreendedor e tomar uma decisão rápida. Se resolvessem investir, o desafio seguinte era convencer o empreendedor a escolher a Accel em vez das concorrentes, e a especialização também os ajudava nisso. Abrir uma empresa é uma experiência que isola — os fundadores investem a vida e a alma em projetos de nicho que, pelo menos externamente, rotulam a pessoa como quixotesca —, então os empreendedores não conseguiam contornar a atração por investidores que apreciavam e entendiam seus planos. Os sócios da Accel tinham o objetivo de compreender os empreendedores tão bem a ponto de completar suas frases e prever o que veriam no *slide* seguinte da apresentação de venda. Entre si, referiam-se a isso como "regra dos 90%". Um investidor da Accel deveria saber 90% do que os fundadores iam dizer antes que eles abrissem a boca.[18]

A abordagem da Accel com especialistas a tornou particularmente adepta a identificar quais investidores de risco deveriam ser chamados para "possibilidades adjacentes". Ao se incluírem nos respectivos setores, com assentos nos conselhos das empresas de seu portfólio, e combinando suas observações diretas com análises no estilo de consultoria gerencial, os sócios da Accel conseguiam antecipar os próximos avanços lógicos de uma tecnologia. Outro lema da Accel era que "cada negócio deveria levar ao próximo".¹⁹ Swartz em particular gostava de investir em iterações sucessivas em uma única classe de produtos. Apoiou uma start-up de videoconferências em 1986, outra em 1988 e uma terceira em 1992; em duas dessas três apostas, ele ganhou catorze vezes o valor investido.²⁰ Evidentemente, esse processo incremental envolvia um custo potencial. A Accel se afastou dos empreendedores que quebravam paradigmas no estilo da Kleiner Perkins quando os incrementos não eram adjacentes, e sim estavam dois passos à frente: isso talvez significasse perder alguns vencedores colossais. Da mesma forma, ao se inserirem entre os líderes intelectuais dos respectivos setores, os sócios da Accel tendiam a ignorar adversários sem credenciais do tipo que Don Valentine favorecia. Desse modo, a Accel perdeu a mãe de todas as transações de telecomunicações dos anos 1980 — a Cisco —, apesar de saber da existência da empresa e de ter um fundo dedicado às telecomunicações. Ainda assim, a escolha da Accel foi intencional. Eles estavam dispostos a ultrapassar os limites da engenharia o suficiente para criar valor, mas não a ponto de passar dos limites. O lema era "uma rebatida simples pode resultar em um *home run*". Ou seja: mesmo que a intenção seja de uma jogada simples, a bola pode ir além do esperado.

O desempenho da Accel nos primeiros fundos não deixou dúvidas de que havia alguma coisa ali.²¹ O fundo especializado em telecomunicações multiplicou seu capital em 3,7 vezes, gerando um retorno anual que era mais que o dobro da mediana dos retornos dos fundos de risco da época.²² Considerando os cinco fundos mais rentáveis juntos, a Accel apresentou um desempenho ainda melhor: a média foi de oito vezes o capital. Ainda assim, o fator surpreendente da Accel foi que, apesar das intenções convictas dos sócios em não buscar *grand slams* poderosos, foram estes que dominaram seu desempenho. A Accel Telecom mais que confirmou a chamada regra dos 80/20: impressionantes 95% dos seus lucros foram gerados por 20% dos principais investimentos.²³ Outros fundos iniciais da Accel demonstraram efeitos semelhantes aos da lei de potência. Nos cinco primeiros fundos da empresa, 20% dos principais investimentos foram responsáveis por pelo menos 85% dos lucros, e a média era de 92%.

Em suma, a lei de potência era inexorável. Nem mesmo uma sociedade metódica, anti-Kleiner e com a "mente preparada" conseguia escapar dela.

◆

O domínio da lei de potência foi ilustrado pelo caso da UUNET, um dos muitos *grand slams* não previstos durante os primeiros doze anos da Accel. Agora uma empresa esquecida, incluída no vasto império de telecomunicações da Verizon, a UUNET (pronuncia-se "iu-iu-net") parece um retrocesso a uma era diferente: esse não acrônimo estranho, vagamente inspirado em protocolos de software amados apenas por engenheiros, está a um mundo de distância da escolha perspicaz de nomes de start-ups que vieram depois — pense em Zoom, Snap, Stripe ou Spotify.[24] Ainda assim, vale a pena rememorar a UUNET porque, além de ilustrar a lei de potência, ela lança luz em duas características do investimento de risco. Primeiro, mostra os papéis distintos da pesquisa financiada pelo governo e dos empreendedores apoiados por investidores de risco na promoção do progresso tecnológico. Segundo, demonstra um paradoxo no cerne do impacto do capital de risco na sociedade. Investidores de risco *como indivíduos* podem tropeçar na sorte grande: acaso, casualidade e o simples fato de estar no jogo de capital de risco podem importar mais do que diligência ou capacidade de prever. Ao mesmo tempo, o capital de risco *como um sistema* é um motor formidável para o progresso — muito mais do que se costuma admitir.

A UUNET surgiu em 1987 como uma empresa sem fins lucrativos do norte da Virgínia, cuja missão era lidar com a limitação central da internet da época: havia apenas cerca de cem mil computadores conectados a ela.[25] Tendo começado como um sistema de comunicação militar fundado pelo Pentágono, a internet tinha se tornado um correio eletrônico, um quadro de avisos, uma plataforma de compartilhamento de arquivos para cientistas em laboratórios governamentais, incluindo os que contavam com apoio do governo dentro das universidades. No entanto, no fim dos anos 1980, uma crescente comunidade de cientistas que não eram do governo desejava um serviço semelhante. Armados com uma garantia de empréstimo de 250 mil dólares de uma associação livre de programadores, a UUNET se preparou para ser o provedor de serviços de internet deles.²⁶

Rick Adams, um engenheiro genial na casa dos trinta e poucos anos que trabalhava para o governo no Centro de Estudos Sísmicos, foi quem fundou a UUNET. Barbudo e com o cabelo castanho despenteado, Rick vestia calça jeans branca e camisa polo. Mantendo seu trabalho no governo, Adams dedicava algumas horas de trabalho aos rudimentos de uma internet paralela para uso de cientistas do setor privado que tinham sido excluídos da rede principal.²⁷ Tipicamente, as maiores corporações privadas conectavam seus funcionários via redes locais, mas o envio de mensagens de uma corporação para outra era muito caro. Adams combinou roteadores da Cisco e software de rede para construir conexões mais baratas. O engenheiro cobrava pelo serviço, mas apenas o suficiente para cobrir os custos. Era uma abordagem bem diferente da mentalidade na Sand Hill Road.

No início quase ninguém notou. A internet sempre fora um projeto governamental.²⁸ A maioria das pessoas presumiu que, se alguém ia levar as conexões on-line para as massas, esse alguém seria o governo. Em julho de 1990, um jovem senador do Tennessee chamado Al Gore apresentou uma ideia do setor público para uma "superestrada da informação". Em vez de funcionar com as linhas telefônicas existentes, como a internet fazia, a superestrada de Al Gore previa cabos de fibra óptica novinhos em folha que transformariam as TVs domésticas em terminais interativos. Passar para fibra óptica permitiria que informação e entretenimento chegassem a todos os lares norte-americanos em cores incríveis, substituindo os quadros de avisos sem graça da internet.

A princípio, o plano impressionante de uma superestrada provocou muita animação. Em 1991, Al Gore defendeu um pacote de gastos de 1,75 bilhão de dólares para apoiar essa visão. Em 1992, ele ficou mais famoso quando Bill Clinton o escolheu como vice para a corrida presidencial. Em 1993, um grupo de grandes empresas de tecnologia tentou ganhar apoio governamental para construir a infraestrutura de superestrada.²⁹ No entanto, enquanto tudo isso acontecia, havia outra coisa se movimentando sob o radar. Cientistas em laboratórios corporativos começaram a se concentrar na UUNET, que, ao se ver inundada de recursos, desistiu do status de empresa sem fins lucrativos. Então, reconhecendo o progresso da UUNET e de uma ou duas concorrentes menores, a Fundação Nacional da Ciência americana (NSF, na sigla em inglês) anunciou uma reversão na política. Em vez de tentar manter usuários privados fora da rede governamental, convidaria provedores de serviço de internet privados para a barraca; na verdade, eles poderiam assumir a gestão.[30] O governo tinha inventado a internet, com certeza, mas, para a NSF, era melhor que o trabalho de transformar a internet em uma mídia de massa que democratizasse as informações e mudasse vidas ficasse sob responsabilidade do setor privado.

Nesse estágio da história, ninguém menos que Mitch Kapor fez sua entrada. Enquanto se esforçava para atrair capital para seu computador com caneta, Kapor teve outra epifania. A superestrada de fibra óptica liderada pelo governo proposta por Al Gore ainda estampava as manchetes dos jornais. Mas, pela forma como Kapor entendia as coisas, isso seria algo proibitivamente disruptivo e caro. Em vez de cavoucar o chão para fazer o cabeamento de fibra óptica, uma opção muito mais barata seria construir uma internet com base nos cabos de cobre. Como resposta para a demanda insaciável dos clientes, e não para um decreto político, a UUNET já estava montando roteadores e servidores nas redes existentes de telefonia, transformando linhas de voz em linhas de dados, e o anúncio da privatização feito pela NSF abriu o caminho para um avanço ainda mais rápido.[31] E, como forma de conquistar milhões de usuários on-line, esse movimento liderado pelo mercado ofuscaria o projeto grandioso de Al Gore.

"Tudo bem, então, isso realmente vai acontecer", disse Kapor para si mesmo. "Eu quero ter uma parcela desse negócio."[32]

Em agosto de 1992, Kapor foi a Washington e marcou uma reunião com Rick Adams. "Está rolando um jogo de pôquer e eu não tenho fichas para apostar. Eu preciso investir", explicou ele com franqueza. Se Adams lhe permitisse comprar uma modesta participação na UUNET, ele poderia agir como a ponte para investidores de risco que entrariam com capital de verdade.

Adams ficou na dúvida. Por um lado, em geral desconfiava de financistas e não tinha a menor vontade de responder a supervisores de capital de risco. Preocupava-se com a missão de promover a abertura da comunicação on-line. Por outro lado, porém, Adams precisava de capital; na verdade, precisava de muito dinheiro. Quanto mais a UUNET expandia, mais rápida a demanda ficava, porque o uso crescente tornava a rede mais atraente para a próxima onda de potenciais usuários. "O projeto era uma draga de dinheiro", lembra-se o cientista-chefe da UUNET, Mike O'Dell. "Precisávamos colocar hardware por todos os lados. Tivemos que crescer muito rápido."[33]

Kapor afastou os temores de Adams em relação ao capital de risco usando a própria história como exemplo.[34] Ele também tinha passado pela fase de não gostar de investidores de risco. Como jovem gerente de produtos, tinha trabalhado para uma empresa patrocinada por Arthur Rock. Em uma reunião de diretoria, Kapor assistiu enquanto Rock tinha "basicamente declarado uma ordem de execução de alguém ou algum projeto de forma tão casual como eu espantaria um mosquito do braço... Foi um momento tipo o filme 'O Poderoso Chefão'."[35] Como resultado, quando chegou o momento de levantar capital para a Lotus Development, Kapor ficara com o pé atrás, avisando aos investidores em potencial que colocaria o lado humano à frente dos lucros.[36] Mas, então, relaxou ao perceber que, se uma start-up desse certo, os investidores se submeteriam ao fundador. "Você não precisa ser esmagado pelos investidores de risco", explicou Kapor para Adams.[37]

Adams relutou com as dúvidas. Se Kapor fosse um investidor padrão, Adams o teria despachado. Mas, no seu idealismo e visão política, Kapor parecia alguém como ele.[38] Depois de pensar um pouco, Adams acabou aceitando a oferta.[39]

Depois de conseguir entrar no jogo, Kapor agiu rápido. A UUNET precisava crescer de forma bem acelerada antes que os concorrentes invadissem seu mercado. Seja lá quais ideias equivocadas Adams tinha sobre investidores, essa start-up acidental da Costa Leste precisava levantar muito capital de risco no estilo da Costa Oeste.

A primeira parada de Kapor foi John Doerr, na Kleiner Perkins. Deixe essa animação com a superestrada da informação de lado, disse Kapor. Em uma questão de cinco anos, a internet faria a ideia de Al Gore cair no esquecimento.

Diferentemente do caso da GO, Doerr não se convenceu. A UUNET não era o tipo de empresa que a Kleiner Perkins gostava de apoiar. Não havia propriedade intelectual envolvida, então ficava indefesa diante de grandes concorrentes.[40] Ela precisava de grandes quantias de dinheiro, então era improvável que a Kleiner conseguisse um *home run*.[41] Doerr se recusou até mesmo a conhecer Adams.

Rejeitado pela Kleiner Perkins, Kapor levou o projeto para a Accel. A escolha de quem procurar foi quase aleatória e não tinha nada a ver com o status da Accel como especialista em telecomunicações. Por um feliz acaso, Kapor tinha investido recentemente em um fundo da Accel. Ligou para seu contato lá e fez sua apresentação de vendas. A internet estava prestes a explodir, disse ele. Havia uma chance de "construir essa coisa na qual todo mundo vai poder falar com todo mundo".[42]

A ligação de Kapor pode ter sido um golpe de sorte, mas todo processo deliberativo e mental da Accel já estava funcionando a pleno vapor. No escritório da firma em Princeton, um pesquisador de telecomunicações chamado Don Gooding tinha começado a acompanhar a internet. Nesse meio-tempo, na Costa Oeste outro especialista em telecomunicações da Accel, chamado Jim McLean, sabia que as coisas estavam esquentando. Ao visitar o escritório que administrava a infraestrutura de internet da NSF em Mountain View, McLean ficou surpreso ao ver fileiras de servidores e roteadores extremamente caros.

— Como é possível que uma organização governamental consiga comprar esses equipamentos top de linha? — perguntou McLean com ar de inocência.

— Nós recebemos tudo de graça — responderam os engenheiros.

Os fabricantes de roteadores estavam trocando o equipamento caro por acesso ilegal à rede da NSF, supostamente exclusiva do governo. Sentiam-se tão sedentos por conexões que estavam dispostos a burlar a lei para isso.[43]

Àquela altura, a Accel já tinha informações sobre o potencial da internet por três canais diferentes: Kapor havia telefonado; Gooding estava seguindo as pistas; McLean vislumbrou a voracidade da demanda por conexões on-line. A questão era se a Accel converteria essas dicas em um investimento.

No início, nada aconteceu. Lidando com dezenas de indicações de investimentos, a equipe da Accel perdeu o interesse. No fim de janeiro de 1993, Kapor tentou levar a UUNET para debaixo do radar da Accel mais uma vez ao fazer uma visita ao escritório de São Francisco. Entretanto, para sua decepção, nenhum dos sócios investidores apareceu na reunião. A Accel "não demonstrou estar perto de uma decisão positiva", confessou Kapor para Adams.[44]

Contudo, abaixo do nível societário, Jim McLean continuava entusiasmado. Quando soube do plano da NSF de privatizar a internet, ele procurou quem poderia aproveitar a oportunidade. Sua pesquisa o levou à UUNET, que parecia ser a vencedora da corrida do ouro que estava prestes a começar.

Quando chegou a oportunidade de apresentar a ideia para a equipe de investimentos da Accel, McLean tinha mais de dez cartões de visita que havia recebido em reuniões recentes.

— O que há de diferente nesses cartões? — perguntou McLean.

As pessoas ficaram olhando para ele sem dizer nada.

— Todos eles têm um endereço eletrônico — disse McLean.

Que evidência melhor os sócios querem? A internet está crescendo rápido, e aquele era o momento de investir.

Os sócios estavam relutantes. As pessoas não precisavam da UUNET para ter um e-mail. Poderiam assinar os serviços da CompuServe ou da Prodigy, os quais permitiam que três milhões de assinantes enviassem e-mails para outras pessoas que também tivessem uma conta.[45] A sorte e uma boa equipe de telecomunicações tinham colocado a oportunidade da UUNET bem diante dos olhos deles. Mas a Accel ainda não enxergava.

Como costuma acontecer no mundo do investimento de risco, foi necessário o empurrãozinho na forma de um concorrente para mudar a atitude da Accel. Em fevereiro de 1993, uma empresa de telecomunicações chamada Metropolitan Fiber Systems fez uma proposta para a UUNET.

Adams procurou o conselho de Kapor. Talvez um investidor corporativo como a Metropolitan Fiber fosse melhor do que um capitalista de risco?

Kapor se concentrou em uma questão diferente. Capitalista corporativo ou de risco... o que importava? O que importava ali era ter dois investidores competindo por atenção. Kapor se certificou de que os sócios da Accel ficassem sabendo da proposta da Metropolitan Fiber. Aquilo "esquentaria" as coisas, assegurou para Adams.[46]

Adams se reuniu com um representante da Metropolitan Fiber no hotel Ritz-Carlton, próximo ao escritório da UUNET. O cara escreveu alguns números no bloco de papel timbrado do hotel. Depois, arrancou a folha de forma teatral e a entregou para Adams com os números voltados para a mesa. A Metropolitan Fiber estava disposta a investir 500 mil dólares a uma avaliação de 8 milhões.[47]

A próxima parada de Adams foi o escritório da Accel na Costa Oeste. Pelo menos ele tinha conseguido uma reunião de 45 minutos para fazer sua apresentação de vendas diante do comitê de investimentos. Depois de Adams se apresentar, os sócios da Accel o mantiveram falando por mais três horas. Exatamente como Kapor previra, a temperatura estava subindo de forma milagrosa.

Mas a Accel ainda não tinha falado em valores. Para aceitar a avaliação de 8 milhões de dólares proposta pela Metropolitan Fiber, ela teria que acreditar que a UUNET seria um grande sucesso; caso contrário, o risco não compensaria. "Eles estão debatendo para decidir o tamanho do mercado", escreveu Adams para Kapor. "Estão convencidos de que a UUNET pode se tornar uma empresa de 30 milhões de dólares, mas (ainda) não estão certos de que tenha potencial para chegar a 100 milhões."[48]

Além das dúvidas em relação ao tamanho do mercado, havia uma questão sobre a capacidade gerencial de Adams. Para a UUNET crescer, seriam necessários líderes operacionais experientes, e os investidores de risco teriam que identificá-los, cortejá-los e apoiar os esforços deles uma vez que fizessem parte do quadro. Havia o possível risco de Adams resistir. Portanto, precisariam lidar com o ego dele, e a localização da UUNET na região norte da Virgínia dificultaria isso.

Como investidor sênior de software, Arthur Patterson decidiu que lidaria pessoalmente com o negócio caso conseguisse encontrar o sócio certo para trabalhar em parceria. Em um ato baseado em networking, ligou para a New Enterprise Associates (NEA), umas das firmas de risco que haviam apoiado a 3Com. A NEA tinha um escritório em Baltimore, não muito longe das dependências da UUNET na Virgínia. Além disso, um executivo chamado Peter Barris tinha acabado de entrar para a equipe da NEA em Baltimore. Alguns anos antes, Patterson fora ao Texas especificamente para conhecer Barris, que na época era um executivo de software em ascensão, o número dois em uma firma de Dallas, e alguém que Patterson achara ser importante conhecer.[49] Agora aquela viagem ao Texas estava prestes a valer a pena, pois Patterson estimulou Barris a dar uma olhada na UUNET.

Alguns dias depois da ligação de Patterson, Barris fez uma visita a Adams. Os dois formavam uma dupla improvável. Adams era barbudo e casual. Barris, elegante e fazia o estilo "mauricinho". Mas, exatamente como Patterson esperava, a experiência de Barris o tornava um sócio perfeito para Adams. Afinal, ele passara parte da carreira na divisão de serviços de informação na General Electric, que vendia ferramentas digitais de negócios para clientes corporativos.

Barris contou a Adams sobre os tipos de software que a GE fornecia: livros-razão, programas de rastreamento de clientes, sistemas de recursos humanos etc. Barris então se perguntou se seria possível fornecer esses serviços pela internet.

Adams respondeu que sim. Na verdade, a internet poderia entregar esses programas de forma muito mais barata do que a GE, que dependia de computadores centrais de alto custo acessados por meio de conexões discadas que saíam caro.

Barris percebeu que havia alguma coisa ali. Por causa de sua experiência na GE, sabia por quais tipos de serviços on-line os grandes clientes estariam dispostos a pagar. Por causa da sua experiência com a internet, Adams sabia como fornecê-los de forma eficiente. Ao combinar esses conhecimentos, a dupla poderia ganhar muito dinheiro.[50]

Em julho de 1993, a Accel e a NEA uniram forças para apresentar uma carta de intenções de quatro páginas. Já tinham se passado mais de seis meses desde o primeiro contato entre Kapor e a Accel; depois de quase perder a oportunidade, a firma estava ziguezagueando na direção da decisão certa. Mas o processo ainda não tinha acabado. A carta de intenções da Accel-NEA propunha uma avaliação da UUNET de apenas 6 milhões de dólares — 2 milhões a menos do que a Metropolitan Fiber. Adams ficou indignado.[51]

Novamente, a pressão competitiva mandou os investidores na direção de Adams. Dessa vez, o empurrãozinho veio de uma sociedade do Vale do Silício chamada Menlo Ventures, que ouvira falar da UUNET através de outra feliz conexão. O cientista-chefe da UUNET, Mike O'Dell, já tinha trabalhado em uma empresa apoiada pela Menlo.

Um novo sócio na Menlo, um engenheiro chamado John Jarve, usou sua conexão com O'Dell para conseguir uma reunião com Adams. Os dois se deram bem, pois tinham a engenharia em comum.

Adams contou para Jarve que planejava recusar uma estimativa de 6 milhões de dólares e o desafiava a subir o valor.

"Vou escrever uma carta de intenções para você porque vocês valem muito mais que isso", respondeu Jarve, ansioso.[52]

Jarve redigiu uma carta de intenções avaliando a UUNET um pouco acima de 8 milhões de dólares, ultrapassando tanto a oferta da Accel quanto a da Metropolitan Fiber. Na NEA, Barris estava decidido a trabalhar com Adams, então rapidamente concordou em cobrir a avaliação mais alta de Jarve. Satisfeito, Adams disse para Barris que fecharia o negócio exclusivamente com a NEA; afinal, Barris era o investidor na melhor posição para ajudar a UUNET. Mas, em um exemplo de investidores de risco agindo para proteger a própria reputação e redes de contato, Barris recusou a oportunidade de excluir os rivais. Ele tinha sido convidado para o baile por Arthur Patterson e se recusava a traí-lo. Por fim, a Accel aceitou o novo preço. Em outubro de 1993, as três sociedades desembolsaram um total de 1,5 milhão de dólares.[53]

O processo de capital de risco pode parecer uma corrida de revezamento. Kapor, o primeiro investidor a apoiar a UUNET, passou o bastão para Arthur Patterson, da Accel, que por sua vez passou para Peter Barris, que, por conta da base que tinha na Costa Leste, seria o sócio mais ativo dos três investidores. Em seguida, Barris começou a recrutar gestores eficazes para a UUNET para que também pudesse ficar em segundo plano.

Barris entrou em contato com Joe Squarzini, um veterano da GE Information Services. Aos 52 anos, Squarzini não parecia ser a pessoa certa para ornar com os jovens engenheiros da UUNET.

Quando Squarzini apareceu para a entrevista de emprego, Adams foi bem direto e informou que não queria um cara que importaria a cultura da GE.

Squarzini protestou. Poderia até parecer um modelo padrão da GE, mas também era um operador de rádio amador. Adams não se convenceu. "Pois eu consigo soldar mais do que qualquer um nessa empresa", insistiu Squarzini, pronto para ligar a solda na tomada e provar suas credenciais.

Isso impressionou Adams. "Eu não conseguia mais soldar", revelou ele depois. "Então nós o contratamos."[54]

Com o cargo de vice-presidente, Squarzini começou a trabalhar para impor um pouco de estrutura às operações da UUNET, que corriam de forma solta. Logo, a urgência de sua missão se tornou aparente. No curso de organizar a contabilidade da UUNET, um contador se deparou com uma caixa de faturas em aberto. A UUNET tinha deixado passar débitos referentes a roteadores que chegavam ao terrível valor de 750 mil dólares. O valor cancelava metade do capital que a empresa tinha acabado de levantar. Depois de algumas semanas da rodada de investimentos de Série A de 1,5 milhão de dólares, a empresa já estava quase sem dinheiro.

Alguém teria que dar essa notícia aos investidores. Eles tinham investido capital com base em demonstrações financeiras que se provaram falsas e não ficariam nada satisfeitos. Afinal, se a UUNET fosse uma empresa de capital aberto, a reavaliação do seu saldo de caixa se refletiria no preço das ações. Da mesma forma, se a UUNET tivesse pegado um empréstimo bancário, não poderia esperar outro depois desse tipo de constrangimento. As perspectivas da UUNET agora dependiam que os apoiadores respondessem de uma forma diferente; deveriam aceitar tudo com calma e investir mais. Caso contrário, a empresa ficaria sem capital para trabalho.

Anos mais tarde, Barris refletiu que, se Adams tivesse dado a notícia do erro crasso de 750 mil dólares, o futuro da UUNET talvez tivesse sido incerto. Os investidores de risco já duvidavam da capacidade gerencial de Adams; o esquecimento de uma dívida de 750 mil dólares os faria tentar diminuir os prejuízos. Mas, com a abordagem de participação ativa dos investidores de risco, Adams não precisava dar essa notícia. Barris já tinha colocado Squarzini na empresa, e este contava com a confiança dos investidores. Ao se oferecer para explicar o erro para o conselho, o velho Joe conseguiria salvar a jovem empresa.

No dia da reunião do conselho, Squarzini vestiu terno e camisa dos tempos da GE e o que ele chamava de "asas blindadas". Não importava o que Adams tinha dito na entrevista; aquele era o momento de parecer o mais sério e arrumado possível. Quando abriu o jogo com os investidores, olhou-os nos olhos e jurou que aquela bagunça ia acabar. Novos controles financeiros já tinham sido implementados. O amadorismo havia chegado ao fim.

Para Barris e Jarve em especial, aquele foi um momento terrível. Os dois eram novos no jogo do risco; tinham recebido aprovação dos sócios sêniores para a aposta na UUNET, mas não fora nada fácil. Jarve se lembrava muito bem de como o fundador da Menlo Venture, DuBose Montgomery, o abraçou pelo ombro e disse "John, é melhor que isso dê certo". Como parecia que as coisas não estavam indo por esse caminho, Jarve começou a se preocupar com o próprio emprego. Barris, por sua vez, se lembrava de ouvir o que Squarzini dizia e sentir "um enorme vazio". Seus sócios na NEA não tinham se entusiasmado com as perspectivas da UUNET; e agora seria aquele momento do "eu bem que avisei". Ao dirigir de volta para o escritório em Baltimore, ele ficava repassando aquelas palavras na cabeça. Como daria essa notícia para seus sócios? O que ia dizer?

A verdade era que a escolha de palavras não importava. O principal era que os investidores de risco não eram como bancos ou investidores do mercado de ações. Eles passavam a vida lidando com start-ups de uma crise para outra; sabiam que não deviam se desesperar nem fugir ao primeiro sinal de adversidade. Anos depois, Patterson nem se lembrava mais desse revés da UUNET; sendo o investidor mais experiente dos três, já tinha passado por dezenas de situações parecidas. E, até mesmo enquanto Barris se preocupava com a reação dos sócios, ele se recorda de pensar de forma pragmática nos passos seguintes: "O dinheiro foi transferido. Estamos aqui. O que vamos fazer em relação a isso?"[55]

Em vez de abandonarem a UUNET, os investidores de risco conseguiram uma compensação. Prometeram injetar mais 1 milhão de dólares na empresa, mas em troca queriam uma participação generosa. "Parece que eu estou com uma arma encostada na minha cabeça", escreveu Adams para Kapor em um e-mail com o assunto "investidores de risco da pesada". Esse era o outro lado, segundo Kapor: se uma start-up não está se saindo bem, os investidores de risco vão puni-la.[56]

Adams reconheceu com relutância que uma punição era melhor do que a falência. Sendo assim, em dezembro de 1993, aceitou o bote salva-vidas que os investidores de risco lhe lançaram.

◆

Aconteceu de o choque dos 750 mil dólares coincidir com um grande triunfo para a UUNET. Naquele mês de dezembro, a capa da seção de negócios do *New York Times* trazia uma reportagem sobre um navegador web revolucionário chamado Mosaic, "um mapa para os tesouros enterrados na Era da Informação", nas palavras do artigo.[57] Quase um ano antes, o mesmo autor, John Markoff, havia compartilhado a animação com a visão de Al Gore para uma superestrada da informação. Agora o novo agito era em relação a seu rival desleixado, de repente considerado atraente por conta da navegação de apontar e clicar oferecida pelo Mosaic. Antes disso, encontrar uma informação na internet exigia digitar comandos do tipo: "Telnet 192.100.81.100". Agora os usuários poderiam simplesmente clicar em palavras ou imagens para chegar a páginas web. A epifania de Mitch Kapor estava se tornando realidade. A versão da UUNET sobre o futuro da informação triunfou sobre a visão do vice-presidente dos Estados Unidos.

Para os investidores na UUNET, só havia mais uma coisa a fazer: certificar-se de que Adams e sua equipe capitalizassem ao máximo a oportunidade. Nas primeiras semanas de 1994, Peter Barris se reunia regularmente para tomar café da manhã com Adams, parando no Pooks Hill Marriott no caminho entre sua casa, no norte da Virgínia, e o escritório da NEA, em Baltimore. Tomando café e comendo ovo mexido, Barris e Adams discutiam assuntos relacionados à equipe e à estratégia, incluindo o assunto delicado de trazerem um CEO externo. Barris passava os dias revisando sua rede de contatos em busca do melhor candidato para a posição e, na primavera, conseguiu algum progresso. Adams agora confiava nele o suficiente para dar uma chance a um CEO externo. E Barris tinha encontrado uma pessoa.

A questão era se ia conseguir convencê-lo a se juntar à UUNET. O candidato era outro veterano da GE Information Services, John Sidgmore, de quem Barris se lembrava pelo "atrevimento empreendedor". Na época da GE, o telefone de Sidgmore ficava sempre fora do gancho, e as pessoas tinham que ir até ele. Com um cigarro na boca e uma xícara de café na mão, Sidgmore fazia tudo com uma segurança que maravilhava Barris. A questão uma década depois era que Sidgmore já tinha se comprometido a administrar outra empresa com um bônus de assinatura de 450 mil dólares. Quando Barris insistiu que ele desistisse do compromisso e fosse para a UUNET, levou uma recusa, como era de se esperar. "Por que *eu* ia querer trabalhar para uma empresinha qualquer Ioiô Net, Blabla Net ou sei lá qual é o nome dela?"[58]

Barris explicou a revelação que sentira logo que conheceu Adams. Os programas da GE que ele e Sidgmore vendiam para clientes corporativos poderiam ser entregues pela internet por uma fração do custo. "Pense nas margens e no quanto essas margens vão valorizar seu capital pessoal", argumentou Barris. A UUNET representava uma oportunidade para Sidgmore modernizar e canibalizar todo o manual de estratégia da GE Information Services.⁵⁹ A Ioiô Net, ou Blabla Net, não era só uma empresinha qualquer.

Os argumentos de Barris surtiram efeito, e logo bastava apenas uma questão de quanto capital Sidgmore ia pedir. Em junho de 1994, ele assinou um contrato por 6% da empresa. Era mais ou menos o mesmo valor que recebera para entrar na Cisco. E mais ou menos a mesma coisa que os apoiadores de risco da UUNET receberam por investirem 500 mil dólares.

Depois de trazer Sidgmore para a empresa, o trabalho de Barris estava quase terminado. Com um CEO estelar no comando, a UUNET rapidamente levantou mais três rodadas de investimentos, aumentando a uma velocidade vertiginosa e atuando com base nas lições da GE que Barris havia entendido desde o início. Em janeiro de 1995, a UUNET assinou contrato para construir uma infraestrutura de rede que suportasse o Windows 95, o primeiro sistema operacional da Microsoft desenvolvido para a internet. No mês seguinte, Sidgmore conseguiu a façanha extraordinária de fechar um acordo semelhante com a principal rival da Microsoft em serviços on-line, a AOL. Tendo conseguido o equivalente a conquistar a Coca-Cola e a Pepsi como clientes, a UUNET cresceu de modo exponencial. Três meses depois, em maio de 1995, a empresa abriu o capital.

Lá em 1993, a sorte no jogo de cara ou coroa talvez tenha decidido quem apoiaria a UUNET: investidores corporativos da Metropolitan Fiber ou investidores de risco da Accel. Agora a Accel recebia uma recompensa extraordinária. A flutuação da UUNET deu à empresa uma avaliação de 900 milhões de dólares, e então, em um ciclo perfeito de encerramento, a Metropolitan Fiber fez sua segunda aparição, comprando o controle da UUNET a uma avaliação de 2 bilhões de dólares. Mais por sorte do que por brilhantismo, a Accel embolsou cinquenta vezes sua aposta inicial, um lucro de 188 milhões de dólares. A Menlo teve um retorno semelhante. A NEA recebeu ainda mais, pois manteve sua posição por mais tempo.⁶⁰ Investidores de risco como indivíduos cometeram muitos erros, mas o capital de risco como sistema ajudou a UUNET a espalhar a internet para milhões de pessoas.

Apesar de todos seus temores em relação aos investidores, Rick Adams se sentiu bem recompensado.

"Gostaria de agradecer novamente por ter me colocado na direção certa todos esses anos atrás", escreveu ele para Mitch Kapor depois da abertura de capital. "Saí com 138 milhões de dólares. Isso é totalmente surreal", acrescentou.[61]

◆

Existe uma conclusão a se tirar com a história da UUNET que reforça as lições sobre o capital de risco. O mágico navegador da web chamado Mosaic, anunciado pelo *New York Times* em dezembro de 1993, surgiu em um laboratório da Universidade de Illinois, patrocinado com dinheiro do imposto dos contribuintes: mais um exemplo da ciência governamental como o pontapé inicial na revolução on-line. Mas o principal inventor do navegador, Marc Andreessen, não ficou em Illinois por muito tempo. O governo era bom na ciência básica, porém não em transformar avanços em produtos que mudassem a sociedade.

O erro da universidade foi não valorizar o talento. Andreessen tinha desenvolvido o navegador como funcionário temporário do Centro Nacional para Aplicações de Supercomputação na universidade, recebendo um salário de 6,85 dólares por hora.[62] Depois que o Mosaic o transformou em uma celebridade *geek*, o centro lhe ofereceu uma posição permanente, mas só se ele concordasse em abrir mão do seu envolvimento com o navegador. Era uma clássica manobra burocrática: o centro queria se certificar de que a instituição, e não o jovem prodígio, levasse o crédito pelo sucesso do projeto.[63] Andreessen reagiu deixando o setor público e se mudando para o Vale do Silício. Então, uniu-se a um inventor chamado Jim Clark, que sabia muito bem o valor do talento e como aproveitá-lo ao máximo.

A Universidade de Illinois liberara o Mosaic para uso comum e estava tentando fazer negócios com ele. Andreessen estava convencido de que aquela empreitada seria um fracasso e que uma iteração superior do navegador poderia capturar o que certamente era um mercado gigantesco.

Munido com o talão de cheques da Clark and Clark, ele voltou a seu antigo campus em Urbana-Champaing, onde a dupla entrevistou sete dos colaboradores originais de Andreessen no projeto Mosaic. Clark se reuniu com cada um deles individualmente na sua suíte de hotel — ele escreveu mais tarde: "era um quarto padrão, com chocolate no travesseiro para o hóspede de pernoite" — e ofereceu para aqueles funcionários surpresos um salário anual de 65 mil dólares, além de cem mil ações da empresa. "Tenho certeza absoluta de que a participação de vocês vai valer mais do que 1 milhão de dólares", disse ele, "mas, nos próximos cinco anos, se as coisas saírem do jeito que eu espero, o meu objetivo é que vocês consigam mais de 10 milhões."[64] Não é surpresa nenhuma que todos os sete engenheiros não deixaram a oportunidade passar. Contando com Andreessen, Clark tinha libertado oito traidores.

No começo, Clark financiou seu empreendimento com os rendimentos da empresa anterior, a Silicon Graphics, que foi pioneira no mercado de computadores de alto desempenho que lidavam com imagens 3D. Ele tinha uma visão sombria dos investidores de risco, que o haviam tratado de forma presunçosa — ou assim ele pensava —, abocanhando quase todo o patrimônio dessa start-up e deixando-o com uma mísera participação de mais ou menos 3%.[65] Nas reuniões de conselho da Silicon Graphics, Clark ficava vermelho e gritava furiosamente com Glenn Mueller, o investidor do Mayfield Fund que fora o primeiro a apoiá-lo. Mueller aguentava tudo em silêncio.[66]

Quando Clark recrutou sua própria versão dos oito traidores em 1994, os investidores de risco com quem gritava estavam dispostos a apoiá-lo no novo empreendimento. Era o inverso da síndrome na Universidade de Illinois: em vez de desdenhar do talento e permitir que ele se vá, os investidores de risco atravessariam pântanos para abraçá-lo. Dick Kramlich da NEA, que tinha investido na Silicon Graphics, designou um jovem funcionário para seguir Clark. Kramlich queria uma parcela de tudo que Clark fizesse. Glenn Mueller, por sua vez, também estava ávido. Quando soube que Clark estava construindo um novo navegador web, Mueller ligou sem parar, implorando pela oportunidade de investir. Clark o pôs para correr.

De seu carro, Mueller ligou mais uma vez. Quando Clark recusou suas tentativas, ele disse: "Jim, se você não nos deixar investir, meus sócios vão me matar."

Uma semana depois, em 4 de abril de 1994, Clark fundou oficialmente a Mosaic Communications. Foi então que sua esposa ligou para lhe dar uma notícia. Glenn Mueller estava em seu barco em Cabo San Lucas, próximo à costa do México, quando enfiou um revólver na boca e puxou o gatilho.[67]

Clark deixou a tragédia para trás e se concentrou na construção da própria empresa. Conseguiu que a Mosaic emitisse 3 milhões de dólares em ações na rodada da Série A e adquiriu todas em seguida, ficando com metade do patrimônio líquido total.[68] (Quando a Mosaic Communications abriu o capital no ano seguinte, já sob um novo nome, Netscape, o jovem Marc Andreessen possuía apenas 3% da empresa — a mesma porcentagem que Clark tivera na Silicon Graphics.)[69] Mas, por mais que Clark desprezasse os investidores de risco, ele precisava do apoio deles. Sua empresa queria expandir. Não era como se um banco fosse lhe dar apoio.

No outono de 1994, Clark convidou investidores de risco a investir, mas a uma avaliação que era três vezes superior ao valor que ele mesmo pagara dois meses antes. Não tinha acontecido nada que justificasse tal salto. Um investidor de risco sóbrio, que mantinha a disciplina de preços em mente, consideraria a cotação de Clark extraordinária. Nenhuma start-up com apoio de risco jamais conseguira uma avaliação de 18 milhões de dólares antes de entregar um produto.

Clark começou abordando Mayfield, o fundo de Glenn Mueller. Não é de surpreender que Mayfield não tivesse estômago para lidar com Clark, que, então, procurou Dick Kramlich, sua outra conexão por conta da Silicon Graphics. Kramlich hesitou diante da avaliação triplicada. Clark começou então a buscar um investidor de risco que tivesse visão, ou que talvez fosse louco o suficiente, para se colocar acima daqueles investidores cuja mente era pequena. Naturalmente, acabou cruzando o caminho de John Doerr, da Kleiner Perkins.

Logo ficou claro que Clark tinha encontrado o alvo certo. O improviso usado por Doerr para investir em coisas que poderiam mudar o mundo havia lhe colocado em maus lençóis com a GO e com a Dynabook. Mas a mesma ambição contagiante era perfeita para a Mosaic — e, o mais importante, para aquele momento na história. Anteriormente, quando Doerr proclamara que tinha o objetivo de criar novos setores e não apenas empresas, estava seguindo uma moda. Mas o Mosaic realmente era um produto revolucionário. O navegador mudaria a forma como as pessoas acessavam informações, como se comunicavam e como colaboravam entre si.

A Mosaic também marcou um novo estágio na evolução da lei de potência. Retornos de capital de risco são dominados por *grand slams* em parte por causa da dinâmica das start-ups: a maioria dos empreendimentos jovens fracassa, mas os que ganham impulso podem crescer exponencialmente. Isso é verdade para marcas de moda ou redes de hotel, assim como para empresas de tecnologia. Mas portfólios de risco cujo foco é a tecnologia são dominados pela lei de potência por um motivo adicional: essas start-ups são fundadas com base em tecnologias que elas mesmas podem fazer avançar de forma exponencial. Por causa da sua experiência e temperamento, Doerr estava especialmente ligado a esse fenômeno. Quando era um jovem engenheiro da Intel, ele havia testemunhado o modo como a lei de Moore transformou o valor de empresas que usavam semicondutores: o poder dos chips dobrava a cada dois anos, então as start-ups que faziam bom uso deles poderiam gerar produtos melhores e mais baratos. Para qualquer modem, relógio digital ou computador pessoal, o custo dos semicondutores internos teria uma queda de 50% em dois anos, de 75% em quatro anos e de 87,5% em oito anos. Com esse tipo de impulso para uma start-up de tecnologia, não é de se admirar que os lucros pudessem crescer exponencialmente.

A Mosaic, e de forma mais geral a internet, turbinou ainda mais esse fenômeno. Novamente, Doerr entendeu isso melhor do que a maioria das pessoas. Além de ter trabalhado na Intel, tinha conhecido Bob Metcalfe, então entendia bem que a lei de Metcalfe era ainda mais explosiva do que a lei de Moore. Em vez de apenas dobrar a potência a cada dois anos, como era o caso dos semicondutores, o valor de uma rede poderia crescer na razão do quadrado do número de usuários.[70] Dessa forma, o progresso é uma equação quadrática, e não simplesmente exponencial; uma coisa que cresce de acordo com a elevação ao quadrado tem um crescimento muito mais rápido do que uma que apenas continua dobrando de tamanho. Além disso, o progresso não estaria preso à passagem do tempo, mas sim em função do número de usuários. No momento em que Doerr se encontrou com Clark, o número de usuários da internet estava prestes a triplicar em um período de dois anos. Isso significava que o valor das redes teria um salto de nove vezes, efeito muito mais poderoso do que apenas dobrar o poder de semicondutores no mesmo período. Além disso, a lei de Metcalfe não estava suplantando a lei de Moore, que já seria dramática o suficiente. Em vez disso, estava se combinando com ela. A explosão do tráfego de internet seria alimentada tanto pelo seu crescimento rápido em usabilidade (lei de Metcalfe) quanto pela queda de custo dos modens e computadores (lei de Moore).[71]

Depois de ouvir o discurso de Clark, Doerr estava determinado a investir. Um navegador mágico que atrairia milhões de usuários para a internet tinha um potencial praticamente ilimitado. O preço que Doerr teria que pagar ficaria em segundo plano.

Doerr ligou para seu sócio, Vinod Khosla, logo depois da reunião e solicitou a ele que se encontrasse com Clark e Andreessen no dia seguinte, um sábado. A NEA e a Mayfield tinham recusado a oferta da Mosaic, mas Doerr estava convencido de que valia a pena pagar uma avaliação exorbitante como aquela.

Khosla fez a visita solicitada ao escritório dos fundadores na esquina da El Camino com a Castro, em Mountain View. Gostava de pensar nas apostas de risco como opções financeiras. Nunca dava para perder mais do que a aposta inicial, mas a vantagem era ilimitada. Considerando que a lei de potência significava para start-ups o que a lei de Moore significava para a capacidade de computação e o que a lei de Metcalfe significava para redes — e considerando a forma como os efeitos de cada lei se combinavam entre si —, a Mosaic Communications era uma daquelas opções que você simplesmente precisava ter. Depois da reunião, Khosla ligou para Doerr e declarou: "A gente deve entrar nessa."[72]

Alguns dias depois, Clark e Andreessen voltaram para fazer a apresentação para todo o comitê de investimentos da Kleiner Perkins. Não houve qualquer preparo mental no estilo da Accel, mas isso não importou: os sócios da Kleiner Perkins levaram 45 minutos para aprovar o investimento. "Sabíamos que o preço era alto", disse um deles, "principalmente considerando que por trás de tudo tínhamos um garoto que parecia ter doze anos de idade como guru tecnológico."[73] Mas todo mundo na reunião se lembrou de um outro lema de Tom Perkins: você é bem-sucedido no capital de risco quando investe nos negócios certos, e não quando se baseia em avaliações.

Em agosto de 1995, a Mosaic (agora chamada Netscape) abriu o capital. No final do primeiro dia de negociações, o investimento inicial de 5 milhões de dólares da Kleiner agora valia 293 milhões.[74] Enquanto as ações da Netscape subiam cada vez mais, a Kleiner logo se viu com um lucro de 500 milhões de dólares: ela tinha chegado a multiplicar em cem vezes o investimento ou aproximadamente o dobro do que a Accel conseguira com a UUNET. Diante desse tipo de fonte de riqueza, não importava quantas apostas da Kleiner não haviam tido retorno. Na era da internet, valia a pena pagar o valor que fosse em empresas turbinadas pela lei de potência.

Capítulo sete

Benchmark, SoftBank e "Todo mundo precisa de 100 milhões de dólares"

No início de 1995, alguém mencionou um nome estranho em uma reunião de diretoria da UUNET. Don Gooding, analista de telecomunicações da Accel, estava construindo o website da empresa — a primeira presença na internet estabelecida por uma firma de capital de risco. Como já tinha passado tempo na web, Gooding começou a consultar um guia prático acerca do melhor que ela tinha para oferecer. O guia se chamava Yahoo.

Yahoo? As pessoas em volta da mesa riram. Um nome como aquele não podia ser coisa séria.

Gooding, que estava se preparando para apresentar o Yahoo como uma forma de investimento para a Accel, se sentiu inseguro. Não adiantava fazer um *pitch* que seria recebido com risos.[1]

Algumas semanas depois, naquele padrão já conhecido, o erro cometido por um grupo de investidores de risco foi corrigido por outros. O veterano do Vale do Silício Bill Draper localizou os criadores do Yahoo, que trabalhavam em um trailer humilde no campus da Universidade Stanford.

Draper se encolheu para entrar no trailer, desviou sua figura alta de uma bicicleta e alguns esquis e se aproximou de um computador chamado Konishiki. Seu dono, um aluno de pós-graduação tranquilo chamado David Filo, gostava de nomes engraçados. Konishiki era o nome de seu lutador de sumô favorito.

Filo pediu a Draper que fizesse uma pergunta para que então recebesse uma resposta.

Draper quis saber qual era o custo para se formar em Yale, onde tinha atuado como administrador.

Filo digitou a pergunta no teclado, e uma imagem de alguns calhamaços apareceu na tela do Konishiki; aquela era a primeira home page de Yale. Depois de digitar mais um pouco, apareceu a resposta: 21 mil dólares por ano de estudo na universidade.

Draper ficou boquiaberto. O novo navegador Netscape ajudava a surfar pela internet, mas não oferecia um diretório nem um serviço de busca. A ideia de que era possível procurar praticamente qualquer coisa on-line parecia pura magia digital. Draper decidiu encorajar o filho, Tim, que administrava o escritório da família, a investir no Yahoo.[2]

Mais ou menos nessa época, uma outra pessoa bem-vestida e usando óculos fez uma visita ao trailer. Enquanto Draper fazia parte da realeza do Vale do Silício — ele se lembrava de quando a Sand Hill Road era uma trilha de terra batida onde Tim andava com uma moto com guidão esportivo alto —, o novo visitante era um novo-rico galês chamado Michael Moritz. Tinha chegado aos Estados Unidos para fazer pós-graduação e fazia a cobertura do Vale do Silício para a *Time*, usando a revista como um cartão de visitas para conhecer as celebridades do mundo da tecnologia. Em meados dos anos 1980, Moritz trabalhara por um breve período em sua própria start-up, um empreendimento que produzia boletins de notícia e conferências de tecnologia. Então, em 1986, em uma mudança de carreira improvável, conseguiu um emprego na Sequoia.

Moritz entrou no trailer e recuou diante do calor violento emitido pelos equipamentos e computadores. O chão estava coberto de roupas sujas e caixas de pizza vazias, e as persianas estavam fechadas para não permitir que o sol passasse pelos vidros. Havia alguns tacos de golfe apoiados na parede.[3] Considerando o estado do trailer, os moradores provavelmente precisavam dar uma saída para respirar ar puro.

Assim como Gooding e Draper, Moritz compreendeu que o Yahoo era atraente. A web estava rapidamente se abrindo para milhões de usuários. O Yahoo poderia muito bem se tornar a versão da internet do *Guia de TV*: o serviço que direcionava os consumidores para as informações que eles queriam. A questão era como um guia de internet poderia ganhar dinheiro?

— Então, quanto você vai cobrar dos assinantes? — perguntou Moritz para Filo e seu amigo, Jerry Yang.[4]

Filo e Yang trocaram um olhar. Um sabia o que o outro estava pensando: esse cara simplesmente não entende.[5]

O mecanismo de busca do Yahoo era gratuito, esclareceram para Moritz. Eles tinham começado a montar o diretório como uma forma de se distrair da tese de doutorado: aquilo era um *hobby*, como entrar para um clube de frisbee ou fazer maratonas de filmes de terror. O objetivo era eles se divertirem, sem intenção de ficarem obcecados com lucros. Os dois listavam sites inusitados que chamavam a atenção: a home page de empresas com nomes como Brian's Lava Lamp ou Quadralay's Armadillo.[6] O gosto deles por nomenclaturas estranhas devia ter dado para Moritz uma dica do que eles queriam. A estação de trabalho companheira de Konishiki se chamava Akebono. Yahoo era o retroacrônimo de "*Yet Another Hierarchical Officious Oracle*", que pode ser traduzido livremente como "Mais um oráculo hierárquico intrometido". Cobrar dos clientes ia contra o espírito peculiar do empreendimento deles.

Quando Moritz começou a trabalhar na Sequoia, alguns de seus colegas tinham se mostrado céticos em relação a ele. Formado em história em Oxford, ele era jornalista de revista e autor de dois livros de negócios. Não tinha nenhuma experiência com engenharia nem administração. "Esse cara não sabe nada!", disse um dos sócios da Sequoia depois da entrevista de emprego de Moritz. Don Valentine ignorara tais objeções porque via em Moritz um aprendiz versátil e preferia contratar um novato sedento por conhecimento a alguém experiente que andava em ponto morto.[7] Agora, por fruto do acaso, a experiência nada convencional de Moritz estava prestes a provar seu valor.

Moritz não conseguia se lembrar de um precedente para o que o Yahoo queria: conseguir dinheiro de investidores de risco enquanto oferecia seu produto de graça.[8] Mas, depois de alguns segundos de pensamento lateral, percebeu que o esquema do Yahoo poderia dar certo. O setor de mídia do qual o próprio Moritz vinha contava com corporações há muito tempo estabelecidas que faziam exatamente o que o Yahoo estava propondo: estações de rádio e canais de TV com seus programas e noticiários, tudo de graça, lucrando apenas ao cobrar dos anunciantes. Além disso, os caras da mídia ofereciam justamente enredos incomuns com nomes peculiares. Não havia contradição entre a irreverência e os lucros. Com essa analogia, Moritz compreendeu melhor do que Draper do que se tratava o Yahoo. Ele não tinha se impressionado apenas com o produto, mas entendia o futuro modelo de negócios.

Moritz continuou em contato com Yang e Filo, porém mudou sutilmente do papel de investigador para o de adulador. Ele sabia que enfrentaria competição para conseguir aquele negócio, afinal o Yahoo também estava avaliando ofertas de aquisição de duas grandes empresas de internet: a AOL e a Netscape. Para competir com essas rivais, Moritz fazia algumas perguntas importantes, ouvia todas as respostas com interesse e tentava entrar na mente dos jovens universitários. Anos mais tarde, quando perguntaram a Yang por que havia escolhido Moritz entre tantos interessados, ele respondeu de forma enigmática ao afirmar que Moritz tinha "alma".[9] Apesar da manobra inicial pouco promissora, Moritz tinha conseguido construir uma conexão.

Em algum momento do cortejo, Yang perguntou a Moritz se a empresa deveria mudar de nome, talvez escolher algo mais sério. Moritz respondeu que, caso isso fosse feito, a Sequoia não teria mais interesse em apoiá-los.[10] Além disso, Moritz deu uma explicação para essa resposta: uma na qual nem o próprio Yang tinha pensado. Nos anos em que trabalhara como jornalista, Moritz tinha escrito um livro muito perspicaz sobre Steve Jobs.

Então insistia que o Yahoo tinha uma coisa valiosa: um nome de empresa memorável e inspirador. Como a Apple.[11]

Fosse por instinto ou sagacidade, Moritz deu a resposta perfeita. Como entendia Steve Jobs melhor do que qualquer um no Vale do Silício, ele tinha a credibilidade de sugerir uma conexão entre dois pós-graduandos desconhecidos e uma verdadeira lenda do Vale do Silício. Assim como todos os investidores de risco, ele sabia como amplificar o senso de destino até mesmo dos fundadores mais confiantes. Era a sedução final.

Em abril de 1995, a Sequoia investiu 975 mil dólares no Yahoo, ficando com 32% do patrimônio do empreendimento. Filo e Yang ficaram com 25%, e o restante das ações foi reservado para a equipe do Yahoo, entre eles um novo CEO externo recrutado por Moritz. O filho de Bill Draper, Tim, pediu para entrar no negócio: tinha sido mais lento do que Moritz para entrar em ação, e naquele momento agia com o zelo dos convertidos. Mas a Sequoia o deixou de fora, pois queria a maior fatia possível daquele bolo.

O investimento feito pela Sequoia no Yahoo armou o palco para a segunda metade da década de 1990; período da exuberante expansão da internet que culminou com o estouro da bolha tecnológica. A inovação de apoiar empresas que cobravam pouco ou nada pelos produtos se espalhou pelo negócio de capital de risco como rastilho de pólvora. As start-ups não eram mais avaliadas de acordo com os lucros do ano, e nem mesmo a prospecção para o ano seguinte, mas sim em relação ao *momentum*, à tração, à audiência ou à marca — coisas que poderiam, pelo menos em tese, ser monetizadas no futuro.

Para construir o *momentum* do Yahoo, Moritz ajudou a posicionar Yang como o rosto do Vale do Silício — um tipo de "o segundo Steve Jobs", embora o próprio Yang resistisse à comparação.[12] Representando a contracultura dos anos 1970, Steve Jobs, descalço, deu o pontapé inicial nos negócios de PCs. Em uma época em que imigrantes, especialmente os asiáticos, estavam começando a deixar sua marca no Vale, o americano nascido em Taiwan Yang surgiu como o evangelista de um novo estilo de start-up. As revistas publicavam a foto dele: um sorrisão estampado, cabelo preto e calça esportiva. Ele dava palestras em conferências de tecnologia sobre a estratégia do Yahoo para construir um público on-line; era parte *geek* e parte guru do marketing. Depois que Yang impressionou a todos em uma reunião de junho de 1995, ninguém menos que Bob Metcalfe declarou com convicção para a pessoa que estava ao lado: "Essa vai ser a primeira grande marca da internet."[13]

O segredo que corria era de que o Yahoo não tinha outra escolha além de construir uma marca porque não era, na verdade, uma grande empresa de tecnologia. Não detinha nenhuma patente e não oferecia nenhuma engenharia de ponta: seu diretório foi organizado por meio da navegação na web e classificação de sites; além disso, grande parte do trabalho era manual. Como resultado, representava um exemplo negativo do lema de Tom Perkins: como o Yahoo não envolvia nenhum risco tecnológico, a empresa representava um enorme risco de mercado, pois não havia nenhum fosso tecnológico para protegê-la de concorrentes. Além disso, a concorrência seria ainda mais feroz por causa da lógica de negócios da área do Yahoo: o vencedor fica com tudo. Os usuários de internet provavelmente gravitariam uma única forma de fazer buscas de informações na web. O vencedor seria capaz de levar toda a fatia de dólares de anunciantes on-line. Os outros competidores ficariam com centavos.

Enfrentando essa versão extrema da lei de potência, o Yahoo não tinha a opção de se comportar como as empresas tradicionais de tecnologia. Não poderia simplesmente inventar um produto, promovê-lo e contar com a novidade tecnológica para conquistar vendas e lucros. Em vez disso, precisava continuar se destacando mais do que as rivais, o que significava que deveria projetar uma imagem de *momentum*. Ao antecipar a dinâmica de futuras empresas de internet, estabeleceu-se uma lógica circular precária: o segredo do crescimento do Yahoo era que o empreendimento precisava continuar crescendo. Como consequência, o sucesso inicial do Yahoo para gerar receitas não se traduziu em lucros. Cada dólar ganho em publicidade precisava ser investido em despesas de marketing para que o negócio continuasse em expansão.[14] O resultado da reciclagem de anúncios, de fato, logo se mostrou insuficiente. Oito meses depois de garantir 1 milhão de dólares da Sequoia, o Yahoo decidiu fazer outra rodada de levantamento de capital.

Investidores de risco tradicionais, observando um negócio que queimava dinheiro sem nenhum fosso tecnológico e que não era nada mais substancial do que uma marca, talvez tivessem se recusado a lançar a linha salva-vidas de que o Yahoo precisava, mas no fim de 1995 o tradicional estava fora de moda. A flutuação da Netscape no verão tinha mostrado como a entrada na internet havia mudado o jogo: considerando os lucros astronômicos prometidos por empresas turbinadas pela lei de potência, era loucura não apostar nelas. Além disso, potes de ouro como a Netscape e a UUNET tinham passado a ser notados por fundos universitários e de pensão, o que respondia por uma entrada extra de capital no empreendimento. Em 1995, sociedades de risco nos Estados Unidos levantaram 10 bilhões de dólares, bem mais do que os 3 bilhões de cinco anos antes.[15] Havia tanto dinheiro no Vale do Silício e tanta fé na lógica da lei de potência que o Yahoo estava quase fadado a ser financiado.

O financiador que apareceu era a combinação ideal para aquele momento: um empreendedor baixo e franzino chamado Masayoshi Son, que conquistara a reputação de ser o Bill Gates do Japão por ter conseguido enorme sucesso com uma distribuidora de software chamada SoftBank. Diferente de Gates, que vinha de uma família privilegiada, Son era um sério exemplo de pessoa que fez nome sozinha. Sua família fazia parte de uma minoria de coreanos marginalizados no Japão, e a casa em que eles moravam era um barraco localizado perto de uma ferrovia, espaço que Son dividia com outros seis irmãos. Apesar de o início da vida na pobreza ter contribuído para a construção de sua lenda, aquilo também era um fardo. Seu pai tentou disfarçar a vergonha de sua etnia ao adotar para a família o sobrenome japonês Yasumoto, e a humilhação fez com que Son saísse de casa aos dezesseis anos e acabasse na Califórnia. "Vou usar meu próprio nome para provar que todos os seres humanos são iguais", jurou ao se despedir.¹⁶ Anos depois, o arraigado complexo de estrangeiro de Son foi citado por um colega como a chave para seu extraordinário estilo de investimento. Apostava como alguém que não tinha nada a perder, mesmo quando já possuía uma fortuna de bilhões de dólares.

No outono de 1995, Son estava em sua segunda incursão à Califórnia. Depois da primeira, voltara ao Japão com um diploma de economia de Berkeley e fizera sua fortuna com o SoftBank. Então, ao ouvir a respeito da corrida do ouro da internet, decidiu transferir os negócios do Japão para os Estados Unidos. Era uma mudança extremamente corajosa para um empreendedor asiático: podia ser bem difícil para um imigrante penetrar as densas redes de contato do Vale do Silício. Mas Son havia adquirido o controle de uma editora de tecnologia americana e principal organizadora de conferências de informática do país, conquistando um fluxo de informações e conexões que poderia ajudá-lo a localizar a próxima fronteira empolgante.

Em novembro de 1995, Son fez uma visita ao então novo escritório do Yahoo, localizado em Mountain View, a alguns quilômetros de distância de Stanford, descendo o vale. Yang e Filo tinham jogado tinta nas paredes, e o espaço de trabalho de Filo estava repleto de patins, caixas de CD, latas de refrigerante amassadas, edições antigas da *Micro Times* e uma manta de poliéster xadrez azul. Era irônico que o escopo profissional de Filo fosse trazer ordem ao ciberespaço.¹⁷

Constrangidos pela bagunça do escritório, Yang e Filo se ofereceram para levar o visitante a um restaurante francês. Son recusou a oferta; queria ir direto aos negócios.

Mais tarde em sua carreira, Son conquistou a fama de levantar e comprometer fundos de forma surpreendentemente rápida. Em 2016, quando estava planejando um veículo de investimento chamado Vision Fund, conseguiu 45 bilhões de dólares do príncipe herdeiro da Arábia Saudita em um intervalo de apenas 45 minutos.¹⁸ Na reunião com o Yahoo, a abordagem dele foi igualmente direta. Queria uma parcela do Yahoo. Seus anfitriões queriam o capital. Não havia por que complicar a conversa.

Son pediu a Filo e Yang que dissessem quanto achavam que o Yahoo valia.

Hesitantes, os fundadores sugeriram uma avaliação de 40 milhões de dólares, um crescimento de apenas 3 milhões de quando a Sequoia investira, oito meses antes.

Son aceitou na hora, sem hesitar, e estava ainda mais pronto para efetuar o pagamento do que John Doerr, da Kleiner Perkins.

"Merda, eu devia ter falado um valor mais alto!", disse Yang para si mesmo.[19]

Son liderou a Série B de investimentos do Yahoo, fornecendo mais da metade dos 5 milhões que a empresa levantou, com a Sequoia e a agência de notícias Reuters entrando com quantias menores.[20] Mas Son só estava começando. Em março de 1996, voltou ao escritório do Yahoo.

A passagem de quatro meses não tinha feito nada para curar o vício do Yahoo em jogar dinheiro fora. As rivais da empresa, sobretudo duas ferramentas de busca chamadas Excite e Lycos, também vinham tentando construir suas marcas, e o Yahoo precisava se manter à frente. Como consequência, Filo e Yang gastaram uma grande parte dos 5 milhões do capital da Série B em marketing. Além disso, fazia pouco tempo que a Excite e a Lycos tinham dobrado de tamanho: para fortalecer a guerra de marketing, haviam anunciado os planos de abrir o capital. Desesperado para não perder a posição de liderança, o Yahoo recorreu à Goldman Sachs para organizar sua abertura de capital.

Como sempre, Son chegou ao escritório do Yahoo parecendo leve e pouco exigente. Mas trazia consigo uma bazuca. Em um lance sem precedentes na história do Vale do Silício, ele propôs investir 100 milhões de dólares no Yahoo, mas queria um adicional de 30% de participação na empresa.

A proposta de Son significava que o valor do Yahoo tinha crescido oito vezes desde seu primeiro investimento, quatro meses antes. Mas o fator surpreendente na oferta feita foi o tamanho do cheque: o Vale do Silício nunca tinha visto um investimento de risco de tamanha proporção.[21] O fundo típico levantado por uma sociedade de risco de alto nível ficava em torno de 250 milhões de dólares, e não existia a mínima possibilidade de que 40% dos seus recursos fossem investidos em uma única aposta de 100 milhões.[22]

Investidores de *private equity* e compradores corporativos às vezes faziam investimentos na casa dos 100 milhões, mas, em troca, esperavam obter o controle total das empresas.[23] Já Son seria um investidor minoritário em uma balança imprevisível. Como tinha o balancete corporativo do Soft-Bank por trás, ele poderia investir cem vezes mais capital do que a Sequoia tinha investido no início do Yahoo.

Depois que Son lançou essa bomba, Yang, Filo e Moritz ficaram em silêncio. Desnorteado, Yang disse que estava envaidecido, mas que não precisava do capital.[24]

— Jerry, todo mundo precisa de 100 milhões de dólares — respondeu Son.[25]

Havia poucas dúvidas de que Son tinha razão — pelo menos na nova era de marcas on-line que lutavam por atenção. O Yahoo estava se preparando para abrir o capital justamente por sua necessidade de capital.

— Quanto precisamos pagar para a Netscape para apresentar vocês? — continuou Son.

Ele estava se referindo ao fato de que a Netscape, como navegador líder de mercado, estava leiloando o direito de exibição de uma ferramenta de busca em seu site. Se a Excite ou a Lycos tivessem bolsos mais fundos que o Yahoo, uma delas aproveitaria essa vantagem.

Yang confirmou que a Netscape estava pedindo um valor alto e acabou admitindo que 100 milhões serviriam como uma luva. No novo mundo de competição de marcas no qual o vencedor fica com tudo, o crescimento futuro do Yahoo dependia de seu crescimento imediato, e, dessa forma, o empreendimento precisava de capital de crescimento.

A questão era quem ia fornecer esse dinheiro. A forma normal para uma jovem empresa levantar dezenas de milhões de dólares era abrindo o capital, justamente o que o Yahoo planejava fazer. Mas ali estava Son, aquele estrangeiro de origens japonesa e coreana, que parecia ter um tipo mágico de fluido de refrigeração correndo pelas veias. Com muita educação e sem a menor arrogância, ele se oferecia para aumentar o capital que normalmente vinha dos mercados públicos, com a simplicidade de um negócio privado. Estava pronto para um aperto de mãos que selaria aquele lance audacioso.

Moritz e os fundadores do Yahoo demoraram um pouco para formular uma resposta. A certeza da oferta de Son era sedutora: sempre havia um risco de que uma oferta pública inicial pudesse ser um fracasso. Por outro lado, a Goldman Sachs estava sugerindo um preço de venda que valorizaria o Yahoo duas vezes mais do que a proposta de Son. Se Goldman pudesse converter isso em realidade, um IPO faria com que a Sequoia, Yang e Filo enriquecessem bem mais.

Antes que a equipe do Yahoo chegasse a uma decisão, Son fez uma outra jogada que desafiava todas as convenções. Pediu a Moritz e aos fundadores do Yahoo que dissessem o nome dos principais concorrentes deles.

— Excite e Lycos — responderam.

Son se virou para um de seus assistentes e ordenou:

— Anote esses nomes.

Então se voltou para Moritz e os fundadores.

— Se eu não investir no Yahoo, vou investir na Excite e tirar vocês do mapa — informou ele.

Para Yang e Filo, e principalmente para Moritz, a ameaça de Son foi uma revelação. Na corrida para ser o guia da internet, haveria apenas um vitorioso, então o investidor que poderia assinar um cheque de 100 milhões de dólares seria o responsável por escolher quem venceria a competição. Como se fosse um Don Corleone digital, Son fez uma oferta irrecusável para Moritz. Mais tarde, Moritz decidiu nunca mais se colocar nessa mesma posição.[26]

Pedindo licença para Son, a equipe do Yahoo saiu para conversar em particular. Quando estavam a sós, Moritz avisou aos dois fundadores que eles deveriam levar a sério a ameaça de Son de apoiar a concorrência. Nenhum veterano no Vale do Silício se voltaria contra uma start-up na qual já tinha investido: o capital de risco era um jogo de repetição; para se conquistar confiança, é necessário honrar suas relações. Mas Son era um intruso ignorante que não conhecia as regras não escritas. A convenção do Vale do Silício não o impediria de fazer o que bem entendesse.[27]

Depois de meia hora, os três voltaram com uma decisão. Aceitariam o dinheiro de Son, mas seguiriam com uma oferta pública inicial.

Depois de mais algumas negociações, Son de fato investiu pouco mais de 100 milhões no Yahoo.[28] Além das ações que tinha comprado no financiamento da Série B, ele detinha agora 41% da empresa. A posse da Sequoia tinha se reduzido a 19%. Filo e Yang mantiveram 17% cada.

Em 12 de abril de 1996, o Yahoo abriu o capital. As ações se valorizaram em uma disparada desenfreada, fechando o dia valendo duas vezes e meia mais do que Son tinha pagado.[29] Era uma rentabilidade impressionante: Son teve um lucro instantâneo de 150 milhões de dólares. Anos depois, Moritz se lembrou do impacto psicológico desse espetáculo. Até a flutuação do Yahoo, nenhum negócio sozinho tinha gerado um lucro maior que 100 milhões de dólares, sendo o recorde à época a aposta de Don Valentine na Cisco. Ele também se lembrava de pensar: "Como poderíamos daqui a muito tempo, mesmo que fosse toda uma eternidade, conseguir bater um lucro de 100 milhões com um único investimento?"[30] Mas, ao comprar ações do Yahoo na noite de sua flutuação, Son teve um lucro que ultrapassou a marca dos 100 milhões de dólares em uma questão de semanas, e sem a dor de cabeça de precisar montar um time de gestão do dia para a noite. A partir desse momento, os negócios de capital de risco mudaram para sempre.

Essa mudança assumiu duas formas: a primeira bem aparente e óbvia; e a segunda mais lenta e sutil. A óbvia foi a transformação do próprio Son: ele não era mais famoso apenas no Japão, mas no mundo todo. Ao alavancar a própria reputação como um Midas digital, seguiu a prosperidade do Yahoo com uma onda de investimentos de tirar o fôlego, mal parando para separar o joio do trigo. Pegando emprestada a linguagem dos fundos de multimercado, ele não se importava com o alfa — a recompensa que um investidor habilidoso ganha ao selecionar as ações certas. Importava-se apenas com o beta — os lucros que ele tinha só por estar no mercado. Um jovem investidor que gerenciou os fundos de Son se lembra de apostar em pelo menos 250 start-ups da internet entre 1996 e 2000, o que significava que tinha a insana taxa de pelo menos uma aposta por semana; dez ou talvez até vinte vezes mais do que um operador normal de risco.³¹ Nesse meio-tempo, aquele mesmo aventureiro tinha assentos em mais de trinta conselhos. "Eu não tinha a experiência para saber que aquilo era loucura", disse um dos assistentes de Son mais tarde.³²

Repetindo a estratégia usada no Yahoo, Son também fez grandes apostas em empresas em estágios mais avançados. No fim de 1997, usou os balancetes do SoftBank e do Yahoo para investir 100 milhões na GeoCities, uma empresa de hospedagem pioneira na web, dobrando o investimento quando ela abriu o capital no mês de agosto do ano seguinte e, no fim das contas, conseguindo um lucro astronômico de mais de 1 bilhão de dólares. Em 1998, em uma variação de sua fórmula, Son adquiriu 27% de uma empresa de serviços financeiros on-line chamada E*Trade, depois de ela já ter aberto capital. Pagou 400 milhões de dólares pela participação; um ano depois, ela valia 2,4 bilhões. Para reduzir sua dependência no balancete do SoftBank, Son levantou um novo tipo de fundo de risco: um baú de 1 bilhão de dólares exclusivamente para apostas em estágios mais avançados, que passou a ser conhecido como *"growth investing"*, ou investimento de crescimento.³³ No mesmo período, Son usava suas conexões no Japão para lançar subsidiárias de campeãs americanas: Yahoo Japan, E*Trade Japan etc.³⁴ Não havia praticamente nenhuma área em que Son não estivesse. Ele lançou fundos de risco na Coreia do Sul, no Japão e em Hong Kong. Associou-se à News Corp, de Rupert Murdoch, para investir na Austrália, na Nova Zelândia e na Índia. Na Europa, ligou-se ao conglomerado de mídia francês Vivendi. Na América Latina, ele tinha escritórios de investimento de risco na Cidade do México, em São Paulo e em Buenos Aires.

Em meio a esse turbilhão de atividades, Son antecipava mudanças no setor de risco que surgiriam de forma mais óbvia uma década depois. Como vamos ver aqui, o investimento de crescimento se tornou o tipo mais importante de investimento no Vale do Silício por volta de 2009, e as sociedades de risco passaram de negócios hiperlocalizados para operações com mentalidade mais globalizada. Tudo isso seguiu a lógica da mudança que o Yahoo marcou. Empresas de internet com uma marca tinham a obrigação de crescer e criar uma oportunidade para investidores fornecerem capital de crescimento. Essas empresas não foram construídas em cima de tecnologia de ponta, para que pudessem prosperar longe do polo de tecnologia no Vale do Silício. Como costuma acontecer em finanças, o jogador que enxergar primeiro a mudança de cenário e que tiver o capital necessário pode obter lucros enormes antes que a concorrência se dê conta do que está acontecendo. Calcula-se que Son tenha tido um aumento de 15 bilhões de dólares na sua fortuna pessoal entre 1996 e 2000.[35] Isso aconteceu em uma época em que nenhum outro investidor de risco aparecia na lista de bilionários da *Forbes*: nem John Doerr, nem Don Valentine, nem ninguém.

A segunda e mais sutil mudança aconteceu dentro da Sequoia. Depois da dramática estreia do Yahoo no mercado de ações, Don Valentine e seus colegas ficaram agitados com o fato de a avaliação do Yahoo ter saído do nada e chegado a 600 milhões de dólares em um período de um ano, e os sócios mais velhos queriam garantir os lucros. "A cada semana, todo mundo está vibrando com o patamar que o preço das ações do Yahoo alcançou e como o valor é ridículo e absurdo, e o que vai acontecer quando aquilo tudo murchar", lembrou-se Moritz mais tarde.[36] Mas ele mesmo tinha uma visão oposta. Ao perceber quanto Son havia lucrado, sobretudo às custas da Sequoia, Moritz estava determinado a manter as ações do Yahoo que eles ainda tinham: havia muito a se ganhar ao permanecer ao lado dos vencedores. Era motivo de grande celebração o fato de que, juntos, os investimentos de Série A e B no Yahoo feitos pela Sequoia subiram sessenta vezes depois de um dia no mercado. Mas não dá para engordar a conta bancária com múltiplos. Em termos monetários — ou seja, no que de fato importava —, a Sequoia ganhara menos do Yahoo do que Son.

Moritz começou a considerar a experiência com o Yahoo como um ponto crucial para a Sequoia. O episódio coincidiu com a aposentadoria de Don Valentine e o aparecimento de Moritz, junto de um outro colega, chamado Doug Leone, como líderes da sociedade. A velha guarda nascera durante a Depressão e crescera durante a guerra mundial;

as famílias deles sempre tiveram medo de perder tudo. "Quando tem medo de perder tudo, você tende a tirar as fichas da mesa cedo demais", refletiu Moritz.[37] No caso da Apple, por exemplo, Valentine vendeu sua parte antes da abertura de capital, tendo um lucro rápido, mas privando os cotistas das recompensas da flutuação da Apple. Moritz, por outro lado, nasceu no pós-guerra e só vivenciou tempos felizes na sua vida: saiu do País de Gales para Oxford, de lá para Wharton e, depois, para a Sequoia; e agora, pouco tempo depois de seu quadragésimo aniversário, fizera sua aposta de ouro no Yahoo. Ele e seus contemporâneos estavam muito menos inclinados do que as gerações mais velhas a se preocupar com o que poderia dar errado. "Acho que uma das grandes mudanças na Sequoia é que começamos a tentar imaginar, sem sermos levianos, o que poderia acontecer com algumas dessas empresas caso tudo desse certo", refletiu Moritz.[38]

O investimento do Yahoo cristalizou esse confronto de culturas na Sequoia, contrapondo a cautela da velha guarda com o otimismo de seus sucessores. Moritz aproveitou o momento para defender o jogo mais duradouro, pressionando os sócios a distribuírem as ações do Yahoo de forma gradual. Lembrou-lhes que, no caso da Cisco, os maiores ganhos vieram depois de alguns anos: na flutuação de 1990, a Cisco valia 224 milhões de dólares; em 1994, tinha alcançado o valor de 10 bilhões de dólares. Ao vencer com esse argumento e pavimentar sua autoridade na firma, Moritz conseguiu fazer com que a última distribuição do Yahoo fosse adiada até novembro de 1999, quando a empresa estava negociando 182 dólares por ação, catorze vezes mais do que o preço da flutuação. Graças à procrastinação magistral, o Yahoo gerou mais lucros para a Sequoia do que todos os investimentos anteriores, *combinados*, e mais do que dez vezes os ganhos da Sequoia com a Cisco. "O segredo era apenas aprender a ter um pouco de paciência", disse Moritz laconicamente.[39]

Mas o verdadeiro segredo ia um pouco além. Graças à experiência com o Yahoo e ao exemplo de Son, Moritz percebeu que uma sociedade de risco precisa se adaptar a todo momento. Aprendeu que cheques gordos de capital de crescimento lhe davam o poder de criar reis e que valia a pena pensar mais alto do que o Vale. Mais tarde, a Sequoia aplicaria essas lições com eficiência clínica, conquistando uma posição de força incomparável no negócio de financiamento de tecnologia.

◆

Enquanto Son deixava sua marca no Vale do Silício, uma concorrente bem diferente entrou em cena: uma sociedade de risco chamada Benchmark. Três dos fundadores — Bruce Dunlevie, Bob Kagle e Andrew Rachleff — já haviam trabalhado para outras empresas de risco do Vale; o quarto, Kevin Harvey, tinha fundado uma firma de software e a vendera para a Lotus Development. Com capital profissional tão concentrado geograficamente, o ponto forte da Benchmark era local, e não global: era o oposto do SoftBank.[40] Além disso, em vez de se preocupar com tamanho, o modelo da Benchmark priorizava agilidade: a sociedade transformou o tamanho pequeno e proposital de seu primeiro fundo em virtude, chegando a 85 milhões de dólares, ou menos do que um único cheque que Son pudesse preencher para uma empresa. "Deus não está do lado da artilharia pesada, mas sim dos que atiram melhor" era como o prospecto da Benchmark a vendia.[41]

Os sócios fundadores da Benchmark acreditavam que, ao manter uma estrutura enxuta e focada, desenvolveriam uma "arquitetura fundamentalmente melhor". O tamanho reduzido do fundo significava que eles precisavam avaliar muito bem cada negociação: miravam no alfa, não no beta. Por serem pequenos, isso também assegurava que cada um dos sócios participasse do conselho de apenas um punhado de empresas, o que agregava valor a cada empresa que compunha o portfólio. Por serem pequenos, isso acabou promovendo a camaradagem entre os quatro sócios: o setor de risco era masculino e monocultural, mas a equipe da Benchmark exibia um caso especialmente intenso de homogeneidade masculina e bem-humorada. Por fim, o tamanho reduzido não era bem um sinal de fraqueza. A Benchmark poderia ter levantado mais capital se quisesse, e, para marcar seu ponto forte, os sócios anunciaram que manteriam uma participação agressiva dos lucros dos fundos, superior aos 20% que eram o padrão do mercado.[42] A Benchmark também cobrava uma taxa relativamente baixa de administração do capital sob seus cuidados. Os sócios queriam ser pagos pelos resultados, e não apenas pelo acúmulo de dinheiro.

Algumas empresas de risco acreditavam que a seleção da negociação certa correspondia a nove décimos do trabalho; orientar os empreendedores era algo que viria depois. Os sócios da Benchmark tendiam a uma atitude mais 50-50%. Saber com certeza qual negociação fazer era, de forma geral, uma coisa impossível; estava na natureza do jogo de risco o fato de que muitas apostas não trariam resultados.[43] Dessa forma, para ter certeza de que estava criando uma alfa, a Benchmark deveria ir às trincheiras com os sócios; "Eu descia tanto que nem conseguia mais ver o céu", disse um dos sócios com uma risada.[44] Os céticos poderiam argumentar que os melhores empreendedores, os que geravam os *home runs* que conduziam o desempenho de um fundo, precisavam de um pouco de informação dos investidores, e que gastar o tempo com menos investidores jamais faria a agulha de um portfólio se mover. Mas a Benchmark rejeitou esse espírito de derrota. Alguns atrasadinhos poderiam virar vencedores se você entrasse em ação e os ajudasse. "Às vezes a magia acontece", insistia um dos sócios.[45] Além disso, se você tivesse conquistado a reputação por se manter ao lado dos casos mais difíceis, sua lealdade seria recompensada, as notícias começariam a se espalhar e os empreendedores iriam atrás de você.

Descer até as trincheiras era um exercício de empatia. Você tinha que dar conselhos mesmo sabendo que talvez estivesse errado e precisava se comunicar de forma tácita.[46] Escolher o momento certo também fazia parte da técnica: não adiantava oferecer conselhos quando já sabia que as pessoas não seriam receptivas, então era preciso aproveitar a abertura que davam quando realmente precisavam de orientação. "O que é capital de risco?", refletiu o cofundador da Benchmark Bruce Dunlevie. "É estar sentado à sua mesa de trabalho às 18h15 de uma sexta-feira, arrumando-se para ir para casa, quando o telefone toca e o CEO diz: 'Você tem um minuto? Meu vice-presidente de RH está namorando a secretária. O vice-presidente de engenharia quer pedir demissão e voltar para a Carolina do Norte, porque a esposa não gosta de morar aqui. Eu preciso demitir o responsável pelas vendas que tem errado nos relatórios. Acabei de ter uma consulta médica e estou com problemas de saúde. E acho que vamos precisar fazer um *recall* de produtos.' E você, sendo investidor de risco, diz: 'Você quer que eu vá aí agora, ou prefere tomar um café da manhã amanhã?'"[47]

A simpatia que é marca registrada da Benchmark foi exemplificada por Bob Kagle, que foi criado em Flint, no Michigan, e estudou no General Motors Institute. O instituto oferecia uma educação superior que alternava seis semanas na sala de aula e em uma fábrica da GM. Kagle estudou engenharia e foi aprovado para a pós-graduação de Stanford, chegando lá em um Pontiac Trans Am dourado que trazia o brasão da águia no capô comprido. As sobrancelhas retas, bigode aparado e cavanhaque ralo formavam três linhas paralelas. Ele tinha uma risada empática e contagiante e, além disso, amava trabalhar com empreendedores em negócios que "despertavam a humanidade".[48]

Apesar da formação em engenharia e de suas raízes automotivas do meio-oeste, Kagle ficava muito feliz em apoiar empresas que não tinham conexão com uma coisa nem com a outra. Antes de ser cofundador da Benchmark, tentou convencer sua sociedade anterior a investir em uma rede de cafeterias sediada em Seattle chamada Starbucks. Em outra ocasião, ele tinha visto uma enorme fila do lado de fora de um empreendimento chamado Jamba Juice e cancelou todos os compromissos daquela manhã para entrevistar funcionários e clientes.[49] Depois do lançamento da Benchmark, Kagle oscilava entre apostas em empreendimentos de tecnologia ou voltados para o consumidor. Diferente dos especialistas que víamos na Accel, ele se recusava a se concentrar em um único setor. Se havia um tema para sua abordagem, era justamente *humanidade*. Em 1997, Kagle encontrou um híbrido que combinava todos os seus interesses: uma firma de tecnologia que também era voltada para o consumidor final. E uma grande parte do negócio envolvia o elemento humano. Também seria o primeiro exemplo do que os investidores de risco mais tarde chamariam de efeito de rede *proprietária*.

O criador desse híbrido era um engenheiro de software chamado Pierre Omidyar. Nascido em Paris e filho de iranianos, Omidyar foi outro imigrante que deixou sua marca no Vale do Silício. Até aquele momento, os imigrantes eram quase um terço da força de trabalho científica e de engenharia da região.[50] Ele fez parte de comunidades anti-hierárquicas dos primórdios da internet; usava rabo de cavalo, barba estilo Van Dyke e óculos.[51] Para seu desgosto, Omidyar já tinha trabalhado em uma start-up que ajudava corporações estabelecidas a ampliar suas vendas on-line; isso arraigava ainda mais o poder, em vez de democratizá-lo. Dessa forma, para equilibrar seu impacto social, Omidyar desenvolveu uma ferramenta de leilão on-line para compradores e vendedores de mercadoria de segunda mão. A ferramenta era gratuita, e qualquer um poderia usá-la. Era uma forma de reparação.

Fiel às suas próprias raízes dos primórdios da internet, Omidyar gostava de pensar nos compradores e vendedores como uma comunidade, e não apenas como um bando de negociadores egoístas. Assim, incorporou um sistema de feedback para permitir aos usuários que dessem notas de avaliação uns para os outros, imaginando que isso encorajaria um comportamento atencioso. Também acrescentou um quadro de avisos para compartilhamento de dicas sobre coisas, tal qual como fazer o upload de fotos. Novos membros da comunidade poderiam publicar perguntas. Os usuários mais experientes poderiam oferecer um pouco de seu tempo para responder. Em fevereiro de 1996, quando o tráfego desse site de leilões chegou ao limite da sua conta de internet, Omidyar apelou para a comunidade para ajudá-lo a pagar por uma assinatura melhor. O pedido partia do pressuposto da boa vontade: houve uma solicitação aos vendedores para que dessem uma pequena parte de seus lucros para Omidyar, mas ele nem pensou em obrigar ninguém a contribuir. Logo a visão positiva da natureza humana que Omidyar tinha se justificou. Primeiro, os cheques começaram a chegar aos poucos, mas então passaram a chegar em enxurrada. No fim do primeiro ano, Omidyar estava recebendo mais de 400 mil dólares por mês.

Omidyar pediu demissão de seu emprego e contratou duas pessoas para ajudá-lo. Tirou todas as coisas estranhas de seu website e batizou sua plataforma de leilões on-line de eBay. O crescimento chegava a 40% ao mês, mas o mais impressionante era o motor por trás de tudo. Ao contrário do Yahoo, que investia pesado em marketing, o orçamento do eBay para isso era zero. Seu crescimento frenético se devia à lei de Metcalfe: à medida que a rede de leilões crescia, seu valor se elevava exponencialmente. Quanto mais vendedores anunciavam produtos no eBay, mais compradores eram atraídos para o site; quanto mais compradores apareciam, mais vendedores surgiam. Além disso, ao contrário das redes de telecomunicações, que precisavam de roteadores e comutadores fabricados por diferentes empresas, o eBay ficava com 100% das comissões geradas pelos leilões. Era um lucro direto do efeito de rede. E mais: de uma rede que era de sua propriedade.

Graças a esse crescimento que se autossustentava, o eBay não precisava do financiamento de capital de risco. Estava acumulando o próprio capital de forma interna: todo mês, cerca da metade dos ganhos era classificada como lucro. Ainda assim, eles enfrentavam muitas dificuldades. Omidyar e seus dois amigos não tinham conhecimento para comandar um negócio que crescia naquela velocidade inteiramente por vontade própria. Buscando orientação na área de gestão, Omidyar procurou a consultoria de quem o ajudou a tornar sua start-up de vendas on-line em um sucesso: o cofundador da Benchmark Bruce Dunlevie.

Com porte físico imponente, mas atitude acessível, Dunlevie era um defensor constante da tese da Benchmark de que ajudar fundadores com dificuldades traria uma boa recompensa no futuro. Ele mergulhava de cabeça na consultoria prática de forma tão séria que comparava a experiência de entrar para um conselho à de ter um filho: a vida da pessoa mudaria da água para o vinho durante os anos que viriam. Certa vez, quando pediram que ele contasse uma história pela qual seria lembrado, Dunlevie falou sobre um CEO que ele se sentiu obrigado a demitir porque a empresa havia crescido demais. Anos depois, o mesmo CEO aceitou imediatamente um convite para administrar outra start-up da Benchmark, dizendo que sempre admirara Dunlevie por tratá-lo de forma justa.[52] Omidyar, cuja empresa tinha passado por um túnel escuro antes que Dunlevie a guiasse de volta para a luz, tinha sentimentos ainda mais positivos. Ele procurava Dunlevie regularmente.

— Eu tenho um e-commerce chamado eBay que está ganhando bastante fôlego — disse Omidyar.

— Parece ótimo. Por que você não me manda o plano de negócios? — pediu Dunlevie.

Omidyar não tinha um plano de negócios, mas alguns meses depois, no início de 1997, entrou em contato novamente.

— Por que você não... — começou Dunlevie.

Porém, Omidyar o interrompeu:

— Por que a gente não se encontra? Em nome dos velhos tempos?

Dunlevie concordou em arrumar um espaço na agenda.[53]

Quando a reunião foi marcada, Dunlevie convenceu Bob Kagle a acompanhá-lo, imaginando que Kagle era o cara da Benchmark que gostava de investimentos de varejo. Omidyar apareceu sem uma apresentação de *slides*, planejando, em vez disso, fazer uma demonstração do site de leilões; afinal de contas, o site era aquela coisa rara, uma propriedade da internet que fazia dinheiro. Mas, sob o fardo de um tráfego excessivo, os servidores do eBay caíram. Tentando resgatar Omidyar de tal constrangimento, Dunlevie o acalmou: "Nossa conexão com a internet é instável... Peço desculpas por isso."[54]

Kagle deixou a reunião se sentindo cético. Mais tarde, visitou o site do eBay e o achou surpreendentemente rudimentar. Fonte Courier, sem cores, apenas menus desalinhados. Mas, ao olhar com mais atenção, mudou de ideia. Ele era colecionador de peças de pesca esculpidas à mão, e o site tinha ótimas ofertas, incluindo uma feita por um escultor de sua cidade natal, no Michigan. Fascinado, Kagle fez um lance e perdeu. Mas reconheceu aquele sentimento que surge quando um produto se conecta com alguma coisa no seu cérebro. Ele havia sido fisgado.

Kagle foi a outra reunião com Omidyar, fora do escritório da Benchmark. O escritor Randall E. Stross, que reconstituiu com riqueza de detalhes os primórdios da história da Benchmark, conseguiu reproduzir o modo como Kagle captou o foco que Omidyar dava à comunidade: a cada duas ou três frases, Omidyar falava sobre a comunidade do eBay, sua construção, seus aprendizados e em protegê-la. Outros investidores de risco, ao ouvirem o mesmo discurso, logo se desinteressavam. "Ele apresentou a ideia de uma comunidade on-line. Eu me perguntei: uma comunidade de quê?", um deles se recorda.⁵⁵ Mesmo assim, outros ridicularizavam a ideia de um negócio construído a partir de leilões de artigos de segunda mão onde eram vendidos troféus de 10 dólares: alguns o chamavam de site de venda de ursinhos de pelúcia.⁵⁶ No entanto, Kagle, com seu gosto para negócios que "despertavam a humanidade", teve a reação oposta e começou a pensar: "Esse cara é gente boa."⁵⁷ Além disso, como um investidor de risco que apoiara tanto empreendedores de varejo quanto de tecnologia, Kagle contava com uma vantagem. Os negócios de varejo tinham totalmente a ver com se conectar com os clientes, e uma boa maneira de fazer isso era tratando-os como uma comunidade. Os negócios na área de software já tinham compreendido havia muito tempo o poder do efeito de rede, e a "comunidade" de Omidyar talvez fosse um termo acolhedor para o que um profissional de software chamaria de "rede". O efeito de rede explicava por que a Netscape foi uma mina de dinheiro para John Doerr. E explicava também por que o eBay estava explodindo.

A taxa de crescimento do eBay também impressionou os outros sócios da Benchmark. "Quando empresas apresentam um crescimento exponencial, elas não param de repente", observou Andy Rachleff mais adiante, acrescentando que é a "segunda derivada" — as mudanças na taxa de crescimento nas vendas de uma empresa — que realmente indica para um investidor de risco se ele deve apoiar o negócio.⁵⁸ Dessa forma, com o apoio dos colegas, Kagle ofereceu um investimento de 6,7 milhões de dólares no eBay, avaliando a companhia em cerca de 20 milhões.

Se o objetivo de Omidyar fosse exclusivamente ficar rico, ele talvez tivesse rejeitado a oferta de Kagle. Ele havia recebido outra oferta de uma cadeia de jornais que queria comprar a empresa dele por 50 milhões de dólares. Mas Omidyar começou a gostar tanto de Kagle quanto gostava de Dunlevie e, exatamente como os fundadores do Yahoo, escolheu fazer negócios com pessoas que pareciam compreendê-lo. Quando o investimento foi concluído e a Benchmark transferiu os fundos, Omidyar os deixou no banco, sem usá-los. Ele queria as conexões e a consultoria de Kagle, mas não precisava de seu capital.

A primeira ação de Kagle foi encontrar um CEO externo para o eBay. Para isso, consultou o quinto e mais recente sócio da Benchmark, David Beirne, que antes tinha fundado uma firma de busca de executivos; o recrutamento era cada vez mais reconhecido como uma habilidade central para investidores de risco, só um pouco atrás de uma formação em administração ou engenharia. Beirne falava muito bem de Meg Whitman, uma gerente geral na empresa de brinquedos Hasbro, e, por coincidência, Kagle também tinha um amigo da faculdade de administração que a recomendara. Quanto mais Kagle sabia sobre a executiva dessa empresa de brinquedos, mais concluía que ela era perfeita para o cargo. Whitman entendia como obter o máximo de uma marca de varejo. Kagle percebeu que ela tinha intuição em relação ao "componente emocional da experiência do cliente".[59]

Assim como aconteceu quando Barris contratou Sidgmore, a questão era como convencer uma executiva de renome a trabalhar em uma start-up desconhecida. Antes do investimento da Benchmark, Omidyar havia tentado atrair gestores externos e poderosos para o eBay, mas ninguém parecia disposto a se arriscar em um mercado de itens de segunda mão. Daquela vez, porém, Omidyar contava com o selo da Benchmark, e a Benchmark, por sua vez, contratou os serviços da antiga empresa de busca de executivos de Dave Beirne, a Ramsey Beirne. O prestígio combinado de ambas as empresas fez com que Whitman aceitasse o convite para uma reunião. Ela talvez precisasse manter contato com o pessoal de busca de executivos se quisesse um novo emprego no futuro.

Whitman pegou um avião para o oeste para seu encontro com Kagle e Omidyar. E ficou intrigada: como Kagle enfatizou, o crescimento do eBay era exponencial de verdade. Ao voltar para uma segunda visita, ela notou outra coisa: ao contrário de outros varejistas, o eBay não precisava de estoque. Não tinha os custos de manuseio, envio e armazenagem. Como consequência, suas margens de lucro eram formidáveis.

Whitman pegou um avião para uma terceira visita, dessa vez trazendo a família junto. Para convencê-la a aceitar o cargo, Kagle a convidou, acompanhada da família, para um jantar na sua casa. O marido de Whitman, um cirurgião bem-sucedido, tinha dúvidas em relação às perspectivas do eBay. Kagle se esforçou para convencê-lo. O casal tinha dois filhos, e Kagle mandou entregar mochilas de brindes para eles no hotel, certificando-se de que houvesse um boné de Stanford para cada um. Os Whitmans se perguntavam como seria a vida na Costa Oeste, então Kagle fez com que um corretor de imóveis os levasse para avaliar alguns bairros atraentes. Na reunião de sócios da Benchmark seguinte, Kagle relatou seus esforços, além de uma reviravolta auspiciosa. De acordo com Whitman, um dos seus filhos achou a filha de treze anos de Kagle bonita.

— Tenho uma boa intuição em relação a isso — disse ele para os colegas.[60]

Um pouco depois, Whitman decidiu que o eBay era uma oportunidade com a qual ela talvez nunca mais voltasse a se deparar. Contra os conselhos de colegas e chefes, ela se mudou para a Costa Oeste com a família e entrou para uma empresa da qual nenhum de seus amigos tinha ouvido falar.[61]

Com a contratação de uma CEO habilidosa, o eBay entrou no caminho para uma oferta pública inicial. A empresa tinha feito sua milionésima venda: uma caixa-surpresa com um boneco do Garibaldo que pulava, e os negócios continuavam a crescer. Kagle seguia mais envolvido do que nunca, mas se mantendo nos bastidores. Enquanto Whitman e Omidyar estivessem trabalhando bem juntos, ele não queria complicar as coisas.

Em setembro de 1998, o eBay abriu o capital com o preço de 18 dólares por ação. No fim do dia de negociação, eles atingiram o valor de 47 dólares por ação. No fim de outubro, depois de alguns percalços inquietantes, o valor chegou a 73 dólares. Foi uma espiral crescente ainda mais dramática do que a do Yahoo. Mas, ao contrário da Sequoia, quando lucros não realizados abriram uma profunda fenda geracional, as reações na Benchmark foram inicialmente cômicas.

— Jesus Cristo! — exclamou Beirne.

— A partir daí, só vão continuar subindo — previu Dunlevie.

— Podemos vender agora? — perguntou Beirne.

— Só se você quiser deixar a maior parte do dinheiro na mesa — retrucou Dunlevie.

— Sim, eu sou um cagão — disse Beirne, rindo.

Alguém declarou que Kagle jamais venderia uma ação do eBay até que estivesse valendo o mesmo que uma da GM. Todos caíram na risada.[62]

As ações continuavam subindo como um foguete. No dia 9 de novembro, o valor chegou a 103 dólares. No dia seguinte, atingiu 131. Os comentaristas financeiros se esforçavam para acompanhar. "É como assistir a todos os absurdos hipnotizantes e desconcertantes que você possa imaginar em um baita evento colossal — é como assistir a Mark McGwire subir no palco com uma venda nos olhos e acertar quatrocentos *home runs* seguidos", escreveu um deles. Os banqueiros que organizaram a cotação pública a 18 dólares continuavam acompanhando os relatórios otimistas dos analistas e estavam engajados em uma "campanha publicitária totalmente frontal e direta", continuou o comentarista. De que outra forma eles poderiam dizer: há seis semanas, aquele tal de eBay "valia 18 dólares por ação, e agora: 'ops, cometemos um erro, cada uma vale, na verdade, 130 dólares.'"[63]

Com ou sem campanha, a Benchmark estava fazendo história no investimento de risco. A negociação do Yahoo com a Sequoia e o investimento da Kleiner em uma start-up de cabos chamada @Home eram os maiores *home runs* de risco da história até aquele momento, cada qual entregando um lucro entre 600 e 700 milhões de dólares para os investidores de risco.[64] Mas a Benchmark estava a caminho de ultrapassar 1 bilhão de dólares com o eBay, dependendo de onde o preço das ações se estabilizaria. No fim de dezembro, o preço atingiu 200 dólares.

Os sócios da Benchmark estavam até tontos. "Isso parece uma loucura. É muita doideira", disse Kagle. Ao contrário de outras queridinhas da internet, como a Amazon.com, o eBay poderia pelo menos dizer que era lucrativo. Mas, como um múltiplo de seus ganhos, o preço das ações do eBay era fantástico.

Kagle se reuniu com Howard Schultz, fundador da rede Starbucks, que ele tinha recrutado para o conselho do eBay. Os dois concordaram que o preço das ações era problemático e que ia despencar, deixando os funcionários recém-contratados do eBay com opções de ações que nada valiam — como o eBay conseguiria reter as pessoas?[65] Mas o mercado não dava a mínima para a moral da equipe da empresa. No fim de abril, a ação estava acima dos 600 dólares.[66]

Mais tarde no mesmo mês, a Benchmark finalmente distribuiu parte dos seus ganhos. O preço por ação do eBay lhe deu um valor de mercado de 21 bilhões de dólares, e a participação da Benchmark na empresa tinha o incrível valor de 5,1 bilhões. Essa riqueza não só diminuía os recordes da Sequoia e da Kleiner; também excedia, e em muito, os maiores ganhos de Son, e foi conseguida com um risco de apenas 6,7 milhões de dólares de capital. De repente, o estilo reduzido de capital de risco da Benchmark começou a parecer inspirador. Quem precisava fazer cheques de valores imensos para capital de crescimento? Quem queria se preocupar com uma estratégia na Ásia?

O notável era que o eBay não foi uma vitória isolada. Havia uma distribuidora de software chamada Red Hat que gerou mais de 500 milhões de dólares para a Benchmark. E uma empresa de suprimentos de escritório chamada Ariba que gerou mais de 1 bilhão de dólares. Em meados de 1999, a Benchmark tinha levantado e investido em três fundos, aplicando um capital acumulado de 267 milhões de dólares. Mas, depois da colheita da abertura de capital naquele verão, o valor do portfólio ultrapassou os 6 bilhões de dólares, implicando uma multiplicação de 25 vezes do capital investido.[67] Era evidente que a visão de se voltar ao básico do capital de risco estava florescendo, apesar da lição do exemplo de Masayoshi Son.

◆

A competição entre esses dois modelos persistiria no futuro. Os sócios da Benchmark praticavam o capital de risco do jeito que os tradicionalistas amavam, avaliando as start-ups com inteligência, criando uma relação de empatia com os fundadores e servindo como consultores conhecedores. Son representava uma abordagem menos elegante, mas, mesmo assim, extraordinária. Agia de forma impulsiva, parecia indiferente ao risco e delegava a outros o detalhado trabalho de monitorar as empresas.[68] Ainda assim, enquanto a

Benchmark distribuía o capital com mais cuidado, isso gerava menos riqueza e, mesmo que o portfólio de Son tenha entrado em um colapso espetacular quando a bolha de tecnologia estourou em 2000, o revés provou ser temporário.[69] Além disso, Son tinha um método que acabava obrigando os outros a segui-lo. Como Moritz havia percebido, era necessário usar as técnicas de Son, ou ele iria para cima de você como Don Corleone.

Até mesmo os sócios da Benchmark conseguiam sentir a atração do exemplo de Son. Depois de levantarem três fundos pequenos, de propósito — o maior tinha um valor de 175 milhões de dólares —, os sócios se viram contemplando uma ruptura radical da própria tradição.

No verão de 1999, Dave Beirne abordou o assunto em uma reunião dos sócios.

— Acho que deveríamos levantar 1 bilhão de dólares. E estou falando sério.

Rachleff entendeu e concordou, comentando:

— O SoftBank está levantando mais dinheiro. Se não estivermos preparados para reagir, vamos ficar para trás.

— Você não pode entrar em um campo de lacrosse sem a porra de um bastão — continuou Beirne. — Você vai acabar sendo massacrado.

Kagle não tinha tanta certeza. Um fundo muito grande poderia causar problemas: se você desse aos fundadores dinheiro demais, eles perderiam o foco, tentariam várias coisas e poderia haver desperdício de recursos.

— A gente pode acabar colocando um excesso de capital nas empresas — argumentou ele. — Não quero seguir ninguém nesse caminho de cheques gordos.

— Precisamos de dinheiro para poder jogar — insistiu Rachleff. O SoftBank e de forma mais geral o mercado de investimentos estavam pressionando para cima a quantidade de dinheiro que uma start-up esperava levantar. — Todo mundo nos meus negócios de telecomunicações pede 10 milhões. É o valor para entrar.[70]

Dunlevie comentou que, se o preço de negócios individuais subisse muito, um fundo pequeno seria capaz de conseguir posições em apenas um punhado de empresas. A perda na diversificação poderia ser perigosa.

Ele tendia a ser a favor de um fundo de 1 bilhão de dólares porque, apesar de "sabermos que tamanho não é documento, existem algumas pessoas que veem isso como liderança".[71]

No fim das contas, a Benchmark seguiu em frente e levantou 1 bilhão de dólares para seu fundo de 1999, mais de dez vezes além do que tinha aceitado para seu primeiro fundo, quatro anos antes. A sociedade não foi bem-sucedida em seu esforço de abrir filiais em Londres e Israel, e, em uma tentativa de aposta no estilo de Son antes do IPO de 19 milhões em uma varejista de e-commerce chamada 1-800-Flowers.com, eles acabaram perdendo dinheiro rapidamente.[72] Mas, mesmo que a Benchmark pudesse fechar suas filiais estrangeiras e desistir de apostas antes de ofertas públicas iniciais, a questão do tamanho persistia. Nos anos seguintes, a Benchmark constatou repetidas vezes que investidores imprudentes em estágios posteriores tomaram o controle efetivo de suas empresas de portfólio investindo dezenas de milhões de dólares. Sem conseguir somas equivalentes, a Benchmark não tinha a força necessária para proteger as start-ups do excesso de confiança decorrente de tanto capital. Em dois casos notórios — a empresa de transporte particular Uber e a gigante de aluguel de escritórios WeWork —, a Benchmark passou pelo doloroso espetáculo de ter seus vagões saindo dos trilhos.[73] Essa era a limitação do modelo reduzido para o setor.

Capítulo oito

Dinheiro para o Google, meio que por nada

Certo dia, em agosto de 1998, dois alunos de doutorado de Stanford sentaram em uma varanda em Palo Alto. Eles queriam arrecadar dinheiro para lançar uma nova forma de navegar na web: parecia a história do Yahoo três anos antes toda de novo. Contudo, enquanto no caso do Yahoo os fundadores haviam levantado 1 milhão de dólares da Sequoia, cedendo um terço da empresa no processo, nesse agora o que veio em seguida não poderia ter sido mais diferente.

Os dois doutorandos eram Sergey Brin e Larry Page, e a empresa iniciante se chamava Google. Era um empreendimento aparentemente nada promissor: já havia outras dezessete empresas oferecendo serviços de busca para a internet. Mas, como eram pouco humildes, Brin e Page tinham confiança de que a tecnologia deles ia surpreender todo mundo. Por isso estavam naquela varanda, onde esperavam um famoso engenheiro do Vale do Silício chamado Andy Bechtolsheim.

Logo, Bechtolsheim chegou em um Porsche prata; um cara bonito, de cabelos lisos levemente bagunçados e um leve sotaque alemão. Depois que Brin e Page demonstraram o mecanismo de busca, Bechtolsheim ficou muito interessado. O Google gerou resultados de busca bem mais relevantes do que os de seus rivais, graças a um sistema de ranqueamento de sites de acordo com a quantidade de *backlinks* que havia para eles. Bechtolsheim logo viu a analogia com a comunidade acadêmica, onde a reputação de alguém é baseada no número de citações.[1]

Bechtolsheim não era um investidor de risco, mas havia criado duas empresas e tinha dinheiro para apostar. Em 1982, foi cofundador da Sun Microsystems, cujo sucesso foi enorme. Seu empreendimento seguinte, uma empresa de switches de rede chamada Granite System, da qual era o principal acionista, foi adquirido pela Cisco por 220 milhões de dólares. Bechtolsheim gostava de usar sua riqueza para apoiar colegas engenheiros. Algumas centenas de milhares de dólares pulverizadas aqui ou ali não afetariam seu saldo bancário.

Certa vez, no final da década de 1980, um dos primeiros empreendedores da internet, John Little, havia passado pelo escritório de Bechtolsheim. Little era um colega cientista da computação. Os dois se conheciam das festas da Sun Microsystems regadas a cerveja.

— Como está indo? — perguntou Bechtolsheim.

— Não muito bem — respondeu Little, afinal o cofundador de sua start-up estava saindo e seria necessário que algum dinheiro entrasse para dar a parte dele. Little não tinha a quantia.

— De quanto você precisa? — quis saber Bechtolsheim.

— Não sei, talvez 90 mil dólares — disse Little.

Bechtolsheim pegou um talão de cheques e assinou uma folha no valor de 90 mil dólares. Fez isso tão rápido que Little mal percebeu o que estava acontecendo. "Eu não sabia o que ele ia fazer quando puxou o talão de cheques. Nunca estive em uma situação em que alguém tivesse me dado dinheiro assim, meio que por nada", contou Little mais tarde. Bechtolsheim não deu nenhuma indicação de qual parcela da empresa de Little ia querer em troca. "Andy não se importava muito", lembra Little. "Depois, talvez uma vez por ano, a gente se esbarrava em um churrasco ou algo assim, e um de nós dizia para o outro que deveríamos cuidar da papelada daquele investimento. Mas estávamos sempre ocupados."[2]

Por fim, em 1996, Little conseguiu levantar quase 6 milhões de dólares de um investidor de risco profissional, Arthur Patterson, da Accel, e a questão de quem era o dono do quê precisou ser formalizada. O ato impulsivo de generosidade de Bechtolsheim lhe rendeu 1% da empresa de Little. Durante o boom da internet, a empresa — Portal Software — se saiu tão bem que Bechtolsheim provavelmente ganhou mais em cima de seu cheque de 90 mil dólares do que como cofundador da Sun Microsystems.[3]

Desse modo, sentado naquela varanda em Palo Alto e conversando com os fundadores do Google, Bechtolsheim usou a mesma tática. Percebeu que os Googlers não tinham um plano de negócios: haviam descartado usar anúncios em banner ou pop-up, as formas padrão com as quais os sites ganhavam dinheiro. No entanto, ao ver Brin e Page demonstrando aquele mecanismo de busca, o alemão entendeu que eles tinham um software que levava vantagem; além disso, ele meio que gostava dos dois. Eram curiosos, teimosos, seguros de si — não muito diferentes do próprio Bechtolsheim quando era um jovem cientista da computação em Stanford.

Bechtolsheim correu para o Porsche e voltou carregando algo. "Poderíamos discutir uma série de questões. Por que eu não simplesmente faço um cheque para vocês?", perguntou com entusiasmo.[4] Com isso, ele presenteou Brin e Page com 100 mil dólares, endereçados a "Google Inc.".[5]

Brin e Page explicaram que a empresa ainda não era formalizada e não tinha uma conta bancária para depositar o cheque.[6]

"Bem, quando vocês abrirem a conta, deposite-o lá", respondeu Bechtolsheim animado.[7] Então desapareceu em seu Porsche sem saber qual parcela do Google imaginava ter comprado. "Fiquei tão empolgado que só queria fazer parte daquilo", contou ele mais tarde.[8]

O investimento improvisado de Bechtolsheim sinalizou a chegada de um novo tipo de financiamento de tecnologia, que seria tão significativo quanto tinha sido o cheque de 100 milhões de dólares de Masayoshi Son dois anos antes. Antes de meados da década de 1990, executivos da área de tecnologia quase aposentados às vezes decidiam investir: Mike Markkula apoiara e guiara a incipiente Apple; Mitch Kapor financiara e aconselhara a GO e a UUNET.[9] Mas foi necessário o boom do mercado de tecnologia, em meados e no final da década de 1990, para transformar esse "investimento-anjo" em uma potência substancial. Graças à bonança dos IPOs, multimilionários brotaram por todo o Vale do Silício, e o investimento-anjo se tornou o novo passatempo da elite, assim como aconteceu com a cirurgia estética em Hollywood. Em 1998, ano em que Bechtolsheim apoiou o Google, um prolífico investidor-anjo chamado Ron Conway chegou ao ponto de levantar um fundo de 30 milhões de dólares para ampliar seu investimento pessoal, e o "anjo institucional", ou "superanjo", tornou-se o mais novo cilindro no motor das start-ups do Vale.[10] De repente, os fundadores da empresa passaram a ter uma alternativa aos investidores de risco tradicionais, da mesma forma que os cheques de capital de crescimento de Son ofereciam uma alternativa parcial à abertura do capital.[11] Para levantar uma primeira rodada de capital, os aspirantes a empreendedores precisavam apenas se apresentar a quem já estava estabelecido. O extraordinário estilo de investimento de Bechtolsheim estava se tornando quase comum.

Brin e Page eram particularmente bons em trabalhar com esse novo sistema. Começaram procurando um executivo de tecnologia indiano chamado Ram Shriram, que logo ficaria rico com a venda de sua start-up para a Amazon. No início, Shriram os apresentou a empresas de busca já estabelecidas que poderiam comprar a tecnologia do Google. Então, quando nenhuma oferta decente se materializou, Shriram se ofereceu para apoiar os dois doutorandos se eles conseguissem encontrar outros anjos para acompanhá-lo no investimento. Logo em seguida, Brin e Page recrutaram Bechtolsheim e seu cofundador da Granite Systems, um professor de Stanford chamado David Cheriton. Poucos meses depois, o fundador da Amazon, Jeff Bezos, visitou a Bay Area para acampar e encontrou Brin e Page na casa de Shriram. Depois disso, quis entrar no negócio. "Simplesmente me apaixonei por Larry e Sergey", disse Bezos mais tarde.[12]

No final de 1998, Brin e Page tinham arrecadado pouco mais de 1 milhão de dólares desses quatro anjos — mais do que o Yahoo arrecadara com a Sequoia.[13] Mas fizeram isso sem falar com um único investidor de risco, sem ceder mais de um décimo de seu patrimônio e sem aceitar participar das metas de desempenho e supervisão nas quais os investidores de risco insistiam.[14] Investidores-anjos como Bezos e Bechtolsheim estavam centrados demais nas próprias empresas para se preocuparem com a situação de Brin e Page. E assim, como descreveu John Little, os caras do Google conseguiram arrecadar "dinheiro assim, meio que por nada". A velha ideia de capital de libertação fora levada a outro patamar. Nunca na história da atividade humana os jovens inventores tinham sido tão privilegiados.

◆

Enquanto os Googlers evitavam investidores de risco, o negócio de risco crescia. Em 1998, os investidores de risco levantaram a soma recorde de 30 bilhões de dólares, o triplo do que receberam em 1995, ano em que Son conheceu o Yahoo. Em 1999, o boom explodiu: as sociedades de capital de risco encheram os fundos de reserva de emergência financeira com 56 bilhões de dólares.[15] O número de sociedades de capital de risco nos Estados Unidos atingiu 750, contra quatrocentos na década anterior.[16] O Vale parecia vibrar com a adrenalina de fortunas sendo feitas, principalmente por investidores de risco.

Para os investidores de risco tradicionais, o boom foi desconcertante. "Era evidente que estávamos em uma bolha", lembrou um veterano. "Todas as coisas que você acha que geram valor fundamental estavam sendo punidas. E todas as coisas consideradas mau comportamento estavam sendo recompensadas." A tendência que havia começado com o Yahoo — o financiamento de empresas pioneiras movidas por seu *momentum* — obviamente poderia ser forçada além de seu limite: em muitos casos, o próprio financiamento estava criando o *momentum*, e muitas empresas pontocom nunca teriam lucros de fato. Mas, por mais que o mercado disparasse, era impossível que os veteranos resistissem. Ao contrário dos fundos de multimercado, que podem apostar contra uma bolha usando derivativos ou outros truques, os investidores de risco só podem apostar na alta dos valores. Eles têm um negócio simples, que se resume a comprar participações em start-ups, e não têm outra escolha a não ser pagar o valor de mercado por elas. Além disso, essa distinção mecânica entre fundos de multimercado e capital de risco é acompanhada por uma diferença psicológica. Os financiadores de multimercado tendem, por natureza, a ser autossuficientes. Quando o financista Louis Bacon comprou uma ilha particular na década de 1990, as pessoas brincaram que não fazia diferença: ele já era uma figura parecida com Oz, escondida atrás de uma série de biombos, o mais isolado possível. Mas os investidores de risco habitam o extremo oposto; mantêm escritórios próximos uns dos outros. Sentam-se um ao lado do outro nas reuniões dos conselhos das start-ups. Negociam entre si *follow--ons* ou ofertas subsequentes. Geográfica e mentalmente, eles se agrupam. Por serem, antes de mais nada, responsáveis por fazer networking, é difícil os investidores de risco falarem em bolha. Um investidor que questiona publicamente uma "febre" está estragando a festa para os outros.

Em tempos normais, o viés de supervalorização do pessoal do capital de risco é equilibrado pelo mercado de ações. Os investidores de risco sabem que, quando as start-ups buscam abrir o capital, elas enfrentam um público mais rígido, menos disposto a pagar por sonhos, mais livre para denunciar uma empresa ou apostar que as ações vão despencar. Essa perspectiva doutrina o comportamento do empreendimento de risco: impede que os investidores de risco ofereçam avaliações privadas tão altas a ponto de a abertura pública não ser lucrativa. Mas, no final da década de 1990, o mercado de ações parou de exercer essa função doutrinadora. Uma nova geração de negociantes amadores se abasteceu com ações da internet, estimulada pela propaganda financeira em canais de TV como a CNBC, que triplicou sua audiência durante a segunda metade dos anos 1990. Os sofisticados donos dos fundos de multimercado que apostaram contra a "febre" sofreram perdas excruciantes até inverterem a posição, o que contribuiu para o *momentum* de alta do mercado.[17] Buscando explicar o apetite inesgotável do público por ações de tecnologia, o pessoal de Wall Street apontou para a disseminação do pensamento da lei de potência. "Houve uma mudança fundamental no capitalismo americano", maravilhou-se Joseph Perella, o banqueiro-chefe de investimentos do Morgan Stanley. "Basicamente, o público está dizendo: 'Quero ter uma participação em cada uma dessas empresas. Se eu estiver errado na décima nona e a vigésima for o Yahoo, pouco importa."'[18]

Depois que o mercado de ações adotou a lógica da lei de potência, nada deteve os investidores de risco. Negócios de financiamento privado foram fechados com avaliações cada vez mais altas, e as start-ups levantaram capital em quantidades cada vez maiores. Em 1997, uma mercearia on-line chamada Webvan arrecadou 7 milhões de dólares da Benchmark e da Sequoia, embora fosse mais um conceito do que uma empresa. Em 1998, a Webvan levantou mais 35 milhões de dólares, dessa vez do SoftBank, para financiar a construção de seu primeiro centro de distribuição. Em 1999, com o centro de distribuição ainda mal instalado mas já funcionando, os investidores foram persuadidos a se desfazer de um valor surpreendente de 348 milhões de dólares. A essa altura, os especuladores de risco haviam avaliado que a Webvan tinha um valor estimado de mais de 4 bilhões de dólares, embora ela estivesse perdendo dinheiro. Em suma, a Webvan parecia a GO sob o efeito de esteroides, uma fantástica *ego trip* do capital de risco. E mesmo assim, como o mercado de ações estava eufórico, os investidores de risco não foram os únicos culpados na história. A Webvan fez seu bem-sucedido IPO no outono de 1999, e seu valor disparou para 11 bilhões de dólares. Com os investidores do mercado de capital aberto preparados para avaliar as empresas dessa forma, o frenesi do capital de risco era pelo menos parcialmente racional.

◆

Dado o boom do financiamento de risco, o Google estava quase fadado a entrar nessa pelo dinheiro. A quantia de 1 milhão de dólares dos investidores-anjos duraria apenas alguns meses, especialmente porque Brin e Page estavam mais interessados em conquistar um público do que em gerar renda. No início de 1999, Ram Shriram, o mais engajado dos anjos, teve a ousadia de dizer aos Googlers que eles precisavam de uma descrição clara em relação a como iam obter lucro. Estava na hora de escrever um plano de negócios.

"O que é um plano de negócios?", foi a resposta de Brin.[19]

Shriram perseverou, atribuindo a tarefa de redigir um plano a um aluno de Stanford que sempre aparecia no escritório do Google. Então buscou em sua rede de contatos e encontrou um executivo pronto e disposto a trabalhar para a empresa.[20] Shriram tinha o mesmo papel que Mitch Kapor desempenhara na preparação da UUNET para atrair os investidores.

Em maio de 1999, os Googlers decidiram se encontrar com os investidores de risco. Mas, como arrecadaram dinheiro em termos tão favoráveis com os anjos, Brin e Page estavam determinados a manter o domínio na rodada seguinte de financiamento. Dado o estado pleno dos fundos de risco, era um bom momento para testarem seus limites. O capital, sendo abundante, seria, é lógico, barato. Dois fundadores excepcionalmente confiantes tiveram a oportunidade de mostrar até que ponto os investidores poderiam ser forçados a fazer concessões.

A primeira tarefa era escolher os investidores mais desejáveis. A Sequoia era uma candidata natural; afinal, havia apoiado o Yahoo. Mas Page e Brin também estavam ansiosos para conhecer John Doerr, a mola propulsora da Kleiner Perkins. Deixando o revés com a GO totalmente para trás, Doerr emergiu como o mobilizador mais apaixonado quando se tratava da internet, e ninguém foi mais eficiente do que ele para atrair talentos para empresas de portfólio. Depois de investir na Netscape, Doerr de alguma forma conseguiu contratar um executivo de telefonia estabelecido — um sulista com ar sério chamado Jim Barksdale — para ingressar nessa empresa excêntrica e incipiente. "Bark estava encantado com toda a aura de John Doerr", uma fonte explicou mais tarde.[21] Doerr transformara a Netscape em um trampolim para uma série de empreendimentos voltados para a construção da web: havia a @Home, seu audacioso projeto para fornecer conexões de alta velocidade à internet por banda larga a cabo; o drugstore.com, uma tentativa de vender produtos farmacêuticos on-line; e até um projeto para transformar Martha Stewart, a rainha do lar, em uma franquia de internet. Em todo o Vale do Silício, empreendedores competiam para ingressar na equipe Doerr. "Existe a ideia de que, se você conseguir John e a Kleiner Perkins como investidores, é quase possível comprar uma Ferrari na mesma hora", disse um admirador à *New Yorker*.[22]

A maior prova do talento de Doerr foi seu investimento na Amazon. Em 1996, pelo valor de 8 milhões de dólares, Doerr havia abocanhado 13% da start-up de Bezos; na primavera de 1999, a Amazon era uma empresa de capital aberto avaliada em mais de 20 bilhões de dólares. Mas o mais notável foi a maneira como isso aconteceu e o que revelava sobre a envergadura de Doerr. Fundada em 1994, a Amazon já estava se tornando um sucesso quando buscou financiamento de risco. Os investidores em potencial ligavam com tanta frequência que a empresa brincou sobre redefinir seu correio de voz: "Se você é um cliente, pressione 'um'. Se você é um investidor de risco, pressione 'dois'."[23] A General Atlantic, uma respeitada empresa de investimentos em tecnologia de Nova York, foi atrás da Amazon de forma especialmente assídua, apresentando a Bezos uma carta de intenções formal. Mas, longe de perseguir a Amazon, o próprio Doerr se tornou objeto de perseguição: era tão grande sua reputação que a Amazon foi atrás dele. No início, Doerr estava ocupado demais para perceber; o pager e o celular pendurados no cinto não paravam de tocar. Por fim, depois que o CEO de uma empresa de portfólio da Kleiner o persuadiu a jantar com o diretor de marketing da Amazon, a ficha caiu: Doerr voou para Seattle, fez amizade com Jeff Bezos logo de cara e roubou o negócio debaixo do nariz da General Atlantic, mesmo oferecendo um valor menos generoso. Questionado sobre o motivo de ter aceitado a oferta mais baixa, Bezos explicou: "A Kleiner e John são o centro gravitacional de uma grande parte do mundo da internet. Estar com eles é como estar em um imóvel de luxo."[24]

Dado o investimento de Doerr na Amazon e o de Bezos no Google, era apenas uma questão de tempo até que Brin e Page se reunissem com o famoso figurão da Kleiner que sabia fazer dinheiro. Eles consideraram essa jogada como quase certa. Outros empreendedores, visualizando suas Ferraris, podem ter ficado acordados a noite toda preparando seus *pitches*. Mas os Googlers não se esforçaram muito: apareceram no encontro com Doerr com um PowerPoint que consistia em apenas dezessete *slides*, dos quais três exibiam cartuns e apenas dois apresentavam números, de fato.[25] No entanto, o que faltava em formalidade na apresentação, eles compensaram com absoluto equilíbrio. Preparados por Shriram, os dois resumiram em apenas oito palavras sua declaração da missão: "Entregamos as informações do mundo em um clique."

Doerr amava uma apresentação ousada e de conceito elevado. Ele era engenheiro de formação e sonhador por vocação. Além disso, o Google tinha usado o tempo pago pelo financiamento-anjo para ganhar impulso: agora estava lidando com meio milhão de buscas diárias. Doerr calculou que, se o Google usasse sua força para alcançar o topo das empresas de busca, poderia atingir uma capitalização de mercado de até 1 bilhão de dólares.

Procurando avaliar a ambição dos fundadores, ele perguntou:

— Qual tamanho você acha que isso pode atingir?

— Dez bilhões — respondeu Page.

— Na capitalização de mercado, certo?

— Não, não na capitalização de mercado. Estou falando de receita — declarou Page com segurança. Ele puxou um laptop e demonstrou como os resultados de pesquisa do Google eram muito mais rápidos e relevantes em comparação com os de seus rivais.

Doerr ficou de queixo caído e encantado. A receita de 10 bilhões de dólares implicava uma capitalização de mercado de pelo menos 100 bilhões. Isso era cem vezes mais do que a estimativa de Doerr em relação ao potencial do Google; seria uma empresa tão grande quanto a Microsoft e muito maior que a Amazon. Fosse esse objetivo plausível ou não, com certeza era uma mostra de ousadia. Doerr raramente encontrava empreendedores que sonhavam mais alto do que ele.

Enquanto cortejavam Doerr, os Googlers foram atrás da segunda mina de ouro. Na época, tinham acabado de conhecer o "superanjo" Ron Conway e propor a ele um acordo: Conway poderia investir no Google se ajudasse a levá-los até a Sequoia. Conway aceitou sem problemas. Mesmo para os elevados padrões do Vale do Silício, ele era um grande mestre em networking.

Conway era muito próximo de Doug Leone, o sócio meio rude que estava à frente da Sequoia junto com Michael Moritz. Enquanto Moritz era ferozmente competitivo e fazia amigos e inimigos, Leone era, no fundo, um italiano gregário.[26]

Depois do almoço em uma sexta-feira, Leone recebeu um telefonema de Conway. Ele nunca tinha ouvido falar do Google, mas ligou imediatamente para Brin e Page. Por volta das quatro da tarde, lá estava ele, sentado em frente aos fundadores, maravilhado enquanto os dois demonstravam o mecanismo de busca. Os resultados de uma pesquisa no Google foram, por uma grande margem, mais úteis do que os do Yahoo.[27]

Assim que Leone saiu da reunião, ligou para Moritz e pediu-lhe que fosse até lá. Moritz apareceu às seis da tarde, e os Googlers fizeram sua segunda apresentação à Sequoia. Embora não soubessem, eles estavam empurrando uma porta aberta. Jerry Yang, cofundador do Yahoo, já tinha elogiado a tecnologia deles para Moritz. O Yahoo estava pensando em usar o Google para impulsionar a caixa de busca em seu site.[28]

A essa altura, Moritz e Doerr estavam vidrados na ideia de investir no Google. Mas a lógica dos dois era sutilmente distinta. No mundo não científico do risco, quando dois investidores compartilham o entusiasmo pelo mesmo negócio, não é necessariamente pelos mesmos motivos.

Para Doerr, um engenheiro que apoiava engenheiros, a vantagem técnica do Google era a principal atração. Muitos céticos argumentaram que, com dezoito rivais lutando por uma posição, a busca seria como uma *commodity* com margens baixas. Mas Doerr tinha fé suficiente no avanço tecnológico para acreditar que um retardatário com um algoritmo melhor poderia se destacar entre os concorrentes. Seu sócio, Vinod Khosla, explicou a questão da seguinte maneira: se pensássemos que a qualidade da tecnologia de busca existente era 90% da melhor versão possível, então aumentar o desempenho para 95% não conquistaria clientes. Mas, se pensássemos que havia mais espaço — que a tecnologia de busca existente representava apenas 20% do potencial —, o Google poderia ser três ou quatro vezes melhor que os rivais, caso em que sua margem de excelência em engenharia atrairia uma enxurrada de usuários.[29] O próprio Khosla havia feito fortuna na década de 1990 investindo em sucessivas gerações de roteadores de internet, cada um radicalmente melhor do que o anterior. A lição foi que os produtos de engenharia podiam melhorar mais do que quem não era engenheiro imaginava.

Para Moritz, o ex-jornalista, o caso do Google era diferente. Claro, ele podia ver que o mecanismo de busca deles era superior. Mas não imaginava direito que a superioridade seria tão transformadora. Em parte, isso se devia à sua visão sobre o futuro da internet. Dada sua experiência com o Yahoo e o modo como a internet estava se desenvolvendo em 1999, Moritz esperava que ela fosse dominada por marcas.[30] Recursos técnicos, como mecanismos de busca, existiriam como plug-ins modestos em sites populares que conquistavam a lealdade do consumidor. O *Washington Post* já estava pagando ao Google para impulsionar a caixa de busca em sua página inicial, e Page e Brin logo fariam um acordo semelhante com a Netscape. A ideia de uma parceria com o Yahoo se encaixava nesse padrão: o Google poderia ter um futuro sólido sendo um provedor de buscas despretensioso no popular portal do Yahoo.[31] O equívoco de Moritz foi um atestado da pura imprevisibilidade do avanço tecnológico. Em 1999, a ideia de que o Google ofuscaria o Yahoo ou de que a Amazon ofuscaria todos os outros concorrentes do comércio eletrônico não era de forma alguma óbvia.

Tendo cortejado separadamente a Kleiner e a Sequoia, Page e Brin avaliaram as opções. Outras sociedades de capital de risco, como Benchmark e Accel, ofereciam uma avaliação mais baixa. Um banco de Nova York estava pronto para pagar um preço mais alto, mas Shriram aconselhou os fundadores a ficar com empresas de capital de risco da Costa Oeste que soubessem montar empresas.[32] Os Googlers deveriam, então, escolher entre a Sequoia e a Kleiner. Como sempre, determinados a fazer as coisas à própria maneira, resolveram ficar com as duas.

Bechtolsheim alegou que havia "zero chance" de essas orgulhosas empresas concordarem em coinvestir: elas estavam acostumadas a liderar negócios, não a dividi-los. Mas Brin e Page eram inabaláveis. Na atmosfera agitada de 1999, o impossível seria possível.

Usando seus investidores-anjos como intermediários, eles divulgaram que venderiam 12,5% do patrimônio para a Kleiner e o mesmo valor para a Sequoia. Se os investidores de risco recusassem, o Google não venderia nada para nenhuma das duas. A Kleiner e a Sequoia bufaram: nem a Amazon nem o Yahoo os tinham tratado daquela forma. Mas, em meio à euforia do mercado em alta, era evidente que, caso se recusassem a chegar a um acordo, alguém mais forneceria ao Google o capital de que precisava.

Sentindo a força de sua mão na negociação, os Googlers permaneceram firmes, enviando Conway para reiterar seu ultimato para a Sequoia e dizendo a Shriram que fizesse o mesmo com a Kleiner.[33]

Alguns dias depois, enquanto estava sentado em um estacionamento do Starbucks, Conway recebeu um telefonema de Shriram.

"A batalha terminou", disse Shriram. "Os dois vão investir, e vai ser meio a meio."

Em 7 de junho de 1999, as três partes assinaram um acordo. Para Doerr, o investimento de 12 milhões de dólares foi a maior aposta de sua carreira. "Nunca paguei tanto dinheiro por uma participação tão pequena em uma start-up", comentou ele com ironia.[34] Graças ao surgimento de investidores-anjos e à grande quantidade de dinheiro que inundou o negócio, o equilíbrio de poder entre empreendedores e investidores de risco mudou.

◆

Seja o que for que Shriram tenha dito, a batalha entre os fundadores do Google e seus investidores não acabou. Os investidores de risco haviam se submetido a quase todas as condições dos Googlers, mas estavam decididos: a empresa deveria ter um diretor-executivo externo. O *status quo* era quase cômico: Page se autodenominou CEO e diretor financeiro do Google; Brin arrogou para si os títulos de presidente e presidente do conselho. A abundância de designações administrativas deles só podia ser comparada à falta de experiência administrativa. Para construir uma empresa que rivalizasse com a Microsoft, eles precisariam de um diretor-executivo experiente.

Na época do financiamento da empresa, Brin e Page haviam concordado que um novo CEO deveria ser contratado em algum momento não especificado do futuro.[35] Alguns meses depois, eles informaram a Doerr: "Mudamos de ideia. Sabe, na realidade, achamos que podemos administrar a empresa entre nós dois."[36] De 1973, quando a Sutter Hill inventou a fórmula da Qume, até meados da década de 1990, quando start-ups como Yahoo e eBay receberam diretores-executivos externos de braços abertos, era quase certo que os investidores de risco trouxessem um novo líder. Mas agora os Googlers citavam o grupo de fundadores de sucesso que manteve o controle administrativo – Michael Dell, Bill Gates e próprio investidor-anjo deles, Jeff Bezos. "O que eles não viram foram todos os outros que fracassaram. Isso não estava no conjunto de dados deles", observou com sarcasmo um dos braços direitos de Doerr.[37]

Moritz e Doerr não aceitaram a rebeldia de bom grado. "Mesmo se Larry e Sergey recebessem instruções de uma presença divina, eles ainda teriam perguntas", disse Moritz mais tarde.[38] No decorrer de uma discussão especialmente acalorada, os dois investidores de risco insistiram que os Googlers estavam prejudicando as perspectivas da empresa e que, se Page e Brin se recusassem a abrir espaço para um CEO externo, eles retirariam o investimento. "Fui bastante ameaçador", disse Moritz mais tarde.[39]

O clima financeiro não ajudou no humor dos investidores de risco. Na primavera de 2000, o grande boom de ações da área de tecnologia terminou abruptamente; a especulação se foi e, no ano seguinte, empresas sobrevalorizadas tal qual a Webvan faliram. Antes, os investidores de risco gastavam tempo organizando ofertas públicas e totalizando seus ganhos. Agora, com a janela de IPOs praticamente fechada, eles se viram encerrando empresas de portfólio. É óbvio que o desempenho despencou. O fundo de risco médio lançado em 1996 ou 1997 alcançara um retorno anual de mais de 40%, superando o retorno das ações públicas. Por outro lado, o fundo médio lançado em 1999 ou 2000 ficou atrás do mercado de capital aberto e, na verdade, perdeu dinheiro.[40] Doug Leone, normalmente muito tranquilo, relembra o choque. "Acordei um dia em 2000 e tudo tinha mudado. Eu estava em doze conselhos. Uma empresa mais problemática do que a outra. Ai, meu Deus, o que eu faço agora?"[41] Jim Swartz, da Accel, tinha lembranças viscerais semelhantes sobre o colapso. "Pela primeira vez na minha carreira, tive que entrar em uma reunião do conselho e dizer: 'Olha, pessoal, temos X zilhões de dólares no banco, mas esse modelo não vai funcionar no novo mundo. Vamos apenas liquidar a empresa.'"[42] "Era tão deprimente que era difícil se sentir bem, mesmo com os novos negócios que eram apresentados", lembrou outro investidor de risco.[43]

O golpe atingiu Doerr tão forte quanto qualquer outro. Seu empreendimento relacionado a Martha Stewart perdeu 60% de seu valor nos primeiros quatro meses do ano 2000. Sua empresa de serviços a cabo, a @Home, tinha uma capitalização de mercado de 35 bilhões de dólares no início de 1999; em 2001, entrou com pedido de falência. Até o preço das ações da Amazon despencou, e um importante analista do Lehman Brothers, em Wall Street, alertou aos detentores de títulos que ela poderia ficar inadimplente. Doerr ligou para o chefe do Lehman, Dick Fuld, insistiu que os números do analista estavam errados e conseguiu atrasar e diluir o próximo ataque crítico do Lehman. "Dick agradeceu a ligação", disse Doerr mais tarde.[44]

Lutando contra essas marés, Doerr canalizou sua irritação com os Googlers em busca de uma nova estratégia. No verão de 2000, fez uma oferta que atraiu a vaidade de Brin e Page. Ele e Moritz apresentariam os Googlers a fundadores célebres que os dois admiravam e, em seguida, deixariam que discutissem a importância de um diretor externo experiente. Doerr esperava que, se Brin e Page se recusavam a ouvir os investidores de risco que os apoiavam quanto à necessidade de ter talentos importados, talvez ouvissem seus colegas empreendedores. Reconhecendo que o poder havia mudado em favor dos fundadores da empresa, ele estava imitando o jeito relaxado dos investidores-anjos.

"Se vocês acharem que devemos fazer uma busca, então faremos", disse Doerr a Brin e Page, descrevendo o que poderia acontecer depois que os dois conversassem com outros fundadores. "E, se não quiserem, então tomarei uma decisão em relação a isso", acrescentou Doerr.[45]

Nas semanas seguintes, Brin e Page consultaram uma série de oráculos do Vale: Steve Jobs, da Apple; Andy Grove, da Intel; o CEO da Sun Microsystems, Scott McNealy; e, claro, Jeff Bezos, da Amazon.[46] Doerr dava continuidade de maneira discreta após cada reunião, perguntando aos líderes respeitados o que achavam dos Googlers e da determinação deles de administrar a empresa sem ajuda. "Ei, algumas pessoas querem apenas remar pelo Oceano Atlântico em uma jangada de borracha", Doerr se lembrou de ouvir de Bezos. "Por eles, está tudo ok. A questão é se você quer tolerar isso."[47]

Ao final do verão, Brin e Page remaram de volta em direção a Doerr. "Isso pode surpreendê-lo, mas concordamos com você", disseram.[48] Eles agora queriam um diretor-executivo externo e até haviam identificado o cara ideal. Havia uma pessoa, e apenas uma, que atendia ao padrão dos dois.

"Gostamos de Steve Jobs!", relataram Brin e Page.[49]

Como Jobs não estava disponível, Doerr procurou uma alternativa. Ele às vezes se descrevia como um "recrutador glorificado". "Não estamos investindo em planos de negócios, não estamos investindo em fluxos de caixa descontados, são as pessoas", insistiu ele, revelando como a essência da arte do empreendimento permanecia inalterada desde os dias de Arthur Rock e Tommy Davis.[50] Doerr usufruiu bastante de sua rede para identificar um executivo com formação em ciência da computação, mas sua primeira escolha se recusou a ver um futuro na enésima ferramenta de busca. Então, em outubro de 2000, Doerr contratou outro cientista da computação que havia se tornado executivo. Seu nome era Eric Schmidt, e ele dirigia uma empresa de software chamada Novell.[51]

Ao ver Schmidt em um evento para arrecadação de fundos eleitorais na casa do CEO da Cisco, Doerr foi falar com ele. Os dois eram amigos desde a década de 1980, quando estiveram envolvidos com a Sun Microsystems. Schmidt havia subido na hierarquia da Sun e mostrado talento para agradar engenheiros tempestuosos. Em um ano, sua equipe desmontara um fusca da Volkswagen e o reconstruíra em seu escritório em perfeitas condições. Um vídeo mostra um jovem Schmidt surpreso e curtindo a brincadeira como qualquer outra pessoa.[52]

Doerr sabia que Schmidt planejava vender a Novell e logo estaria pronto para um novo emprego.[53] Evocando seu tom mais urgente, ele disse a Schmidt que seu próximo passo deveria ser o Google.

— Não consigo imaginar que o Google valha tanto — respondeu Schmidt com desdém. — Ninguém se importa com ferramentas de busca — acrescentou.

— Eu acho que você deveria conversar com Larry e Sergey — reiterou Doerr. O Google era "uma pequena joia que precisa de ajuda para escalonar".[54]

Schmidt confiava demais em Doerr para ignorar suas súplicas.

"John me conhecia bem. Ele sabia com o que eu me importava. E, se alguém em quem confiasse me pedisse para fazer algo, eu faria", disse ele mais tarde.[55]

Schmidt visitou a sede do Google, que coincidentemente ficava no antigo edifício da Sun. Schmidt achou que tinha reconhecido as mesmas lâmpadas de lava que existiam na década de 1980. Ele percebeu que sua biografia estava presa na parede. "Muito estranho", disse a si mesmo.

Brin e Page começaram a interrogar Schmidt sobre seu desempenho na Novell. De acordo com os Googlers, os esforços da empresa para acelerar os tempos de resposta da internet usando um método chamado *proxy caches* foram equivocados. Durante a hora e meia seguinte, Schmidt se engajou no que mais tarde lembrou como uma discussão totalmente estimulante; no fundo, ele era um intelectual, um engenheiro de fato, não apenas um homem de negócios determinado a atingir alvos comerciais.[56] Mas, por mais que Schmidt gostasse da luta, o aviso era óbvio. Um CEO recém-chegado teria dificuldades para gerir esses jovens, em especial porque as receitas de sua empresa continuaram sendo uma questão secundária.[57] Como Brin e Page haviam vendido aos investidores de risco apenas um quarto das ações, eles detiveram o controle final. Se contratassem um CEO e depois se arrependessem, teriam o poder de demiti-lo.

Schmidt se sentia, ao mesmo tempo, animado com a perspectiva de ingressar no Google e ansioso com a possibilidade de confiar seu futuro a dois jovens inconstantes de vinte e poucos anos. No final, a balança pendeu para o lado dos guardiões de confiança das redes do Vale. "Tive a certeza de que os caras do investimento seriam gentis comigo caso Larry e Sergey me botassem para fora", disse Schmidt.[58] Se o Google não desse certo, Doerr e Moritz o colocariam em uma função igualmente boa em outro lugar. Com a rede de segurança dos investidores de risco estendida sob ele, Schmidt deu o salto. Por fim, o Google conseguiu a direção com a experiência de que precisava para se tornar uma empresa global.

Com o recrutamento de Schmidt em 2001, os Googlers ensinaram à tribo de investimento de risco a segunda de três lições. A primeira dizia respeito ao preço do negócio: como dissera Doerr, era o máximo que a Kleiner já pagara por uma modesta participação em uma start-up. O segundo dizia respeito à revolta contra o modelo da Qume: Schmidt foi contratado apenas depois de um longo período de relutância e, mesmo assim, atuava somente como uma das vozes no triunvirato que liderava a empresa. A terceira lição veio em 2004, quando o Google se preparava para abrir o capital. Desafiando a tradição do Vale e ignorando os protestos de Doerr e Moritz, Brin e Page insistiram em manter seu poder mesmo depois de venderem ações ao público. Seguindo um precedente estabelecido sobretudo por empresas familiares da área de meios de comunicação, eles decretaram que o Google emitiria duas classes de ações. A primeira, a cargo dos fundadores e dos primeiros investidores, conferia dez votos nas grandes decisões da empresa. A segunda, a ser adquirida por investidores externos à bolsa, conferia apenas um voto. Coletivamente, os investidores externos receberiam ações concedendo apenas um quinto de todos os votos. Os investidores internos, principalmente Brin e Page, manteriam o controle da empresa.[59]

Quando os Googlers propuseram essa estrutura de ações, Doerr e Moritz fizeram duas objeções. Em primeiro lugar, os investidores externos poderiam recuar diante da perspectiva de uma cidadania de segunda classe. Por conseguinte, alguns poderiam se recusar a comprar ações, resultando em um preço mais baixo das ações e em uma saída de capital de risco menos lucrativa. Em segundo lugar, consagrar o controle do fundador de forma indefinida parecia imprudente. Brin e Page eram jovens; provavelmente mudariam, assim como a empresa deles. À medida que o Google crescesse, seria mais difícil gerenciar. E se os fundadores decidissem desfrutar de suas riquezas nas ilhas do Caribe?[60]

Em resposta, os Googlers apresentaram dois contra-argumentos. O primeiro enfatizou a missão pública do Google. Grupos jornalísticos como o Washington Post Company e o New York Times Company acreditavam que os jornalistas só podiam fazer reportagens honestas sobre os acontecimentos se estivessem protegidos dos acionistas públicos ávidos por lucros. Uma família de jornalistas esclarecida, imbuída de um senso de dever cívico, buscaria a verdade sem medo ou favorecimento. Os acionistas públicos, cujas reputações não eram vinculadas à qualidade das reportagens, tinham maior probabilidade de recuar diante da perspectiva de alienar governos ou anunciantes poderosos. Brin e Page enxergavam o Google de maneira semelhante. O prospecto de seu IPO invocava a "responsabilidade da empresa para com o mundo" — a responsabilidade de fornecer informações gratuitas, abundantes e imparciais. Doze anos depois, quando gigantes da tecnologia foram denunciados por acumular dados de clientes e confundir a distinção entre notícias reais e falsas, a suposta ligação entre o poder dado ao fundador e o bem comum passaria a ser duvidosa. Mas, em 2004, os Googlers insistiram que os jovens fundadores seriam melhores guardiões do interesse público do que os acionistas públicos. A democracia de acionistas ia prejudicar a democracia política.

O segundo contra-argumento dos Googlers enfatizou os lucros de longo prazo. Ecoando uma crítica frequente ao capitalismo acionista, eles afirmaram que os investidores do mercado de ações eram limitados demais para apoiar os administradores que comprometiam os lucros atuais para investir na expansão no futuro. Concluía-se que os investidores do mercado de ações deveriam ser privados de direitos para seu próprio bem: seus interesses seriam mais bem atendidos se a influência deles fosse minimizada. Claro, o argumento análogo sobre a democracia política — de que as massas deveriam ter os votos negados para o próprio bem — seria recebido com escárnio. Tampouco é óbvio que os investidores do mercado de ações sejam incapazes de entender seus próprios interesses de longo prazo; ao contrário, eles costumam aumentar o preço de empresas com investimentos intensivos, como Amazon, Netflix e Tesla, precisamente porque avaliam o futuro.[61] Mas os Googlers invocaram com gosto a tendenciosa tese da visão de curto prazo do mercado de ações. A mensagem do IPO da empresa para os investidores em potencial declarou de maneira desafiadora: "Não vamos nos esquivar de projetos de alto risco e alta recompensa por causa da pressão de ganhos de curto prazo."[62]

Em 19 de agosto de 2004, o Google abriu o capital. Grande parte da atenção se concentrou no mecanismo usado para alocar as ações: em outra de suas revoltas contra o sistema financeiro, os Googlers se recusaram a pagar aos banqueiros de investimento a taxa tradicional de posicionamento de ações, preferindo vender as ações em leilão. Mas, apesar de o mecanismo experimental de preços do Google não ter se tornado o modelo para os IPOs do Vale do Silício que vieram depois, a estrutura acionária de duas classes, dez votos contra um, foi copiada por empresas como o Facebook.[63] O crescimento extraordinário do Google após sua abertura — nos três anos seguintes, o preço das ações quintuplicou — fez com que as objeções dos investidores de risco à estrutura de duas classes parecessem irrelevantes. Evidentemente, os investidores ficaram muito satisfeitos em comprar as chamadas "ações de segunda classe". E a ideia de que os fundadores gozavam de muito poder foi desmentida pelo sucesso com que comandavam a empresa.

Como a estrela do Vale do Silício mais celebrada da época, o Google teve uma profunda influência na maneira como as start-ups arrecadavam dinheiro. Outros empreendedores passaram a recorrer cada vez mais aos investidores-anjos para obter o capital inicial. Eles forçaram os investidores da Série A a pagar os olhos da cara. Rejeitaram o modelo da Qume em favor de conduzir o próprio show. Dispensaram a democracia de acionistas. Em suma, os empreendedores usaram todos os truques à disposição deles para garantir mais riqueza e — o que é crucial — poder. O capital de risco enfrentava um novo desafio.

◆

Nos primeiros anos do século XXI, a importância do Google ainda não era óbvia. Em vez disso, a comunidade do capital de risco estava fixada na derrocada de seu desempenho nos investimentos. Em 2003, a Sequoia lutava para sustentar um fundo de risco que havia perdido cerca de 50% de seu valor; os sócios se sentiram obrigados a colocar suas taxas de volta para obter um retorno de 1,3 vez.[64] O fundo equivalente da Kleiner Perkins teve um desempenho ainda pior, nunca saindo do vermelho. Masayoshi Son, que por um breve período chegou a ser a pessoa mais rica do mundo, perdeu mais de 90% de sua fortuna. Munindo-se de capital durante os anos de expansão, muitas sociedades de capital de risco não viam como movimentar o dinheiro. Alguns devolveram dólares não investidos a sócios externos, outros pararam de levantar novos fundos, e os poucos que tentaram arrecadar dinheiro foram rejeitados por seus financiadores.[65] No auge, em 2000, os novos compromissos de capital para empresas de capital de risco haviam atingido 104 bilhões de dólares. Em 2002, caíram para cerca de 9 bilhões.[66]

Sem o incentivo do abundante capital de risco, o próprio empreendedorismo parecia estar murchando. "Dinheiro assim, meio que por nada" foi substituído por um freio em novos projetos arriscados. Start-ups se tornaram menos comuns do que fechamentos de empresas, e poucos tinham estômago para trabalhar pesado em uma empresa jovem, dando duro todas as horas do dia sem quase nenhuma perspectiva de obter um retorno financeiro. O Vale do Silício perdeu duzentos mil empregos entre 2001 e o início de 2004; os outdoors nas autoestradas ficaram sem anúncios, e os doutores em física passaram a trabalhar como garçons. Estar no Vale era perceber que "só as baratas sobrevivem, e você é uma delas", como disse um empreendedor.[67]

A oferta pública do Google no verão de 2004 marcou o fim desse período sombrio, provando que as empresas de software podiam prosperar mesmo no contexto da crise das pontocom. Ela mostrou que o progresso digital poderia continuar em um ritmo fascinante, mesmo com o resto do país cambaleando com o choque dos ataques terroristas de 2001 e a recessão que os acompanhou. Na época da estreia do Google no mercado de ações, outra estrela do software chamada Salesforce abriu o capital, e em 2005 a start-up de telefonia via internet chamada Skype enriqueceu seus patrocinadores quando o eBay a comprou por 3,1 bilhões de dólares. Mas, à medida que tudo voltava à ativa, a indústria de risco despertou para os ecos e as extensões do desafio de Brin-Page. Jovens empreendedores não se submetiam mais a investidores experientes. Na verdade, muitas vezes os desdenhavam.

A mudança de humor foi cristalizada por Paul Graham, que se autodenominava hacker e se tornou um guru influente entre os jovens fundadores de start-ups. Em 1995, junto com outro aluno de pós-graduação de Harvard, Graham havia fundado uma empresa de software chamada Viaweb, vendendo-a em 1998 para o Yahoo por 45 milhões de dólares em ações: era uma história clássica de hacker bem-sucedido. Depois ele se dedicou a escrever, dissertando sobre tudo, desde virtudes da linguagem de programação Lisp a popularidade no ensino médio e os desafios do empreendedorismo. Seus ensaios, que celebravam os programadores e menosprezavam as pessoas da área de negócios, apareceram primeiro em seu blog e depois, em 2004, no formato de livro. O fato de Graham ser natural de Cambridge, Massachusetts, ressalta a importância de suas lições. A rebeldia dos fundadores do Google era parte de um fenômeno nacional.

O primeiro conselho de Graham aos hackers mais jovens dizia para que fossem cautelosos com os investidores de risco. "Gaste o menos possível, porque cada dólar que você recebe do investidor vai ser arrancado do seu rabo depois", disse a seus leitores. Na própria empresa de Graham, um dos investidores-anjos era um temível negociante de metais que "parecia o tipo de cara que acorda e come pedras no café da manhã". Quando a start-up de Graham deu um salto, outro de seus investidores tentou se apossar de seu patrimônio. Como resultado dessas experiências, Graham descobriu a forma de enfrentar os ricaços. "Você está fazendo um favor a eles ao deixá-los investir", disse Graham a seus discípulos. Graças ao exemplo de Brin-Page, quem tinha grana sempre pensava: "Será que esses caras são o próximo Google?"[68]

Graham também concordou com a opinião dos Googlers quanto a executivos experientes. "Pessoas maduras e experientes, com formação em negócios, podem ser superestimadas", declarou ele categoricamente. "Costumávamos chamar esses caras de 'apresentadores'", continuou. "Eles tinham o cabelo bem cuidado e falavam com vozes graves e confiantes e, em geral, não sabiam muito mais do que liam no teleprompter." Quando estava comandando sua start-up, Graham resistira à pressão do cara que comia pedras de trazer um CEO experiente e contratou um gerente mais humilde que ficava satisfeito que hackers controlassem a empresa. "O que descobri foi que os negócios não eram um grande mistério", escreveu

Graham. "Monte algo que os usuários adorem e gaste menos do que você ganha. Qual é a dificuldade nisso?", indagou ele.

Talvez o mais significativo seja que Graham apontou o modo como o software estava mudando o investimento de risco. Como o Yahoo, o eBay e, na verdade, a própria Viaweb de Graham, o Google sinalizou uma mudança importante. Com o advento da internet, o mais novo tipo de empresa produzia pouco mais do que código: não eram necessárias grandes somas de capital para montar operações de manufatura. Enquanto isso, o movimento do código aberto possibilitou que partes de softwares ficassem disponíveis de graça, e a própria internet cortou o custo de marketing e a distribuição de novos produtos.[69] Por todas essas razões, a nova geração de start-ups exigia relativamente pouco dinheiro, mas os investidores de risco estavam em descompasso com esse desenvolvimento.[70] Graças à bolha do final da década de 1990, eles se acostumaram a administrar grandes fundos e a coletar taxas igualmente altas. Como resultado, injetaram mais capital nas start-ups do que seria bom para elas, como se fossem fazendeiros recheando gansos para fazer *foie gras*.

Da maneira como Graham via as coisas, a injeção de capital por parte dos investidores de risco criou pelo menos três problemas. Primeiro, grandes investimentos significam grandes avaliações das start-ups, o que reduz as chances de uma saída lucrativa. Muitos fundadores podem ficar felizes em vender a empresa por, digamos, 15 milhões de dólares, mas os investidores de risco que já tinham aumentado a avaliação para 7 ou 8 milhões de dólares não ficariam satisfeitos com um simples múltiplo de duas vezes. Em segundo lugar, grandes investimentos significavam que os investidores de risco demoraram "muito para se decidir", e a hesitação acabou distraindo os fundadores da principal função deles, que era escrever códigos e criar produtos. Por fim, grandes investimentos significavam que os investidores de risco impacientes eliminaram rapidamente as características maravilhosas e estranhas das start-ups. Eles contratavam pessoas com MBA, sem humor, para supervisionar programadores peculiares, da mesma forma que os bolcheviques forçaram comissários políticos às unidades do Exército Vermelho.

Juntando essas críticas, Graham propôs o que chamou de "uma teoria unificada em relação à chatice dos investidores de risco". "Some todas as evidências do comportamento dos investidores de risco, e a personalidade não será atraente", concluiu. "Na verdade, é o caso do clássico vilão: covarde, ganancioso, sorrateiro e arrogante."[71] Mas, continuou Graham, os vilões estavam prestes a ser humilhados. "Quando as start-ups precisam de menos dinheiro, os investidores têm menos poder (...). Os investidores de risco precisarão ser arrastados pelo caminho, mesmo que esperneiem, mas, como ocorre muitas vezes quando se é obrigado a fazer algo, isso pode, na verdade, ser bom para eles."[72]

A previsão de Graham provou ser mais profética do que ele mesmo imaginava. A revolta da juventude entre os fundadores do software — anunciada pelos Googlers e articulada por Graham — logo testaria os investidores de risco de formas distintas. E, para sua surpresa, o próprio Graham teria um papel de destaque nesse teste.

Capítulo nove

Peter Thiel, Y Combinator e a revolta da juventude do Vale

No final de 2004, a equipe de investimentos da Sequoia se juntou para uma reunião intrigante. Roelof Botha, um sócio de 31 anos, tinha organizado a visita de um empreendedor ainda mais jovem, aluno do segundo ano da graduação em Harvard chamado Mark Zuckerberg. A Sequoia percebeu então que os fundadores de start-ups podem ser *muito* jovens; esse tal de Zuckerberg tinha apenas vinte anos. Na nova era das empresas de software, os empreendedores precisavam apenas dominar programação, ter uma ideia para um produto e um foco absurdo.

A reunião estava marcada para as oito da manhã. Às 8h05 Zuckerberg não tinha aparecido. Esses eram os perigos que os investidores de risco enfrentavam quando os criadores de riqueza eram praticamente adolescentes. Botha ligou para saber se o convidado de honra ainda iria à reunião.

Logo em seguida, Zuckerberg e o amigo Andrew McCollum apareceram na sede da Sequoia. Não apenas chegaram atrasados, mas vestiam calças de pijama e camisetas.

Don Valentine, já aposentado à época, tinha entrado no escritório naquele dia e avistado os meninos no saguão. Lembrando-se da década de

1970, quando lidou com personagens rebeldes como Nolan Bushnell, da Atari, Valentine entendeu a mensagem. O pijama era uma provocação, um desafio. Para ter uma chance de investir na empresa de Zuckerberg, a Sequoia teria que fazer em 2004 o equivalente ao que Valentine havia feito com Bushnell. Fique calmo. Tire a roupa. Entre na banheira de hidromassagem.

Valentine correu para a sala de reuniões com o objetivo de preparar os colegas para o choque visual. "Não prestem atenção no que ele está vestindo. É um teste. Não perguntem por que ele está de pijama", vociferou. E então ele ficou fora de vista, sabendo que um septuagenário aposentado não ia ajudar em nada a conversa.[1]

Chegando à sala de reuniões, Zuckerberg e McCollum alegaram que tinham perdido a hora — por isso o pijama. A mensagem era: "Sequoia? Quem se importa com isso?" Uma reunião com essa firma célebre não era motivo para pôr o despertador para tocar.

Nem todos acreditaram naquele papo de perder a hora. Zuckerberg parecia ter acabado de sair do banho; o cabelo ainda estava molhado.[2] Mas a outra possível explicação para o atraso dificilmente era mais encorajadora. Zuckerberg se levantou, tomou banho e então *decidiu* colocar a calça do pijama e se atrasar. Um desprezo deliberado era pior do que um não intencional.

Zuckerberg se sentou à mesa de reuniões da Sequoia e apresentou os *slides*. A apresentação não fazia nenhuma menção ao Thefacebook, sua rede social que estava se espalhando de vento em popa pelos campi universitários. Em vez disso, Zuckerberg apresentou o *pitch* de uma ideia não comprovada de compartilhamento de arquivos chamada Wirehog. Acostumada a escolher os negócios do Vale do Silício, a Sequoia precisaria ouvir uma conversa sobre um projeto paralelo.

O título da apresentação de Zuckerberg era ainda mais ultrajante. "Os dez principais motivos pelos quais você não deve investir no Wirehog", proclamava com zombaria.

"O motivo número 10 para não investir no Wirehog: não temos receita", começava a apresentação.

"Número 9: provavelmente seremos processados pela indústria da música."

Um pouco depois, "Número 3: aparecemos atrasados e de pijama no seu escritório".

"Número 2: porque Sean Parker está metido nisso."

"Número 1: só estamos aqui porque Roelof disse para virmos."

Os sócios da Sequoia estavam acostumados a trabalhar com fundadores difíceis de lidar e queriam ser mais disciplinados do que outras empresas de capital de risco. O orgulho e o preconceito deles estavam sob controle. Fortalecidos pelo alerta de Valentine, não iam reagir à provocação do pijama. Porém, por mais que tentassem se relacionar com Zuckerberg, os sócios não pareciam conseguir dialogar com ele. Era evidente que o jovem visitante admirava Roelof Botha; mais tarde, o rapaz tentou recrutá-lo para o Facebook. Mas ele não se permitiria encantar por aquela sociedade, em especial pelo líder Michael Moritz. Era como se Zuckerberg estivesse vivendo algum tipo de fantasia imatura: participar de uma entrevista para um emprego que você não quer e depois saborear o prazer de ridicularizar os mais velhos.

A pegadinha do pijama de Zuckerberg foi um divisor de águas para o capital de risco. Na época dessa gracinha, final de 2004, o Google havia aberto o capital e outros jovens empreendedores estavam se fazendo de difíceis, seguindo o manual de Brin-Page. Mas uma coisa era os empreendedores negociarem de forma pesada com os investidores de risco e depois aceitarem o dinheiro de qualquer maneira, como os fundadores do Google tinham feito. Outra bem diferente era adotar a postura de Zuckerberg. Ele realmente não queria que a Sequoia o apoiasse.

◆

Logo após o *pitch* do Wirehog, não ficou muito claro para os sócios da Sequoia que Zuckerberg nunca aceitaria o capital deles. Mas o penúltimo *slide* — aquele mencionando o nome de Sean Parker — deveria ter-lhes mostrado a realidade. Famoso já aos 25 anos, Parker foi um excelente exemplo da cultura jovem cada vez mais rebelde do Vale. Aos dezesseis anos, o programador foi preso pelo FBI por hackear redes de computadores corporativas e governamentais e obrigado a prestar serviços comunitários.³ Aos vinte anos, Parker se encrencou com a justiça de novo, dessa vez pela atuação no site de pirataria de música Napster. Então, para seu terceiro ato, Parker lançou uma start-up de software chamada Plaxo, que foi um triunfo e uma humilhação, tudo ao mesmo tempo.

A Plaxo atualizava de forma automática os catálogos de endereços on-line. Quando o programa era instalado, ele extraía os contatos e enviava um e-mail para cada um deles com uma mensagem: "Olá, estou atualizando minha agenda. Reserve um momento para atualizar as suas informações de contato mais recentes."⁴ Se os destinatários o fizessem, o software enviaria uma mensagem de e-mail semelhante para todos os nomes na agenda de contatos, e novos usuários seriam recrutados. Em questão de pouquíssimo tempo, milhões de contas de e-mail receberam *pitches* da Plaxo, e Parker criou um manual para o marketing viral on-line que impulsionou o crescimento de futuras gigantes da tecnologia.⁵ Os críticos reclamaram que a Plaxo era o serviço mais insuportável da web: inocentes recebiam spam várias vezes ao dia. Mas Parker foi impassível. "A Plaxo é como a banda indie que o público não conhece, mas que influenciou muito os outros músicos", gabou-se.⁶

No início de 2004, a Plaxo tinha atraído quase dois milhões de usuários. Também havia aceitado duas rodadas de investimentos lideradas por Michael Moritz, da Sequoia. Mas, como costumava acontecer com Parker, ele foi derrotado na ocasião em que uma vitória era dada como certa. Às vezes, ele não aparecia no trabalho.⁷ E, quando o fazia, nem sempre era construtivo. "Ele está trazendo um monte de garotas ao escritório só para poder mostrar a elas que é o fundador de uma start-up", resmungou um de seus dois cofundadores.⁸ Em abril de 2004, a Sequoia e os outros investidores da Plaxo tiveram uma conversa. Para alívio dos cofundadores, eles demitiram Parker da própria empresa.⁹

Depois que a Sequoia exerceu sua autoridade, Parker embarcou em seu quarto ato: ele era bastante resiliente. Ouvindo sobre a conquista do Facebook nos campi, Parker enviou um e-mail a Mark Zuckerberg se oferecendo para apresentá-lo a investidores. Os dois jantaram em Nova York e descobriram que tinham muito em comum: eram jovens fundadores ambiciosos que haviam lançado experiências em redes sociais on-line. Quando Zuckerberg se mudou para Palo Alto em junho de 2004 com alguns amigos, os caras alugaram uma casa estilo rancho a um quarteirão de onde Parker morava.

Uma noite, Parker se encontrou com Zuckerberg e seus amigos do Facebook para jantar. No meio da refeição, ele recebeu um telefonema de seu advogado. O conselho de administração da Plaxo, que já o havia dispensado, agora tinha decidido não permitir que cerca de metade de suas ações remanescentes pudessem ser adquiridas. Enquanto Parker tinha um ataque de fúria, a equipe do Facebook observava, chocada. "Os investidores de risco parecem assustadores", pensou Zuckerberg consigo mesmo.[10]

Zuckerberg convidou Parker para se mudar para sua casa. Não havia nada além de um colchão no chão do quarto de Parker, mas ele conseguiu manter um BMW branco dos tempos mais abastados, que os caras do Facebook agora também compartilhavam com ele. Além disso, começaram a trabalhar juntos. Parker contratou o advogado da Plaxo para ajudar a formalizar o Facebook. Ele encontrou um gerente de operações para a empresa e gerenciou relações com investidores. O Google queria comprar ações. A Benchmark Capital também ligou.

Em setembro de 2004, Zuckerberg se referia a Parker como o presidente do Facebook, e Parker vinha afastando Zuckerberg dos investidores de risco convencionais. Ele pediu à Benchmark e ao Google que recuassem, preferindo dar uma olhada na própria cartilha do Google; queria levantar capital de anjos. Sua primeira tentativa foi com um empreendedor chamado Reid Hoffman, que havia sido seu mentor durante a saída da Plaxo. Hoffman se recusou a ser o principal investidor do Facebook; ele próprio fundara uma rede social chamada LinkedIn e poderia haver alguma rivalidade. Então Hoffman colocou Parker em contato com um amigo de Stanford chamado Peter Thiel, cofundador de uma empresa de pagamentos on-line chamada PayPal. Thiel logo concordou em investir 500 mil dólares em troca de 10,2% da empresa, com Hoffman fornecendo mais 38 mil.[11]

Um terceiro empreendedor do ramo das redes sociais chamado Mark Pincus também assinou um cheque no valor de 38 mil dólares.

Em algum lugar debaixo do radar dos investidores de risco ocorria uma revolta. Assim como o Google, o Facebook levantou uma rodada de financiamento-anjo. Ao contrário do caso do Google, os financiadores eram todos empreendedores que se concentravam no nicho de negócios do Facebook, o das redes sociais on-line.[12] Juntos, formaram um grupo muito coeso, unido pela experiência compartilhada de fundar um tipo específico de start-up de software em um determinado momento. Relembrando a atmosfera desse período, Mark Pincus comentou: "Havia cerca de seis pessoas que eu conhecia que estavam interessadas em fazer qualquer coisa na internet para o consumidor, e todos nós meio que frequentávamos os mesmos dois cafés."[13]

Dadas as tendências da época, esse novo grupo de empreendedores-anjos era naturalmente cético em relação à comunidade de investimento de risco tradicional. Os Googlers haviam mostrado como enfrentar os investidores de risco, e Paul Graham enfatizara as tensões entre os fundos de risco cada vez maiores e a necessidade limitada de capital em start-ups de software. Também havia um fator geracional em ação. Os lucros extraordinários do capital de risco da década de 1990 encorajaram os sócios mais velhos a permanecerem na jogada, e, como o boom fez com que todos parecessem bem, ninguém foi forçado a se aposentar. À medida que a idade média dos sócios de empresas de investimento de risco aumentava, o oposto acontecia com a dos fundadores da empresa: não é de se admirar que diferenças culturais estivessem surgindo. Os patrocinadores-anjos do Google, principalmente Ram Shriram e Ron Conway, tinham servido para fazer a ponte entre as start-ups e os investidores de risco. Mas a nova tropa de empreendedores-anjos não tinha vínculos equivalentes com os investidores de risco tradicionais. Eles estavam mais propensos a cuspir alguma variação da teoria unificada de Paul Graham em relação à chatice dos investidores de risco.

Em parte por coincidência, em parte porque o sucesso tem um preço, essa hostilidade geral ao capital de risco se concentrou na Sequoia. Sean

Parker, como vimos, tinha um ressentimento particular em relação a Michael Moritz: a estranha atitude de Zuckerberg de pijama era a maneira elaborada de Parker de se vingar pelo que aconteceu na Plaxo. Mas Parker não estava sozinho. Peter Thiel, o anjo que apoiara Zuckerberg, também guardava rancor de Moritz.

◆

Advogado, filósofo, operador de fundos de multimercado, Thiel era, em muitos aspectos, um dissidente do Vale do Silício. Embora tivesse dois diplomas de Stanford e, portanto, se encaixasse nos moldes do Vale, ele não tinha estudado engenharia nem administração. Em vez disso, havia mergulhado no pensamento libertário, se destacado na faculdade de direito e trocado a Califórnia por Nova York. Lá, lidava com valores mobiliários, negociava derivativos em um banco e acabou ficando desiludido com a rotina corporativa. Em 1995, largou o emprego e voltou para a Costa Oeste, mas não para se envolver no boom da tecnologia. Resolveu publicar um livro polêmico atacando o multiculturalismo do campus e abriu um pequeno fundo de multimercado, um ato quase de contracultura no norte da Califórnia. Apresentando-se como uma versão mais jovem e de direita do filósofo e especulador George Soros, combinou negociações de alto risco com abstrações ambiciosas. Ele contribuía para o jornal libertário *Stanford Review*, o qual cofundara quando era estudante.

Em meados de 1998, na época em que os Googlers conheceram Bechtolsheim, Thiel foi a Stanford para dar uma palestra sobre transações de câmbio. O auditório da universidade oferecia um refúgio agradável com ar-condicionado para fugir do calor intenso do alto verão. No final da palestra, uma figura jovem e forte com um leve sotaque do leste europeu se apresentou.

— Ei, eu sou Max. Sou amigo de Luke Nosek.
— Ah, você conhece Luke. Ótimo.[14]

Thiel se lembrou do contato. Luke Nosek era um cientista da computação de alto gabarito que havia chegado ao Vale após estudar na Universidade de Illinois um pouco depois de Marc Andreessen. Esse Max — seu nome completo era Max Levchin — era cria do mesmo curso de ciência da computação. Eram todos libertários.

Levchin disse a Thiel que tinha uma ideia para uma empresa de segurança, baseada em seu trabalho acadêmico em criptografia.

Thiel gostava de pessoas inteligentes, e o projeto de Levchin o intrigou. No ensino médio, Thiel tinha sido um prodígio da matemática, chegando ao primeiro lugar de um concurso em toda a Califórnia; ele podia apreciar a elegância dos quebra-cabeças criptográficos. Além disso, era difícil arriscar financeiramente no Vale do Silício e *não* querer investir em start-ups. Thiel já havia feito uma aposta malsucedida de 100 mil dólares em uma empresa fundada pelo amigo de Levchin, Nosek.

— O que você vai fazer amanhã de manhã? — perguntou Thiel.

— Nada — respondeu Levchin.

— Ótimo, que tal tomarmos café da manhã juntos?

Os dois se encontraram na Hobee's, uma lanchonete perto do campus de Stanford. Levchin calculou mal a distância de seu apartamento até o local e chegou quinze minutos atrasado, atordoado e ofegante. Thiel já havia bebido um smoothie vermelho, branco e azul.

— Você apareceu — disse Thiel com satisfação, e então pediu outro smoothie. Levchin escolheu claras de ovo mexidas.

Levchin se enrolou com uma explicação sobre sua nova empresa fictícia. Usando as técnicas de criptografia de curva elíptica, ele transformaria o PalmPilot, um dispositivo portátil popular do final da década de 1990, em um cofre digital para informações corporativas. As empresas comprariam a ferramenta de criptografia para os funcionários porque não gostariam de ter seus segredos corporativos roubados.

Thiel levou um segundo e meio para responder. Embora tivesse apenas trinta anos, ele tinha uma postura séria e deliberada. "Bem, eu gostaria de investir", disse enfim.

Thiel prometeu a Levchin 300 mil dólares — três vezes mais do que Bechtolsheim havia arriscado com os Googlers. Em seguida, falou para Levchin encontrar mais capital em outro lugar para lançar sua nova empresa.

Embora fosse o auge do boom do final da década de 1990, encontrar o próximo financiamento foi difícil. Levchin tinha credenciais de codificação impecáveis, mas era menos persuasivo na visão de negócios. Nem todos concordavam que as empresas pagariam para criptografar os dados; e se eles não vissem a necessidade de segurança digital? Para compensar o lado desvantajoso de Levchin, Thiel começou a participar de seus *pitches*, fazendo-se passar por gerente de negócios da start-up, embora estivesse simultaneamente envolvido em negociações de fundos de multimercado. Ao mesmo tempo, Thiel ajudou Levchin a repensar seu plano. Se as empresas ainda não haviam despertado para a necessidade de criptografia, que tal criptografar outra coisa — algo em que a necessidade de segurança fosse óbvia? Thiel sugeriu pagamentos em dinheiro. Se Levchin aplicasse sua magia de programação a esse campo, as pessoas poderiam enviar dinheiro por e-mail entre si e de modo seguro.

Depois de colocar essa engrenagem para funcionar, Thiel e Levchin deram o nome de PayPal ao serviço de pagamento e de Confinity à empresa. Então mais uma vez saíram para levantar capital e se depararam com uma nova rodada de rejeições. Quase todos os empreendimentos de renome disseram não, até que, por fim, em meados de 1999, eles conseguiram 4,5 milhões de dólares do novo braço de risco da companhia telefônica finlandesa Nokia. As rejeições da lista A de capital de risco deixaram Thiel rancoroso. O fato de o serviço do PayPal ter decolado de imediato suscitou nele mais dúvidas em relação à sabedoria do *establishment* dos investidores de risco.

Se Thiel e Levchin tivessem velejado rumo ao sucesso, a história do Vale do Silício poderia ter sido diferente. A Confinity teria realizado um IPO triunfante, e seus fundadores teriam se juntado à realeza do Vale, esquecendo seu ressentimento anterior com os príncipes do capital de risco. Entretanto, no final de 1999, a Confinity se viu lutando contra uma rival chamada X.com, liderada pelo empreendedor Elon Musk. As duas empresas eram, em muitos aspectos, equivalentes próximas. Afinal, tinham cerca de cinquenta funcionários e trezentos mil usuários. As duas cresciam rápido e, por um tempo, tiveram escritórios no mesmo prédio na University

Avenue, em Palo Alto. Mas a X.com tinha uma vantagem que a distinguia. Enquanto a Confinity havia assegurado o capital da Nokia, uma empresa de segundo escalão no Vale do Silício, a X.com havia sido ungida pela Sequoia. Ninguém menos que Michael Moritz injetara na X.com 25 milhões de dólares, cinco vezes mais do que o arrecadado pela Confinity. Moritz também fortaleceu a X recrutando um experiente diretor-executivo chamado Bill Harris.

A Confinity e a X.com se enfrentaram, oferecendo descontos para atrair clientes e aceitando grandes prejuízos. Logo, as duas entenderam que poderiam lutar até a morte ou acabar com o derramamento de sangue ao optar pela fusão.

Moritz disse a seus sócios na Sequoia que a fusão era a melhor opção. Os dois lados eram como famílias rivais em uma cidade italiana medieval, disparando flechas uns contra os outros do outro lado da rua. Uma fusão significaria que a participação da Sequoia na empresa resultante encolheria. Mas valeria a pena.[15]

Thiel e Levchin se encontraram com Elon Musk e Bill Harris no Evvia, um restaurante grego em Palo Alto, para discutir a proposta de Moritz. Musk queria fundir as duas empresas, mas, como tinha a Sequoia ao seu lado, presumiu que era, em disparada, o sócio sênior. A X.com tinha mais dinheiro no banco, e ter um investidor de risco de renome garantia a ele a possibilidade de arrecadar mais dinheiro, caso necessário. De certa forma, a Confinity tinha a melhor equipe de engenharia.[16] Mas, em qualquer luta prolongada, seria a primeira a ficar sem capital.[17]

Durante o jantar, Musk informou aos fundadores da Confinity que, havendo uma fusão, os acionistas da X.com deveriam deter 92% da empresa resultante.[18]

Beleza, Levchin rosnou para si mesmo. *Nos vemos no campo de batalha.*

Thiel era menos cabeça quente que Levchin. "Vamos pensar um pouco", disse ele a Musk e Harris.

Nos dias seguintes, Thiel começou a pechinchar. Pressionou Musk até que ele concordasse em reduzir a participação de 92% dos acionistas da X na empresa resultante da fusão para 60%. Nesses termos, Thiel ficou tentado a se conformar. Ele poderia ficar rico, sair e voltar para seu fundo de multimercado.

Para a frustração de Thiel, Levchin não estava satisfeito com o resultado da negociação. Sendo o cara que liderava a equipe de programação, ele queria que todos reconhecessem que sua criação era ao menos tão boa quanto a de seu rival. Era uma questão de honra. "Eu não consigo aceitar essa oferta injusta de sessenta e quarenta", insistiu Levchin.[19]

Thiel relutantemente concordou que o negócio deveria ser cancelado. A cooperação estava fora de questão. A competição sangrenta continuaria.

A essa altura, Moritz saiu dos bastidores. Os investidores de risco administravam o equilíbrio entre competição e cooperação no Vale desde os anos 1980, quando Tom Perkins presidira, como Salomão, a disputa entre duas empresas do portfólio da Kleiner Perkins, a Ungermann-Bass e a Silicon Compilers. Nesse caso, vinte anos depois, Moritz decidiu que a cooperação deveria prevalecer. Seria melhor para a Sequoia possuir uma pequena parcela de uma empresa de elite do que uma grande parcela de um fracasso, como ele dissera a seus sócios.

Em um fim de semana de fevereiro de 2000, Moritz apareceu no prédio em Palo Alto onde a X e a Confinity tinham escritórios. Reuniu-se com Levchin e se sentou na frente dele. Inclinou-se para a frente, apoiou os cotovelos nos joelhos, entrelaçou os dedos e apoiou o queixo ali. Anos depois, Levchin se lembrou vividamente de que Moritz não tirara o casaco escuro e teatral que vestia. O rosto dos dois estava a menos de um metro de distância um do outro.[20]

Moritz disse a Levchin: "Se você prosseguir com essa fusão, eu nunca vou vender uma única ação" — isso significava que uma empresa resultante da fusão nunca pararia de crescer. Foi um daqueles clássicos desafios de chamada à grandeza dos investidores de risco. O figurão experiente do investimento de risco perguntava ao jovem empreendedor: você quer construir uma grande empresa que será lembrada daqui a alguns anos? Ou você não tem capacidade para deixar sua marca no universo?

Levchin ficou devidamente impressionado. Ele parou de fazer objeções a um acordo de sessenta e quarenta, subordinando seu orgulho de programador à grande visão de Moritz. O caminho para uma fusão agora estava livre. O derramamento de sangue se encerraria.

Mais ou menos um dia depois, Levchin se deparou com Musk. "Essa oferta de sessenta e quarenta está boa demais para você", zombou Musk. "Saiba que você está conseguindo um ótimo negócio. Essa fusão de desiguais é uma pechincha para vocês."

Levchin se retirou com um sorriso pálido e então ligou para Thiel e desabafou. "Já era. Não vou entrar nesse negócio. É humilhante. Eu não tolero isso", disse ele, saindo do escritório e indo para casa.

Bill Harris ficou sabendo que Levchin havia pulado fora. Tendo sido colocado na X.com por Moritz e pela Sequoia, Harris era particularmente sensível à preferência dos acionistas pela cooperação em vez da concorrência. Então saiu correndo do escritório e foi procurar Levchin.

Levchin tinha se refugiado na lavanderia do prédio onde morava. Havia velhas máquinas de lavar feitas por uma empresa chamada WEB, que Levchin achava divertidas. Era necessário alimentar as feras cansadas com moedas de 25 centavos.

Harris ajudou Levchin a dobrar as roupas e a reconsiderar a decisão. Implorou que ele ignorasse o insulto dos sessenta e quarenta de Musk; Harris e o conselho da X não tinham nada além de respeito por Levchin. Na verdade, para mostrar que o gesto era sincero, a X estava disposta a melhorar a oferta. Fecharia o acordo em cinquenta e cinquenta.

Por fim, Levchin deixou as objeções de lado, e a fusão foi adiante. A provocação gratuita de Musk ao adversário lhe custou muito dinheiro.

Com a fusão em vigor, Thiel pode ter sentido uma gratidão relutante por Moritz. O investidor de risco empurrou Levchin em direção à fusão que o próprio Thiel preferia, e ele certamente estava por trás da proposta decisiva de cinquenta por cento para cada lado, tornando Thiel mais rico do que a divisão de sessenta e quarenta que ele próprio havia negociado. Mas o que aconteceu a seguir enterrou qualquer sentimento de gratidão. A empresa resultante da fusão, que manteve o nome X.com, entrou em uma guerra interna. Nos embates que se seguiram, Thiel bateu cabeça direto com Moritz.

O primeiro confronto girou em torno de quem administraria a entidade resultante da fusão. Não sem razão, Moritz considerava Thiel alguém de intelecto aguçado, mas não um gestor. Afinal, ele era um operador de fundos de multimercado; não tinha experiência em expandir uma empresa.[21] Como resultado, Moritz fez com que Bill Harris fosse escolhido para servir como CEO, e, quando Harris foi afastado, foi a vez de Musk sucedê-lo. Ignorado como opção para o primeiro escalão, Thiel deixou o cargo de vice-presidente de finanças da X.com, embora continuasse sendo um grande acionista e servindo em meio período como presidente do conselho.

Poucos meses depois, em setembro de 2000, Musk foi passar a lua de mel na Austrália. Seus diretores mais experientes, muitos dos quais vindos do lado da Confinity na fusão, aproveitaram a oportunidade para fazer uma rebelião. Musk administrou mal a integração das duas empresas, insistindo que o software de Levchin fosse reescrito e não conseguindo conter as fraudes que afetavam o serviço do PayPal. E assim, em um eco da revolta que retirou Sandy Lerner da Cisco, os vice-presidentes da X.com apareceram no escritório da Sequoia e ameaçaram renunciar caso Musk não fosse deposto.

"Golpe no palácio!", pensou Moritz. Ele se lembrava bem da saga da Cisco e sabia como havia terminado. Nenhum investidor de risco poderia proteger um diretor-executivo que perdera o apoio de sua equipe. "Já vimos isso antes", disse a si mesmo em silêncio.[22]

Moritz entendeu que Musk deveria partir, mas não estava pronto para aceitar a segunda exigência dos rebeldes: que Thiel assumisse o comando. Ao contrário das suspeitas de Moritz, era evidente que Thiel tinha a lealdade de seus colegas. Mais do que parecia, ele era um líder nato.

Moritz não estava com disposição para refletir sobre esse sinal. Estava no meio da batalha para fazer os Googlers aceitarem um CEO externo, e não gostava de ser pressionado por executivos jovens e prepotentes. Os investidores de risco tinham o direito — na verdade, o dever — de supervisionar a gestão de uma start-up e escolher o alto executivo: havia um princípio a ser defendido. Além disso, o desempenho da Sequoia tinha sido afetado pelo crash da bolha de tecnologia. Mesmo depois da demonstração de confiança dos vice-presidentes em Thiel, Moritz não teve vontade de entregar uma de suas poucas apostas promissoras a um gestor não convencional que estava, ao mesmo tempo, focado em seu fundo de multimercado.

Os seis membros do conselho da X.com — três fundadores e três investidores — convocaram uma reunião controversa. Ironicamente, dois dos fundadores, Thiel e Levchin, se conectaram a partir do fundo de multimercado de Thiel, onde Levchin havia alterado um aparelho de fax para que funcionasse como viva-voz. Os dois podiam contar com o apoio de um terceiro membro, John Malloy, o investidor de risco da Nokia que os apoiara originalmente. Eles não tinham esperança de conquistar Moritz ou Musk. O resultado dependia do sexto membro do conselho, um investidor de uma rodada de arrecadação posterior.[23]

Por fim, os membros do conselho concordaram em substituir Musk por Thiel como diretor-executivo, mas Moritz tomou providências para que o triunfo de Thiel fosse incompleto. Sua nomeação como CEO foi provisória, e uma empresa de recrutamento foi contratada para identificar alguém de fora que serviria como substituto permanente. Embora, no final das contas, a empresa não tenha encontrado ninguém e Thiel tivesse se mantido no cargo, seu ressentimento por Moritz se intensificou. Thiel usava a armadura da seriedade germânica, enquanto Moritz exibia sua inteligência como um sabre. "Peter se sentiu desrespeitado por Moritz, de maneira muito intensa, muito pessoal", lembrou um dos aliados de Thiel.[24]

Cinco meses depois, em fevereiro de 2001, o rancor ganhou mais intensidade. Apesar do desastroso mercado de tecnologia — o índice de ações da Nasdaq caiu cerca da metade em relação ao pico do ano anterior —, a X.com conseguiu levantar 90 milhões de dólares em uma rodada de investimentos da Série D. Acreditando que a economia estava fraca e que o mercado cairia ainda mais, Thiel propôs que a X.com se protegesse confiando a seu fundo de multimercado parte de seu capital recém-levantado. Ao fazer apostas que valeriam a pena se o índice Nasdaq perdesse valor, o fundo de multimercado poderia garantir que a X.com não teria uma queda prolongada no mercado, o que seria capaz de colocar em risco sua capacidade futura de arrecadar capital.[25] Mas, embora Thiel estivesse correto sobre a direção do mercado e tivesse lógica em seu desejo de proteger o risco da X.com, sua proposta cheirava a autonegociação. Ele usaria sua posição em uma empresa para aumentar o capital da outra. Moritz se voltou contra Thiel, denunciando seu péssimo tino para a governança corporativa e zombando dele de forma condescendente. "Foi um momento dramático", lembrou um membro do conselho.[26]

Ao longo do um ano e meio que se seguiu, a relação ficou ainda mais controversa. Moritz e Thiel entraram em confronto sobre a possibilidade de vender a empresa a um pleiteante; a certa altura, o eBay ofereceu 300 milhões de dólares pela empresa. Tendo aprendido a lição com o Yahoo, Moritz se opôs a uma saída prematura; na opinião dele, a mágica de pagar outras pessoas por e-mail acabaria por gerar uma avaliação muito maior. Thiel, por outro lado, nunca abandonou a mentalidade de negociador; sempre havia um preço pelo qual venderia. "Ele era o cara dos fundos de multimercado e queria tirar todo o dinheiro dele. Pelo amor de Deus", disse Moritz mais tarde.[27]

A certa altura, Moritz começou a tentar persuadir Levchin, buscando reforçar sua oposição a uma venda, da mesma forma que já havia aberto os olhos dele para os benefícios de uma fusão. O PayPal estava se saindo cada vez melhor, então por que Levchin o venderia? Como ele encontraria um uso melhor para seus talentos?

— Max, o que mais você faria? — perguntou-lhe Moritz.

— Eu abriria outra empresa como o PayPal — respondeu Levchin.

— Você não tem ideia da raridade dessas oportunidades. Mesmo que viva até os 150 anos, nunca terá outra oportunidade tão grande e ilimitada quanto o PayPal — reagiu Moritz, citando o peso e a experiência de quinze anos no ramo.[28]

Com isso, Levchin ficou do lado de Moritz, e a oferta de 300 milhões de dólares foi rejeitada. Mas, em julho de 2002, o eBay voltou com outra oferta pela empresa, que já havia aberto o capital sob o nome de PayPal. Dessa vez, a oferta foi de 1,5 bilhão de dólares. A doutrina da paciência de

Moritz aumentara a riqueza de Levchin por um fator de cinco, e o mesmo valia para a fortuna de Thiel.

Em retrospecto e considerando todos esses eventos, é difícil dizer em que ponto Moritz estragou tudo com a geração mais jovem. Ele havia demitido Sean Parker da Plaxo, mas com o apoio dos cofundadores da Parker e de acordo com o melhor interesse da empresa. Entrara diversas vezes em confronto com Thiel, mas, ao menos no começo, foi sensato ao suspeitar que Thiel não era um CEO de start-ups nato, e também ao derrubar a ideia de Thiel de autonegociar com seu fundo de multimercado, e ainda estava certíssimo ao rejeitar a baixa oferta inicial do eBay.[29] Enquanto isso, Moritz também conduziu a fusão da Confinity e da X, sem a qual o PayPal poderia não dar em nada. Uma década depois, quando Thiel pensou sobre as lições de start-ups que aprendera no Vale, evitar a competição foi uma lição fundamental.[30] "Todas as empresas falidas são iguais", refletiu ele. "Elas não conseguiram escapar da competição."[31]

No entanto, o fato é que Moritz havia excluído Parker e Thiel, e o preço ficou claro com o episódio da palhaçada do pijama de Zuckerberg.[32] O Facebook, a start-up de maior sucesso na época, trazia um conselho que tinha Zuckerberg e mais dois inimigos de Moritz: a Sequoia não tinha chance de investir. Além disso, estava ameaçada de ser penalizada em mais de um acordo, pois a revolta da juventude era ainda maior do que isso. Poucos meses depois do episódio do Wirehog, duas novas operações de risco fizeram sua estreia. Cada uma delas se propunha a desafiar o investimento de risco tradicional.

◆

A primeira foi lançada por Thiel e aconteceu de forma indireta, quase *ad hoc*, repetindo a história da fundação da Confinity. Assim como Thiel conheceu Levchin por coincidência, depois investiu e então foi contratado como diretor-executivo porque havia uma lacuna evidente, ele avançou de forma cautelosa para iniciar seu próprio fundo de risco.

Quando o eBay comprou o PayPal, em 2002, Thiel negociou termos secretos que lhe permitiram deixar a empresa. As condições da aquisição exigiam que outros membros de sua equipe administrativa permanecessem em seus cargos, mas Thiel pulou fora e lucrou 55 milhões de dólares.[33] Agora perto dos 35 anos, ele deixou Palo Alto e se estabeleceu em São Francisco, investindo em uma boate luxuosa e comprando uma Ferrari prata. Thiel relançou e rebatizou seu fundo de multimercado, o qual chamou de Clarium Capital, injetando 10 milhões de dólares de sua própria fortuna e seguindo a tese de que a escassez global de petróleo aumentaria os preços da energia.[34] Enquanto isso, elaborou uma série de projetos que se basearam nas relações que havia estabelecido com Stanford e o PayPal. Em 2004, recrutou um engenheiro do PayPal para desenvolver software de inteligência nacional e trouxe um amigo da Stanford Law School para chefiar a empresa, a Palantir. Graças a Reid Hoffman, outro amigo de Stanford que também trabalhara no PayPal, Thiel fez o investimento-anjo no Facebook, além de também injetar dinheiro na start-up de rede social de Hoffman, o LinkedIn. Qualquer uma dessas iniciativas teria sido suficiente para multiplicar a fortuna de Thiel. No auge, seu fundo de multimercado estava administrando ativos de cerca de 7 bilhões de dólares, embora o fundo posteriormente tenha sofrido perdas e uma onda de resgates de investidores. O LinkedIn e a Palantir alcançaram avaliações de mais de 20 bilhões de dólares. O Facebook passou a valer centenas de bilhões. Mas, enquanto isso, e quase como uma reflexão tardia, Thiel começou a conversar com outro cara de Stanford e do PayPal, Ken Howery, sobre a criação de uma empresa de capital de risco.

Lançado em 2005, o novo empreendimento de Thiel foi chamado de Founders Fund. O nome sinalizava o *éthos*: os fundadores que haviam criado empresas como o PayPal estavam dispostos a apoiar o próximo grupo empresarial e prometeram tratar essa nova geração com o respeito que eles próprios desejavam. Luke Nosek, velho amigo de Max Levchin e outra cria do PayPal, foi um dos fundadores; logo em seguida, ninguém menos que Sean Parker se juntou a eles. "Em grande parte porque fomos fundadores, estamos intrinsecamente mais interessados em ajudar novos empreendedores a se tornarem líderes de sucesso do que em ficar ricos", afirmou Parker.[35]

Naturalmente, por conta das brigas de Thiel e Parker com Moritz, a Founders Fund explicitamente descartou a fórmula da Qume de trazer um CEO externo. Os empreendedores devem controlar suas próprias empresas, ponto-final. Os Googlers foram os pioneiros nesse caminho, aceitando Eric Schmidt como um membro do triunvirato, em vez de chefe absoluto. O Facebook foi mais longe: Zuckerberg reinou incontestável. Agora a Founders Fund se propunha a espalhar esse modelo real para todas as start-ups que apoiava. Thiel sentia que todas as grandes start-ups tinham um "aspecto de monarquia", como disse um de seus tenentes. "Não foi o lado libertário de Peter que fez a Founders Fund, mas sim o lado monarquista."

Para alguns sócios da Founders Fund, dar autoridade aos empreendedores era um imperativo ético. Nosek, que inventou o nome Founders Fund, desenvolvera uma forte antipatia por Moritz durante seu tempo no PayPal e considerava o investimento de risco tradicional "nojento".[36] "Essas pessoas seriam capazes de destruir as criações dos inventores mais valiosos do mundo", exclamou ele, furioso.[37] Para outros parceiros da Founders Fund, havia um elemento de renome: um recém-chegado à indústria de risco precisava se diferenciar dos gigantes estabelecidos, um fato que Howery enfrentou quando não conseguiu levantar capital de investidores institucionais dos Estados Unidos para a Founders Fund.[38] Mas, dentro do entendimento que o próprio Thiel tinha das coisas, a defesa do monarquismo corporativo era mais sutil. Tinha relação com uma visão incomumente clara de como o capital de risco funcionava.

Thiel foi o primeiro investidor de risco a falar explicitamente sobre a lei de potência. Os investidores de risco anteriores, voltando a Arthur Rock, tinham entendido muito bem que um punhado de vencedores dominaria o desempenho deles. Mas Thiel foi além ao reconhecer isso como parte de um fenômeno mais amplo. Citando Vilfredo Pareto, o pai do "princípio de Pareto" — ou regra 80/20 —, ele observou que resultados radicalmente desiguais eram comuns no mundo natural e social. No início do século XX, quando Pareto estava escrevendo, 20% das pessoas tinham 80% das terras da Itália, e quase 20% das vagens de ervilha da horta de Pareto produziam 80% das ervilhas. De maneira análoga, continuou Thiel, os terremotos mais destrutivos são muitas vezes mais poderosos do que todos os terremotos menores combinados, e as grandes cidades superam todas as pequenas cidades juntas. Portanto, não era apenas uma curiosidade que uma única aposta de capital de risco pudesse dominar todo um portfólio. Era uma espécie de lei natural; na verdade, era *a* lei a que os investidores de risco estavam sujeitos. No passado, no presente e, certamente, no futuro, uma start-up que monopolizasse um nicho de valor agregaria mais valor do que milhões de concorrentes indiferenciados.[39]

Thiel foi metódico ao refletir sobre as implicações dessa ideia. Os investidores de risco anteriores viam a natureza de seu negócio como uma justificativa para o risco: seus cotistas deveriam perdoar os muitos casos em que apoiaram negócios que fracassaram, porque bastava apenas um ou dois grandes acertos para um fundo gerar lucro. Mas Thiel viu na lei de potência uma lição adicional. Ele argumentou iconoclasticamente que os investidores de risco deveriam parar de orientar fundadores. Os investidores de risco de Rock em diante tinham grande orgulho em agir como mentores e aconselhar start-ups; para uma empresa como a Benchmark, esse era o ganha-pão do negócio. Uma pesquisa em 2000 descobriu que a mentoria e o aconselhamento estavam se tornando mais importantes, e não menos: uma sociedade de capital de risco chamada Mohr Davidow contratou cinco sócios operacionais cujo trabalho em tempo integral era entrar de paraquedas em empresas de portfólio para fornecer suporte gerencial, e a Charles River Ventures, em Boston, manteve não menos do que uma dúzia de funcionários para ajudar as start-ups na busca de executivos, no *leasing* de equipamentos, no direito contratual e em outras funções. Paul Gompers, da Harvard Business School, descreveu esses desdobramentos como um progresso. "É a evolução do capital de risco de uma arte para um negócio", sugeriu.[40]

No entendimento de Thiel, essa evolução era equivocada. A lei de potência ditava que as empresas importantes deveriam ser excepcionais: em todo o Vale do Silício, em qualquer ano, havia apenas um punhado de empreendimentos que realmente valia a pena apoiar.[41] Os fundadores dessas start-ups de destaque eram necessariamente muito talentosos, então seria difícil que um pouco de treinamento dos investidores de risco bastasse para mudar o desempenho deles.⁴² "Quando você vê quem tem o melhor desempenho em nosso portfólio, percebe que, de modo geral, são as empresas com as quais temos o menor envolvimento", comentou abertamente um parceiro da Founders Fund.⁴³ O ego dos investidores de risco podia inflar com a oferta de conselhos sábios. Mas a arte do investimento de risco era encontrar diamantes brutos, e não perder tempo polindo-os.⁴⁴

Como se isso não fosse suficientemente provocativo, Thiel foi ainda mais longe. Se a mentoria oferecida pelos investidores de risco realmente fez a diferença, argumentou ele, é mais provável que tenha sido de forma negativa. Quando os investidores de risco impuseram seus métodos aos fundadores, estavam implicitamente apostando que as fórmulas testadas e comprovadas superavam os experimentos inovadores. Para usar a velha distinção entre a Accel e a Kleiner Perkins, diziam que a mente preparada era melhor do que a aberta. Mas, se a lei de potência ditava que apenas um punhado de start-ups de fato originais e que vão contra a maioria estava destinado ao sucesso, não fazia sentido reprimir idiossincrasias. Ao contrário, os investidores de risco deveriam apoiar justamente os fundadores que fossem singulares e do contra; quanto mais diferentes, melhor. Empreendedores que não fossem esquisitos criariam negócios um tanto normais. Elaborariam um plano sensato que, sendo sensato, também teria sido pensado pelos outros. Por conseguinte, estariam em um nicho concorrido e competitivo demais para permitir grandes lucros.⁴⁵

Segundo Thiel, com certeza não era coincidência que os melhores fundadores de start-ups eram quase sempre arrogantes, misantrópicos ou quase loucos. Quatro dos seis primeiros funcionários do PayPal tinham construído bombas no colégio.⁴⁶ Elon Musk gastou metade dos ganhos de sua primeira start-up em um carro de corrida; quando bateu o carro com Thiel no banco do passageiro, tudo que conseguiu fazer foi rir do fato de não ter feito um seguro. De acordo com Thiel, esses extremos e excentricidades eram, na verdade, bons sinais; os investidores de risco devem celebrar os desajustados, e não treinar essas pessoas para que sigam um padrão. Depois de alguns anos de existência, a Founders Fund cometeu um erro que lhe custou caro ao se recusar a investir na start-up Uber; seu fundador malcriado, Travis Kalanick, havia excluído Howery e Nosek. "Devemos ser mais tolerantes com fundadores que parecem estranhos ou radicais", escreveu Thiel, quando a Uber emergiu como um *grand slam*.[47] "Talvez precisemos dar aos babacas uma segunda e terceira chances", admitiu Nosek, arrependido.[48]

Se Thiel se opunha à mentoria oferecida pelos investidores de risco aos fundadores para que estes não reprimissem o próprio gênio peculiar, ele também tinha outro motivo para não gostar disso. Do ponto de vista do investidor, havia um alto custo de oportunidade. Os investidores de risco que passavam seus dias orientando empresas de portfólio não estariam em busca do próximo lote de oportunidades de investimento. A certa altura, Luke Nosek se deixou levar pelos problemas de uma empresa de portfólio chamada Powerset: o CEO havia saído, e a empresa estava desesperada para ser vendida para alguém interessado. "Eu me empenhei muito no empreendimento e ganhei cerca de 100 mil dólares", lembra Nosek com tristeza. E, como estava preocupado com a Powerset, Nosek falhou em buscar oportunidades em outros lugares, como o Facebook e o Twitter. "Eu estava ocupado demais e nunca conseguia me encontrar com as pessoas."[49]

Com sua postura séria e quase aborrecida, Thiel poderia ser visto como um filósofo de poltrona. Era dado a declarações arrebatadoras de tirar o fôlego, proferidas em um tom de certeza impassível que fazia poucas concessões para a confusão da realidade. Ele gostava de se envolver filantropicamente em causas excêntricas: "*seasteading*" — a ideia de construir uma utopia libertária flutuante fora do alcance dos governos —, bem como em projetos para derrotar o envelhecimento ou incentivar jovens talentosos a abandonarem os estudos. Mas, como George Soros, Thiel teve a coragem de ligar suas convicções filosóficas às suas práticas de investimento. Aluno da London School of Economics, Soros havia absorvido a noção de que os limites da cognição humana impedem as pessoas de apreender a verdade de maneira estável; por isso Soros especulava de modo agressivo sobre os booms e crises autorreforçantes que a cognição imperfeita gerava.[50] Da mesma forma, tendo absorvido as implicações da lei de potência, Thiel as aplicou metodicamente em sua firma de risco. A Founders Fund decidiu nunca expulsar os fundadores de suas start-ups, a despeito do comportamento estranho deles; quinze anos depois, ele se apegou bastante a esse princípio.[51] De fato, a Founders Fund nunca se posicionou contra um fundador em uma votação do conselho e costumava se contentar em prescindir de um assento no conselho. Foi uma ousada reversão da tradição prática estabelecida por Don Valentine e Tom Perkins.

Thiel agiu de acordo com sua fé nos rebeldes, recrutando sócios investidores que desafiavam as convenções. Sua primeira conversa com Luke Nosek foi sobre como este queria ser congelado após a morte, na esperança de uma ressurreição médica. Isso não impediu Thiel de acolher Nosek em sua sociedade. Da mesma forma, Sean Parker teve problemas com a lei, para não falar dos poderosos como Moritz. Mesmo assim, Thiel o apoiou. Para banir o senso comum, a Founders Fund rompeu com a prática das reuniões de segunda-feira, típica do mercado, substituindo a tradição de responsabilidade coletiva da Sand Hill Road pela descentralização radical. Os investidores da Founders Fund obtinham negócios de forma independente, até mesmo emitindo pequenos cheques sem consultar uns aos outros. As apostas maiores exigiam consulta — quanto maior o cheque, mais os sócios precisavam chegar a um acordo —, mas mesmo os maiores investimentos não exigiam maioria de votos a favor. "Normalmente, é necessária uma pessoa com muita convicção batendo o pé e dizendo: 'Isso precisa ser feito'", explicou um parceiro.[52]

Como os de Soros, os interesses filosóficos de Thiel convenceram-no da defesa de riscos agressivos que fugiam do comum. O parceiro de longa data e *alter ego* de Soros, Stanley Druckenmiller, observou que apostas gordas e oportunas eram a essência do gênio de Soros, que, por sua vez, acertava os rumos do mercado com a mesma frequência que outros investidores. O que o distinguia era que, quando sentia uma convicção verdadeiramente forte, ele agia com mais bravura.[53] Da mesma forma, Thiel teve a coragem de agir de acordo com seu entendimento da lei de potência, apostando alto nos momentos certos. Como apenas um punhado de start-ups cresceria de maneira exponencial, não fazia sentido ficar animado com oportunidades que pareciam apenas sólidas; na área de investimento de risco, o investimento mediano era um fracasso. Porém, quando encontrou um *grand slam* em potencial, Thiel estava pronto para pôr suas cartas na mesa. Em 1998, sua aposta de 300 mil dólares em Max Levchin tinha sido três vezes maior que a de Andy Bechtolsheim em Brin e Page, embora naquela época Bechtolsheim tivesse mais dinheiro para distribuir. Em 2004, o cheque-anjo de Thiel para o Facebook era treze vezes maior do que aqueles assinados por Hoffman e Pincus. Outros investidores, que buscavam administrar o risco por meio da diversificação, não tinham estômago para apostas tão concentradas. No entanto, em um campo regido pela lei de potência, Thiel tinha a certeza de que um pequeno número de apostas enormes e de alta convicção era melhor do que uma grande variedade de apostas indiferentes.[54]

Thiel gostava de contar uma história sobre a Andreessen Horowitz, outra empresa de investimento iniciante da qual falaremos mais tarde. Em 2010, a Andreessen Horowitz investiu 250 mil dólares no aplicativo de rede social Instagram. De acordo com alguns indicadores, foi um *home run* espetacular: dois anos depois, o Facebook pagou 1 bilhão de dólares pelo Instagram, e a Andreessen arrecadou 78 milhões — um retorno 312 vezes maior sobre seu investimento. No entanto, por outro ponto de vista, foi um desastre. A Andreessen Horowitz fez o investimento no Instagram de um fundo no valor de 1,5 bilhão de dólares, de modo que precisou de dezenove pagamentos de 78 milhões apenas para atingir o ponto de equilíbrio. O apoio a uma empresa vencedora era bom para o ego. Mas a verdade nua e crua é que o Instagram foi uma oportunidade perdida. Por outro lado, quando a Founders Fund ficou animada com uma oportunidade subsequente de investir no Facebook, em 2007, Nosek apostou todas as suas fichas. Ele ligou para os cotistas da Founders Fund e os convenceu a investir capital extra em um veículo para fins especiais exclusivo do Facebook. Em seguida, investiu todo o fundo de aposentadoria de seus pais na empresa.[55]

Com o passar do tempo, Thiel abraçou uma fonte extra de risco. Além de assinar cheques com quantias altas, apoiou projetos cada vez mais audaciosos. Alguns anos depois de lançar seu fundo de risco, explicou que pretendia ir atrás de "empresas mais arriscadas e mais inovadoras que de fato têm o potencial de mudar o mundo".[56] Em vez de se limitar a um software da moda, ele financiava jogadas estratosféricas em campos menos óbvios que poderiam ser mais importantes e lucrativos. Em 2008, Thiel teve a oportunidade de cumprir sua promessa.

Assistindo ao casamento de um amigo, ele encontrou Elon Musk, seu antigo rival do PayPal. Como os aliados de Thiel tinham expulsado Musk da empresa, as relações entre os dois nem sempre eram cordiais. Mas Musk havia se recuperado daquele episódio, investindo sua parte dos lucros do PayPal em duas novas start-ups: a Tesla, que fabricava carros elétricos; e a SpaceX, que ostentava a modesta ambição de cortar o custo do transporte espacial de forma tão radical que a colonização de Marte poderia virar realidade. Agora, no casamento, Musk disse a Thiel que estava aberto a receber um investimento na SpaceX.

"Claro. Vamos fazer as pazes", respondeu Thiel,[57] que enviou um e-mail para seus parceiros, sugerindo um investimento relativamente modesto de 5 milhões de dólares. Sean Parker respondeu lavando as mãos sobre a ideia: viagem espacial era uma ideia distante demais para ele. Mas Nosek teve a reação oposta. Se o negócio da Founders Fund era apoiar jogadas estratosféricas, uma viagem a Marte era certamente irresistível.

Nosek começou a conduzir a devida diligência na SpaceX. "Não estava claro para ninguém se isso ia funcionar", lembra Ken Howery. "Todos os foguetes tinham explodido", acrescentou.[58] Enquanto Nosek investigava, outro potencial patrocinador da SpaceX se retirou, e um terceiro foi imprudente e copiou a Founders Fund em um e-mail dizendo que Thiel e seus sócios haviam perdido o juízo.[59] Mas Nosek estava determinado a acreditar. A viagem espacial era uma daquelas tecnologias que tinham acumulado progresso na década de 1960 e, em seguida, ficado mais ou menos estagnadas: o custo de lançar um quilo de massa ao espaço em 2000 era o mesmo que em 1970. Sem dúvida, a SpaceX poderia aproveitar o progresso científico para desbloquear essa fronteira, certo? Além disso, os foguetes de Musk tinham explodido, mas seus engenheiros entendiam o motivo: o fracasso era um bônus se você aprendesse com ele. O próprio Musk era o gênio arrogante por excelência. Se a Founders Fund acreditasse em suas próprias teorias, o fato de ele rir ao bater seu carro de corrida sem ter seguro era motivo suficiente para apoiá-lo.

Em julho de 2008, logo após o fracasso da terceira tentativa de lançamento de foguete da SpaceX, Nosek convenceu Thiel a apostar 20 milhões de dólares em Musk, recebendo em troca cerca de 4% da empresa. Uma década depois, a SpaceX alcançava uma impetuosa avaliação de 26 bilhões de dólares. Por meio dessa e de outras apostas de alto risco, a Founders Fund se estabeleceu como uma empresa de capital de risco de alto desempenho, fruto de sua abordagem direta, de alto risco e radicalmente contrária à forma tradicional do mercado de investir em start-ups.[60] Para a indústria tradicional de capital de risco, o aviso era claro. A revolta da juventude — iniciada pelos Googlers, dramatizada pela pegadinha do pijama de Zuckerberg — agora estava sendo institucionalizada por Thiel e seu fundo. E o efeito Thiel tomou uma proporção maior com um segundo empreendimento que surgia, lançado quase simultaneamente por outro cultuado crítico do *establishment* do empreendimento de risco.

◆

Esse segundo novato era Paul Graham, o hacker e blogueiro que propôs sua "teoria unificada em relação à chatice dos investidores de risco". Como Thiel, Graham tinha fortes convicções sobre o que os investidores de risco faziam de errado. Mais ainda do que Thiel, ele começou a corrigir seus erros quase como uma reflexão tardia.

Poucos meses depois da brincadeira do pijama, em março de 2005, Graham apareceu na sala de conferências 305 do Emerson Hall, no campus de Harvard, para falar à comunidade de informática da universidade. O título de sua palestra era "How to Start a Startup" [Como começar uma start-up, em tradução livre], e o auditório estava superlotado; cerca de cem alunos haviam lido as reflexões de Graham sobre codificação e vida e queriam fundar empresas, como ele.[61] Não se ouvia nem sequer um sussurro enquanto Graham organizava suas anotações em folhas de papel pautado amarelo.[62]

Graham começou expondo seus temas favoritos. Qualquer hacker com uma boa ideia tinha qualificação para abrir um negócio. Nenhum hacker deve abaixar a cabeça para os investidores de risco. Os fundadores precisavam apenas de pequenas quantias em dinheiro para cobrir o aluguel e as compras de mercado. Graham acrescentou que, idealmente, esse dinheiro deveria vir de um investidor-anjo com experiência na abertura de uma start--up — alguém que pudesse fornecer aconselhamento e amizade.

O público deve ter pensado que seria alguém como ele, porque de repente Graham teve aquela incômoda sensação de que todos estavam olhando para ele. "Tive uma visão horrível de todos eles me enviando seus planos de negócio por e-mail", lembrou mais tarde. Estremecendo com as dificuldades jurídicas e administrativas de investir, Graham cortou o público ali mesmo. "Não eu. Não", insistiu. Graham se divertia com o modo como os jovens cientistas da computação o admiravam, mas não tinha planos de se tornar um investidor de risco.[63] "O estrondo de cem nerds desapontados simultaneamente ecoou pela sala", escreveu mais tarde um aluno que fazia parte da plateia.[64]

No final da conversa, Graham se viu cercado de admiradores. Dois alunos da Universidade da Virgínia tinham viajado catorze horas de trem para ouvi-lo. O primeiro, um jovem louro e magricela com óculos ovais, pediu um autógrafo a Graham, mas parecia maravilhado demais para falar muito. O segundo, imponente e esguio, produziu um dos livros de Graham na linguagem de computador Lisp. O autor poderia, por favor, assinar?

Graham deu uma risadinha. Não era a primeira vez que lhe pediam para assinar uma das suas obras sobre programação.

O jovem alto tinha mais um pedido. Será que ele e seu amigo poderiam pagar uma bebida para o dr. Graham e conversar sobre a ideia de uma start-up?

Lisonjeado e esquecendo por um momento sua decisão no palco, Graham concordou em se encontrar com os dois naquela noite. "Acho que, como vocês vieram da Virgínia, não posso dizer não", respondeu.[65]

Graham chegou um pouco atrasado, vestindo uma camisa polo folgada e shorts cáqui. O grupo conseguiu uma mesa em um lugar chamado Café

Algiers, e, quando o homus chegou, o jovem alto começou a falar. Apresentou-se como Alexis Ohanian, e seu amigo era Steve Huffman. A missão deles era mudar a forma como os restaurantes funcionavam. Os dois criariam um programa que permitia às pessoas pedir comida por mensagem de texto.

Cinco minutos depois da conversa de Ohanian, Graham o interrompeu. "Vai significar o fim das filas", exclamou, agarrando-se à grande ideia do pequeno projeto. "Ninguém mais terá que esperar na fila de novo!" De repente, Graham estava conectando os pedidos de restaurantes à história do desenvolvimento das comunicações móveis e instigando os alunos a pensar em grande escala. Foi uma emoção compartilhar seu conhecimento.

Quatro dias depois, em uma sexta-feira, Graham e sua namorada, Jessica Livingston, estavam voltando para casa após jantar na Harvard Square. Embora fosse quase primavera, a temperatura em Cambridge estava congelante. A conversa mundana continuou. Livingston havia se candidatado a um cargo de marketing em uma empresa de investimento de risco e estava esperando uma resposta. De sua parte, Graham tinha acabado de sair do encontro no Café Algiers e estava se sentindo atraído pelo investimento-anjo. Apesar de suas reservas em se tornar um investidor de risco, ser mentor de jovens fundadores seria uma forma de retribuição. "Eu sempre pensei que as pessoas que criam start-ups acham que deveriam fazer pelo menos um pouco de investimento-anjo", refletiu ele mais tarde. "Porque, se ninguém tivesse investido neles, como teriam começado, certo?"[66]

Uma ideia se formou enquanto o casal caminhava pelas calçadas de tijolos manchados. Os dois iam montar uma pequena firma de investimento-anjo juntos. Livingston poderia trabalhar lá, em vez de no fundo de risco que estava demorando uma eternidade para responder. Ela poderia assumir as coisas administrativas e jurídicas que Graham achava desagradáveis. Graham, por sua vez, utilizaria sua experiência como fundador para escolher a próxima geração de vencedores. Seria a parceria perfeita.[67]

Nos dias que se seguiram, o casal apresentou um plano para uma nova forma de investimento em capital semente. Isso preencheria a lacuna que

Graham viu no capital de risco convencional: a nova geração de fundadores de software só precisava de dinheiro suficiente para comprar comida, além de orientação ocasional e camaradagem para aliviar a solidão da programação. O plano Graham-Livingston também seria mais estruturado do que os impulsos *ad hoc* de anjos dispersos: envolveria um escritório, funcionários e procedimentos padronizados. Graham investiu 100 mil dólares do próprio bolso, e dois cofundadores de sua antiga start-up de software, a Viaweb, prometeram 50 mil cada. Em seguida, anunciou o plano em seu blog na fonte Verdana básica, tamanho 10. O título em negrito e vermelho anunciava: "Programa de verão para fundadores".

Graham classificou o programa como um substituto experimental para empregos convencionais de verão na faculdade. Em vez de um salário, os participantes receberiam 6 mil cada como forma de se sustentar durante os três meses de programação. Também receberiam ajuda prática e emocional. A Y Combinator (YC), como era chamada a operação Graham-Livingston, formalizaria as start-ups dos participantes, abriria contas bancárias para elas e as aconselharia sobre patentes. Graham e alguns de seus amigos inteligentes forneceriam feedback sobre os projetos dos jovens hackers, e haveria um jantar uma vez por semana para que os alunos das turmas de verão se conhecessem. Em troca, a Y Combinator ficaria com parte do patrimônio — geralmente 6% das ações — de cada microempresa que formalizasse.[68]

A princípio, Graham pensou no programa de verão como algo temporário. A Y Combinator investiria em várias equipes ao mesmo tempo para que pudesse aprender o que funcionava e o que não funcionava. Mas logo ele percebeu que o processamento em lote era maravilhosamente eficiente.[69] Os membros do lote forneceriam apoio uns aos outros, aliviando o fardo sobre ele e Livingston. E a YC poderia ajudar as start-ups como um grupo. Poderia convidar um palestrante para um jantar e fazer com que todos os seus protegidos participassem. Poderia organizar um único dia de demonstração em que todos os seus fundadores se apresentariam para os investidores subsequentes. Ninguém havia pensado anteriormente em estruturar os investimentos-anjos dessa maneira.[70]

Em abril de 2005, Livingston, Graham e os dois cofundadores da Viaweb se reuniram em uma antiga fábrica de doces que, à época, Graham havia comprado recentemente. Havia cinco claraboias, paredes brancas brilhantes e alguns móveis modernos esparsos de meados do século. A porta da frente era pintada de vermelho alaranjado.

Graham e sua gangue começaram a fazer entrevistas. Vinte equipes foram selecionadas das 227 inscritas. Em sucessivas sessões de 45 minutos, os visitantes se evadiam das perguntas com o cofundador da Viaweb, Robert Morris, que bancava o durão. Graham rabiscou uma caricatura do rosto de Morris em um quadro branco, completo com sobrancelhas franzidas e um lábio inferior protuberante. "Isso nunca vai funcionar", dizia a legenda que acompanhava o desenho. No entanto, alguns *pitches* realmente pareciam funcionar. Havia um rapaz de dezenove anos de Stanford que parecia mais sábio do que sua idade permitia. Era Sam Altman, que sucedeu a Graham como o espírito-guia da Y Combinator. E havia Huffman e Ohanian, a dupla da Virgínia que mais tarde abandonou o esquema de reservas em restaurantes em favor de um site de notícias chamado Reddit, que proporcionou à YC sua primeira saída lucrativa. Ao todo, oito equipes conseguiram avançar. A taxa de aceitação da Y Combinator foi de 3,5%, comparável à da Harvard Medical School.

Com dinheiro suficiente para aluguel e pizza, e não muito mais do que isso, os escolhidos trabalharam loucamente, reproduzindo o estilo de vida de programação 24 horas por dia que Graham havia adotado ao montar a Viaweb. O alívio vinha nas noites de terça-feira, quando os programadores se reuniam para o jantar. Graham cuidaria da cozinha da fábrica de brinquedos, que tinha sido convertida, esvaziando latas em panelas elétricas e mexendo o que era carinhosamente conhecido como "gororoba". Os alunos do curso de verão perambulavam, comparando o progresso em seus projetos de programação, às vezes bebendo limonada e chá gelado de hortelã, uma especialidade de Livingston.[71] Logo em seguida, sentavam-se em bancos instáveis dispostos de cada lado de uma longa mesa de fórmica sob as claraboias.[72] Eles se enchiam de gratidão com a "gororoba" e ouviam um palestrante que Graham convidara. Sem surpreender ninguém, os palestrantes costumavam ampliar os pontos de vista de Graham. Um visitante apresentou um *slide* com uma pergunta para o grupo discutir: "Investidores de risco: agentes desalmados de Satanás ou apenas estupradores desajeitados?"[73]

Poucos anos depois, quando a Y Combinator se estabeleceu em Palo Alto, Graham convidou ninguém menos que Mark Zuckerberg para falar em um evento em Stanford. O veterano da apresentação do Wirehog se levantou e expressou a compartilhada convicção pela nova geração: "Os jovens são simplesmente mais espertos."[74]

Logo após os cheques de investimento em crescimento de Masayoshi Son, a disseminação dos anjos do tipo de Bechtolsheim e os investimentos de Peter Thiel, a Y Combinator representou mais um desafio para o capital de risco tradicional. Tendo diagnosticado as limitações das empresas líderes do setor de risco, Graham estava oferecendo microinvestimentos com base na teoria de que grandes cheques eram tóxicos para start-ups de software iniciantes. Ele teve a ideia do processamento em lote e inventou uma maneira folclórica e nada satânica de transformar hackers em fundadores. Na perspectiva de Graham, sua nova fórmula de investimento era fundamentalmente diferente do investimento de risco convencional. Não estava apenas conhecendo empreendedores e aproveitando o talento deles, mas sim recrutando programadores adolescentes e *criando* empreendedorismo.

Graham descreveu essa alquimia no jargão da programação: era um *hack* na economia mundial. Como um hacker que vê um atalho inspirado em um trecho de código, ele estudou a sociedade humana e percebeu que, com um modesto ajuste, ela poderia funcionar com mais eficiência. "Existem milhares de pessoas inteligentes que poderiam abrir empresas e não o fazem e, com uma quantidade relativamente pequena de força aplicada no lugar certo, podemos lançar no mundo um fluxo de novas start-ups", escreveu em 2006, um ano após a fundação da Y Combinator. Um novo fluxo de start-ups seria desejável não apenas porque criaria riqueza extra, mas porque sinalizaria uma liberdade mais plena para jovens hackers. "Quando me formei na faculdade, em 1986, havia basicamente duas opções: conseguir um emprego ou fazer pós-graduação. Agora há uma terceira: comece sua própria empresa", escreveu Graham. "Essa mudança, de dois caminhos para três, é o tipo de mudança social grande que só acontece uma vez a cada poucas gerações. É difícil prever a grandeza do negócio. Será tão importante quanto a Revolução Industrial?"[75]

É claro que essa ideia de liberdade para hackers não era totalmente nova, apenas estendia a promessa original do investimento de risco. Arthur Rock havia libertado talentos que, de outra forma, teriam sido sufocados dentro das corporações hierárquicas. Graham estava dizendo que era possível se libertar antes mesmo de entrar para uma empresa. Dessa forma, destilou sua mensagem em algumas frases comoventes. "Trabalhe por você mesmo." "Capte o valor de suas próprias ideias." "Em vez de subir uma escada, crie uma escada abaixo de você." "As empresas monolíticas e hierárquicas de meados do século XX estão sendo substituídas por redes de empresas menores", comemorou Graham, celebrando os grupos de start-ups cuja vantagem inovadora foi identificada por AnnaLee Saxenian.[76] A exceção é que agora, como Graham percebeu, a ascensão do software significava que haveria mais pequenas empresas do que nunca. Localizadas em algum lugar entre a corporação e o mercado, as redes de start-ups constituiriam uma terceira categoria de organização capitalista. Talvez tenha sido realmente uma mudança na escala da Revolução Industrial.

As visões expansivas de Graham foram acompanhadas pelo avanço de seu modelo de investimento. Após o sucesso de sua primeira escola de verão, Graham e Livingston levaram seu formato para a Costa Oeste. Os dois aumentaram o número de equipes aceitas e acrescentaram novos experimentos: capital extra para abastecer seus protegidos, assistência inicial para organizações sem fins lucrativos, conferências em Stanford. Conforme as informações sobre seus programas foram se espalhando, dezenas de imitadores surgiram, às vezes acrescentando ajustes inteligentes ao modelo de Graham. Em 2006, um rival chamado Techstars começou em Boulder, no Colorado, e em poucos anos se espalhou para Boston, Seattle e Nova York. No ano seguinte, Seedcamp, uma encarnação europeia da ideia de Graham, começou em Londres. Em 2018, Daniel Gross, um graduado da YC que mais tarde voltou como sócio da empresa, lançou um acelerador de start-ups on-line chamado Pioneer, que tinha como objetivo espalhar algo como a experiência da YC para empreendedores em países em desenvolvimento, os quais viviam longe de qualquer polo de tecnologia. Enquanto isso, acreditando que uma barreira para o empreendedorismo tem a ver com o fato de que programadores isolados têm dificuldade em encontrar parceiros com ideias semelhantes, uma empresa chamada Entrepreneur First forneceu uma espécie de serviço de encontros. Recrutou programadores individuais em vez de equipes fundadoras já estabelecidas, inscreveu-os em programas no estilo da YC e os encorajou a se unirem. Liderada por Alice Bentinck e Matt Clifford, dois jovens britânicos carismáticos, a Entrepreneur First rapidamente abriu escritórios em Londres, Berlim, Paris, Singapura, Hong Kong e Bangalore.

Em suma, o exemplo da Y Combinator e a revolta da juventude mais ampla sinalizaram uma nova fase para o capital de risco. Uma indústria que inicialmente consistia em investidores generalistas, e que mais tarde apresentava especialistas no estilo da Accel, agora estava se dividindo em investidores de capital de sementes, investidores em estágio inicial e investidores em crescimento. Enquanto isso, os investidores de risco estavam aprendendo a se submeter aos fundadores; o capital de risco tinha menos a ver com os investimentos práticos de Valentine-Perkins e mais com a libertação do estilo de Rock. Mas havia um limite para as novas ideias. As teorias baseadas na lei de potência de Peter Thiel podiam ser levadas longe demais. Da Genentech à Cisco e daí em diante, houve muitos casos em que o capital de risco prático alimentou o sucesso das empresas de portfólio. Da mesma forma, a crítica de Paul Graham aos investidores de risco arrogantes e que assinavam cheques polpudos era justificada quando ele falava sobre investimentos em pequenas empresas de software, que eram simples de gerenciar e exigiam pouco capital. Mas as empresas que cresceram ainda precisam de orientação e dinheiro.

Nos anos que se seguiriam, essa última advertência se revelou especialmente significativa. Algumas empresas do Vale do Silício cresceriam *muito*.

Consumiriam bilhões de dólares, atenderiam a dezenas de milhões de consumidores e muitas vezes exigiriam uma rigorosa supervisão do investidor. Em parte graças à mudança cultural provocada pela revolta da juventude, elas nem sempre conseguiriam.

Capítulo dez

VÁ PARA A CHINA E AGITE

No fim de 2004, quando Mark Zuckerberg e Sean Parker estavam provocando a Sequoia, um investidor de risco corpulento chamado Gary Rieschel visitava uma torre de escritórios em Xangai, às margens do rio Huangpu. Mais do que a maioria dos especialistas em tecnologia americanos, Rieschel tinha uma visão internacional e sabia como funcionavam os booms. Ele trabalhara no Japão durante a especulativa década de 1980, que foi marcada por um rápido crescimento econômico. Tinha administrado o fundo de capital de risco de Masayoshi Son no Vale do Silício durante a frenética década de 1990. Quando o boom do Vale estourou, ele havia mudado o foco de volta para a Ásia, que estava em uma fase de alto crescimento. Agora, enquanto olhava pela janela do 47º andar daquele escritório palaciano, sua respiração parou por um instante. Tudo que via eram guindastes de construção; por quilômetros e quilômetros em Xangai, torres de aço e vidro brotavam como bambu. Em todas as viagens que fizera, Rieschel nunca tinha testemunhado tanta atividade. De repente, ele se viu imaginando o rio Huangpu como um fluxo de dinheiro derretido, irrigando a cidade com riquezas.[1]

Rieschel tinha se mudado para Xangai por conta de uma aventura familiar que duraria seis meses, mas logo decidiu que devia ficar. Ele conseguiu autorização para alugar um escritório naquela torre perto do Huangpu usando um bloco de assinatura falsificado com caracteres chineses que tinha comprado de um vendedor de rua e reavivou antigos contatos, entre eles um engenheiro que estudara em Stanford chamado Duane Kuang, que Rieschel conheceu quando os dois trabalharam juntos na Cisco. Kuang tinha retornado à China, sua terra natal, e administrava um fundo de investimentos para a Intel, e agora concordava em se juntar a Rieschel no lançamento de uma nova empresa de capital de risco com foco na China, que eles chamaram de Qiming. No fim de 2005, os dois partiram para levantar capital de cotistas americanos.

Seguindo o estilo padrão do Vale do Silício, Rieschel aproveitou todas as oportunidades para fazer amizade com pessoas da comunidade de tecnologia local. Ele era jovial, extrovertido e conhecia seu lugar na Ásia. Nunca se sentiria como um nativo, mas, como um veterano da área da tecnologia se aproximando do 50º aniversário, tinha experiência para contribuir.[2] Os fundadores de start-ups em Xangai se mostraram ansiosos para aprender com ele, e sua energia era surpreendente. Era comum o telefone de Rieschel tocar à noite, depois do jantar. Alguém em algum lugar daquela cidade fervilhante pedia uma reunião.

— Quando? — perguntava Rieschel.

— Agora! — Vinha a resposta, como se fosse óbvia.

Rieschel entrava no carro e passava por inúmeras equipes de obras trabalhando no próximo arranha-céu ou em uma extensão do metrô. A reunião podia começar por volta das dez da noite e seguir até uma da manhã do dia seguinte. Eram start-ups de hardware, de software, de saúde e todo tipo de e-commerce. Com a economia da China crescendo 10% ao ano e o uso da internet se expandindo quase duas vezes mais rápido, as oportunidades estavam por toda parte.[3] O chinês médio tinha computadores, modems, telefones celulares e mais renda disponível do que a geração anterior sequer poderia sonhar. "Tudo que precisávamos fazer era polvilhar capital em cima disso e dar uma agitada", disse Rieschel mais tarde.[4]

Era um momento extraordinário, e ainda mais extraordinário à luz do desempenho misto dos clusters de tecnologia de outros lugares. Desde a década de 1980, quando o Vale do Silício ofuscara seus rivais no Japão e em Boston, surgiram inúmeras tentativas de imitá-lo, a maioria patrocinada por governos locais ou nacionais. No fim da década de 1990, só nos Estados Unidos já existiam o Deserto do Silício (Phoenix), o Beco do Silício (Nova York), a Colina do Silício (Austin) e a Floresta do Silício (em Seattle e Portland, Oregon). Israel, Taiwan, Índia e Grã-Bretanha lançaram esforços semelhantes, e o Egito ostentava o Parque Tecnológico da Pirâmide.[5] Mas nem mesmo os aspirantes a "alguma coisa do silício" mais bem-sucedidos chegavam perto de rivalizar com o original. Graças a uma tradição de excelência em engenharia e a um apoio governamental inteligente para fundos de risco, Israel se tornou o centro de inovações mais promissor fora dos Estados Unidos, com avanços que iam desde softwares de mensagens instantâneas a softwares de navegação automotiva. Mas, devido ao pequeno tamanho da economia de Israel, o cluster de start-ups do país era mais um complemento do Vale do Silício do que um concorrente. Quando suas invenções se mostravam promissoras, o primeiro passo dos empreendedores israelenses era buscar apoio de capital de risco dos Estados Unidos e almejar o mercado americano. Nesse processo, muitos transferiram suas sedes comerciais para a Costa Oeste. Longe de desafiar o domínio do Vale, eles o reforçavam.

O boom que Rieschel percebeu na China era de uma magnitude diferente. Em 2005, ano em que ele e Kuang tiveram a ideia da Qiming, os fundos de risco voltados para a China levantaram 4 bilhões de dólares, uma fração dos 24 bilhões de dólares levantados nos Estados Unidos. Uma década depois, essa diferença teria desaparecido.[6] Naquele momento, a Qiming havia conseguido cerca de 1 bilhão de dólares em apostas de risco, devolvendo aos investidores 4 bilhões de dólares, e os investidores de risco chineses apareceram ao lado de grandes nomes americanos no topo da Lista Midas da *Forbes* de estrelas globais de capital de risco.[7] Gigantes da tecnologia dos Estados Unidos, como Google, Amazon, Facebook e Apple, teriam que enfrentar rivais chineses como Baidu, Alibaba, Tencent e Xiaomi, sendo esta última a maior fabricante de smartphones da China e um dos muitos triunfos financiados pela Qiming. Pela primeira vez desde o desafio japonês da década de 1980, as start-ups movidas pelo capital de risco dos Estados Unidos não podiam mais ter certeza de que dominavam o mundo.[8]

Só que de certa forma elas podiam, sim, dominar, já que, como a presença de Rieschel sugeria, o boom tecnológico da China foi forjado, em grande medida, por investidores americanos, e os investidores de risco chineses que surgiram eram "quase americanos" — em termos de educação, formação profissional e abordagem ao capital de risco. Tinham estudado nas principais faculdades americanas, trabalhado em empresas americanas e absorvido cuidadosamente o manual do capital de risco dos Estados Unidos: fundos apenas de ações, financiamento em estágios, envolvimento tipo "mão na massa" e opções de compra de ações para funcionários de start-ups. Neil Shen, classificado por três anos pela *Forbes* como o maior investidor de risco não só na China, mas global, não era um adversário para a maneira dos Estados Unidos de fomentar a inovação, nem para as sociedades do Vale do Silício, como a Sequoia.[9] Pelo contrário, ele tinha frequentado a Universidade Columbia e a Universidade Yale, trabalhado tanto no Lehman Brothers quanto no Citibank e, por fim, se tornara chefe de operação da Sequoia na China. JP Gan e Hans Tung, dois outros investidores de risco ligados à China que figuravam entre os dez primeiros globais da *Forbes*, reforçavam essa questão. Os dois tinham frequentado faculdades americanas, trabalhado em empresas de finanças nos Estados Unidos e virado estrelas ao trabalharem com Rieschel na Qiming. Entre os principais investidores de risco chineses, só uma se destacou como exceção parcial. Tendo sido criada e estudado no continente, Kathy Xu fora exposta às práticas financeiras ocidentais por volta dos vinte e poucos anos, quando ingressou em uma empresa de contabilidade britânica em Hong Kong.

Por conta do poder do Partido Comunista da China, observadores chineses e estrangeiros tendem a atribuir o sucesso da tecnologia do país aos líderes políticos supostamente previdentes. A verdade, porém, é mais surpreendente. Longe de justificar a estratégia industrial do Partido Comunista, o sucesso tecnológico da China foi um triunfo para o modelo financeiro criado por Arthur Rock.

◆

O primeiro negócio de risco mágico da China, equivalente aproximado ao financiamento feito por Rock aos oito traidores da Fairchild, ocorreu em 1999, cinco anos antes da chegada de Rieschel a Xangai. Assim como Rock tinha ido de Harvard para a corretora Hayden, Stone & Co., de Wall Street, sua sucessora espiritual, um prodígio com muita lábia chamada Syaru Shirley Lin, foi de Harvard para o Morgan Stanley e depois para a Goldman Sachs. Rock saíra da Hayden sabendo que a empresa não tinha apetite para se concentrar em start-ups. Da mesma forma, Lin travou batalhas com sua ambivalente empregadora em Wall Street, culminando em um dos equívocos mais embaraçosos da história da Goldman Sachs.

Lin é uma americana de origem taiwanesa que foi admitida em Harvard aos dezesseis anos e pulou o primeiro ano — e era considerada ambiciosa e hiperativa. Mais tarde, tornou-se a mulher mais jovem a ser sócia da Goldman, e sua energia e seu charme faziam dela uma negociadora natural. Bicultural e bilíngue, também é uma ponte entre dois mundos. Depois que a Goldman a contratou e a tirou do Morgan Stanley, no início dos anos 1990, Lin conseguiu que o banco assumisse uma participação em uma empresa chinesa de diesel e aconselhou o governo chinês na reestruturação e privatização de suas companhias aéreas. Depois disso, a Goldman a lançou de paraquedas na maior privatização de todos os tempos na Ásia: a Singapore Telecom. O fato de ser mulher em nada a impedia. Em relação ao Vale do Silício, a cultura de negócios de rápido desenvolvimento da China era flexível, fluida e de certa forma era menos um clube restrito a homens.[10]

Em 1999, Lin usou seu status de estrela em ascensão na Goldman para seguir por uma nova direção. Inebriados pela euforia de IPOs do Vale do Silício, os engenheiros chineses que saíam dos programas de pós-graduação nos Estados Unidos estavam ansiosos para lançar start-ups de tecnologia. Eles tinham ideias de negócios, treinamento técnico e uma ambição implacável. Mas, assim como os Oito Traidores na Califórnia meio século antes, não tinham uma fonte de capital garantida. Não iam conseguir com um banco chinês, porque os credores chineses achavam que as start-ups eram arriscadas demais.[11] Nem iam obtê-lo com uma sociedade na Sand Hill Road, pois a maioria dos investidores de risco americanos achava que a China era arriscada demais. Vendo uma oportunidade, Lin começou a desenvolver uma empresa de capital de risco focada na China.[12] Em pouco tempo, os planos de negócios começaram a chegar de vento em popa no escritório da Goldman Sachs em Hong Kong.

Lin começou a buscar negócios que combinassem as vantagens dos Estados Unidos e as da China, e eles seriam estruturados à moda americana, com os advogados do Vale do Silício redigindo todos os documentos. Porém envolveriam start-ups fundadas por chineses que haviam estudado nos Estados Unidos e venderiam para o vasto mercado chinês. O Sina, um dos primeiros portais de internet chineses, foi um exemplo: tinha como alvo consumidores chineses, mas as reuniões do conselho eram realizadas no Vale. Lin também apoiou a Sohu e a NetEase, dois outros portais promissores.

Certo dia, Lin ouviu falar de uma start-up fundada por um professor de inglês chamado Jack Ma, localizada na capital da província de Hangzhou. A recomendação veio de outro americano de origem taiwanesa, Joe Tsai, que havia estudado em Yale e mais tarde na Yale Law School na época em que ela estava em Harvard. Os dois tinham se conhecido quando eram estudantes durante um voo para seus respectivos empregos de verão em Taipei; Tsai passou a maior parte da viagem lendo um livro sobre direito constitucional americano, enquanto Lin estava enterrada no *Wall Street Journal*.[13] Mais tarde, ambos foram contratados por empresas de prestígio em Nova York; enquanto Lin trabalhava em um banco de investimento, Tsai fora para o renomado escritório de advocacia Sullivan & Cromwell. Depois, em meados da década de 1990, Tsai seguiu o exemplo de Lin e conseguiu um emprego como investidor em Hong Kong. Agora ele estava decidido a apoiar essa start-up em Hangzhou. E queria que Lin coinvestisse com ele.

No início, Lin ficou em dúvida. "De jeito nenhum", disse ela, rindo com desdém.[14] Os *pitches* que inundavam o escritório dela eram de pessoas com pós-graduação vindas de faculdades famosas dos Estados Unidos. O que poderia haver de tão especial em um professor de inglês do interior? Além disso, o negócio que esse tal de Jack Ma estava buscando — um site para ajudar empresas ocidentais a obter produtos baratos da China — parecia muito semelhante aos *pitches* que ela havia visto antes. E, mesmo que fosse um pouco diferente, e daí? Lin descobriu que os aspirantes a empreendedores que a procuravam estavam dispostos a modificar seus planos de negócios em um piscar de olhos. Caso quisesse, Lin podia fazer qualquer um deles implementar o conceito de Ma.

"Os aspirantes a CEO vinham até mim e perguntavam: em qual setor você quer que eu esteja?", lembrou Lin. "E, se eu dissesse que queria uma pessoa de conteúdo, eles diziam que fariam conteúdo."

— Mas você não sabe nada de conteúdo — retrucava Lin.

— Só espere! — Era a resposta. Poucos dias depois, a pessoa voltava com uma equipe de dez pessoas de conteúdo, e todas tinham estudado em Stanford.[15]

Logo depois de rejeitar Tsai, Lin ouviu falar de um *pitch* de uma empresa de sucesso chamada Asian Sources. Era um suposto negócio de páginas amarelas: grandes varejistas dos Estados Unidos usavam a Asian Sources para adquirir produtos da China. A empresa agora se propunha a lançar uma versão on-line de sua fórmula e, mesmo antes de contratar o primeiro funcionário, já exigia descaradamente uma avaliação de 1,7 bilhão de dólares para o projeto. Apesar do preço astronômico, a Goldman estava pensando em apoiá-la.

Uma luz se acendeu na cabeça de Lin. Era a mesma visão que o cara de Tsai em Hangzhou estava lançando. Lin sabia que, quando empresas tradicionais tentavam canibalizar o próprio negócio colocando-o on-line, os interesses da velha guarda da empresa muitas vezes frustravam o progresso. Talvez fosse melhor apostar no projeto incipiente, e por uma fração do preço? Quando Tsai voltou a implorar a Lin para visitar seu projeto em Hangzhou, ela concordou em acompanhá-lo.

Alguns dias depois, a dupla de ex-alunos da Ivy League apareceu no apartamento de Jack Ma. Uma dúzia de funcionários, incluindo a esposa de Ma, trabalhava em conjunto dia e noite, alimentando-se à base de macarrão instantâneo. Ma e sua equipe eram evidentemente obsessivos demais para se preocupar com higiene: o apartamento tinha um cheiro pungente. Mas, com um sorriso largo e feições élficas, Ma exalava um certo charme; era uma mudança agradável se comparado aos puxa-sacos ávidos que faziam *pitches* para Lin o tempo todo. A turma de Stanford faria quase qualquer coisa para conseguir o financiamento de uma empresa de prestígio como a Goldman Sachs. Por outro lado, Ma era fervorosamente comprometido com seu plano de negócios. Ele não ia modificá-lo por sugestão de um investidor. Além disso, se Ma não tinha o polimento dos chineses que haviam estudado nos Estados Unidos, Lin podia contar com seu coinvestidor para compensar isso. Joe Tsai não apenas estava decidido a apoiar o projeto de Ma, mas também pronto para colocar a mão na massa.

Tomando o chá com Ma, Lin anunciou que a Goldman Sachs estava pronta para investir, mas só se o banco ficasse com mais da metade do patrimônio.

Ma contestou. A empresa era como um filho.

A reunião terminou com Lin deixando que Ma pensasse na oferta. Ela percebeu que sua vantagem aumentaria conforme as necessidades de caixa da start-up aumentassem. Obviamente, Ma começou a ligar para ela com frequência; ainda queria manter a maior parte das ações, mas precisava de capital com urgência.

Em um fim de semana, quando Lin estava nadando com a família no lado sul da ilha de Hong Kong, Ma ligou para ela outra vez. "Isso é a minha vida!", implorou ele. A Goldman não podia deixá-lo ficar com a maior parte do patrimônio?[16]

"O que você quer dizer com 'isso é a sua vida'? Você acabou de começar!", foi o que Lin disse com firmeza. Ela reiterou que a Goldman precisava ser dona de mais da metade da empresa de Ma.

Ma desligou. Voltou a ligar em seguida. Estava fora de si de tanta ansiedade.

Lin aproveitou a vantagem. "Depois deste fim de semana, não vou pensar mais nisso", declarou ela de um jeito ameaçador. "Isso é uma perda de tempo. Vou analisar outras equipes." Lin tinha uma pilha de planos de negócios do tipo "Eu faço o que você quiser!". Se a Goldman visse a promessa de conexão com produtos da China como uma ideia, poderia encontrar muitas estrelas com credenciais ansiosas para ir atrás dela.

O tom de Ma suavizou. Ele sugeriu um meio-termo: propriedade meio a meio.

Por fim, os dois lados chegaram a um acordo, mais ou menos repetindo os termos que Arthur Rock oferecia aos fundadores na década de 1960. A Goldman pagaria 5 milhões de dólares pela metade da empresa, que Ma chamou de Alibaba. Depois de toda a discussão sobre propriedade, o tamanho do cheque da Goldman era estranhamente incontestável. "Escolhi um valor aleatório", disse Lin mais tarde.

Antes que houvesse tempo para discutir mais detalhes, o celular Nokia vermelho de Lin escorregou de sua mão e caiu no mar. A conversa terminou.

Na terça-feira seguinte, Lin ligou para o comitê de investimentos da Goldman Sachs em Nova York e explicou a proposta.

A resposta foi fria. "Eles disseram: 'Cinco milhões de dólares por esse nada?'", parafraseou Lin mais tarde.

"Tudo bem, mas nós vamos gerir a empresa", rebateu Lin.

Os nova-iorquinos se recusaram a aprovar o acordo de Lin, a menos que ela descarregasse um terço do patrimônio. "Livre-se de 1,7 milhão de dólares amanhã", ordenaram.[17]

Mais ou menos como aconteceu com a Venrock, que fechou o negócio de alto nível com o pungente Steve Jobs e depois deu uma parte do patrimônio para Arthur Rock, a Goldman cedeu 17% do Alibaba, dividindo-o entre outras quatro empresas de investimento. Quinze anos depois, a Goldman viu do que tinha desistido. O Alibaba organizou um IPO triunfante. Aquela participação de 1,7 milhão de dólares teria valido a incrível quantia de 4,5 bilhões de dólares.

Dois meses depois, em dezembro de 1999, Ma e sua equipe estavam desesperados por mais capital. Enfrentando um escrutínio incomum desde que haviam aberto o capital em maio, a Goldman relutava em injetar mais dinheiro na obscura start-up chinesa. Os chefes de Nova York instruíram Lin a encontrar outro investidor. Se alguém pudesse ser persuadido a entrar pagando mais pela avaliação do que a Goldman tinha pagado, a nova rodada aumentaria o valor de papel do patrimônio do banco.

— Por que você não tenta aumentar o preço? — sugeriu o pessoal de Nova York.

— Primeiro você quer que eu me livre de 1,7 milhão de dólares, depois quer que eu aumente o preço? — bufou Lin.

"Todos os dias eles querem que eu faça mágica!", disse a si mesma com amargura.[18]

Em janeiro de 2000, Lin conversou com Mark Schwartz, presidente do conselho da Goldman na região Ásia-Pacífico. Schwartz era próximo de Masayoshi Son e estava no conselho do SoftBank. Lin explicou o dilema que vivia: tinha um portfólio de start-ups na China, mas o pessoal de Nova York não gostava delas.

— Tenho sete empresas. Será que seu amigo Masa pode investir em todas elas? — perguntou ela, esperançosa.

— Qual delas está mais desesperada? — quis saber Schwartz.

— O Alibaba está muito, muito desesperado — respondeu Lin.[19]

Schwartz conversou com Son. O mercado da China estava aquecido. A Goldman tinha um portfólio composto de start-ups em que um pouco mais de capital cairia bem.

Em pouco tempo, o SoftBank cuidou para que Son se encontrasse com vários empreendedores de tecnologia chineses em Pequim. Fizeram fila para se reunir com ele, um atrás do outro, proporcionando a Son um dia de encontros rápidos de investimento. Ma estava na lista, e Son gostou dos modos dele; "seus olhos eram muito fortes, brilhavam", disse Son mais tarde.[20] Os dois fecharam o acordo em um investimento, com Son aconselhando Ma a gastar o dinheiro logo e rapidamente expandir os negócios.[21]

Para finalizarem o negócio, Son e Ma se encontraram de novo, dessa vez no escritório de Son em Tóquio. Como decoração, havia um piso de tatame tradicional, paredes de papel de arroz e espadas de samurai. Como principal acionista titular, Lin também participou da reunião. Seu acordo original com o Alibaba lhe dava direito de veto efetivo em novos levantamentos de capital, então Son tinha que negociar com ela.

Lin propôs que o SoftBank investisse 20 milhões de dólares no Alibaba em troca de um quinto da empresa. A avaliação implícita de 100 milhões de dólares era dez vezes o que Lin e seus coinvestidores tinham pagado três meses antes.

Assim como fizera com o Yahoo meia década antes, Son aceitou na mesma hora, sem hesitar.

"Ele aceitou o número que eu disse", admirou-se Lin mais tarde. "Eu estava pensando: 'Ele é louco!' Era como quando alguém diz 'sim' da maneira mais improvável possível. Você sente uma empolgação absurda."[22]

Em uma rápida sucessão, Son investiu em várias das start-ups chinesas de Lin. Porém o que Lin não percebia era que na loucura de Son havia bastante método. Embora Son parecesse se comprometer com o Alibaba quase casualmente, depois de uma sugestão da Goldman em benefício próprio e duas reuniões com Ma, havia um motivo para tamanha convicção. Por conta de sua posição no conselho da Cisco, ele sabia que as vendas de roteadores para a China tinham começado a decolar. O uso da internet estava prestes a explodir, então fazia sentido salpicar o capital em qualquer coisa que lhe pudesse render muito lucro.[23] As start-ups de Lin foram um jeito conveniente de Son entrar no jogo, e 20 milhões de dólares não passavam de trocados para ele.[24] Faltando apenas dois meses para a queda da Nasdaq, ele era, segundo suas próprias estimativas, um dos homens mais ricos do planeta.[25]

Com o tempo, a disposição de Son em apostar rápido reconstruiu a fortuna que ele viria a perder durante a implosão da Nasdaq. Quando o Alibaba abriu o capital em 2014, a participação de Son valia 58 bilhões de dólares.[26] Foi disparado a aposta de maior sucesso na história do capital de risco.[27]

◆

Nessa etapa da história, dois pontos são dignos de nota. O primeiro é que o governo chinês não teve nenhum papel direto no lançamento do Alibaba, empresa que se tornaria um pilar da economia digital do país. E o segundo é que as finanças dos Estados Unidos fizeram toda a diferença. Mas a influência dos americanos sobre Ma e o Alibaba foi além do capital que estes receberam. Os herdeiros intelectuais de Arthur Rock conspiraram com Ma para usar as opções de compra de ações como uma arma mágica.

Desse modo, para implantar na China a cultura de patrimônio do Vale do Silício foram necessárias algumas manobras heroicas. A ideia de patrimônio negociável era nova para o continente; suas duas bolsas de valores um tanto desajeitadas, em Xangai e Shenzhen, tinham sido inauguradas em 1990, pouco tempo antes. As opções de compra de ações por funcionários não eram reconhecidas pela lei chinesa, nem os diversos tipos de ação "preferencial" que os investidores do Vale do Silício usam para solidificar seus direitos em start-ups.[28] A complicação adicional era que o governo chinês tinha proibido a propriedade estrangeira em uma ampla faixa de empresas chinesas, incluindo as que administravam sites. Isso significava que os investimentos de risco americanos em empresas como o Alibaba eram aparentemente ilegais, assim como a listagem de ações chinesas da internet na bolsa de valores Nasdaq, dos Estados Unidos. Como os mercados de ações imaturos da China não foram criados para lidar com listagens de empresas de tecnologia jovens, esse bloqueio legal poderia ter matado a economia digital da China quando ainda estava no berço. Longe de promover o desenvolvimento do setor de tecnologia, a política chinesa ameaçava sufocá-lo.

Para dar vida à tecnologia chinesa, os investidores de risco dos Estados Unidos e seus advogados criaram uma série de soluções alternativas.[29] Para começar, as empresas de internet chinesas apoiadas por eles foram criadas nas Ilhas Cayman. A lei de lá permitia todo tipo de ação: ações ordinárias para os fundadores da start-up, opções de compra de ações para os funcionários, ações preferenciais para os investidores. Além disso, uma empresa das Ilhas Cayman poderia aceitar capital de um investidor de risco que não fosse chinês: a Goldman Sachs era proibida de investir em uma start-up de internet em Hangzhou, mas podia comprar ações de sua controladora nas Ilhas Cayman. Por fim, a empresa-fantasma nas Ilhas Cayman podia ser listada em uma bolsa de valores que não fosse chinesa, como a Nasdaq, proporcionando um jeito de contornar o bloqueio dos mercados primitivos da China.

Depois que a empresa das Ilhas Cayman fosse estabelecida, a próxima tarefa seria usar os dólares de capital de risco para desenvolver um negócio na China. Para contornar a proibição de estrangeiros terem participação em um empreendimento de internet chinês, os dólares das Ilhas Cayman foram injetados, na forma de um empréstimo, em uma empresa de operação paralela de propriedade chinesa.[30] Então, para dar aos investidores estrangeiros os direitos que eles esperavam de negócios de risco, os advogados do Vale do Silício inventaram o que equivalia a um patrimônio sintético. Eles assinaram uma série de contratos paralelos entre uma subsidiária da empresa nas Ilhas Cayman com base na China e a operadora de internet de propriedade chinesa. A empresa chinesa de internet concedeu direitos de controle a seus credores estrangeiros, simulando a influência de uma participação acionária. A empresa chinesa, por sua vez, também concordou em pagar juros sobre o empréstimo estrangeiro em valores que variavam de acordo com o sucesso do negócio: na prática, apesar de não estar de acordo com a lei, os estrangeiros recebiam dividendos. Por fim, para fechar esses acordos, todas as partes concordaram que as disputas seriam resolvidas de acordo com as leis de Nova York. As autoridades chinesas se recusaram a abençoar essa composição do Vale do Silício, mas, para serem justas, toleraram.[31]

Montadas sobre a cultura de patrimônio dos Estados Unidos e seus suportes jurídicos, as start-ups de internet da China aproveitaram as oportunidades que a lei chinesa lhes negava.[32] Elas podiam levantar dinheiro de investidores de risco americanos. Podiam aspirar a abertura de capital na Nasdaq. E podiam também recrutar funcionários estrelas oferecendo-lhes opções de compra de ações. Tudo isso era tão novo que, na primeira parte de 1999, os empreendedores sino-americanos lutavam para traduzir "opções de compra de ações" para o chinês e para entender como essas coisas funcionavam.[33] Em uma viagem ao Vale do Silício pouco antes do investimento da Goldman, Jack Ma jantou com John Wu, programador nascido na China que havia estudado nos Estados Unidos e era engenheiro-chefe do Yahoo. Wu se lembra do interrogatório de Ma sobre como as start-ups do Vale do Silício recrutavam funcionários, o que levou Wu a apresentar um tutorial sobre a mecânica da remuneração baseada em ações.[34]

Assim que pegou o dinheiro da Goldman e adquiriu a estrutura nas Ilhas Cayman, Ma conseguiu colocar esse tutorial em prática. Sua primeira proeza foi contratar Joe Tsai, seu ex-investidor de Yale e da Sullivan & Cromwell, que deu adeus ao salário anual de 700 mil dólares que ganhava em seu emprego na área de finanças em Hong Kong. Como a pequena empresa de Ma tinha grandes perspectivas, Tsai aceitou um salário em dinheiro de apenas 600 dólares por ano, imaginando que as opções de compra de ações associadas mais do que compensariam. Em seguida, Ma começou a aprimorar a equipe de engenharia, visando ninguém menos que John Wu, do Yahoo. A princípio, Wu rejeitou os avanços de Ma — por que deixaria seu cargo em uma das empresas mais importantes do Vale? Mas Ma respondeu com um generoso pacote de opções de compra de ações, além de uma reviravolta. Ele disse que Wu podia ficar na Califórnia, formar a própria equipe e usar um conjunto adicional de opções de compra de ações para atrair funcionários de alto nível. Wu aceitou, criando um posto avançado do Alibaba com trinta funcionários em Fremont, do outro lado da baía de Palo Alto. O estilo da operação de Fremont, disse Wu mais tarde, era "totalmente americano". "Eu não teria pedido demissão se não fossem as opções de compra de ações", acrescentou.[35]

Graças a recrutas de alto nível como Tsai e Wu, Ma transformou o Alibaba em uma empresa de nível internacional. Tornou-se o que a Fairchild tinha sido para o Vale do Silício — não só um empreendimento formidável em si, mas um campo de treinamento para pessoas ambiciosas que saíram de lá e criaram as próprias start-ups. E o Alibaba não foi o único pilar da economia digital da China criado com a contribuição dos Estados Unidos. A Tencent, futura rival do Alibaba, também começou em 1998, apoiada por um investimento de 1,1 milhão de dólares de uma empresa de capital de risco americana chamada IDG. A Baidu, em alguns momentos considerada a terceira maior gigante da internet da China, recebeu capital de um fundo liderado por Tim Draper, investidor do Vale do Silício. Os três primeiros portais de internet chineses — Sina, Sohu e NetEase — receberam capital estrangeiro. O mesmo aconteceu com a Ctrip e a EachNet, pioneiras, respectivamente, em reservas de viagens on-line e leilões on-line.

Em 2004, imitando o recrutamento de Joe Tsai pelo Alibaba, a Tencent usou a compensação baseada na compra de ações para convencer um banqueiro da Goldman, Martin Lau, a se tornar um de seus principais executivos.[36] Em suma, o capital, as estruturas jurídicas e o talento dos Estados Unidos foram fundamentais para o desenvolvimento da economia digital da China. Sem essa contribuição americana, empresas como o Alibaba não poderiam ter decolado, e o atual domínio chinês de tecnologias tal qual pagamentos on-line também não teria sido provável.

Revendo suas experiências duas décadas depois, o único arrependimento de Shirley Lin foi que sua empresa nunca adotou seu portfólio de empresas de internet na China. Por não ser uma empresa de capital de risco de fato, a Goldman Sachs desconfiava de especialidades de investimento cujas regras eram imprecisas e preferia apoiar empresas cuja vantagem competitiva era evidente: uma empresa estabelecida com poder de fixação de preços demonstrado ou uma empresa mais jovem com uma tecnologia proprietária. "Eu não conseguia me encaixar, porque não era possível dar uma descrição formal do meu método como investidora de risco", lembrou Lin. Certa vez, Lin visitou uma sócia sênior da Goldman, uma mulher que tinha trabalhado no setor de tecnologia em Israel. A sócia inspecionou a pilha de folhetos de Lin sobre suas start-ups e declarou seu desprezo por todas: sem uma vantagem tecnológica, elas nunca valeriam nada. Para garantir que tinha transmitido sua mensagem, jogou a pilha de papéis de Lin no chão. "Tão dramática!", lembrou Lin. "Parecia que eu estava em um programa de TV."[37]

Pouco depois desse incidente, em 2001, a Goldman encorajou Lin a desistir de seu cargo de membro do conselho do Alibaba. A bolha da internet tinha estourado, e a Goldman queria que seus sócios gastassem tempo em investimentos de grande retorno, não em empreendimentos enrolados de longo prazo. Lin resistiu com ferocidade, mas seu cargo no Alibaba foi atribuído a um de seus assistentes, Allen Chu, cuja ordem era implementar a visão de Nova York: que a Goldman nunca deveria ter investido. A certa altura, Chu sugeriu encerrar a empresa e sacar o dinheiro: para uma empresa orgulhosa como a Goldman, o Alibaba simplesmente não valia a pena.[38]

Lin acabou saindo de lá, e a Goldman vendeu sua participação no Alibaba por um lucro nada memorável de 6,8 vezes sobre sua posição original.[39]

O surto de impaciência da Goldman resultou em uma das saídas mais mal cronometradas da história do capital de risco. Gary Rieschel logo chegaria a Xangai, e a segunda onda de internet na China estava prestes a começar.

◆

Enquanto a primeira onda de negócios de risco na China foi liderada por uma surpreendente mistura de investidores, muitos deles estrangeiros, a segunda contou com a presença de investidores de risco tradicionais, a maioria com base na China. O compromisso de Rieschel em construir uma sociedade de capital de risco no estilo americano com sede em Xangai foi um sinal dessa mudança, mas a Qiming era parte de um fenômeno mais amplo. A partir de meados da década de 2000, várias grandes empresas de capital de risco dos Estados Unidos partiram para a China com o objetivo de recrutar equipes locais; na verdade, os talentosos investidores chineses eram tão solicitados que muitas vezes pulavam de uma sociedade americana para outra. Enquanto isso, investidores chineses que tinham trabalhado em empresas ocidentais começaram a se estabelecer por conta própria. O objetivo era combinar a metodologia de risco americana com a implementação chinesa.

O primeiro exemplo notável dessa mudança foi Kathy Xu, outra mulher que conseguiu prosperar no setor de capital de risco da China. Em vez de estudar nos Estados Unidos, Xu tinha vivenciado o ensino americano na Universidade de Nanjing, onde se formara em inglês. Uma professora, uma impressionante afro-americana chamada Donda West, incutiu nos alunos um *éthos* americano. "Vocês são únicos, vocês são uma maravilha. Não existiram pessoas como vocês nos últimos quinhentos anos e não vão existir pessoas como vocês nos próximos quinhentos anos", ensinava ela. Esse mantra ao individualismo foi, como Xu se lembra nitidamente, uma experiência reveladora para uma adolescente chinesa de Sichuan.[40] Donda West também ficou na memória de Xu por conta do filho, que era visto fazendo acrobacias no campus. Anos depois, Xu ficou intrigada ao descobrir que o menino, chamado Kanye, tinha ficado famoso.

Xu saiu da Universidade de Nanjing direto para um emprego como escriturária no Banco da China, de propriedade do Estado. Ela ganhava 78 renmimbi por mês, o equivalente a cerca de 10 dólares. Entusiasmada e diligente, virou líder da Liga da Juventude Comunista e passava os intervalos do chá ajudando colegas de trabalho a aprender inglês. Devido a seus esforços, foi coroada com o título de "Detentora da Bandeira Feminina", uma homenagem que vinha acompanhada de um certificado e um lençol.⁴¹ Em 1992, ano de seu 25º aniversário, Xu se candidatou a um cobiçado cargo de auditoria na Price Waterhouse, em uma Hong Kong controlada pela Grã-Bretanha, e, depois de estudar um livro de contabilidade durante várias noites, conseguiu o emprego. Nos doze anos seguintes, absorveu a versão de Hong Kong das finanças anglo-americanas, passando da Price Waterhouse para um banco de investimentos e depois para uma sociedade de *private equity*.⁴² Ao longo desse caminho, ela investiu em start-ups de internet na China, incluindo o portal pioneiro NetEase e uma agência de empregos on-line chamada ChinaHR. As experiências ensinaram Wu a se relacionar com fundadores jovens, contratar e demitir diretores-executivos e ajudar a desenvolver equipes. Quando a ChinaHR foi adquirida pela sua concorrente americana, a estudante de Sichuan formada em inglês ganhou 50 milhões de dólares.

Em 2005, Xu deixou Hong Kong para estabelecer a Capital Today, seu próprio fundo de capital de risco com sede em Xangai. Ela levantou 280 milhões de dólares e saiu em busca de start-ups. Seu plano era fazer apenas alguns investimentos, uns cinco ou seis por ano, e acompanhar os vencedores pelo maior tempo possível. "Não existem muitas grandes empresas no mundo", refletiu ela, parecendo uma versão chinesa de Peter Thiel, que lançou a Founders Fund no mesmo ano. "Se você tiver sorte suficiente para encontrar uma, agarre-a. É assim que você faz dinheiro."⁴³

Perto do fim de 2006, Xu apareceu para uma reunião no Shangri-La Hotel, em Pequim. Eram dez da noite — um horário normal para um *pitch* para obter capital de risco na frenética cultura de negócios da China. Xu ia conhecer Richard Liu, o jovem fundador de um site de comércio eletrônico que mais tarde ele chamaria de JD.com.⁴⁴

Mesmo para os padrões chineses, o jovem parecia motivado. Era autodidata em programação, fazia reuniões de gestão nas manhãs de sábado e vigiava o site como um falcão, respondendo a comentários de usuários a cada dois minutos. Com descontos agressivos e entrega rápida, Liu em pouquíssimo tempo dominou todos os segmentos de produtos que atacou. As vendas da JD.com estavam crescendo 10% ao mês. Nesse ritmo, em três anos o tamanho da JD aumentaria quase trinta vezes.

Por volta das duas da manhã, no Shangri-La Hotel, Xu decidiu que não ia deixar esse investimento escapar de suas mãos. Então perguntou a Liu de quanto capital ele precisava.

— Dois milhões de dólares — respondeu Liu.

— Não é suficiente — rebateu Xu.

Para sustentar seu crescimento exponencial, Liu com certeza ia precisar de mais do que isso. O maior mercado de varejo on-line do mundo estava acenando. A JD tinha que agarrá-lo logo, antes que os concorrentes tomassem o território para si.

— Vou lhe dar 10 milhões de dólares — disse Xu.⁴⁵

Liu pareceu animado, talvez até impressionado, e era exatamente essa a intenção de Xu. Nos Estados Unidos, a revolta da juventude provocara uma reação contra os investidores de risco que distribuíam dinheiro demais. No entanto, os fundadores de start-ups da China tinham uma grande oportunidade de mercado e um financiamento relativamente escasso.

Para ter certeza de que fecharia o acordo, Xu informou a Liu que eles deveriam ir até o escritório dela em Xangai para concluir a carta de intenções. Poucas horas depois, ela comprou passagens para o voo que saía às nove da manhã; dessa forma, "ele não tinha tempo para se reunir com mais ninguém", como ela explicou mais tarde.⁴⁶ Depois de um instante de hesitação, reservou um assento na classe econômica, condição à qual não estava acostumada. Ela queria se sentar ao lado de Liu e, de quebra, que ele continuasse econômico.

A empresa de Xu, a Capital Today, investiu 10 milhões de dólares em troca de 40% da JD.com. Em pouquíssimo tempo Liu expandiu a gama de produtos e melhorou a distribuição da JD. Por sua vez, Xu treinou Liu para contratar talentos de alto nível: conforme a JD crescia, o fundador precisaria delegar. A princípio, Liu não concordou que os novos contratados pudessem ganhar mais do que os funcionários mais antigos: os que no início já integravam o quadro deveriam ser respeitados. Mas Xu o persuadiu a aceitar um diretor financeiro que ultrapassava o teto salarial, e Liu logo concordou. "Esse cara de 20 mil renmimbi é muito melhor do que os caras de 5 mil renmimbi!", admirou-se ele. "Você pode contratar outros funcionários para mim?"[47] Xu propôs um novo diretor de varejo e um novo diretor de logística. Em pouco tempo, a JD começou a recrutar nos campi universitários de elite da China.

Assim como Arthur Rock tinha feito na Intel, Xu desenvolveu o plano de remuneração com compra de ações para os funcionários da JD. Ela adotou o período padrão de integralização composto de quatro anos, condicionado ao alcance dos objetivos comerciais da JD.com. Depois de dois anos, no entanto, a empresa tinha ultrapassado suas metas, e Xu liberou o pagamento mais cedo com muita satisfação. Liu reuniu os funcionários para dar a boa notícia. Seu objetivo, informou, era deixar todo mundo rico. Ele queria ter cem funcionários com patrimônio maior do que 100 milhões de renmimbi (cerca de 15 milhões de dólares) e mil funcionários com mais de 10 milhões de renmimbi (1,5 milhão de dólares). Era como Jim Clark, da Netscape, libertando da Universidade de Illinois os amigos programadores de Marc Andreessen.

Claro que a riqueza também foi na direção de Xu, cuja empresa tinha colocado as mãos em dois quintos do patrimônio da JD. Graças a esse e outros sucessos, o primeiro fundo da Capital Today acumulou um retorno notável de 40% ao ano depois dos impostos; para cada dólar investido, os apoiadores receberam um pagamento de mais de 10 dólares. Não foi surpresa que, com esse trampolim, Xu tenha levantado um fundo maior de 400 milhões de dólares em 2010 e, em seguida, um fundo de longo prazo ainda maior, de 750 milhões de dólares. O capital de risco chinês estava ganhando impulso.

Naquele ano crucial de 2005 — ano de lançamento das empresas Founders Fund, Y Combinator, Qiming e Capital Today —, um empreendedor durão chamado Neil Shen pegou um voo até Laguna Beach, na Califórnia. Ele crescera na China, fizera pós-graduação nos Estados Unidos e trabalhara como banqueiro de investimentos. Agora estava na Califórnia para palestrar em uma conferência financeira sobre uma das duas start-ups que ele tinha ajudado a fundar: a empresa on-line de viagens Ctrip, listada na Nasdaq. Enquanto estava na conferência, ele recebeu uma mensagem de um amigo. Os líderes da Sequoia, Michael Moritz e Doug Leone, queriam se reunir com ele.[48]

Shen conseguia imaginar o motivo. Com fluência em duas culturas, formação em banco de investimentos e sucesso empresarial, ele tinha a posição ideal para se juntar à corrida do ouro do capital de risco na China. Três investidores de risco estabelecidos na China já tinham tentado recrutá-lo. A Sequoia era uma sequência natural.

Shen concordou em estender sua estadia na Califórnia para fazer uma parada em São Francisco. Encontrou-se com Moritz e Leone no Four Seasons Hotel, na Market Street, que estava emergindo como um cluster de tecnologia à medida que os tentáculos do Vale do Silício se espalhavam em direção ao norte. A Sequoia também convidara um investidor de risco baseado na China chamado Zhang Fan, que estava pronto para abandonar seu fundo atual. Assim como Shen, Zhang tinha o perfil binacional perfeito. Ele era egresso da Goldman Sachs, de Stanford e da prestigiosa Universidade Tsinghua, de Pequim.[49]

Os quatro homens conversaram por uma hora e meia. Juntos, formavam um grupo surpreendente: o americano de origem britânica Moritz, esguio e elegante; o corpulento ítalo-americano Leone; e os dois possíveis sócios bastante determinados, que eram americanos na educação e chineses no passaporte.

Com o desenrolar da conversa, a dupla da Sequoia se entusiasmou com os visitantes. Leone, que tinha feito sete ou oito viagens à China para identificar uma equipe local, percebeu que Shen e Zhang eram mais fortes do que os outros candidatos que ele havia encontrado.⁵⁰ Ambos tinham abandonado a segurança do banco de investimentos para se envolver com capital de risco e start-ups: eles entendiam de assumir riscos empresariais. Além de ser cofundador da Ctrip, listada na Nasdaq, Shen ajudara a iniciar uma empresa de hotelaria econômica, a Home Inns & Hotels Management, que também ia ser listada nos Estados Unidos. Enquanto isso, Zhang podia se gabar de ter tido um papel no apoio inicial à Baidu, o equivalente chinês do Google.

Shen e Zhang também ficaram impressionados com os sócios da Sequoia. Como empreendedor, Shen tinha visto seus colegas se frustrarem com investidores baseados na China que precisavam se reportar a comitês de investimento distantes localizados nos Estados Unidos e que não conheciam nada do contexto chinês. Mas, antes mesmo que Shen pudesse apresentar objeções à intromissão de longa distância, Moritz e Leone anunciaram de modo enfático que seus sócios na China tomariam decisões independentes. Eles já tinham estabelecido uma equipe da Sequoia em Israel, com resultados medíocres. A principal lição que aprenderam foi que não deveria haver um comitê na Califórnia microgerenciando julgamentos distantes. "Pense globalmente e atue localmente", foi o que Moritz explicou. As escolhas de pessoal e investimento deviam ser feitas pelas pessoas locais. "A piada era: 'A menos que você queira se chamar Neil Shen & Associados, por que diria não a essa proposta?'", Shen lembrou mais tarde.⁵¹

Perto do fim de 2005, Shen e Zhang assinaram como colíderes da Sequoia China. Leone desfilou com eles na frente de alguns cotistas da Sequoia, e eles levantaram um fundo de 180 milhões de dólares — menor do que o fundo de reserva de emergência financeira levantado por Kathy Xu, porque a Sequoia não ia arriscar sua reputação crescendo de forma apressada.⁵² Shen escolheu um escritório proporcionalmente modesto em Hong Kong, no mesmo quarteirão em que ficava a Ctrip. Afinal, a própria Sequoia China era uma start-up desarrumada. Ela não imitaria os escritórios espalhafatosos dos bancos de investimentos e das empresas de *private equity* dos Estados Unidos que ficavam na ilha.⁵³

Apesar das promessas de autonomia feitas à equipe chinesa, Moritz e Leone abordaram Shen e Zhang do modo como faziam com outros fundadores apoiados pela Sequoia. Eles os respeitavam, é claro. Mas, apesar dos desafios da cultura e da distância, também estavam determinados a ser mentores e guias. Isso significava escolher um caminho entre a intromissão excessiva e o desligamento que condenava empresas-satélites estrangeiras em outras sociedades de risco. Por exemplo, os sócios da Benchmark tinham instalado uma operação em Londres em 2000 e deixaram os funcionários locais fazerem tudo do próprio jeito; eles não tinham milhas aéreas suficientes para integrar o satélite à nave mãe. O resultado foi que, em 2007, a equipe de Londres formalizou sua independência na prática, parou de dividir os lucros com o pessoal da Califórnia e deixou a Benchmark sem presença europeia. Enquanto isso, a Kleiner Perkins sofreu um revés parecido na China. Em 2007, John Doerr ajudou a recrutar quatro investidores chineses, mas cometeu o erro fatal de delegar a maior parte do acompanhamento de gestão a assistentes que não tinham prestígio para desenvolver a cultura da nova empresa. "Quando John chegou, ele ajudou porque tem caráter, estatura", lembrou um integrante da equipe da KP China. "Mas, quando você tem alguém mais júnior entrando... Sendo sincero, eles sabem o que estão fazendo?"[54] Em menos de um ano, a Kleiner na China se desintegrou e precisou ser reconstruída.[55]

Na abordagem a Shen e Zhang, Moritz e Leone foram mais coerentes e determinados. Longe de delegarem os desafios da China, eles assumiram o fardo, indo e vindo do país a cada dois meses.[56] "Não estávamos franqueando nosso nome; estávamos operando a Sequoia", disse Moritz mais tarde.[57] Os sócios da China fizeram viagens à Califórnia para observar as melhores práticas, do tipo: como conduzir uma reunião de investimento de segunda-feira, ao que prestar atenção nos *pitches* da empresa, como conduzir a devida diligência em investimentos em potencial. Shen estava especialmente ansioso para aprender. "Eu nunca tinha sido investidor de risco", reconheceu.[58]

Transferir as melhores práticas do Vale do Silício para a China não foi nada simples. Uma coisa era pedir emprestadas as estruturas jurídicas dos Estados Unidos que operavam no exterior, permitindo assim o uso de remuneração através de opções de compra de ações para os funcionários. Outra era enxertar a metodologia de investimento — e a ética — dos Estados Unidos na prática do capital de risco na economia de Velho Oeste da China. A cultura comercial do continente era notoriamente cruel. Às vezes, os empreendedores usavam contatos políticos para perseguir ou prender rivais. Dessa maneira, os investidores de risco chineses apoiados pelos Estados Unidos estavam alternando entre dois mundos. Como veteranos das batalhas comerciais da China, seu instinto era lutar pelo próprio canto. Mas, como portadores de uma marca do Vale do Silício, teriam problemas se usassem atalhos.

No fim de 2008, Shen acabou enfrentando um processo vergonhoso. A empresa de *private equity* Carlyle o processou em 206 milhões de dólares, alegando que ele tinha trapaceado ao investir em uma empresa chinesa de pesquisa médica. De acordo com a alegação, a Carlyle tinha assinado uma carta de intenções exclusiva com a empresa, mas Shen a enganou ao pré-datar de forma fraudulenta uma oferta rival, de modo que esta parecesse anterior à da Carlyle.[59] O caso foi resolvido em particular, mas Shen não admitiu a culpa. Enquanto isso, ele também entrou em confronto com uma empresa rival chamada Hillhouse, que tinha se separado do fundo patrimonial de Yale. "Os caras da Sequoia na Califórnia podiam ter entrado em pânico e dito: 'Não vou lidar com isso'", disse mais tarde um dos envolvidos. Em vez disso, Moritz e Leone ficaram ao lado do financiado deles. Assim como qualquer aposta de risco, a Sequoia China era arriscada. Mas Moritz e Leone eram experientes em correr riscos.

Quase na mesma época do processo, a Sequoia enfrentou um teste ainda maior quanto à sua determinação. Em uma noite de sábado, quando Moritz estava ao norte de São Francisco, curtindo a paz da própria casa no fim de semana, recebeu um telefonema da China.

No outro lado da linha, Moritz conseguia ouvir o oposto da paz: Shen e Zhang estavam discutindo. Um exigia que um membro da equipe fosse demitido. O outro estava inflexível quanto à demissão.

Moritz ouviu a tensão entre os dois homens. Se essa fosse só a ponta do iceberg, a equipe da Sequoia na China estava prestes a se desfazer. Na manhã seguinte, Moritz interrompeu o fim de semana e foi para o aeroporto.

Pousando em Hong Kong, ele conversou com a equipe no escritório da Sequoia e logo percebeu que os primeiros investimentos de Zhang pareciam não estar indo a lugar nenhum.[60] Enquanto isso, Shen tinha apoiado pelo menos duas start-ups que pareciam promissoras. Se os dois fundadores estavam brigando, Moritz sabia em qual apostar.

No fim de 2008, Zhang tinha pedido demissão da empresa e a tensão chegava ao fim. A Sequoia estava pronta para avançar com seu investimento na China.

◆

Assim como muitos fundadores apoiados pela Sequoia, Shen levou cinco anos para apresentar algum progresso. Em 2010, porém, quatro empresas da Sequoia China abriram o capital na Bolsa de Valores de Nova York, e a Sequoia Capital sediou em Pequim sua conferência bienal de investidores, a primeira vez que reuniu os cotistas fora das fronteiras dos Estados Unidos.[61] O aquecimento e o ar-condicionado do Beijing Hyatt falharam, sujeitando a multidão reunida a estranhas mudanças de temperatura. Mas a Sequoia saltou de uma empresa do Vale para se tornar uma empresa global.

A essa altura, o cenário mais amplo de tecnologia da China também estava amadurecendo. Em 2010, os investidores de risco com foco na China levantaram 11,2 bilhões de dólares, um aumento de quase três vezes em cinco anos, e as empresas de capital de risco com sede nos Estados Unidos concluíram mais de cem investimentos na China pela primeira vez.[62] Com um capital facilmente disponível, os empreendedores da China começaram a sonhar mais alto. Pioneiros como o Alibaba mostraram as alturas que podiam ser escaladas, e imitadores iniciantes perceberam que a economia de crescimento mais rápido do mundo oferecia oportunidades ilimitadas. Conforme a rede de investidores de risco e fundadores ficava mais densa, o sistema de inovação da China se aproximava do próximo e significativo ponto de inflexão — o divisor de águas que o Vale do Silício tinha atingido por volta de 1980.

O desenvolvimento inicial do Vale do Silício pode ser dividido em três fases. No início, o capital era escasso, os investidores eram poucos e os empreendedores tinham dificuldades para angariar dinheiro; isso descrevia a China no fim da década de 1990, na época do investimento de Lin no Alibaba. Em seguida, o dinheiro fluiu, a contagem de investidores de risco disparou e as start-ups se multiplicaram tanto em número quanto em ambição; isso aconteceu na China por volta de 2010. Por fim, conforme a competição entre as start-ups se tornava frenética e dispendiosa, os investidores de risco do Vale desempenhavam uma função de coordenação. Eles intermediavam aquisições, encorajavam fusões e conduziam empreendedores para áreas que ainda não estavam saturadas; assim como os superconectores na rede, eles moldavam um sistema de produção descentralizado. Esse era o limite final que a China deveria cruzar, o que aconteceu em 2015.

O progresso da China da fase dois para a três foi cristalizado na história de Wang Xing, fundador de um império chinês de distribuição de alimentos maravilhosamente bem-sucedido chamado Meituan. Introvertido, analítico, certo de seu próprio julgamento, Wang era, em muitos aspectos, uma versão chinesa de Mark Zuckerberg. Depois de se formar na Universidade Tsinghua, ele fez doutorado em engenharia da computação nos Estados Unidos, mas logo decidiu desistir, determinado a fazer fortuna com uma start-up. Em rápida sucessão, perseguiu uma série de empreendimentos imitadores, criando uma versão chinesa do antigo site de rede social Friendster e, depois, imitando o Facebook e o Twitter. Em 2010, percebendo o crescimento explosivo do Groupon, site de descontos dos Estados Unidos, ele articulou mais uma vez. Sua nova empresa comprava mesas em restaurantes, assentos no cinema e produtos de varejo com desconto no atacado e depois os vendia para caçadores de pechinchas. Esse empreendimento se chamava Meituan.

Wang não foi o único empreendedor a ir atrás da oportunidade de compras em massa. Um sofisticado *showman* chamado Wu Bo tinha lançado um empreendimento semelhante, e parecia provável haver uma corrida de outros clones do Groupon. Mas, com três start-ups anteriores, Wang tinha se formado com a maior das honras na escola dos duros golpes e tinha uma forte noção do que era necessário para atrair usuários de maneira econômica. Quando a Sequoia China analisou em qual cavalo ia apostar, Wang surgiu como a primeira opção. O assistente de maior confiança de Shen, um sócio discreto chamado Glen Sun, assumiu a tarefa de cortejá-lo.[63]

Sun logo descobriu que era difícil lidar com a nova geração de empreendedores; nesse quesito, Wang também se parecia com Zuckerberg. Quatro anos antes, Xu conhecera o fundador da JD e habilmente o conduzira ao escritório dela em Xangai. Wang era mais duro na queda. Até mesmo se reunir com ele era difícil.

Sun tinha um *juris doctor* de Harvard e um histórico na General Atlantic, empresa americana de *private equity*. Não era o tipo de pedigree que incentiva a humildade. Mas agora Sun tinha abraçado o papel de suplicante, perambulando pela cafeteria decadente próxima do escritório da Meituan em Pequim, esperando uma reunião com um homem de 31 anos. Se visse Wang, ele se aproximava e falava, muitas vezes sendo recompensado com pouco mais do que algumas sílabas. Destemido, Sun tentou chegar a Wang falando com a esposa dele, que geria as finanças da Meituan. Ele fez amizade com os cofundadores de Wang e pediu que falassem bem dele. A perseguição apresentava um desafio psicológico sutil. "Você precisava descobrir o que ele estava pensando e aí deixá-lo interessado em falar com você", relembrou Sun. "Tentamos conversar sobre coisas com as quais ele não está muito familiarizado, de modo a agregar valor."[64] De modo irritante, Wang conhecia uma enciclopédia de assuntos. Era difícil encontrar assunto que ele ainda não tivesse dominado.[65]

"Estamos muito interessados na sua empresa. Podemos fechar o negócio a qualquer momento. Podemos transferir o dinheiro", suplicou Sun à esposa de Wang. "Somos pessoas de bem", implorou ele.[66]

Wang acabou cedendo e assinando, em troca de um investimento de 3 milhões de dólares, um acordo para abrir mão de um quarto da Meituan. Mas, durante os três meses ou mais necessários para preparar a estrutura jurídica das Ilhas Cayman, a Meituan deu uma arrancada no crescimento. Ignorando o acordo escrito, Wang passou a exigir um aumento de quatro vezes na avaliação. Por um quarto da empresa, a Sequoia teria que pagar 12 milhões de dólares.

Com isso, um investidor de risco ocidental poderia ter desistido. Mas, durante seu período na Ctrip, Shen tinha aplicado um truque semelhante em um investidor.[67] Confortável na cultura implacável da China, ele e Sun aceitaram os novos termos de Wang, e o negócio foi fechado.

Tendo pagado muitos dólares por sua aposta, a Sequoia se viu envolvida em uma versão radical da luta entre a X e o PayPal. Em 2011, um número extraordinário de cinco mil sites de compras em grupo surgiu na China; às vezes, o abundante capital de risco podia libertar muitos fundadores. Assim, seguiu-se o que ficou conhecido como "a guerra dos mil Groupons", com os combatentes esbanjando dinheiro em descontos cada vez maiores com a intenção de atrair usuários. Os consumidores chineses aproveitaram o momento e passaram a sair para comer em restaurantes com frequência. Como o investidor e autor Kai-Fu Lee viria a comentar, era como se a comunidade do capital de risco estivesse convidando o país todo para jantar.[68]

A Meituan sobreviveu com facilidade à primeira fase da guerra. A maioria dos concorrentes era subfinanciada e ingênua; eles logo foram eliminados. Em 2013, o principal rival remanescente da Meituan era a Dianping, criada por um fundador formado na Wharton School chamado Zhang Tao, que também tinha levantado capital na Sequoia China. A Dianping começou como um clone do Yelp, um site de críticas on-line. Mas o site enveredou pelos descontos em grupo, colocando a Sequoia na desconfortável posição de apoiar dois inimigos jurados.

Com o campo de batalha muito reduzido, mas a concorrência ainda acirrada, o caminho natural para a Sequoia era fundir as duas empresas de portfólio. Porém a implacável cultura empresarial da China era programada para competir. A ideia de uma fusão era um estratagema estrangeiro dos Estados Unidos.

Sabendo que precisava abordar o assunto com delicadeza, Shen sugeriu a Wang que falasse com sua contraparte na Dianping, Zhang Tao. Faria sentido encerrar o derramamento de sangue com uma fusão.

Wang concordou em tentar, mas sua ideia de uma boa fusão era com ele no controle da empresa resultante. Zhang era mais velho e mais maduro, contudo não estava disposto a ir para o banco de reserva.

No início de 2015, os dois lados retomaram a guerra aberta. A Meituan voltou a seus investidores e levantou 700 milhões de dólares na esperança de desferir um golpe mortal na empresa rival. A Dianping contra-atacou montando seu próprio fundo de reserva de emergência financeira com 850 milhões de dólares. Seguiu-se uma onda de gastos competitivos. No verão, exaustas e com pouco dinheiro, as duas empresas voltaram a seus apoiadores em busca de mais munição.

Dessa vez, porém, os investidores se negaram. Estavam dispostos a subsidiar apenas uma quantidade limitada de refeições em restaurantes. Além disso, enquanto os clones do Groupon se debatiam, as mudanças que se agitavam no sistema de capital de risco da China só faziam avançar.

◆

Nos cinco anos desde a triunfante conferência da Sequoia em Pequim e a fundação da Meituan por Wang Xing, a arrecadação de fundos de risco na China triplicara novamente, chegando a 32 bilhões de dólares.[69] Com a expansão do setor surgiram líderes naturais, com Neil Shen se destacando entre eles.[70] Além disso, os investidores chineses mais bem conectados tinham passado a conhecer uns aos outros a fundo. Eles forneceram os financiamentos subsequentes para as empresas uns dos outros. Pensavam nos mesmos termos. Tinham desenvolvido um código profissional que possibilitava a confiança e a coordenação.[71] Em fevereiro de 2015, esse amadurecimento encontrou expressão na primeira fusão de empresas de alto nível. Duas companhias de aplicativos de carona, a Didi e a Kuaidi, encerraram sua rixa sangrenta e uniram forças.

No verão de 2015, depois que a Meituan e a Dianping não conseguiram levantar mais capital para continuar a guerra, duas coisas aconteceram quase ao mesmo tempo. Do lado da Meituan, Wang Xing visitou Neil Shen e pediu-lhe para reativar as negociações de fusão. Do lado da Dianping, os investidores de risco conspiraram para garantir que o fundador fosse receptivo à abertura de Wang.

Um dos investidores na Dianping era Kathy Xu. Quando a fonte do financiamento de risco para os clones do Groupon em guerra secou, seus supostos adversários na Meituan entraram em contato com ela para pedir capital.

"Sério?", exclamou Xu, perplexa. "Sou a investidora do seu concorrente!"

Xu desligou o telefone e refletiu quanto ao que tinha acontecido. Por que a Meituan havia ligado? A empresa devia estar desesperada.

Xu ligou para Martin Lau, ex-banqueiro da Goldman que tinha trocado o emprego pelo pacote de opções de compra de ações da Tencent. Lau agora era responsável pelo extenso portfólio de start-ups da Tencent, que incluía uma participação de 20% na Dianping.

"Você precisa bancar o cavaleiro branco", disse Xu a Lau por telefone. "Acho que eles não estão conseguindo levantar dinheiro. E nós não podemos levantar dinheiro. (...) É fundir ou morrer."[72]

Lau não precisou ser convencido. Na verdade, ele já havia pensado em alguma coisa parecida. Sendo ex-banqueiro da Goldman, tinha amadurecido a ideia de que fusões podiam ser boas para os negócios. Para garantir que a Dianping aceitasse a ideia, Lau prometeu que a Tencent investiria 1 bilhão de dólares no negócio, com a condição de que a empresa se fundisse com a Meituan.

Com os investidores se recusando a financiar a concorrência entre as duas, mas prometendo financiar caso essa disputa deixasse de existir, o cenário estava armado para uma fusão. Agora os investidores de risco na China estavam desempenhando o papel de coordenação que exercem no Vale havia muito tempo.[73]

Em 19 de setembro de 2015, Neil Shen e Martin Lau receberam Wang Xing e Zhang Tao no discreto hotel W, localizado do outro lado de uma ponte na ilha de Hong Kong. Os protagonistas chegaram separados para não chamar atenção. Durante a refeição, que durou duas horas e meia, a conversa abordou todos os tópicos imagináveis, menos a questão da fusão.

Wang vestia um moletom cinza-claro e uma calça jeans desbotada. Zhang usava uma camiseta listrada vermelha e azul.[74]

Depois do almoço, o grupo subiu para uma suíte que Shen tinha reservado para conduzir as negociações. Shen e Lau fizeram discursos de abertura, enfatizando a lógica da fusão e a sinergia entre as duas empresas. Costurar as duas envolveria decisões dolorosas, mas eles garantiram ao grupo lá reunido que a dor valeria a pena. Como negociadores seniores confiáveis da economia digital da China, ambos se comprometeram a fazer a parte deles para tornar a fusão justa para as duas partes.

Definido o caminho, os negociadores se afastaram e deixaram os empreendedores discutirem os detalhes. Cada ponto de progresso era escrito em um quadro branco: estrutura corporativa, nome da marca, quem daria quais cartas na empresa resultante da fusão. Mas, com o prestígio da Tencent e da Sequoia pesando no processo, o resultado não gerava dúvida. Às 19h07, os dois lados tinham chegado a uma estrutura preliminar para a fusão.

Assim que conseguiu se livrar da situação, Shen saiu apressado para uma pizzaria no shopping Landmark, do outro lado da ponte no distrito comercial. Sua esposa estava viajando, e ele estava atrasado para o jantar com as duas filhas.

"Infelizmente isso faz parte do trabalho", desculpou-se quando chegou.[75]

Cerca de uma semana depois, Shen pegou um voo para a ilha Hayman, um luxuoso resort na costa da Austrália. Ele estava lá para o casamento de uma celebridade: Richard Liu, fundador da JD, estava se casando com uma noiva muito mais jovem, famosa nas redes sociais chinesas por sua beleza inocente. Em sua extravagância espalhafatosa, a festa sinalizou que a tecnologia chinesa tinha chegado: os bilionários recém-criados no país podiam viver com tanta opulência quanto os americanos. Mas também sinalizou a chegada da China de outra maneira. A lista de convidados estava repleta de nomes da elite digital e financeira do país. Assim como no Vale do Silício, o motor da inovação da China tinha se tornado um agrupamento social.

Shen compareceu à cerimônia, elegante em seu smoking, e em seguida saiu apressado. No dia das negociações da fusão no hotel W, ele tinha corrido de um compromisso comercial para um social. Agora era o contrário.

Saindo da festa de casamento, Shen se encontrou com Martin Lau e Bao Fan, ex-banqueiro do Morgan Stanley que tinha sido contratado para transformar a estrutura Meituan-Dianping em uma fusão completa.

Ainda usando gravatas-borboleta, os três desapareceram em uma sala e mergulharam no trabalho. Os negociadores da Meituan e da Dianping estavam se arrastando; conduzi-los até a linha de chegada exigiria a força de coordenação dos investidores. Tanto a Meituan quanto a Dianping tinham equipes de executivos que conduziam linhas de negócios duplicadas: cada um tinha um serviço de entrega de comida, um de reserva de restaurante e assim por diante. A concorrência tinha provocado um banho de sangue intolerável. Agora parecia que a consolidação podia provocar outro.

Shen e seus companheiros do casamento analisaram a lista de pontos críticos, verificando cada um. Todos os três tinham interesse em fechar o negócio. Se a Meituan e a Dianping não conseguissem chegar ao acordo necessário, os homens do casamento os orientariam até eles chegarem às respostas.

Por fim, depois de mais orientações dadas de longe, direto das praias australianas, Shen acabou conseguindo o que queria. Em 11 de outubro, a Meituan e a Dianping anunciaram sua fusão, criando um provedor gigantesco de entregas para viagem, ingressos de cinema e outros serviços locais. Assim como Shen e Lau tinham profetizado, a empresa combinada era muito mais valiosa do que as duas como rivais queimadoras de dinheiro, e quando a Meituan-Dianping levantou a rodada de capital seguinte, em janeiro de 2016, o tamanho da bonança ficou evidente. Juntas, elas valiam espantosos 5 bilhões de dólares a mais do que como concorrentes.[76] O processo iniciado no hotel W tinha gerado uma bolada que até a Sand Hill Road poderia invejar.

Com isso, o setor de capital de risco da China tinha completado sua jornada. Uma rede de investidores, empreendedores e banqueiros totalmente chinesa havia realizado uma fusão espetacular, criando uma empresa dez vezes maior do que o PayPal na época em que ele foi vendido para o eBay. Neil Shen estava entrando no período em que seria coroado o investidor de risco número um do mundo, e isso não aconteceu apenas uma vez, mas sim por três anos consecutivos. Já Wang Xing passou de bilionário para decabilionário, e sua empresa se tornou o investimento mais lucrativo de todos os tempos da Sequoia Capital, ultrapassando até mesmo o Google.[77] Em 2019, a Meituan-Dianping já tinha sido ofuscada. Mas o novo medalhista de ouro da Sequoia era outro empreendimento de risco chinês, a ByteDance, operadora de um aplicativo de vídeos curtos muito popular chamado TikTok.

No verão de 2016, Gary Rieschel fez as malas em Xangai. Ele soube quando chegar e, portanto, agora sabia que era a hora de partir. Um estrangeiro americano não poderia agregar muito mais ao setor de capital de risco da China.

Capítulo onze

ACCEL, FACEBOOK E O DECLÍNIO DA KLEINER PERKINS

Nos primeiros anos do século XXI, à sombra da crise da bolha de tecnologia, um empreendedor chamado Kevin Efrusy começou a trabalhar na Accel. Parecia um momento um tanto conturbado para entrar em cena: o setor de capital de risco enfrentava dificuldades, e a Accel não era exceção. Mas os sócios seniores da empresa fizeram um *pitch* persuasivo. Efrusy tinha diplomas de engenharia e administração pela Universidade Stanford; fundara uma start-up e desenvolvera outra. Porém, para se tornar um investidor de risco de renome, Efrusy precisaria de cinco anos. Se começasse o treinamento naquele momento, estaria adaptado quando o mercado de tecnologia se recuperasse.

Efrusy acreditou no argumento deles. "De certa forma, não tive escolha", disse mais tarde. "Eu tinha trinta anos; minha esposa estava grávida."[1] E, embora a Accel estivesse em um momento de marasmo, ele logo teve uma surpresa agradável. Os líderes da empresa, incluindo seus fundadores já grisalhos, Arthur Patterson e Jim Swartz, levavam a sério o investimento de longo prazo, e isso era válido tanto para os recém-contratados quanto para as empresas que integravam o portfólio. Eles entendiam que a principal responsabilidade de Efrusy não era funcionar como suporte para os investidores seniores, mas sim desenvolver a própria capacidade de arriscar milhões em start-ups.

Desde o dia em que ele compareceu à primeira reunião na Accel, esperava-se que Efrusy participasse das decisões. Ele podia propor um investimento à sociedade, e, se convencesse os colegas, o investimento seria levado adiante. Também podia votar contra as propostas dos outros; e, mesmo que o projeto fugisse de sua área de especialidade, ainda assim ele deveria emitir uma opinião. E não bastava comentar só para ser útil; era preciso dar um veredicto, dizer "sim" ou "não", e assumir sua responsabilidade pela decisão tomada. "Há um ditado na nossa área de negócio: 'Se você for tratado como analista, vai agir como analista'", explicou Efrusy mais tarde.[2] Um analista poderia ressaltar os argumentos dos dois lados de uma questão, mas isso era diferente de se posicionar, e essa diferença definia o abismo psicológico entre ser ou não um investidor de risco. No fim, o investimento de risco se resumia a um salto assustador de informações confusas para uma decisão binária de "sim" ou "não". Tudo se resumia a conviver com a realidade de que você ia errar muitas vezes. O negócio era aparecer na próxima reunião de sócios, superar o orgulho ferido e reunir o otimismo necessário para fazer novas apostas em um futuro desconcertante.

Alguns meses depois da contratação de Efrusy, em outubro de 2003, a Accel conduziu um de seus exercícios de "mente preparada". A equipe de investimento se reuniu na Casa Madrona, um local sofisticado do outro lado da ponte Golden Gate, em São Francisco, na bela cidade de Sausalito. Houve um passeio de mountain bike à tarde, e uma sala foi separada para abrigar as bicicletas dos dois ciclistas jovens e entusiasmados.[3] Mas o verdadeiro motivo para a reunião era que a Accel só tinha fechado quatro negócios até então naquele ano, menos do que a maioria das empresas rivais. Uma série de *slides* listava 62 investimentos em software ou internet feitos por outras empresas importantes; ao lado de alguns, havia notas dizendo: "Ciente — perdeu?" ou "Ciente — não avaliou", mostrando que a Accel tinha fracassado em investir apesar de saber da oportunidade. Os *slides* também observavam a promessa específica de um novo tipo de negócio on-line. Se a Internet 1.0 tinha a ver com vender coisas (Amazon, eBay), a Internet 2.0 tinha a ver com usar a web como meio de comunicação. "O frenesi '2.0' em torno das redes sociais; a Accel pode ter perdido o barco", dizia um *slide*.[4]

Ao reconhecerem a Internet 2.0 como uma área importante, os líderes da sociedade incentivaram Efrusy e outros membros juniores da equipe a irem atrás dela. Segundo a abordagem dos fundadores da Accel, havia uma ligação entre escolher deliberadamente um espaço de investimento promissor, reduzindo o risco, e dar autonomia aos novatos, assumindo o risco. "É muito mais fácil deixar os jovens investidores atuarem com liberdade se você souber que eles estão trabalhando em um terreno fértil", disse Jim Swartz mais tarde.[5] Com sua contratação esclarecida dessa maneira, Efrusy começou a olhar ao redor. A primeira prospecção que o entusiasmou foi o Skype, start-up de telefonia via internet. Ali estava um produto que reduzia o custo das chamadas de longa distância, permitindo às pessoas economizar dinheiro de verdade.

O escritório da Accel em Londres também estava de olho no Skype, e Efrusy marcou uma videochamada para apresentar os criadores suecos da start-up a um sócio de Londres chamado Bruce Golden. Por motivos de proximidade geográfica, Golden se tornou o homem da Accel à frente da busca pela possibilidade de um investimento. Efrusy continuou na transação, mas ficou na Califórnia torcendo para o negócio ser fechado. Jim Swartz, que tinha assumido a responsabilidade pelo ajuste cultural entre as equipes da Accel na Califórnia e em Londres, ajudou a manter todo mundo alinhado nesse assunto. Ele ia e vinha todo mês, estimulando e incentivando para garantir que os dois escritórios colaborassem de maneira produtiva.

Golden ficou impressionado com a inovação do Skype e com a explosão de sua popularidade, mas logo entendeu que o Skype não seria um investimento fácil; havia mais "riscos no negócio" do que ele jamais vira, conforme escreveu em seu memorando de investimento.[6] A Accel estava acostumada a apoiar empreendedores sólidos e certeiros, mas os fundadores do Skype tinham sido processados pelo setor de entretenimento por roubo de música on-line. A Accel privilegiava start-ups que desenvolviam a propriedade intelectual que consolidava sua liderança de mercado; e era preocupante o fato de que o Skype licenciava seu IP a partir de uma empresa separada, não sendo, de fato, proprietário do IP. Por fim, os fundadores do Skype foram implacáveis e inconstantes nas negociações da carta de intenções. "Senti que eu estava sendo jogado de um lado para o outro", disse Golden posteriormente. "O comprometimento que tinham demonstrado para trabalhar conosco parecia significar muito pouco para eles."[7] No fim das contas, "o Skype nos pareceu muito estranho", lembrou Efrusy. "Decidimos não investir. E aí ele começou a decolar, e todo mês subia mais, mais e mais."[8]

Conforme o valor do Skype disparava, os sócios da Accel reconheceram a magnitude do erro. No setor do capital de risco, apoiar um projeto que chega a zero custa uma vez o seu dinheiro. Porém perder um projeto que resulta em um retorno de cem vezes é muito mais doloroso. "Alguns colegas disseram que devíamos ter trancado os caras do Skype em uma sala e não os deixado sair até que assinassem o contrato", lembrou Golden, talvez pensando em Efrusy. "Houve muita frustração dentro da sociedade."[9] Mas a boa notícia era que a cultura peculiar da Accel dava à empresa um jeito de processar seu erro. Ela podia se fortalecer com base no exercício de mente preparada iniciado em Sausalito.

O fortalecimento começou com um acerto de contas sobre o que era, de fato, necessário para fechar negócios na arena da Internet 2.0. O Skype não foi a única perda dolorosa da sociedade na área das mídias sociais. A Accel também havia oferecido cartas de intenções para uma empresa de quiz chamada Tickle e para o Flickr, um site de compartilhamento de fotos. Assim como havia acontecido com o Skype, a Accel teve preocupações quanto às duas empresas e as perdeu para concorrentes.[10] Conforme avançavam no exercício da mente preparada, Efrusy e seus colegas transformaram essas experiências em duas lições. Primeiro, a Accel devia ir além dos engenheiros confiantes que costumava apoiar. A experiência mostrou que as empresas de internet voltadas para o consumidor muitas vezes eram fundadas por personagens nada ortodoxos: o Yahoo e o eBay foram fundados por amadores que curtiam um *hobby*. Em segundo lugar, a boa notícia sobre as empresas da internet voltadas para o consumidor era que seria possível julgar os clientes em potencial de um jeito diferente: você podia olhar além dos fundadores e analisar os dados de seu progresso. Da próxima vez que a Accel se deparasse com uma empresa da internet que fosse usada pelos clientes várias vezes por dia, deveria fechar o negócio de qualquer maneira. Em um mundo de retornos da lei de potência, os custos de perder uma empresa eram muito mais altos do que o risco de perder uma vez seu dinheiro.[11]

Como um dos maiores proponentes da negociação pelo Skype, Efrusy percebeu que a mentalidade da sociedade tinha evoluído. A Accel não seria excluída da próxima oportunidade semelhante ao Skype. "Quando cheguei à Accel pela primeira vez, pensei que aquele negócio de mente preparada era papo-furado", lembrou Efrusy mais tarde. "Não é."[12]

No verão de 2004, Efrusy passou o feriado de 4 de julho reunido com a família da esposa em Chicago. Enquanto estava lá, um amigo ligou para ele para falar de uma start-up chamada MySpace. Era um novo tipo de plataforma de comunicação, uma tal de rede social, e estava concorrendo com a pioneira na área, uma start-up chamada Friendster que era financiada pela Kleiner Perkins e pela Benchmark. O que despertou o interesse de Efrusy foi a diferença entre esses dois concorrentes. O MySpace tinha se esquivado do problema que assombra os clubes mais populares: conforme mais pessoas entram, o clima original vai piorando, e os primeiros clientes fiéis ficam insatisfeitos. O Friendster, em específico, tinha criado a reputação de ser popular entre as profissionais do sexo asiáticas. Os clientes originais estavam se afastando, em alguns casos porque estavam cansados de solicitações sinistras.

"Dê uma olhada no MySpace", disse o amigo de Efrusy. "É o Friendster só que com menos prostitutas."

Efrusy abriu o notebook e começou a contar as postagens sugestivas nos dois sites. Enquanto ainda estava ocupado, outro telefonema o interrompeu.

A madrasta da esposa de Efrusy apareceu e viu o notebook aberto. Ansiosa, contou para a enteada, que, por sua vez, pediu que o marido se explicasse. Por que ele estava vasculhando a internet em busca de profissionais do sexo?

Era só trabalho, garantiu-lhe Efrusy.

E era mesmo trabalho, e foi útil. Assim como o exercício de mente preparada tinha preparado a Accel para entrar em start-ups virais da internet, a pesquisa que Efrusy fez em seu notebook o alertou para uma oportunidade mais específica. Como o Friendster era o principal exemplo de rede social, seus problemas sugeriam que o conceito enfrentava limites: como acontece com as boates, não é possível ampliar o serviço sem sujá-lo. "O MySpace me disse: espere, pode ter alguma coisa aqui", disse Efrusy mais tarde.[13]

Em dezembro de 2004, Efrusy entrou em contato com Chi-Hua Chien, um estudante de pós-graduação de Stanford. Chien tinha um bico de meio expediente que envolvia alertar a Accel sobre start-ups que eram populares no campus. Então ele mencionou uma chamada Thefacebook.

Efrusy conseguiu criar uma conta de e-mail de ex-aluno de Stanford, o que lhe permitiu ter acesso a essa coisa que Chien tinha mencionado. O simples fato de ter sido obrigado a fazer isso era um bom sinal. Ao restringir a admissão de usuários a quem tinha e-mails de Stanford, o Thefacebook conseguia administrar o problema do Friendster de ter convidados indesejados. Era o equivalente a colocar uma corda de veludo em frente a uma boate.

Depois de se logar, Efrusy ficou impressionado ao ver que o site tinha o nome de "Facebook Stanford". Não era só Facebook nem Facebook Mundial; o site prometia ser uma comunidade personalizada. Os alunos de Stanford teriam a sensação de que estavam se reunindo com a própria turma. Era um clube ao qual pertenciam.[14]

Efrusy resolveu se reunir com a equipe por trás desse negócio inteligente, mas o momento era ruim: os líderes do Thefacebook, Mark Zuckerberg e Sean Parker, tinham acabado de tirar onda com a cara da Sequoia. Como mostrou a apresentação do Wirehog, Zuckerberg e Parker adoravam esnobar sociedades de capital de risco prestigiosas.

Efrusy usou todos os truques na manga já conhecidos para contornar esse obstáculo. Por meio de um amigo que tinha sido entrevistado para um emprego no Thefacebook, conseguiu um horário para falar por telefone com Parker. Este, por sua vez, cancelou o encontro com ele. Em seguida, Efrusy descobriu que outro amigo, Matt Cohler, tinha começado a trabalhar para Parker havia pouco tempo. Então ligou e pediu uma segunda apresentação. "Sinto muito", disse Cohler. Parker não estava interessado.

No início de 2005, Efrusy ouviu de um colega que o Thefacebook tinha começado a conversar com outros investidores. Ele respirou fundo e mais uma vez mandou um e-mail para seus contatos. Como ninguém respondeu, recorreu à velha tecnologia: o telefone. Parker se recusava a retornar as mensagens de voz.

Efrusy abriu um terceiro canal. Ele soube que Reid Hoffman, fundador do LinkedIn, tinha investido no Thefacebook. Um sócio da Accel chamado Peter Fenton era próximo de Hoffman. Efrusy pediu ajuda a Fenton.

Fenton ligou para Hoffman e deu com a cara na mesma parede: o Thefacebook não estava aberto para uma reunião. Dessa vez, no entanto, a rejeição chegou acompanhada de um motivo. Como Hoffman explicou, Parker e Zuckerberg acreditavam que os investidores de risco nunca entenderiam a empresa deles. Não iam querer pagar um valor justo por ela.

Hoffman também mencionou que o Thefacebook tinha uma oferta de alta avaliação de um investidor corporativo. "Vocês não vão pagar o mesmo valor. Não vale a pena perder o seu tempo", disse ele, como se não se encontrar com o Thefacebook fosse a melhor coisa para a Accel.

Fenton transmitiu a mensagem a Efrusy.

"Vale a pena, sim!", insistiu Efrusy. "Eu não valorizo o meu tempo tanto quanto você valoriza o seu."

Fenton ligou para Hoffman de novo.

"Vale a pena para a gente", disse ele.[15]

Depois de ter dado um motivo para a rejeição, Hoffman se sentiu obrigado a ajudar quando esse motivo foi invalidado. Se a Accel prometesse levar o Thefacebook a sério — se prometesse não fazer uma oferta ofensiva —, Hoffman marcaria uma reunião com Parker.

Mesmo depois disso, a reunião não aconteceu. Hoffman fez o melhor que pôde, mas Parker estava se escondendo.

No Primeiro de Abril de 2005, Efrusy ficou cansado de esperar. Os e-mails não tinham funcionado. Os telefonemas também não. Ele tinha usado três intermediários diferentes. Havia uma última manobra que podia tentar. Resolveu ir pessoalmente ao Thefacebook, com ou sem hora marcada.

Era uma tarde de sexta-feira, e Efrusy perguntou a outro colega de trinta e poucos anos se ele poderia acompanhá-lo. A visita de dois investidores da Accel causaria uma impressão mais forte do que a de um só. E, se Efrusy ia vender o negócio para os colegas, seria bom ter um aliado.

O jovem colega de Efrusy estava ocupado.[16] Mas, como prova da cultura colaborativa da Accel, Efrusy conseguiu atrair outro investidor que por acaso estava no prédio: Arthur Patterson, cofundador da empresa.

Efrusy e Patterson caminharam quatro quarteirões pela University Avenue em Palo Alto. Efrusy era grande, careca e bochechudo, tinha 33 anos e uma constituição forte. Patterson era magro e tinha sessenta anos, e o cabelo grisalho era dividido ao meio.

Chegando ao escritório do Thefacebook na Emerson Street, a dupla subiu uma longa escadaria com um grafite recém-pintado. No topo havia a imagem gigantesca de uma mulher montada em um cachorro grande. A mobília da Ikea no espaço do loft não estava montada por completo e parecia um quebra-cabeça descomunal que tinha exaurido seus proprietários. Havia garrafas de bebida pela metade espalhadas pelo chão, uma prova do 28º aniversário de Cohler pouco tempo antes.[17]

O próprio Cohler não estava no seu melhor dia. No esforço para montar os móveis, tinha rasgado a calça jeans. A perna esquerda da calça estava pendurada, e dava para ver a cueca samba-canção que ele vestia.

"Oi, Kevin", gritou Cohler para Efrusy.

Efrusy esperava ver Sean Parker e Mark Zuckerberg. Disseram que os dois estavam indisponíveis, ou doentes. Então Efrusy e Patterson se reuniram com o desgrenhado Cohler.

Mesmo com a cueca samba-canção à mostra, Cohler era impressionante. Ele enumerou estatísticas sobre o crescimento do Thefacebook, o número de usuários ativos todo dia no site e o tempo que passavam nele. Em seus primórdios como investidor, Patterson tinha procurado empresas de mídia. Em relação aos *benchmarks* tradicionais de usuários de que ele se lembrava daqueles dias, o envolvimento que o Thefacebook alegava ter era surpreendente. Além disso, tudo na reunião seguiu o roteiro que tinha sido estabelecido nos exercícios de mente preparada dos dois anos anteriores. Os fundadores do Thefacebook eram diferentes e evasivos, e o mural do escritório era um convite para um processo por assédio sexual. Mas, se você ignorasse a conduta deles e se concentrasse nos dados, o Thefacebook era uma oportunidade imperdível.[18]

Logo Parker e Zuckerberg apareceram no topo da escada. No fim das contas, nenhum dos dois estava doente. Eles estavam comendo burritos.

Sabendo da impaciência dos fundadores com as perguntas dos investidores de risco, Efrusy evitou fazê-las. "Percebi como a empresa pode ser valiosa", garantiu ele a Parker e Zuckerberg, prevendo o que ele sabia ser a dúvida dos dois. "Compareçam à nossa reunião de sócios na segunda-feira e eu prometo que dou a vocês uma carta de intenções até o fim do dia ou vocês nunca mais vão ouvir falar de mim."

Parker concordou em se encontrar com Efrusy para tomar uma cerveja na noite seguinte, mas, antes de Efrusy e Patterson saírem, ele queria mostrar aos dois o mural do banheiro feminino, que retratava uma mulher nua abraçando as pernas de outra.

No caminho de volta para o escritório da Accel, Patterson deu um tapa nas costas de Efrusy. O exercício de mente preparada tinha dado certo. "Precisamos conseguir isso", ele se animou.[19]

◆

Por volta da hora do almoço no dia seguinte, Efrusy foi até o campus de Stanford. Durante a visita, ele parava os alunos aleatoriamente para perguntar se eles conheciam o Thefacebook.

"Eu não estudo. Estou viciado", respondeu um deles.

"É o que move minha vida", disse outro.[20]

Efrusy conhecia uma aluna do segundo ano da Universidade Duquesne, em Pittsburgh. Então ligou para ela.

— Ah, sim, o Thefacebook. Chegou aqui no dia 23 de outubro — comentou a garota.

— Você sabe a data exata? — perguntou Efrusy.

— Mas é claro. — Foi a resposta. A Universidade Duquesne estava contando os dias pelo lançamento do Thefacebook no campus havia meses. Os amigos dela mal podiam esperar para experimentar o site.

Efrusy conversou com a esposa. Ele nunca tinha visto tanta demanda reprimida. "Eu preciso investir nessa empresa", disse ele.

Naquela noite, Efrusy se encontrou com Sean Parker para tomar a prometida cerveja em uma espelunca para estudantes perto de Stanford. Parker reiterou sua convicção de que o Thefacebook era tão valioso que a Accel não ofereceria o suficiente. Será que ele ainda acreditava mesmo nisso, ou só estava tentando aumentar a oferta da Accel? De qualquer forma, ele sem dúvida estava curtindo a oportunidade de zombar de um investidor de risco.

Efrusy implorou para ter uma chance de mostrar o quanto poderia pagar. Tudo que Parker precisava fazer era ir junto de Zuckerberg à reunião de sócios na segunda-feira.

Na manhã de segunda, a equipe da Accel se reuniu na sala de conferências. "Será que eles vão aparecer?", um membro da equipe se lembra de ter pensado.[21] Às dez da manhã, eles apareceram.

Se a Accel ainda estivesse presa a seus instintos tradicionais, a reunião teria sido um fiasco. O visitante mais importante, Mark Zuckerberg, chegou vestindo bermuda e chinelos Adidas. Ele apresentou aos anfitriões um cartão de visita que informava seu cargo como "Sou CEO... porra!"[22] Durante a apresentação, Zuckerberg não disse quase nada. Quando foi persuadido a falar sobre seu passado e sua visão para a empresa, limitou a resposta a dois minutos.[23] Os sócios da Accel estavam sendo instigados a investir em um jovem de vinte anos que mal se dignava a falar com eles. Mas, graças ao exercício de mente preparada, a equipe não desanimou.

"Já tínhamos decidido que um personagem diferente como Zuck não era um perfil improvável", refletiu Efrusy mais tarde. "Na verdade, era o mais provável."[24]

Vestidos de maneira mais profissional, com camisetas sob jaquetas esportivas, Sean Parker e Matt Cohler contaram a história que acabou com todas as dúvidas sobre o comportamento de Zuckerberg. Os dois relataram que o Thefacebook tinha conquistado os campi da nação, um por um, demonstrando uma eficiência quase militar. Várias faculdades tinham solicitado o serviço; para chegar à frente da fila, elas eram obrigadas a fornecer os e-mails dos alunos, informações sobre times e clubes esportivos, listas de turmas e outras informações. Dessa forma, o Thefacebook podia inscrever uma grande parcela dos alunos em cada campus assim que fosse lançado, alcançando logo de cara uma massa crítica. Além disso, à medida que adicionava mais alunos à comunidade, o Thefacebook vivia o oposto do dilema do Friendster. A maioria dos universitários tinha colegas do ensino médio em outras universidades; dessa maneira, quando essas universidades ingressavam no site, aqueles que eram fiéis do início ficavam ainda mais envolvidos com a plataforma. O Thefacebook não enfrentou nenhum dilema entre expandir o número de usuários e diminuir o envolvimento deles.

Quando a reunião terminou, o veredicto da Accel foi unânime. Ninguém se importava com o estilo caladão de Zuckerberg. Ninguém trouxe à tona as alarmantes imagens sexuais no escritório do Facebook. Ninguém se preocupava com o fato de os líderes da Sequoia, Michael Moritz e Doug Leone, terem alertado a Accel para desconfiar de Parker. A única coisa que importava era a popularidade contagiante do produto. O fato de Zuckerberg ser novo demais até para comprar uma cerveja só aumentava sua autenticidade.[25]

A questão nisso tudo era como fazer o Thefacebook aceitar o capital da Accel. A sociedade sabia que enfrentaria um investidor corporativo, provavelmente uma grande empresa de mídia, e Parker revelou os termos que a rival estava oferecendo: uma avaliação pré-monetária — isto é, o valor sem contar o investimento a ser feito — de 60 milhões de dólares. Depois de alguma deliberação, a Accel enviou ao Thefacebook uma carta de intenções avaliando-o pelo mesmo valor de 60 milhões de dólares, mas com uma oferta para injetar mais dinheiro do que o outro ofertante.

Naquela noite, Cohler enviou um e-mail de resposta: valeu, mas não, obrigado. Estava claro que o lance da rival era real. A essa altura, o sócio-gerente bem relacionado da Accel, Jim Breyer, tinha descoberto que era quase certo que o ofertante era a Washington Post Company.[26]

No dia seguinte, a equipe da Accel se reuniu de novo para considerar em quanto aumentaria a oferta. Naquela tarde, Efrusy e dois colegas marcharam pela University Avenue, pegando a galera do Thefacebook no meio de uma reunião. Ele fez uma nova oferta. A Accel ia avaliar o Thefacebook em 70 milhões de dólares antes da entrada de qualquer capital novo. Ela propôs investir 10 milhões de dólares na empresa, elevando a avaliação pós-monetária para 80 milhões de dólares.

Pela primeira vez, Parker ficou impressionado.

"Ok, vale a pena considerar isso", admitiu ele.

A Accel tinha superado o lance da rival, porém ainda enfrentava um obstáculo. Zuckerberg tinha chegado a um acordo verbal com a Washington Post Company e confiava em Don Graham, CEO da empresa, para não interferir na sua liderança no Thefacebook. Parker tinha ensinado Zuckerberg a acreditar que os investidores de risco do Vale eram malvados. Então talvez ele achasse melhor ficar com a Post e aceitar uma avaliação mais baixa.

Naquela noite, a Accel preparou um jantarzinho para Zuckerberg e seus assistentes no Village Pub, um restaurante do guia Michelin cujo nome era um estudo de falsa modéstia. O grupo discutiu a estratégia de crescimento do Thefacebook, e os dois anfitriões da Accel — Efrusy e o sócio-gerente, Jim Breyer — tentaram persuadir Zuckerberg a entrar na conversa. Breyer estava avançando; afinal, abrira um canal privado com Zuckerberg depois do *pitch* que havia feito na segunda-feira, e o jovem fundador parecia estar impressionado com seu Rolodex dourado e sua confiança cativante. Mas, assim que Breyer parecia estar se conectando, Zuckerberg saiu do ar; ficou em silêncio e se fechou em si mesmo, como se estivesse absorvido em um diálogo interno. Pouco tempo depois, ele se levantou e foi ao banheiro. Durante muito tempo, não houve nenhum sinal dele.

Matt Cohler deixou a mesa para ver onde estava o chefe. Encontrou-o no chão do banheiro masculino, sentado de pernas cruzadas, chorando.

— Eu não posso fazer isso. Eu dei minha palavra! — soluçava Zuckerberg. Ele gostava de Jim Breyer, mas se sentia péssimo por aceitar seu dinheiro. Enganar Don Graham, da Post, era mais do que ele poderia suportar.

— Por que você não liga para o Don e pergunta o que ele acha? — sugeriu Cohler.[27]

Zuckerberg se recompôs e voltou à mesa. Na manhã seguinte, entrou em contato com Graham para dar a notícia de que tinha uma oferta maior. Embora respeitasse Graham, estava ciente de que Breyer tinha mais experiência em conduzir start-ups ao estrelato. E, apesar de ter absorvido a hostilidade de Parker contra os investidores de risco, ele gostava da Accel, pois ela apoiava as próprias convicções com muito dinheiro.

Graham não estava preparado para participar de um leilão. Seu amigo e mentor Warren Buffett o havia treinado na disciplina de investimento em valores, e ele via a mentalidade da lei de potência do Vale do Silício com desconfiança. Em vez de prometer a Zuckerberg um acordo financeiro melhor, propôs um acordo psicológico melhor.

"Você sabe que aceitar o dinheiro deles vai ser diferente de aceitar o nosso, não sabe?", perguntou Graham. "Não vamos dizer como você deve administrar a empresa."[28]

Levando em consideração o contexto da revolta da juventude, o apelo de Graham poderia ter tido sucesso. Apenas um mês antes, Paul Graham, fundador da YC, havia proposto sua "teoria unificada em relação à chatice dos investidores de risco", denunciando-os por obrigarem os jovens empreendedores a se alimentarem de muito capital. Peter Thiel, que apoiara o Thefacebook como investidor-anjo e fazia parte do conselho, enfatizava que os fundadores deviam manter o controle das próprias empresas, e não compartilhar a governança com investidores de risco. Mas, mesmo nesse clima, a oferta de Graham fracassou. Não importava a apresentação do Wirehog, o cartão de visita agressivo nem os chinelos da Adidas. Zuckerberg tinha pensado nas consequências de lidar com uma empresa de capital de risco e estava feliz em encará-las.

Com isso, Don Graham gentilmente libertou Zuckerberg de seu dilema moral.[29] Depois, desejou-lhe boa sorte com a Accel. O caminho do Thefacebook tinha sido decidido.

Para Sean Parker, o acordo Accel-Facebook teve dois tipos de ajuste de contas. O lado positivo foi que o acordo cimentou sua reputação como mestre em negociação. Ele habilmente jogou com os interessados em fazer o investimento de risco, garantindo uma série de vitórias adicionais na última fase das negociações e deixando Zuckerberg com mais riqueza e controle sobre a empresa. Mas, alguns meses depois, houve uma reviravolta desagradável. Em setembro de 2005, logo depois que o Thefacebook virou apenas Facebook, a Accel expulsou Parker da empresa. Em uma reprise de sua conduta na Plaxo, Parker tinha retomado seu comportamento errático: foi preso (mas não acusado) por posse de cocaína em uma casa de praia onde estava dando uma festa com vários amigos, incluindo uma menor de idade que era sua assistente no Facebook.[30] Depois de ignorar os murais sinistros na sede do Facebook, agora a Accel tinha decidido, enfim, que Parker havia passado dos limites. Jim Breyer, o sócio-gerente da Accel que tinha assumido um cargo no conselho do Facebook, aproveitou o incidente para exigir a demissão de Parker. Apesar do desejo de Zuckerberg de perdoar o amigo, Breyer conseguiu o que queria, fazendo pelo Facebook o serviço de eliminar o que era uma força corrosiva dentro da empresa. Reproduzindo sua saída da Plaxo, Parker foi obrigado a abrir mão de metade das suas opções de compra. Cinco anos depois, essas opções de compra teriam valido cerca de 500 milhões de dólares.[31]

Para o setor de capital de risco, o acordo com o Facebook mostrou como uma sociedade tradicional conseguiu navegar na revolta da juventude. Ela conseguiu obter informações com um aluno de pós-graduação de Stanford; treinar e dar poder a um investidor de trinta e poucos anos; implantar a sofisticação intelectual e as conexões do sócio-gerente de quarenta e poucos anos; e até mesmo recorrer ao julgamento de investimento de seu fundador de sessenta anos. Quando o Facebook abriu o capital, em 2012, a Accel obteve um lucro surpreendente de mais de 12 bilhões de dólares.[32] Ao ignorar as adversidades da juventude arrogante, a parceria foi muito bem recompensada.

Mas o episódio do Facebook também demonstrou que, pelo menos naquele momento, havia limites para a tolerância dos investidores. Confrontados com um rebelde tóxico que pintava os investidores de risco como vilões enquanto se metia em encrencas com a polícia, os investidores conseguiram afirmar sua autoridade: eles tinham defenestrado Parker. Uma década depois, essa capacidade de ter disciplina desapareceu, como veremos a seguir.

Se a Accel tinha o que era necessário para ter sucesso no século XXI, a história da Kleiner Perkins mostra que o sucesso não era inevitável. Nas décadas de 1980 e 1990, a Kleiner era a principal empresa de capital de risco, e suas empresas de portfólio respondiam por até um terço do valor de mercado criado pela internet.[33] Por volta de 2015, depois de uma série de fundos medíocres, a Kleiner tinha desaparecido da mesa dos gigantes.[34]

A queda da Kleiner foi ainda mais impressionante devido à dependência da trajetória que existe no desempenho do investimento em capital de risco. Os investidores de risco que apoiam start-ups vencedoras conquistam uma reputação de sucesso, o que, por sua vez, lhes dá a primeira chance no próximo grupo de potenciais vencedores. Às vezes eles conseguem comprar com desconto, porque os empreendedores valorizam a aprovação de investidores renomados. Essa vantagem autorreforçadora — o prestígio aumenta o desempenho e vice-versa — levanta uma questão delicada. Existe mesmo habilidade no investimento em capital de risco, ou os que têm melhor desempenho estão apenas surfando na onda da própria reputação? A história da Kleiner Perkins ilustra o que o estudo acadêmico confirmou.[35] A reputação é importante, mas não é garantia de resultados. O sucesso deve ser conquistado de novo a cada geração.

A queda da Kleiner costuma ser atribuída a um investimento espetacularmente ruim. A partir de 2004, a empresa buscou as chamadas start-ups de tecnologia limpa — apostas em tecnologias que ajudam a combater as mudanças climáticas, desde energia solar a biocombustíveis e veículos elétricos. Em 2008, a Kleiner dobrou de volume, dedicando um novo fundo de crescimento de 1 bilhão de dólares exclusivamente para esse setor. O compromisso refletia uma mistura de idealismo e pensamento positivo. John Doerr, sócio dominante da Kleiner, foi descaradamente emotivo em suas promessas públicas de ajudar a salvar o planeta. Ele gostava de citar Mary, sua filha adolescente: "Pai, sua geração criou esse problema; acho bom vocês darem um jeito nele."[36] Ao mesmo tempo, Doerr insistia no argumento financeiro de se tornar mais sustentável, lembrando ao público que a energia era um negócio de 6 trilhões de dólares. "Você se lembra daquela internet?", perguntou ele retoricamente em 2007. "Bem, vou lhe dizer uma coisa. As tecnologias verdes — o tornar-se verde — são maiores do que a internet."[37]

Qualquer que seja sua importância existencial, a tecnologia limpa era um campo difícil para investidores de risco, e Doerr não devia ter sugerido que grandes mercados eram a mesma coisa que mercados lucrativos. As start-ups que trabalhavam com energia eólica, biocombustíveis ou painéis solares exigiam muito capital, aumentando o risco de perder grandes somas; seus projetos levavam anos para amadurecer, reduzindo o retorno anual dos poucos que tiveram sucesso. Para compensar as grandes necessidades de capital e os longos prazos, os investidores em tecnologia limpa poderiam, em teoria, ter investido em avaliações mais baixas e exigido mais patrimônio em troca de seu dinheiro. No entanto, por causa da moda da "cordialidade do fundador" entrincheirada pela revolta da juventude, Doerr não queria se envolver nisso. Para agravar esse erro, as primeiras investidas de tecnologia limpa de Doerr se concentraram em negócios que careciam de um "fosso econômico" óbvio: os projetos de energia solar e de biocombustíveis envolvem a produção de energia, uma *commodity* sem diferenciação cujo preço é imprevisivelmente cíclico. Quando os preços do petróleo despencaram no verão de 2008, as apostas de energia alternativa de Doerr naufragaram. Depois disso, uma enxurrada de painéis solares subsidiados pela China e o advento do fraturamento hidráulico puxaram os preços da energia ainda mais para baixo. Enquanto isso, essa série de reveses do mercado se somou a um erro político. Doerr superestimou a disposição do governo federal de cumprir suas promessas de tributar ou regular o carbono.[38]

Para os cotistas da Kleiner, o resultado foi doloroso. A primeira onda de investimentos verdes foi especialmente ruim, e os fundos de risco levantados em 2004, 2006 e 2008 sofreram com isso. Doze anos depois de investir no fundo de 2006, um cotista reclamou que tinha perdido quase metade de seu capital.[39] A segunda onda de tecnologia limpa da Kleiner, começando com o fundo de crescimento verde levantado em 2008, teve melhor desempenho. A sociedade se concentrou em empresas que tinham algum fosso econômico e gerou alguns sucessos drásticos: em 2021, a empresa de carne vegetal Beyond Meat rendeu 107 vezes; a fabricante de baterias QuantumScape rendeu 65 vezes; e a empresa de "energia solar inteligente" Enphase rendeu 25 vezes. Isso foi suficiente para gerar pelo menos um fundo de risco classificado no quartil superior do setor.[40] Mas o desempenho geral da Kleiner continuou apagado.[41] De volta ao seu apogeu, em 2001, Vinod Khosla e John Doerr ficaram em primeiro e terceiro lugar, respectivamente, na Lista Midas da *Forbes*. Em 2021, Doerr ficou em 77º lugar, e nenhuma outra figura da Kleiner figurou entre os cem primeiros.[42]

Quando as más notícias começaram a correr, a maioria dos cotistas da Kleiner continuou com a empresa, provando o poder da dependência da trajetória. No início, eles tinham esperança de que a velha faísca voltasse. Afinal, os sucessos de Doerr com o Google e a Amazon fizeram dele um dos investidores de risco mais bem-sucedidos de todos os tempos, e ele continuava pessoalmente magnético. Mais tarde, alguns cotistas continuaram investindo por um motivo diferente: eles valorizavam estar associados a um nome famoso do Vale do Silício, mesmo quando os *insiders* perceberam que o nome em questão estava manchado. Por exemplo, um fundo de fundos confidenciou que seus próprios investidores — fundos de pensão pequenos e pouco sofisticados — ficaram impressionados ao saber que o capital deles estava sendo administrado pela famosa Kleiner Perkins: esse era o tipo de acesso privilegiado que eles nem sonhavam em ter sem a intermediação de um fundo de fundos. Mas, em 2016, mesmo esses investidores que conheciam a marca começaram a se afastar. O nome Kleiner não tinha mais prestígio, e Doerr, muito desvalorizado, deixou seu posto de sócio investidor.

Essa explicação padrão da tecnologia limpa para os problemas da Kleiner é parcialmente correta. De modo surpreendente, a empresa que cuspia dinheiro durante a primeira onda da internet, pregando o poder da lei de Moore e da lei de Metcalfe, correu para um setor que não tinha essas vantagens mágicas. E ainda há outro lado da história — um lado que revela uma verdade mais sutil sobre o negócio do capital de risco. Como o acordo da Accel com o Facebook sugeria, e como muitos outros estudos de caso confirmam, o capital de risco é um esporte de equipe: muitas vezes, são necessários vários sócios para fechar um negócio do tipo *home run*, e os investidores que lideram a perseguição nem sempre são os administradores que orientam as empresas do portfólio depois da conclusão das negociações. Para que uma equipe de capital de risco trabalhe de forma produtiva, a cultura da sociedade precisa ser correta. E foi isso que a Kleiner Perkins administrou tremendamente mal.[43]

Nos primeiros anos da Kleiner Perkins Caufield & Byers, a sociedade parecia desequilibrada. Tom Perkins era o homem que sabia fazer dinheiro, extravagante e dominador, o gênio criativo por trás da Tandem e da Genentech, e ofuscava os outros três sócios citados. Mas, ao olhar de perto, via-se que eles tinham importância — não necessariamente devido a seus investimentos, mas por seu efeito sobre Tom Perkins. Quando as ideias do grande homem eram loucas demais, eles o faziam baixar a bola. Quando o temperamento de Perkins ameaçava destruir um acordo, eles sabiam como acalmar as coisas.

Em uma dessas ocasiões, em 1983, Mitch Kapor apareceu no escritório da Kleiner para conduzir o *pitch* da Lotus Development. Sem nenhum motivo evidente, Perkins ficou furioso. "Não vejo por que eu deveria perder meu tempo ouvindo falar de uma empresa na qual está bem claro que não vamos investir", vociferou ele, saindo enfurecido.⁴⁴ John Doerr, então com três anos de carreira na Kleiner, parecia um boneco inflável furado. Ele tinha se esforçado muito com Kapor para preparar o *pitch*; agora o tal *pitch* estava morto antes mesmo de ser apresentado. Mas, nesse ponto da história, o valor do trabalho em equipe entrou em jogo. Frank Caufield, um dos investidores da sociedade, que não era muito conhecido, garantiu a Doerr que conversaria com Perkins para trazê-lo de volta à razão; ele sabia como fazê-lo rir e derrubá-lo de seu pedestal. Quando Doerr voltou suficientemente ao normal, o *pitch* da Lotus foi em frente e todos ignoraram a figura ressentida de Perkins, visível através da parede de vidro da sala de conferências. Graças à intervenção de Caufield, o chilique não prejudicou nada, o negócio foi fechado. A volatilidade de Perkins, que poderia ter custado milhões à sociedade, tinha sido administrada com elegância.

Do fim dos anos 1980 até o início dos anos 2000, a Kleiner atingiu um equilíbrio que foi ainda mais bem-sucedido. John Doerr e Vinod Khosla surgiram como os dois sucessores de Perkins: ambos dominadores, duros na queda e extremamente bem-sucedidos. Ter duas superestrelas à mesa era muito melhor do que uma: um podia ser um controle intelectual saudável do outro. Porém, como no período inicial da Kleiner, também havia sócios menos famosos que eram essenciais para a equipe. Um deles, chamado Doug Mackenzie, era conhecido por fazer perguntas difíceis: no investimento de risco, os otimistas levam a glória, mas os pessimistas mantêm as pessoas com os pés no chão.⁴⁵ Outro sócio, chamado Kevin Compton, era o guardião da chama ética da Kleiner. "Kevin era a bússola moral", lembrou um investidor mais jovem da empresa. "Eu o adorava. Ego pequeno. Um grande mentor", disse outro.⁴⁶

Entretanto, na primeira década do século XXI, a Kleiner Perkins perdeu esse equilíbrio. Parte do problema era que a empresa tinha crescido. Enquanto as sociedades tradicionais, como a Benchmark, ainda tinham apenas meia dúzia de sócios administradores, a Kleiner agora tinha cerca de dez — além de vários consultores seniores e investidores juniores. Em 2004, Vinod Khosla se cansou dessa estrutura pesada e pediu demissão para abrir a própria empresa, deixando Doerr sem um contrapeso intelectual.

No mesmo ano, Mackenzie e Compton fizeram o mesmo, criando uma empresa chamada Radar Partners. Doerr substituiu esses colegas experientes por uma série de nomes famosos. Em 2000, contratou Ray Lane, o maior guru de vendas de software do Vale do Silício, que tinha impulsionado o sucesso da Oracle. Em 2005, fez o mesmo com Bill Joy, cofundador da Sun Microsystems, e com o ex-secretário de estado Colin Powell, que foi contratado como consultor estratégico. Em 2007, Doerr completou a equipe adicionando o ex-vice-presidente Al Gore como uma espécie de sócio sênior adjunto. Os recém-chegados não tinham experiência em investimentos e estavam na casa dos cinquenta ou sessenta anos. A Kleiner tinha efetivamente adotado o oposto da filosofia da Accel, que acreditava em recrutar novatos sedentos e treiná-los.[47]

Essa mudança na cultura da Kleiner preparou o terreno para o fiasco com a tecnologia limpa. Quando Doerr decidiu apostar a franquia em um setor desafiador, ninguém estava lá para contê-lo. A falta de Compton e Mackenzie foi mais sentida: eles eram abertamente céticos em relação à tecnologia limpa, considerando-a muito intensiva em capital, lenta demais para amadurecer e refém dos caprichos da regulamentação governamental. Em retrospecto, Compton chegou a argumentar que o erro representado pelo investimento em tecnologia limpa violava as lições transmitidas pelo próprio Tom Perkins. Longe de mergulhar de cabeça em apostas de alto risco, Perkins tinha usado pequenas quantias de capital para eliminar os principais riscos de um empreendimento — os "riscos extremos", como os chamava. Além disso, longe de se emocionar com novas tecnologias, Perkins costumava advertir que, para uma inovação ser importante, ela precisava ser radicalmente melhor do que o que já existia. "Se não for dez vezes diferente, não é diferente" era seu mantra.[48] Se a Kleiner não tivesse sofrido uma fuga de cérebros, Compton e Mackenzie estariam lá para apresentar esses argumentos. Mas, sem a velha guarda à mesa, "ficou impossível desafiar John", lembrou uma pessoa que estava lá na época, provavelmente exagerando, mas não muito. A empresa de Tom Perkins deixou de ser uma eliminadora de riscos extremos e passou a ser uma corretora de riscos desesperada.

Observando esse período, Doerr contesta a afirmação de que era dominante. "Nunca tivemos um sócio-gerente nem um CEO controlador. Eu nunca tive esse papel", diz ele. "O fato de John Doerr querer investir não significava que de fato íamos fazer isso."⁴⁹ Mas a maioria de seus ex-colegas diverge desse relato, e o carisma no estilo turbilhão de Doerr, junto com sua estatura descomunal no mundo do capital de risco, levantam dúvidas sobre sua história. Além disso, como o problema básico da Kleiner era cultural, decorrente da estrutura de poder desequilibrada dentro da empresa, isso afetava tudo, incluindo iniciativas que poderiam ter compensado as perdas com a tecnologia limpa. A ida da Kleiner para a China, como vimos, gerou problemas. Doerr não era um gestor bom o suficiente para garantir que o time local se solidificasse; seus sócios nos Estados Unidos não tinham a magnitude necessária para compensar suas deficiências. Da mesma forma, a Kleiner não conseguiu compensar as perdas com a tecnologia limpa usando as apostas tradicionais em empreendimentos de TI. Talvez por ser muito pesada, com estrelas maduras que não tinham ânimo para ter contato com jovens fundadores, sua equipe de risco perdeu os *home runs* da época: Uber, Dropbox, LinkedIn, WhatsApp, Stripe e assim por diante. O único sucesso de destaque da Kleiner nesse período envolveu a contratação de Mary Meeker, ex-analista do Morgan Stanley que foi pioneira na avaliação de negócios digitais. Ao contrário dos outros cinquentões estabelecidos que chegaram à sociedade por volta dessa época, Meeker tinha crescido no mundo dos investimentos. Ela passou a administrar uma série de fundos de crescimento, lucrando com as apostas em estágio posterior em empresas que a equipe de risco tinha deixado passar e resgatando parcialmente o desempenho da Kleiner.

◆

O fracasso mais doloroso da Kleiner nesses anos ressaltou sua trágica mistura de idealismo e má administração. A partir do fim da década de 1990, Doerr embarcou em outra causa nobre: começou a eliminar o desequilíbrio de gênero no setor do capital de risco. Mais do que a maioria dos engenheiros da Costa Oeste da sua geração, ele acreditava em mulheres inteligentes; sua esposa era engenheira da Intel, e ele tinha adoração pelas duas filhas. Além disso, no fim da década de 1990, estava claro que já tinha passado da hora dessa mudança. A escassez de mulheres seniores no setor de tecnologia era vergonhosa na década de 1970, mas naquela época as mulheres eram escassas em quase todos os setores. Conforme progrediram em outras profissões, a ausência delas no setor de tecnologia ficou gritante. No fim da década de 1990, a proporção de mulheres nos bancos de investimento e consultoria de gestão era de cinco a sete vezes maior do que no setor de investimento em capital de risco. As mulheres representavam apenas 9% dos novos recrutas nas sociedades de risco, e a ausência delas se autoperpetuava. Mulheres talentosas que escolhiam uma carreira podiam eliminar o setor de investimento de risco da lista; parecia uma relíquia bizarra de uma época anterior, como um clube de jantar só para cavalheiros.[50] Saindo da Sloan School of Management do MIT nesse período, uma jovem banqueira americana de origem asiática chamada Aileen Lee desprezou o setor, afirmando ser uma província de homens brancos que "cresceram em Connecticut com um pai empresário".[51]

Em 1999, depois de um período no Morgan Stanley e um segundo diploma de administração em Harvard, Lee recebeu um telefonema de uma mulher que se apresentou como recrutadora.

Será que Lee consideraria trabalhar para John Doerr na Kleiner?

— São todos homens. Não vou ter amigo nenhum — disse Lee.

A recrutadora forçou um pouco.

— O mundo nunca vai mudar se você não for a essa entrevista — advertiu. — Nenhum homem diria o que você acabou de me dizer.

"Ela realmente soube me convencer", contou Lee mais tarde, rindo.[52]

Lee foi se encontrar com Doerr e decidiu testá-lo. Disse a ele que tinha planejado a própria vida: casar aos 28, ter o primeiro filho aos trinta e o segundo aos 32. Como ela já estava chegando aos trinta, estava atrasada.

— Quero que você saiba que meu plano é colocar o meu plano em dia — disse ela, pensando se seu medo de que o capital de risco fosse o lugar errado para ela ia se confirmar.

— Por mim, tudo bem — respondeu Doerr.[53]

Lee aceitou o emprego ainda se sentindo nervosa. Era a profissional mais jovem da equipe de investimentos da Kleiner e a única mulher. Muitas vezes sentia que estava sendo julgada, mesmo depois de anos na empresa — na verdade, mesmo depois de se tornar uma das poucas associadas da Kleiner a se tornar sócia e depois sócia sênior. Procurando maneiras de explicar esse sentimento incômodo de hostilidade, Lee chegou à conclusão de que, quando um homem se juntava à Kleiner, ele se tornava parte de um clube. Se dissesse alguma coisa idiota, levaria um tapa nas costas; seria engraçado, não vergonhoso. Mas uma mulher, não sendo membro do clube, nunca podia confiar na camaradagem nem na indulgência. Se dissesse alguma coisa idiota, isso afetaria sua posição.

Lee administrou esse problema sendo cuidadosa com o que dizia.

— Por que você fala tão pouco? — perguntaram seus colegas.

Ela assimilou esse feedback e começou a falar mais.

— Não seja muito assertiva — alertaram os mesmos colegas.

Lee tirou licença-maternidade; estava colocando seu plano em dia. Enquanto estava fora, um sócio ocupou um de seus assentos no conselho. Por incrível que pareça, ninguém contou a ela.

"Isso faz com que você sinta que eles nem se lembram da sua existência", disse Lee mais tarde.[54]

Por que a Kleiner Perkins abriu caminho na promoção de uma mulher, mas fracassou em criar um ambiente onde ela pudesse prosperar? Olhando para trás como uma investidora de risco de sucesso, agora chefe da própria empresa, Lee culpou a má gestão, e não a má vontade nem o preconceito. Inevitavelmente, levar mulheres para a sociedade exigiria um esforço, uma redefinição consciente de algumas práticas e regras, assim como o estabelecimento de uma equipe na China exigia um plano para administrar as relações entre o satélite e a nave mãe. Mas Doerr estava muito distraído para implementar esse tipo de reformulação organizacional, e outras pessoas da empresa não tinham autoridade para fazer isso por ele. "Ninguém estava cuidando da loja", disse Lee mais tarde.[55]

Lee não foi a única mulher a experimentar o lado bom e o lado ruim da liderança de Doerr. Em 2000, uma estudante de MBA de Stanford chamada Trae Vassallo foi ouvir Doerr fazer um de seus discursos inspiradores no campus. Ao fim, ela foi até ele e pediu conselhos; antes de estudar administração, Vassallo havia se formado em engenharia e tinha treze patentes no currículo. Reconhecendo a habilidade dela e aproveitando a chance de ajudar, Doerr a apresentou a uma start-up que a convidou para ser cofundadora. "Não teria acontecido sem John. Ele achava que era importante ter diversidade na mesa", disse Vassallo mais tarde. "Ele buscava ativamente as chances de garantir que as mulheres jovens tivessem oportunidades."[56]

Mais ou menos um ano depois, quando Vassallo deixou a start-up, ela continuou a se beneficiar da mentoria de Doerr. A convite dele, juntou-se à Kleiner como empreendedora residente não remunerada. Em 2002, quando ela precisou ter uma renda porque tinha um bebê de nove meses e o marido estava na faculdade de administração, Doerr lhe deu um emprego remunerado. Em 2006, ela fez seu primeiro investimento. "Eu sentia mesmo que John se importava com a minha carreira", reiterou Vassallo.[57]

Mas, conforme passava mais tempo na Kleiner, as frustrações de Vassallo começaram a aumentar. A essa altura, Doerr já tinha contratado várias mulheres. Todas eram inteligentes e realizadas: Doerr sabia identificar talentos. Mas, com algumas exceções, elas não eram promovidas. Pior ainda, nem tinham a chance de desenvolver suas credenciais, porque os seniores da empresa não queriam abrir espaço para elas. Em 2008, uma das jovens colegas de Vassallo, uma investidora chamada Ellen Pao, trabalhou em um negócio com uma start-up chamada RPX, mas, depois que o negócio foi concluído, um sócio sênior da Kleiner chamado Randy Komisar assumiu o assento no conselho da RPX. Em 2010, a própria Vassallo ajudou a fechar um acordo com uma start-up chamada Nest Labs, fabricante de termostatos e detectores de fumaça baseados em TI. Komisar também ocupou o assento nesse conselho, colhendo a maior parte do crédito quando a Nest foi vendida para o Google, em 2014, por um gratificante múltiplo de 22 vezes. Na época, nem Pao nem Vassallo reclamaram dessas decisões: Komisar era um veterano em tecnologia e tinha um forte vínculo pessoal com o fundador da Nest.[58] Mas Vassallo sentia que, por uma questão de boa gestão, a Kleiner tinha interesse em seguir o modelo da Accel de desenvolver os membros mais jovens da equipe. Ninguém devia ser condenado à contradição de que, para entrar em conselhos, era preciso ter estado em conselhos.[59]

Em maio de 2012, as tensões latentes da empresa chegaram ao auge com o ajuizamento de um processo por discriminação de gênero. A autora do processo era Ellen Pao, a investidora que tinha trabalhado no negócio da RPX; ela era formada em Princeton e na Harvard Law School. Assim como Lee e Vassallo, Pao devia seu cargo diretamente a Doerr. Ele a tinha contratado como chefe de gabinete em 2005, enfatizando que a Kleiner era uma das poucas sociedades do Vale do Silício que se preocupavam com o crescimento das mulheres. Mas, também como Lee e Vassallo, Pao passou a acreditar que a postura razoável de Doerr não era sustentada pela cultura da empresa que ele liderava. Como ela disse, a Kleiner tinha sido inundada com "a arte californiana do coleguismo superficial, em que tudo parece bronzeado e polido por fora, mas, por dentro, a portas fechadas, as pessoas iam destruir seu investimento, bloqueá-la ou mandá-la fazer tarefas demoradas e improdutivas para atrasá-la até você desistir".[60]

O mérito do processo de Pao continua um tanto obscuro. Ela alegava, entre outras coisas, que sua promoção tinha sido negada por discriminação de gênero. Em resposta, a Kleiner apresentou evidências de que Pao tinha sido uma colega difícil e que ela não foi promovida porque seu desempenho não justificava. A Kleiner apoiou essa afirmação apresentando avaliações de desempenho de Pao, e o júri considerou a Kleiner inocente em todas as acusações, mas as alegações de Pao lançaram uma sombra sobre a reputação da empresa. Ela alegou que um sócio chamado Ajit Nazre a tinha assediado e obstruído seu trabalho ao longo de cinco anos, embora em determinado momento ela tivesse consentido em ter um breve caso com ele. (Por sua vez, Nazre emitiu uma declaração dizendo que não era réu no caso e que a Kleiner negava as alegações de Pao sobre ele.)[61] Pao também afirmou que um sócio mais sênior a tinha dado um presente sexualmente sugestivo e a convidara para um jantar em um sábado, mencionando que a esposa estaria fora da cidade naquela noite. Ela afirmou que as repetidas reclamações para os líderes da sociedade não foram suficientes para gerar medidas que melhorassem o ambiente para as mulheres.[62] Enquanto isso, Trae Vassallo testemunhou no julgamento dizendo que Nazre a convidara para ir a um jantar de negócios em Nova York. Quando os dois chegaram à cidade, não havia na agenda nenhum jantar de negócios, e Vassallo supostamente precisou empurrar Nazre para impedi-lo de entrar no quarto de hotel dela. A pior parte aconteceu quando Vassallo relatou o incidente a um dos sócios administradores da Kleiner. "Você devia se sentir lisonjeada", disse ele.[63] Só depois disso Nazre foi expulso da sociedade.

A Kleiner não estava sozinha na má gestão relacionada às questões de gênero. O fato de a Accel não ter hesitado com os murais do Facebook indicava que a misoginia era aceita como algo normal na comunidade de tecnologia. Depois do julgamento do caso de Pao, Vassallo ajudou a conduzir uma pesquisa com mais de duzentas mulheres no Vale do Silício. Três em cada cinco relataram avanços sexuais indesejados, com um terço temendo pela própria segurança. Três em cada cinco também estavam insatisfeitas com a forma como as reclamações de assédio eram tratadas.[64] Enquanto isso, uma pesquisa liderada por Paul Gompers, de Harvard, mostrou como os investidores de risco do sexo masculino não conseguiam colaborar de maneira produtiva com colegas do sexo feminino. Eles geravam um desempenho de investimento melhor se seus sócios tivessem registros sólidos, demonstrando as vantagens do trabalho em equipe. As mulheres investidoras de risco não tinham esse impulso, talvez porque os sócios do sexo masculino não compartilhavam com elas nem suas redes nem suas ideias. De maneira reveladora, essa desvantagem feminina não existia em empresas que tinham várias sócias e sistemas formais de recursos humanos. Como Lee, Vassallo e Pao suspeitavam, as sociedades que dependiam da informalidade de um clube eram ruins para as mulheres.[65]

O idealismo de John Doerr era sincero e, em geral, admirável. Ele acreditava apaixonadamente que a inovação impulsionada pelo capital de risco era uma força do bem, o que tornava a tecnologia limpa irresistível.

Doerr estava certo ao dizer que a quase exclusão das mulheres no Vale era um desperdício de talento e era socialmente insustentável. Ao investir sua energia na tecnologia limpa e no avanço feminino, ele incentivou o progresso da história. Alguns investimentos em tecnologia limpa deram certo — os termostatos inteligentes da Nest, por exemplo —, e as falhas iniciais ajudaram a abrir caminho para uma segunda onda de maior sucesso. Da mesma forma, a contratação de mulheres por Doerr acabou dando certo para elas, mesmo que a Kleiner não conseguisse capturar os resultados do talento delas: em 2020, quatro ex-funcionárias da Kleiner administravam suas próprias empresas de capital de risco e três foram classificadas entre os cem maiores investidores de risco do mundo.[66] Mas, ao abraçar a mudança sem fazer o trabalho detalhado de implementá-la, Doerr quase destruiu a própria empresa. O capital de risco é um esporte de equipe, e uma equipe disfuncional perde.[67]

A Accel, por sua vez, continuou a prosperar nos anos que se seguiram ao acordo com o Facebook. Como prova do poder do trabalho em equipe, ela gerou uma série de grandes vitórias sem depender da genialidade de um ou dois investidores. Seus sete investimentos principais, cada um gerando um lucro de mais de 500 milhões de dólares, eram liderados por sete sócios diferentes — ou, na verdade, oito, porque um deles era um esforço de duas pessoas.[68] Em relação à Kleiner, a Accel contratava menos mulheres, mas tinha mais sucesso em capacitá-las: duas chegaram ao topo da sociedade.[69] A cultura de treinamento e confiança em jovens investidores da Accel parecia ser o segredo do sucesso. "Tenho mais orgulho dessa transferência de cultura e dos indivíduos que cresceram na empresa do que do Facebook ou de qualquer outro investimento", refletiu Jim Swartz.[70]

◆

O triunfo da Accel e o fracasso da Kleiner ilustraram o tumulto no setor do capital de risco. A crise da tecnologia, a revolta da juventude, a ascensão das plataformas de internet móvel, o canto de sereia da tecnologia limpa, a tensa dinâmica de gênero no setor, a promessa e os perigos da China: tudo isso serviu para separar as sociedades fortes das fracas, mostrando que a dependência da trajetória por si só não era suficiente para garantir o desempenho.[71] Empresas de capital de risco famosas enfrentaram desafios de empresas iniciantes, como a Founders Fund; de modo adequado, um negócio que se especializou em financiar a ruptura poderia ser rompido. Enquanto isso, em 2008, enquanto o setor do capital de risco ainda lutava contra esses choques, o sistema financeiro mundial sucumbiu a seu maior colapso desde os anos 1930. O capital de risco ia mudar novamente, mas não da maneira que as pessoas esperavam.

Capítulo doze

Um russo, um tigre e a ascensão do patrimônio de crescimento

No início de 2009, Gideon Yu, o CFO do Facebook, atendeu a uma ligação de Moscou. Uma voz suave e com sotaque russo anunciou que tinha interesse em investir na empresa. O Facebook já tinha levantado capital de Peter Thiel, da Accel e, mais recentemente, da Microsoft; eles não aceitavam capital de qualquer um. Yu avisou ao russo para nem perder tempo. "Como eu posso saber que você é uma pessoa séria?", perguntou ao homem.

O russo persistiu. Ele era gentil, mas insistente. Queria marcar uma reunião presencial.

"Nem perca seu tempo vindo até aqui para me ver", respondeu Yu de forma direta.[1]

Do outro lado do mundo, a pessoa que telefonou desligou e olhou pela enorme janela que ia do chão ao teto. Ele era franzino, tinha um nariz torto para a direita e um rosto oval coroado com uma careca lustrosa. Chamava-se Yuri Milner e nunca tinha ido ao Vale do Silício.

Mas aquilo estava prestes a mudar. Ignorando o aviso de Yu, Milner comprou uma passagem aérea e foi para São Francisco.

Ao pousar na Califórnia, Milner telefonou mais uma vez para Yu. Não estava mais em Moscou. Será que agora Yu poderia vê-lo?

Surpreso, curioso e até mesmo um pouco impressionado, Yu sugeriu um encontro no Starbucks de Palo Alto. Afinal de contas, seu trabalho era levantar capital para o Facebook, e, naquela época, valia a pena se encontrar até mesmo com investidores implausíveis. No rastro da crise financeira resultante do colapso do Lehman Brothers, os fundos de pensão e patrimoniais norte-americanos estavam apavorados. Além disso, os investidores de risco que aplicavam dinheiro estavam hesitantes em relação a novos comprometimentos.

Yu chegou ao Starbucks, e Milner já o aguardava, acompanhado por um sócio que tinha vindo de Londres.[2] O russo pediu chá preto e começou a apresentar sua proposta. Tinha ouvido de um banqueiro da Goldman Sachs que o Facebook talvez tivesse que levantar capital com desconto para a avaliação de 15 bilhões de dólares da rodada anterior, mas ele estava disposto a ser arrojado em sua oferta inicial: 5 bilhões de dólares.

A oferta foi sólida o suficiente para chamar a atenção de Yu, mas a lógica por trás do número era ainda mais atraente. O Facebook tinha acabado de passar da marca de cem milhões de usuários, e muitos investidores do Vale do Silício imaginavam que a rede social estava se aproximando do ponto de saturação. Porém Milner tinha um ponto de vista diferente e tinha evidências para isso. Sua equipe havia compilado uma extensa planilha sobre negócios voltados para o consumidor de internet em diversos países, com células que acompanhavam usuários diários, usuários mensais, o tempo que passavam no site etc.[3] O próprio Milner tinha investido na VKontakte, o clone do Facebook na Rússia, e testemunhara de dentro o crescimento do negócio. Toda a experiência internacional lhe dizia que a tese do ponto de saturação era completamente equivocada. O Facebook ainda não estava entre os cinco principais websites dos Estados Unidos, ao passo que, em outros países, a firma de mídia social líder de mercado estava, de forma geral, entre os três primeiros. Se os Estados Unidos seguissem o padrão típico, o Facebook ainda tinha muito crescimento pela frente.

Milner ainda acrescentou que, na conversão de usuários em receita, o Facebook ficou para trás em relação a sites de mídia social estrangeiros. Por estar no Vale do Silício, Zuckerberg tinha facilidade de levantar capital com investidores, enfrentando uma pressão limitada para conseguir dinheiro dos consumidores. Em comparação, negócios de mídia social estrangeiros tinham sido obrigados a maximizar as receitas diretas. Novamente, a planilha com dados de diversos países tabulava esse fenômeno, permitindo que Milner mostrasse para Yu que o Facebook era discrepante. Na China, a maior parte das receitas de mídia social vinha da venda virtual de presentes, uma opção que o Facebook ainda nem tinha experimentado. Na Rússia, as receitas da VKontakte por usuário eram cinco vezes maiores que as do Facebook.[4] A experiência internacional demonstrava que Zuckerberg tinha amplo espaço para monetizar o compartilhamento de ideias. Graças a essa perspectiva global, o russo que nunca antes tinha colocado os pés no Vale do Silício entendia o Facebook melhor do que a máfia de Palo Alto.[5]

O russo conseguiu encantar Yu, que então o convidou para conhecer Zuckerberg.

Milner chegou à sala de reuniões de Zuckerberg com uma camisa branca impecável que aparecia por baixo de um suéter escuro. As roupas simples, a voz calma, a careca lustrosa: não havia um pingo de arrogância ali. O homem repetiu o *pitch* que tinha feito para Yu, observando que muitos usuários do Facebook não eram dos Estados Unidos. Ele tinha experiência com mídias sociais no mundo inteiro e conhecia tanto o mapa quanto o território.[6]

Nas semanas que se seguiram, Milner adoçou a proposta com duas inovações. Ele sabia que Zuckerberg superprotegia o controle que tinha sobre o Facebook, chegando a desdenhar da sugestão de um investidor que exigia dois votos no conselho. Então Milner declarou que não queria lugares no conselho — nem mesmo um — e que Zuckerberg poderia ficar com o direito de voto das ações dele, para votar como bem entendesse.[7] Em um só golpe, o investidor neutralizou o principal receio do empreendedor em relação a levantar dinheiro. Em vez de diluir o controle que o fundador tinha da própria empresa, a injeção de capital de Milner o fortaleceria.

Como uma segunda inovação, Milner dissipou outros temores do fundador. Em agosto de 2008, Zuckerberg tinha enfrentado o problema que assolava as start-ups de sucesso que demoravam a abrir o capital. Os primeiros funcionários do Facebook tinham se tornado bilionários em opções de ação, mas não tinham como converter em um carro ou um apartamento a riqueza que possuíam no papel. Para lidar com essa questão moral, Zuckerberg prometeu que permitiria que seus funcionários vendessem cerca de um quinto de suas ações, imaginando que o investidor que liderasse a próxima rodada de investimentos no Facebook ficaria feliz em comprar tais ações adicionais dos funcionários. Mas o início da crise financeira global frustrou os planos de Zuckerberg. Não haveria nenhum novo investimento por um tempo — nem nenhum carro ou apartamento para os funcionários.

Milner prometeu dar um jeito nesse problema. Além das ações que a empresa tinha acabado de lançar, ele compraria as ações dos funcionários. E ainda sugeriu uma reviravolta inteligente: ele pagaria um preço pelas ações primárias da empresa e um preço diferente e mais baixo para as ações secundárias vendidas pelos funcionários do Facebook. Até aquele ponto, estava óbvio que as ações primárias deveriam valer mais: eram "preferenciais", o que significava que tinham algum tipo de proteção contra perdas. Mas Milner usou a precificação em duas camadas para incluir em seu arsenal de negociação uma arma secreta. Ele ofereceria a Zuckerberg uma avaliação satisfatória pelas ações primárias do Facebook, mas manteria o custo da aquisição baixo, reduzindo a sua oferta pelas ações dos funcionários.

Durante as negociações entre Milner e o Facebook nos primeiros meses de 2009, esse truque de preços em duas camadas se provou muito útil. Encorajados pela recuperação do mercado de ações, investidores rivais abordaram Zuckerberg, mas Milner conseguiu se sair melhor do que todos. Por um lado, sua planilha com vários países lhe dava a confiança de pagar mais. Por outro, a precificação em duas camadas permitia que ele aumentasse o lance principal enquanto controlava o custo de aquisição combinado.

Marc Andreessen, o prodígio do software dos anos 1990 e cofundador da Netscape, tinha um lugar na primeira fila dessa guerra de lances, pois era um dos membros do conselho do Facebook. Ele assistiu a investidores de tecnologia chegando com ofertas que acreditavam ser boas: 5 bilhões, 6 bilhões e até mesmo 8 bilhões de dólares. Mas, àquela altura, Zuckerberg tinha definido uma avaliação de 10 bilhões de dólares. E só Milner estava disposto a pagar tamanho valor.

Andreessen ligou para os interessados nos Estados Unidos e os avisou: "Vocês estão perdendo o bonde. Yuri está apostando em dez. Vocês vão perder".

Ele sempre obtinha a mesma resposta: "Russo maluco. Dinheiro mal aplicado. Isso é loucura."[8]

Andreessen sabia que estavam errados. Milner não era nem maluco, nem aplicava mal seu dinheiro, nem era impetuoso como Masayoshi Son. Ao contrário, o que diferenciava Milner era justamente sua abordagem baseada em dados. Ele tinha compilado meticulosamente as principais métricas das empresas de mídias sociais, e suas projeções de receita diziam para ele que uma avaliação de 10 bilhões era cabível.

No fim de maio de 2009, enquanto Neil Shen cimentava sua liderança na Sequoia China, e a Kleiner Perkins passava por dificuldades com suas apostas em tecnologia limpa, Milner e Zuckerberg concluíram as negociações. A empresa de investimento de Milner, a Digital Sky Technologies (DST), adquiriu 200 milhões de dólares em ações primárias emitidas pela empresa em troca de uma participação de 1,96%, dando a Zuckerberg a avaliação pré-monetária de 10 bilhões de dólares que ele tanto queria. Na mesma época, a DST providenciou a compra de ações secundárias de funcionários a uma avaliação mais baixa de 6,5 bilhões. O desejo dos funcionários por dinheiro teve um peso maior do que qualquer mal-estar causado pelo preço ofertado por Milner. Então a DST acabou comprando mais de 100 milhões de dólares de ações mais baratas, empurrando a avaliação mista para 8,6 bilhões.[9]

Nem é preciso dizer que Milner teve um excelente resultado. A audiência e as receitas do Facebook explodiram, exatamente como ele tinha previsto. Dezoito meses depois, no fim de 2010, a empresa foi avaliada em 50 bilhões de dólares. A DST obteve um lucro de mais de 1,5 bilhão, e o Facebook continuou com seu crescimento estratosférico.[10]

Isso foi um divisor de águas no Vale do Silício. Treze anos antes, Masayoshi Son tinha chocado as firmas de investimento ao impingir 100 milhões para o Yahoo. Em comparação, Milner tinha comprado inicialmente o equivalente a mais de 300 milhões do Facebook.[11] Da mesma forma, Son tinha fornecido o que equivalia a uma espécie de ponte de financiamento antes da estreia do Yahoo no mercado de ações. Milner estava injetando tanto capital que, como efeito, adiou a necessidade de Zuckerberg de fazer uma oferta pública inicial. O dinheiro da DST supriu tanto a necessidade de patrimônio de crescimento do Facebook quanto a necessidade dos funcionários por liquidez. Isso, por sua vez, sinalizou que empresas privadas de tecnologia podiam retardar a abertura de capital por talvez mais três anos.[12] Como resultado, uma grande quantia de riqueza podia ser criada longe dos mercados de ações, para o benefício único e exclusivo de investidores privados.

Ao mesmo tempo, o investimento de Milner no Facebook anunciou o estágio seguinte da autonomia dada aos empreendedores. Peter Thiel fizera o marketing de sua firma de investimentos como uma opção amigável aos fundadores e uma alternativa à Sand Hill Road, mas Milner levou esse conceito a um novo patamar. Estava investindo em estágios mais tardios e injetando muito mais capital; o mais extraordinário era que ele estava disposto a aplicar centenas de milhões de dólares em risco e, mesmo tempo, abrir mão de ter qualquer direito de decisão sobre a empresa. E, enquanto a deferência que Thiel tinha pelos fundadores se baseava na sua compreensão da lei de potência, Milner compôs sua concessão de forma mais simples. Estava investindo em uma empresa cujo tamanho e sofisticação a elegiam para abrir o capital. Dessa forma, ele deveria se comportar como um investidor do mercado de ações, ou seja, passivamente.[13]

Em 1995, a abertura da Netscape provou que excelentes start-ups da internet não precisavam ser lucrativas para abrir o capital, uma revelação que provocou o boom das pontocom da segunda metade da década.[14] Em 2009, o financiamento do Facebook feito por Milner passou a mensagem oposta: que uma empresa madura e lucrativa tinha a opção de se manter privada.[15] Ao aceitarem o dinheiro de Milner, os fundadores de empresas de tecnologia poderiam escapar da vigilância habitual exercida pelos investidores privados tradicionais, que costumavam exigir lugares no conselho. Ao mesmo tempo, os fundadores de tecnologia poderiam evitar a observância das normas para abertura de capital: reuniões trimestrais com analistas de Wall Street, divulgações regulatórias, corretores de fundos de multimercado querendo apostar contra suas ações. E tudo acontecendo bem naquele momento em que as empresas de tecnologia alcançaram a velocidade de escape e os fundadores tendiam a se sentir muito seguros, quando as formas usuais de governança pública ou privada seriam suspensas. Nos anos 1970, os investidores de risco que colocavam a mão na massa inventaram a ideia de construir a governança em torno do fundador da start-up. Agora Milner estava invertendo o modelo. Estava protegendo os fundadores da governança.

Assim como aconteceu com a abertura de capital da Netscape, o investimento de Milner desencadeou um boom que acabaria indo longe demais. Em vez de uma bolha à moda da década de 1990 com IPOs aquecidos demais, haveria uma bolha no excesso de confiança dos fundadores de empresas de tecnologia.

———

A estrada para o sucesso de Milner no Facebook começou em um escritório no centro de Manhattan, sede de um pequeno fundo de multimercado chamado Tiger Global. Chase Coleman, o jovem fundador do fundo, tinha trabalhado em uma das firmas lendárias de Wall Street, a Tiger Management, de Julian Robertson. Depois, abrira seu próprio fundo com o apoio de Robertson. Na época em que Coleman começou a trabalhar de forma independente, em 2001, ainda faltavam oito anos para acontecer o surgimento de Milner no Vale do Silício. Mas uma curiosa série de eventos conectaria esse novo fundo ao russo de fala mansa.

Coleman ainda tinha vinte e poucos anos quando abriu sua firma, e se sentia um pouco temeroso por ter que gerenciar subordinados mais velhos.[16] Decidiu, então, procurar pessoas com ainda menos experiência do que ele. Depois de um tempo, encontrou o analista Scott Shleifer, uma presença marcante, risonha e vigorosa que tinha acabado de concluir três anos de oitenta horas de trabalho por semana em uma firma de capital privado chamada Blackstone. De forma surpreendente, Shleifer continuava sorridente.

No verão de 2002, alguns meses depois da contratação de Shleifer, um amigo ligou para saber como as coisas estavam.

"Meu trabalho vai de mal a pior", respondeu Shleifer de forma cínica.[17] Sua missão era sondar investimentos na área de semicondutores e hardware. Após o estouro da bolha das empresas de tecnologia na Nasdaq, ele não conseguia encontrar nada de empolgante.

O amigo de Shleifer estava ainda pior. Seu fundo de investimento focado em tecnologia tinha ruído ao redor dele. Mas ainda assim concordou em ajudar Shleifer e, então, enviou uma lista de empresas que ele acompanhava.

Shleifer recebeu o e-mail e clicou em uma planilha muito promissora. Havia guias para infraestrutura de internet, empresas pontocom voltadas para o consumidor final e empresas que prestavam serviços on-line, como mecanismos de busca ou agências de emprego.

Desse modo, Shleifer se concentrou na parte da planilha que listava portais chineses da web que tinham aberto o capital pouco antes de a bolha estourar: Sina, Sohu e NetEase. Todas as três haviam decolado com a ajuda de investidores de risco como Shirley Lin e Kathy Xu, que tinham apostado na personalidade dos fundadores e no potencial do mercado. Mas agora Shleifer aplicaria um tipo diferente de habilidade de investimentos. Os três portais tinham amadurecido ao ponto de contarem com receitas, clientes e custos. Um analista com 1.200 horas de treinamento na Blackstone poderia modelar um valor justo.

Shleifer começou aplicando uma técnica que era muito usada na Blackstone, mas estranha para a maioria dos investidores do Vale do Silício. Em vez de olhar para as margens de lucro — ou seja, a parte das receitas que ficava depois da dedução de custos —, ele olhava para as margens *incrementais,* isto é, a parte do *crescimento* das receitas que são classificadas como lucro. Qualquer amador conseguia ver que os três portais chineses tinham margens de lucro negativas; em outras palavras, estavam perdendo dinheiro. Mas um profissional saberia se concentrar no cenário incremental, e ele parecia incrivelmente positivo. À medida que as receitas cresciam, os custos cresciam bem menos, então a maior parte da receita adicional aparecia como lucro. O que aconteceria era que o crescimento logo colocaria os três portais no azul. Ao pensar de forma incremental, Shleifer conseguiu prever o futuro.

Encorajado, Shleifer começou a investigar as empresas mais a fundo. Aquilo era um desafio. Depois do estouro da bolha das empresas de tecnologia, as casas de investimento de Wall Street tinham parado de escrever relatórios sobre os portais; em geral, uma vez que estavam atolados de processos judiciais posteriores ao estouro da bolha, eles nem mesmo forneciam seus antigos relatórios. Shleifer, porém, teve a sorte de os CEOs e chefes financeiros dos seus três alvos de investimento chinês se comunicarem muito bem em inglês. Assim, ele marcou várias reuniões por telefone e virava a noite no escritório para conseguir falar com os chineses no horário de trabalho deles.

A cada ligação, Shleifer mencionava em tom despreocupado que o crescimento rápido do portal deveria começar a ficar mais lento. Com isso, estava convidando os interlocutores a confessar sua fraqueza.

A resposta que recebeu foi "não". O crescimento dos anúncios on-line na China só estava começando.

"E quanto aos custos?", insistiu Shleifer. Se as receitas crescessem, não cresceriam também os custos?

A resposta que obtve foi a de que claramente os custos cresceriam. Mas muito mais devagar do que as receitas.

Shleifer registrou a boa notícia: as margens incrementais continuariam suculentas. Mas ele também se concentrou em uma coisa inesperada. Todos os três declararam que ele era o primeiro investidor ocidental com quem falavam em muito tempo.

No Vale do Silício, os investidores buscam negócios porque os outros estão fazendo o mesmo. Como já vimos, existe uma lógica nessa mentalidade de matilha: quando diversos investidores de risco de prestígio procuram uma start-up, é provável que os rumores dessa movimentação atraiam funcionários talentosos e clientes importantes. Mas o treinamento de Shleifer na Costa Leste lhe ensinou o instinto oposto. Ele tinha acabado de ler uma bíblia de investimentos escrita por Peter Lynch, gestor do fundo Fidelity, que descrevia como identificar apostas com o potencial de se tornarem dez vezes maiores. Lynch se referia a isso como "Perseguir as *tenbaggers*."*[18] Lynch explicou que, se você gostasse das ações de uma empresa, mas outros investidores profissionais não as detivessem, isso era um bom sinal; quando os outros acordassem, o entusiasmo deles faria com que as ações subissem mais. Usando a mesma lógica, se você gostasse das ações de uma empresa e os analistas de Wall Street não falassem sobre ela, isso também era um bom sinal: as ações costumam ter uma precificação equivocada quando ninguém as analisa. Por fim, em uma premonição estranha em relação às ligações de Shleifer para a China, Lynch listou um terceiro e importante sinal de compra. Quando os CFOs dizem que não conversam há muito tempo com investidores, você realmente pode ter encontrado alguma coisa.

Sentindo uma empolgação crescente, Shleifer pegou as anotações que fez com base nas ligações e as inseriu em seu modelo de lucros. Por ora, é claro, os portais estavam tendo prejuízo, mas, como as receitas cresciam muito mais rápido que os custos, os lucros deveriam aparecer em 2003, e chegariam por volta de um terço da capitalização de mercado das empresas. Em 2004, Shleifer calculou que os lucros talvez chegassem a dois terços da capitalização de mercado e, em 2005, previu uma proporção de um por um. Em outras palavras: um investidor poderia adquirir esses portais a preço de banana. Se a Tiger Global investisse, digamos, 10 milhões de dólares, ela teria direito a 3,3 milhões de lucro no primeiro ano e 6,7 milhões no segundo, recuperando, assim, o custo de aquisição. No terceiro ano, teria direito a mais 10 milhões de dólares de lucro, com os anos seguintes prometendo um retorno exponencial.

Depois de passar a noite acordado, Shleifer entrou no escritório de Coleman e anunciou:

---

* *Tenbagger* é a palavra usada para descrever uma jogada muito bem-sucedida no beisebol. Peter Lynch passou a usá-la no mundo das finanças para indicar investimentos que decuplicam rapidamente. (N. da T.)

— Tudo bem, Sina, Sohu e NetEase. — E acrescentou: — Vamos nessa!

Coleman era mais tranquilo e menos impulsivo, sendo considerado perfeito para controlar a exuberância racional de Shleifer. Nesse caso, porém, Shleifer apresentou os números e em pouquíssimo tempo o convenceu. O fato de Shleifer estar propondo apostar em um país no qual nunca tinha colocado os pés não incomodou Coleman. Julian Robertson, o fundador da Tiger Management, ensinou que os melhores investimentos estavam no exterior, onde os investidores de Wall Street não tinham muito alcance e onde os investidores locais não eram sofisticados. Coleman lembrava-se de Robertson perguntar: "Por que eu ficaria sentado aqui tentando conseguir uma vaga de arremessador em um time de primeira divisão quando posso ir para o Japão ou para a Coreia e conseguir uma vaga em uma liga menor?"[19] Era o inverso da visão paroquial e tradicional dos investidores do Vale do Silício.

No decorrer de setembro e outubro de 2002, a Tiger Global investiu 20 milhões de dólares na Sina, na Sohu e na NetEase, comprometendo pouco menos de um décimo de seu portfólio de fundos composto de 250 milhões de dólares. Uma pequena equipe de nova-iorquinos se tornou a maior acionista pública da economia digital da China.

No verão de 2003, as posições da Tiger Global na China já tinham subido entre cinco e dez vezes.[20] Em menos de um ano, um fundo de multimercado de 250 milhões de dólares se tornou um fundo de 350 milhões de dólares. Coleman promoveu Shleifer a sócio e o transferiu de um cubículo para um escritório. Juntos, os dois estavam avançando por um caminho que os levaria até Yuri Milner.

Shleifer decidiu que já era hora de voltar a pensar na China. Ao contrário dos investidores de risco que não tinham opção a não ser ficar com posições ilíquidas, um fundo de multimercado é livre para vender a qualquer momento. Os portais tinham crescido tanto que não estava claro se a Tiger deveria continuar com eles.

Shleifer se lembra de pensar na época: "Precisamos pesquisar mais a fundo. Por quanto tempo esse crescimento é sustentável? Investimentos exigem que você faça perguntas diferentes levando em consideração preços diferentes."[21]

Shleifer agora estava agindo de acordo com outra máxima de Julian Robertson: para avaliar o panorama de uma empresa, é necessário conversar com os clientes. Com isso em mente, ele descobriu quem estava comprando anúncios nos portais chineses, entrou em contato com os compradores e investigou a probabilidade de eles gastarem ainda mais. Shleifer descobriu que a boa notícia era que as empresas de e-commerce que mais compravam anúncios estavam extremamente satisfeitas com os resultados: mais anúncios representavam mais vendas para elas. Além disso, os negócios delas estavam crescendo, o que significava que com certeza comprariam mais anúncios no futuro; dessa forma, ainda era válido manter as ações da Sina, da Sohu e da NetEase. Mas o alto crescimento das empresas de e-commerce também significava que elas precisavam levantar capital. Sentindo uma nova rodada de *tenbaggers*, Shleifer resolveu ir para a China.

A mãe de Shleifer não ficou nada feliz ao saber dos planos do filho, afinal a China estava passando por uma epidemia de SARS. Em consideração às preocupações da mãe e possivelmente dele mesmo, Shleifer comprou algumas máscaras de proteção antes de embarcar para a Ásia.

Em junho de 2003, Shleifer chegou a Pequim, colocou a máscara e pegou um táxi para o hotel Grand Hyatt, que estava praticamente vazio. Hospedou-se na suíte presidencial com um desconto significativo. Ficou claro que outros ocidentais tinham menos fé nas três camadas de proteção do que ele.

No dia seguinte, ainda usando máscara, Shleifer seguiu para a primeira reunião. Era com o fundador da eLong, a empresa on-line número dois em viagens.

"Que bom que está aqui", cumprimentou-o o fundador. "Agora, se quer mesmo fazer negócios na China, tire logo essa máscara."

Shleifer ouviu a voz da mãe ecoando na sua mente: "Proteja-se. Fique sempre de máscara."

Depois ouviu outra voz: "Feche o negócio! Essa é uma oportunidade de ouro."

"Então eu pensei: está bem, que se dane, a vida é um risco. Tirei a máscara e não a coloquei mais durante toda a viagem", contou Shleifer mais tarde, rindo.[22]

Depois de duas semanas na China, Shleifer tinha encontrado cinco empresas para investir. Graças à SARS, ele negociou cartas de intenções que garantiam preços de barganha em cada uma delas. Mas havia um obstáculo: as empresas eram privadas, então a Tiger ficaria presa em posições ilíquidas. Para um fundo de multimercado, isso seria difícil de gerenciar. Cotistas tinham o direito de retirar seu capital com um aviso prévio de um ou dois meses. Ativos ilíquidos que precisavam ser mantidos por longo prazo combinados com financiamentos líquidos que poderiam desaparecer no curto prazo formavam uma mistura instável. Se os cotistas decidissem retirar o capital investido, a Tiger teria problemas.

Para a maioria dos fundos de multimercado tradicionais, a iliquidez das apostas que Shleifer queria fazer na China teria feito com que fossem barradas. A liberdade de se livrar de posições sem aviso era uma característica central do estilo de um fundo de multimercado: George Soros era famoso por responder a comentários perdidos nas reuniões pulando da cadeira para reverter uma de suas apostas. A capacidade de operar tanto "vendido" (*short*) quanto "comprado" (*long*) — ou seja, apostar tanto na queda das ações quanto em seu crescimento — era outra liberdade valorizada nos fundos de multimercado. Se a Tiger passasse a investir em ativos privados, eles não teriam como vendê-las no curto prazo. Mas, felizmente para Shleifer, seu chefe, Chase Coleman, estava disposto a repensar a fórmula padrão. Quando trabalhara para Julian Robertson, sua função era justamente a de buscar ideias de operações de compra e venda na bolha das pontocom do fim dos anos 1990, e ele descobriu em primeira mão por que as apostas de compra eram superiores. Uma ótima posição de venda a descoberto (operação *short*) teria um resultado máximo de 100%, se a empresa fosse a zero. Uma ótima posição de compra (operação *long*) poderia quintuplicar ou até decuplicar o capital. "Por que ter o dobro de trabalho para ganhar metade do lucro?", pensou Coleman. Além disso, a sinergia de se investir tanto em empresas de capital aberto quanto nas privadas seria uma vantagem. A compreensão de empresas de capital aberto ajudaria a Tiger a identificar boas empresas privadas, tal como Shleifer estava demonstrando na China.

Quanto mais contemplava as apostas propostas por Shleifer, mais Coleman queria fazê-las. Mas ele ainda precisava gerenciar o risco de liquidez — ou seja, o perigo de manter posições que não podiam ser vendidas usando capital que no curto prazo poderia ser retirado. Em julho de 2003, chegou a uma solução: ia organizar um *pool* de capital separado para investimentos privados. As técnicas analíticas do investimento dos fundos de multimercado estariam presentes na estrutura de um fundo ao estilo dos de risco, com os cotistas comprometidos por períodos mais duradouros. Fiel à tradição do fundo de multimercado, a Tiger Global contaria com sua facilidade com modelos de ganhos; não faria apostas subjetivas no estilo de investidores de risco com base na visão ou na personalidade do empreendedor. Fiel àquela mesma tradição de fundo de multimercado, a Tiger também levaria em conta uma visão global; a firma não tinha interesse em se prender a uma densa rede local da forma como os investidores de risco faziam. Mas a Tiger pegaria emprestado da tradição do capital de risco o financiamento paralisado de longo prazo para investir em empresas privadas de tecnologia. Apenas deixaria de lado os primeiros estágios da vida de uma start-up, permitindo a ela que visse quais empreendedores eram de fato bons, em vez de quais apresentavam um bom *pitch*.

Coleman escreveu para os investidores da Tiger uma carta anunciando seu novo fundo chamado Private Investment Partners e descrevendo a segmentação que ele e Shleifer fizeram do mundo digital. Havia portais da internet, agências on-line de viagens e sites de e-commerce, e o truque era visitar cada país para identificar as firmas que surgiam como vencedoras em cada categoria. Diferentemente dos investidores de risco, a Tiger não buscava apostar em ideias originais. Ao contrário, gostava de empresas que implementavam um modelo de negócios comprovado em um mercado específico. O objetivo era investir no eBay da Coreia do Sul ou na Expedia da China. "O isto daqui de lá" era como Shleifer e Coleman resumiam esse processo.

Coleman explicou que a análise de cima para baixo da Tiger tinha demonstrado que a China constituía o mercado digital mais promissor. A parcela de cidadãos chineses que tinham conexões com a internet ia triplicar nos próximos cinco anos, e outras forças comporiam esse salto. Uma melhora na banda larga aumentaria o tempo que as pessoas passavam on-line; o crescimento econômico da China era impressionante. Coleman disse aos investidores que a Tiger já tinha ido à China e identificado cinco apostas promissoras: os dois principais sites de viagens, os dois principais sites de e-commerce e uma loja de itens variados chamada Alibaba.

Coleman esperava levantar 75 milhões de dólares para esse novo fundo privado da Tiger, mas deu de cara com alguma resistência. "Dois caras brancos de vinte e poucos anos falando sobre investimentos muito interessantes que encontraram na China... A gente parecia fora do juízo", disse Coleman mais tarde.[23] Todos tinham histórias de horror sobre americanos que foram para a China e acabaram depenados. Muitos ainda estavam assustados com o estouro da bolha de tecnologia e desconfiados de investimentos em empresas pontocom. Porém, apesar da recepção cética, Coleman conseguiu levantar 50 milhões de dólares. Era o suficiente para fechar alguns investimentos.

No entanto, esse montante não era o suficiente para fechar as cinco apostas na China. Em um exemplo da diferença entre o pensamento de risco e a mentalidade de fundos de multimercado, a Tiger optou por desistir do Alibaba. Shleifer havia negociado uma carta de intenções para comprar 6,7% da empresa por 20 milhões; era uma aposta que poderia ter rendido bilhões de dólares para os sócios. Mas a Tiger se irritou com o fato de Jack Ma ser difícil de classificar: ele tinha um site que ajudava empresas ocidentais a encontrar fornecedores chineses, mas estava planejando entrar para um campo diferente, o de leilões no estilo do eBay. Um investimento no Alibaba não era apenas uma aposta em "isto aqui de lá"; era uma aposta em um empreendedor que se propunha a conquistar um novo mercado. Ao avaliar a personalidade de Ma e a qualidade da equipe dele, um investidor de risco talvez tivesse se sentido muito confortável com a aposta. Mas o método da Tiger, que em muitos casos resultou em sucesso, os tirou dos trilhos daquela vez. Seu foco quanto à métrica de tais margens incrementais não foi capaz de avaliar um gênio empreendedor.[24]

Também havia outra aposta chinesa que quase escapou, e o fato de isso não ter acontecido revela o lado mais robusto da Tiger. Durante sua estadia no Grand Hyatt, Shleifer discutiu um investimento com Neil Shen, o futuro chefe da Sequoia China, que na época era o diretor financeiro de uma empresa on-line de turismo chamada Ctrip. Os dois tinham chegado a um acordo em relação à avaliação, e, embora Shen tenha dito posteriormente que o acordo era provisório, Shleifer já o dava como fechado.[25] Algumas semanas depois de ter voltado da China, Shen ligou para ele em Nova York. A SARS tinha acabado, as receitas da Ctrip tinham saltado, e agora Shen exigia um aumento de 50% na avaliação da empresa.

Sentado à sua mesa no escritório de Manhattan, Shleifer soltou um monte de impropérios pelo telefone, fazendo as pessoas se virarem para olhar na direção dele. Estava furioso por perder o desconto da SARS com o qual tinha contado, e ainda mais furioso por conta do constrangimento que isso causaria à Tiger. Durante o período em que estava levantando dinheiro para o fundo privado, Coleman revelou para os cotistas os preços que Shleifer tinha negociado com as empresas para as quais havia apresentado propostas na China. Os cotistas tinham comprometido o dinheiro com base em uma promessa que agora se provava vazia.

Shleifer desligou o telefone e começou a pensar. Um investidor de risco na posição dele talvez tivesse cancelado o negócio. Como a química interpessoal é algo tão importante nas apostas de estágio inicial, a percepção de uma violação de confiança pouco antes de o dinheiro ser transferido pode ser fatal — daí a ruptura das negociações da Skype com a Accel. (Mas, é claro, depois que o dinheiro é transferido, os investidores de risco ficam presos e precisam dar todo o apoio — daí a disposição da Accel de continuar com a UUNET depois de descobrir problemas de contabilidade.) Porém, o foco de Shleifer não estava na química pessoal, mas sim no fluxo de dinheiro. Assim que se acalmou, reconheceu que, embora irritante, Shen estava certo. O fim da SARS realmente daria um impulso nos lucros da Ctrip.

Shleifer foi até o escritório de Coleman para anunciar o desfecho da sua explosão ao telefone. A Tiger teria que engolir o orgulho e se concentrar nos números da Ctrip. Uma avaliação mais elevada significava lucros mais elevados, mantendo a razão preço-lucros inalterada. "Vamos nessa", concluiu Shleifer.

Setenta e um dias depois desse percalço, a Ctrip abriu o capital, e a Tiger se viu com um lucro de 40 milhões de dólares. Criado em circunstâncias modestas, Shleifer não conseguia contar essa história dezesseis anos mais tarde sem se emocionar. "Meu pai é vendedor de móveis, e nós ganhamos 40 milhões de dólares", contou ele com a voz embargada.[26]

◆

A criação do fundo privado da Tiger marcou a chegada de um novo tipo de veículo de investimento em tecnologia. Assim como muitas inovações, em vez de planejada, foi uma coisa improvisada. "Não houve uma discussão oficial do tipo 'Ei, vamos ser investidores de *private equity*'", disse Coleman mais tarde.[27] Mas, ao se mover lateralmente de ações de fundos de multimercado para então escolher apostas de empresas privadas de tecnologia, a Tiger tinha criado o modelo para o investimento posterior de Milner no Facebook. As ferramentas da Tiger eram a tabulação global dos segmentos de negócios de tecnologia, o modelo de lucros e valor justo e o rápido oportunismo intercontinental como resposta a um choque — no caso da Tiger, a SARS; no caso de Milner, o colapso do Lehman Brothers. Ainda assim, para que Milner pudesse aprender com o modelo da Tiger, ele precisava saber de sua existência.

No fim de 2003, por volta da época em que a Ctrip abriu o capital, Shleifer foi a Moscou. Estava mais uma vez buscando "o isto aqui de lá": tinha ouvido falar que a Rússia tinha dois Yahoos e um Google. Sua primeira reunião aconteceu em um bar na cobertura de um hotel. Seu convidado tinha um estilo tranquilo e simples. Ele se chamava Yuri Milner.

Para o espanto de Shleifer, Milner pensava como ele. Filho de um professor soviético de administração especializado em negócios dos Estados Unidos, ele tinha sido o primeiro russo a estudar em Wharton e era romanticamente pró-capitalista. Entre seus heróis estavam os artistas das aquisições corporativas da década de 1980 — Henry Kravis, Ronald Perelman,

Michael Milken.[28] Depois de voltar para a Rússia e perder seu emprego no banco durante a crise financeira de 1998, Milner lera uma pilha de estudos de bancos de investimento em busca de uma inspiração para sua carreira. Entre eles estava um relatório de internet escrito por Mary Meeker, na época a principal analista da área de tecnologia do Morgan Stanley. Naquele tempo, não se falava sobre internet na Rússia, e o próprio Milner nem usava e-mail. Mas Meeker apresentou como a inserção da internet estava se espalhando por todos os lugares e como determinados modelos de negócios on-line surfariam nessa onda, como pranchas de surfe maravilhosas. Como Milner disse posteriormente, aquilo foi "uma revelação".

As empresas favoritas de Meeker eram a Amazon, o Yahoo e o eBay. Milner, então, resolveu escolher uma delas e lançar um clone russo. Mas depois decidiu: "Quer saber de uma coisa? Vamos lançar as três!"[29]

Quando conheceu Shleifer, em 2003, Milner tinha abandonado sua tentativa de fazer um clone da Amazon, e seu projeto para o eBay não estava indo como esperado. Mas sua versão do Yahoo, chamada Mail, estava prosperando e tinha reunido apostas em diversos tipos de investimentos em outras propriedades da internet. Agora ele dava a Shleifer o mapa da mina. Com base na análise de como os clones do Yahoo geravam receitas em outras partes do mundo, a Mail logo valeria 1 bilhão de dólares. Uma rival chamada Rambler valeria outro 1 bilhão. O Google da Rússia se chamava Yandex e chegaria ao valor de 2 bilhões de dólares.

No decorrer da primeira metade de 2004, a Tiger investiu na Mail, na Rambler e na Yandex no momento certo. No ano seguinte, mesmo enquanto Shleifer começou sua busca do "isto daqui de lá" na América Latina, o relacionamento com Milner se aprofundou. A Tiger se tornou a primeira apoiadora institucional do veículo de investimentos de Milner, a Digital Sky Technologies. Por intermédio de Milner, a Tiger ganhou exposição para outras ações de internet russas, incluindo a VKontakte, o clone do Facebook.[30] Em contrapartida, foi por meio da Tiger que Milner abriu os olhos em relação à possibilidade de investir globalmente. "De repente, todo o mundo se abriu para mim", disse Milner depois. "A Tiger foi uma inspiração."[31]

Quando o capital de risco dos Estados Unidos deu o pontapé inicial no setor de internet chinês, havia um fluxo de mão única de influência saindo dos Estados Unidos para a Ásia. Com o início do "estágio posterior" ou investimento de "crescimento", o fluxo de influência ficou mais complexo. Em 1996, um estrangeiro de origens japonesa e coreana tinha demonstrado a capacidade de tomar o poder com um investimento de 100 milhões de dólares. Algumas instituições com rápida capacidade de aprendizagem, como a Sequoia, usaram seu exemplo e começaram a organizar fundos de crescimento, mas a queda da Nasdaq em 2000 tirou o ímpeto desse movimento.[32] Então, em 2003, a atração do e-commerce chinês estimulou um fundo de multimercado de Nova York a entrar no setor de investimento privado, e em 2004 e 2005 os nova-iorquinos entraram em uma sociedade com um russo, compartilhando sua abordagem comparativa de cima para baixo — a qual chamavam de "arbitragem global". Em 2009, pegando emprestadas as ferramentas dos nova-iorquinos, o russo impressionou o CFO coreano-americano do Facebook em um Starbucks de Palo Alto. Uma ideia tinha dado a volta ao mundo. O investimento em tecnologia seria diferente a partir de então.

A vitória de Milner com o Facebook em 2009 logo atraiu imitadores, e a mais rápida foi a Tiger. Ligeiramente irritada porque o aliado russo havia invadido seu quintal, ela começou a buscar no Vale do Silício seus próprios investimentos de crescimento. Alguns meses depois de Milner, Coleman e sua equipe fizeram a primeira aposta em uma firma dos Estados Unidos, investindo 200 milhões de dólares no Facebook. A lógica de investimento que usaram foi a mesma de Milner, o que equivale a dizer que eles chegaram ao "isto aqui de lá", só que, daquela vez, a lógica foi ao contrário: as experiências com negócios de internet no exterior foram usadas para lançar luz ao futuro nos Estados Unidos, e não vice-versa. Em relação à projeção de lucros, e usando uma verificação cruzada do valor de empresas de internet estrangeiras como a Tencent, da China, o Facebook foi claramente uma barganha, mesmo que a Tiger tivesse que pagar uma avaliação mais alta do que a de Milner.³³ "Nós poderíamos comprar ações do Facebook, que praticamente era dominante no mundo todo, menos na China, por uma avaliação mais baixa do que a disponível para a Tecent no mercado de ações", relembrou Coleman posteriormente, como se estivesse descrevendo como foi encontrar um bilhete premiado de loteria na calçada. "Ela era dominante em países com um PIB combinado onze vezes maior do que o da China, e os usuários eram três vezes mais engajados."³⁴ Depois de comprar uma participação no Facebook, a Tiger seguiu com as apostas investindo em uma empresa de mídia social chamada LinkedIn e em uma empresa de jogos chamada Zynga.

Milner fez mais do que estabelecer um exemplo. Ele identificou negócios e convidou outros para fazerem parte. Quando a Tiger entrou na Zynga, por exemplo, ela estava se juntando a uma rodada de investimento liderada pela DST, de Milner. O russo já tinha apoiado quatro empresas de jogos no exterior; era natural para os outros seguir seu ponto de vista em relação ao futuro da Zynga. Em abril de 2010 e janeiro de 2011, Milner liderou mais duas rodadas de investimento em nome do website de descontos chamado Groupon. Firmas de gerenciamento de fundos tradicionais, como T. Rowe Price, Fidelity e Capital Group, juntaram-se ao grupo dele, assim como o grupo de *private equity* Silver Lake, um fundo de multimercado chamado Maverick Capital e o Morgan Stanley. Além deles, firmas de risco do Vale do Silício, como a Kleiner Perkins, também entraram; a Kleiner tinha sinalizado havia pouco tempo seu entusiasmo por negócios de crescimento ao contratar Mary Meeker. Em junho de 2011, um pouco depois de posar para a capa anual da edição da *Forbes* listando os bilionários do mundo, Milner liderou uma rodada de investimento no serviço de *streaming* de música Spotify. Dessa vez, a Accel, que tinha acabado de fechar um fundo de crescimento de 875 milhões de dólares, estava entre as firmas que investiram junto dele.³⁵

Em um período bastante curto, Milner deu forma e impulso para uma nova forma de investimento em empresas de tecnologia. Assim como a ideia de incubadoras de tecnologia decolou após a fundação da Y Combinator em 2005, o investimento em crescimento prosperou depois que Milner mostrou como entregar capital para empresas emergentes precoces, seduzindo fundadores ao permitir que votassem com suas ações e fornecendo aos funcionários uma maneira de vender algumas delas. Em 2009, ano da negociação do Facebook, a quantia total de capital investido em empresas privadas de tecnologia dos Estados Unidos foi de 11 bilhões de dólares. Em 2015, esse valor saltou para 75 bilhões de dólares, e a maior parte desse crescimento se deu na forma de investimentos de crescimento em estágios posteriores.[36] Aileen Lee, a investidora de risco pioneira que já tinha saído da Kleiner para abrir a própria firma, identificou um grupo de 51 empresas que havia levantado seis ou mais rodadas de investimento privado, atraindo uma média de 516 milhões de dólares por firma.[37] Surfando nessa onda de capital, as empresas privadas de tecnologia geralmente conseguiam avaliações de 1 bilhão ou mais. Lee batizou essas empresas de "unicórnios".

Com todo o sucesso, Milner levou sua família, incluindo a mãe e o pai, para morar em uma mansão nas montanhas de Palo Alto. Era um mundo de distância da União Soviética da infância do russo, e, ainda assim, um lugar natural para ele. Como um garoto criado na Rússia, Milner sempre se sentira atraído pelos Estados Unidos; tinha sentido seu cheiro antes mesmo de ver o país. O cheiro havia passado pela porta do apartamento da sua família em Moscou, e um pouco depois seu pai, que era professor de administração, apareceu na sala de estar e abriu a mala. Barras de sabonete embrulhadas perfeitamente caíram no chão, lembranças dos quartos de hotel em Nova York, Boston e Filadélfia. "Era o cheiro de um novo mundo", diria Milner em um discurso de formatura em Wharton. "De repente, ali no nosso pequeno apartamento, nós nos deparamos com os Estados Unidos."[38] Agora, meio século depois, Milner era dono de uma casa palaciana na Califórnia com a quantidade de sabonete que ele desejasse. Ele tinha se tornado um daqueles capitalistas fanfarrões que tanto admirava na juventude, tão americano em espírito quanto um Kravis ou um Vanderbilt.

◆

O sinal mais impressionante da influência de Milner veio em um trimestre surpreendente. No início de 2009, Marc Andreessen, fundador da Netscape e membro do conselho do Facebook, abriu uma firma de risco junto de um colega da Netscape, Ben Horowitz. Assim como outros novatos espalhafatosos — a Accel nos anos 1980, a Benchmark nos anos 1990, a Founders Fund em 2005 —, a nova Andreessen Horowitz buscava se diferenciar: afirmar que tinha inventado um novo tipo de capital de risco. Embora o discurso de marketing não fizesse qualquer menção a Milner, a influência dele era palpável.

O *pitch* de relações públicas da Andreessen Horowitz era uma extensão da revolta da juventude. Quando era o jovem CEO da Loudcloud, uma start-up que tinha fundado com Andreessen depois de sair da Netscape, Horowitz se revoltara com um sócio da Benchmark que queria saber quando ele ia colocar um "CEO de verdade" para substituí-lo. Como Sergey Brin e Larry Page, do Google, ele insistiu que as empresas de tecnologia mais bem-sucedidas eram administradas pelos fundadores originais.[39] O modelo da Qume de Sutter Hill — que envolvia submeter inventores a diretores-executivos externos — tinha sido invertido. Em vez de substituírem os fundadores técnicos por "CEOs de verdade", os investidores de risco deveriam orientar os caras da tecnologia para que amadurecessem como gestores.

Outras sociedades de risco que tiveram início durante a revolta da juventude tendiam a evitar falar sobre essa necessidade de orientação. Peter Thiel acreditava que os astros fundadores chegavam ao empreendedorismo com seus superpoderes já totalmente formados, como se tivessem sido picados por alguma aranha mágica. Paul Graham, da Y Combinator, proclamava que não havia muito a se aprender. "Construa alguma coisa que os usuários amem e gaste menos do que ganha. Não é tão difícil assim, não é?", exclamava ele. Mas Horowitz reconhecia que até mesmo fundadores talentosos teriam que passar por um cansativo período de aprendizagem. Ele mesmo descobriu isso ao gerir a Loudcloud durante a destruição causada pela recessão de tecnologia de 2000. O título da sua fascinante autobiografia — *O lado difícil das situações difíceis* — capturou bem o trauma do empreendedorismo.

Depois da bem-sucedida venda da sua empresa, agora chamada Opsware, em 2007, Horowitz se uniu a Andreessen para fazerem investimentos-anjos. Os dois amigos organizaram um portfólio com 36 pequenas apostas, e o próximo passo lógico era entrar no capital de risco. Sabendo que os melhores empreendedores tendiam a lidar apenas com as melhores firmas de investimento de risco, Andreessen e Horowitz precisavam descobrir uma forma de chegar ao topo. Simplesmente estar na média seria o mesmo que fracassar, porque a maior parte dos lucros em investimentos de risco são gerados por umas cinco sociedades de elite.[40]

Para se sobressaírem, Andreessen e Horowitz propuseram uma nova abordagem para os fundadores técnicos, prometendo que não os destituiriam, como costumavam fazer os investidores de risco. Mas prometeram também que não os abandonariam, como talvez fizessem novos investidores de risco. Em vez disso, iam orientar fundadores técnicos conforme as perguntas difíceis fossem surgindo, por exemplo: como motivar os executivos, como estimular as equipes de venda, como colocar para escanteio um amigo leal que dedicou toda a energia à sua empresa. Ao mesmo tempo, Andreessen e Horowitz dariam aos fundadores técnicos todas as informações que um CEO experiente precisava ter — conexões com clientes, fornecedores, investidores e mídia. A Accel se diferenciou ao se especializar em determinados setores; a Benchmark tinha feito um *pitch* apresentando uma "arquitetura melhor" das altas taxas e fundos pequenos. A Founders Fund defendia apoiar empresas mais originais e pouco ortodoxas. Andreessen e Horowitz, por sua vez, prometiam facilitar a curva de conhecimento para os cientistas que quisessem ser diretores-executivos.

Como Andreessen e Horowitz admitiram alegremente, uma publicidade audaciosa fazia parte da estratégia. Horowitz parecia um pouco uma versão de Paul Graham, mas em escala mais grandiosa: um cientista da computação que virou empreendedor e escrevia em um blog sobre negócios e vida que atraía muitos seguidores. Já Andreessen tinha uma marca ainda mais forte, e ambos estavam dispostos a explorar isso. Conhecido como o gênio por trás da Netscape, memorável por medir quase dois metros, coroado com uma careca oval, Andreessen lançava ideias a uma velocidade intoxicante, chegando às suas conclusões com um conjunto de histórias, fatos e números. Na época do lançamento da nova firma de capital de risco, Andreessen apareceu na capa da *Fortune* e participou de um programa de entrevistas na TV com uma hora de duração. "Nossa reivindicação à fama é 'de empreendedores para empreendedores'", declarou com confiança.[41]

É claro que o *pitch* de Andreessen era menos original do que parecia. Muitos investidores de risco — quase todos os sócios iniciais da Kleiner Perkins, isso sem mencionar Thiel, Graham, Milner e outros — tinham experiência empresarial. A ideia de treinar os fundadores também não era nada nova. Quando Michael Moritz ajudou Jerry Yang a se tornar uma celebridade, ou quando persuadiu Max Levchin, do PayPal, a não vender sua firma prematuramente para o eBay, ele estava treinando fundadores técnicos para se tornarem líderes nos negócios. Também não estava claro se empreendedorismo era o melhor currículo para um investidor de risco. Um empreendedor típico trabalhara apenas em uma ou duas empresas, ao passo que investidores de risco que haviam entrado no setor de investimentos ainda jovens talvez já tivessem visto as entranhas de dezenas de start-ups. Poucos anos antes, em 2007, o próprio Andreessen refletiu: "Provavelmente não existe um substituto para um investidor de risco com vinte anos de experiência que já viu de perto mais situações estranhas de start-ups do que você possa imaginar."[42]

Em junho de 2009, mês seguinte ao fechamento do negócio entre Milner e o Facebook, a Andreessen Horowitz anunciou que tinha levantado 300 milhões de dólares de investidores. Para cumprir o compromisso de treinar os fundadores, a sociedade prometeu recrutar um número de funcionários maior do que os de outras firmas de investimento de risco. No passado, outros investidores de risco tinham contratado "sócios operacionais" que se concentravam em ajudar as empresas do portfólio em vez de fazer investimentos, mas a Andreessen Horowitz tinha o objetivo de construir uma consultoria abrangente. Haveria uma equipe para ajudar as start-ups a encontrar um lugar para a sede, outra para ajudar na publicidade, e ainda outras para o recrutamento direcionado a cargos importantes ou para apresentar clientes potenciais.

Até certo ponto, essa promessa de treinamento correspondeu à realidade. A Andreessen Horowitz — cujo nome é frequentemente abreviado como a16z — apoiou diversos fundadores técnicos e os ajudou a aprender as regras dos negócios. Muitas vezes, as principais intervenções não vinham do serviço elaborado da equipe de consultores, mas dos próprios Andreessen e Horowitz. No caso de uma start-up de *next-generation networking* (NGN) chamada Nicira, por exemplo, Horowitz evitou que a empresa cometesse dois erros que custariam muito caro.

O primeiro foi antes de a a16z ser fundada, quando Horowitz ainda era um investidor-anjo. Ele tinha apoiado o fundador da Nicira, um ph.D. em ciência da computação recém-saído de Stanford chamado Martin Casado, e um dia visitou a equipe no antigo consultório dentário que eles adaptaram como sede em Palo Alto. Era um lugar péssimo atrás de um pequeno bar chamado Antonio's Nut House.

Casado tinha levantado a questão de como definir o preço de seu software de rede. Estava tão centrado no desafio técnico do desenvolvimento — o plano era substituir roteadores físicos por software operando na nuvem — que acabou deixando o preço de lado, como se fosse uma questão trivial. Ele escolheria um número de forma quase aleatória. Se fosse errado, poderia mudar depois.

Horowitz entrelaçou os dedos. Enquanto Andreessen apresentava suas ideias sem o menor esforço, Horowitz gostava de formular as frases; agia de forma pesada e deliberada, como se os anos exaustivos nas trincheiras da start-up ainda pesassem sobre ele. Casado esperou enquanto Horowitz olhava pela janela. "Ele estava com aquela expressão característica que fazia sempre que formulava algum pensamento importante."[43]

"Martin, não existe nenhuma outra decisão que terá um impacto maior na avaliação da sua empresa do que o preço do seu produto", declarou Horowitz, no tom determinado de um oráculo. Quando uma empresa de software coloca no mercado um produto novo — um produto original que ninguém viu antes —, ela tem a chance de definir o preço. Seja lá qual ponto ela escolher, vai ficar na mente dos clientes, dificultando uma subida de preços posterior. Além disso, qualquer diferença de preço vai gerar uma outra maior nas margens de lucros de uma empresa. Se um vendedor ganha um salário de 200 mil dólares anuais e consegue seis clientes corporativos por ano, definir o preço do produto a 50 mil gera receitas de 300 mil dólares e uma margem de 100 mil depois de deduzir o salário. Mas, se dobrarmos o preço para 100 mil dólares, a margem vai *quadruplicar* para 400 mil. Os empreendedores de primeira viagem raramente percebem até que ponto esse tipo de diferença nas margens pode transformar o valor da empresa.

"Sem Ben, eu teria pensado que poderia muito bem colocar um preço baixo e gerar mais lucros depois ao inventar algo novo", reconheceu Casado. "Essa é a mentalidade do fundador técnico."[44]

Em janeiro de 2010, a a16z liderou a rodada da Série A da Nicira. Horowitz entrou no conselho e, junto com a máquina da a16z, ajudou a empresa a ampliar as operações. Por volta de vinte engenheiros da Nicira foram recrutados a partir de uma rede da a16z, e os primeiros clientes da Nicira — grandes empresas como a AT&T — vieram de apresentações feitas pela a16z. A promessa da start-up de uma infraestrutura de rede baseada em nuvem estava ganhando terreno. A partir daí, as redes consistiriam puramente em software, exatamente como despertadores passaram a consistir apenas em linhas de código, operadas pelos smartphones.

No verão de 2011, o sucesso da Nicira gerou uma oferta impressionante: a Cisco propôs comprar a empresa por 600 milhões de dólares, trezentas vezes mais do que as receitas geradas. Casado queria agarrar a oferta com unhas e dentes, e foi nesse momento que Horowitz fez sua segunda intervenção. O lance incrivelmente alto revelava que Casado estava em uma posição muito mais forte do que se dava conta. "Vi isso na minha start-up", disse Horowitz depois. "A oferta alta é um sinal de que alguma coisa no ambiente mudou. Uma oferta alta de um comprador significa que você não deve aceitá-la!"

— Martin, o motivo de a Cisco estar ofertando esse preço é porque os clientes deles estão dizendo que você é a coisa mais incrível acontecendo nas redes — explicou Horowitz. Quando clientes poderosos começassem a espalhar esse tipo de mensagem, outros compradores logo apareceriam na porta da Nicira. — Não venda para a Cisco. Faça um processo — recomendou Horowitz com firmeza.[45]

Andreessen reforçou a mensagem do seu jeito teatral:

— Não venda, não venda, não venda — disse ele para Casado. — As coisas ainda estão começando a se encaixar.[46]

Quando Horowitz indicou que usaria sua cadeira no conselho para se opor à venda, Casado se recusou a falar com ele, mas, depois de duas semanas de raiva, conseguiu se acalmar. Horowitz estava certo: não havia necessidade de aceitar a primeira oferta que apareceu. A Nicira contratou um banqueiro de investimento para solicitar vários lances. O resultado positivo foi que a Nicira foi vendida para uma rival da Cisco não por 600 milhões, mas sim por 1,26 bilhão de dólares.

— Eu dobrei o valor da empresa! — disse Horowitz, sem exageros.[47]

Não havia a menor dúvida de que Horowitz era um membro efetivo do conselho. Em fevereiro de 2010, logo após a Série A da Nicira, ele liderou outro investimento de software em nuvem da a16z em uma start-up chamada Okta. A Nicira criou uma função de rede na nuvem, já a Okta construiu uma interface entre as ferramentas de software baseadas em nuvem de uma empresa e seus funcionários. A ideia era que uma única porta de comunicação, com uma conexão segura, protegeria os dados de uma empresa. No entanto, no outono de 2011, a Okta estava se debatendo. Ela não havia atingido as metas de venda, e o dinheiro estava acabando. Um engenheiro talentoso avisou que ia pedir demissão.

Horowitz se reuniu com o engenheiro para entender por que ele queria se demitir. Acabou descobrindo que toda a equipe de engenheiros estava desmoralizada. Todd McKinnon, o CEO da Okta, os culpava pelo desempenho ruim nas vendas.

Horowitz foi até McKinnon e avisou:

— Pare de responsabilizar os engenheiros.

— Quer dizer que não posso responsabilizar as pessoas?

Uma atitude durona demais causaria ainda mais demissões, explicou Horowitz. A prioridade agora era manter os engenheiros enquanto a Okta resolvia seu verdadeiro problema: a estratégia de venda. A start-up vinha tentando vender sua placa de segurança para empresas pequenas, mas esse tipo de empresa não costuma se preocupar com a segurança de rede.

Seguindo o conselho de Horowitz, a Okta reforçou a equipe de vendas. Fizeram uma busca por um novo executivo de marketing, alguém com contatos e segurança para conseguir clientes entre as grandes corporações. Quando concluíram as entrevistas, McKinnon telefonou para Horowitz para discutirem a seleção.

Horowitz estava dirigindo, a caminho de uma reunião em outra start-up, quando recebeu a ligação. A chuva embaçava o para-brisa. Ele ficou mudo enquanto McKinnon contava sobre o candidato que tinha escolhido.

Horowitz foi para o acostamento e estacionou o carro. Para ele, McKinnon estava escolhendo a pessoa errada. Aquela ligação precisava de toda a concentração dele.

Quando McKinnon parou de falar, Horowitz o acertou com um soco verbal: "Se for um erro, esta vai ser a última contratação que você vai fazer", disse ele de forma direta.[48]

Isso foi o bastante para chamar a atenção de McKinnon, que ouviu atentamente o ponto de vista de Horowitz. A equipe de recrutamento da a16z tinha identificado outro candidato que Horowitz conhecia bem. Não havia a menor sombra de dúvida de que ele poderia fazer o trabalho. Arriscar em uma outra pessoa seria irresponsável, por mais que McKinnon tivesse gostado de outro candidato na entrevista. Start-ups e capital de risco têm tudo a ver com se arriscar. Mas, quando já se está em uma posição precária, você não acumula mais riscos do que o necessário.[49]

A repreensão de Horowitz revelou um ponto forte peculiar da Andreessen Horowitz. Mesmo sendo um produto da revolta da juventude, a a16z não era necessariamente amistosa com os fundadores. Seu objetivo era ajudar os fundadores técnicos a ter sucesso, mas, se eles teimassem em fazer a escolha errada, não haveria o menor problema em confrontá-los.[50] O fundo de Peter Thiel nunca se opôs a um fundador em uma votação de conselho, e Milner nem ao menos aceitava um lugar no conselho. Mas Horowitz era uma pessoa que colocava a mão na massa: combinava a fé que Paul Graham depositava nos fundadores científicos com a tenacidade de Don Valentine.

Quanto ao executivo de marketing da Okta, a opinião de Horowitz prevaleceu em relação à de McKinnon. O candidato mais seguro foi contratado, e a sorte da empresa, virada. Em 2015, ela tinha se transformado em uma empresa unicórnio.

No entanto, por mais eficaz que Horowitz fosse, suas contribuições diretas também não eram novidade na história do capital de risco, assim como não era nada nova a explicação completa quanto ao desempenho superior da a16z. Ajudar com contratações, recrutamento de clientes, estratégia e moral era bem o tipo de apoio que investidores de risco costumavam dar. Além disso, essa característica provavelmente contava menos do que a habilidade da a16z de selecionar seus investimentos. Tanto no caso da Nicira quanto no da Okta, apenas investidores de risco com uma compreensão sofisticada das tendências de computação em nuvem conseguiriam enxergar as oportunidades; era indiscutível que o motivo da diferença em Andreessen e Horowitz não era a experiência que tinham como empreendedores, mas sim seu treinamento em ciência da computação.[51] Da mesma forma, o sucesso da a16z tinha muito a ver com o momento certo. A firma foi aberta no início de uma década inteira de sucesso em investimentos, principalmente em empresas de software; o advento dos smartphones, da computação em nuvem e da banda larga onipresente resultou em uma era de ouro para programadores. Dois grandes sócios com formação em ciência da computação estavam no lugar certo para capitalizar o momento e ficaram muito felizes em anunciar o fato. "O software está engolindo o mundo", disse Andreessen em um artigo para o *Wall Street Journal*. Essa frase resumiu a época de forma brilhante. Além de ser uma explicação mais acertada para o sucesso da a16z do que o exagero sobre a abordagem que tinham com os fundadores técnicos.

Mas os primeiros anos da a16z mostraram uma inovação discreta — que foi deixada de lado nas ações de relações públicas. Ao contrário das ambiciosas empresas de risco do passado, a Andreessen Horowitz combinava as clássicas apostas nos estágios iniciais com investimentos de crescimento ao estilo de Milner.

Logo depois do seu início, em setembro de 2009, a Andreessen Horowitz desembolsou 50 milhões de dólares para uma participação na empresa de telefonia emergente chamada Skype, que na época pertencia ao eBay. A aposta totalizava um sexto do primeiro fundo da a16z, e ainda assim tinha pouco a ver com a promessa de treinar fundadores técnicos inexperientes. Afinal, o Skype já tinha seis anos de existência; e não havia qualquer falta de sofisticação. Em vez disso, a negociação com o Skype tinha tudo a ver com a exposição recente de Andreessen a Milner e sua posição privilegiada no coração da rede de contatos do Vale do Silício.

O ponto inicial para a aposta da a16z no Skype foi a presença de Andreessen no conselho do eBay. Tendo comprado o Skype quatro anos antes, em 2005, o gigante dos leilões estava tendo dificuldades para incorporar a tecnologia a seus negócios. Eles tinham dispensado os criadores suecos do Skype no meio de uma série de batalhas de gerenciamento, e os suecos, por sua vez, responderam com um processo contra o eBay pela propriedade da principal tecnologia do Skype. Quando a Silver Lake, um grupo de *private equity*, se ofereceu para tirar o Skype das mãos do eBay, os fundadores do Skype entraram com um processo contra a Silver Lake, para não deixar nenhuma brecha.

Como membro do conselho do eBay, Andreessen assistiu de camarote a todo o desenrolar desse drama. Conhecedor do sucesso da negociação de Milner com o Facebook, ele detectou uma oportunidade. Usando sua reputação como guru de software, entrou em contato com os fundadores do Skype. Ele entendia a visão deles e a proeza tecnológica que conseguiram; na verdade, o Skype era exatamente o tipo de produto no qual a a16z acreditava — um software que prometia substituir um hardware. Enfatizando sua fé na habilidade deles de levar o Skype para a nuvem, Andreessen propôs um negócio para trazer os fundadores de volta para a firma. O consórcio da Silver Lake compraria um pouco mais da metade das ações do Skype. Em troca de desistirem dos processos, os fundadores receberiam 14%. E Andreessen teria o direito de investir 50 milhões de dólares.

O negócio avançou, e Andreessen ajudou a nova equipe de proprietários a corrigir o problema gerencial do Skype. Um total de 29 dos trinta principais gestores foi substituído, e, então, Andreessen novamente usou suas conexões em conselhos administrativos, ajudando a formar uma aliança entre o Skype e o Facebook: a partir daquele ponto, os usuários do Facebook poderiam conversar uns com os outros por conexões de vídeo do Skype. Exatamente como a a16z previra, a equipe técnica do Skype se provou forte o suficiente para gerenciar a transição para a nuvem; o número de usuários do Skype disparou, passando de quatrocentos milhões antes da negociação para seiscentos milhões no ano seguinte. À medida que os smartphones se tornavam onipresentes, usar a internet para fazer ligações se tornou algo tão simples quanto usar linhas de telefonia tradicionais; o Skype de repente começou a se parecer cada vez mais com as pranchas de surfe metafóricas de Mary Meeker, uma plataforma desenvolvida perfeitamente para pegar a última onda da tecnologia. Reconhecendo a promessa do Skype, a Microsoft logo apresentou uma proposta para comprar a empresa por 8,5 bilhões de dólares, três vezes mais do que a avaliação que o consórcio da Silver Lake tinha pagado. Em apenas dezoito meses, a Andreessen Horowitz teve um lucro de 100 milhões de dólares.

O sucesso de Andreessen com o Skype foi seguido por outros negócios de crescimento no estilo de Milner. Usando o capital de seu primeiro fundo, a a16z também acompanhou a DST no investimento em uma empresa de jogos chamada Zynga e apostou 20 milhões de dólares no aplicativo Foursquare.[52] Já o segundo, um fundo de reserva financeira de emergência avaliado em 650 milhões de dólares, fez duas apostas de 80 milhões no Facebook e no Twitter; uma de 40 milhões no Groupon; e duas de 30 milhões no aplicativo de compartilhamento de imagens Pinterest e na plataforma de aluguel de imóveis Airbnb. Para uma sociedade de risco que se promovia como doutores de start-ups em estágio inicial, comprometer mais de um terço de um fundo de capital em investimentos de crescimento parecia não estar de acordo com a marca. Mas esse eixo surpreendente foi prova da influência de um homem. "Nós fizemos uma aposta de que essa oportunidade de expansão tinha surgido", disse Andreessen mais tarde. "Boa parte disso tinha a ver com Yuri Milner."[53]

Andreessen e Horowitz conseguiram o que tinham se proposto a fazer: entrar para a elite das melhores empresas do setor de risco. O primeiro fundo deles ficou entre os 5% melhores fundos de investimento de risco em 2009, gerando um retorno de 44% ao ano, deduzidos os impostos — três vezes maior que a S&P 500 no mesmo período.[54] Graças principalmente ao negócio com o Skype, que foi inspirado em Milner e permitiu à a16z que logo obtivesse sucesso, os sócios começaram a levantar fundos maiores, a recrutar mais sócios investidores e a expandir sua operação de consultoria interna. Quando a Kleiner Perkins deixava seu lugar entre as melhores firmas de investimento do Vale do Silício, a a16z assumiu a vaga.

No início, as façanhas da a16z foram recebidas como prova do seu suposto modelo disruptivo. Outras sociedades começaram a oferecer serviços de treinamento e apoio para as empresas do seu portfólio e adotaram o mote de "por empreendedores e para empreendedores". No entanto, aconteceu uma coisa engraçada. De acordo com uma avaliação feita no fim de 2018, os dois fundos seguintes da a16z tiveram dificuldades em ter um desempenho melhor do que a S&P 500, registrando ganhos provisórios não realizados que os colocaram, respectivamente, no terceiro e no segundo quartis entre as empresas de capital de risco.[55] Em uma rápida sucessão, a Andreessen Horowitz parecia ter desafiado a regra de dependência do caminho não apenas uma, mas duas vezes. Primeiro, a firma rapidamente chegou à elite das melhores e depois caiu para alguma posição mediana na tabela de classificação.

O que aconteceu? A explicação mais óbvia é que, quando Andreessen e Horowitz expandiram os negócios, acabaram diluindo o próprio talento. Achavam que "por empreendedores e para empreendedores" e o treinamento dos fundadores técnicos eram uma nova abordagem ao capital de risco, que seria bem-sucedida em escala. O que descobriram foi que o sucesso teve menos a ver com essa visão e mais a ver com o status que os dois tinham no Vale do Silício. À medida que a a16z contratava novos sócios investidores, seguindo sua regra valiosa de que todos deveriam ter uma formação empreendedora, eles perceberam que nem todos davam certo: ser um fundador não é o mesmo que ser capaz de escolher em quais fundadores investir. Em 2018, a a16z promoveu um não empreendedor a sócio administrador pela primeira vez. "Isso é um passo grande, principalmente para mim, pois devo admitir que estava errado", confessou Horowitz para a *Forbes*. "Acho que isso provavelmente levou mais tempo do que deveria, mas acabamos fazendo a mudança."[56]

As firmas de investimento de risco que inauguram com estardalhaço tendem a ter duas coisas em comum: elas têm uma história sobre sua abordagem especial; e todas contam com sócios conhecidos e com redes de contato sólidas. Em alguns casos excepcionais, a abordagem especial é poderosa o suficiente para explicar a maior parte do sucesso. É o caso de Yuri Milner, que chegou ao Vale do Silício sem nenhuma conexão e foi direto ao topo. Também foi o caso da Tiger Global, que improvisou o modelo híbrido de fundo de multimercado/capital de risco. E foi mais ou menos o caso da Y Combinator, cujo investimento-semente baseado em lotes genuinamente constituiu uma novidade. Mas, na grande maioria dos exemplos, as novas empresas de investimento de risco foram bem-sucedidas devido à experiência e ao status dos respectivos fundadores, e não por causa da suposta originalidade de seus métodos. A pesquisa acadêmica confirma o que é intuitivamente óbvio: o sucesso no capital de risco se deve muito às conexões.[57] "O Vale do Silício se agarra ao culto ao indivíduo", comentou o capitalista de risco britânico Matt Clifford. "Mas esses indivíduos representam o triunfo da rede de contatos."

Capítulo treze

A força da Sequoia em números

No verão de 2010, um ano depois do lançamento da Andreessen Horowitz, um sócio da Kleiner Perkins chamado Joe Lacob fez um investimento não convencional. Ao longo de 23 anos na Kleiner, ele havia apoiado cerca de setenta empreendimentos — empresas de ciências naturais, empresas de energia, empresas de comércio eletrônico. Mas essa aposta seria diferente. Fundada 64 anos antes, não era exatamente uma start-up. Com um time desmoralizado, não era exatamente inovadora. Ainda assim, Lacob detectou um potencial. Junto de alguns aliados, ele pagou 450 milhões de dólares pela dilapidada franquia de basquete do norte da Califórnia, os Golden State Warriors.

O que aconteceu em seguida se tornou um símbolo do boom mais amplo que atingiu o Vale do Silício. Lacob levou consigo uma criativa rede de pessoas de tecnologia e figuras de Hollywood, e os Warriors decolaram em uma maré enlouquecida, como uma plataforma de mídia social da moda. Tendo perdido dois terços dos jogos no ano anterior à compra de Lacob, eles chegaram à final da NBA em 2015 e repetiram o feito em cada um dos quatro anos seguintes, conquistando o título três vezes e estabelecendo um recorde de jogos vencidos em uma única temporada. Tornaram-se famosos graças a um estilo de jogo determinado por dados, baseado em arremessos de longa distância que valiam três pontos, e a inovação logo atraiu imitadores. Todos os assentos do estádio eram vendidos. Os preços dos ingressos dispararam. Lacob transferiu a equipe de suas instalações degradadas em East Oakland para um coliseu de luxo em São Francisco. No fim da década, dizia-se que a franquia do Golden State valia 3,5 bilhões de dólares, quase oito vezes mais do que Lacob e seu consórcio tinham pagado. Foi um retorno de risco vindo de um time de basquete.[1]

As grandes franquias de basquete têm superfãs famosos que as câmeras procuram antes dos jogos: Jack Nicholson, que torce pelo Los Angeles Lakers; Spike Lee, pelo New York Knicks. Naturalmente, o time do Golden ostentava uma escalação de investidores da Lista Midas. Seu grupo de proprietários tinha Bob Kagle, sócio da Benchmark que havia investido no eBay, e Mark Stevens, sócio robusto de longa data da Sequoia. Seus torcedores assíduos incluíam Ben Horowitz, cofundador da a16z, e Ron Conway, o superanjo que tinha apoiado o Google. Essa fusão de esportes e finanças de tecnologia operava de duas maneiras: os investidores de risco torciam pelos Warriors, e os Warriors, por sua vez, tornavam-se investidores de risco. Kevin Durant, a estrela do time, montou um portfólio com cerca de quarenta start-ups, que iam desde a empresa de compartilhamento de bicicletas LimeBike até o aplicativo de entrega de comida Postmates. Andre Iguodala, um especialista em defesa de quase dois metros de altura, construiu um império semelhante, enquanto um Warrior aposentado, David Lee, foi recrutado por uma sociedade de capital de risco. Steph Curry, o talento transcendente do Golden State, era dono de uma parte do aplicativo de compartilhamento de fotos Pinterest. Junto com Iguodala, Curry liderou um evento para levar outros atletas para esse novo jogo: o Players Technology Summit.

E, realmente, por que não? Depois de 2010, quase todo mundo no Vale do Silício parecia atingido pelo frenesi da tecnologia. O pequeno pedaço de terra que vai de San José a São Francisco era o lar de três das cinco empresas mais valiosas do mundo: Apple, Google e Facebook. O local ostentava alguns dos pioneiros mais empolgantes: Airbnb, Tesla e Uber. Era sempre comparado a Florença durante o Renascimento: um ímã de dinheiro, isso com certeza, mas também um caldeirão multinacional e um centro de criatividade.[2] A gigante do software em nuvem Salesforce ergueu uma torre de vidro que chegava até as nuvens no centro de São Francisco, e os preços dos imóveis dispararam tanto que as start-ups mal conseguiam pagar a famosa garagem. A desigualdade resultante foi impressionante, e o trânsito parecia o de Bangkok, graças sobretudo aos enormes ônibus de dois andares que transportavam programadores da cidade até os campi de tecnologia próximos a Palo Alto. Quando o presidente da China, Xi Jinping, visitou os Estados Unidos em 2015, ele ratificou o status dessa nova Florença. Sua primeira reunião foi com os executivos de tecnologia do Vale do Silício e de Seattle, não com os políticos e banqueiros de Washington, D.C. e da cidade de Nova York.[3]

Assim como nos booms anteriores, o investimento em capital de risco era o centro da ação. Na década posterior à crise financeira, que vai de 2009 a 2019, a contagem de investidores de risco dos Estados Unidos mais do que dobrou, assim como o número de start-ups que eles financiaram.[4] Agora, mais do que nunca, a organização do setor estava completa, oferecendo investimentos sob medida para start-ups de qualquer tamanho ou tipo. Havia anjos bondosos, incubadoras em escala industrial, apoiadores de estágio inicial focados no empreendedor e investidores de crescimento orientados por dados. Havia investidores de risco que se especializavam em tudo, desde inteligência artificial a biotecnologia e criptomoedas, sem falar em agrotecnologia, *big data* e software em nuvem. Enquanto Wall Street sofria para se recuperar da crise de 2008, com as asas cortadas por reguladores com o objetivo de evitar uma repetição do resgate financeiro dos contribuintes, a variedade das finanças da Costa Oeste se expandiu energicamente ao longo de três eixos: para novos setores, para novos locais e ao longo do ciclo de vida das start-ups. Em 2013, quando Aileen Lee cunhou o termo "unicórnio", ela contava apenas 39 dessas criaturas mágicas. Menos de dois anos depois, havia 84.

A sociedade de risco que melhor representava esse boom era a Sequoia Capital. Durante as décadas de 1980 e 1990, a Sequoia e a Kleiner tinham sido as duas principais empresas do Vale e, em alguns aspectos, eram semelhantes: sociedades cujo foco eram redes, softwares e internet, com homens que sabiam fazer dinheiro seguindo a lei de potência no modo turbo. No início da primeira década do século XXI, quando John Doerr estava no auge de sua celebridade e a Sequoia estava do lado errado da revolta da juventude, a Kleiner parecia mais forte. Mas, em meados da década, a situação mudou, e a Kleiner e a Sequoia começaram a parecer opostas. Enquanto a Kleiner investia na tecnologia limpa, a Sequoia se aproximava com cautela. Enquanto a Kleiner liderava no recrutamento de mulheres, a Sequoia lamentavelmente demorou para copiá-la, mas implementou a mudança de maneira menos desajeitada.[5] Enquanto Doerr se separava de Vinod Khosla e outros membros de sua equipe, Michael Moritz continuava ligado a Doug Leone, que fornecia o conhecimento de engenharia e a capacidade de interpretar as pessoas que complementavam a grande estratégia de Moritz. E, enquanto Doerr contratava celebridades estabelecidas na casa dos cinquenta e poucos anos, a Sequoia não tinha interesse nenhum em recrutar executivos acomodados que, como disse Moritz, "haviam sido muito bem-sucedidos, perderam um pouco do ritmo, não tinham fome suficiente, tinham muitos compromissos externos e, acima de tudo, não estavam preparados para voltar a ser novatos".[6]

O contraste na abordagem gerava um contraste surpreendente no desempenho. Em 2021, quando os sócios da Kleiner praticamente desapareceram da Lista Midas da *Forbes*, a Sequoia ocupou o primeiro e o segundo lugares, e três entre os dez primeiros, tornando-se de longe a melhor empresa do setor. Ela dominava os negócios nos Estados Unidos e na China. Apoiava unicórnios desde Airbnb e WhatsApp até ByteDance e Meituan. Parecia ter sucesso em tudo que tocava, de investimentos de risco a fundos de crescimento e até mesmo um fundo de multimercado experimental. Em todas as partes do Vale, os rivais compartilhavam teorias sobre o que havia feito a Sequoia vencer. Nenhuma outra equipe tinha um desempenho sustentado nesse nível.

A receita secreta da Sequoia começou com a união entre Moritz e Leone, a dupla de camaradas de maior sucesso na história do capital de risco. Moritz era estratégico, Leone era operacional. Moritz impunha a disciplina, Leone gostava de conversar junto ao bebedouro. Moritz era britânico e tinha estudado italiano. Leone era italiano e brincava dizendo que trabalhar com Moritz era como estudar inglês. Havia algumas tensões sob a superfície: Moritz estava dividido entre querer a aliança com Leone e querer ser reconhecido como chefão, e Leone vez e outra se irritava. Mas eles se apoiavam. A partir de meados da década de 1990, quando Don Valentine se aposentou, os dois se uniram em todas as decisões importantes a respeito da direção da Sequoia. Juntos criaram a cultura mais disciplinada em Sand Hill Road, mas também a mais experimental.

A disciplina feroz da Sequoia ilustrava como Leone e Moritz eram, ao mesmo tempo, diferentes e unidos. Para Leone, o imigrante italiano obstinado que lutou para subir na vida, o trabalho árduo era instintivo. Sua vida girava em torno de negócios, família e como se manter em forma. Ele não tinha tempo para sócios que queriam confraternizar com celebridades, fazer parte de comitês filantrópicos famosos ou perder tempo discursando em conferências. Certa vez, para testar a própria coragem, Leone tratou uma cárie sem analgésicos. Não ia tolerar colegas que eram comprometidos apenas pela metade. Para Moritz, escritor formado em Oxford, a determinação competitiva assumia uma forma diferente, mas não menos insistente. Desde o início da vida como jornalista de negócios, Moritz admirava "a cadência proposital de uma marcha implacável e disciplinada" — a resistência e a força de vontade que construíam o sucesso com paciência, um avanço atrás do outro.[7] Elevar-se acima da mediocridade, insinuava Moritz, era uma tarefa quase espiritual. Você precisava ser obcecado — como Steve Jobs, para quem o perfeccionismo não era uma escolha, ou como Alex Ferguson, o lendário técnico de futebol britânico que Moritz escolheu como colaborador e "inspiração" quando escreveu um livro sobre liderança. Jason Calacanis, empreendedor que viu o interior de muitas empresas de capital de risco, lembra como Moritz e Leone incutiram uma cultura que fez a sociedade se destacar. "Eu aparecia na Sequoia às 8h30 para uma reunião e via os principais sócios em salas de conferência reunindo-se com start-ups. Eu passava pela Sequoia para tomar um café às quatro da tarde e via que os mesmos sócios continuavam lá, ainda reunidos com start-ups."[8]

O vigor era só o começo da fórmula da Sequoia. Moritz e Leone se concentravam de maneira intransigente na cultura da empresa: o investimento externo atinge o fluxo de uma busca interna por excelência. Moritz certa vez enumerou os desafios que isso gerava: "recrutamento, formação de equipes, estabelecer padrões, questões de inspiração e motivação, evitar ser complacente, a chegada de novos concorrentes e a necessidade contínua de nos renovar e eliminar pessoas com desempenho inferior".[9] Dessa longa lista, a formação de equipes e o desenvolvimento de jovens talentos eram prioridades específicas. A Sequoia acreditava em "nutrir o desconhecido, a prata da casa e o que se tornará a próxima geração", como disse Moritz. Evidentemente, essa era uma descrição justa do que a Accel tinha feito ao treinar Kevin Efrusy. Mas a Sequoia criou novos recrutas com ainda mais determinação.

A história de Roelof Botha ilustra a abordagem de Moritz-Leone no desenvolvimento de talentos. A Sequoia contratou Botha em 2003, tirando-o de seu cargo de diretor financeiro do PayPal; era um jeito astuto de estabelecer vínculos com um grupo dinâmico de ex-funcionários do PayPal, que não eram muito favoráveis à sociedade. Além de suas conexões com o PayPal, o sul-africano Botha era uma contratação natural para a Sequoia: tinha sido o melhor da turma na Stanford Business School e possuía a energia de um imigrante. Mas ele ainda não tinha trinta anos nem experiência como investidor, então os sócios seniores da empresa assumiram a missão de prepará-lo. Claro que, se Botha naufragasse, eles o expulsariam sem dó, do mesmo jeito que fechavam uma start-up fraca, demitindo-o com um acordo de sigilo incontestável. Mas a intenção veemente deles era ajudá-lo a ganhar pontos: fazer dele um guerreiro da Sequoia.

Como todos os recrutas da Sequoia, Botha começou imitando os colegas experientes. Participou de reuniões de diretoria com diferentes sócios seniores e em diferentes tipos de empresa, absorvendo uma variedade contrastante de culturas de start-ups. Além disso, também absorveu dicas de veteranos: Don Valentine lhe disse, de imediato, que os melhores fundadores são os mais difíceis. Depois de alguns meses no escritório, Botha arrematou um de seus primeiros investimentos, uma empresa de remessas chamada Xoom, e um sócio mais antigo propôs um acordo ganha-ganha. Para começar, o sócio sênior faria parte do conselho da Xoom, levando Botha para as reuniões como observador. Então, se a Xoom tivesse sucesso, os dois trocariam de papel, de modo que Botha ganharia privilégio profissional como membro do conselho de uma start-up badalada. "Olhe, se a empresa não der certo, a mancha vai estar sobre o meu nome, não sobre o seu", disse o sócio sênior. Botha concordou, a Xoom acabou prosperando, ele completou seu aprendizado e se tornou membro do conselho.[10] Foi o inverso da experiência na Kleiner, onde os sócios seniores tiravam as melhores oportunidades das mãos dos investidores mais jovens. Era superior até mesmo à Accel, onde o sócio-gerente, Jim Breyer, tinha ocupado o assento no conselho do Facebook.

Passaram-se muitos anos até a Xoom virar uma boa empresa, e, nesse meio-tempo, os parceiros de Botha o ajudaram nos inevitáveis períodos sombrios. As start-ups malsucedidas costumam levar menos tempo para fracassar do que as boas levam para serem bem-sucedidas, portanto perdas desmoralizantes se materializam antes dos vencedores. Na primeira vez que Botha teve de relatar que uma de suas empresas era uma zero, chorou na reunião de sócios: normalmente, ele era tranquilo e confiante no próprio julgamento; o fracasso foi muito doloroso. Então, após três anos no cargo, Botha passou da angústia para a exaltação. Em 2005 liderou o investimento de Série A da Sequoia na plataforma de vídeo YouTube, e em 2006 — depois de uma gestação assustadoramente breve — a empresa foi adquirida pelo Google, gerando um retorno de cerca de 45 vezes sobre o investimento da Sequoia. Novamente três anos depois, Botha ficou arrasado outra vez. Começou a se torturar não por conta dos investimentos que davam errado, mas pelos grandes investimentos que lhe escapavam. Ele havia rejeitado o Twitter quando ainda era uma tecnologia bruta de troca de mensagens. Tinha ido atrás do Facebook, mas sofreu com aquela estranha apresentação em que eles apareceram vestindo pijama. Até o triunfo do YouTube azedou na boca de Botha: analisando o passado, a Sequoia tinha vendido muito cedo. Para qualquer investidor de risco, essas oscilações na sorte podem destruir o próprio julgamento. Um período sombrio gera um excesso de cautela na avaliação do próximo negócio; por outro lado, a alegria pode levar à arrogância. Olhando para esse período, Botha afirma que seus sócios o mantiveram centrado. Quando estava para baixo, eles o encorajavam a arriscar. Quando estava animado, eles o salvavam de sonhar demais com as perspectivas de uma start-up.[11]

Apesar da cultura cerebral e disciplinada da Sequoia, os esforços na formação de equipes da empresa incluíam um lado surpreendentemente suave. A sociedade começou a fazer eventos externos chamados de "check-ins": os colegas se abriam uns com os outros em relação a tensões conjugais, inseguranças no trabalho ou doenças na família. "Se você está disposto a se expor e ninguém tira vantagem disso, cria-se uma atmosfera de confiança", refletiu Doug Leone.[12] Nos eventos externos também havia torneios de pôquer: os sócios competiam pelo "tartã de Don Valentine", uma jaqueta monstruosamente extravagante em vermelho, amarelo e preto. Foi em um desses retiros, durante uma partida muito lamacenta de *flag football*, um jogo parecido com futebol americano, que Botha permitiu que sua infância sul-africana assumisse o controle de seus instintos. Ele disparou em direção a um oponente musculoso e o derrubou com um *tackle* no estilo do rúgbi. "Foi um dos momentos que destravou nossa amizade", lembrou Botha mais tarde.[13]

O desenvolvimento de equipes se estendia ao modo como a Sequoia comemorava seus sucessos. Quando uma empresa de portfólio conseguia uma saída lucrativa, os jornais traçavam o perfil do sócio nomeado para o conselho, como se o capital de risco fosse o trabalho de um lobo solitário. A própria Sequoia fazia de tudo para atribuir o triunfo ao grupo; investimentos bem-sucedidos quase sempre eram um esforço coletivo. Por exemplo, quando a Sequoia comemorou o segundo maior lucro inesperado na sua história até então, a venda do serviço de mensagens WhatsApp, o "memorando de grande conquista" interno da sociedade começou elogiando Jim Goetz, o sócio que liderou o negócio e que tinha sido vítima de Botha no *flag football*. Mas o memorando mudava rapidamente para uma mensagem diferente: o WhatsApp tinha sido um "clássico *tackle* da galera da Sequoia". Mais de uma dezena de sócios tinham contribuído para aquela vitória: os caçadores de talentos internos da Sequoia haviam ajudado o WhatsApp a quintuplicar o tamanho de sua equipe de engenharia; Botha e Moritz tinham aconselhado a empresa na distribuição e estratégia global; as equipes da Sequoia na Índia, em Singapura e na China tinham conseguido a inteligência local; o chefe de comunicações da sociedade havia preparado Jan Koum, o introvertido CEO do WhatsApp, para ser uma figura pública. O memorando de momento importante fazia um elogio especial a uma assistente do escritório chamada Tanya Schillage. Às três horas da madrugada anterior, o carro de Koum tinha quebrado a caminho da finalização dos documentos de venda, e Schillage entrou em ação e conseguiu um novo carro para Koum. De alguma forma, em um momento de superação noturna, ela havia conseguido para Koum quase o mesmo modelo de Porsche que ele estava dirigindo.[14]

Para aprofundar o trabalho em equipe e promover a autorrenovação enfatizada por Moritz, a Sequoia era rápida em dar responsabilidade administrativa aos sócios emergentes da empresa. Foi assim que, em 2009, a sociedade passou por uma silenciosa mudança na liderança.[15] Moritz e Leone continuaram no comando, sob o título de "administradores", mas a gestão da linha de frente dos investimentos de risco dos Estados Unidos passou, de modo informal, para Jim Goetz e Roelof Botha. O surgimento dessa dupla mais jovem provocou uma nova onda de ideias, aumentando o rigor dos processos de investimento da Sequoia.

A principal inovação promovida por Jim Goetz foi a ênfase no pensamento proativo. Ele tinha começado a carreira de investidor na Accel, onde havia absorvido o conceito de "mente preparada", e então viu que essa abordagem de cima para baixo e preventiva podia ser muito útil na Sequoia.

Devido ao status da Sequoia como principal empresa de capital de risco do Vale, a maioria dos fundadores de start-ups tinha interesse em fazer um *pitch* para ela; pelos cálculos da sociedade, ela foi convidada a considerar cerca de dois terços dos negócios que acabaram sendo financiados pelas duas dúzias de empresas mais importantes de investimento de risco. Mas esse privilegiado fluxo de negócios era tanto uma bênção quanto uma maldição. Os dias dos sócios eram apinhados de reuniões organizadas a pedido dos visitantes. Era fácil se tornar reativo.[16]

Para administrar esse risco, Goetz levou a abordagem de mente preparada da Accel para a Sequoia, fazendo os sócios mapearem as tendências de tecnologia e preverem quais tipos de start-up iam prosperar a partir delas. Ele se antecipou ao esboçar uma imagem detalhada do cenário da internet móvel, traçando as estações-base que as operadoras de telefonia teriam que construir, os chips que seriam usados nos aparelhos e o software que rodaria neles. Outro "cenário" de mente preparada mostrou a mudança dos dados dos dispositivos do cliente para a nuvem, prevendo novas configurações de hardware, modelos de negócios de software e vulnerabilidades de segurança que ocorreriam a partir disso. Um terceiro cenário se concentrou na "ascensão do desenvolvedor". No mundo todo, apenas 25 milhões de programadores — um terço de 1% da população global — estavam escrevendo todos os softwares que transformavam a vida moderna. Qualquer coisa que aumentasse a produtividade dessa pequena tribo seria imensamente valiosa. Antes da declaração de Marc Andreessen de que "o software está engolindo o mundo", esse último exercício de mente preparada se tornou o trampolim para uma série de investimentos da Sequoia: a Unity, uma plataforma de desenvolvimento de software para filmes e jogos em 3D; o MongoDB, uma empresa de banco de dados; e o GitHub, o principal repositório de código-fonte aberto. No fim de 2020, as participações da Sequoia nessas três empresas valiam um total de 9 bilhões de dólares.

Enquanto Goetz liderava na questão da mente preparada, Botha era pioneiro na aplicação da ciência comportamental ao capital de risco. Era uma ideia radical, e os colegas de Botha passaram a considerá-la transformadora para a Sequoia.[17] Em outras sociedades de capital de risco, os investidores costumavam se gabar por confiar no instinto. Alegavam ter um "reconhecimento de padrão", um sexto sentido para o investimento; "fiz isso durante toda a minha carreira e não sei por quê", disse feliz um investidor de risco bem-sucedido.[18] Mas Botha observou que, em experimentos bastante conhecidos que remontam à década de 1970, os psicólogos mostraram como os reflexos humanos distorcem as decisões racionais, e então começou a aplicar essas ideias nas reuniões de sócios da Sequoia às segundas-feiras. A meta, no mínimo, era tornar o processo de investimento consistente de uma semana para outra. "Às vezes, sentíamos que, se determinada empresa estivesse lá na segunda-feira anterior ou na segunda-feira seguinte, nossa decisão seria diferente", explicou Botha. "Isso não parecia uma receita para o sucesso sustentável."[19]

O foco de Botha na ciência comportamental aumentou, em parte, depois da venda prematura do YouTube. Ao aceitar a oferta de aquisição do Google, os fundadores se comportaram exatamente como preveem os experimentos comportamentais: as pessoas costumam estar dispostas a apostar para evitar perdas, mas são irracionalmente avessas ao risco quando se trata de buscar o lado positivo. Examinando o padrão de saídas da Sequoia, Botha determinou que a realização prematura de lucros tinha ocorrido muitas vezes na empresa, apesar dos esforços anteriores de Moritz para estender os períodos de participação da sociedade. A literatura comportamental também chamou atenção para outra tendência observada por Botha: os investidores de risco sofriam de "viés de confirmação", a prática de filtrar informações que desafiam uma posição que você adotou. Na Sequoia, os sócios às vezes perdiam negócios atraentes da Série B porque queriam se sentir bem. Eles odiavam admitir que estavam errados quando disseram não para a mesma start-up no estágio da Série A.[20]

O primeiro passo para superar o viés cognitivo é reconhecê-lo. Botha providenciou para que psicólogos externos fizessem uma apresentação na sociedade. Ele conduziu os colegas por dolorosas análises das decisões anteriores, focando nos momentos em que tinham avaliado as evidências de forma irracional. Antes disso, os sócios tentavam extrair lições das empresas de portfólio que haviam fracassado. Agora Botha estava igualmente focado nos momentos em que a Sequoia tinha se recusado a investir em uma start-up que acabou tendo sucesso. Para possibilitar as análises científicas póstumas, os sócios mantinham um registro de todos os votos nas reuniões de investimento. "Não se trata de achar um bode expiatório", explicou Botha. "É só: 'O que aprendemos como equipe?' Se conseguirmos melhorar nossas decisões, isso é uma vantagem."[21]

Além de executar essas análises póstumas, Botha começou a desenvolver novos hábitos na tomada de decisões em tempo real. Para superar a aversão ao risco identificada pelas ciências da decisão, os sócios incluíram uma seção de "pré-desfile" em cada memorando de investimento — uma descrição de como a empresa se sairia caso funcionasse com perfeição. Ao incorporarem esse exercício ao processo, os sócios se permitiam expressar seu entusiasmo em relação a um negócio e fazer isso com uma satisfação que, de outra forma, seria desconfortável. "Todos nós temos o desejo de não passar por momentos de vergonha", refletiu Jim Goetz. "Mas estamos no negócio de passar vergonha e precisamos ficar à vontade para dizer em voz alta o que talvez seja possível."[22]

A Sequoia também começou a cuidar do problema de "ancoragem" — isto é, basear um julgamento nas opiniões de outras pessoas em vez de brigar com as evidências e assumir uma posição independente. Na maioria das empresas de capital de risco, os sócios conversam sobre as start-ups que estão avaliando, em parte para pedir conselhos, em parte para recrutar aliados antes da votação na reunião de segunda-feira. Na Sequoia, os sócios resolveram que, para chegar à decisão mais racional possível, essa campanha eleitoral devia parar. Antes de uma decisão, cada um deles leria o memorando de investimento com a mente limpa, e deviam fazer o máximo para evitar o pensamento de grupo. Depois, iriam para a reunião de segunda-feira preparados para assumir uma posição. "Não queremos ouvir um passivo 'se você quiser, pode fazer isso'", disse Leone. "O apoiador precisa de ajuda. Estar à frente de um investimento é um lugar muito solitário."[23]

Em 2010, com base em uma ideia de Moritz, Botha começou a desenvolver o "programa de caçadores de talentos" da Sequoia, uma variação inspirada na ideia de investimento-anjo. A ideia era a de que a maioria dos investidores-anjos eram os líderes de ontem. Eles tinham lucrado com suas start-ups e, portanto, possuíam dinheiro para brincar, mas sua compreensão do cenário de negócios era antiquada. Enquanto isso, empreendedores ativos tinham sua riqueza presa nas próprias empresas, de modo que não tinham dinheiro disponível para fazer investimentos-anjos. Com o advento do investimento de crescimento, isso se tornava um problema cada vez maior, porque os empreendedores estavam atrasando o momento em que retiravam seus ganhos das próprias empresas. "Você é Drew Houston em 2012 e vale 100 milhões de dólares, mas não consegue pagar o aluguel, muito menos ter o luxo de investir em outras empresas", explicou Botha, usando o exemplo de um dos dois fundadores do Dropbox. Então, Botha e seus sócios descobriram uma solução. "Damos a você 100 mil dólares para investir. Pegamos metade dos ganhos, mas você, como caçador de talentos, fica com o resto."[24] Obviamente, o efeito desse acordo foi a criação de oportunidades de investimento para a Sequoia. Os principais empreendedores de hoje estavam identificando as estrelas mais brilhantes do próximo grupo.

Juntos, criaram a própria variante do investimento-anjo, e os sócios reagiram ao lançamento da Andreessen Horowitz. Depois que a a16z alardeou seu auxílio no desenvolvimento de empresas para start-ups, a Sequoia expandiu sua equipe de "sócios operacionais" internos, cujo trabalho era aconselhar as empresas do portfólio. No fim da década de 2010, a Sequoia começou a oferecer workshops para empreendedores: um evento chamado Base Camp, que reunia fundadores em fins de semana nas montanhas, com fogueiras, barracas de camping e palestras sobre tudo, desde tecnologia até arquitetura. Outra oferta, chamada de Programa de Design de Empresas, contava com cursos ministrados por sócios da empresa. Em meio à pandemia de coronavírus de 2020, a sociedade lançou um aplicativo para fundadores chamado Ampersand. Os empreendedores apoiados pela Sequoia usavam o aplicativo para manter contato uns com os outros e testar ideias administrativas. Será que eles deviam ajustar o salário quando os funcionários passaram a trabalhar remotamente? Como ajudar os membros da equipe cuja saúde mental se deteriorou?[25]

No início de 2012, três anos depois de Goetz e Botha terem sido promovidos informalmente, Leone recebeu uma mensagem estranha de Moritz. Seu sócio queria visitá-lo em casa no sábado seguinte. Quando Moritz chegou, anunciou que uma era estava chegando ao fim: eles tinham trabalhado juntos sem parar por dezesseis anos, mas agora um problema de saúde que Moritz não quis identificar exigia que ele desistisse de seu cargo de "administrador".[26] Moritz tinha sido a figura dominante na sociedade, presidindo as principais reuniões e definindo a direção da empresa. Agora Leone teria que preencher uma lacuna na escalação da equipe Sequoia.

As transferências de liderança são perigosas para as sociedades, ainda mais quando o dinheiro foi ganho e os sócios têm os meios para partir rumo ao pôr do sol. Leone administrou a transição pegando emprestado o slogan que aparecia nas camisetas dos Warriors: "Força nos números". Em vez de substituir Moritz por um indivíduo, dedicou-se em dobro à cultura de equipe da Sequoia. Ele viajou para Hong Kong, pediu a Neil Shen para atuar como administrador e voltou logo para casa. Pediu a Jim Goetz que também atuasse como administrador, criando uma troca de liderança com ele mesmo no topo. Para garantir que seus companheiros tivessem incentivos fortes, cortou o próprio salário em um terço, cedeu uma grande parte da sua remuneração futura garantida e dividiu os lucros. Foi uma mudança sem atrito, e cinco anos depois a Sequoia repetiu o mesmo feito. Em 2017, com apenas 51 anos, Goetz decidiu se afastar porque Botha, então com 43 anos, estava pronto para assumir o posto de administrador, e a mudança criou espaço para talentos mais abaixo na hierarquia.[27] Uma estrela de 44 anos chamada Alfred Lin se tornou colíder da equipe de capital de risco dos Estados Unidos. A força em números foi combinada com a fé no rejuvenescimento.[28]

◆

A equipe unida e os experimentos livres da Sequoia iluminaram a habilidade enigmática do capital de risco. Se considerarmos individualmente, a história de cada aposta de risco pode dar a impressão de depender do acaso. O investidor recebe uma indicação aleatória. O investidor encontra jovens desajustados e inspirados. O investidor consegue se conectar com a juventude por meio de uma alquimia obscura. Explicando esse processo de vínculo, Jerry Yang, do Yahoo, observou em um comentário meio misterioso que Michael Moritz "tinha alma", enquanto Tony Zingale, outro empreendedor apoiado pela Sequoia, afirmou que se dava bem com Doug Leone porque "ele é outro italiano esquentadinho".[29] Mas, apesar dessas explicações batidas, a Sequoia ilustra o método por trás da aparência de arbitrariedade e acaso. Os melhores investidores de risco criam a própria sorte de maneira consciente. Eles trabalham de forma sistemática para aumentar as chances de que a casualidade aconteça repetidas vezes.

A maioria dos triunfos modernos de capital de risco da Sequoia pode ser atribuída a esse tipo de trabalho sistemático, posto em prática nos primeiros anos do novo século. Ao recrutar o jovem Roelof Botha e decidir desenvolver suas credenciais, a empresa lançou as bases para bilhões de dólares em lucros. Depois de suas vitórias no YouTube e no Xoom, Botha seguiu com uma série de grandes vitórias: a empresa de fintech Square; as empresas de exames genéticos Natera e 23andMe; a bem-sucedida mídia social Instagram; e o inovador banco de dados MongoDB. Quando a *Forbes* publicou a Lista Midas em abril de 2020, Botha ficou em terceiro lugar. Cinco meses depois, comemorou a estreia da plataforma de software 3D Unity no mercado de ações e um ganho para a Sequoia de mais de 6 bilhões de dólares.

Um cético poderia contestar que essa história parece simples até demais. Será que o treinamento de Botha na Sequoia de fato gerou essas vitórias descomunais, ou Botha era excepcionalmente talentoso — ou sortudo? Se a história de Botha for considerada de forma isolada, pode ser difícil afirmar. Mas, se considerarmos os esforços da Sequoia para cultivar cada um de seus recrutas, o papel do trabalho de base sistemático fica óbvio. Não foi só Botha quem teve a oportunidade de fazer parte do conselho de uma start-up de sucesso: essa era uma prática comum na Sequoia.[30] Não foi apenas Botha que foi conectado a um mentor experiente: isso também era padrão. Em um sinal da prioridade atribuída ao treinamento, Doug Leone fazia questão de se encontrar com os novos recrutas para fazer reuniões individuais. O que o novato tinha absorvido da reunião de sócios mais recente, perguntava ele, e quais eram as entrelinhas?[31] Sameer Gandhi, sócio júnior da Sequoia antes de ir para a Accel, lembra que Moritz se deu ao trabalho de treiná-lo em gestão do tempo. "Vamos dar uma olhada no seu calendário do ano passado, deixe-me ver aonde você está indo", disse Moritz. "Onde você gastou seu tempo? Bem, você precisava fazer isso? Foi útil?"[32] Em suma, o sucesso de Roelof Botha sem dúvida refletia seu talento e sua sorte, mas ele trabalhava em uma cultura que estimulava talentos e criava uma sorte adicional. Não é de se admirar que tantos de seus companheiros de equipe tenham prosperado.

Na primeira metade da década de 2010, a aposta de maior sucesso da Sequoia nos Estados Unidos foi o WhatsApp, serviço de mensagens que depois foi vendido para o Facebook. A maioria dos relatos desse investimento enfatiza a agitação que Goetz demonstrava. Jan Koum, fundador do WhatsApp, estava escondido em um prédio em Mountain View sem nenhuma placa na porta e, no início, recusava-se a responder aos e-mails de Goetz. Quando este finalmente conseguiu uma reunião, foi recebido por uma figura séria usando gorro e com um olhar temeroso. "Estou ferrado", Goetz se lembra de ter pensado.[33] Demorou dois meses para ele convencer Koum a visitar a Sequoia, e, mesmo assim, foi preciso ter cuidado. Em vez de pedir ao introvertido Koum que ficasse de pé e fizesse uma apresentação para toda a empresa, Goetz conduziu-o por uma sessão casual de perguntas e respostas com um subgrupo da sociedade. No fim, dominou a timidez de Koum e conquistou sua confiança. Foi o conto de fadas perfeito do capital de risco.

No entanto, por trás dessa fábula da caça e da sedução havia outra história. Como parte de seu foco na proatividade, Goetz concebeu um sistema que chamou de *"early bird"*: vendo um tesouro de oportunidades úteis de investimento na App Store da Apple, a Sequoia escreveu um código que rastreava downloads feitos por consumidores em sessenta países diferentes. Foi esse exercício de investigação digital que alertou Goetz quanto ao WhatsApp: o serviço de mensagens ocupava o primeiro ou segundo lugar como aplicativo mais baixado em cerca de 35 dos sessenta mercados.

Apesar de o serviço ainda não ser famoso nos Estados Unidos, parecia ser só uma questão de tempo até isso mudar, então Goetz decidiu chegar ao WhatsApp antes que seus rivais o encontrassem. Claro que esse sistema de alerta *early bird* não foi a causa direta do investimento de Goetz, mas aumentou as chances de isso acontecer. Se você estimasse esse aumento da probabilidade em, digamos, 10%, o valor de criar o rastreador da web chegava a centenas de milhões, porque a aposta da Sequoia no WhatsApp gerou 3,5 bilhões de dólares para a sociedade da empresa.[34] Graças a esse golpe e a vários outros, Goetz ocupou o primeiro lugar na Lista Midas por quatro anos consecutivos, até que, em 2018, seu companheiro de equipe na Sequoia China, Neil Shen, assumiu o posto.

A mesma história dupla — acaso na superfície, esforço sistemático mais ao fundo — poderia ser contada sobre outros vencedores da Sequoia. Na primavera de 2009, por exemplo, um sócio da Sequoia chamado Greg McAdoo passou pelo prédio da Y Combinator e puxou conversa com Paul Graham. Que tipo de start-up pode sobreviver à desaceleração pós-crise financeira?, perguntava-se ele. Graham disse alguma coisa sobre start-ups com "obstinação intelectual" e acenou com a cabeça em direção a uma equipe de jovens amontoados em cima de um laptop em uma das mesas compridas da YC. McAdoo os abordou e os impressionou com sua compreensão do modelo de negócios deles, e o resultado foi um investimento na plataforma de aluguel de imóveis Airbnb, que acabou gerando uma bolada multibilionária para a Sequoia.[35] Contada assim, a história do Airbnb faz o negócio do capital de risco parecer absurdamente casual, com uma recompensa muito desproporcional à habilidade. Mas a verdade mais profunda é que a visita de McAdoo ao edifício da YC não foi nada casual. Ele estava lá porque a Sequoia deliberadamente tinha se tornado a principal aliada da incubadora, investindo em vários graduados da YC e fornecendo capital para o fundo-semente da YC. McAdoo conseguiu impressionar os fundadores do Airbnb porque havia previsto que o negócio de aluguel estava maduro para a ruptura digital e porque tinha passado um tempo estudando as maneiras como as empresas líderes podiam ser desafiadas. Outros investidores de risco viram o Airbnb e desviaram o olhar: a ideia de que os proprietários de residências iam acolher desconhecidos parecia insana.[36] O investidor da Sequoia chegou com a mente preparada. Os hábitos incentivados por Goetz estavam rendendo frutos.

A Sequoia também apoiou a empresa de compartilhamento de arquivos Dropbox, outra protegida da YC, e nesse caso as histórias de casualidade e habilidade eram ainda mais intrigantes. A sorte da Sequoia começou quando os fundadores da start-up, Drew Houston e Arash Ferdowsi, fizeram o *pitch* do negócio em um dia de demonstração na Y Combinator, assistido por uma sala cheia de investidores. Depois de terminar, viram-se encurralados por um homem alegre de cabelo grisalho que se apresentou como Pejman Nozad. O novo amigo parecia ter se concentrado neles por um motivo muito arbitrário: ele era um imigrante do Irã, assim como os pais de Ferdowsi. Nozad jogou a carta da diáspora, dirigindo-se a Ferdowsi em persa, e prometeu ajudar o Dropbox a arrecadar dinheiro. Ao convidar os fundadores para irem a suas instalações, ele deu o endereço. Era uma loja de tapetes persas.

Ferdowsi e Houston aceitaram — tinham pouco a perder —, mas, quando chegou à loja de tapetes, Houston achou que aquilo era tempo jogado fora. Ali estava um vendedor de tapetes agradando os dois com música persa, servindo xícaras de chá e educadamente distribuindo cubos de açúcar: era uma cena digna de uma comédia hollywoodiana. Enquanto Nozad questionava Ferdowsi sobre a cidade natal dos pais dele e suas comidas persas preferidas, Houston até mesmo chegou a pensar se a coisa toda era uma pegadinha. Talvez ele aparecesse como alvo de uma piada em algum reality show vingativo.

Mas, apesar de todas as aparências, Nozad estava falando muito sério. Além de vendedor de tapetes, ele era um caçador de talentos informal da Sequoia. Um ano antes, Doug Leone tinha dado uma palestra para empreendedores na loja de tapetes de Nozad e encorajado o vendedor a ficar de olho em negócios que pudessem ser interessantes.[37] Depois desse encontro, Nozad se tornou o embaixador da Sequoia na diáspora iraniana no Vale, um grupo que incluía Pierre Omidyar, fundador do eBay, e Dara Khosrowshahi, mais tarde chefe da Uber.[38] A Sequoia valorizava as conexões de Nozad por sua crença na determinação dos imigrantes: Moritz, Leone e Botha nasceram no País de Gales, na Itália e na África do Sul, respectivamente, e três em cada cinco sucessos apoiados pela Sequoia tinham pelo menos um fundador imigrante.[39] O que parecia ser eventualidade, na verdade era, em outras palavras, o oposto. Nozad fazia parte da estratégia da Sequoia para garantir o melhor fluxo possível nos negócios.

Três anos depois de Nozad ter indicado o Dropbox, o programa formal de caçadores de talentos da Sequoia decolou, e histórias desse tipo se tornaram mais comuns. O investimento-anjo, às vezes um contrapeso ao poder dos investidores de risco, tinha sido transformado em um mecanismo que enriquecia os vínculos da Sequoia com a geração seguinte de fundadores. Em um exemplo, o investimento de caçador de talentos em uma start-up de exames de câncer, a Guardant Health, levou a Sequoia a realizar um investimento da Série A, resultando em um ganho de mais de meio bilhão de dólares para a sociedade. Em outro caso, o programa de caçadores de talentos levou a Sequoia a uma aposta bem-sucedida no Thumbtack, um aplicativo para conectar consumidores a serviços de bairro, como encanadores ou professores particulares.[40] Mas, de longe, o maior triunfo do programa de caçadores de talentos foi o investimento da Sequoia na start-up de pagamentos Stripe. Foi o exemplo definitivo da Sequoia criando, de propósito, as circunstâncias em que a sorte podia bater à porta. Se pudéssemos dizer que existe a "casualidade manufaturada", a Sequoia seria mestre nisso.

◆

Os fundadores do Stripe, os irmãos irlandeses Patrick e John Collison, eram surpreendentemente jovens, até mesmo para os padrões do Vale. Patrick, magro, ruivo e um pouco mais velho, ganhou na Irlanda um prêmio nacional de ciências aos dezesseis anos; tinha criado uma variante do Lisp, a linguagem de computador que Paul Graham, da Y Combinator, adorava. Depois disso, Patrick comprimiu seus últimos dois anos do ensino médio em poucos meses, correu uma maratona para comemorar e foi para o MIT com uma bolsa de estudos.⁴¹ John, o irmão mais novo, de cabelos escuros, não ficava muito atrás. Em 2007, aos dezesseis anos, deixou a vila da família no oeste da Irlanda e se juntou a Patrick nos Estados Unidos, onde os dois trabalharam juntos em sua primeira start-up de software. No ano seguinte, os dois venderam o empreendimento e se tornaram milionários. Patrick voltou para o MIT. John se matriculou em Harvard.

Em 2009, agora com vinte e dezoito anos, Patrick e John passavam o verão em Palo Alto. Estavam explorando uma nova ideia de negócio, uma empresa que transformaria a experiência dos sites de comércio eletrônico que precisavam receber pagamentos. No MIT, como projeto paralelo, Patrick construiu uma versão para download do Wikipédia e descobriu como era difícil coletar dinheiro para o projeto. Processar transferências de cartão de crédito era caro e frustrante; apesar da promessa inicial do PayPal, os pagamentos on-line continuavam na era das trevas. Os Collisons se propuseram a resolver esse ponto problemático configurando as plataformas de contabilidade para gerenciar fluxos de caixa, verificar a identidade dos pagadores e detectar fraudes. Para se conectarem ao serviço dos Collisons, os sites de comércio eletrônico precisavam apenas colar algumas linhas de código no software que os alimentava.

Para quase todos os financiadores de capital de risco, essa ideia dos Collisons seria intrigante. Os irmãos já tinham lançado e vendido uma empresa e ainda descoberto um nicho estratégico na economia digital. Assim que as empresas on-line incorporassem o código dos Collisons em seus sites, concordando em abrir mão de um pequeno percentual de cada pagamento que recebessem, os irmãos seriam donos efetivos de uma participação no comércio eletrônico do mundo, que estava explodindo. E, depois que o código deles se tornasse onipresente, seria difícil desalojá-lo. Uma plataforma de pagamentos conecta milhares de fornecedores a milhões de consumidores; não é uma coisa que você muda com facilidade. Em resumo, o projeto dos Collisons tinha tudo que os investidores de risco procuram: um mercado-alvo lucrativo, um fosso natural contra os concorrentes e uma equipe com histórico. A questão era qual investidor ganharia a corrida para se juntar aos dois prodígios.⁴²

Quando chegou a Palo Alto, a primeira pessoa para quem Patrick ligou foi Paul Graham, da Y Combinator. Era uma prova do que tornava Graham especial. A essa altura, quatro anos depois da existência da YC, Graham tinha transformado sua posição *cult* entre os jovens hackers em uma rede formidável. Ele conheceu os Collisons porque, quando era estudante do ensino médio na Irlanda, Patrick lhe enviara um e-mail com perguntas sobre códigos — "Eu não fazia ideia de que era um garoto do ensino médio, porque as perguntas eram muito sofisticadas", lembrou Graham mais tarde. Quando Patrick foi aos Estados Unidos para fazer entrevistas em faculdades, ficou na casa de Graham, que o apresentou a dois fundadores da YC, dando início à formação da primeira start-up dos Collisons.[43] Graham também apresentou Patrick a outros jovens que eram membros da comunidade da YC. Entre eles estava Sam Altman, um graduado do primeiro lote da YC que lideraria a incubadora depois da aposentadoria de Graham.[44]

Antes mesmo de ouvir falar nos irmãos Collison, a Sequoia já tinha uma vantagem na corrida para conhecê-los. Por um lado, a sociedade tinha laços estreitos com a Y Combinator e com Paul Graham. Por outro, esses laços incluíam um investimento da Sequoia na primeira start-up de Altman. Além disso, como fundador apoiado pela Sequoia, Altman logo se tornaria um dos primeiros caçadores de talentos da Sequoia.

Então Graham convidou Patrick Collison e Altman para uma reunião na cozinha. Quando os três se juntaram, Patrick ainda estava brincando com as ideias: parte dele queria abrir um banco digital, o que parecia um passo grande demais para Altman. "Não achei a melhor ideia na época, mas achei que Patrick era incrível", lembrou Altman posteriormente.[45] E então, à mesa da cozinha, Graham e Altman assinaram cheques de investimentos-anjos para o empreendimento de Collison que ainda não existia. Cada um investiu mais de 15 mil dólares por 2% da empresa.[46]

No verão seguinte, os irmãos Collison deixaram a faculdade e se mudaram de vez para Palo Alto. Eles tinham feito progressos com a ideia de pagamentos e estavam prontos para levantar mais capital. Graham enviou um e-mail para seus contatos na Sequoia: Michael Moritz e Greg McAdoo.

Enquanto isso, Altman, que agora era um caçador de talentos da Sequoia, alertou Roelof Botha. Os Collisons estavam no radar dos caçadores de talentos mais implacáveis do Vale.[47]

O que aconteceu em seguida foram histórias encantadoras sobre a suposta casualidade na conexão da Sequoia com os dois fundadores. Anos depois, John Collison relembrou o dia de verão de 2010 em que um carro preto parou em frente ao apartamento apertado de Palo Alto que ele dividia com Patrick e dois amigos. "Um respeitável bilionário altamente credenciado sai do carro e entra no apartamento e meio que fareja o ar", lembrou. O bilionário era Moritz.

— Quer alguma coisa pra beber? — ofereceu John.

— Parece ótimo — respondeu Moritz. — O que você tem?

— Ah. Água ou leite — respondeu John.

"Não tenho certeza do que ele viu no estágio bastante inicial", disse John, rindo com modéstia. "Éramos só esquilos usando um sobretudo, disfarçados de empresa." Então acrescentou, sendo muito observador: "Acho que Mike gosta de um padrão específico. Basicamente, fundadores jovens, imigrantes e determinados."[48]

Em outro momento do flerte, Patrick visitou Moritz e Botha no escritório da Sequoia, em Sand Hill Road. Foi para lá da mesma forma que ia para qualquer lugar, com o corpo magricela em cima de uma elegante Cervélo, uma bicicleta de estrada cinza-metálico com uma faixa vermelha no tubo largo. Moritz questionou Patrick acerca de sua história de vida: Como um garoto criado no interior verdejante do condado de Tipperary acabou fazendo um *pitch* para a Sequoia, em Palo Alto? Patrick descreveu Dromineer, a aldeia onde foi criado: dois pubs, algumas lojas, um castelo do século XI — mas também dois pais cientistas. Moritz perguntou sobre o futuro: se tudo desse certo, como Patrick imaginava que seria sua empresa? Os dois conversaram um pouco mais, e Moritz acompanhou Collison até o saguão. Parados na porta, os dois continuaram conversando.

Olhando para a estrada, Moritz viu uma coisa que normalmente não estava lá: a bicicleta Cervélo de Patrick, amarrada à cerca no perímetro do terreno da Sequoia. Ele entendeu no mesmo instante. Patrick ia pedalando para todos os lugares? Ele corria? E qual tinha sido seu melhor tempo na subida da Old La Honda, um trecho extremamente cansativo que vai da ponte de pedra em Portola Valley ao Skyline Boulevard? Quando Patrick disse que subiu a Old La Honda em menos de vinte minutos, sentiu que podia ter passado no teste. O fato de ser competitivo em um esporte desafiador revelava alguma coisa sobre sua aptidão para o empreendedorismo.[49]

É claro que havia vários motivos pelos quais a Sequoia se tornou a principal investidora do Stripe, como os Collisons chamaram a empresa. Moritz era ótimo em julgar caráter, e suas perguntas a Patrick tinham o objetivo de detectar resiliência e ambição. Ele entendia a promessa dos pagamentos digitais; afinal, tinha apoiado o PayPal. E tinha fé nas perspectivas de empresas desafiadoras: depois de ter visto o Google ofuscar o Yahoo, estava disposto a apostar que o Stripe ofuscaria o PayPal. Mas, além dessas vantagens, a Sequoia foi auxiliada por aquela informação inicial da sua rede de caçadores de talentos e pelo relacionamento com a Y Combinator, e o resultado combinado de todos esses fatores foi que, entre os primeiros patrocinadores do Stripe, o investidor com muito mais convicção era Moritz.[50] A Sequoia foi a maior jogadora na rodada semente do Stripe e forneceu quase todo o dinheiro da Série A; sozinho entre os investidores, Moritz assumiu um assento no conselho da empresa. Em 2021, o Stripe estava avaliado em 95 bilhões de dólares, e a participação da Sequoia valia 15 bilhões e estava crescendo.

Graças à aposta no Stripe e muitas outras, a Sequoia dominou o negócio do capital de risco mesmo quando o campo ficou lotado. Juntando todos os seus investimentos de risco nos Estados Unidos entre 2000 e 2014, a sociedade gerou um múltiplo extraordinário de 11,5 vezes "líquido" — isto é, depois de subtrair as taxas de administração e sua participação nos lucros do investimento. Em comparação, a média ponderada para fundos de risco naquele período foi inferior a duas vezes líquido.[51] A conquista da Sequoia também não foi impulsionada por um par de acasos bizarros: se você tirar os três melhores desempenhos da amostra, o múltiplo do investimento em capital de risco da empresa nos Estados Unidos ainda chega a formidáveis 6,1 vezes líquido. Distribuindo o capital que levantou em 2003, 2007 e

2010, a Sequoia fez um total de 155 apostas de risco nos Estados Unidos. Dessas, vinte geraram um múltiplo líquido de mais de dez vezes e um lucro de no mínimo 100 milhões de dólares.[52] A consistência ao longo do tempo, dos setores e dos sócios investidores foi impressionante. "Contratamos mais de duzentos gestores financeiros externos desde que vim para cá, em 1989", admirou-se o chefe de investimentos de um fundo de patrimônio de uma importante universidade. "A Sequoia tem, de longe, o melhor desempenho."[53]

◆

Por mais impressionante que tenha sido esse recorde de capital de risco nos Estados Unidos, a maior conquista da Sequoia foi ir além de sua zona de conforto. Em 2005, a sociedade tinha ido para a China, exibindo o apetite por experimentos que era fundamental para a fórmula Moritz-Leone. No ano seguinte, expandiu para a Índia, e, enquanto isso, a empresa prosseguiu com novos tipos de investimento. A Sequoia operava fundos de crescimento, um fundo de multimercado e um fundo chamado Heritage, que era semelhante a um fundo patrimonial. "Você consegue imaginar? Eu entrei para a Sequoia quando tínhamos um fundo de risco de 45 milhões de dólares, e agora acabamos de levantar um fundo de crescimento global avaliado em 8 bilhões de dólares", admirou-se Moritz.[54]

As vitórias da Sequoia eram ainda mais notáveis porque não foram fáceis. Na Índia, por exemplo, a empresa disse a si mesma que repetiria a fórmula chinesa de confiar nos sócios locais: Moritz e Leone levantaram 700 milhões de dólares em fundos dedicados da Índia/Sudeste Asiático e entregaram as chaves a uma equipe de quatro indianos contratados de uma empresa chamada WestBridge Capital.[55] Porém, depois de cinco anos, o relacionamento se desfez. Decidindo que a Índia ainda não estava madura para o capital de risco no estágio inicial, o quarteto da WestBridge propôs a eles que se voltassem para ações públicas. Quando a Sequoia se opôs, os WestBridgers responderam saindo da empresa com a ajuda de um dos cotistas da Sequoia. Depois desse revés, em 2011, a Sequoia podia ter optado por abandonar o Sul da Ásia; na verdade, alguns sócios queriam fazer isso. Mas Moritz e Leone reiniciaram a operação promovendo um membro mais jovem do que restou da equipe da Índia; iam apoiar o "desconhecido, a prata da casa", na linguagem de Moritz. O novo líder da Sequoia Índia, um sujeito amigável formado na Harvard Business School chamado Shailendra Singh, tinha passado grande parte dos últimos cinco anos trabalhando na sede da sociedade na Califórnia. E, portanto, havia internalizado a cultura.

Singh decidiu resgatar a aposta experimental da Sequoia na Ásia com outros subexperimentos. Reconhecendo que havia pouca tradição de empreendedorismo na região, ele percebeu que os fundadores de start-ups precisavam de uma ajuda adicional. Seguindo o modelo da a16z, contratou consultores operacionais para assessorar as start-ups nas áreas de vendas, marketing e recrutamento; aos poucos foi desenvolvendo uma equipe de mais de trinta pessoas. Como a sede da Sequoia Capital em Sand Hill Road tinha uma equipe de investimentos de cerca de duas dezenas e uma contagem total de 75 pessoas, era uma expansão considerável. Em 2019, adaptando o modelo da Y Combinator, Singh criou o que chamou de programa Surge, que combinava investimentos-semente com aulas intensivas de empreendedorismo. O treinamento exigia imersão total ao longo de cinco sessões com duração de uma semana cada; era deliberadamente mais intensivo do que os jantares descontraídos de terça-feira da YC. Ao levar os fundadores do Surge para dezenas de encontros com veteranos em start-ups, Singh tinha como objetivo dar a eles a confiança que os fundadores da YC adquiriram de maneira quase automática só pelo fato de estarem no Vale. "Quando um jovem empreendedor é exposto a um número suficiente de pessoas bem-sucedidas, ele ou ela percebe que tais pessoas são de carne e osso", disse Singh. "E os jovens fundadores dizem: ei, eu posso fazer isso."[56]

Foi necessário todo o entusiasmo de Singh para dar o pontapé inicial no mercado indiano. Os fundadores que encontrou mal entendiam o que estavam fazendo, e Singh precisou instruí-los. Logo no início, por exemplo, ele começou a rastrear uma empresa com potencial chamada Freecharge, uma plataforma que os indianos usavam para recarregar o crédito dos celulares. O fundador de trinta e poucos anos, Kunal Shah, teria feito outros investidores hesitarem. Ele não era formado em um dos célebres Institutos Indianos de Tecnologia. Também não tinha concluído a faculdade de administração. Em vez disso, tinha estudado filosofia. Mas, resistindo ao preconceito, Singh enviou uma mensagem para Shah pelo LinkedIn. Ali estava a famosa Sequoia estendendo a mão para um humilde fundador em um fim do mundo da economia digital.

Singh então enviou a mensagem. O que recebeu em resposta foi um silêncio retumbante.

"Quem é esse cara me incomodando?", lembrou-se Shah de ter pensado.[57] Ele nunca tinha ouvido falar da Sequoia. Nem nunca tinha ouvido falar de capital de risco.

Singh rompeu a indiferença de Shah fazendo com que um conhecido em comum ligasse para ele.

"Esses são os caras que financiaram a Apple e o Google!", explicou o conhecido, prestativo.

Pouco depois, Shah apareceu no escritório da Sequoia em Mumbai. Não estava muito preparado. Ele não tinha montado uma apresentação de *slides* e ficou perplexo com algumas perguntas de Singh.

— Qual é o seu CAC? — questionou Singh.

Shah tentou adivinhar o que significava "CAC", mas, depois de oferecer várias respostas que não eram corretas, desistiu de fingir.

— O que é CAC? — perguntou por fim.

— Custo de aquisição do cliente — foi a resposta de Singh. Ou seja, seu orçamento de marketing dividido pelo número de novos usuários que aparecem em seu site.

Shah pensou por um instante. Seu orçamento de marketing era zero. Portanto, seu CAC também era. Por que ele se concentraria em uma sigla que era irrelevante para o próprio negócio?

— Quantos usuários você tem? — provocou Singh.

— Quinze mil transações por dia — respondeu Shah.

— Por mês? — indagou Singh, como se corrigisse o deslize de Shah com delicadeza. O mercado de internet da Índia era um ovo. A Freecharge tinha apenas um punhado de funcionários. Quinze mil transações por dia não era um número plausível.

Shah achou que realmente devia ter errado o número. E, portanto, verificou suas anotações. Então ergueu os olhos.

— Não, por dia — informou.

Singh mal conseguiu acreditar no que tinha ouvido.

— Quero investir! — disse ele, satisfeito.

Mas os desafios da Sequoia estavam só começando. Como parte da devida diligência, Singh queria entender a retenção de usuários da Freecharge. Shah nunca havia feito esse cálculo, então a equipe de Singh teve que fazer isso por ele. Depois que a Sequoia deu início a um investimento-semente, a Freecharge precisou expandir sua infraestrutura para suportar o tráfego crescente. Sendo um fundador não técnico, Shah não sabia ao certo como começar, então os recrutadores de Singh contrataram uma equipe de programadores para ele. Pouco tempo depois, a Sequoia contratou um ex-funcionário do Google para administrar o setor de engenharia atuando como diretor-executivo, enquanto Shah chefiava as outras partes do negócio sob o título de presidente do conselho. Tudo nessa jornada demorava mais do que o esperado, mas, sempre que o ânimo de Shah enfraquecia, Singh o apoiava. "Vou lhe dar mais 1 milhão de dólares", prometia ele. "Vamos dar um jeito nisso."

Certa vez, em um período especialmente sombrio, a coragem de Shah falhou. As últimas métricas de usuário eram terríveis, e a Freecharge estava ficando sem dinheiro. Mas, como sempre, Singh parecia inabalável. O produto se adequava ao mercado, e a Freecharge teria sucesso. Levantar mais capital não seria um problema.

— Qual é o seu problema? — indagou Shah a seu investidor de risco. — Por que você tem esse humor doido e feliz?

— Não se preocupe com o combustível — respondeu Singh jovialmente. — Concentre-se só em tirar o avião do solo.

Antes de conhecer a Sequoia, Shah tinha sonhado vagamente em construir uma empresa que valesse alguns milhões de dólares. No fim das contas, a Freecharge foi vendida em 2015 por 440 milhões de dólares. Foi o preço de aquisição mais alto na curta história das start-ups de tecnologia indianas. "Eles precisaram me ensinar tudo", disse Shah mais tarde.

Os retornos da Sequoia na Índia e no Sudeste Asiático ficavam atrás dos do Vale do Silício ou da China. Mas em 2020 eles estavam indo na direção certa. Os fundos de Singh tinham apoiado doze unicórnios, abrangendo desde a pioneira indiana em educação a distância BYJU até a gigante de caronas Gojek, do Sudeste Asiático, e ao mercado de comércio eletrônico Tokopedia. Singh foi o único investidor de risco de sua região a aparecer na Lista Midas da *Forbes*. No verão de 2020, a Sequoia levantou seu oitavo e nono fundos com reservas financeiras para aproveitar novas oportunidades na Índia e no Sudeste Asiático, arrecadando 1,35 bilhão de dólares; era mais do que o dobro da Accel Índia, sua rival mais próxima na região.[58] Enquanto isso, Kunal Shah trabalhava arduamente na próxima start-up, um cruzamento inteligente entre e-commerce e pontuação de crédito chamada CRED. Ele tinha o apoio da Sequoia, é claro. Mas dessa vez Shah sabia o que estava fazendo.

◆

À vontade em seu mercado tradicional, a Sequoia experimentou novos tipos de investimento. Desde a experiência do Yahoo com Masayoshi Son, Moritz e Leone estavam de olho no negócio de capital de crescimento, determinados a evitar serem superados por influenciadores com talões de cheques mais gordos. Em 1999, a dupla levantou um fundo de reserva financeira de 350 milhões de dólares e fez uma série de grandes apostas nas queridinhas da internet da época. Em 2000, a Nasdaq quebrou e o fundo da Sequoia caiu 80 milhões de dólares, e 65 milhões de dólares no ano seguinte, chegando a perder até dois terços de seu valor em determinado momento.[59] O desastre foi agravado pela falta de experiência da Sequoia em avaliar negócios de crescimento. Os sócios de capital de risco titulares administravam o fundo; eles não tinham pensado em contratar uma equipe de especialistas em crescimento dedicada. No fim das contas, a Sequoia levou o desempenho de volta ao azul reinvestindo a participação dos sócios nos lucros de um punhado de apostas bem-sucedidas.[60] Assim como aconteceu com o fundo da Índia, a experiência da Sequoia tinha começado aos trancos e barrancos.

Em 2005, Moritz e Leone, obstinados, levantaram outro fundo de crescimento. Dessa vez, refinaram a estratégia ao contratarem cinco investidores de empresas de crescimento consolidadas.[61] Os recém-chegados, muitos dos quais vinham de uma respeitada empresa de Boston, a Summit Partners, tinham um estilo muito diferente daquele de Yuri Milner ou Masayoshi Son. Eles haviam sido treinados para investir em empresas obscuras que nunca tinham recebido capital de risco — que haviam "se autofinanciado". A maioria desses autofinanciamentos ficava fora do Vale do Silício, e alguns não tinham nenhuma conexão com a tecnologia; a Summit evitava negócios espalhafatosos, preferindo barganhas pouco apreciadas. A maneira como o pessoal da Summit buscava investimentos revelava muito sobre seu estilo mecânico. Eles ficavam sentados no escritório fazendo ligações de apresentação para empresas que se encaixavam em suas especificações. Depois, extrapolavam as receitas e os custos para chegar a uma previsão de lucros e, por fim, aplicavam um múltiplo padrão para calcular o valor justo das empresas. Antes de prosseguir com um investimento, o pessoal da Summit exigia um bom preço. Sua meta de retorno para cada posição era de três vezes. Pagar demais poderia transformar uma aposta sólida em uma sem sentido.

Durante os primeiros anos na Sequoia, os recém-chegados eram como desconhecidos em uma reunião tribal. Eles importaram a metodologia da Summit no atacado, enquanto seus colegas treinados na Sequoia continuaram a aplicar a mentalidade do capital de risco aos negócios de crescimento. Os investidores da Summit ficavam em mesas embaixo da escada fazendo ligações de apresentação e inserindo números em planilhas: estavam acertando as contas com a realidade. O pessoal da Sequoia ficava sentado um andar acima, sob um teto em forma de pirâmide com uma claraboia bem iluminada: eles estavam contemplando o potencial. "Era meio esquisito", lembrou-se um dos investidores da Summit. "Estávamos descobrindo o que significava estar na Sequoia, e o pessoal da Sequoia estava descobrindo o que significava ser um investidor de crescimento." Os dois grupos selecionavam tipos de empresa completamente diferentes. "Apresentávamos investimentos que funcionavam bem, mas não eram tão empolgantes", disse o recruta da Summit. "A equipe treinada pela Sequoia apresentava investimentos que eram muito empolgantes, mas talvez não funcionassem."[62] A moderação no estilo da Summit, somada ao exagero no estilo do capital de risco, gerou um desempenho medíocre, e os cotistas da Sequoia começaram a ficar inquietos. Como condição para o acesso contínuo ao principal fundo de risco da Sequoia, os cotistas não queriam apoiar a equipe de crescimento nem os experimentos no exterior; alguns se referiam à Sequoia Índia como o "fundo de punição", devido a seu péssimo histórico. Por causa de seu tamanho, as apostas de crescimento medíocres da Sequoia pesaram ainda mais no desempenho combinado da sociedade.

Em geral, as inovações em investimentos resultam da fusão de dois tipos de tradição: pense na Tiger Global misturando a mentalidade de fundos de multimercado com a de capital de risco.[63] Por volta de 2009, os estilos de crescimento conflitantes da Sequoia se uniram, e o desempenho começou a melhorar. As pessoas da Summit aprenderam a sonhar, e as pessoas do capital de risco da Sequoia internalizaram a disciplina da Summit. Foi uma convergência que se deu aos poucos, por meio de debates para testar múltiplos investimentos. Mas um episódio em específico foi a prova de fogo para a abordagem da Sequoia ao negócio de crescimento.

O episódio começou com um jovem chamado Pat Grady. Ele havia se juntado à Sequoia dois anos antes, aos 24 anos, tendo se destacado como uma estrela das ligações de apresentação na Summit. Qualquer um podia ver que ele tinha uma iniciativa extraordinária. "Ele tem buracos nas mãos de tanto malhar", disse Doug Leone como elogio.[64] Mas, sem surpresas no caso de um jovem recém-chegado, Grady também ficava nervoso. Na verdade, ficava tão ansioso nas reuniões dos sócios que mal conseguia falar; a certa altura, pensando que podia haver um problema com as cordas vocais do rapaz, Roelof Botha o chamou em um canto para sugerir-lhe que consultasse um fonoaudiólogo. Quando Grady dava uma opinião, ela refletia a tradição de cautela da Summit: ele conquistou o apelido de dr. Não. Mas, devagar e depois rapidamente, Grady mudou. Jim Goetz o ajudou a superar seu medo de palco fazendo-o apresentar aos colegas um panorama de mente preparada. "Não estou pronto", disse Grady. "Está, sim", insistiu Goetz. Enquanto isso, Botha desafiava Grady a ser menos negativo quanto a negócios em potencial. "Olhe, qualquer pessoa inteligente pode inventar todos os motivos para recusar um investimento, mas nosso trabalho é fazer investimentos", lembrou-lhe Botha.[65]

Em julho de 2009, uma ligação de apresentação de Grady gerou uma oportunidade em San Diego. Era uma empresa chamada ServiceNow, um desenvolvedor de software em nuvem que ajudava empresas a gerenciar seus fluxos de trabalho. Por sorte, a migração de programas para a nuvem havia sido o tema do cenário de mente preparada apresentado por Grady pouco tempo antes: as empresas que capturassem esse mercado gerariam cerca de 1 trilhão de dólares em capitalização de mercado, argumentara ele. A ServiceNow parecia prestes a ser uma vencedora nesse jogo. O fundador, Fred Luddy, era um programador veterano com prestígio para montar uma equipe robusta. Seu software era tão bom que ele já tinha clientes corporativos.

Grady viajou até San Diego, acompanhado por Doug Leone. O novato e o veterano se uniam com frequência. Quando voltaram, apresentaram uma proposta para a sociedade. A Sequoia poderia investir 52 milhões de dólares por um quinto da empresa de Luddy, implicando uma avaliação pós-monetária de 260 milhões de dólares.

Um dos ex-colegas de Grady na Summit reagiu com veemência, chamando o preço de "louco". As empresas de software de capital aberto geralmente valiam cerca de três vezes a própria receita, mas Grady e Leone estavam propondo pagar dez vezes. Será que realmente acreditavam que o valor da ServiceNow poderia subir ainda mais a partir dessa base tão alta? A ServiceNow precisaria triplicar a receita só para chegar ao mesmo múltiplo das empresas de software normais. Em seguida, teria que triplicar a receita de novo para entregar os rendimentos de três vezes que os fundos de crescimento querem obter com seus investimentos.[66]

Leone e Grady permaneceram firmes. Grady tinha identificado essa oportunidade pelo modo da Summit, fazendo uma ligação de apresentação para a empresa com potencial. Mas agora era hora de avaliar essa oportunidade pelo modo da Sequoia e reconhecer sua promessa. A ServiceNow combinava um fundador forte, um produto comprovado e um segmento de indústria em expansão: ela triplicaria a receita uma vez, duas vezes e um pouco mais. Além disso, o caso cético contra um investimento na ServiceNow subestimava o valor da energia ativista da Sequoia. Luddy e sua equipe haviam desenvolvido um excelente software, mas outras partes do negócio tinham ficado para trás. Se Leone e Grady conseguissem consertar funções como finanças e vendas, o potencial da empresa seria ilimitado. Grady se sentia tão confiante quanto às perspectivas da ServiceNow que quase tinha dispensado o procedimento sagrado da Summit de modelar os ganhos da ServiceNow. No fim do processo de investimento, ele tinha montado uma planilha, mas foi quase uma reflexão tardia.[67]

Em novembro de 2009, a Sequoia investiu. Com Grady como substituto e aliado, Leone ocupou um assento no conselho. Depois de participar das primeiras duas reuniões, ele começou a encorajar Luddy a recrutar novos funcionários, analisando sua rede para apresentar bons candidatos. Em menos de um ano, ele estava pronto para seu golpe de mestre.

Entrando em um carro com Leone e Grady no outono de 2010, Luddy admitiu: "Ei, eu não sei se quero ser CEO."[68]

Os dois investidores tinham se preparado para esse momento. Estava claro que Luddy ficava mais feliz quando se concentrava apenas na programação. Quanto mais a ServiceNow se expandia, mais complexa se tornava a função de CEO e menos Luddy era adequado para ela.

"Vamos ajudá-lo a resolver isso", disseram Leone e Grady. "Por que não o levamos para conhecer algumas pessoas?" Isso acabou funcionando como uma repetição da abordagem que John Doerr tinha usado com os jovens fundadores do Google.

Em 7 de outubro de 2010, Luddy teve um dia cheio no Vale. Tomou café da manhã com um CEO que tinha aberto o capital de uma empresa e, então, participou de seis reuniões com diversos contatos da Sequoia, apenas vencedores. Cada anfitrião tinha lutado contra as complexidades que Luddy temia na gestão. Além do mais, pareciam gostar daquilo.

Naquela noite, Luddy jantou com Leone e Grady no Evvia, restaurante grego em Palo Alto onde os líderes do X e do PayPal tinham discutido uma fusão. O rosto de Luddy estava brilhando.

"Foi incrível", declarou ele. "Agora eu sei o que quero fazer. Vamos procurar um CEO."

Leone ajudou Luddy a recrutar um CEO externo devidamente, e o progresso da ServiceNow acelerou. A empresa se transformou de uma start-up superdesenvolvida em uma máquina corporativa bem azeitada, e as empresas da Fortune 500 fizeram fila para serem clientes dela. As ofertas de aquisição começaram a chegar: 400 milhões de dólares, 1,5 bilhão de dólares e, por fim, 2,5 bilhões de dólares; evidentemente, a fé do Vale na superioridade dos CEOs fundadores nem sempre era justificada. Quando a última oferta se materializou, no fim de 2011, Luddy ficou exultante. Mas, munido da análise de Grady sobre o valor do software em nuvem, Leone tinha certeza de que até mesmo 2,5 bilhões de dólares era muito pouco. Agora era a hora de agir de acordo com a lição da ciência da decisão. Primeiro, controle o instinto natural de ganhar dinheiro. Depois, relaxe, segure firme e consiga todas as vantagens.

A questão toda era como persuadir o conselho da ServiceNow a rejeitar os 2,5 bilhões de dólares. A maioria queria agarrar a oferta com as duas mãos, e a Sequoia não tinha o poder de impedir. Então, em outra manobra prática que teria sido inconcebível na Summit, Leone surgiu com uma tática jurídica. A ServiceNow, como a maioria das empresas americanas, tinha sido registrada em Delaware. Segundo a lei de Delaware, afirmou Leone, um conselho não podia prosseguir com uma aquisição sem solicitar propostas de terceiros. Emboscando seus colegas em uma visita ao conselho da ServiceNow, ele declarou que uma venda precipitada seria ilegal.

Leone tinha se aconselhado com Steve Bochner, CEO do escritório de advocacia Wilson Sonsini, do Vale do Silício. Mas sua afirmação contradizia o entendimento comum do Vale, e o conselho geral da ServiceNow a rejeitou. A exigência de pedir licitações rivais só se aplicava a empresas de capital aberto, insistiu o conselho.[69]

Era época do recesso de Natal, e Leone estava com a família no Havaí. A maior parte de seu clã estava na piscina, mas Leone estava grudado ao telefone. Assim, certo de que centenas de milhões de dólares de valorização estavam em jogo, ele fez outra ligação para Bochner, da Wilson Sonsini.

— Steve, eles me disseram que a lei só vale para empresas de capital aberto — relatou Leone.

— Doug — respondeu Bochner —, nós acabamos de contratar o Bill Chandler, ex-chanceler do Tribunal de Equidade de Delaware. Foi ele quem escreveu a lei. As empresas privadas também precisam de licitação.

Leone digeriu essa bênção divina. Wilson Sonsini tinha exatamente o advogado de que ele precisava.

— Podemos falar com o sr. Chandler por telefone? — indagou Leone.

— Claro — respondeu Bochner.

Leone conversou com Chandler, confirmou a opinião dele e lhe pediu que ficasse de prontidão no dia seguinte. Em seguida, trabalhou por telefone, falando com cada membro do conselho da ServiceNow e forçando a barra para fazer outra teleconferência. Em suas cadeiras ao redor da piscina, a família observou o rosto de Leone ficar vermelho.

No dia seguinte, a diretoria da ServiceNow se reuniu novamente. Leone reiterou seu argumento. Segundo a lei, não havia escolha. O conselho da ServiceNow era obrigado a realizar um leilão.

— Não. Isso só vale para empresas de capital aberto — repetiu o conselho geral.

— Bem, por acaso Bill Chandler está na outra linha — anunciou Leone de um jeito teatral. — Ele escreveu a lei. Vou colocá-lo na ligação.

Houve um silêncio perplexo na ligação com o conselho. Por um instante, uma cena de *Noivo neurótico, noiva nervosa* passou diante dos olhos de Leone — aquela em que Woody Allen resolve uma discussão sobre a filosofia de Marshall McLuhan chamando o filósofo, que estava atrás de um outdoor.

Leone ligou para Chandler, que explicou aos membros do conselho da ServiceNow exatamente o que dizia sua lei. O conselho geral recuou com humildade. Como ninguém na empresa queria fazer um leilão — afinal, um comprador indesejável poderia se materializar —, a ideia da venda teve que ser arquivada. Leone protegeu com sucesso sua chance de garantir o lucro da ServiceNow.[70]

Seis meses depois, em junho de 2012, a ServiceNow abriu o capital, encerrando o primeiro dia com uma avaliação de 3 bilhões de dólares. Assim como Leone e Grady haviam prometido, a empresa tinha crescido três vezes, depois mais três, e então mais um pouco. Como as ações continuaram subindo, a ServiceNow entregou o primeiro ganho de 1 bilhão de dólares em uma posição de crescimento da Sequoia.

Para o jovem Pat Grady, tratava-se de uma vingança. Em 2015, ele se tornou colíder do negócio de crescimento da Sequoia; naquele padrão familiar, o desconhecido e prata da casa havia sido promovido. Para o resto do grupo que tinha sido da Summit, foi o contrário. Tal qual Moritz tinha colocado, uma das tarefas dos líderes de capital de risco é eliminar os empreendimentos de baixo desempenho: um por um, os outros ex-funcionários da Summit deixaram a sociedade. Enquanto isso, para a Sequoia, a experiência da ServiceNow provou que ela finalmente tinha conseguido forjar um estilo de crescimento distinto, fundindo os métodos quantitativos da tradição da Summit com o apetite pelo risco e o ativismo naturais que os investidores de risco tinham. No início de 2021, os fundos de crescimento da Sequoia levantados em 2009, 2011 e 2014 apresentavam retornos de cerca de 30% ao ano, superando com tranquilidade os retornos das ações públicas de tecnologia, e o fundo levantado em 2016 teve um retorno anual extraordinário de 70%, impulsionado por apostas vencedoras na empresa de entrega de alimentos DoorDash, no provedor de videoconferências Zoom e na plataforma de software em nuvem Snowflake.[71] Ainda mais do que com seus negócios na Índia, a perseverança da Sequoia foi muito recompensada.

Em 2008, a Sequoia realizou uma mudança oposta à da Tiger: tendo se concentrado ao longo de sua história em investimentos privados, ela avançou na arena dos fundos de multimercado. A ideia foi de Jim Goetz, e o plano era estender as apostas da empresa para as melhores start-ups de tecnologia além de seus IPOs: por que deixar outros investidores capturarem os ganhos da fase madura dessas empresas? Afinal, os fundos de multimercado cujo foco era tecnologia estavam cada vez mais buscando a Sequoia para obter conselhos; evidentemente, os insights da Sequoia podiam ser traduzidos em lucros no mercado de ações.[72] Além disso, ao estabelecer um fundo de multimercado, a Sequoia adquiriria uma ferramenta adicional. Em vez de apenas apoiar os vencedores da ruptura digital, ela poderia lucrar "vendendo" os perdedores — isto é, apostando na queda do preço de suas ações. Por exemplo, o advento do iPhone significou o declínio do aparelho predecessor, o BlackBerry. A Sequoia, portanto, venderia ações da criadora do BlackBerry, a Research in Motion, enquanto compraria ações das empresas que lucrariam com a chegada da internet móvel.

Como aconteceu em outros experimentos da Sequoia, entrar no negócio de fundos de multimercado foi um desafio. A crise financeira de 2008 impossibilitou a obtenção de recursos. Os cotistas da Sequoia já tinham investido nos fundos da China, da Índia e de crescimento, nenhum dos quais havia prosperado, e agora a Sequoia Capital Global Equities, como era chamado o fundo de multimercado, tinha uma taxa de rejeição de 100% entre cinquenta investidores externos. Além disso, uma das contratações de fundos de multimercado da Sequoia rapidamente desertou.

Rangendo os dentes, os sócios lançaram o fundo em 2009 com 50 milhões de dólares saindo de suas economias pessoais, a maior parte proveniente de Moritz e Leone, mas os problemas continuavam aparecendo. Assim como os recrutas da Summit, os selecionadores de ações externos levados para a Sequoia tiveram dificuldade de se encaixar: eles compraram ações de empresas relativamente maduras, incluindo algumas sem nenhuma conexão com tecnologia. Como resultado, não conseguiram capitalizar a força natural da Sequoia. Em 2016, depois de sete anos de desempenho indiferente, três membros mais jovens da equipe do fundo de multimercado anunciaram que estavam de saída.

A notícia das demissões atingiu a Sequoia em um momento difícil. A empresa estava, ao mesmo tempo, sofrendo com uma humilhação que era pública e chocante. Um processo movido por uma dançarina exótica acusava um sócio da Sequoia chamado Michael Goguen de violência e abuso (ele negou com veemência). A sociedade em pouquíssimo tempo decidiu cortar relações com Goguen, e ele pediu demissão. Quatro anos depois, Goguen ganhou o caso contra sua acusadora, mas foi um momento terrível para a Sequoia.[73]

Como no caso da China, da Índia e do crescimento, os sócios podiam ter reagido à adversidade do fundo de multimercado colocando um fim no projeto. Vários queriam fazer exatamente isso: o fundo medíocre prejudicou a marca da Sequoia e criou uma dor de cabeça administrativa. Mas o clima negativo foi quebrado por uma intervenção de Moritz. Embora tivesse renunciado às responsabilidades como administrador da Sequoia, Moritz continuou a prosperar como apoiador de empresas emergentes, como o Stripe. Por ser o maior investidor individual no fundo de multimercado, ele tinha prestígio para defender a perseverança.

Reconhecendo o duplo golpe que foram as três demissões do fundo de multimercado e o escândalo de Goguen, Moritz admitiu que a Sequoia estava "no fim de um período desgastante e sensível". "A escolha mais fácil e conveniente é encerrar o negócio", acrescentou.[74] Mas ele insistia que a premissa original do fundo de multimercado continuava sólida. A Sequoia tinha uma janela privilegiada na ruptura digital; uma equipe de gestores melhor teria uma excelente chance de construir um negócio que se destacasse. Moritz elogiou, em especial, o desempenho de um investidor chamado Jeff Wang, que administrava as operações *short* do fundo de multimercado. O desconhecido e prata da casa precisava ter uma chance de conquistar a grandeza.

A Sequoia seguiu o conselho de Moritz, e a perseverança valeu a pena — de um jeito espetacular. Os sócios demitiram o chefe do fundo de multimercado em exercício e promoveram Wang, que passou a seguir a visão original. A Sequoia transformou sua compreensão do tumulto tecnológico em uma margem de investimento: o fundo de multimercado passou a se dedicar a capturar as vantagens comparativas da Sequoia. Por exemplo, a equipe de capital de risco da Sequoia tinha apoiado as start-ups Glossier e Charlotte Tilbury, que desenvolviam produtos direcionados aos cuidados com a pele e à maquiagem, ao perceberem que essas marcas iniciantes tinham descoberto um jeito de alcançar os clientes de forma direta via plataformas digitais. Agora o fundo de multimercado examinava as ferramentas que essas empresas usavam: Facebook ou Instagram para aquisição de clientes; Stripe para pagamentos; Shopify como vitrine digital. A equipe de capital de risco já tinha investido no Instagram e no Stripe, o que lhe conferia uma vantagem na compreensão do cenário, mas a Sequoia não tinha apoiado o Shopify, que permitia aos comerciantes que operassem on-line com o mínimo de aborrecimentos. O fundo de multimercado desenvolveu uma grande posição nas ações da Shopify. Em 2020, a empresa conseguiu surpreendentes 35 vezes sobre o investimento.[75]

A todo momento, Wang e sua equipe se concentravam em cerca de cinco "temas" — ondas de inovação que embaralhariam as cartas, criando vencedores e perdedores. O boom do software em nuvem foi um exemplo frutífero. Em 2018, nove anos depois de Pat Grady ter abordado pela primeira vez seus sócios quanto à mudança do software para a nuvem, os investidores em fundos de multimercado notaram uma coisa estranha: a maioria dos códigos tinha concluído a migração prevista, mas os softwares de comunicação estavam atrasados. Essa anomalia parecia fadada ao fim. A crescente aceitação do trabalho remoto tornaria as chamadas de vídeo e os sistemas de mensagens partes da vida cotidiana. A recente falência de uma empresa de software de comunicação baseada em hardware, a Avaya, sugeria que o momento da nuvem estava chegando. Os investidores em fundos de multimercado fizeram três apostas em comunicações na nuvem: Twilio, RingCentral e a empresa de videoconferência Zoom. As duas primeiras geraram quatro e cinco vezes de retorno nos dois anos seguintes. Auxiliado pela pandemia do coronavírus, o Zoom emergiu como uma das empresas de tecnologia de ponta de 2020, gerando retornos de nove vezes. Enquanto isso, o fundo de multimercado da Sequoia estava vendido em empresas antigas de telecomunicações, que perderiam com a transição para a nuvem. Um insight temático gerou várias posições vencedoras.

No início de 2021, a Sequoia Capital Global Equities tinha 10 bilhões de dólares sob sua gestão. Foi uma ascensão extraordinária: em pouco mais de uma década, seus ativos aumentaram duzentas vezes. Nos quatro anos desde a mudança de liderança, o retorno do fundo foi, em média, de 34,5% ao ano, o dobro do desempenho do S&P 500 e um dos melhores do setor de fundos de multimercado.[76] A experiência foi tão bem-sucedida que a Sequoia China lançou seu próprio fundo de multimercado. Relembrando essa saga, Moritz suspirou, demonstrando falso desespero: "Você não consegue levantar dinheiro, sua escolha inicial vai por água abaixo, mas você persevera de qualquer maneira."[77]

Como se lançar fundos asiáticos, fundos de crescimento e um fundo de multimercado não fosse aventura suficiente, a Sequoia criou o que chamou de seu negócio Heritage. A ideia era, primeiro, administrar a riqueza dos sócios da Sequoia e, depois, transformar essa necessidade em um negócio, administrando a riqueza dos fundadores das empresas apoiadas por ela. Em 2008, para colocar esse experimento em ação, a Sequoia contratou dois investidores do fundo patrimonial de Stanford. Desde que Don Valentine levantara dinheiro pela primeira vez em escritórios de investimentos universitários, essas instituições eram a vanguarda da gestão de fortunas. O fundo patrimonial de Yale, em especial, teve um desempenho tão bom que fortunas privadas de todos os lugares procuraram imitar o "modelo de Yale". Naturalmente, Moritz e Leone queriam que seus consideráveis recursos fossem administrados da mesma maneira, mas melhor.

O principal recruta vindo de Stanford era um jovem de 31 anos chamado Keith Johnson. Era o tipo de pensador inovador que se encaixava naturalmente na Sequoia. Na verdade, ele passou os primeiros meses na sociedade rebelando-se contra o pensamento quadrado que tinha aprendido em Stanford. A prática nos fundos de patrimônio universitários era dividir os investimentos em silos — ações, títulos, imóveis, *commodities*, fundos de multimercado e assim por diante — e colocar um especialista responsável por cada categoria. Na opinião de Johnson, isso não fazia sentido.[78] A teoria por trás dos silos era que seus retornos flutuariam de forma não correlacionada, suavizando, desse modo, o desempenho do portfólio geral. Na realidade, declarou Johnson com firmeza, havia poucas evidências estatísticas para essa afirmativa de baixa correlação. Isso também não era surpreendente, porque os investimentos em cada silo se confundiam. Se você investisse no índice do mercado de ações público do Japão, por exemplo, teria uma fatia do SoftBank, que, por sua vez, representava uma aposta em tecnologia global que não era nem japonesa nem pública. Além disso, ao perseguirem a miragem da diversificação segura, os fundos patrimoniais universitários estavam pagando um preço alto: ao dividirem o mundo dos investimentos em caixas separadas, estavam matando a cultura do debate dentro de suas organizações. Quando o especialista encarregado dos investimentos em *commodities* propôs uma aposta no níquel, por exemplo, os demais especialistas não estavam preparados para apresentar argumentos contrários. Eles só se concentravam nas próprias caixas.

Tendo decidido abolir os silos tradicionais, Johnson se deparou com uma tela em branco intelectualmente aterrorizante. Não seria mais suficiente decidir fazer uma alocação, digamos, em imóveis e depois escolher alguns negócios para preencher essa cota. A partir de então, a equipe dele ia apenas buscar grandes investimentos, os quais poderiam vir de qualquer lugar: o escopo do desafio era infinito. O fundo Heritage precisaria decidir se aquele era o momento de comprar terras brasileiras ou tecnologia chinesa ou participações em fundos de multimercado envolvidos em litígios na Argentina. Cada investimento em potencial teria que ser avaliado em relação a todos os outros, e Johnson precisaria recrutar colegas excepcionalmente versáteis — "uma equipe capaz de comparar, de forma muito cuidadosa e orientada para o debate, maçãs com laranjas". No lugar dos antigos especialistas, a Sequoia precisaria de investidores com apetite para aprender tudo. Ou, como disse Johnson, "Você contrata pessoas que falam um dos oito idiomas e pede a elas que dominem os outros sete".[79]

Johnson foi até Moritz e explicou sua visão. Ele tinha sido contratado para implementar o modelo de fundo patrimonial universitário. Agora estava anunciando que o modelo precisava de uma atualização radical. Moritz levou três ou quatro semanas de conversas para digerir essa notícia, mas, por fim, olhou para Johnson e declarou: "Não tenho interesse em ser o segundo melhor em nada."[80]

Moritz e Leone prometeram 150 milhões de dólares cada um para o plano de Johnson e, juntos, começaram a tentar levantar mais dinheiro com investidores externos. No entanto, assim como aconteceu com o fundo de multimercado, a Sequoia sofreu uma rejeição. Depois de visitar potenciais investidores em todo o mundo, a equipe voltou para casa levando muito menos do que esperava: cerca de 250 milhões de dólares de capital externo.[81]

Em 2010, o fundo Heritage começou a fazer investimentos. Assim, escolheu áreas tão óbvias quanto *private equity* e fundos de multimercado, mas também nichos tão esotéricos quanto uma participação direta em uma rede de clínicas veterinárias de emergência. Por acreditar na escolha ativa de investimentos em vez de espalhar o capital entre silos, o fundo fez apostas muito mais concentradas do que outros fundos patrimoniais, retendo apenas um terço de gestores externos. Da mesma forma, por ter abolido os silos, o fundo Heritage podia movimentar capital entre estratégias com agilidade; não havia cota que precisava ser distribuída em *commodities* ou na Ásia ou em algum outro investimento especulativo. Entre 2013 e 2015, grande parte dos ganhos do fundo veio dos mercados de ações e imobiliários. Nos três anos seguintes, os grandes contribuintes foram os fundos de energia e de multimercado. Depois, a partir de 2018, as apostas em tecnologia de estágio posterior impulsionaram o desempenho. Já em 2020, os ativos do fundo Heritage sob gestão tinham disparado para cerca de 8 bilhões de dólares e ostentaram um recorde melhor em um, três e cinco anos do que qualquer fundo patrimonial dos Estados Unidos.

"Na dúvida, arrisque-se", resumiu Doug Leone, refletindo sobre esse período.

"Olhe, eu penso no nosso negócio em comparação com a Amazon", continuou. "Se você é a Amazon, tem clientes, depósitos, infraestrutura, um monte de coisas. Se você é a Sequoia, tem poucos investidores, ou seja, você não tem nada. Então é melhor você se arriscar. A única maneira de permanecer vivo, na minha opinião, é colocando a franquia em risco o tempo todo."[82]

Moritz tinha outro bordão que gostava de compartilhar com os entrevistadores. Ele esperava o momento da pergunta que sempre vinha: qual é o seu investimento preferido? E aí ele atacava: em vez de mencionar Yahoo, Google, PayPal ou Stripe, simplesmente dizia "Sequoia". "Quando as pessoas escrevem sobre o negócio do capital de risco, sempre mencionam as start-ups que apoiamos", explicava ele. "Elas nunca escrevem sobre o investimento mais importante que fazemos, que é em nosso próprio negócio." Sem o foco interno nas ciências da decisão e sem a orientação de jovens recrutas — e sem a criação do sistema do *early bird*, o relacionamento com a Y Combinator e a rede de caçadores de talentos —, o desfile da sociedade de apostas de mais de dez vezes não teria acontecido. Sem a perseverança na China e na Índia — e sem a coragem demonstrada pela Sequoia na busca por fundos de crescimento, seu fundo de multimercado e depois o fundo Heritage —, a Sequoia teria sido excelente, mas não extraordinária.

◆

O sucesso da Sequoia foi emblemático de uma mudança mais ampla nas finanças nesse período: da Costa Leste à Costa Oeste, dos mercados de capitais públicos aos privados, da engenharia financeira à tecnologia. Na esteira da crise financeira de 2008, os reguladores forçaram os famosos bancos de Wall Street a correr menos riscos; suas lucrativas mesas de negociação estavam mais ou menos fechadas. A política de afrouxamento quantitativo do Federal Reserve (Fed) agravou ainda mais as desgraças dos bancos: seu principal negócio de tomar dinheiro no curto prazo e oferecer empréstimos de longo prazo deixou de render muito *"spread"*, porque as taxas de juros de longo prazo foram mantidas baixas pelos bancos centrais. Outras empresas financeiras da Costa Leste sofreram restrições semelhantes. Os fundos de multimercado que tinham prosperado com a avaliação de riscos financeiros entraram em uma fase monótona: o risco estava sendo amortecido pelos bancos centrais, de modo que a análise de risco deixou de ser tão lucrativa. Toda a indústria de fundos de crédito, que construiu torres de derivativos estranhos no topo de montanhas de dívidas, ficou envergonhada e reprimida, e às vezes a única profissão próspera em Wall Street parecia ser a de agente de *compliance*. Somando tudo isso, o setor financeiro tradicional não estava mais no mesmo lugar em que se encontrava a ação. Na década até 1º de janeiro de 2020, o Morgan Stanley e a Goldman Sachs viram os preços de suas ações subirem 77% e 36%, respectivamente. Enquanto isso, o índice S&P 500 subiu 189%, e os gigantes da tecnologia dispararam. A Apple subiu 928%.

A Sequoia e outras empresas de capital de risco foram as vencedoras nessa comoção. Durante a primeira década do século XXI, os investidores reagiram às baixas taxas de juros buscando rendimentos à moda de Wall Street: eles se encheram de dívidas hipotecárias subprime, que pagavam alguns pontos percentuais acima da taxa de juros normal. Quando essa estratégia terminou em desastre, em 2007-2008, os investidores buscaram os rendimentos à moda do Vale: apostaram em empresas privadas de tecnologia. Assim como acontece com as apostas subprime, a ideia era assumir um risco extra por uma recompensa extra. Mas, ao contrário das apostas subprime, as apostas em tecnologia tinham uma chance de gerar lucros duradouros. Felizmente, a crise financeira coincidiu com o advento dos smartphones, da computação em nuvem e da internet móvel, criando uma oportunidade de desenvolver negócios brilhantes apoiados nas novas plataformas: era o momento perfeito para tirar o capital da engenharia financeira e aplicar na tecnologia. *Em média*, o fundo de capital de risco lançado em 2011 superou o índice S&P 500 em 7% ao ano, e, como vimos com a Sequoia, os principais fundos de risco tiveram um desempenho muito superior a isso.[83] Quanto mais o Fed insistia em sua política de taxas de juros baixas, mais a busca por rendimentos baseados em tecnologia ganhava impulso. Seguindo os passos de Yuri Milner, bancos, empresas de *private equity* e fundos de multimercado entraram no jogo. Em 2020, a Tiger Global administrava um espantoso valor de 40 bilhões de dólares em ativos, e a Lone Pine e a Coatue, duas outras ramificações da Tiger Management, de Julian Robertson, rivalizavam para competir com ela.

Para a Sequoia, a mudança em favor da tecnologia representava uma questão estratégica. A sociedade ficava em oposição direta à seção do cenário de investimentos prometendo, de longe, as melhores recompensas: ela poderia levantar quase qualquer quantidade de capital. Com uma franquia que se estendia por três continentes — em 2020, a Sequoia abriu um escritório na Europa, em Londres —, a empresa estava prestes a se tornar global. Em 1972, ano da fundação da Sequoia, o capital de risco era um negócio de nicho, porque a tecnologia da informação em si também era um nicho. Porém, no século XXI, a tecnologia era a principal impulsionadora do crescimento econômico, e a Sequoia era mestre no tipo de financiamento que poderia desbloqueá-lo. Conforme a sociedade se aproximava do 50º aniversário, ela teve a oportunidade de desafiar Wall Street, se assim o desejasse. Deviso à cultura irrequieta da empresa, parecia improvável que se acomodasse com as vitórias.[84]

Enquanto isso, para o restante do setor do capital de risco, havia uma questão mais sombria. Quanto mais o dinheiro fácil do Fed levava capital inexperiente para o Vale, mais os veteranos se preocupavam com uma bolha. Havia dinheiro demais perseguindo um número finito de grandes empresas. Um dia, quando a música parasse, o Vale enfrentaria um acerto de contas.

Capítulo catorze

PÔQUER COM UNICÓRNIOS

No verão de 2014, a *Fortune* anunciou a chegada de uma nova estrela da tecnologia: uma pessoa de trinta anos que tinha abandonado a faculdade e se tornado bilionária; uma visionária que melhoraria a sorte humana; e, o mais revigorante, tratava-se de uma mulher. Seu rosto apareceu na capa da revista: rímel preto em torno de fortes olhos azuis, uma blusa preta de gola alta que lembrava Steve Jobs, cabelo loiro e um batom escuro. O artigo que acompanhava descrevia uma start-up unicórnio que revolucionaria os cuidados de saúde, cortesia de uma nova tecnologia de exames de sangue. A *Time* logo listou a jovem fundadora entre as pessoas mais influentes do mundo. A Harvard Medical School a convidou para se juntar a seu prestigiado conselho de pesquisadores. O presidente Obama a nomeou embaixadora do empreendedorismo.[1]

Pouco mais de um ano depois, em outubro de 2015, a história tomou um rumo mais sombrio. Uma investigação no *Wall Street Journal*, a primeira de várias, revelou que a empresa unicórnio, chamada Theranos, era fraudulenta. Suas máquinas de exames de sangue supostamente revolucionárias eram uma trapaça. A promessa de resultados baratos e precisos só servia para enganar os pacientes. Conforme mais revelações surgiram, a Theranos foi assolada por processos judiciais, e seu valor despencou de 9 bilhões de dólares para zero. Elizabeth Holmes, fundadora da Theranos, aguardava julgamento. O ícone que tinha provocado comparações com Jobs enfrentava a perspectiva de ser presa.

A queda da Theranos e de Holmes inevitavelmente acabou sendo vista como uma acusação ao Vale do Silício. O culto tinha sido desacreditado, não apenas a sacerdotisa. Holmes havia começado como estudante de graduação em Stanford, o marco zero do Vale, e convencido ninguém menos do que o reitor da faculdade de engenharia a dar seu aval por ela. Tinha recrutado uma série de figuras ilustres da Instituição Hoover, de Stanford, para atuar como membros do conselho da Theranos, proporcionando uma aura de autoridade à sua empresa fraudulenta. Explorando os precedentes estabelecidos pelo Google e pelo Facebook, ela levou a cordialidade com o fundador ao máximo: suas ações na Theranos davam direito a cem votos cada, eliminando todas as possibilidades de controlarem seu comportamento. Até a desonestidade de Holmes refletia a cultura do Vale do Silício. Desde o fiasco do computador da GO e até antes, os empreendedores tinham superado os desafios de fazer sua tecnologia funcionar: eles fingiam até conseguirem fazê-la. Holmes aparentemente acreditava que seu equipamento de exames de sangue faria tudo que ela alegava — um dia. Ela não estava mentindo, mas contando uma "verdade prematura", como dizia o jargão do Vale.

Na imaginação popular, a queda de Holmes em desgraça alimentou uma crítica mais ampla da nova Florença. Até então, o ressentimento comum dos plutocratas não chegava aos *geeks* simpáticos que criavam mecanismos de busca e iPhones. Mas, exatamente porque o Vale do Silício estava em um boom, seus excessos estavam fadados a causar ressentimento. A região parecia cheia de pessoas absurdamente jovens que tiveram a sorte de conseguir fortunas também absurdas, ao mesmo tempo que demonstrava pouca preocupação com os cidadãos que eles poderiam prejudicar: aqueles cuja privacidade poderia ser violada, agora que a informação digital era o novo petróleo; aqueles cujos salários poderiam sofrer, agora que o software podia fazer o trabalho deles; aqueles que confiaram na Theranos para diagnosticar suas doenças. Essa Florença era menos um centro de iluminação do que uma seita sinistra: uma elite minúscula que pretendia moldar a sociedade, mesmo que sua visão para a sociedade envolvesse a criação e a destruição a uma velocidade que muitos consideravam intolerável.[2] Quaisquer que fossem os méritos desse documento de acusação, o choque da Theranos inevitavelmente provocou um arrepio na tribo do capital de risco do Vale. Por um lado, mostrou como o entusiasmo do país pelo empreendedorismo em tecnologia poderia virar do avesso do dia para a noite. E, por outro, enviou uma mensagem sutil e controversa sobre o próprio setor do capital de risco. Ele continha uma justificativa e uma advertência.

A Theranos foi uma forma de vingança para os investidores de risco, porque quase nada do dinheiro que Holmes arrecadou veio dos praticantes de Sand Hill Road. Ela tinha feito um *pitch* para uma sociedade de risco chamada MedVenture, especializada em dispositivos médicos. A reunião tinha terminado com Holmes saindo de repente, sem conseguir responder às perguntas dos investidores.[3] Holmes também abordou Tim Draper, o investidor de risco que tinha tentado investir no Yahoo mas não conseguira. Draper fez uma aposta de anjo por conta de uma conexão familiar, mas foi singela. Cansada de profissionais céticos, Holmes levantou grande parte do capital por meio de bilionários desconhecidos do Vale. A família Walton, do Walmart, investiu 150 milhões de dólares. O barão da mídia Rupert Murdoch investiu 121 milhões de dólares. A família DeVos (varejo) e a família Cox (mídia) arriscaram 100 milhões de dólares cada. O mexicano Carlos Slim, o herdeiro grego-americano Andreas Dracopoulos e a família Oppenheimer, da África do Sul, apostaram, em conjunto, 85 milhões de dólares. Nenhum desses turistas do capital de risco se sentiu inclinado a interrogar Holmes ou exigir evidências de que seus exames de sangue de fato funcionavam. A lição reconfortante, pela perspectiva de Sand Hill Road, é que os amadores haviam fracassado. Os profissionais tinham ficado de fora.

Mas a Theranos também deu um alerta. Embora o setor do capital de risco tivesse se esquivado desse projétil específico, o escândalo serviu para mostrar como os unicórnios podem surtar, fazendo com que bilhões de dólares em papel evaporem. Investidores de risco experientes podem ter esperança de evitar desastres semelhantes, mas não podem dar isso como certo. Em 2014, a Andreessen Horowitz liderou duas rodadas de investimento em uma start-up de seguros on-line chamada Zenefits. A empresa tinha se tornado uma das maiores posições da a16z, e a sociedade tinha instigado o crescimento. Mais tarde, o fundador se lembrou de seu membro no conselho da a16z vociferando: "Vocês precisam tirar a cabeça da bunda, comecem a se concentrar em crescer."[4] Estimulada a expandir por todos os meios possíveis, a Zenefits conseguiu uma avaliação de 4,5 bilhões de dólares em um período extraordinariamente curto de pouco mais de um ano. Mas, em 2016, a empresa estava se desviando do caminho, errando as metas de receita por um quilômetro e supostamente violando as leis de seguros em pelo menos sete estados.[5] Em meio ao constrangimento e ao escândalo, o valor da empresa foi reduzido em mais da metade, de 4,5 bilhões de dólares para 2 bilhões de dólares.

A história da Zenefits teve um momento de redenção. A Andreessen Horowitz, sendo uma empresa de capital de risco real, em pouquíssimo tempo expulsou o fundador da Zenefits quando os problemas judiciais surgiram. Um novo diretor-executivo foi chamado, e o lema corporativo mudou de "preparar, fogo, apontar!" para "operar com integridade".[6] Mas era fácil imaginar um híbrido dos casos da Zenefits e da Theranos em que uma empresa de capital de risco no estilo mão na massa investisse ao lado de financiadores passivos. Os financiadores passivos podiam ser intrusos amadores, como no exemplo da Theranos. Ou podiam ser profissionais que acreditavam em ceder para os fundadores. De qualquer maneira, a sociedade de risco ativista podia investir em uma empresa, descobrir que ela estava saindo dos trilhos, e então perceber que os investidores passivos não tinham estômago para ajudar a consertá-la. O investimento de estágio inicial podia ser inteligente e bem avaliado, mas o resultado no estágio avançado podia ser uma bagunça, porque os investidores posteriores estavam muito distantes para supervisionar a empresa com responsabilidade.

No ano seguinte, esse perigo acabou se provando mais do que mera teoria.

Na época em que a Theranos e a Zenefits deram errado, Bruce Dunlevie, da Benchmark, estava preocupado com uma empresa unicórnio chamada WeWork. A Benchmark tinha investido pela primeira vez na WeWork em 2012, em grande parte devido a seu cofundador, Adam Neumann, um hipnotizante ex-oficial da Marinha israelense de mais de um metro e noventa, que pela altura e pelos cabelos lembrava o Tarzan. O negócio um tanto trivial da WeWork era alugar um espaço de escritório por um curto prazo, com regalias como água saborizada com frutas, espresso grátis e, de vez em quando, uma festa com sorvetes. Mas Neumann tinha um jeito de elevar a própria missão. Ele alegava estar vendendo "o futuro do trabalho", possivelmente um "*kibutz* capitalista" ou talvez uma "rede social física". Na época do investimento da Benchmark, o marketing inspirado de Neumann estava enchendo seus cubículos envidraçados com uma clientela agitada, e sua ambição grandiloquente era como erva-dos-gatos para os investidores da lei de potência.

Em certo ponto durante suas negociações com a Benchmark, Neumann pediu uma avaliação absurdamente alta.

— Você só tem três prédios — contestou Dunlevie.

— O que você quer dizer? — retrucou Neumann. — Tenho centenas de prédios. Eles só não foram construídos ainda.[7]

Os sócios da Benchmark adoraram as verdades prematuras de Neumann, e a aposta nele logo foi confirmada.[8] Eles investiram 17 milhões de dólares em 2012 em uma avaliação de pouco menos de 100 milhões de dólares; menos de um ano depois, a avaliação chegou a 440 milhões de dólares. As três rodadas de financiamento seguintes, culminando no verão de 2015, transformaram a WeWork em um unicórnio e, em seguida, em um decaunicórnio: sua avaliação saltou de 1,5 bilhão de dólares para 5 bilhões de dólares e, então, para 10 bilhões de dólares. Os templos urbanos de Neumann feitos de tijolos aparentes pareciam ter explorado alguma coisa poderosa no *zeitgeist*: a estética de uma nova geração de trabalhadores — empreendedores, modernos, criativos e transitórios. Na época em que a

Theranos e a Zenefits estavam implodindo, em 2016, a participação da Benchmark na WeWork tinha gerado centenas de milhões de dólares em lucros no papel.

Ao longo do caminho, no entanto, uma peça fundamental foi mudando. Depois que a Benchmark liderou a Série A da WeWork e uma sociedade chamada DAG Ventures liderou a Série B, as três rodadas de financiamento seguintes atraíram casas de fundos mútuos e bancos de investimento. Os banqueiros, em especial, viviam uma tensão com os investidores de risco. O objetivo deles não era só fazer investimentos que aumentassem de valor, mas também estabelecer relacionamentos lucrativos. Jamie Dimon, chefe do banco JPMorgan Chase, comparou seus investidores em tecnologia com os SEALs da Marinha. O trabalho deles era gerar uma conexão com um empreendedor, estabelecendo o equivalente financeiro de uma praça d'armas. Depois que isso fosse realizado, o JPMorgan enviaria seus batalhões para fornecer contas bancárias, serviços de gestão de fortunas e conselhos sobre abertura de capital. Subscrever um IPO seria o prêmio supremo, porque geraria enormes taxas para o banco sortudo que conseguisse o mandato.[9]

O relacionamento do JPMorgan com a WeWork ilustrou a estratégia de Dimon. O banco participou da rodada de financiamento de Neumann no fim de 2013. Depois, em 2015, conseguiu uma linha de crédito de 650 milhões de dólares para a empresa. Em 2016, concedeu um empréstimo pessoal no valor de 11,6 milhões de dólares para Neumann comprar uma propriedade de 24 hectares perto da cidade de Nova York. Em 2017, o banco emprestou a Neumann mais 21 milhões de dólares para comprar uma propriedade em Manhattan e conseguiu um consórcio de empréstimos que financiou a compra da loja conceito da Lord & Taylor pela WeWork, em Manhattan.[10] Graças a essa extravagância de empréstimos, o JPMorgan estava na primeira posição para subscrever o inevitável IPO da WeWork. Cultivar o relacionamento se tornou uma prioridade tão grande que, quando Neumann reclamou da administração de sua conta bancária pessoal, ninguém menos do que o vice-presidente do Morgan garantiu que o assunto fosse resolvido.[11]

A tensão entre os investidores de risco e os banqueiros de relacionamento veio à tona em outubro de 2014, quando a WeWork comunicou uma de suas rodadas de financiamento. Na convocação do conselho para aprovar o financiamento, os investidores existentes da WeWork foram informados de que, como parte do negócio, as ações de Neumann na empresa iam adquirir direitos de supervoto: cada ação do fundador agora daria direito a dez votos, concedendo a Neumann o poder de derrotar os investidores que supostamente o supervisionavam. Sendo um investidor de risco responsável, Bruce Dunlevie se opôs a essa proposta: se o fundador se desviasse do caminho, a Benchmark precisaria dos votos para forçar uma mudança — assim como a a16z tinha feito com a Zenefits. Ao mesmo tempo, porém, Dunlevie não queria impedir o financiamento: a WeWork precisava do capital. Depois de pesar essas considerações, Dunlevie registrou sua oposição com educação, argumentando que os direitos de supervoto eram um erro não só para os investidores, mas também para o próprio Neumann. "O poder absoluto corrompe de maneira absoluta", lembrou ele aos colegas membros do conselho.[12]

Ninguém na convocação apoiou os temores de Dunlevie. Com bancos, fundos de multimercado e investidores de *private equity* buscando rendimentos de empresas privadas aquecidas, os empreendedores tinham o poder de exigir o que bem entendessem; para uma start-up tão dinâmica quanto a WeWork, os direitos de supervoto tinham se tornado normais.[13] Além disso, bancos como o JPMorgan pareciam considerar a governança uma questão secundária; ficavam felizes em conceder ao fundador direitos de supervoto porque queriam criar uma boa imagem aos olhos dele.[14] Depois de menos de dez minutos de conversa, o conselho descartou os temores de Dunlevie. Neumann recebeu poder absoluto sobre a própria empresa.

Como Dunlevie temia, a corrupção aconteceu logo em seguida. No ano anterior à mudança de governança, em 2013, Neumann tinha planejado comprar uma participação de 5% em um prédio de Chicago que estava negociando um aluguel para a WeWork. Era um caso óbvio de autonegociação: ao adquirir uma participação no prédio, Neumann pessoalmente lucraria com os pagamentos do aluguel da própria empresa.[15] Desempenhando seu papel de supervisor de modo adequado, o conselho da WeWork bloqueou a proposta de compra de Neumann. Entretanto, depois que a mudança de governança deu a ele poderes para invalidar o conselho, Neumann refez o esquema de Chicago em outro lugar e, dessa vez, ninguém o impediu.[16] A partir daí, acumulou interesses pessoais em cinco edifícios nos quais a WeWork alugava espaço, às vezes pagando por essas participações com a venda de uma parte da sua propriedade na WeWork.[17] Com cada uma dessas transações, Neumann estava separando sua fortuna pessoal dos lucros da empresa, vinculando-a, em vez disso, aos custos de aluguel. Estava se abrindo um abismo entre os interesses de Neumann e os dos acionistas.

Talvez não seja surpreendente que as finanças da WeWork tenham se deteriorado em paralelo à própria governança. Na época do investimento inicial da Benchmark, a start-up tinha um modelo de negócios plausível. Pegava espaços por preços baixos no longo prazo e os alugava por períodos curtos mediante um acréscimo; em 2012, isso dava lucro. Mas, para justificar as avaliações extravagantes que lhe foram atribuídas pelos bancos e fundos mútuos que investiram mais tarde, a WeWork precisava crescer a um ritmo alucinante e, para isso, cortou os aluguéis que cobrava dos inquilinos. O resultado foi o oposto das robustas margens incrementais que a Tiger Global valorizava: a cada 1 milhão de dólares adicional em receita, os prejuízos da WeWork aumentavam em mais de 1 milhão de dólares. Em 2015, por exemplo, a empresa mais do que dobrou suas vendas. Enquanto isso, os prejuízos triplicaram.[18]

Para manter a fé dos investidores, Neumann criou uma formidável série de clichês do Vale do Silício. A WeWork não era uma empresa, e sim uma "plataforma". A WeWork se beneficiaria com os "efeitos de rede". A WeWork era uma "pioneira", um "ecossistema próspero", "aprimorado digitalmente" e "escalonável".[19] Para observadores que não estavam inclinados a pensar de um jeito muito crítico, talvez isso parecesse persuasivo: afinal, os gigantes do Vale do Silício, do Google ao Facebook, tinham se inflado a um tamanho absurdo antes de se preocuparem com os lucros. Mas a verdade é que não havia nada especialmente digital em uma locadora de escritórios, e os supostos efeitos de rede eram, na melhor das hipóteses, fracos.[20] Adicionar inquilinos da WeWork na Park Avenue em Nova York não ia melhorar a experiência dos inquilinos da WeWork na Quinta Avenida, que fica ali perto.

No início de 2016, a Benchmark enfrentou um dilema. Havia feito uma aposta inicial inteligente em um fundador carismático que estava tendo lucro. A avaliação da WeWork tinha disparado cem vezes, saindo de 100 milhões de dólares para 10 bilhões de dólares. Mas, devido à chegada de investidores descuidados em um estágio posterior, o fundador agora estava perdendo dinheiro e acumulando conflitos de interesse, e o único consolo era um fluxo de tagarelice sobre falsas tecnologias. O risco de que a valorização exaltada da WeWork desmoronasse em direção a seu valor real era evidente não apenas para a Benchmark, mas para a administradora de fundos T. Rowe Price, que tinha investido em 2014. "Vimos a avaliação aumentar e a governança corporativa se desgastar", lembrou um executivo da T. Rowe Price.[21] Milhões de dólares em lucros no papel estavam ameaçados de evaporar.

Cerca de uma década antes, um investidor que enfrentasse esse perigo teria uma solução óbvia. Se a empresa supervalorizada fosse pública, ele simplesmente venderia as ações; se fosse privada, o investidor usaria sua influência para forçar uma mudança, de modo que a estratégia de negócios acompanhasse a avaliação. Mas agora, como o abundante capital de crescimento permitia aos unicórnios que continuassem privados, não havia nenhuma solução disponível. A WeWork não era uma empresa de capital aberto, então suas ações eram difíceis de vender. O fundador da WeWork tinha conseguido direitos de supervoto, então os acionistas não tinham nenhuma influência para exigir uma mudança de rumo. No fim de 2015, Neumann demonstrou sua consideração pelos financiadores disparando um extintor de incêndio e jogando espuma branca em um investidor em potencial. Como um cachorrinho que abana o rabo, ansioso mesmo depois de ter sido chutado, no ano seguinte o investidor passou a despejar capital sobre a WeWork, elevando sua avaliação para 16 bilhões de dólares.[22]

Enfrentando um abismo cada vez maior entre o suposto valor da We-Work e a conduta imprudente de seu fundador, a Benchmark desesperadamente tentou mudar a atitude de Neumann. Em 2017, uma delegação de cinco sócios viajou até Manhattan para visitar empresas de portfólio locais; na reunião com Neumann, a equipe reclamou sobre os prejuízos da empresa e as vendas de ações pessoais do fundador. Mas os sócios sabiam que estavam jogando com uma cartada fraca. Por conta do clima financeiro animado daquele momento, Neumann conseguiria levantar capital flexível de outras pessoas; ele não tinha obrigação de ouvir investidores de risco que esperavam que ele se comportasse de determinada maneira. Na verdade, longe de se prostrar diante da Benchmark, Neumann estava prestes a se unir ao facilitador supremo.

O facilitador era ninguém menos que Masayoshi Son, agora ocupado com sua segunda investida em um mercado aquecido (*bull market*) de tecnologia dos Estados Unidos. Em 2016, em um surto inspirado de capacidade de vendas, Son tinha conseguido 60 bilhões de dólares da Arábia Saudita e de Abu Dhabi; no ano seguinte, lançou o que chamou de seu Vision Fund e saiu à caça de unicórnios. O fundo de reserva financeira de Son, que acabou chegando a 98,6 bilhões de dólares, era mais de trinta vezes maior que o maior fundo de risco até então, e Son calculou que o tamanho em si já lhe daria uma boa vantagem.[23] Na década de 1990, a capacidade de assinar um cheque no valor de 100 milhões de dólares tinha lhe permitido fortalecer o Yahoo. Agora, para chocar e espantar os rivais no século XXI, seus cheques precisavam ser mais gordos, mas o princípio não foi alterado. Além disso, enquanto a tendência de alta do mercado continuasse, Son ganharia mais dinheiro do que a velha guarda do capital de risco só por distribuir capital mais rápido. Ele podia salpicar capital nos unicórnios sem se preocupar com sua mira. Era o velho roteiro de novo, só que dessa vez ele tinha mais dinheiro com que brincar.

A notícia do fundo colossal de Son irritou o setor do capital de risco. Na Sequoia, Michael Moritz interveio vigorosamente na estratégia da empresa pela segunda vez desde que se aposentou do comando, em 2012. Tendo antes insistido que a Sequoia perseverasse com seu fundo de multimercado, ele agora incitava os sócios a levantar um fundo de crescimento gigantesco: a empresa precisava se fortalecer contra as táticas de intimidação do SoftBank que Moritz tinha enfrentado no Yahoo. "Há pelo menos uma diferença entre Kim Jong-Un e Masayoshi Son", escreveu Moritz aos principais colegas, referindo-se ao ditador da Coreia do Norte e seus muitos mísseis. "O primeiro tem mísseis que ele lança no ar, enquanto o segundo não hesita em usar seu novo arsenal para obliterar os retornos suados das empresas de capital de risco e das de crescimento." Armado com quase 100 bilhões de dólares, Son distorceria o mercado de investimentos em tecnologia, elevando o valor de algumas empresas a tal ponto que elas poderiam quebrar depois e destruindo o valor de outras que eram forçadas a competir com o capital dele. A Sequoia precisou mudar seu plano de ação porque Son estava violando as regras. "Como disse Mike Tyson uma vez, 'Todo mundo tem um plano até levar um soco na cara'", escreveu Moritz. "É hora de morder algumas orelhas", acrescentou.[24]

A pedido de Moritz, a Sequoia começou a levantar um fundo de crescimento de 8 bilhões de dólares. Se suas empresas da Série A crescessem a ponto de precisar de muito capital, a Sequoia poderia assinar os cheques em vez de deixar suas protegidas caírem nos braços do SoftBank. Mas outras empresas de risco tradicionais não estavam em posição de igualar a iniciativa de Moritz. Elas tinham se afastado do negócio de crescimento e se apegado fielmente às raízes da indústria caseira: não tinham posição para pedir fundos de reserva financeira multibilionários aos cotistas. Como defensora mais proeminente do estilo "pequeno é bonito" do capital de risco, a Benchmark era um exemplo disso. Sua abordagem estava prestes a ser testada.

Em 2017, Son visitou Adam Neumann em um de seus edifícios em Manhattan. Chegou uma hora e meia atrasado, olhou para o relógio e informou a Neumann que poderia passar no máximo doze minutos na companhia dele. Os dois embarcaram em um rápido tour pelas instalações da WeWork; Neumann estava ansioso para exibir o que chamava de centro de pesquisa e desenvolvimento, com telas sensíveis ao toque conectadas a lâmpadas e portas e uma mesa inteligente, a qual se ajustava à altura do usuário quando este passava uma identificação no dispositivo.[25] A utilidade desses artefatos não era muito clara, mas Son ficou impressionado o suficiente para convidar Neumann para ir até seu carro quando seus doze minutos livres se esgotaram.

Os dois entraram na parte do passageiro de uma limusine, e Son começou a mexer em seu iPad. Naquele momento, ele entregou a Neumann o resultado: uma proposta de investimento do SoftBank na WeWork no valor de 4,4 bilhões de dólares. Era uma quantia surpreendente, mais do que a Benchmark tinha levantado em todos os 22 anos de sua história.

Neumann assinou seu nome em tinta azul ao lado da assinatura vermelha de Son. Meia hora depois, Son lhe enviou por e-mail uma foto da carta de intenções. Com base em uma interação que durou 28 minutos, o SoftBank tinha avaliado a WeWork em 20 bilhões de dólares.[26] Como muitas inovações em finanças, a fórmula de investimento em crescimento de Yuri Milner estava sendo levada a extremos perigosos. Mesmo assim, se o instinto de Son em relação à WeWork estivesse certo, ele ia repetir seu golpe no Yahoo em uma escala muito maior.

Para os investidores iniciais, o investimento de Son esclareceu o dilema da WeWork. Agora, mais do que nunca, não havia esperança de controlar o fundador: o capital de Son foi acompanhado de instruções explícitas para Neumann duplicar sua megalomania. "Ele não disse: 'Preciso que você seja o administrador mais cuidadoso desse capital'", admirou-se um executivo da WeWork. "Foi mais: 'Eu preciso que você fique mais louco, acelere, e fique ainda maior.'"[27] Neumann embarcou em uma expansão global descontrolada, tornando-se o maior locatário em Nova York, esbanjando 63 milhões de dólares em um jato corporativo e prometendo edifícios residenciais WeLive, escolas WeGrow, WeBanks, WeSail e WeSleep (uma companhia aérea). Entretanto, mesmo Son tendo bloqueado a possibilidade de disciplinar Neumann, ele abriu uma janela para outra fuga em potencial para os acionistas: a venda de ações da WeWork. Em 2017 e em uma rodada posterior, Son ficou feliz em comprar parte das ações dos investidores iniciais, tornando líquidas as participações ilíquidas. A T. Rowe Price aproveitou a chance. "Vendemos o máximo que podíamos", lembrou um dos executivos.[28] Por sua vez, a Benchmark descarregou cerca de um quinto das suas ações da WeWork. De acordo com insiders, os lucros garantiram um retorno de quinze vezes sobre o investimento original da sociedade.

Foi apenas uma saída parcial; a Benchmark ainda detinha cerca de 80% de suas ações da WeWork. Mas foi uma garantia providencial: graças à liquidez proporcionada por Son, a Benchmark sabia que sairia, no mínimo, com um bom múltiplo.[29] A questão para todos os investidores de risco atentos era se essa fuga se tornaria a regra. E se eles apoiassem uma empresa promissora da Série A, comemorassem sua decolagem e depois vissem sua governança ser destruída por investidores de estágio posterior? Eles conseguiriam sacar antes do acerto de contas?

◆

Em fevereiro de 2011, um ano antes de investir na WeWork, a Benchmark liderou a Série A para uma start-up de caronas remuneradas chamada Uber. Ao contrário do caso da Theranos, sua magia era autêntica: era só apertar um botão e um carro chegava, sem a necessidade de nenhuma trapaça. Ao contrário da WeWork, a Uber estava bem no centro do ponto ideal da Benchmark: uma start-up da Costa Oeste liderada por um empreendedor experiente, com a tecnologia no centro da sua promessa. A WeWork estava fazendo uma cortina de fumaça quando afirmava ser uma "plataforma" com "efeitos de rede", mas a Uber era real. Conforme ela crescesse, haveria mais carros, tempos menores de espera e a conveniência de chamar carros da start-up em diversas cidades.

O principal impulsionador da aposta da Benchmark na Uber foi Bill Gurley, que ingressou na sociedade em 1998, três anos depois de ela ter começado. Ele certamente se encaixava na cultura: ao contratarem Gurley, os Benchmarkers atuantes estavam escolhendo alguém que se parecesse ainda mais com eles. Todos os Benchmarkers originais tinham mais de um metro e oitenta de altura. Gurley era alto como uma moldura de porta, com mais de dois metros. Os Benchmarkers originais se consideravam os próprios Chicago Bulls. Gurley tinha ganhado uma bolsa de estudos por conta do basquete da Primeira Divisão. Os Benchmarkers originais eram competitivos intelectual e fisicamente e, quando discutiram sobre Gurley antes de convidá-lo, enxergaram essas mesmas qualidades. "Muito *mindshare*", disse um deles. "Intelectualmente curioso", ecoou outro. "Podemos ir a um jogo de basquete com ele", sugeriu um terceiro.[30] Algum tempo depois, um dos sócios da Benchmark levou Gurley para uma viagem de caça, e Gurley perseguiu um javali descendo uma encosta íngreme. "Ele é meio que uma fera", relatou o sócio. "Eu adoro isso nele", disse outro de um jeito reverente.[31]

O investimento de Gurley na Uber foi o modelo perfeito de uma aposta inteligente de Série A. Antes de ingressar na Benchmark, ele tinha ficado impressionado com os escritos de Brian Arthur, professor de Stanford que estudava negócios em rede. As empresas que desfrutavam dos efeitos de rede inverteram uma lei microeconômica básica: em vez de enfrentarem retornos marginais decrescentes, elas enfrentavam retornos crescentes. Na maioria dos setores normais, os produtores que forneciam mais volume de um produto viam os preços caírem: ter abundância significava ter preços baixos. Nos negócios em rede, entretanto, a experiência do consumidor melhorava à medida que a rede se expandia, de modo que os produtores podiam cobrar mais por seus produtos. Além disso, a melhoria da experiência do consumidor era acompanhada da diminuição dos custos de produção por conta das economias de escala na construção de uma rede.[32] Como a Benchmark descobriu quando apoiou o eBay, as recompensas podiam ser gigantescas.

Depois de assinar com a Benchmark, Gurley estendeu o conceito do eBay de produtos para serviços. Seu primeiro sucesso foi uma start-up chamada OpenTable, que conectava clientes a restaurantes. Assim como o eBay, o OpenTable melhorava a compatibilidade entre compradores e vendedores: permitia aos clientes que procurassem os restaurantes por preço, localização e tipo de comida, melhorando muito a experiência de fazer uma reserva. O que entusiasmou Gurley em relação ao OpenTable foi que os efeitos de rede se provaram tão poderosos quanto previa a teoria: conforme mais restaurantes se inscreviam, mais clientes visitavam o site, o que, por sua vez, atraía ainda mais restaurantes. Certo dia, durante uma análise do progresso do OpenTable, Gurley percebeu que um representante de vendas externo estava inscrevendo um número extraordinário de novos restaurantes. O motivo era que esse representante cobria São Francisco, onde o OpenTable já tinha uma forte rede. "Ai, meu Deus, está dando certo", lembra-se Gurley de ter pensado.[33]

Depois que o OpenTable teve sucesso, Gurley começou a procurar empresas que prestassem o mesmo serviço, mas em outros setores. "Começamos a discutir isso internamente", lembrou ele. "Quais outros setores seriam transformados se você pudesse servir-lhes informações importantes em uma bandeja?" Com o OpenTable, o cliente podia procurar comida asiática no sul de São Francisco, na próxima segunda-feira às sete da noite, especificando a faixa de preço. Esse poder era novo; antes, você passava uma hora ligando para conseguir respostas. Enquanto Gurley e seus sócios refletiam sobre outros setores que poderiam estar maduros para receber um tratamento semelhante, eles encontraram os táxis e serviços de carros especiais. Havia muita ineficiência na hora de juntar passageiros e motoristas; com certeza era possível conseguir uma compatibilidade melhor. Gurley tinha lembranças de sair de uma reunião do conselho em um arranha-céu de Seattle e não encontrar o motorista que tinha reservado. "Estou atrasado para o aeroporto. Estou correndo em volta do quarteirão. E um quarteirão em Seattle pode ter ladeiras."[34]

Seguindo essa linha de pensamento, Gurley imaginou uma nova start-up — um OpenTable para serviços automotivos. O passo seguinte era encontrar o empreendedor que transformaria o conceito em realidade, e Gurley executou essa etapa do processo com igual diligência. Depois de ouvir falar em uma start-up na Virgínia chamada Taxi Magic, ele atravessou o continente várias vezes para discutir um possível investimento, mas tinha pensado no assunto com tanto afinco que sabia exatamente como deveria ser abordado, e a fórmula da Taxi Magic era diferente. Os fundadores tinham lançado um aplicativo que permitia aos passageiros que chamassem um táxi amarelo e pagassem por ele via celular. Mas, pelo ponto de vista de Gurley, esse era um beco sem saída, porque as tarifas de táxi eram regulamentadas. Para fazer o volante girar, um novo concorrente precisaria cortar preços e ganhar escala. Ligado ao negócio de táxis regulamentados, esse grupo da Costa Leste não enxergava o fator de rede que fazia valer a pena pensar no setor de transporte. Depois de meses de reuniões, Gurley desistiu do pessoal da Virgínia.

Em 2009, Gurley ouviu falar da Uber, que procurava apoiadores-anjos. Para sua alegria, a estratégia da Uber era usar carros especiais não regulamentados. "Precisamos nos reunir com essas pessoas imediatamente", lembra-se de ter pensado.[35] Mas, de novo, ele teve disciplina para controlar a empolgação. Quando se reuniu com os fundadores da Uber, Garrett Camp e Travis Kalanick, não ficou impressionado ao saber que nenhum dos dois se comprometia em tempo integral com o negócio. Em vez disso, eles tinham recrutado um jovem CEO chamado Ryan Graves, que não tinha maturidade para desenvolver um negócio. Por mais que Gurley desejasse ver o pensamento em rede aplicado ao transporte, ele rejeitou. Não ia arriscar dinheiro em um jogador classe B.

Pouco mais de um ano depois, a Uber reapareceu no radar de Gurley. Dessa vez, a empresa estava procurando um investidor de Série A e tinha passado por algumas mudanças: o jovem Ryan Graves tinha sido transferido para um cargo inferior, e Travis Kalanick tinha se tornado diretor-executivo em tempo integral. Isso colocou a Uber sob um holofote totalmente novo. Kalanick tinha duas start-ups anteriores em seu currículo e um estilo furiosamente combativo e agressivo que aplainava os obstáculos mais desafiadores. Se alguém tinha coragem para sacudir o transporte urbano, confrontando os reguladores das grandes cidades e as frotas de limusines existentes, esse alguém era Kalanick.

Gurley também sentiu que tinha a química certa com Kalanick. Por um lado, o fundador não era tão cheio de si a ponto de não aceitar uma piada. No dia em que Kalanick tinha marcado para fazer o *pitch* no escritório da Benchmark, um sócio abriu o aplicativo da Uber e viu que um carro especial estava esperando em frente à sede da Sequoia, que ficava ali perto. Naqueles dias iniciais da Uber, os carros eram escassos, e o sócio desconfiou que aquele tinha levado Kalanick para fazer o *pitch* na Sequoia e que Kalanick estava planejando pegar o mesmo carro para ir da Sequoia até a Benchmark.

Decidindo que era o momento de uma brincadeira e querendo mostrar a Kalanick que ele entendia seu produto, o sócio apertou as teclas do smartphone e chamou um carro, e sua tela logo mostrou um ícone preto minúsculo saindo do estacionamento da Sequoia. Kalanick chegou a pé ao escritório da Benchmark, suado e atrasado. Naquela noite, a Benchmark enviou um presente para ele: um par de tênis de corrida.

Tarde da noite de um domingo durante o cortejo, Kalanick ligou para Gurley e pediu para encontrá-lo em um bar de hotel em São Francisco. Ficava a quase cinquenta quilômetros de carro da casa de Gurley, em Woodside, mas os investidores de risco vivem esperando esse tipo de ligação. Enquanto a família dormia, Gurley dirigiu para o norte e conversou com Kalanick até de madrugada. Por fim, as estrelas que ele vinha perseguindo estavam se alinhando. Ele havia encontrado uma start-up que ia atacar a oportunidade que ele tinha imaginado — e faria isso da maneira certa e com o tipo certo de diretor-executivo.

No dia seguinte, a Benchmark apresentou uma carta de intenções para Kalanick, e, depois de algumas idas e vindas, os sócios lideraram a rodada de investimento da Série A da Uber, pagando 12 milhões de dólares por um quinto do patrimônio.[36] Gurley tinha conseguido seu OpenTable para carros especiais. Sua ambição para a start-up era que ela pudesse se igualar ao OpenTable nos resultados, abrindo o capital no momento certo com uma avaliação de talvez 2 bilhões de dólares.[37]

◆

Nesse ponto da história, nada na Uber indicava problemas. Ao contrário de Elizabeth Holmes, Kalanick era um adulto testado em batalhas, e Gurley o avaliara com cuidado, ligando para um amigo que tinha apoiado uma das empresas anteriores dele.[38] Ao contrário da WeWork, na qual a Benchmark tinha apostado apesar do ceticismo dos sócios em relação ao mercado imobiliário, a Uber era o tipo de negócio de *marketplace* que Gurley conhecia com propriedade. Além disso, quando Kalanick começou a agir com o capital da Benchmark por trás, ele mais do que correspondeu às expectativas de Gurley. O investidor de risco observou Kalanick abrir caminho pelo emaranhado de regras restritivas que protegem o mercado de carros especiais em Nova York. Kalanick não infringiu a lei, mas a evitou de modo incansável até conseguir convencer o prefeito de que a Uber merecia uma licença. Enquanto isso, Gurley aplaudiu quando Kalanick implementou uma ideia elegante, mas impopular: preços dinâmicos. Em vez de cobrar uma taxa fixa e previsível, a Uber variava os preços de acordo com a demanda dos clientes: quando ela aumentava, nos horários de pico, o mesmo acontecia com as tarifas da Uber, em uma tentativa de atrair motoristas adicionais para as ruas e evitar a escassez. Os críticos reclamaram dos preços extorsivos, mas Kalanick não abriu mão da política.

— Travis é um verdadeiro empreendedor — comentou Jeff Bezos, da Amazon, em aprovação a Gurley.

— Por que você diz isso? — perguntou Gurley.

— Porque ele não cedeu.[39]

No fim de 2011, Kalanick estava pronto para uma arrecadação de fundos de Série B. Com Bezos elogiando sua tenacidade, não faltaram pretendentes. O próprio Bezos prometeu investir 3 milhões de dólares, e a Goldman Sachs também prometeu participar. Ao procurar uma sociedade de capital de risco para liderar a rodada, a primeira escolha de Kalanick foi a Andreessen Horowitz. Em especial, ele respeitava um sócio da a16z chamado Jeff Jordan, ex-CEO do OpenTable e membro do conselho de outro *marketplace* digital, o Airbnb. Jordan entendia o casamento entre produtos antigos e novas informações e, como ex-presidente do PayPal, sabia exatamente como expandir start-ups. Se a Uber pudesse ter Jordan e Gurley ao seu lado, então teria os melhores conselhos de investidores de risco do Vale do Silício.

Enquanto negociava com a a16z, Kalanick não viu mal nenhum em cogitar outros pretendentes. O mais insistente era Shervin Pishevar, um novo recruta na Menlo Ventures, uma das sociedades que tinham apoiado a UUNET. Pishevar não era da mesma liga que Jordan ou Gurley. Um bajulador robusto com dom para a autopromoção, três anos antes ele tinha atraído a atenção para um texto bizarro, enaltecido como um "e-mail incoerente, atrasado, semilúcido e bonito sobre empreendedorismo".[40] "Quem está dentro do Facebook deve saber e ser impulsionado por uma missão e uma causa mais elevadas", escreveu Pishevar em um trecho. "Eles têm e devem ter a missão de inovar e ampliar a genialidade de Zuckerberg e, então, torná-la cada vez mais elegante, relevante, pessoal e inspiradora."[41] Os titãs que receberam esse absurdo obsequioso tendiam a ver Pishevar como perceptivo, até mesmo sábio, e Kalanick estava entre aqueles que gostavam de se deleitar com sua bajulação. Mas logo Marc Andreessen sinalizou que a a16z podia estar pronta para avaliar a Uber em cerca de 300 milhões de dólares, o que era cinco vezes mais do que a Benchmark tinha pagado menos de um ano antes.[42]

Satisfeito com a avaliação proposta pela a16z, Kalanick ligou para Pishevar para dizer que não aceitaria o dinheiro da Menlo.

— Ei, mano — disse Kalanick, segundo as lembranças de Pishevar. — Ei, eu quero muito fazer esse negócio com você, mas, pelo bem da minha empresa, preciso fechar com esses outros caras.

"Eu me lembro daquele momento", contou Pishevar mais tarde. "Eu poderia reagir de forma afetada, tipo: 'Não faça isso, por favor!'" Em vez disso, Pishevar escolheu um tom diferente.

— Escute, parabéns — respondeu a Kalanick com determinação. — Vá em frente. Se alguma coisa der errado no processo de diligência, saiba que estou cem mil por cento atrás de você. Negocie com gás, porque você tem um backup.

— Muito obrigado por isso — respondeu Kalanick.[43]

Ao escolher a a16z, Kalanick estava percorrendo a estrada conhecida de outras histórias de sucesso do Vale. Tendo levantado uma Série A com um investidor poderoso, ele estava pronto para levantar uma Série B com outro investidor igualmente poderoso. Se continuasse nessa linha, o vácuo de governança que mais tarde prejudicaria a WeWork não atormentaria a Uber.

Mas a história mudou para um caminho inesperado. Andreessen desistiu da avaliação de 300 milhões de dólares que Kalanick achava que ele tinha prometido. Durante um jantar com Kalanick, o investidor de risco declarou que o número de clientes e a receita da Uber tornavam a avaliação alta demais. Ele cortou a oferta em um quarto.

Kalanick tentou persuadir Andreessen a concordar com um meio-termo. Andreessen não cedeu.

Poucos dias depois, Kalanick aceitou o preço reduzido e viajou para uma conferência de tecnologia na Irlanda. A avaliação ainda o incomodava. Ele mandou outro e-mail para Andreessen, pedindo um acordo melhor, um valor entre os 300 milhões de dólares originais e os 220 milhões de dólares que a a16z estava oferecendo agora. Mas Andreessen se recusou a mudar de opinião.

Kalanick se enfureceu. Em seguida, ligou para Pishevar.

Pishevar estava na Argélia, onde participava de uma conferência. Ele olhou para a tela. Parecia que, por ele estar na Argélia, o identificador de chamadas não estava funcionando.

Depois de hesitar por um instante, Pishevar decidiu atender à chamada mesmo assim.

— Ei, mano — disse uma voz familiar.

Pishevar sentiu uma pequena onda de adrenalina.

— E aí? — respondeu ele.

— Ei, lembra do que você me disse? Ainda está de pé?

— Claro, porra.

— Você pode me encontrar em Dublin? — perguntou Kalanick.

— Vou pegar o próximo voo — prometeu Pishevar.[44]

Pishevar voou para o norte, atravessando a Europa, e encontrou Kalanick na capital irlandesa. Os dois caminharam pelas ruas de paralelepípedos e pararam em um pub para pedir uma cerveja Guinness. Kalanick intensificou o carisma, explorando o potencial ilimitado da Uber. "Foi ali que eu entendi de verdade", disse Pishevar mais tarde. "Ele está falando em trilhões de dólares!"[45]

Quando voltou ao hotel, Pishevar enviou uma mensagem a Kalanick avaliando a Uber em 290 milhões de dólares. Eram quase 30% a mais do que a oferta reduzida da a16z.

Pishevar esperou Kalanick responder. Depois ficou nervoso. Já tinha feito um acordo com esse cara antes, para depois descobrir que ele havia fechado o acordo com uma sociedade de mais prestígio.

Mas dessa vez Kalanick não estava falando com outro investidor de risco. Em vez disso, estava falando *sobre* investidores de risco: estava ao telefone com um velho amigo, explicando o dilema que vivia. Ele e sua empresa enfrentavam uma escolha complicada: um negócio generoso com um investidor pouco conhecido ou um negócio mesquinho com um investidor famoso. Qual ele devia aceitar? Shervin Pishevar, da Menlo, ou Jeff Jordan, da a16z? A avaliação alta ou o conselho muito valioso?

"Você não precisa da validação de um investidor de risco famoso", disse o amigo. "Você já passou dessa fase." O amigo de Kalanick achava que a Uber precisaria de enormes quantias de dinheiro para implantar o serviço em todo o país. "O negócio é conseguir o capital mais barato possível. Capital é poder. Quanto mais capital você tiver, mais opções vai ter", incentivou o amigo.[46]

Com a ansiedade crescendo enquanto esperava, Pishevar enviou uma nova mensagem para Kalanick, aumentando a oferta para 295 milhões de dólares.

Dessa vez, Kalanick retornou o contato na mesma hora. A oferta de 290 milhões de dólares era ótima; ele ficaria feliz de aceitá-la.

"Combinado. Manda bala", instruiu Kalanick.[47]

Pishevar imprimiu uma carta de intenções e levou ao quarto de hotel de Kalanick, onde os dois assinaram o documento. Quando a devida diligência terminou, a Menlo Ventures investiu 25 milhões na avaliação de 290 milhões de dólares, ficando com 8% da empresa. Bezos, Goldman e alguns outros investidores contribuíram com mais 12 milhões de dólares.

◆

Com o benefício injusto de uma retrospectiva, o investimento de Pishevar foi uma premonição dos problemas no futuro da Uber. Kalanick tinha decidido que dinheiro era poder e que a orientação especializada do capital de risco era dispensável. Convenientemente, apesar de seu investimento substancial, Pishevar se tornou um observador do conselho sem direito a voto, e não um membro efetivo do conselho da Uber: ele não tinha sido escolhido pela capacidade de supervisionar, então o status de observador parecia adequado.

Em vez disso, a principal função de Pishevar na Uber seria atuar como líder de torcida. Ele raspou o cabelo formando o logotipo da empresa, fez o rapper Jay-Z investir e deu uma festa onde a atração era uma musicista que virou namorada de Kalanick. Graças ao Google, ao Facebook e à revolta da juventude, uma pitada de cordialidade com o fundador tinha se tornado quase obrigatória para os investidores de risco, mas Pishevar levou essa moda ao máximo, funcionando tanto como amigo quanto criado. Uma vez, quando Kalanick viajou para Los Angeles, Pishevar enviou um carro para pegá-lo no aeroporto. Na parte de trás havia um terno limpo para Kalanick vestir.[48]

Não era só a bajulação ao fundador que refletia o *zeitgeist*. A decisão de Kalanick de priorizar o capital barato também era um sinal dos tempos, porque sinalizava o lado mais problemático dos negócios em rede. O empolgante nas redes é que os vencedores ganham muito. A desvantagem é que os perdedores podem não colher quase nenhum fruto. Além disso, o vencedor em uma indústria de rede não é necessariamente aquele que desenvolve o melhor produto; pode ser aquele que alcança a escala primeiro, colocando o volante para girar. Para alcançar a escala antes que os rivais a desafiassem, a Uber teria que gastar dinheiro para subsidiar viagens; para usar um termo que varreu o Vale do Silício pouco tempo depois, precisaria conseguir uma *blitzscale* (escalada relâmpago). Em 2005, Paul Graham reclamou que os investidores de risco tinham estufado as start-ups com dinheiro demais, como fazendeiros estufando gansos para fazer *foie gras*. No entanto, nos negócios em rede, capital realmente pode significar poder. PayPal *versus* X.com; Meituan *versus* Dianping: as guerras de tecnologia são terrivelmente caras porque o prêmio é enorme.

Um ano depois da Série B, dois competidores surgiram para desafiar a Uber. No fim de 2012, um serviço apoiado pela Accel chamado Hailo lançou um aplicativo de chamada de táxi em Boston e Chicago, ameaçando obter vantagem em uma parte do mercado que era muito maior do que o dispendioso segmento de carros especiais. Determinada a não deixar a Hailo progredir, a Uber lançou seu próprio serviço de táxi. Em seguida, uma start-up chamada Zimride começou a testar um serviço de preço reduzido chamado Lyft, que permitia que motoristas não profissionais pegassem passageiros. No início, Kalanick esperava que os reguladores proibissem a Lyft; motoristas amadores não certificados e sem seguro comercial certamente estavam aquém dos padrões de segurança pública, certo? Deixando de lado a prática normal de evitar os reguladores, a Uber pressionou a Comissão de Serviços Públicos da Califórnia para colocar um fim na rival, ressaltando que os seus motoristas profissionais de carros especiais eram devidamente licenciados.[49] Mas, quando os reguladores da Califórnia deram sinal verde para a Lyft, Kalanick não esperou. Ele contra-atacou com o UberX, seu próprio serviço com motoristas amadores.

Inevitavelmente, a concorrência nas ruas se tornou uma competição por dólares. No primeiro semestre de 2013, a Hailo levantou uma Série B avaliada em 31 milhões de dólares e se preparou para lançar o serviço na cidade de Nova York.[50] Por sua vez, a Lyft levantou uma rodada de 15 milhões de dólares liderada pela Founders Fund de Peter Thiel e, em seguida, uma rodada de 60 milhões de dólares liderada pela a16z, que, a essa altura, lamentava ter perdido a oportunidade com a Uber. Mas a boa notícia, pela perspectiva da Benchmark, era que a Uber continuava confortavelmente à frente; se aquela era uma competição em que o vencedor leva tudo, então tudo bem, porque a Uber era a provável vencedora. Em agosto de 2013, Kalanick alardeou seu domínio levantando uma esmagadora rodada da Série C de 258 milhões de dólares, que foi liderada pelo prestigioso braço de capital de risco do Google. Como se quisesse enfatizar seu status de favorito, Kalanick também conseguiu que a gigante de *private equity* TPG participasse do negócio. Uma cláusula nos documentos de fechamento dava à TPG a opção de investir 88 milhões de dólares adicionais em algum momento nos seis meses que se seguiram. Era um alerta para os rivais: a Uber podia superar qualquer um para conseguir uma *blitzscale*.

A essa altura, Gurley estava começando a ver a Uber como muito mais do que um OpenTable para carros especiais. O serviço acessível do UberX sinalizava que a empresa podia conquistar um mercado muito maior, pegando clientes de metrôs e ônibus e até mesmo desafiando a posse de carros particulares. Além disso, todas as preocupações que Gurley pudesse ter tido em relação à governança da Uber depois do investimento de Pishevar tinham sido suavizadas. O Google Ventures era um jogador respeitado, e Gurley tinha uma enorme consideração por David Bonderman, sócio fundador da TPG que ia entrar no conselho da Uber.[51] Gurley e seus sócios estavam tão otimistas com a Uber que até fizeram um investimento subsequente no valor de 15 milhões de dólares durante a rodada da Série C. Foi um compromisso significativo para a Benchmark, levando em consideração seu modesto fundo de 450 milhões de dólares. Era uma declaração consciente de que, mesmo partindo da nova avaliação elevada da Uber de 3,5 bilhões de dólares, a empresa tinha o escopo para gerar o múltiplo acima de dez vezes que a Benchmark sempre almejou.[52]

Ao longo dos dezoito meses seguintes, Gurley continuou animado. O desafio da Hailo fracassou quando a empresa não conseguiu fazer o volante começar a girar. Outro concorrente, chamado Sidecar, não deu em nada. Só a Lyft estava resistindo, e a Uber continuava dominando com vantagem. Na primavera de 2014, a Lyft levantou uma Série C de 250 milhões de dólares. Semanas depois, Kalanick respondeu com uma Série D que rendeu o incrível montante de 1,2 bilhão de dólares. A Lyft e a Uber gastaram o dinheiro para subsidiar passageiros, mas Gurley não se intimidou. Com o capital de todos os tipos de investidor inundando o Vale, a Benchmark enfrentava disputas de arrecadação de fundos semelhantes em seu portfólio. "As taxas de consumo (*burn rates*) aumentaram de forma estratosférica", lembrou Gurley. "Não eram só os serviços de carona remunerada. A terra começou a se movimentar para todo lado."[53]

Além disso, qualquer que fosse a taxa de consumo da Uber, a empresa estava criando quantias surpreendentes de valores para o acionista. Em junho de 2014, pouco depois de uma rodada da Série D avaliar a Uber em 17 bilhões de dólares, um professor da Universidade de Nova York chamado Aswath Damodaran escreveu um artigo crítico argumentando que o valor real da Uber era muito menor.[54] Estimou o tamanho do mercado global de táxis em cerca de 100 bilhões de dólares e concluiu que o valor justo da Uber podia ser de 5,9 bilhões de dólares — menos da metade do valor arrecadado na Série D. Gurley respondeu com um artigo em seu blog argumentando que o mercado de táxis se expandiria graças aos preços baixos da Uber. "Não se trata do mercado já existente, mas do mercado que estamos criando", disse Kalanick, segundo citação de Gurley. Qualquer que fosse seu lado nesses argumentos, o fato impressionante é que até o principal crítico da Uber calculou o valor da empresa em incríveis 5,9 bilhões de dólares. Isso era 2,4 bilhões de dólares a mais do que o valor estabelecido na Série C menos de um ano antes.

No entanto, mesmo com seu valor crescente, a Uber estava mapeando a própria versão da preocupante mudança que ocorria ao mesmo tempo na WeWork. Devagar e progressivamente, Kalanick estava consolidando seu poder às custas de seus investidores. Além de negar a Pishevar o cargo de membro do conselho com direito a voto, ele tinha usado a rodada da Série B para tirar os direitos de conselho de um apoiador-anjo que o contrariou.[55] Na rodada da Série C em 2013, Kalanick conseguiu o poder de supervoto para si mesmo, seus cofundadores e seus investidores iniciais, e o resultado foi que os grandes montantes de capital fornecidos pelos apoiadores das Séries C e D não se converteram em uma grande alavancagem. Por uma questão de princípio, a Benchmark não gostou disso, assim como não gostou da adoção dos direitos de supervoto pela WeWork um ano depois. Mas a própria Benchmark obteve direitos de supervoto em suas ações da Série A, e, com a Uber prestes a ser a maior vitória da história da sociedade, Gurley não ia mudar a situação em prol dos investidores mais recentes. Além disso, mantinha uma boa relação com Kalanick, e seus conselhos pareciam ser levados em conta. Ele tinha um cartão-chave que lhe permitia entrar na sede da Uber, na Market Street, em São Francisco. Sentia que podia influenciar a empresa, quaisquer que fossem seus direitos de voto formais.

No fim de 2014, no entanto, Gurley começou a sentir que sua influência estava perdendo forças. Com centenas de milhões de dólares inundando a Uber, Kalanick vinha se tornando uma celebridade; a importância da Benchmark como prestigiosa investidora da Série A estava inevitavelmente diluída. Pior: Kalanick não parecia mais interessado nos conselhos de Gurley, ainda mais quando eles entravam em conflito quanto à determinação de Kalanick de manter a cultura de start-up fragmentada da Uber. Gurley queria que Kalanick contratasse um diretor financeiro sênior que pudesse estabelecer controles adequados para o que agora era uma grande operação. Gurley também pressionou Kalanick para encontrar uma assessoria jurídica mais forte, principalmente porque os líderes da Uber se comportavam de um jeito que ficava aquém dos padrões esperados de uma grande empresa. Em outubro de 2014, uma comentarista do Vale do Silício chamada Sarah Lacy denunciou Kalanick por promover uma cultura misógina de "camaradagem": o fundador brincou que a empresa devia se chamar "Boober" (*boob*, em inglês, significa peito) porque aumentava seu sucesso com as mulheres.[56] Pouco depois do ataque prejudicial de Lacy, o vice de Kalanick piorou as coisas sugerindo um plano para intimidar Lacy ao desenterrar os podres da vida pessoal dela.[57] Gurley adorava o empreendedorismo agressivo de Kalanick, mas havia limites que não podiam ser ultrapassados, e a Uber não tinha um sistema capaz de diferenciar as duas coisas. Mesmo assim, sempre que Gurley fazia essa observação para Kalanick, o fundador o ignorava. Kalanick inventou um apelido para o imponente investidor de risco: Chicken Little, que em inglês significa franguinho.[58]

Gurley estava começando a se sentir encurralado, assim como Dunlevie descobria estar encurralado na WeWork. Ele tinha concebido um investimento inteligente, esperado pacientemente o jóquei certo aparecer e ganhara bem mais de 1 bilhão de dólares para seus sócios. Mas todo esse lucro só existia no papel. A Uber não tinha o capital aberto, então Gurley não podia vender suas ações. A Uber tinha concedido o poder de supervoto a Kalanick, então Gurley não conseguia obrigá-lo a ouvir.[59] Se a Uber tivesse escolhido um investidor forte da Série B, Gurley poderia ter um aliado com opiniões parecidas, mas Kalanick tinha escolhido um líder de torcida. O principal investidor da Série C não ajudou muito: Kalanick pôs de lado o membro indicado pelo Google para o conselho da Uber por conta dos planos da empresa de desenvolver carros autônomos que poderiam competir com a Uber. Isso deixou David Bonderman, da TPG, como o principal apoio de Gurley. Mas dois votos não eram suficientes para influenciar o conselho. Não havia um controle eficaz sobre o diretor-executivo.

No início de 2015, Gurley começou a expressar suas frustrações. Em um artigo longo e cuidadosamente elaborado em seu blog, ele expôs os problemas com os unicórnios que adiavam a data para abrir o capital. Embora Gurley não tivesse mencionado o nome da Uber, seus leitores entenderam que essa era a empresa a que se referia.[60]

O artigo de Gurley apontava três problemas. O primeiro dizia que os unicórnios eram supervalorizados, e, ao contrário de outros investidores do Vale, ele estava preparado para dizer isso. As rodadas de investimento em tecnologia em estágio posterior tinham se tornado "as mais competitivas, as mais lotadas e as mais superficiais", anunciou ele, sem rodeios.[61] O novo dinheiro que estava entrando no Vale explicava por que isso acontecia. Os diversos novatos em tecnologia — bancos, casas de fundos mútuos, empresas de *private equity* e fundos de multimercado — tinham pouco interesse em alocar 10 milhões de dólares em uma start-up. Em vez disso, queriam emitir cheques de 100 milhões de dólares que pudessem impulsionar suas carteiras multibilionárias. O dinheiro inexperiente, portanto, amontoava-se em rodadas de estágio posterior com valor alto, elevando muito as avaliações.

O segundo problema tinha a ver com engenharia financeira. Os investidores que não eram do Vale muitas vezes insistiam em cláusulas de proteção, o que distorcia ainda mais as principais avaliações dos unicórnios. Os investidores podiam, por exemplo, exigir uma "preferência na liquidação": no caso de liquidação da empresa, eles teriam direito a uma compensação específica antes que outros acionistas recebessem alguma coisa. Obviamente, os investidores que recebessem essa garantia pagariam a mais pelas ações, e esse valor aumentaria a aparente avaliação da empresa. Como os investidores iniciais não tinham preferência na liquidação, por lógica suas ações valiam menos: o fato de um fundo de estágio posterior ter investido em uma avaliação de, digamos, 10 bilhões de dólares não significava que um fundo de start-up avaliaria o unicórnio com o mesmo valor alto. Na verdade, uma ação de empresa unicórnio podia valer uma quantia para um investidor de Série A, que tinha direito de supervoto; um valor menor para um investidor da Série C, que tinha menos voz; e um valor mais alto para um investidor de Série E, que tinha negociado preferências na liquidação. Em meio a toda essa complexidade, era quase impossível determinar o verdadeiro valor de um unicórnio.

O terceiro problema com os unicórnios resultava dos dois primeiros. A inflação injustificada das principais avaliações de estágio posterior alimentava a arrogância dos fundadores de tecnologia, que já ameaçava sair do controle por causa das ações com direito ao supervoto e do culto da cordialidade com o fundador. Como resultado, os empreendedores cada vez mais se comportavam como se pudessem sair impunes de qualquer coisa. Eles revelavam pouco sobre o verdadeiro estado de suas empresas e muitas vezes enganavam os investidores de propósito. Truques bizarros de contabilidade eram frequentes.[62] Com investidores inexperientes invadindo o Vale, era muito fácil soprar fumaça nos olhos deles. A governança dos unicórnios estava quebrada.

Na época em que publicou esse artigo, a principal preocupação de Gurley em relação à Uber era a China. Determinado a ter sucesso onde a Amazon, o Google e quase todos os outros gigantes da tecnologia dos Estados Unidos tinham fracassado, Kalanick tinha decidido conquistar o mercado chinês. A partir de 2014, ele despejou milhões em uma competição remota contra o campeão doméstico de caronas remuneradas do país, Didi Kuaidi (mais tarde Didi Chuxing). Essa aposta audaciosa só foi possível porque a Uber conseguiu levantar centenas de milhões de dólares com uma avaliação exagerada e também porque o dócil conselho de Kalanick não o impediria. Tudo que Gurley pôde fazer foi ficar furioso. Como ele disse várias vezes a Kalanick, despejar capital na China era muito diferente de despejar capital na batalha contra a Lyft. Nas indústrias de rede, a concorrência cara é justificada se você tiver a possibilidade de vencer. Se não tiver, ela é temerária.

Apoiado por David Bonderman, Gurley pressionou Kalanick a considerar uma fusão entre a Uber China e a Didi; era a resposta clássica do investidor de risco a uma guerra de preços nociva.[63] Em janeiro de 2015, Kalanick concordou em abrir negociações com os líderes da Didi, oferecendo-se para ceder o mercado chinês em troca de uma fatia do patrimônio dela. Mas o montante que queria era absurdamente alto: Kalanick exigia

40% da rival chinesa. A Didi respondeu desprezando as propostas de Kalanick e partindo para a ofensiva não só na China, mas no mundo todo. Dessa forma, a empresa chinesa injetou 100 milhões de dólares na Lyft, rival da Uber. Também anunciou alianças de compartilhamento de tecnologia com adversários da Uber em outras regiões, incluindo a Índia e o Sudeste Asiático. As guerras de *blitzscaling* tinham tomado escalas globais.

Gurley e David Bonderman ficaram fora de si. O trabalho de Kalanick era pavimentar sua supremacia nos principais mercados, não queimar capital em território hostil. A aventura napoleônica do CEO na China era exatamente o tipo de tentativa de abraçar o mundo com as pernas que os conselhos normalmente teriam bloqueado, mas o conselho da Uber tinha sido castrado. Como Gurley tinha previsto em seu artigo, a Uber estava operando em condições financeiras tão generosas que seu valor continuava subindo, mesmo quando Kalanick despejava capital em uma batalha da qual não sairia como vencedor. No fim de 2015, a Uber levantou uma rodada de Série G com uma avaliação extraordinária de 62,5 bilhões de dólares — quase dezoito vezes mais do que seu valor na Série C, quando a Benchmark tinha duplicado o valor da empresa.

Em abril de 2016, Gurley publicou uma segunda crítica de sucesso aos unicórnios. Dessa vez, concentrou-se em uma ameaça específica: devido a essas preferências na liquidação, os investidores de estágio posterior de empresas unicórnio tinham incentivos destrutivos.[64] Como estavam protegidos contra perdas, eles não tinham motivo para não pressionar os unicórnios a crescer de forma imprudente. Diante da escolha de despejar dinheiro na China, por exemplo, os investidores de estágio posterior podiam encorajar um unicórnio a se arriscar: graças às preferências na liquidação, eles receberiam seu capital de volta de qualquer maneira, então não lhes restavam motivos para não apostar no *upside*. Usando uma analogia de um jogo de que gostava, Gurley resumiu o perigo. O investidor típico de estágio posterior estava "agindo como um jogador agressivo em uma mesa de pôquer".[65]

No mês seguinte, Kalanick concretizou os piores pesadelos de Gurley: despachou um assistente de arrecadação de fundos para fazer o *pitch* para um dos jogadores mais generosos de todos, o fundo soberano avaliado em 300 bilhões de dólares da Arábia Saudita. Tudo que Gurley pôde fazer foi lamentar. Um grande aumento de capital dos sauditas só serviria para diluir a participação da Benchmark, e o dinheiro ia desaparecer na disputa com a Didi.[66] Agora, mais do que nunca, lutar contra a Didi parecia uma aposta ruim. Em maio de 2016, a empresa chinesa tinha uma ampla liderança no mercado doméstico e, enquanto isso, entrou no Vale do Silício e levantou 1 bilhão de dólares com a Apple. A Uber, por sua vez, estava gastando sem parar em guerras de subsídios em todos os lugares, de Nova York a Mumbai. O que a empresa precisava não era de capital, mas de sobriedade.

Nem as expectativas sombrias de Gurley conseguiram prepará-lo para o que veio a seguir. O Fundo de Investimento Público da Arábia Saudita ofereceu investir um valor substancial de 3,5 bilhões de dólares na Uber. E, como parte do negócio, os sauditas exigiam a ampliação do conselho de oito para onze assentos, dando a Kalanick o direito de designar os três membros do conselho adicionais. Essa exigência provavelmente tinha vindo de Kalanick e sua equipe. Estavam determinados a destruir a pouca influência que Gurley ainda tinha sobre a empresa e não escondiam isso.

Assim como Dunlevie na WeWork, Gurley agora enfrentava um dilema impossível. Ele não podia se opor aos assentos adicionais de Kalanick no conselho sem colocar em risco a injeção de 3,5 bilhões de dólares de capital. E, embora duvidasse que esses bilhões fossem ser usados com sabedoria, é claro que havia uma chance de ele estar errado. Esse enorme novo fundo de reserva financeira permitiria à Uber comprar mais participação no mercado, e, em uma guerra de *blitzscaling* global, quem gastasse mais conquistaria um prêmio de valor inimaginável. Ponderando sua crença na governança corporativa em relação ao seu respeito pelos efeitos de rede, Gurley hesitou — talvez Kalanick estivesse certo em chamá-lo de Chicken Little. "Todos acreditamos nos efeitos de rede, mas alguém estava disposto a perder de 2 a 3 bilhões de dólares para continuar na jogada?", refletiu Gurley. "Você podia ter convidado Warren Buffett e Jack Welch e qualquer outra pessoa para fazer parte do conselho da Uber, e eles não saberiam o que fazer."[67]

Decidindo que não havia como inviabilizar Kalanick, Gurley concordou com o investimento saudita, engolindo a pílula de veneno representada pelos três assentos adicionais no conselho. Mas, quando olhou para o passado da saga da Uber, ele confessou ter se arrependido dessa decisão. "Em retrospecto, provavelmente seria uma das primeiras coisas que eu faria de um jeito diferente", disse ele. "Eu podia ter confrontado o acordo. Podia ter dito a eles que precisavam mudá-lo."[68]

◆

Uma coisa boa aconteceu naquele verão. Vendo os maus preságios, Kalanick pediu a paz na China. Em agosto de 2016, dois meses depois da infusão saudita, ele cedeu o mercado chinês para a Didi, aceitando uma participação de 18% na rival como compensação. Em relação aos 40% que Kalanick tinha exigido dezoito meses antes, era um acordo modesto, e, nesse meio-tempo, a Uber tinha incorrido em um prejuízo de cerca de 2 bilhões de dólares na China. Ainda assim, 18% da Didi valiam, de forma aproximada, 6 bilhões de dólares.[69] O sucesso na negociação de uma saída lucrativa estava muito ligado à ameaça implícita do canhão de dinheiro saudita da Uber.

Apesar desse alívio, Gurley ainda se sentia preso em uma empresa cujas ações não podia vender e cujo fundador raramente o ouvia.[70] Tudo que lhe restava fazer era pressionar Kalanick para amadurecer e, especialmente, se livrar da cultura de start-up fragmentada. Em algumas partes do negócio, Gurley insistia com Kalanick, era desejável ser medíocre. "Você não vai ganhar por ter um programa de finanças mais inovador, não vai ganhar por ter um programa jurídico mais inovador, não vai ganhar reinventando o setor de recursos humanos. São áreas nas quais a experiência tem muito peso", Gurley se lembra de ter dito.[71] Quando Kalanick se recusou a prestar atenção, Gurley aceitou convites para palestrar para turmas de MBA, usando essas ocasiões para gerar debates acerca de sua situação. Se os empolgados estudantes de administração estivessem no conselho de uma empresa unicórnio rebelde, o que fariam? Gurley descobriu que nenhum deles sabia o que dizer. "A única resposta em que conseguimos pensar foi que os mercados públicos seriam melhores na questão de responsabilizar as empresas", lamentou.[72]

Em fevereiro de 2017, o custo do comportamento de Kalanick veio à tona. Uma ex-funcionária chamada Susan Fowler detalhou repetidos casos de assédio sexual na Uber, e suas reclamações viralizaram. Kalanick tentou se desculpar e se recompor, contratando dois prestigiosos escritórios de advocacia para investigar. Mas, antes que o mês acabasse, duas novas crises explodiram. Furioso com o fato de a Uber ter roubado um de seus principais cientistas, o Google processou a empresa por roubar sua tecnologia de carro autônomo. Depois, surgiu um vídeo condenatório de Kalanick, aparentemente confirmando muitas suspeitas: o CEO era um babaca, e a Uber era uma empresa babaca.

O vídeo, gravado por uma câmera no painel de um carro da Uber, mostrava Kalanick no banco de trás, contorcendo-se desajeitado ao som da música e cercado por duas mulheres.

Ao reconhecer o passageiro, o motorista começou a reclamar da tendência da Uber de cortar tarifas para aumentar o número de passageiros.

— Perdi 97 mil dólares por sua causa — disse o motorista. — Estou falido por sua causa.

— Mentira — retrucou Kalanick. — Quer saber? Algumas pessoas não gostam de assumir a responsabilidade pelas próprias cagadas. Elas colocam a culpa de tudo nos outros.

Somado às acusações de assédio sexual, o vídeo de Kalanick fez a reputação da Uber desabar. O Google, o Airbnb, o Facebook e até a Lyft começaram a atrair a força de trabalho desmoralizada da empresa, e em março de 2017 as más notícias continuaram. O *New York Times* publicou um artigo sobre uma tática antirregulatória hiperagressiva chamada Greyball. Em cidades onde o uso de caronas remuneradas não era autorizado, os engenheiros da Uber criaram em segredo uma versão-sombra do aplicativo e a enviaram para as autoridades da lei. Então, quando os policiais tentavam chamar e apreender um carro da Uber, nenhum carro aparecia.[73] Enquanto isso, um site de notícias do Vale do Silício chamado *The Information* divulgou uma história sobre uma viagem que Kalanick tinha feito à Coreia do Sul. Kalanick e vários executivos sul-coreanos da Uber tinham visitado um prostíbulo, e, embora Kalanick não tivesse saído com nenhuma garota de programa, alguns de seus colegas saíram. Em meio a essas revelações repugnantes, Gurley ouviu falar de enormes perdas financeiras na divisão de *leasing* de veículos da Uber. Como havia dito várias vezes, a falta de controles financeiros da Uber era um desastre.

Gurley não encontrou consolo no fato de ter previsto boa parte disso. "Estar certo e ser ineficaz no capital de risco não valia grande coisa", disse ele mais tarde.[74] Em vez disso, o estresse começou a cobrar seu preço: a fera que tinha perseguido um javali descendo uma encosta estava acima do peso, infeliz e não conseguia dormir direito. Enquanto ficava acordado de madrugada, ele sentia o peso da responsabilidade por uma das maiores bonanças não realizadas na história do capital de risco: uma participação de 13% na Uber, que agora valia 8,5 bilhões de dólares. A diferença entre esse ganho no papel e o que poderia ser o ganho real estava devorando Gurley: e se a Uber seguisse o caminho da Zenefits ou da Theranos? Muitos dos cotistas da Benchmark já tinham lucrado com seu estimado *grand slam*: os investidores em fundos patrimoniais tinham recebido bônus e comprado carros e casas; tinham distribuído os rendimentos para suas universidades e fundações. Se o triunfo de Gurley na Uber se transformasse em um fracasso, as consequências chegariam às salas de aula e laboratórios que dependiam do desempenho da Benchmark. O que as pessoas diriam de Gurley? Diriam que ele tinha cedido à agressividade de Kalanick. Que tinha fracassado em lutar contra as mudanças progressivas na governança. Que tinha permitido que um investimento perfeito se transformasse em uma catástrofe.

Foi necessário um último choque na Uber para Gurley ter uma válvula de escape. Em junho de 2017, os dois escritórios de advocacia concluíram a investigação sobre a cultura tóxica da Uber. As descobertas foram ainda piores do que o conselho tinha imaginado: centenas de páginas detalhando incidentes, incluindo assédio sexual e outras violências. Os advogados recomendaram a demissão de um dos principais homens de confiança de Kalanick. Eles propuseram que um membro independente fosse adicionado ao conselho e disseram a Kalanick que ele devia ser obrigado a tirar uma licença.

Gurley e seu aliado David Bonderman viram que uma oportunidade tinha surgido. Até aquele momento, Kalanick era poderoso demais para ser chutado para escanteio. Agora o relatório dos escritórios de advocacia transformou sua influência. Kalanick podia ser obrigado a sair de licença. Com sorte, nunca mais voltaria.

— Travis, sinceramente, não consigo imaginar essa empresa sem você, mas também não consigo imaginar essa empresa *com* você — disse Bonderman a Kalanick.[75]

Vendo a retirada como a melhor preparação para o avanço, Kalanick concordou com a licença recomendada pelos advogados. Assim, apresentou sua partida como uma pausa voluntária: sua mãe tinha morrido havia pouco tempo em um acidente de barco, e ele precisava se afastar por um período. Enquanto isso, conforme escreveu para os funcionários, continuaria disponível para "as decisões mais estratégicas". "Vejo vocês em breve", disse ele de um jeito alegre.

Gurley captou a mensagem. Kalanick em breve voltaria à Uber, a menos que ele fizesse alguma coisa para impedi-lo. Quando as recomendações dos advogados foram reveladas, em uma reunião geral da equipe, Gurley se levantou para se dirigir ao público.

"Esta empresa é, sem dúvida, a start-up de maior sucesso na história do Vale do Silício", começou de um jeito acolhedor, mas depois mudou o assunto para os desafios que eles tinham à frente, os quais só poderiam ser enfrentados sem o chefe problemático que tinha se tornado sinônimo do lado sombrio da Uber. "Somos considerados uma das maiores e mais importantes empresas do mundo", explicou. "Nosso comportamento, nosso comportamento corporativo, precisa começar a se igualar e se equiparar a essa expectativa, senão vamos continuar tendo problemas. Estamos com um déficit de reputação", insistiu ele. "Vocês podem ler alguma coisa e dizer que não é justo, mas isso não vai importar."[76]

Com seu alegre "vejo vocês em breve", Kalanick tinha sinalizado que não planejava deixar o comando. Com sua palestra sobre a crise de reputação da Uber, Gurley estava sinalizando que se preparava para um confronto.

O avanço de Gurley sobre Kalanick envolveu três estratagemas. Todos eram impressionantes por si. Juntos, eram um drama extraordinário. Uma geração antes, expulsar os fundadores de uma empresa como a Cisco tinha sido controverso. Agora Gurley estava enfrentando um culto do Vale: o culto ao fundador.

Gurley começou reunindo seus aliados. Dois apoiadores-anjos da Uber tinham começado a acreditar que Kalanick ameaçava o valor de suas ações; estavam dispostos a se juntar a Gurley para bloquear o retorno de Kalanick do exílio. A Menlo Ventures também se juntou à equipe Gurley; a essa altura, Shervin Pishevar já havia partido, e seu lugar tinha sido ocupado por um investidor menos servil. Em seguida, Gurley recrutou especialistas para sua equipe. Fez um *brainstorming* com professores especializados em governança corporativa e em crimes do colarinho branco. Então contratou advogados e uma empresa de relações públicas especializada em crises.

Em pouco tempo, Gurley tinha um plano. Sua coalizão de acionistas não tinha votos suficientes para forçar a renúncia permanente de Kalanick, mas ela apresentaria uma exigência a Kalanick, junto da ameaça de vazar o ultimato para a imprensa caso ele se recusasse a sair discretamente. A maioria das sociedades de risco é obcecada por manter as terríveis batalhas pessoais longe do público. A Benchmark ameaçaria transmitir esse confronto, calculando que um vazamento para a imprensa faria outros investidores da Uber se colocarem contra Kalanick.

Mesmo violando as normas do Vale, Gurley reuniu seus companheiros de equipe. "Acho que estamos do lado certo da história", disse ele.

Em 20 de junho de 2017, Gurley lançou seu ataque. Dois de seus sócios viajaram para Chicago, onde Kalanick se preparava para entrevistar um candidato para ser seu subordinado quando voltasse para a Uber. Enquanto isso, Gurley se instalou na sala de conferências da Benchmark e reuniu seus aliados por teleconferência. Dessa vez, em lugar de antecipar o veredicto da história, ele invocou Hollywood.

"Vocês já viram o filme *Vida*?", perguntou Gurley aos aliados, de acordo com o relato magistral de Mike Isaac, do *New York Times*. "Aquele com Ryan Reynolds no espaço, que tem aquele alienígena preto gosmento que eles capturaram? O alienígena foge. Ele sai da caixa de algum jeito e acaba matando todos que estavam na nave. Então volta para a Terra para matar todo mundo aqui também. Tudo porque ele escapou."

Algumas risadas ecoaram pelo alto-falante do telefone.

"Bem, Travis é exatamente como aquele alienígena", disse Gurley. "Se deixarmos que ele saia da caixa, a qualquer momento do dia, ele vai destruir o mundo inteiro."[77]

Em Chicago, os sócios de Gurley, Matt Cohler e Peter Fenton, entraram em um elevador dourado no hotel Ritz-Carlton. No topo da torre, Kalanick esperava por eles.

Cohler e Fenton não demoraram a entregar a mensagem. Disseram a Kalanick que queriam que ele saísse e então lhe entregaram uma carta da equipe Gurley.

A carta citava os desastres daquele ano lamentável: a investigação de assédio, o processo com o Google, a fraude da tática Greyball. "A percepção do público é de que a Uber basicamente não tem valores éticos e morais", dizia a carta. A empresa precisava "mudar sua essência". Para isso, era necessário trocar o diretor-executivo.

Kalanick começou a andar de um lado para o outro. "Se esse é o caminho que vocês querem seguir, as coisas vão ficar feias para vocês", gritou ele para os visitantes.

Cohler e Fenton informaram a Kalanick que ele tinha até as seis da tarde para tomar uma decisão. Depois disso, eles iriam a público. O artigo ia para a primeira página do *New York Times*. Outros investidores ficariam ao lado da Benchmark. Kalanick poderia sair com ou sem dignidade.

Kalanick pediu para ficar sozinho. Fenton e Cohler saíram e entraram em contato com Gurley. Na sede da Benchmark, Gurley mandou uma mensagem para seus aliados. "Ele está enrolando."

Kalanick começou a ligar para membros do conselho e investidores, na esperança de despedaçar a coalizão de Gurley. Os signatários da carta representavam cerca de 40% das ações da Uber com direito a voto. Se Kalanick conseguisse mudar a cabeça de um ou dois e evitar outros deslizes, conseguiria manter a empresa.

"Não acredito que chegou a esse ponto!", implorou Kalanick, desesperado, a um investidor. "Eu posso mudar! Por favor, me deixem mudar!"

Os apelos caíram em ouvidos moucos. A governança da Uber tinha caído a tal ponto que pelo menos uma parte do conselho lamentava a própria passividade distante. Naquela noite, Kalanick desistiu e assinou uma carta de demissão.

O primeiro dos três estratagemas de Gurley tinha funcionado perfeitamente.

◆

O drama não tinha chegado ao fim, porque Kalanick não saiu da Uber por completo. Ele ainda era membro do conselho e acionista majoritário, com 16% dos votos; assim como Steve Jobs depois de ser expulso da Apple, ele podia planejar um retorno à empresa. Na verdade, depois de se permitir um breve período de férias, Kalanick começou a contatar funcionários da Uber como se nunca tivesse saído da empresa. O comitê de liderança composto de catorze membros ameaçou sair em peso se Kalanick tivesse permissão para voltar. Gurley precisava detê-lo.

Em julho de 2017, a Benchmark começou a preparar um segundo estratagema. Alguns meses antes, Masayoshi Son tinha apoiado o outro unicórnio problemático da Benchmark: a WeWork. Agora os sócios perceberam que Son podia oferecer sua assistência especial à Uber. Ele era imprudente, com certeza, mas tinha ajudado a Benchmark na WeWork comprando parte de suas ações; talvez um investimento de Son na Uber pudesse ser transformado em uma oportunidade de começar a governança do zero. Normalmente, Son e outros jogadores de estágio posterior eram famosos por seus termos de cordialidade com o fundador. Mas, no caso da Uber, o fundador tinha sido expulso; Son podia, em vez disso, ser cordial com seu sucessor. Matt Cohler e Peter Fenton viajaram até Sun Valley, em Idaho, para avaliar a ideia com Son. Eles saíram de lá otimistas.[78]

No mês seguinte, a Benchmark revelou sua terceira e mais agressiva jogada. Lançando ao vento todos os resquícios de deferência ao fundador, a sociedade processou Kalanick com o objetivo de acabar com seu controle sobre a estrutura do conselho da Uber. De acordo com o processo, a Benchmark não teria concordado com o direito de Kalanick nomear três membros do conselho se à época soubesse de abusos como o roubo de segredos comerciais do Google. Portanto, Kalanick conseguiu esses três assentos no conselho de forma enganosa.[79] O objetivo do processo era cancelar os assentos no conselho e impedir Kalanick de atuar como membro.[80]

Nas semanas seguintes, a Benchmark prosseguiu com a artimanha de Son e o processo em paralelo. Son parecia propenso a comprar ações dos acionistas existentes por uma avaliação entre 40 e 45 bilhões de dólares — um desconto de cerca de um terço em relação ao último preço, mas ainda assim uma bem-vinda rota de fuga. Em uma mudança no estilo Yuri Milner, Son também ofereceu salvar a imagem da empresa investindo uma quantia menor na avaliação mais recente da Uber, de 68 bilhões de dólares. Enquanto isso, a Benchmark insistia no processo, apesar da oposição dos principais administradores e do conselho da Uber. Pela perspectiva da Benchmark, o processo era um martelo. Servia para assustar Kalanick.

No fim de setembro, Dara Khosrowshahi, o novo sucessor de Kalanick como diretor-executivo, aceitou a ideia de um investimento de Son. Exatamente como a Benchmark tinha previsto, a questão principal não era levantar capital novo, e sim reordenar a governança. Como parte do acordo, os poderes de supervoto seriam eliminados, reduzindo de 16% para 10% a participação de Kalanick nas votações. Khosrowshahi teria o direito de nomear novos membros para o conselho, compensando a influência de Kalanick. Efetivamente, Khosrowshahi e a Benchmark estavam usando Son para reverter o que Kalanick tinha feito com a Benchmark na época do investimento saudita.[81]

Kalanick fez o possível para resistir. O cancelamento dos poderes de supervoto envolvia um mecanismo jurídico não testado, e Kalanick tentou combatê-lo.[82] Mas a estratégia de duas vias da Benchmark o tinha encurralado. A recompensa da liquidez de Son levou mais acionistas para o lado de Gurley. O processo judicial deu a Kalanick um incentivo para fazer as pazes com seus oponentes. No fim, Kalanick concordou com o investimento de Son e com a mudança de governança, sob a condição de que a Benchmark abandonasse sua ofensiva judicial. Em janeiro de 2018, o negócio com Son foi fechado. Assim, Kalanick perdeu seu assento no conselho, e a Benchmark desistiu do processo.

Para Bill Gurley e a Benchmark, tinha sido uma experiência desgastante. Eles tinham expulsado Kalanick e salvado a empresa, mas destruindo o livro de regras do investidor de risco comum. O ultimato de Chicago, o uso de Masayoshi Son como aríete, o processo judicial: todas essas manobras tinham sido improvisadas, porque na era pré-unicórnio nenhuma delas teria sido necessária.

─────◆─────

Olhando para os excessos da WeWork e da Uber, era tentador pintar os investidores de risco como os principais culpados. "Como os investidores de risco estão distorcendo o capitalismo", dizia o título de uma retrospectiva na *New Yorker*.[83] Mas, assim como aconteceu com a reação depois do escândalo da Theranos, a crítica era muito abrangente: ela encobria os diferentes tipos de investidores em tecnologia. O capital da WeWork tinha vindo, em grande parte, de *players* não tradicionais: bancos, fundos mútuos e depois Masayoshi Son, agindo como um canal para o dinheiro do Golfo Árabe.[84] O único investidor de risco reconhecível na história da WeWork, Bruce Dunlevie, da Benchmark, forneceu apenas cerca de 1% do 1,7 bilhão de dólares levantado antes de Son assinar seu cheque monstruoso em 2017: era um exagero apresentá-lo como um facilitador significativo. Além disso, como Dunlevie tinha influência, ele a usou para se opor à demanda de Neumann por direitos de supervoto, alertando que o poder absoluto corrompe de maneira absoluta. No caso da Uber, da mesma forma, a Benchmark forneceu apenas cerca de um terço do 1% do dinheiro levantado antes do enorme investimento saudita de 2016, e Gurley tinha afastado Kalanick exatamente na tentativa de conter pelo menos alguns de seus excessos. Os líderes de torcida que investiram depois de Gurley incluíam um investidor de risco servil. Mas os facilitadores mais significativos da Uber vinham de fora do Vale do Silício.

A verdade é que os investidores de risco padrão não eram os principais vilões: nem na WeWork, nem na Uber, nem nos unicórnios superpoderosos de maneira geral. Entre 2014 e 2016, mais de três quartos do financiamento de risco de estágio posterior nos Estados Unidos vieram de investidores não tradicionais, como fundos mútuos, fundos de multimercado e fundos soberanos.[85] Mas isso em nada mudou o fato de que o setor de capital de risco enfrentava um desafio: a governança dos unicórnios estava quebrada. Em seu artigo angustiado de 2015, Gurley tinha apontado a solução mais clara: que os unicórnios deviam abrir o capital. Uma listagem pública eliminaria as distorcivas preferências na liquidação que encorajavam a imprudência dos unicórnios. Assim, forçaria os fundadores arrogantes a ouvir auditores, banqueiros, reguladores e advogados, compensando o fato de que eles se recusavam a ouvir os apoiadores de risco.

Em 2019, confirmando o argumento do artigo de Gurley, os preparativos para o IPO da Uber e da WeWork levaram a um acerto de contas saudável. Na Uber, Dara Khosrowshahi adotou os controles que Gurley havia pedido: o cargo de diretor financeiro foi ocupado, e um novo diretor jurídico sinalizava que a Uber levaria a ética a sério. Graças a essa limpeza, a abertura de mercado da Uber correu relativamente bem: a empresa encerrou o primeiro dia de negociações, em maio de 2019, com uma avaliação de 69 bilhões de dólares. Era menos do que sua maior avaliação privada de 76 bilhões de dólares, mas ainda era uma soma formidável — que permitiu à Benchmark comemorar um retorno de 270 vezes sobre o investimento.[86]

Já na WeWork, o megalomaníaco Adam Neumann desdenhava das reformas no estilo de Khosrowshahi, de modo que o processo de IPO o puniu de maneira adequada. Obrigada a publicar suas finanças no período que antecedeu seu *road show*, a WeWork gerou um documento que sinalizava a estranha semelhança da empresa com um culto. "Adam é um líder singular que provou que pode ocupar ao mesmo tempo os papéis de visionário, operador e inovador, enquanto prospera como um criador de cultura e comunidade", dizia o documento. Como empreendedor que era celebridade no mercado de capitais privado, com um público de bajuladores de estágio posterior desesperados para serem admitidos na rodada seguinte de financiamento, Neumann conseguia se safar com essas bobagens arrogantes. Mas, agora que desejava vender patrimônio para investidores públicos, enfrentava uma multidão muito mais resistente. Jornalistas que cobriam o mercado financeiro ridicularizaram as declarações da WeWork, analistas de ações encontraram falhas nos seus números, e o professor da Harvard Business School Nori Gerardo Lietz denunciou a "estrutura corporativa bizantina da WeWork, os prejuízos projetados contínuos, a abundância de conflitos, a completa ausência de qualquer governança corporativa substancial e o linguajar incomum típico da 'Nova Era'". Com os investidores do mercado público se recusando a comprar ações da WeWork, o conselho cancelou o IPO e demitiu Neumann tardiamente.

Gurley estava certo. O processo de IPO fez o que a governança privada quebrada não tinha conseguido: administrar a ducha fria de que os dois unicórnios precisavam. Mas a questão era se lições maiores seriam aprendidas e se o mundo da tecnologia ia virar a página. No rastro da humilhação da WeWork, Masayoshi Son, o maior corruptor da governança dos unicórnios, confessou seus erros. "Meu julgamento para investimentos era ruim", disse ele.[87] Como reparação, Son prometeu estimular as empresas a gerar lucros, em vez de serem "mais loucas, mais rápidas, maiores". Também prometeu que os fundadores dali em diante não teriam permissão de ter ações com aqueles nefastos direitos de supervoto; não teriam permissão para controlar a maioria dos votos do conselho; e que o próprio SoftBank desistiria de sua prática passiva de não ocupar um assento no conselho.[88] Enquanto isso, em um sinal de que a crítica de Gurley podia ter conseguido uma aceitação mais ampla, os unicórnios que em muito tinham atrasado sua listagem pública saíram das sombras. Em 2020, os IPOs apoiados por capital de risco levantaram 38 bilhões de dólares, de longe a maior quantia de todos os tempos.[89]

Mas esses eram apenas indícios de mudança, e o risco Theranos-Zenefits ainda assombrava o setor do capital de risco. Se Son ia manter seus novos padrões era uma incógnita, e outros especialistas em estágios de crescimento, incluindo a DST, de Yuri Milner, ainda se recusavam a ocupar assentos em conselhos. A onda de IPOs era um sinal encorajador, mas foi prejudicada pelo surgimento de um dispositivo chamado SPAC — uma forma de listagem pública que evitava o escrutínio e a transparência envolvidos em um processo de IPO tradicional. Enquanto isso, o clima financeiro promovia a irresponsabilidade: enquanto o Fed mantivesse as taxas de juros baixas, a abundância de capital barato faria com que o capital fosse usado de maneira descuidada. Era muito dinheiro em busca de poucos negócios, e os provedores de dinheiro quase foram obrigados a deixar a supervisão de lado para entrar nas empresas em alta. O capital de risco tinha se estabelecido como a melhor forma de financiamento para empresas jovens e inovadoras. Mas o setor não conseguiu evitar que os investidores de estágio posterior imprudentes jogassem pôquer com unicórnios.

Conclusão

SORTE, HABILIDADE E A COMPETIÇÃO ENTRE AS NAÇÕES

Para qualquer pessoa que tenha criado um filme, um livro, um podcast ou uma música, o documentário *Procurando Sugar Man* é inquietante. Ele conta a história de Sixto Rodriguez, um cantor talentoso de Detroit que era comparado a Bob Dylan e Cat Stevens. Como jovem artista no início da década de 1970, Rodriguez lançou dois discos, que naufragaram sem deixar vestígios. As vendas foram péssimas. A gravadora o abandonou. Ele foi condenado a trabalhar no setor de demolição, destruindo em vez de criar. Nas três décadas seguintes, Rodriguez envelheceu em uma casa abandonada que comprou por 50 dólares em um leilão do governo.

Nesse meio-tempo, do outro lado do mundo, uma coisa maravilhosa aconteceu. Australianos e sul-africanos descobriram os discos dele e viraram grandes fãs. Uma gravadora australiana produziu uma compilação de suas músicas, e o álbum pirata ganhou disco de platina na África do Sul. Uma das faixas se tornou um hino contra o apartheid, porém o próprio Rodriguez estava longe do estrelato. Quando assisti a *Procurando Sugar Man*, que documenta a obscuridade e a fama simultâneas do cantor, telefonei para um amigo sul-africano e perguntei se ele já tinha ouvido falar de Rodriguez. É claro, foi a resposta. Meu amigo conhecia de cor e salteado a letra de todas as músicas. Era a trilha sonora de sua adolescência.

Como aluno de doutorado na primeira década do século XXI, um sociólogo chamado Matthew Salganik analisou mais de perto o fenômeno *Sugar Man*. Afinal de contas, versões da história de Rodriguez aconteciam constantemente nas áreas da criação: *Harry Potter* se tornou um best-seller mundial apesar de a princípio ter sido rejeitado por várias editoras. Muitos livros, músicas e filmes são bons o suficiente para ter uma chance de alcançar a fama, mas ainda assim um número ínfimo colhe a maioria dos louros, e Salganik queria entender o que determinava esses resultados desiguais. Então, junto com alguns colaboradores, ele desenvolveu um experimento. Os resultados são um bom ponto de partida para um veredicto sobre o capital de risco.

Salganik criou um site no qual as pessoas podiam ouvir músicas de artistas desconhecidos e escolher quais queriam baixar para sua biblioteca. Os participantes eram levados aleatoriamente para diferentes salas virtuais — mundos paralelos, como os Estados Unidos e a África do Sul nos anos 1970. Não foi surpresa que os participantes estivessem mais propensos a escolher músicas que outras pessoas já tinham baixado: uma resposta à influência social. À medida que a popularidade inicial crescia, cada mundo virtual criava seu próprio supersucesso, uma música tão mais popular do que as outras que o triunfo parecia inevitável. Mas essa aparente superioridade natural era enganadora. Nos diferentes mundos experimentais de Salganik, músicas diferentes chegaram ao topo. Por exemplo, uma música chamada "Lockdown" ficou em primeiro lugar em um mundo, mas, em outro, no quadragésimo de um total de 48 músicas, mesmo sendo exatamente a mesma música competindo exatamente com a mesma lista de concorrentes. Para sua surpresa, Salganik concluiu que sucessos de venda são aleatórios.[1]

Para os investidores de risco de sucesso, é claro, esse veredicto incentiva uma postura de humildade. Devido aos efeitos de retroalimentação em um negócio baseado na lei de potência, alguns investidores de risco dominam o setor, arrecadando uma grande parte dos dólares, tendo mais acesso aos melhores negócios e gerando o melhor desempenho. O resto do setor vai enfrentar dificuldades: considerando os fundos de risco levantados entre 1979 e 2018, o fundo médio teve um desempenho que por pouco foi inferior ao índice do mercado de ações, enquanto os 5% no topo dos fundos o ultrapassaram em muito.[2] No entanto, pelo menos em tese, os vencedores dessa concorrência talvez só tenham tido sorte: a corrida inicial de sucesso, possivelmente aleatória, poderia colocar em movimento as engrenagens das redes de conexões. Se conseguíssemos imitar o experimento de Salganik repetindo a história algumas vezes, talvez *Harry Potter* tivesse se perdido no esquecimento em algumas versões do passado, talvez a Kleiner Perkins tivesse investido no Facebook e não no Friendster, e talvez os chefes da Goldman Sachs tivessem mantido o investimento no Alibaba, privando Masayoshi Son do trampolim para sua segunda ascensão. Em qualquer versão da história, a lei de potência asseguraria que alguns poucos vencedores se tornassem imensos sucessos. Mas existe um elemento de sorte na definição de quem são esses astros.[3]

Em 2018, um artigo de pesquisa publicado pelo Instituto Nacional de Pesquisa Econômica dos Estados Unidos (NBER, na sigla em inglês) testou diretamente essa lógica no setor de investimento de risco.[4] Como era de se esperar, os autores confirmaram a existência de efeitos de retroalimentação. Acertos iniciais no caso das empresas de investimento de risco aumentam a chance de haver sucessos posteriores: cada oferta pública inicial entre os dez primeiros investimentos de uma firma de risco prevê um aumento de 1,6% na taxa de IPO de investimentos subsequentes. Depois de testar diversas hipóteses, os autores concluíram que o sucesso leva a mais sucesso por causa dos efeitos de reputação. Graças a um ou dois sucessos iniciais, uma marca de investimento de risco se torna forte o suficiente para mais tarde ter acesso a negócios atraentes, principalmente os de estágio posterior, quando a start-up já está indo bem e o investimento é menos arriscado, de acordo com os autores. Além disso, aqueles um ou dois sucessos iniciais parecem não refletir propriamente uma habilidade. Na verdade, decorrem de "estar no lugar certo, na hora certa" — em outras palavras: sorte. Assim como no experimento de Salganik com as músicas, sorte e dependência da trajetória parecem explicar quem vence no capital de risco.

Este livro refutou a tese de aleatoriedade, enfatizando, em vez disso, a habilidade no capital de risco. Fizemos isso por quatro motivos. Primeiro, a existência de uma dependência da trajetória não prova, de fato, que existe uma ausência de habilidade. Investidores de risco precisam de habilidade para entrar no jogo: como os autores do artigo do NBER dizem, a dependência da trajetória só pode influenciar qual, entre os muitos jogadores habilidosos, será o vencedor. Também não ficou claro de que modo a dependência da trajetória explica por que alguns operadores habilidosos derrotam outros. A descoberta de que uma futura taxa de IPO de uma sociedade aumenta por volta de 1,6% não é particularmente forte, e a história nestas páginas mostra que a dependência da trajetória costuma ser rompida.[5] Apesar da poderosa reputação, Arthur Rock não obteve sucesso depois de seu investimento na Apple. A Mayfield era uma líder no mercado durante os anos 1980, mas também não prosperou. A Kleiner Perkins prova que é possível dominar o Vale do Silício por um quarto de século e depois entrar em uma decadência abrupta. A Accel logo alcançou o sucesso, mas mais tarde passou por um período difícil antes de se reerguer. Em um esforço para manter seu senso de paranoia e vigilância, a Sequoia produziu uma lista de diversas sociedades de risco que foram bem-sucedidas e faliram depois. Era a chamada "Lista dos Defuntos".

O segundo motivo para acreditar na habilidade está na história da origem de algumas sociedades. De vez em quando, um novato chega à elite do investimento de risco de uma forma que mostra que a habilidade sem dúvida conta. A Kleiner Perkins se tornou uma líder de negócios por causa da Tandem e da Genentech. Ambas as empresas foram incubadas dentro do escritório da KP e ganharam forma com a orientação ativa de Tom Perkins; não há nada de sorte nisso. A Tiger Global e Yuri Milner inventaram a arte do capital de risco em estágios posteriores. Eles trouxeram uma abordagem genuinamente nova para o investimento em empresas de tecnologia; ofereceram muito mais do que o equivalente a outra frase de efeito de um concorrente contra outro. O método de processamento em lotes de Paul Graham na Y Combinator ofereceu uma abordagem original ao investimento no estágio de semente. O que explica o lugar de Graham na história do investimento de risco é a inovação inteligente, e não mera sorte aleatória.

O terceiro motivo é que a ideia de que investidores de risco atraem negócios com base na força de sua marca pode ser exagerada. Um negócio visto por um sócio da Sequoia também será visto por outras firmas concorrentes: em um setor pequeno e fragmentado, o que não falta é concorrência. Em geral, ganhar o negócio depende tanto da habilidade quanto da marca: é uma questão de se ter uma boa compreensão do modelo de negócios para impressionar o empreendedor; trata-se de julgar qual avaliação talvez seja a mais razoável. Uma contagem cuidadosa concluiu que sociedades de risco novas ou emergentes conquistam cerca de metade dos ganhos nos melhores negócios, e existem diversos exemplos de investidores de risco famosos que tiveram a chance de investir e fracassaram.[6] A Andreessen Horowitz não quis investir na Uber. Sua marca não poderia tê-la salvado. Peter Thiel foi um dos primeiros investidores do Stripe. Ele não tinha a convicção para investir tanto quanto a Sequoia. Quanto à ideia de que as sociedades de risco de marca têm o "privilégio" de participar em rodadas de investimento de estágio mais avançado e supostamente menos arriscadas, isso é uma coisa que varia de negócio para negócio. Em geral, o *momentum* de uma empresa unicórnio se traduz em um preço extremamente alto por suas ações. No caso da Uber, e sobretudo da WeWork, alguns investidores de estágio posterior perderam milhões.

O quarto motivo seria que a tese que refuta a habilidade não dá a devida importância às contribuições dos investidores de risco para empresas de portfólio. É bem verdade que talvez seja difícil determinar quais são essas contribuições. Começando com Arthur Rock, que foi membro do conselho da Intel por 33 anos, a maioria dos investidores de risco evitou os holofotes. Eles são treinadores, não atletas. Mas este livro desenterrou diversos casos nos quais o treinamento feito por investidores de risco fez toda a diferença. Don Valentine tirou a Atari do caos e mais tarde fez o mesmo pela Cisco. Peter Barris, da NEA, enxergou o potencial da UUNET para se tornar a nova GE Information Services. John Doerr convenceu o pessoal do Google a trabalhar com Eric Schmidt. Ben Horowitz guiou a Nicira e a Okta durante o período embrionário. É claro que as histórias sobre os investidores de risco que orientaram empresas de portfólio podem exagerar sua importância: em pelo menos alguns desses casos, os fundadores talvez tivessem conseguido resolver os próprios problemas sem o conselho dos investidores. No entanto, pesquisas quantitativas sugerem que investidores de risco têm um impacto positivo: os estudos revelam frequentemente que start-ups apoiadas por investidores de risco de alta qualidade têm mais chance de sucesso do que as outras.[7] Uma contribuição peculiar para essa literatura analisa o que acontece quando rotas de linhas aéreas facilitam as visitas de um investidor de risco a uma start-up. Quando a viagem é mais simples, a start-up apresenta um desempenho melhor.[8]

Como nos mostra a história de Sixto Rodriguez, a sorte inicial e a dependência da trajetória têm importância nos negócios que envolvem a lei de potência. É claro que o capital de risco não é uma exceção, e às vezes é melhor ter sorte do que ser inteligente: pense em Anthony Montagu, o britânico que andava com sua escova de dentes e conseguiu uma parcela da Apple. Mas a inteligência ainda é um fator importante para alcançar resultados, assim como outras qualidades que investidores de risco trazem para o trabalho: agilidade, para chegar primeiro aos fundadores mais reservados; força, para enfrentar os inevitáveis períodos sombrios quando seu investimento chega a zero; inteligência emocional, para encorajar e orientar fundadores talentosos mas indisciplinados. Grandes investidores de risco podem se transformar em instrumentos para modular as oscilações de humor de um empreendedor. Quando as coisas vão bem em uma empresa de portfólio, eles fazem as perguntas que evitam que a complacência se instale. Quando as coisas dão errado, eles reúnem a equipe e renovam seu comprometimento com a missão.

Este livro também mostrou um segundo argumento. Sejam quais forem as habilidades de determinados investidores individuais ou sociedades de risco, os investidores de risco *como um grupo* têm um efeito positivo na economia e na sociedade. O financiamento da Apple, por exemplo, certamente não é um estudo de caso da habilidade de um investidor de risco: afinal, diversos profissionais da área se recusaram a investir, mesmo que o momento fosse muito propício para um fabricante autônomo de PCs. No entanto, sejam quais forem os erros cometidos por indivíduos, no fim das contas os investidores de risco como um grupo financiaram Steve Jobs. O resultado foi uma empresa que encantou inúmeros consumidores, criando empregos e gerando riqueza para os investidores.

Assim como acontece com a alegação sobre a habilidade dos investidores de risco individuais, existem objeções legítimas à alegação do impacto coletivo deles. As dúvidas podem ser agrupadas sob três títulos. O setor de investimento de risco é melhor em ficar cada vez mais rico do que em desenvolver negócios socialmente úteis. Além disso, é dominado por um clube limitado de homens brancos e encoraja empresas disruptivas fora de controle, sem se preocupar com quem é destruído por elas.

A menos persuasiva de todas essas reclamações é que negócios apoiados por capital de risco não são socialmente úteis. É claro que as grandes empresas de tecnologia têm um lado obscuro. Empresas gigantes como Amazon, Apple, Facebook e Google têm todo tipo de impacto social, alguns bons, outros nem tanto; e os governos estão certíssimos em impor restrições aos efeitos negativos. Violações de privacidade, propagação de notícias falsas e o absoluto poder de atores privados para determinar quem pode se comunicar com quem e quando: esses são alvos legítimos para os reguladores. No entanto, isso não constitui uma acusação ao capital de risco. Quando os investidores de risco apoiaram as gigantes da tecnologia, estavam ajudando a criar produtos que eram bons para os consumidores; ninguém quer voltar a um mundo sem e-commerce, computadores pessoais, mídias sociais ou serviços de busca na internet. Se as gigantes se tornaram ameaçadoras desde então, isso se deve ao fato de terem crescido demais: o estágio inicial/ investimento de risco na sua trajetória já ficou muito para trás. Também não se pode argumentar que os investidores de risco, de alguma forma, programaram a irresponsabilidade nessas empresas quando elas ainda estavam no berço. Quanto a isso, é justamente o contrário: a maioria dos investidores de risco tende a estimular os fundadores a serem mais cuidadosos em relação às restrições legais e sociais, e não menos. No Facebook, a Accel se livrou de Sean Parker antes que ele conseguisse corromper a cultura da firma. Na Uber, a Benchmark praticamente defenestrou Kalanick. Nesse meio-tempo, os investidores de risco apoiaram dezenas de tecnologias que são verdadeiras bênçãos: mapas digitais, educação on-line, biotecnologia etc. As empresas que os investidores de risco criam são muito mais uma força para o progresso do que uma fonte de retrocesso.

O capital de risco também é atacado por causa dos negócios que não conseguiu criar — por erros de omissão. A queixa mais comum desse tipo é que o capital de risco fluiu com mais força para aplicativos mais frívolos do que para projetos úteis para a sociedade, principalmente na área vital de tecnologias para enfrentar as mudanças climáticas. Isso, porém, não se deve à falta de entusiasmo dos investidores de risco, como vimos antes. Entre 2006 e 2008, investidores de risco injetaram bilhões de dólares em energia eólica, painéis solares e biocombustíveis, triplicando o fluxo de capital em tecnologia limpa. O fraco desempenho desses fundos verdes ressaltaram a paixão ambiental dos investidores de risco: eles possivelmente elevaram seu senso de missão social acima de sua responsabilidade para com os cotistas, muitos dos quais por acaso são universidades e entidades filantrópicas. Sobretudo depois de 2018, os investidores de risco mais uma vez demonstraram seu entusiasmo por tecnologia limpa, investindo dinheiro em projetos de carros elétricos, tecnologias que promovem sustentabilidade de colheitas e softwares que impulsionam a eficiência energética de tudo, desde a reciclagem até o transporte.

Será que talvez os investidores de risco tenham boas intenções, mas seu estilo de financiar não seja adequado para áreas intensivas em capital tal como a tecnologia limpa? Essa desconfiança é parcialmente correta, mas ao mesmo tempo exagerada. É verdade que as tecnologias com alto custo de pesquisa e desenvolvimento impõem um risco extra de investimento, e os produtos que levam anos para serem desenvolvidos reduzem o retorno anual do capital dos investidores de risco. De acordo com um estudo, os investimentos de capital de risco em negócios de tecnologia limpa entre 1991 e 2019 renderam insignificantes 2% ao ano, em comparação com 24% ao ano para investimentos em software.[9] Mas o veredicto de que projetos verdes "não têm como ser apoiados por capital de risco" é abrangente demais. Por um lado, alguns não requerem nem grandes quantias de dinheiro, nem longos horizontes de tempo: um software que decide quando eletrodomésticos usam eletricidade da rede, por exemplo. Por outro lado, o fiasco da tecnologia limpa antes de 2010 foi tanto um fracasso governamental quanto do capital de risco. Os políticos começaram a retórica sobre a precificação ou regulamentação de emissões de carbono, e os investidores de risco agiram de acordo com esses sinais; quando os políticos não conseguiram pôr seu discurso em prática, não foi surpresa nenhuma que os investidores de risco tivessem sofrido perdas. Depois de 2010, não houve mais nenhum choque político equivalente, e a tecnologia limpa se saiu melhor. Entre 2014 e 2018, os investimentos de risco ecológicos tiveram ganhos brutos anuais de pouco mais de 21%, com redes inteligentes e start-ups de armazenamento de energia gerando cerca de 30%.[10] Por fim, a ideia de que investidores de risco não conseguem administrar a intensidade em capital não é comprovada pela história. As primeiras histórias neste livro mostram como, no passado, os investidores de risco foram bem-sucedidos com projetos caros de hardware: lembrem-se dos casos da Fairchild Semiconductor, da Intel, da Tandem, da 3Com, da Cisco e da UUNET.

Nas primeiras décadas do setor, os investidores de risco financiavam projetos intensivos em capital redigindo cartas de intenções adequadas. Pela paciência e grande quantia de dinheiro, eles exigiam uma grande participação das empesas de portfólio. Nos anos 1960, a Davis & Rock esperava obter cerca de 45% de qualquer start-up que apoiasse. Nos anos 1970 e 1980, os investidores de Série A costumavam esperar ter cerca de um terço de participação. Já no fim dos anos 1990, a participação caiu ainda mais: a Sequoia e a Kleiner Perkins colocaram uma imensa quantia no Google, mas só ficaram com um quarto da companhia dividida entre eles. Por fim, o ponto mais baixo: a Accel ficou com apenas um oitavo do Facebook quando apoiou Zuckerberg em 2005, uma participação que Arthur Rock consideraria irrisória.[11] Essa mudança para participações cada vez menores aconteceu graças à assertividade dos jovens fundadores de start-ups, como já vimos. Mas também refletia o fato de que start-ups de software como Google e Facebook precisavam de capital limitado com a promessa de retornos rápidos e astronômicos: não é de se estranhar que os investidores de risco tenham ficado satisfeitos com uma pequena participação nelas. Atualmente, se investidores de risco precisarem investir uma quantia imensa em projetos, terão que se lembrar do passado. Eles podem investir grandes quantias de capital se puderem ter uma grande participação da empresa resultante.[12]

O crescimento extraordinário da internet, dos smartphones e da computação em nuvem nos últimos 25 anos criou um mito de que o capital de risco só tem a ver com software. O mito é tão poderoso porque muitos dos negócios resultantes são nomes conhecidos, ocupando um espaço tão grande na consciência coletiva que tecnologias mais humildes se tornam invisíveis. Mas a suposição de que investidores de risco "só" podem apoiar softwares é duplamente equivocada. Por um lado, os softwares estão presentes em praticamente todos os setores; então, mesmo se o mito de investimento apenas em softwares fosse verdadeiro, isso dificilmente provaria que o capital de risco se limita a uma área restrita. Mas a maior questão aqui é que, ao contrário da percepção geral, a tradição pré-internet de projetos de capital intensivo continua viável.

Em 2007, uma sociedade chamada Lux Capital levantou seu primeiro fundo com uma orientação explícita de evitar as obviedades. "Nada de internet, mídia social, videogames — coisas que todo mundo continua fazendo", como explicou seu cofundador Josh Wolfe.[13] Em vez disso, a Lux investiu em áreas como robótica na área da saúde, em satélites e em tratamento de lixo nuclear, e os resultados servem para mostrar que esses desafios intensivos em capital não estão fora do alcance do capital de risco. A partir de 2020, a Lux começou a colher retornos fortes e gerenciava 2,5 bilhões de dólares em investimentos.[14] Na primeira metade de 2021, nove empresas do portfólio da Lux tiveram saídas bem-sucedidas, e a sociedade levantou mais de 1,5 bilhão de dólares.

Outro exemplo de como tecnologias de capital intensivo podem ser apoiadas pelo capital de risco é a Flagship Pioneering. Uma operação de risco com sede em Boston e foco em ambiciosos avanços médicos, a Flagship provou que alto risco e altíssimos custos podem valer a pena caso o investidor de risco tenha uma boa participação. Repetindo o que a Kleiner Perkins fez com a Genentech, a Flagship incubava start-ups internamente e eliminava os riscos extremos antes de buscar capital com outras firmas. Como resultado, em geral a Flagship retinha cerca de metade da participação quando seus projetos de sucesso abriam o capital, e, com isso, os cotistas da firma colhiam lucros excepcionais.[15] Uma start-up da Flagship, a empresa de biotecnologia Moderna, inventou uma vacina contra a Covid-19. Não poderia haver uma prova mais forte do que essa em relação à utilidade do capital de risco.

É claro que o capital de risco também é passível de cometer erros por omissão: nenhuma especialidade financeira tem resposta para tudo. Quando se trata de ciência fundamental, os laboratórios com apoio governamental sempre serão essenciais. Quando se trata de firmas com uma avaliação maior do que 5 bilhões de dólares, o mercado de ação pode prover uma melhor governança corporativa. Quando se trata de investimentos intensivos em capital — uma fábrica moderna de semicondutores, para citar um exemplo extremo —, as corporações com muitos recursos financeiros serão mais adequadas. Mas o que é muito mais surpreendente é o amplo alcance do capital de risco: levando em consideração tanto os investimentos semente quanto os de crescimento, o capital de risco é o tipo de financiamento que se deve buscar para start-ups inovadoras e ambiciosas que podem valer desde alguns milhões até alguns bilhões de dólares. Desde que a start-up tenha como alvo um mercado lucrativo e tenha chance de mais do que decuplicar o capital dos investidores, realmente não importa seu setor de atuação. Ela pode inventar um novo tipo de hambúrguer (Impossible Foods), uma nova forma de vender óculos (Warby Parker), um conceito de moda (Stitch Fix, Rent the Runway), um *headset* de realidade virtual (Oculus), um aparelho de monitoramento de condicionamento físico (Fitbit), um smartphone com preço acessível (Xiaomi), um serviço de aluguel de bicicletas e patinetes (Lime), um serviço de testes genéticos (23andMe), robôs da área da saúde (Auris Health), um serviço de bem-estar mental (Lyra Health), um serviço de pagamentos para comerciantes (Stripe, Square), ou um banco de varejo (Revolut, Monzo). Inevitavelmente, sempre haverá críticos para dizer que os investidores de risco poderiam alocar recursos na sociedade de uma forma melhor. Mas as prioridades subjetivas desses críticos também poderiam ser questionadas, e não é como se todos os negócios que não tiveram apoio de capital de risco fossem cheios de virtudes. Ao colocar o capital atrás de produtos que podem vender e gerar lucros, os investidores de risco ao menos estão respeitando as escolhas de milhões de consumidores.

◆

E quanto à segunda grande área de reclamação: a de que o capital de risco é dominado por homens brancos vindos de um grupo restrito de universidades de elite? Isso é bem mais convincente. Em fevereiro de 2020, as mulheres contavam com uma participação terrivelmente baixa, equivalendo a 16% dos sócios em firmas de investimento de risco, um singelo crescimento em relação aos 11% de 2016.[16] Em comparação, 38% dos advogados e 35% dos médicos são mulheres.[17] É bem verdade que o setor de risco está tentando melhorar. No decorrer de 2019, 42% dos novos sócios em firmas de risco dos Estados Unidos eram mulheres, e o sexismo no setor deu alguns sinais de estar diminuindo.[18] Muitos investidores de risco conhecidos por assédio sexual caíram em descrédito, e agora é mais provável que os homens sejam criticados por comentários desagradáveis. Em um artigo de 2020, pesquisadores relataram ter realizado um teste de misoginia ao enviar oitenta mil e-mails com um *pitch* de start-ups fictícias, mas promissoras, para 28 mil investidores de risco. Os *pitches* enviados claramente por mulheres empreendedoras receberam 9% mais respostas mostrando interesse do que os *pitches* idênticos enviados por homens.[19] Mas essa mudança promissora nas atitudes tem tido um impacto modesto na questão de para onde o dinheiro realmente vai. Em 2020, apenas 6,5% dos negócios de risco envolviam start-ups fundadas só por mulheres. Um número um pouco maior dos negócios, 17,3%, foi para start-ups com pelo menos uma fundadora.[20]

Em relação à raça, o progresso é ainda mais lento. Para ser justo, o negócio de risco está aberto a investidores de origem asiática: cerca de 15% dos sócios de capital de risco são etnicamente asiáticos, e essa participação dobra quando consideramos a força de trabalho.[21] No entanto, pelo lado negativo, apenas 3% dos sócios de capital de risco são negros, ainda que afro-americanos formem 13% da força de trabalho, e empreendedores negros recebem menos de 1% dos investimentos de risco.[22] Essa sub-representação dos negros demonstra um padrão em outras profissões de elite, mas é pior: para usar uma comparação plausível, a representação de negros entre gerentes financeiros chega a 8,5%, quase três vezes mais do que a participação deles no capital de risco.[23] Os americanos de origem hispânica também têm uma representação muito baixa: eles formam 4% dos sócios de risco, ainda que representem 17% da força de trabalho e 11,4% de gestores financeiros.[24] Isso não apenas é injusto como também prejudica o progresso econômico. Pessoas talentosas não estão recebendo uma oportunidade para contribuir com a inovação. Em um cálculo, o PIB dos Estados Unidos seria 2% mais elevado se essa questão fosse resolvida.[25]

Em 2020, na onda de protestos do movimento Black Lives Matter, alguns líderes do setor de investimento de risco prometeram melhorar. A Andreessen Horowitz criou um programa para treinar e financiar um pequeno número de fundadores com formação atípica. "Ser igual perante a lei mas desigual diante dos agentes da lei é cruel", declarou a sociedade com firmeza.[26] O First Round Capital, um dos investidores-semente que apoiaram a Uber, declarou que o próximo sócio deveria ser negro. A Google Ventures anunciou a indicação de um sócio negro, Terri Burns, que já tinha trabalhado no Twitter. Mas essas iniciativas não passam de um pontapé inicial, e por hora todo o setor é culpado por essa diferença. Todo o setor é uma província de homens brancos vindos de algumas poucas universidades de elite: entre os investidores de risco com MBA, um terço deles se formou em Stanford ou Harvard.²⁷ O setor de investimento de risco constitui uma meritocracia até certo ponto, mas também é o que os críticos chamam de "*mirror-tocracy*" ["espelhocracia", numa tradução livre].

◆

Por fim, existe uma terceira grande área de reclamação: a de que o capital de risco encoraja rupturas sem controle. Essa linha de críticas costuma ser uma reação contra a *blitzscaling* (ou escalada relâmpago) em empresas como a Uber. O termo foi cunhado por Reid Hoffman, um investidor de risco da Greylock e antes disso fundador do LinkedIn, e se referia originalmente a uma obrigação mais do que a uma escolha: o setor de redes de comunicação, no qual prevalece a lógica de que o vencedor fica com tudo, obriga as start-ups a correr para conseguir escala antes que os concorrentes consigam.²⁸ No entanto, nas mãos de investidores menos atentos, a *blitzscaling* começou a significar nada mais do que "enriqueça rápido", uma frase para ser arquivada junto com outros notórios gritos de guerra, desde a prescrição de Masayoshi Son para ser "mais louco, mais rápido e maior" até o chamado de Mark Zuckerberg para "ser rápido e quebrar as coisas". Até mesmo os receptores dos fundos de reserva de emergência financeira da *blitzscaling* começaram a dizer que isso era uma jogada desleal. Em 2019, o empreendedor Jason Fried declarou que o capital de risco "mata mais negócios do que ajuda", porque grandes fundos de reserva de emergência financeira dos investidores de risco criam uma pressão para se gastar antes que os gestores saibam direito como gastar de forma inteligente. "Você planta uma semente, e ela precisa ser regada. Mas, se você derramar um balde inteiro nela, vai matá-la", declarou Fried, sem rodeios.²⁹ Constatando o grande número de empresas apoiadas por investidores de risco que fracassam, o empreendedor Tim O'Reilly faz uma provocação: "*Blitzscaling* não é, na verdade, uma receita para o sucesso, mas sim um viés de sobrevivência disfarçado de estratégia."³⁰

Ainda assim, a crítica de O'Reilly é menos uma acusação aos investidores de risco do que um aviso para os fundadores. Se o objetivo de um empreendimento é autonomia pessoal, os fundadores devem compreender que o capital de risco vem com condições. Se os empreendedores querem cultivar suas empresas em um ritmo planejado, o capital de risco pode muito bem criar uma pressão indesejada. No entanto, enquanto os fundadores inexperientes talvez precisem ouvir essas verdades, os investidores de risco as compreendem muito bem: eles são os primeiros a dizer que fundadores cautelosos devem levantar capital em outro lugar. "A grande maioria dos empreendedores NÃO deveria aceitar capital de risco", escreveu Bill Gurley no Twitter em janeiro de 2019. "Eu vendo combustível para jatos", disse Josh Kopelman, da First Round Capital, "mas algumas pessoas não querem construir um jato."[31] Como esses comentários indicam, os investidores de risco podem ser capazes de apoiar empresas dos mais diversos setores, mas, em outro sentido, sua competência é restrita. O capital de risco é indicado apenas para uma minoria ambiciosa que deseja correr o risco de crescer rápido, e os investidores de risco, mais do que qualquer um, têm um interesse em respeitar os limites. Se forçarem capital demais em firmas que não são adequadas, eles estão fadados a perdê-lo.

Entretanto, de forma sutil, a crítica de O'Reilly levanta uma pergunta delicada sobre o capital de risco. A questão não são os fundadores que tentam crescer rápido demais e fracassam: eles aceitam o capital de risco de forma voluntária, supostamente conhecendo os perigos. Na verdade, a questão são os fundadores que crescem rápido demais e são bem-sucedidos, pois eles vão subverter a vida de pessoas em empresas já consolidadas. É claro que o deslocamento costuma ser um preço justo a se pagar por avanços tecnológicos: a destruição pode ser criativa. No entanto, se o deslocamento é derivado não da tecnologia, mas do financiamento dela, o julgamento pode ser diferente. Quando investidores de risco injetam dinheiro para uma *blitzscaling*, o resultado pode ser uma manada de unicórnios que consegue vender seus produtos a preços abaixo dos custos, desestabilizando setores já estabelecidos não necessariamente porque são tecnologicamente superiores, mas por serem subsidiados por capital de risco. Por exemplo, nos aplicativos de carona, os investidores de risco bancaram as tarifas que eram mantidas artificialmente baixas para os passageiros, forçando as operadoras de táxi a competir em condições distorcidas. A justificativa moral e política para uma concorrência agressiva de mercado é a de que ela deve ser justa. Se o mercado foi manipulado, ela perde a legitimidade.

Nenhum sistema econômico é perfeitamente livre de distorções, então a questão é se a *blitzscaling* eleva o nível para um ponto em que as distorções se tornam prejudiciais. Se pudesse ser demonstrado que as empresas unicórnio estão derrubando empresas consolidadas mais eficientes, então a *blitzscaling* talvez esteja prejudicando a eficiência geral da economia. No pico do frenesi da *blitzscaling* em 2018, dois acadêmicos tentaram fazer essa afirmação. "Empresas que estão perdendo dinheiro podem continuar funcionando e minando as consolidadas por muito mais tempo do que antes", escreveram eles. "É possível que essas firmas estejam destruindo valor econômico."[32] No entanto, embora essa contenção possa estar certa algumas vezes e em alguns setores, ela certamente está errada na grande maioria dos casos.

Os motivos começam com a natureza da competição de mercado. Vale repetir: nenhum sistema econômico está perfeitamente livre de distorções, e empresas já consolidadas costumam ter vantagens poderosas; elas gozam de economias de escala, marcas fortes, regulamentações governamentais que ajudaram a modelar e relacionamentos estabelecidos com distribuidores e fornecedores. Considerando essas vantagens, a *blitzscaling* que ajuda os insurgentes pode servir como um nivelador, não um deturpador. Na questão dos aplicativos de carona, por exemplo, as operadoras de táxi já consolidadas costumavam ter os reguladores municipais no bolso. Os dólares de risco que barateraram o serviço serviram para equilibrar aquela vantagem injusta.[33] "É possível defender que, se a Uber, a Lyft e o Airbnb não tivessem tido uma escalada relâmpago, eles estariam presos em questões burocráticas, e o futuro que tentavam construir não teria apenas acontecido de forma mais lenta, simplesmente não teria acontecido", comentou o próprio O'Reilly. Em tese, uma quantia realmente imensa de dólares pode representar uma correção exagerada: quando aventureiros como Masayoshi Son estão impondo o ritmo, a crítica contra a *blitzscaling* pode até ter algum fundamento. Mas a *blitzscaling* causada por aventureiros não é culpa do setor de capital de risco como ele costuma ser praticado: lembrem-se de que Bill Gurley ficou horrorizado com a taxa de consumo da Uber. Depois da humilhação da WeWork, até mesmo Son fez um *mea-culpa*.

Deixo aqui um último ponto que vale a pena ressaltar sobre *blitzscaling*. Seu objetivo é estabelecer um poder de mercado — algo bem perto de um monopólio. Isso pode prejudicar a sociedade de três maneiras: empresas superpoderosas podem pagar menos a fornecedores e trabalhadores, sobrecarregar os consumidores e sufocar a inovação. No entanto, a resposta certa para esse problema é regular os monopólios assim que eles surgem, e não punir o capital de risco. Afinal de contas, o capital de risco se resume a romper o poder corporativo entrincheirado: ele é inimigo do monopólio. O desafio à Amazon vem de firmas mais jovens financiadas por investidores de risco: novas marcas voltadas para o consumidor como a Glossier, que são pagas com a ajuda de outras novas marcas, tais como o Stripe. Da mesma forma, o desafio do Facebook vem da próxima geração de plataformas de mídia social: a Sequoia financiou o TikTok; e a a16z, o Clubhouse. O fato de o Facebook ter engolido dois adversários de peso no passado, o Instagram e o WhatsApp, também não enfraquece esse ponto. Por um lado, as autoridades que monitoram a concorrência, respondendo ao ceticismo crescente das grandes empresas de tecnologia, podem bloquear a aquisição de futuros concorrentes pelo Facebook. Por outro lado, os altos preços que o Facebook pagou pelo Instagram e pelo WhatsApp criaram grandes incentivos para que investidores de risco financiem a próxima rodada de concorrentes.

Qualquer grupo que se torne tão rico e poderoso quanto os habitantes de Sand Hill Road merece um escrutínio crítico. No entanto, das três reclamações consideradas aqui, apenas uma tem fundamento. O setor de capital de risco realmente é um grupinho: homens demais, brancos demais e Harvard/Stanford demais. Um setor com tanta influência para modelar o futuro deveria levar a diversidade mais a sério. Não é verdade, porém, que o capital de risco não seja adequado para setores mais socialmente relevantes, como o de tecnologia limpa, por exemplo. Nem é real a mentalidade de que a *blitzscaling* "pense grande ou nem tente" seja em geral radical o suficiente para prejudicar a eficiência da economia. Enquanto a tecnologia permeia todos os detalhes da vida, as sociedades democráticas têm o direito de se preocupar com os pontos negativos, desde o surgimento de monopólios até a propagação de notícias falsas e o comprometimento da privacidade. Mas essas ameaças vêm de gigantes maduras de tecnologia. Longe de entrincheirar essas plataformas, o capital de risco pode muito bem acabar com elas.

Enquanto isso, pelo lado positivo, uma avaliação dos investidores de risco como um grupo deve reconhecer os pontos fortes a seu favor.

Faculdades de administração e finanças já mostraram de forma conclusiva que empresas financiadas por investidores de risco têm um impacto desproporcional na criação de riquezas e inovação. Apenas uma fração de 1% das firmas dos Estados Unidos recebem financiamento de capital de risco.[34] No entanto, em um estudo cobrindo um quarto de século, entre 1995 e 2019, Josh Lerner e Ramana Nanda descobriram que empresas financiadas por investidores de risco são responsáveis por 47% dos IPOs não financeiros dos Estados Unidos; em outras palavras, uma firma com financiamento de capital de risco tinha muito mais chances de chegar ao mercado de ações do que uma que não teve esse tipo de financiamento. Além disso, as empresas financiadas por investidores de risco que abriram o capital tendiam a se sair melhor do que as empresas que não tiveram esse apoio, além de gerar muito mais inovação. Desse modo, mesmo que empresas financiadas por investidores de risco correspondessem a 47% dos IPOs, elas corresponderam a 76% do valor de mercado no final do estudo. Também corresponderam a um total de 89% do gasto com pesquisa e desenvolvimento.[35] Outra pesquisa confirma que mais investimento de risco leva a mais pedidos de patentes; além disso, as patentes financiadas por investidores de risco estão entre as 10% mais citadas.[36] Essas conquistas intelectuais geram excedentes produtivos para o resto da economia. Uma tecnologia criada por uma empresa pode ser útil para outras empresas.

Produtos inovadores podem impulsionar a eficiência de indivíduos e firmas em termos globais.

O sucesso indubitável de empresas financiadas por capital de risco costuma ser qualificado com uma pergunta: os investidores de risco criam sucesso ou simplesmente aparecem para usufruir dele? Mas, como já vimos, uma outra linha de pesquisa mostra como start-ups que se beneficiaram com a orientação de investidores de risco se saem melhor que as outras, e este livro relatou vários casos de investidores de risco que tiveram um impacto positivo em empresas de portfólio. Além disso, mesmo que a habilidade do investidor de risco fosse apenas na seleção de negócios, e não na mentoria de start-ups, essa habilidade por si só já seria valiosa. Uma seleção inteligente de negócios aumenta as chances de as start-ups mais merecedoras conseguirem o capital de que necessitam. Isso assegura que as economias da sociedade sejam alocadas de forma produtiva.

Além disso, essa defesa dos investidores de risco centrada nas finanças também deve ser complementada por uma defesa sociológica. Graças ao trabalho de AnnaLee Saxenian, já está claro que o Vale do Silício superou Boston como centro de inovações devido à qualidade de sua rede de conexões: talentos e ideias fluíam mais livremente entre as pequenas start-ups da Califórnia do que entre as herméticas corporações de Massachusetts. Este livro enfatizou mais um ponto: o de que as redes de conexão férteis enfatizadas por Saxenian são cultivadas, acima de tudo, por investidores de risco. Para dar início às engrenagens de inovação na Califórnia, Arthur Rock foi tão importante quanto a presença de Stanford ou o fluxo de contratos de defesa. Ao superar Boston, o Vale do Silício dependia de investidores de risco como o time atrás da 3Com, empresa de ethernet que buscou financiamento na Costa Leste, mas acabou decidindo que não havia substituto para o capital de risco da Costa Oeste. É interessante o fato de que a ascensão do maior desafiador do Vale do Silício — a China — também pode ser considerada um produto do capital de risco. Em uma repetição do próprio desenvolvimento do Vale, as empresas de internet da China começaram graças a investidores de risco americanos ou treinados por americanos. Vemos novamente que a contribuição do capital de risco para a comercialização de ciências aplicadas é inequívoca.

Essa contribuição cresceu e vai continuar crescendo. Entre 1980 e 2000, empresas com apoio de investidores de risco já correspondiam a substanciais 35% dos IPOs dos Estados Unidos. Nas duas décadas seguintes, essa participação saltou para 49%.[37] Olhando para o futuro, o capital de risco vai avançar ainda mais graças a uma mudança fundamental na economia. No passado, a maior parte dos investimentos corporativos era *tangível*: o capital é destinado a comprar bens físicos, maquinário, edifícios, ferramentas e assim por diante. Agora muito do investimento corporativo é *intangível*: o capital vai para pesquisa e desenvolvimento, design, pesquisa de marketing, processos de negócios e software.[38] Os novos investimentos intangíveis caem direto no ponto ideal dos investidores de risco: ao explicar capital de risco lá em 1962, Rock disse que estava financiando o "valor contábil intelectual". Em comparação, ativos intangíveis são desafiadores para outros tipos de financiamento. Bancos e investidores de ação tentam se proteger de perdas ao pedirem "garantias" — reivindicações sobre os ativos do tomador de empréstimo que podem ser resgatadas e vendidas no caso de o tomador ficar inadimplente. Mas os ativos intangíveis exibem uma capacidade de *afundar*: uma vez que o investimento é feito, não existe nenhum objeto físico que possa ser pego para recuperar o capital.[39] Da mesma forma, investidores tradicionais do mercado de ações avaliam a empresa parcialmente ao calcular seus ativos físicos, que estão claramente listados em demonstrações financeiras. Porém os ativos intangíveis são mais difíceis de medir. Eles escapam das regras de contabilidade padrão e seu valor é pouco claro: para avaliar um projeto de desenvolvimento de software, por exemplo, você precisa estar perto da tecnologia. Os investidores de risco são mais bem equipados para alocar capital neste mundo confuso: um mundo no qual o tangível é deslocado pelo intangível.

Como o capital de risco combina particularmente bem com ativos financeiros intangíveis, não é surpresa nenhuma que ele tenha se espalhado geograficamente. O Vale do Silício ainda é o centro do setor: nos Estados Unidos ele é a sede de dois terços das sociedades de risco, e, além disso, a participação da Califórnia na arrecadação de fundos de risco saltou de 44% para 62% entre 2004 e 2019.[40] Ao mesmo tempo, porém, investidores com sede na Califórnia estão cada vez mais dispostos a financiar empresas em outros estados, e a explosão de fluxo em fundos de capital de risco deixou dinheiro suficiente para encontrar o caminho para sociedades fora do Vale. Os maiores beneficiários são os centros financeiros tradicionais: Boston e Nova York. No entanto, o dinheiro também seguiu para cidades industriais fortes, como Los Angeles e Seattle, e até mesmo para lugares mais surpreendentes: a Drive Capital, liderada por dois ex-Sequoia, gerencia fundos de 1,2 bilhão de dólares de sua sede em Ohio. Com o advento do trabalho remoto devido à pandemia do coronavírus em 2020 e 2021, uma procissão da realeza tecnológica abandonou os engarrafamentos do Vale do Silício em busca de impostos e aluguéis mais baratos, com Austin, no Texas, e Miami, na Flórida, surgindo como dois destinos concorridos. Joe Lonsdale, o líder de uma sociedade chamada 8VC, fez sua mudança para Austin, apostando que a inovação pode acontecer em qualquer lugar. "Pessoas talentosas estão construindo empresas de tecnologia por todo o país", escreveu ele. "Estamos apostando que o futuro dos Estados Unidos será construído no meio do país, em lugares com bons governos e custos de vida razoáveis."[41]

Ao enfatizarem a vantagem do capital de risco no financiamento dos setores do futuro, os centros de risco começaram a crescer fora dos Estados Unidos. Entre 2009 e 2018, quatro das principais cidades para investimento de capital de risco eram fora do país: Pequim, Xangai, Shenzhen e Londres.[42] Outros centros promissores de capital de risco surgiram em Israel, no Sudeste Asiático e na Índia. Até mesmo a Europa, geralmente uma retardatária digital, viu seus investimentos de risco dobrarem em cincos anos até 2019.[43] Em 2021, três latino-americanos apareceram na Lista Midas da *Forbes*, a primeira vez que alguém da região foi listado. De modo geral, a participação dos Estados Unidos no financiamento de risco em todo o mundo caiu de cerca de 80% entre 2006 e 2007 para menos de 50% entre 2016 e 2019.[44] Uma geração atrás, os cientistas e engenheiros viam os Estados Unidos como única opção para fundar uma empresa. Hoje eles veem oportunidades em todos os lugares.

A adoção global do capital de risco confirma o que argumentamos aqui: os atrativos do setor pesam muito mais do que as supostas desvantagens. Como indivíduos, os investidores de risco exibem habilidade. Como grupo, financiam as empresas mais dinâmicas, geram riqueza, bem como pesquisa e desenvolvimento desproporcionais, e unem a fértil rede de comunicações que impulsiona a economia do conhecimento. No futuro, à medida que os ativos intangíveis ofuscarem cada vez mais os tangíveis, o estilo prático dos investidores de risco vai contribuir ainda mais para a nossa prosperidade. É claro que existe uma miríade de problemas sociais que o setor de risco não vai consertar, e alguns deles podem até ser exacerbados: a desigualdade, por exemplo.[45] Mas a resposta certa para a desigualdade não está em duvidar da importância do capital de risco nem em jogar areia nas suas engrenagens. A resposta é taxar as pessoas afortunadas que prosperaram fabulosamente nas últimas gerações — inclusive as que fizeram fortuna como investidores de risco.

Ainda assim, por um paradoxo, o sucesso do investimento de risco prepara o setor para um novo desafio. À medida que se espalha pelo mundo, ele se verá cada vez mais no meio do fogo cruzado de grandes rivalidades por poder.

◆

A geopolítica do investimento de risco passou por duas fases. Na primeira, indo mais ou menos do financiamento da Fairchild Semiconductor até o do Alibaba, não havia praticamente nenhum capital de risco fora dos Estados Unidos, então a questão de competição nacional era irrelevante. Na segunda fase, que se inicia mais ou menos na virada para o século XXI, o capital de risco começou a se espalhar, mas, assim como a maioria dos aspectos da globalização, isso foi visto, de forma geral, como um processo em que todos ganham. Quando os investidores de risco dos Estados Unidos alimentaram a economia digital da China, esta saiu ganhando, mas os Estados Unidos também, por terem conseguido retornos excepcionais dos investimentos chineses. Apenas uma minoria de observadores se preocupou com a possibilidade de a crescente sofisticação tecnológica da China ameaçar interesses norte-americanos. Afinal de contas, o Vale do Silício tinha uma vantagem tão grande que uma pequena ajuda para a China dificilmente mudaria o cenário.

Por volta de 2017, a geopolítica do investimento de risco entrou em uma terceira fase. Tanto nos Estados Unidos quanto na China os líderes ficaram menos inclinados a ver a globalização como uma situação em que todos ganham e passaram a enxergar o mundo mais sob termos de concorrência. Nesse meio-tempo, à medida que a rivalidade de grandes potências se intensificava, a liderança na economia digital se evaporou. A China tinha tantas empresas unicórnio quanto os Estados Unidos e, em algumas tecnologias, ficou ainda na frente: drones, pagamentos móveis, equipamento de rede 5G de próxima geração. O hábito dos consumidores chineses de controlar cada aspecto da vida por meio do smartphone gerou uma extraordinária densidade de dados, e a mão de obra barata dos chineses permitiu o trabalhoso processo de classificar esses dados; combinados, esses dois fatores deram à China uma vantagem na corrida para o treinamento de sistemas de inteligência artificial. Em 2017, o Vale do Silício estava bastante empolgado com as criptomoedas, apesar de sua utilidade duvidosa. Nesse período, as start-ups chinesas saíram na frente no setor de inteligência artificial, desenvolvendo aplicações para empréstimos instantâneos via smartphone, passando por algoritmos de recomendação até reconhecimento facial.[46] Naquele mesmo ano, a China ultrapassou os Estados Unidos como principal fonte de retornos de capital de risco.[47] Não parecia se tratar de uma coincidência.

Com os Estados Unidos e a China em espírito de concorrência, e com a diferença tecnológica diminuindo, as antigas suposições de que todos ganhavam com o contato precisaram ser reavaliadas. Por causa da contribuição desproporcional para o crescimento econômico e a inovação, o capital de risco se tornou um dos pilares do poder nacional e não pode ser deixado de lado dos cálculos geopolíticos. Em retrospecto, agora com a vantagem de uma compreensão tardia, o papel dos investidores de risco norte-americanos na construção do setor de tecnologia chinês beneficiou mais a China do que os Estados Unidos: os investidores americanos ganharam dinheiro, mas a China ganhou setores estratégicos. Essa vantagem chinesa é mais clara nas áreas em que o capital de risco dos Estados Unidos ajudou a China a desenvolver tecnologia com potencial militar. O fabricante de drones líder de mercado é a DJI Technology, com sede em Shenzhen, que conta com a Accel e a Sequoia como apoiadoras.[48] O Exército dos Estados Unidos baniu o uso interno de hardware da DJI Technology por motivos de segurança, e em 2020 o Departamento de Justiça dos Estados Unidos proibiu o uso de fundos federais para a compra de produtos da DJI. Da mesma forma, umas das principais empresas de inteligência artificial do mundo é a SenseTime, que arrecadou fundos com a Tiger Global. A SenseTime está na lista de sanções do Departamento de Comércio dos Estados Unidos devido a seu trabalho com agências de vigilância da China, principalmente a província de Xinjiang, de maioria muçulmana.

Essas contribuições norte-americanas para o poderio tecnológico da China são ainda mais significativas por causa da mudança no equilíbrio militar. Até muito recentemente, a vantagem militar dos Estados Unidos era garantida por sua superioridade em áreas como aeronaves furtivas, porta-aviões e munições de precisão. Mas os líderes militares chineses pretendem ultrapassar essas tecnologias ao estabelecer a liderança em armamento de inteligência artificial: enxames de drones baratos, descartáveis e autônomos podem tornar os porta-aviões obsoletos.[49] Os comandantes dos Estados Unidos entendem igualmente bem o potencial da inteligência artificial, mas parecem determinados a manter os hábitos de compra de armas que os levaram ao domínio no passado — um tipo de versão militar do dilema do inovador. Em algum momento dos anos 2030, a Marinha dos Estados Unidos planeja começar a construir seu próximo caça a jato baseado em porta-aviões, o F/A-XX, que contará com um piloto humano. Nesse meio-tempo, o campo de batalha do futuro será dominado por aeronaves inteligentes, pequenas e não tripuladas. O software vai dominar a guerra.

Para vencer a corrida armamentista baseada em inteligência artificial, o ministro da Defesa da China reuniu um conjunto de mais de duzentos pesquisadores em inteligência artificial na Universidade Nacional de Tecnologia de Defesa, criando o maior esforço governamental de pesquisa em inteligência artificial do mundo. Mas esse projeto enorme não é o centro da estratégia chinesa. Tendo experimentado a potência do capital de risco no estilo norte-americano em criar empresas globais como o Alibaba e a Tencent, a China compreendeu que a forma de estabelecer seu domínio nos armamentos baseados em inteligência artificial é dominando os negócios civis de inteligência artificial. É bom lembrar que a inteligência artificial é uma concorrência de escala: você precisa de muitos dados, muita potência computacional e muito investimento em equipes de pesquisa que aperfeiçoem os algoritmos. Somente uma empresa global próspera deve conseguir esse feito. A SenseTime já emprega três vezes mais pesquisadores na área de inteligência artificial do que a Universidade Nacional de Tecnologia de Defesa da China e já construiu uma infraestrutura mais poderosa do que a dos supercomputadores de primeira linha do Oak Ridge National Laboratory, no Tennessee. Os cientistas da SenseTime desenvolveram laços com pesquisadores de inteligência artificial no ocidente: em 2018, a MIT-SenseTime Alliance on Artificial Intelligence estava financiando 27 projetos em diversos departamentos do MIT.[50] Por hora, as equipes de inteligência artificial nas empresas dos Estados Unidos, como o Google, são ainda maiores. Mas o Google tem uma visão cética em relação ao poder dos Estados Unidos, então é difícil transformar a força tecnológica da empresa em domínio militar. Em 2018, enfrentando a pressão de seus cientistas liberais e multinacionais, o Google se retirou do Projeto Maven, uma iniciativa de inteligência artificial do Pentágono. Enquanto isso, as grandes empresas de defesa dos Estados Unidos já tradicionais — Boeing, Raytheon Technologies, Lockheed Martin — têm um pequeno orçamento de pesquisa em comparação com as gigantes de software.[51] Elas não estão em posição de conseguir grandes avanços em armamentos baseados em inteligência artificial.

Em suma, a SenseTime, a DJI e outros produtos do ecossistema de capital de risco da China apresentam um desafio aos Estados Unidos. O capital de risco está mudando a balança do poder, tanto em termos comerciais quanto militares. A questão é o que os governos deveriam fazer diante dessa mudança. Como podem maximizar suas chances de ter um setor empreendedor próspero, com toda a vantagem geopolítica que vem com ele? E, principalmente, como os Estados Unidos deveriam responder à China?

◆

Os esforços do governo para promover inovações com financiamento de investidores de risco tendem a gerar um debate que é polarizado de uma forma nada produtiva. Por um lado, os libertários da tecnologia estão errados ao fingir que as intervenções do Estado não contribuem com nada. Como já vimos, a internet começou como um projeto do Pentágono, e Marc Andreessen construiu o primeiro navegador da web quando estava trabalhando em um laboratório universitário financiado pelo governo. Duas mudanças na política governamental — a suspensão das restrições aos investimentos de fundos de pensão em capital de risco e as reduções no imposto sobre ganhos de capital — em muito contribuíram para o fluxo de dólares em fundos de risco nos Estados Unidos por volta de 1980. Por outro lado, aqueles que acreditam na política industrial governamental também estão errados ao encobrir os repetidos fracassos de intervenções do Estado. Nos anos 1960, o apoio do governo dos Estados Unidos a pequenas empresas de investimento foi um grande desperdício, e acabou sendo menos eficaz do que as sociedades privadas de capital de risco. Nos anos 1980, os subsídios dos contribuintes para o setor de semicondutores dos Estados Unidos foram tangenciais para sua recuperação; a mudança do setor privado da fabricação de chips para design inovador de chips foi mais significativa. Da mesma forma, na China o investimento do Estado em educação e pesquisa científica contribuiu para o sucesso do país. Porém outras intervenções governamentais fracassaram. Desde 2014, quando o presidente da China, Xi Jinping, exaltou os tecnólogos do país para "se esforçarem para suplantarem", a China injetou uma quantia imensa de dinheiro em "fundos de orientação" governamentais; só em 2016, foram criados 566. Grande parte desse dinheiro parece ter sido desperdiçado.[52]

Outros países deixam claro que a ação governamental não constitui automaticamente uma coisa boa ou ruim: depende dos detalhes do projeto.

Em 1993, os líderes de Israel lançaram uma das intervenções de investimento de risco mais bem-sucedidas de todos os tempos: um fundo governamental avaliado em 100 milhões de dólares chamado Yozma Group. O dinheiro era usado para subsidiar firmas estrangeiras de capital de risco dispostas a ir para Israel: investidores privados comprometeram cerca de 12 milhões de dólares para um fundo, e o Yozma Group, em termos generosos, colocou mais 8 milhões, compartilhando o risco do investimento inicial e limitando sua reivindicação sobre lucros futuros. Essa concessão de capital foi combinada com algumas regras regulatórias: os investidores estrangeiros foram autorizados a usar o estilo conhecido nos Estados Unidos de sociedade de responsabilidade limitada, maximizando a liberdade e minimizando os impostos. Com esse *"crowding in"* de habilidosos operadores de capital de risco, a maioria dos quais eram norte-americanos, Israel transformou sua profunda reserva de talentos científicos em um próspero cenário de start-ups. Antes do lançamento do Yozma Group, havia apenas um fundo de risco ativo no país. Uma década depois, o governou parou de subsidiar o setor, e sessenta grupos privados gerenciavam cerca de 10 bilhões de dólares de ativos. Em 2007, a razão entre o capital de risco e o PIB era maior em Israel do que em qualquer outro país.[53]

Para fins de comparação, vamos considerar as intervenções de capital de risco da União Europeia. Em 2001, a Comissão Europeia alocou mais de 2 bilhões de euros (1,9 bilhão de dólares) em subsídios ao capital de risco, mas não conseguiu unir esse capital às características do projeto que sustentaram o sucesso de Israel. A Europa não reconheceu o uso das sociedades de responsabilidade limitada, não tratou dos regulamentos trabalhistas onerosos e não conseguiu construir um mercado de ações amigável para start-ups para facilitar a saída do capital de risco. Como resultado, em vez do *"crowding in"* de operadores privados de capital de risco, na iniciativa europeia houve um *"crowding out"*: considerando as oportunidades restritas de empreendimentos na Europa, as sociedades de investimento de risco comerciais não se interessaram em concorrer com investidores públicos subsidiados.[54] Pior ainda, como os investidores patrocinados pelo governo eram menos habilidosos e menos motivados do que os privados, esse deslocamento reduziu a qualidade do investimento de risco europeu: a seleção de negócios e as orientações pós-investimento se deterioraram. Desde o início do setor até o fim de 2007, a média de retorno de um fundo de capital de risco europeu era de menos 4%.[55]

Considerado como um todo, esse mosaico de experimentações políticas sugere um alerta e quatro lições sobre a promoção de investimento de risco. O alerta é o de que Israel é um caso à parte; Singapura e Nova Zelândia estão entre os poucos que conseguiram imitá-lo. Na maioria dos casos, infelizmente, injetar dinheiro dos contribuintes em fundos de risco se provou ineficaz, sobretudo quando o capital público atrapalha os operadores privados de investimento de risco.[56] Em tese, a ideia de impulsionar os empreendimentos ao subsidiar o custo do capital faz sentido. Afinal, ela permite que o governo ajude empreendedores enquanto reconhece que investidores privados são melhores para selecionar as start-ups e, mais importante, no seu fechamento. Entretanto, quando o governo subsidia operações de risco, elas costumam assumir alguns aspectos do governo: a burocracia, os incentivos ruins e o nepotismo. Em 2009, Josh Lerner, da Harvard Business School, publicou um relato confiável das tentativas governamentais de promover o capital de risco. O título do livro é *Boulevard of Broken Dreams* [A avenida dos sonhos destruídos, em tradução livre].[57]

Do lado encorajador, a primeira lição sobre a promoção do capital de risco é que incentivos fiscais funcionam melhor do que subsídios. Ao convidarem investidores de risco para fazer especulação com fundos governamentais, os subsídios encorajam apostas frouxas porque as perdas serão parcialmente assumidas pelos contribuintes. Em comparação, incentivos fiscais chegam ao mesmo objetivo de reduzir o custo de capital para start-ups, mas criam incentivos mais saudáveis. Os investidores precisam enfiar a mão no bolso para cada dólar investido, então eles têm bons motivos para pensar muito bem no risco. Ao mesmo tempo, os incentivos fiscais asseguram que, se a aposta for boa, os investidores de risco vão manter as vantagens. Isso reforça os incentivos dos investidores de risco para fazer os investimentos mais inteligentes possíveis e se esforçar ainda mais para ajudar as empresas do portfólio.

O mecanismo mais bem-sucedido para oferecer incentivos fiscais aos investidores de risco é com uma sociedade de responsabilidade limitada. Entre outras vantagens, essa estrutura evita a dupla taxação cobrada das corporações. Os lucros em empresas comuns são taxados primeiro no nível corporativo e, depois, quando os lucros são pagos como dividendos, no nível dos acionistas. Já uma sociedade de responsabilidade limitada é classificada como uma "entidade de repasse", pois elas repassam o resultado de investimentos de sucesso isento de impostos; os sócios então pagam o imposto apenas uma vez, quando recebem a distribuição. As sociedades de responsabilidade limitada dominam os negócios de capital de risco desde a época da David & Rock, e outra jurisdições — Grã-Bretanha, China e Israel — as incorporaram mais tarde. Ainda assim, alguns países se recusam a permitir sociedades de repasse, pois não querem que investidores ricos deixem de pagar impostos. Isso é compreensível, mas também um erro: existem formas de fazer os ricos pagarem o devido valor sem prejudicar incentivos ao empreendedorismo. Por exemplo, concessões fiscais para capital de risco podem ser combinadas com imposto mais alto sobre a herança.

A segunda lição é que incentivos fiscais para investidores de risco deveriam ser combinados com incentivos trabalhistas para as start-ups. Afinal, trabalhar em uma start-up pode ser brutal: um estudo descobriu que quase três quartos dos empreendedores com apoio de capital de risco não recebem nada quando encerram suas empresas.[58] As pessoas talentosas que dedicam sua energia a esses empreendimentos têm outras opções: podem aceitar empregos assalariados em grandes corporações. Para tirar os talentos de sua zona de conforto, o prêmio precisa ser grande, e as sociedades deveriam querer que fosse grande por causa das repercussões positivas que fluem de start-ups dinâmicas. Desse modo, os governos deveriam se esforçar para encorajar a remuneração por opções de ações para funcionários, o que surgiu como o melhor mecanismo para as start-ups com pouco dinheiro atraírem empreendedores de primeira qualidade. Ainda assim, enquanto países como Grã-Bretanha, Canadá, China, Israel e os Países Bálticos adotaram as regras legais e fiscais que fazem as opções do empregado funcionarem, outros resistem. Em alguns países europeus, garantias de ações sem direito de voto não são reconhecidas pela lei; como resultado, é impossível usá-las sem transformar a start-up em um pesadelo de governança. Em outros lugares, há impostos cobrados sobre a opção de ações na época em que é concedida; por exemplo, a Bélgica cobra 18% de imposto dos funcionários no momento em que eles aceitam uma opção de ações, mesmo que as ações possam acabar não valendo nada. Em 2020, a França tardiamente corrigiu suas leis para tornar viável a remuneração por opções de ações para funcionários, e o ministro das Finanças da Alemanha prometeu seguir o exemplo, mas a região ainda precisa atualizar muita coisa. Em comparação com seus pares europeus, os funcionários das start-ups dos Estados Unidos ganham o dobro das empresas em que trabalham.[59]

Além de facilitarem um custo baixo de capital e opções de ações para funcionários, os governos podem encorajar as start-ups de tecnologia ao estimular as invenções. Daí, a terceira lição política: os governos devem investir na ciência — tanto na formação de jovens cientistas quanto na pesquisa de base que está distante demais da comercialização para atrair o financiamento de capital de risco. Investimentos em laboratórios universitários devem ser combinados com provisões legais que permitam que as descobertas feitas sejam comercializadas. Nos Estados Unidos, a lei Bayh-Dole, de 1980, permite que as universidades patenteiem as invenções que fizeram por meio da ajuda de subsídios governamentais e licenciem tais patentes para start-ups. Como resultado, muitas universidades americanas estabeleceram sofisticados escritórios de transferência de tecnologia que conectam inventores a investidores de risco. Assim como centros industriais dependem de circulação rápida de capital e pessoas, a propriedade intelectual deve ser libertada para buscar seus usos mais proveitosos.

A última lição é que os governos devem pensar de forma global. Devem competir para atrair cientistas e empreendedores estrangeiros concedendo visto de forma mais generosa. Devem adotar também regras fiscais aceitas internacionalmente e formas legais com as quais os investidores de risco estrangeiros se sintam confortáveis. Devem ainda encorajar empresas jovens a abrir capital em mercados de ações estrangeiros se o mercado interno for subdesenvolvido. Não devem privilegiar as próprias firmas às custas da concorrência aberta global. Quanto mais um país puder se ligar a outras economias, maior o incentivo para investidores de risco escolherem start-ups: um mercado consumidor com mais potencial estimula oportunidades maiores de investimento. Israel prosperou em parte porque suas start-ups escolheram o objetivo de que seu produto fosse algo que os americanos comprariam. Destaques de grande sucesso na Europa, como Skype e Spotify, chegaram ao topo ao pegar capital de investidores de risco dos Estados Unidos e vender para consumidores dos Estados Unidos.

Para os políticos que se preocupam com o impacto geopolítico da tecnologia, é tentador fazer com que o governo se envolva diretamente no subsídio do capital de risco. No entanto, isso é um erro. Na maioria dos casos, quatro passos simples compensam mais: encorajar sociedades de responsabilidade limitada; encorajar remuneração por opções de ações; investir em educação e pesquisa científica; e pensar globalmente.

◆

Como os americanos deveriam responder ao desafio da China em particular? Aqui, existem três alavancas políticas a serem consideradas. Os Estados Unidos poderiam frear outros investimentos americanos em tecnologia na China. Isso poderia impedir os investimentos chineses de entrar nos Estados Unidos. E estes poderiam tentar proteger sua propriedade intelectual restringindo o fluxo interno de cientistas chineses, que podem ser suscetíveis à pressão de agentes do governo chinês envolvidos com espionagem industrial. Todas as três medidas iriam contra a tradicional abertura econômica e intelectual dos Estados Unidos e comprometeriam a regra do "pense globalmente" que acabamos de mencionar. Ainda assim, levando em conta a magnitude do desafio chinês, cada uma delas deveria ser considerada com seriedade.

Frear os investimentos de risco dos Estados Unidos na China é a menos atraente dessas opções. Mesmo que a onda inicial de investimentos fora dos Estados Unidos tenha dado uma vantagem para a China, o cálculo já mudou desde então. O setor de investimento de risco da China já é controlado pelos chineses. Sociedades como a Qiming não têm muito mais o que aprender com os financistas do Vale do Silício. Desse modo, há igualmente pouca vantagem estratégica em manter tais financistas fora da China. No futuro, o *know-how* que os investidores de risco levaram para a China será mais ou menos recompensado pelos lucros que eles têm e as ideias a que têm acesso. Paradoxalmente, a história de que todo mundo ganha nesse aspecto da globalização se tornou verdadeira exatamente quando a maioria dos observadores não acreditava nisso.

Restringir os investimentos de risco da China nos Estados Unidos faz mais sentido a partir de uma perspectiva americana. Esses fluxos se tornaram significativos: nos três anos entre 2017 e 2019, chegaram a 9,2 bilhões de dólares.[60] Mas os Estados Unidos ganham pouco com a presença do capital chinês no seu setor tecnológico: o país não precisa nem do capital nem da perspicácia nos negócios que talvez viessem com o capital. O ponto comum a favor de um investimento de risco estrangeiro em geral não se aplica no caso de um investimento chinês: o mercado chinês é praticamente fechado para uma ampla gama de empresas de tecnologia dos Estados Unidos, então as conexões locais de um investidor de risco chinês podem se provar inúteis. Enquanto isso, essa vantagem limitada ao permitir um fluxo interno de investimento vindo da China deve ser feita contra o risco: permitir que investidores chineses entrem na tenda do capital de risco significa que eles vão colher informações sobre tecnologias emergentes. Com certeza, muitas start-ups dos Estados Unidos não têm uma dimensão que envolva a segurança nacional, e, nesses casos, o envolvimento chinês pode parecer inofensivo. Mas, como vimos no caso da SenseTime, a tecnologia costuma ter mais de um uso. O que parece uma tecnologia civil pode se transformar em militar.

E quanto à terceira alavanca política anti-China de obstruir a entrada de cientistas chineses que querem trabalhar em empresas ou universidades dos Estados Unidos? Esse é o dilema mais complicado. Para os americanos, a vantagem de abertura para imigrantes chineses é real: os Estados Unidos se beneficiam muito mais com os cientistas chineses do que com o capital de risco chinês. No entanto, o risco de abertura também é real. O amplo programa de espionagem comercial da China inclui tentativas sistemáticas de recrutar cientistas chineses nos Estados Unidos como informantes. Para equilibrarem esses argumentos concorrentes em relação à abertura e à restrição, os Estados Unidos precisam se cercar: o país deve se manter aberto para os talentos científicos de forma geral, enquanto combate a espionagem comercial chinesa com ações de vigorosa contraespionagem. Se cientistas residentes nos Estados Unidos passam segredos para potências estrangeiras, eles devem ser presos e punidos. A comunidade de inteligência precisa ter recursos adequados para pegá-los.

A China é uma concorrente militar empenhada em sugar a propriedade intelectual de outras economias avançadas. Os Estados Unidos não têm escolha a não ser defender seus interesses, tanto os comerciais quanto os estratégicos: restringir o fluxo interno de capital de risco chinês e proteger vigorosamente a propriedade intelectual americana são formas legítimas de fazer isso. Mas, além de tentar reduzir o ritmo da China, os Estados Unidos devem se esforçar mais para ultrapassá-lo.[61] O governo deve investir de forma mais significativa em pesquisa e educação científica, semeando o terreno para inovações com apoio de capital de risco. Deve resistir também à pressão populista de sobrecarregar as sociedades de capital de risco com mais impostos. Deve construir, ainda, uma colaboração maior entre o Vale do Silício e o Pentágono, para que as firmas apoiadas pelo capital de risco ganhem grandes contratos de defesa. Essas medidas não são capazes de garantir que os Estados Unidos retenham a supremacia tecnológica, afinal as corridas por inovação são determinadas por pontos fora da curva; hoje em dia, o poder dos Estados Unidos seria diferente se a Amazon ou a Intel não existissem, assim como o poder da China seria muito diferente sem a Huawei, a gigante de redes de comunicações. Mas, se os Estados Unidos continuarem a proteger e a celebrar seu sistema de capital de risco, as chances estão a seu favor.

Essa afirmação está no julgamento de que a pesada mão do Estado da China é menos um ponto forte do que fraco. Existem pontos fortes, com certeza: a China já demonstrou um admirável compromisso com a ciência, aumentando os gastos em pesquisa e desenvolvimento como parte de seu PIB em rápido crescimento, de 0,9% em 2000 para 2,1% em 2018. Em comparação, os Estados Unidos permitem um gasto com pesquisa e desenvolvimento entre 2,5% e 2,8% do PIB.[62] No lado negativo, porém, a cultura política de autoritarismo na China está, em última análise, em conflito com o empreendedorismo de pensamento livre: um governo com interesse em manter o *status quo* não vai se arriscar a desequilibrar a balança ao estimular uma inovação transformadora. Um exemplo vívido dessa tensão surgiu no outono de 2020. Em setembro, o Alibaba assinalou para a China um notável progresso tecnológico ao revelar o Hanguang 800, um chip de aprendizagem automática que superava os concorrentes ocidentais. Levando em consideração que o projeto de semicondutores até ali havia sido o ponto fraco chinês, o anúncio foi um alerta para os fabricantes de chip nos Estados Unidos. No entanto, mesmo durante esse momento de triunfo, o fundador do Alibaba, Jack Ma, teve problemas com o governo chinês. Depois que Ma criticou a regulamentação financeira do país, o governo bloqueou o IPO da sua companhia de pagamentos, a Ant Group. O governo ainda abriu um caso antitruste contra o Alibaba, que resultou em uma multa de 2,8 bilhões de dólares. No meio dessa restrição política e governamental, o próprio Ma desapareceu dos olhos públicos por meses, e as ações do Alibaba sofreram uma queda de um quarto do preço. Na primavera seguinte, aparentemente temendo se tornar o próximo alvo, o bilionário fundador do e-commerce rival Pinduoduo abriu mão de seu cargo. "Não é seguro estar no topo", explicou um funcionário em tom sombrio.[63] No verão de 2021, esse comentário pareceu premonitório. A Tencent, a Didi e todo o setor de tecnologia educacional se tornaram objeto de sanções severas, com o aparato regulatório do Partido Comunista servindo como promotor, juiz e júri.

Apesar de todos os seus defeitos, o sistema americano não trata empreendedores com crueldade. O paralelo mais próximo do caso de Jack Ma pode ser o de Jeff Bezos, da Amazon, que enfrentou a ira de Donald Trump por ser dono do jornal *Washington Post*, com suas críticas severas. Mas esse paralelo serve apenas para mostrar a diferença, não a semelhança, entre as duas nações: na China, a ideia de que um bilionário da internet possa publicar diariamente artigos com críticas contra o governo é impensável. Basta passar um tempo com algum investidor de risco chinês para sentir a pressão sobre ele. Os dias em que Shirley Lin podia financiar o Alibaba sem chamar a atenção política se foram; agora que tecnologia digital é sinônimo de poder, os investidores de risco devem servir em comitês governamentais e investir sabendo as prioridades do governo. Em uma viagem para a China em 2019, entrevistei um investidor de risco com sede em Pequim que falou educadamente sobre a liderança construtiva do governo; depois, quando a entrevista acabou e eu desliguei o gravador, esse mesmo investidor denunciou amargamente a intervenção do Estado. Embora seja difícil ter certeza, a restrição governamental, cada vez maior desde então, provavelmente vai fazer os talentos saírem da China. Entretanto, meio século depois do auge de Arthur Rock, o pensamento livre e o espírito empreendedor exuberante do Vale do Silício continuam sendo incríveis.

Para saborear tal espírito, e para compreender seu significado geopolítico, volto à Founders Fund, de Peter Thiel. Ele é conhecido principalmente como fundador do PayPal, como investidor-semente no Facebook e como doador para causas conservadoras, entre elas a candidatura de Donald Trump à presidência — essa última característica sendo suficiente para ele ser considerado um vilão no Vale do Silício. Mas, seja lá o que qualquer um pense em relação a isso, o feito mais inesperado de Thiel está em outro lugar. A Founders Fund apoiou as duas maiores empresas de defesa criadas desde a Guerra Fria: a SpaceX, que lança satélites para o Pentágono; e a Palantir, que fornece diversos tipos de software, incluindo sistemas de inteligência no campo de batalha. Isso, por si só, já seria notável. Construir empresas com escala e credibilidade para impressionar as instituições militares não é pouco; na verdade, é o tipo de desafio de capital intensivo e longa duração que dizem que os investidores de risco não são capazes de fazer. No entanto, em 2017, não querendo descansar sobre os louros, a Founders Fund designou um sócio chamado Trae Stephens para identificar uma terceira start-up de defesa que talvez pudesse entrar para a liga principal. Quando Stephens procurou no Vale do Silício e não conseguiu nada, seus colegas responderam com um simples estímulo: se essa empresa não existe, abra uma.[64]

Quatro anos depois, o unicórnio resultante, a Anduril, está construindo um conjunto de sistemas de defesa de próxima geração. Sua plataforma Lattice combina visão computacional, aprendizado automático e rede mesh para criar uma imagem do campo de batalha. Seu Ghost 4 sUAS é um drone de reconhecimento militar. Suas Sentry Towers são alimentadas por energia solar e foram instaladas na fronteira entre México e Estados Unidos. Em uma era na qual a inteligência artificial vai esmagar as máquinas de guerra de antigamente, a aspiração da Anduril é combinar a genialidade de codificação de um Google com o foco na segurança nacional de uma Lockheed Martin.

Quanto à segurança nacional dos Estados Unidos, a Anduril pode ser transformadora, mas a empresa também serve como um lembrete de algo ainda mais significativo. Ela incorpora a audácia do Vale do Silício e a forma especial de abordar o mundo que revitaliza o capital de risco. Se os outros estão assombrados por um problema, vá até lá. Tente e fracasse, mas não deixe de tentar. Lembre-se, acima de tudo, da lógica da lei de potência: as recompensas pelo sucesso serão muito maiores do que os custos de nobres contratempos. Esse revigorante conjunto de axiomas transformou a máquina de capital de risco dos Estados Unidos em um pilar duradouro da potência nacional. Seis décadas depois da formação da Davis & Rock, ainda seria imprudente apostar contra ela.

AGRADECIMENTOS

Assim como nos meus outros livros, tenho uma grande dívida para com o Conselho de Relações Exteriores (CFR, na sigla em inglês), meu lar profissional por mais de uma década. Meus agradecimentos ao presidente do CFR, Richard Haass, e a James Lindsay e Shannon O'Neil, os chefes do programa de estudos ao qual pude me dedicar durante os quatro anos deste projeto, um privilégio que me permitiu conduzir cerca de trezentas entrevistas e assimilar fontes desde histórias orais e trocas de e-mails até vídeos no YouTube e arquivos financeiros. Richard, Jim e Shannon foram os primeiros leitores do manuscrito, assim como os três excelentes revisores anônimos indicados pelo CFR. Seus comentários atentos me ajudaram a passar pelos conhecidos estágios do esforço para um segundo manuscrito: raiva, exaustão, gratidão.

Assim como investidores de risco, escritores de obras de não ficção precisam de uma rede de conexões. Os membros do CFR Nick Beim, Steve Denning e Auren Hoffman me ajudaram com as primeiras apresentações no Vale do Silício. Além do ciclo do CFR, meu amigo Steve Drobny, fundador do Clocktower Group, me colocou em contato com investidores de risco tanto no Vale do Silício quanto na China. Minhas entrevistas em Pequim e em Xangai foram facilitadas por Kaiwen Wang, do Clocktower, com seu preciso talento para a tradução e seus conselhos analíticos. Em Hong Kong, Charlie Shi abriu as portas para seu círculo de experientes analistas da China. Ben Savage, o gestor da Clocktower Technology Ventures, me deu a chance de ter uma perspectiva interna do processo de investimento de risco ao me convidar para participar do conselho consultivo de seu fundo. Não preciso dizer que nem o Clocktower nem nenhuma das empresas de seu portfólio foram citadas neste livro. Ainda assim, a oportunidade de estar presente em reuniões de *pitch* do Clocktower com seus empreendedores e as revisões de portfólio com seus cotistas aprofundaram minha percepção dos negócios.

Diversos especialistas acadêmicos foram generosos com seus conselhos. Steven Kaplan, da Universidade de Chicago, me ajudou a navegar pelas turvas nuances dos dados de desempenho do capital de risco, chegando a explicar, em determinado momento, que o modo como uma sociedade proeminente apresentou seus retornos foi nada menos do que "vergonhoso". Josh Lerner, da Harvard Business School, e Leslie Berlin, da Universidade Stanford, fizeram comentários maravilhosos em diversos capítulos. Peter Conti-Brown, da Wharton, foi o primeiro a abrir meus olhos em relação à relevância da teoria da rede de conexões como um assunto, e Niall Ferguson, da Instituição Hoover de Stanford, me mostrou como as redes podem formar uma análise histórica. Marguerite Gong Hancock, do Computer History Museum, em Mountain View, organizou um grupo de estudos de especialistas que revisaram os primeiros capítulos do meu livro. Laura Linard e seus colegas da Baker Library, da Harvard Business School, me ajudaram a navegar pelos artigos sobre os primeiros investidores de risco da Costa Leste. Também sou muito grato aos membros do Conselho Joe Hurd e Steve Tananbaum e aos meus amigos Mala Gaonkar e Erik Serrano Berntsen, que foram solícitos ao me responderem sobre meu manuscrito. Ao mesmo tempo, dezenas de investidores de risco, empreendedores, executivos de tecnologia, advogados de start-ups e funcionários de fundos de investimento participaram de várias entrevistas estendidas. Eles me deram acesso a correspondências internas, memorandos de investimentos, dados de desempenho; fizeram passeios de bicicleta, caminhadas e, em um caso, conversamos enquanto pilotavam um avião. Sempre que possível, identifiquei essas fontes nas minhas observações. Inevitavelmente, alguns preferiram se manter anônimos.

Meus colaboradores mais próximos durante esses últimos quatro anos foram talentosos pesquisadores que trabalharam comigo no CFR. Maiya Moncino me ajudou a encontrar o formato certo para essa história e passou dois anos assimilando as fontes do início da história do capital de risco, desde o financiamento da Fairchild até o IPO da Apple. Cybèle Greenberg me ajudou a compreender a ascensão da economia digital da China, devorando tudo que havia para ler sobre as interações entre o Vale do Silício e os empreendedores chineses e a origem surpreendentemente americana do setor de tecnologia da China. Ismael Farooqui cobriu o período posterior do Vale, aprofundando-se principalmente na história da Y Combinator, no financiamento da UUNET e nos traumas de governança das empresas unicórnio. Uma sucessão de estagiários e colaboradores *freelancers* maravilhosos cobriram as diversas lacunas: James Goebel, Alan Liu, Aaron Pezzullo, Sabriyya Pate, Zaib Rasool, Jenny Samuels, Ezra Schwarzbaum, Jo Stavdal, Robert Wickers e Alex Yergin. Chegando na parte final do projeto, Arif Harianawala ajudou a elaborar os gráficos do apêndice. Também gostaria de agradecer a Toby Greenberg por seu trabalho na inserção de imagens; a Mia Council, da Penguin Press, que acompanhou o manuscrito durante todo o processo de produção; e aos magos revisores da Penguin com seus olhos de águia.

É claro que reservei alguns dos melhores para o fim. Meu grande apreço e agradecimento para meu agente, Chris Parris-Lamb, e para meus editores da Penguin, Scott Moyers, em Nova York, e Laura Stickney, em Londres. A ideia de abordar o capital de risco foi de Scott. Na verdade, embora eu talvez não devesse admitir isso, foi Scott quem sugeriu o assunto de três dos meus cinco livros, não tendo a chance de inspirar os outros dois apenas porque ainda não tínhamos nos conhecido. Com bom olho para detectar projetos promissores e um sexto sentido para mantê-los nos trilhos, ele é o equivalente editorial do melhor tipo de investidor de risco. No entanto, foi Chris que percebeu que a ideia da lei de potência deveria ser central no meu projeto e, dessa forma, forneceu tanto o título como um conceito de organização. Laura, por outro lado, tem um olhar mágico para a edição habilidosa. Ela me salvou várias vezes de exagerar no texto. Acho que tenho muita sorte de trabalhar com esse time dos sonhos.

Apêndice
GRÁFICOS

O vencedor fica com a maior parte
Desempenho do capital de risco dos Estados Unidos, percentil 95º, 75º, 50º e 25º

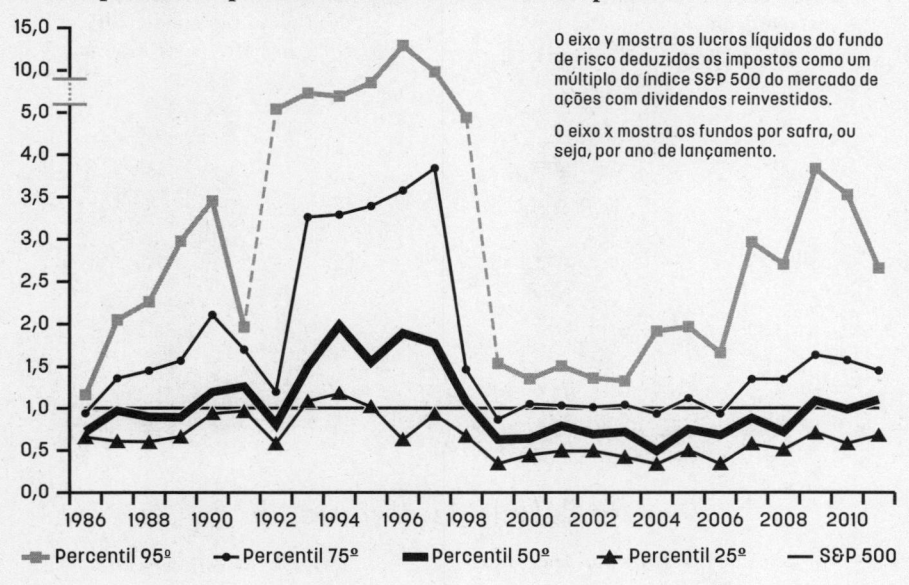

O eixo y mostra os lucros líquidos do fundo de risco deduzidos os impostos como um múltiplo do índice S&P 500 do mercado de ações com dividendos reinvestidos.

O eixo x mostra os fundos por safra, ou seja, por ano de lançamento.

■ Percentil 95º ● Percentil 75º ■ Percentil 50º ▲ Percentil 25º — S&P 500

Fonte: Steven N. Kaplan; dados da Burgiss.

Safras depois de 2011 foram excluídas porque os fundos ainda não amadureceram.

Os vencedores de investimentos de risco ganham mais
Taxa interna de retorno por estratégias de investimento, safras dos anos 2004-2016

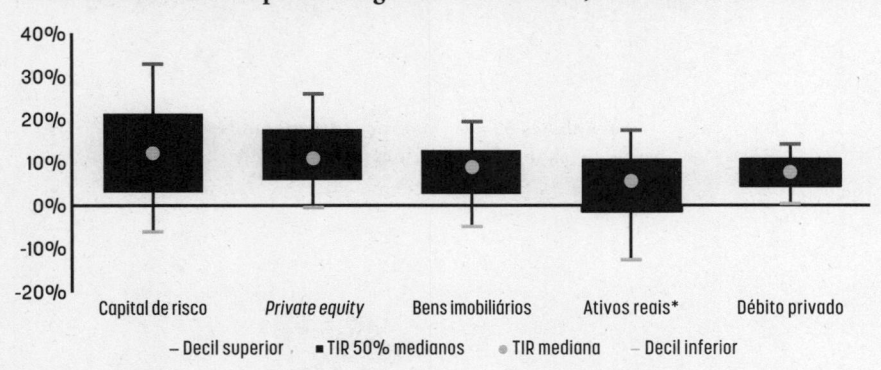

Capital de risco | *Private equity* | Bens imobiliários | Ativos reais* | Débito privado

— Decil superior ■ TIR 50% medianos ● TIR mediana — Decil inferior

Fonte: PitchBook.

*Ativos reais incluem recursos naturais, infraestrutura, madeira, metais etc.

Domínio da Califórnia

Arrecadação de fundos de risco nos Estados Unidos por estado, 2004
Arrecadação total: 17 bilhões de dólares

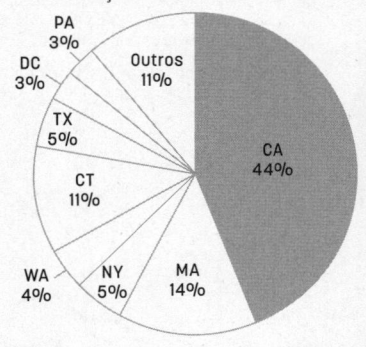

- PA 3%
- DC 3%
- TX 5%
- CT 11%
- WA 4%
- NY 5%
- MA 14%
- CA 44%
- Outros 11%

Fonte: NVCA Yearbook: dados fornecidos pela PitchBook.

Arrecadação de fundos de risco nos Estados Unidos por estado, 2019
Arrecadação total: 50,5 bilhões de dólares

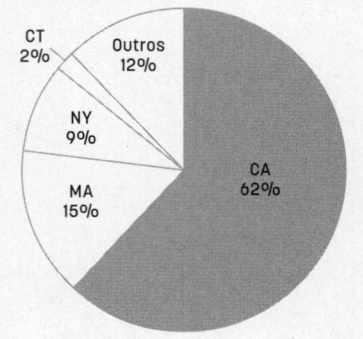

- CT 2%
- NY 9%
- MA 15%
- CA 62%
- Outros 12%

O estado é determinado pela localização do fundo/sociedade de investimento de risco.

O déficit da diversidade

Sócios de investimento de capital de risco por raça

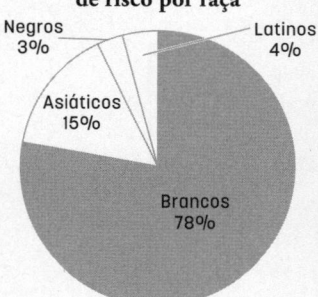

- Negros 3%
- Latinos 4%
- Asiáticos 15%
- Brancos 78%

Sócios de investimento de capital de risco por gênero

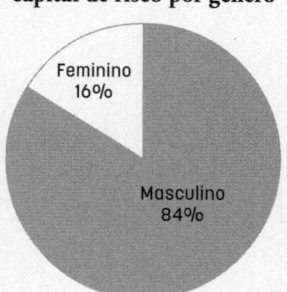

- Feminino 16%
- Masculino 84%

Faculdades de administração frequentadas pelos investidores de risco com MBA

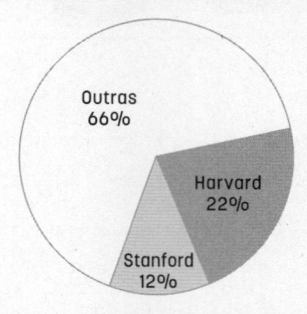

- Outras 66%
- Harvard 22%
- Stanford 12%

Fontes: VC Human Capital Survey, Deloitte, NVCA, Venture Forward, 2021; Gompers e Wang. "Diversity in Innovation", 2017.

Mudança de sorte

Principais sociedades de investimento de risco por período

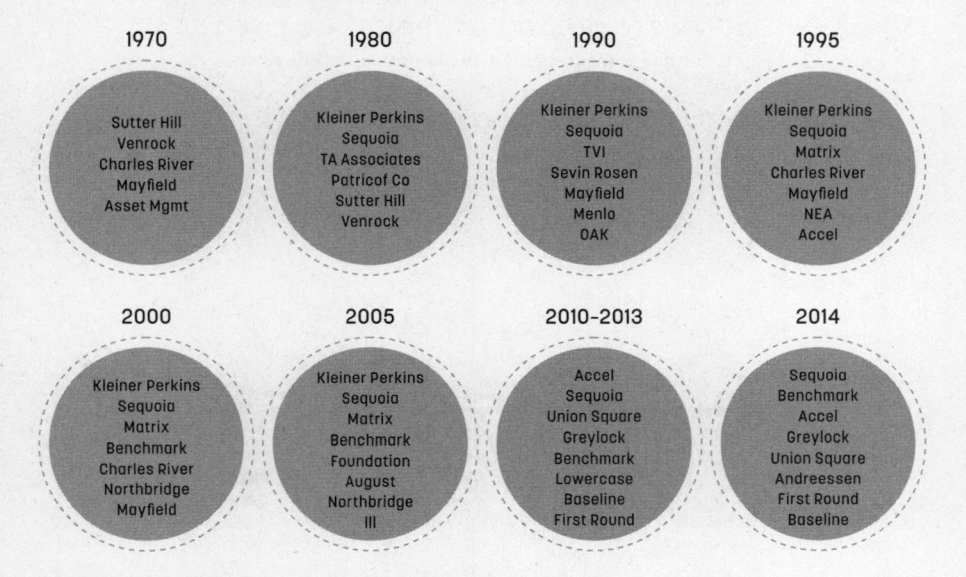

1970
Sutter Hill
Venrock
Charles River
Mayfield
Asset Mgmt

1980
Kleiner Perkins
Sequoia
TA Associates
Patricof Co
Sutter Hill
Venrock

1990
Kleiner Perkins
Sequoia
TVI
Sevin Rosen
Mayfield
Menlo
OAK

1995
Kleiner Perkins
Sequoia
Matrix
Charles River
Mayfield
NEA
Accel

2000
Kleiner Perkins
Sequoia
Matrix
Benchmark
Charles River
Northbridge
Mayfield

2005
Kleiner Perkins
Sequoia
Matrix
Benchmark
Foundation
August
Northbridge III

2010-2013
Accel
Sequoia
Union Square
Greylock
Benchmark
Lowercase
Baseline
First Round

2014
Sequoia
Benchmark
Accel
Greylock
Union Square
Andreessen
First Round
Baseline

Fonte: Joe Dowling, Brown University Investment Office; Trusted Insight.

Ascensão da China

Arrecadação de fundos de risco por região, 2006-2009
Total arrecadado em 2006-2009: 166,7 bilhões

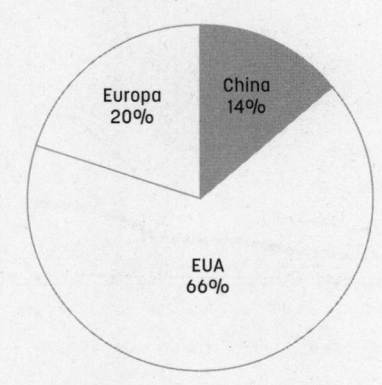

- China 14%
- Europa 20%
- EUA 66%

Arrecadação de fundos de risco por região, 2016-2019
Total arrecadado em 2016-2019: 430,6 bilhões

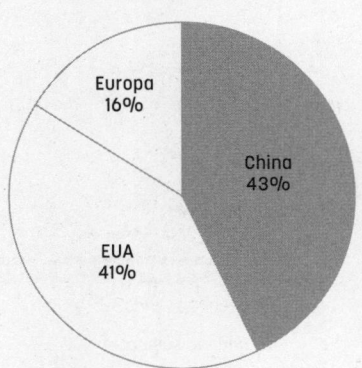

- Europa 16%
- China 43%
- EUA 41%

Fonte: EUA — NVCA, Statista; China — Zero2IPO; Europa — PitchBook.

Dados europeus convertidos para dólar dos EUA usando as taxas anuais.

Software domina o capital de risco
Valor das empresas financiadas por capital de risco

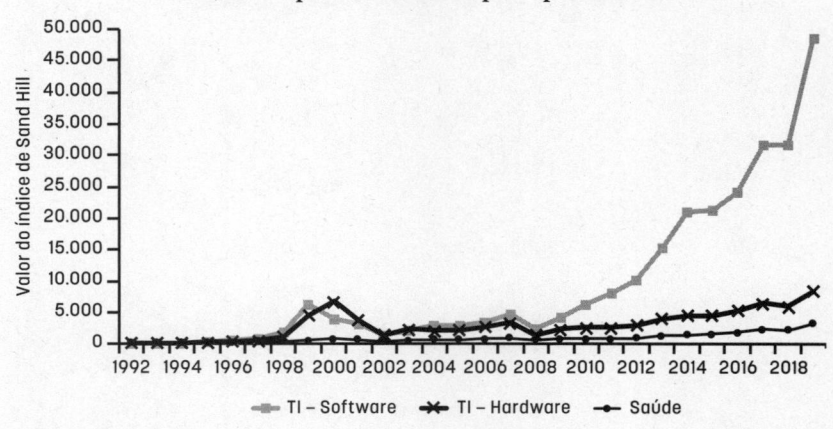

Fonte: Sand Hill Econometrics.

Os valores do índice são calculados a partir das rodadas de financiamento para 33 mil empresas com apoio de capital de risco.

A bolha das empresas unicórnio
Avaliações médias pré-investimento por estágio, milhões de dólares

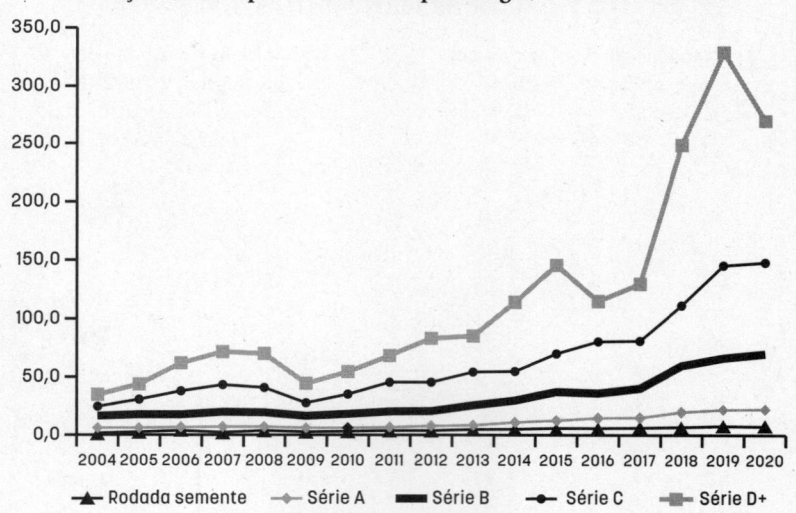

Fonte: Cambridge Associates, PitchBook Data.

NOTAS

INTRODUÇÃO: PESSOAS IRRACIONAIS

1. Patrick Brown, entrevista ao autor, 15 fev. 2019.
2. RUFFORD, Nick e CLARKSON, Jeremy. "Can the Impossible Burger Save the World?", *Sunday Times*, Londres, 16 abr. 2017.
3. Idem.
4. KHOSLA, Vinod. *The Innovator's Ecosystem*. Khosla Ventures, 1º dez. 2011. Disponível em: <www.khoslaventures.com/wp-content/uploads/The-Innovator%E2%80%99s--Ecosystem.pdf>.
5. Esta introdução apresenta conteúdo de diversas conversas com Khosla, principalmente de duas longas entrevistas que ocorreram nos dias 31 de julho de 2017 e 30 de julho de 2018.
6. BROWN, Patrick. "Food Fight to Turn Back Climate Change", entrevista conduzida por Tina Seelig, *Stanford eCorner*, 6 dez. 2017. Disponível em: < youtu.be/cDiNC89T-qbg>.
7. Khosla, em entrevista ao autor.
8. KHOSLA, Vinod. *The Innovator's Ecosystem*. Khosla Ventures, 1º dez. 2011. Disponível em: <khoslaventures.com/wp-content/uploads/The-Innovator%E2%80%99s-Ecosystem.pdf>.
9. "Arrogância e autoconfiança são todas as partes necessárias para se imaginar um futuro bem diferente." Khosla, em entrevista ao autor.
10. BROWN, Patrick. *Impossible Foods CEO Pat Brown Speaks to Harvard Students*. Green Harvard, 14 nov. 2017. Disponível em: <www.youtube.com/watch?v=FilGMTwS-Zns>.
11. BROWN, Patrick, "Food Fight to Turn Back Climate Change", entrevista conduzida por Tina Seelig, *Stanford eCorner*, 6 dez. 2017. Disponível em: <youtu.be/cDiNC89T-qbg>.

12   Dizem que os investimentos foram de 7 milhões e 9 milhões de dólares, mas os registros da Khosla Ventures mostram que o investimento inicial foi de 3 milhões de dólares.
13   Khosla, em entrevista ao autor.
14   Quando lhe perguntaram se tinha consciência da lei de potência, Khosla respondeu: "Penso nela o tempo todo." Acrescentou ainda que tirou um período sabático no Santa Fe Institute para estudar sistemas complexos com resultados da lei de potência. Khosla, em entrevista ao autor.
15   Outro indicador da estabilidade do S&P 500 é que, entre 1985 e 2015, o índice teve uma oscilação maior que 6% em apenas 19 dos 7.817 dias.
16   Fazer investimentos tipo *carry trades*, vender volatilidade e seguir o *momentum* são exemplos de estratégias de negociação populares que descartam a possibilidade de eventos extremos. Embora corram o risco de grandes perdas quando eventos extremos acontecem, eles são populares porque a distribuição das mudanças de preços é muito mais próxima do normal do que da lei de potência.
17   EVANS, Benedict. *In Praise of Failure*. 10 ago. 2016. Disponível em: <ben-evans.com/benedictevans/2016/4/28/winning-and-losing>.
18   Cálculos baseados nos dados da Bloomberg. Um "grupo do subsetor" no S&P 500 envolve geralmente entre cinco e dez empresas.
19   GRIFFIN, Tren. *A Dozen Lessons for Entrepreneurs*. Nova York: Columbia University Press, 2017, p. 125.
20   THIEL, Peter. *De zero a um: o que aprender sobre empreendedorismo com o Vale do Silício*, com Blake Masters. Rio de Janeiro: Objetiva, 2014. Thiel acrescenta ainda com certo exagero: "A lei de potência... é a lei do universo."
21   GRIFFIN, Tren. *A Dozen Lessons for Entrepreneurs*. Nova York: Columbia University Press, 2017, p. 146.
22   MALLABY, Sebastian. *More Money Than God: Hedge Funds and the Making of a New Elite*. Nova York: Penguin Press, 2010, p. 119.
23   Andy Rachleff, ex-sócio da empresa de capital de risco Benchmark, com base em pesquisas feitas no fim dos anos 1990, estima que, nos Estados Unidos, há apenas cerca de quinze start-ups, a quantidade podendo variar de três a mais ou três a menos, que um dia vai atingir a marca de uma receita igual ou superior a 100 milhões de dólares. Em geral, essas empresas tendem a crescer e ir muito além desses 100 milhões de dólares, e o retorno financeiro é igual ou maior a quarenta vezes, in RACHLEFF, Andy. "Demystifying Venture Capital Economics, Part 1". *Wealthfront* (blog), 19 jun. 2014. Disponível em: <blog.wealthfront.com/venture-capital-economics>.
24   THIEL, Peter. *De zero a um: o que aprender sobre empreendedorismo com o Vale do Silício*, com Blake Masters. Rio de Janeiro: Objetiva, 2014.
25   Os dados de Horsley Bridge indicam que os fundos de capitalistas de risco com maior incidência de zeros, no entanto, alcançam o melhor desempenho geral, in EVANS, Benedict. "In Praise of Failure", 10 ago. 2016. Disponível em: <ben-evans.com/benedictevans/2016/4/28/winning-and-losing>.
26   Khosla, entrevistas do autor. O lucro da Kleiner atingiu esse tamanho extraordinário graças ao desempenho pós-IPO das ações. Para ver uma lista dos maiores ganhos do

capital de risco, sendo a Juniper o maior de todos, ver o artigo: WINKLER, Rolfe. "Bet on Snap Shows Luck's Role in Venture Business", *Wall Street Journal*, 2 mar. 2017.

27   A rival era a Redback Networks. A venda foi no valor de 4,3 bilhões de dólares. Khosla, entrevistas do autor.

28   THURM, Scott, "A Quiet Man Puts Some Sizzle in Latest Deal Involving Cisco", *Wall Street Journal*, 27 ago. 1999.

29   No início do século XXI, uma importante fundação universitária calculou quais investidores de risco haviam gerado os maiores lucros cumulativos. Considerou os fundos dos anos de 1994 a 1998, pressupondo que a fundação liquidava e distribuía ações em um curto período, conforme a prática normal. De acordo com essa medida, Khosla apareceu em primeiro lugar, seguido de John Doerr, também da Kleiner Perkins.

30   HOLSON, Laura M., "A Capitalist Venturing in the Worlds of Computers and Religion", *New York Times*, 3 jan. 2000.

31   KHOSLA, Vinod. *Black Swan Thesis of Energy Transformation*. Khosla Ventures, 28 ago. 2011. Disponível em: <khoslaventures.com/black-swans-thesis-of-energy-transformation>.

32   "Eu sempre digo aos nossos CEOs: não planejem. Continuem testando as suposições e reiterando-as." Khosla, entrevistas do autor.

33   Paul Graham, o cofundador da Y Combinator, estava consciente de como estava replicando os pontos fortes das corporações quando apostou em empreendedores. "Logo que começamos a YC, eu pensava na empresa explicitamente como uma corporação distribuída. Outra coisa que YC reproduz particularmente das corporações são os colegas, só que eles são fundadores e companheiros, em vez de apenas colegas de trabalho." Graham, em e-mail para o autor, 31 mai. 2021.

34   Os quatro primeiros fundos de risco iniciados em 2017 eram todos sediados na China.

35   Ver CB Insights, "The Global Unicorn Club". A partir de agosto de 2020, o clube contava com 483 membros.

36   Trabalho de pesquisa acadêmica confirma que um a cada cinco investidores de risco nem tenta fazer previsões sobre o fluxo de caixa ao tomar uma decisão de investimento. Ver: GOMPERS, Paul A. et al., "How Do Venture Capitalists Make Decisions?", *Journal of Financial Economics* 135, n. 1, jan. 2020, pp. 169-90.

37   ANDREESSEN, Marc. *It's Time to Build*. Site Andreessen Horowitz, 18 abr. 2020. Disponível em: <a16z.com/2020/04/18/its-time-to-build>.

38   NVCA-Deloitte. *Human Capital Survey*. 3ª ed., mar. 2021, figs. 1 e 2.

39   A atualização da teoria do crescimento está sendo liderada por economistas como Philippe Aghion, da Collège de France.

CAPÍTULO UM: ARTHUR ROCK E O CAPITAL DE LIBERTAÇÃO

1   O termo "capital de deserção" foi cunhado por Tom Wolfe em seu artigo clássico. "The Tinkerings of Robert Noyce", *Esquire*, dez. 1983. Disponível em: <web.stanford.edu/class/e145/2007_fall/materials/noyce.html>.

2   A presença de uma excelente universidade de pesquisa é claramente uma explicação inadequada para o crescimento da região. Pittsburgh não emergiu como um centro tecnológico, apesar da excelência da engenharia da Carnegie Mellon University. De forma semelhante, a presença de um parque de pesquisa explica muito pouco. A experiência moderna com tais parques sugere que eles não têm impacto mensurável na criação de empregos de alta tecnologia. Ver: LERNER, Josh. *Boulevard of Broken Dreams: Why Public Efforts to Boost Entrepreneurship and Venture Capital Have Failed — and What to Do About It*. Princeton, N.J.: Princeton University Press, 2009, p. 115.

3   ISAACSON, Walter. *Os inovadores: como um grupo de hackers, gênios e geeks criou a Revolução Digital*. Tradução de Donaldson M. Garschagen e Renata Guerra. Rio de Janeiro: Intrínseca, 2021.

4   O'MARA, Margaret. *The Code: Silicon Valley and the Remaking of America*. Nova York: Penguin Press, 2019, p. 110.

5   Observando o rápido crescimento nos gastos com defesa militar na região norte da Califórnia durante os anos 1950, os analistas se esquecem de que esse aumento também ocorreu em outros lugares. De acordo com um estudo, a fatia da Califórnia de grandes contratos militares cresceu para 26% do total nacional no fim da Guerra da Coreia. Mas três quartos do dinheiro era destinado a outros estados, e dentro da Califórnia a maior parte foi para empresas aeroespaciais em Los Angeles e San Diego. Ver: LESLIE, Stuart W. "How the West Was Won: The Military and the Making of Silicon Valley", in ASPRAY, William (ed.). *Technological Competitiveness*: *Contemporary and Historical Perspectives on Electrical, Electronics, and Computer Industries*. Piscataway, N.J.: IEEE Press, 1993), p. 78. A partir de meados da década de 1950, o MIT atraía mais financiamento federal do que qualquer outra universidade, e Harvard vinha em segundo lugar. Ver: O'MARA, Margaret. *The Code: Silicon Valley and the Remaking of America*. Nova York: Penguin Press, 2019, p. 38. Em suma, é verdade que os dólares militares apoiaram tanto a pesquisa universitária quanto, por meio de gastos com aquisições, o crescimento de empresas privadas, mas não está claro se esse fator explica por que o Vale do Silício emergiu como o principal centro de inovação dos Estados Unidos. Na verdade, o Vale do Silício só ultrapassou Boston no fim dos anos 1970 e início da década de 1980, exatamente quando o financiamento federal e as aquisições militares se tornaram menos importantes.

6   LEVY, Steven. *Hackers: Heroes of the Computer Revolution*. Sebastopol, Califórnia: O'Reilly Media, 2010, p. 14.

7   ANTE, Spencer E. *Creative Capital: Georges Doriot and the Birth of Venture Capital*. Boston: Harvard Business Press, 2008, p. 167.

8   Outra teoria nada convincente sobre a vantagem do Vale do Silício enfatiza o clima. Além do fato de que o tempo não é nada ruim em Santa Bárbara e Los Angeles, duas cidades universitárias que estavam entre os quatro centros originais para o desenvolvimento da ARPANET do Pentágono, não está muito claro se o clima agradável atrai de alguma forma os talentos da engenharia. Na história clássica dos primeiros programadores, Steven Levy relata que atrair engenheiros do MIT para São Francisco não era "nada fácil, já que os hackers se opunham, de forma geral, aos requisitos de uma vida californiana, principalmente dirigir e se expor ao sol como forma de relaxar", in LEVY,

Steven. *Hackers: Heroes of the Computer Revolution*. Sebastopol, Califórnia: O'Reilly Media, 2010, p. 134.

9   É certo que algumas invenções tiveram origem no Vale do Silício: o microprocessador (Intel); o mouse de computador (Xerox PARC) etc. Mas a questão é que o domínio do norte da Califórnia no campo do empreendedorismo tecnológico é muito mais proeminente do que seu domínio no campo das invenções tecnológicas, in LEE, Chong--Moon et al. (eds.) *The Silicon Valley Edge: A Habit for Innovation and Entrepreneurship*. Stanford, Califórnia: Stanford University Press, 2000, p. 3.

10 BRAND, Stewart. "We Owe It All to the Hippies". *Time*, 1º mar. 1995.

11 ISAACSON, Walter. *Steve Jobs*. São Paulo: Companhia das Letras, 2011.

12 LAWS, David. "Fairchild, Fairchildren, and the Family Tree of Silicon Valley". *CHM Blog*, Computer History Museum, 20 dez. 2016. Disponível em: <computerhistory.org/blog/fairchild-and-the-fairchildren>.

13 A citação é de Robert Noyce, posteriormente líder dos Oito Traidores. Ver: REID, T. R. *The Chip: How Two Americans Invented the Microchip and Launched a Revolution*. Nova York: Random House Trade Paperbacks, 2001, p. 87.

14 A descrição que Wolfe faz de Shockley como uma pessoa de rosto "arredondado" é desmentida por fotografias. WOLFE, Tom. "Tinkerings of Robert Noyce", *Esquire*, dez. 1983. Disponível em: <web.stanford.edu/class/e145/2007_fall/materials/noyce.html>.

15 BERLIN, Leslie. *The Man Behind the Microchip: Robert Noyce and the Invention of Silicon Valley*. Nova York: Oxford University Press, 2006, pp. 69-70. Ver também: WOLFE, Tom. "The Tinkerings of Robert Noyce", *Esquire*, dez. 1983. Disponível em: <web.stanford.edu/class/e145/2007_fall/materials/noyce.html>.

16 SHURKIN, Joel N. *Broken Genius: The Rise and Fall of William Shockley, Creator of the Electronic Age*. Nova York: Palgrave Macmillan, 2006, pp. 174-175.

17 ISAACSON, Walter. *Os inovadores: como um grupo de hackers, gênios e geeks criou a Revolução Digital*. Tradução de Donaldson M. Garschagen e Renata Guerra. Rio de Janeiro: Intrínseca, 2021.

18 SAXENIAN, AnnaLee. *Regional Advantage: Culture and Competition in Silicon Valley and Route 128*. Cambridge, Mass.: Harvard University Press, 1996, p. 79.

19 SHURKIN, Joel N. *Broken Genius: The Rise and Fall of William Shockley, Creator of the Electronic Age*. Nova York: Palgrave Macmillan, 2006, p. 177.

20 WHYTE, William H. *The Organization Man*. Nova York: Simon & Schuster, 1956, p. 217.

21 A declaração foi feita pelo engenheiro Victor Grinich. Ver: BERLIN, Leslie. *The Man Behind the Microchip: Robert Noyce and the Invention of Silicon Valley*. Nova York: Oxford University Press, 2006, p. 74.

22 BORRELL, Jerry. "They Would Be Gods", *Upside*, out. 2001.

23 SHURKIN, Joel N. *Broken Genius: The Rise and Fall of William Shockley, Creator of the Electronic Age*. Nova York: Palgrave Macmillan, 2006, p. 177.

24 A empresa de Beckman tinha capital aberto, mas ele detinha 40% das ações, o que lhe dava autonomia *de facto*. Ver: BEDINGFIELD, Robert E. "Along the Highways and Byways of Finance", *New York Times*, 27 nov. 1955.

25 Gordon E. Moore em entrevista com Rob Walker. "Silicon Genesis: Oral Histories of Semiconductor Industry Pioneers", 3 mar. 1995. Disponível em: <landley.net/history/mirror/interviews/Moore.html>.
26 LOWENSTEIN, Roger. *Buffett: The Making of an American Capitalist*. Nova York: Random House, 2008, pp. 53-54.
27 BELLO, Francis, "The Prudent Boston Gamble", *Fortune*, nov. 1952. Em outra reflexão sobre o clima de investimento da década de 1950, o banqueiro de investimentos tecnológicos Bill Hambrecht recorda: "Se abrisse um negócio no fim dos anos 1950, como eu fiz, você teria uma forte influência de Graham e Dodd. Na verdade, aquilo era quase uma bíblia. E você se deparava com ela o tempo todo. Sempre que ia conversar com um investidor." Hambrecht, em entrevista feita pelo autor em 7 de fevereiro de 2018.
28 A expressão "capital de risco" também foi usada em 1938, quando Lammot du Pont, o presidente da E. I. du Pont de Nemours & Company, discursou diante do Comitê do Senado dos Estados Unidos para investigação de desemprego e assistência. "Quando falo em 'capital de risco', estou me referindo àquele capital que será investido em uma empresa e que não terá um retorno imediato, mas com chance de se obter um retorno final", explicou du Pont. Ver: *Hearings Before a Special Committee to Investigate Unemployment and Relief*. Washington, D.C.: U.S. Government Printing Office, 1938. De forma semelhante, Jean Witter, do banco de investimentos Dean Witter & Company, de São Francisco, usou o termo "capital de risco" no seu discurso de 1939 para a Associação de Bancos de Investimentos dos Estados Unidos. Ver: REINER, Martha Louise. "Innovation and the Creation of Venture Capital Organizations", *Business and Economic History* 20, n. 2, 1991. No entanto, essa expressão não conseguiu pegar e "capital de risco" só passou a ser amplamente reconhecido na década de 1960.
29 REINER, Martha Louise. "The Transformation of Venture Capital: A History of Venture Capital Organizations in the United States". Dissertação de doutorado. Universidade da Califórnia, Berkeley, 1989, pp. 141-142.
30 GUPTA, Udayan (ed.). *Done Deals: Venture Capitalists Tell Their Stories*. Boston: Harvard Business School Press, 2000, p. 96.
31 O fundo de Whitney supostamente dobrou de valor entre fevereiro de 1946 e agosto de 1951. A inflação nesse período atingiu um total acumulado de 43%, e o S&P 500 teve um retorno de 75% para investidores que reinvestiram dividendos.
32 O fundo Whitney reconheceu o fraco desempenho e fez mudanças para investimentos mais seguros e maduros. Ver: NICHOLAS, Tom. *VC: An American History*. Cambridge, Mass.: Harvard University Press, 2019, p. 308.
33 A Terceira resposta foi de Benno Schmidt. Ver: GUPTA, Udayan (ed.). *Done Deals: Venture Capitalists Tell Their Stories*. Boston: Harvard Business School Press, 2000, p. 98. Conforme dito anteriormente, o termo "capital de risco" foi usado por outros, arruinando a declaração de Whitney de que é o pai do setor.
34 "Made General Partner in J. H. Whitney & Co.", *New York Times*, 13 out. 1947. Disponível em: <nytimes.com/1947/10/13/archives/made-general-partner-in-jh-whitney-co.html>.

35 Pitch Johnson se lembra de visitar empresas no vale de Santa Clara depois de formar uma sociedade de risco em 1962. "Nós falávamos que éramos capitalistas de risco. Eles não faziam ideia do que aquilo significava." Da mesma forma, o sócio de Johnson, William Draper, se lembra: "Minha mulher costumava dizer para as amigas que eu trabalhava no setor de bancos privados, porque ninguém sabia o que era capital de risco." Ver: "Franklin P. 'Pitch' Johnson Jr., MBA 1952—Alumni—Harvard Business School". *Harvard University* (website). Disponível em <alumni.hbs.edu/stories/Pages/story-bulletin.aspx?num=11>. Ver também: STERLICCHI, John. "Six Pioneers in Venture Capital Mix Sound Advice and a Few Reminiscences", *Upside*, 2001. Disponível em <ivp.com/Articles/dennis_up_2_2001.htm>.

36 WILSON, John W. *The New Venturers: Inside the High-Stakes World of Venture Capital*. Reading, Mass.: Addison-Wesley, 1985, p. 15. Ver também: TUCKER, George, "A Great Many Irons in Rockefeller Fire", *Washington Post*, 2 jan. 1949.

37 TUCKER, George, "A Great Many Irons in Rockefeller Fire", *Washington Post*, 2 jan. 1949. Rockefeller também disse: "Gosto de fazer coisas construtivas com o dinheiro, em vez de simplesmente ganhar mais." NICHOLAS, Tom. *VC: An American History*. Cambridge, Mass.: Harvard University Press, 2019, p. 309.

38 WILSON, John W. *The New Venturers: Inside the High-Stakes World of Venture Capital*. Reading, Mass.: Addison-Wesley, 1985, p. 17.

39 O retorno é calculado de janeiro de 1946 a janeiro de 1961, com reinvestimento de dividendos.

40 DENNIS, Reid. "Reid Dennis: Early Bay Area Venture Capitalists: Shaping the Economic and Business Landscape". Entrevista conduzida por Sally Smith Hughes, do Departamento de História Oral, Biblioteca Bancroft, Universidade da Califórnia, Berkeley, 2009, 13. Disponível em: <digitalassets.lib.berkeley.edu/roho/ucb/text/dennis_reid.pdf>.

41 Reid Dennis, em e-mail para o autor, 8 mar. 2018. Ver também: DENNIS, Reid. "Institutional Venture Partners", in GUPTA, Udayan (ed.). *Done Deals: Venture Capitalists Tell Their Stories*. Boston: Harvard Business School Press, 2000, p. 181.

42 HAY, Timothy. "Five Questions with Reid Dennis, a VC Investor Since 1952". *WSJ* (blog), 24 jun. 2009. Disponível em: <blogs.wsj.com/venturecapital/2009/06/24/five-questions-with-reid-dennis-a-vc-investor-since-1952>.

43 DENNIS, Reid. "Institutional Venture Partners", in GUPTA, Udayan (ed.). *Done Deals: Venture Capitalists Tell Their Stories*. Boston: Harvard Business School Press, 2000, p. 181.

44 WILSON, John W. *The New Venturers: Inside the High-Stakes World of Venture Capital*. Reading, Mass.: Addison-Wesley, 1985, p. 49.

45 O grupo costuma conseguir levantar entre 200 mil e 300 mil dólares adicionais de seus contatos na comunidade financeira. Ver: DENNIS, Reid. "Reid Dennis: Early Bay Area Venture Capitalists: Shaping the Economic and Business Landscape". Entrevista conduzida por Sally Smith Hughes, do Departamento de História Oral, Biblioteca Bancroft, Universidade da Califórnia, Berkeley, 2009, 13. Disponível em: <digitalassets.lib.berkeley.edu/roho/ucb/text/dennis_reid.pdf>.

46 Reid Dennis, em e-mail para o autor em 6 de mar. 2018. Ver também: DENNIS, Reid. "Reid Dennis: Early Bay Area Venture Capitalists: Shaping the Economic and Busi-

ness Landscape". Entrevista conduzida por Sally Smith Hughes, do Departamento de História Oral, Biblioteca Bancroft, Universidade da Califórnia, Berkeley, 2009, 13. Disponível em: <digitalassets.lib.berkeley.edu/roho/ucb/text/dennis_reid.pdf>.

47   DENNIS, Reid. "Institutional Venture Partners", in GUPTA, Udayan (ed.). *Done Deals: Venture Capitalists Tell Their Stories*. Boston: Harvard Business School Press, 2000, p. 183.

48   De acordo com Dennis, o grupo financiava entre cinco a seis negócios por ano, entre 22 e 24 no total. Reid Dennis, em e-mail para o autor em 6 mar. 2018. O grupo se formalizou como Associação de Pequenas Corporações de Investimentos e Negócios do Oeste em 1962 e como Associação de Capitalistas de Risco do Oeste em 1969. O grupo também serviu como plataforma de lançamento para Dennis fundar a Associação Institucional de Risco em 1974.

49   ANTE, Spencer E. *Creative Capital: Georges Doriot and the Birth of Venture Capital*. Boston: Harvard Business Press, 2008, pp. xv-xvi.

50   "Venture Capital, American Research Development Corporation, 1946 | The MIT 150 Exhibition". Acesso em 13 out. 2017. Disponível em: <museum.mit.edu/150/78>.

51   O papel do MIT no estabelecimento do desenvolvimento da ARD enfatiza o fato de que Stanford não era excepcional no encorajamento de empreendimentos privados de tecnologia. No entanto, devemos acrescentar que a ARD sofreu um revés em meados da década de 1950, quando o MIT, cujo presidente Karl Compton tinha sido instrumental para sua criação, decidiu mudar de ideia. Em 1953, a universidade passou a exigir que seu nome fosse excluído de todos os relatórios e publicações da ARD, uma reviravolta que parece estar por trás do discurso que Doriot escreveu para a reunião anual da empresa em novembro de 1953, no qual lamentava que "o capital de risco não está mais na moda". No ano seguinte, Compton morreu, privando Doriot de um aliado e deixando a postura do MIT em relação à ARD ser determinada pelo tesoureiro, Horace Ford, com quem Doriot não tinha boas relações. Em 1955, o MIT concluiu esse processo de desavença, vendendo todas as ações da ARD. Investir em start-ups não era coerente com a forma como "homens prudentes, discretos e inteligentes deveriam gerenciar seus assuntos", concluiu a universidade. Ainda assim, nada disso evitou que a ARD apoiasse empresas como a Digital Equipment Corporation, que foi fundada por membros do corpo docente do MIT. Ver: ANTE, Spencer E. *Creative Capital: Georges Doriot and the Birth of Venture Capital*. Boston: Harvard Business Press, 2008, p. 138. Ver também: SAXENIAN, AnnaLee. *Regional Advantage: Culture and Competition in Silicon Valley and Route 128*. Cambridge, Mass.: Harvard University Press, 1996, p. 15.

52   A ARD adquiriu mais ações do que foram reservadas para recompensar um novo gerente que nunca se materializou. ANTE, Spencer E. *Creative Capital: Georges Doriot and the Birth of Venture Capital*. Boston: Harvard Business Press, 2008, p. 151.

53   A ARD ficou com 26,4 milhões de dólares da venda das ações da Digital Equipment em 1968. Além disso, manteve ações da empresa no valor de 355 milhões de dólares quando encerrou os livros no fim de 1971, antes da sua venda para a Textron, em 1972. Ver: LILES, Patrick. "Sustaining the Venture Capital Firm", dissertação de doutorado. Harvard Business School, 1977, p. 83. Com base no investimento de capital inicial no valor de 70 mil dólares, isso indica um retorno de 5.442 vezes. No entanto, algumas

fontes diferem em relação à quantia de capital que a ARD realmente investiu na Digital Equipment; alguns sugerem um total de 200 mil dólares, indicando que o investimento da ARD na empresa foi de 1.907 vezes. Ver: NICHOLAS, Tom e CHEN, David. "Georges Doriot and American Venture Capital Case Study". Harvard Business School, Caso 812-110, jan. 2012 (revisto em ago. 2015). Entretanto, Ante afirma que o investimento da ARD na Digital Equipment foi de setecentas vezes. Ver: ANTE, Spencer E. *Creative Capital: Georges Doriot and the Birth of Venture Capital*. Boston: Harvard Business Press, 2008, p. xviii. Esta gama desanimadora de estimativas ilustra a opacidade até mesmo de uma empresa de risco bem estudada.

54 A ARD recebeu pouco mais de 20 milhões de dólares com a saída de outras empresas sem ser a Digital Equipment. Além disso, tinha ganhos não realizados de 77 milhões de dólares quando encerrou os livros, no fim de 1971. Ver: LILES, Patrick. "Sustaining the Venture Capital Firm", dissertação de doutorado. Harvard Business School, 1977, p. 83.

55 Concordando com Ante, Nicholas observa: "A ARD é amplamente reconhecida como a principal entidade na evolução do setor moderno de capital de risco." Ver: NICHOLAS, Tom. *VC: An American History*. Cambridge, Mass.: Harvard University Press, 2019, p. 108.

56 ANTE, Spencer E. *Creative Capital: Georges Doriot and the Birth of Venture Capital*. Boston: Harvard Business Press, 2008, pp. 172, 173.

57 Ibid., p. 133.

58 Ibid., pp. 172, 173.

59 DORIOT. *ARD Annual Report*, 1971. Documentos de George F. Doriot, Baker Library, Harvard Business School.

60 ANTE, Spencer E. *Creative Capital: Georges Doriot and the Birth of Venture Capital*. Boston: Harvard Business Press, 2008, p. xix.

61 A estrutura de uma empresa de capital aberto era menos eficiente em termos fiscais do que a estrutura da societária. Nos casos em que a ARD detinha mais de 10% de uma empresa, pagava ganhos de capital em sua posse; então, quando os rendimentos fossem pagos como dividendos, os investidores da ARD enfrentariam uma segunda rodada de tributação. Em comparação, as empresas societárias são entidades de repasse, o que significa que os ganhos são tributados apenas uma vez. Ver: NICHOLAS, Tom. *VC: An American History*. Cambridge, Mass.: Harvard University Press, 2019, p. 120.

62 ANTE, Spencer E. *Creative Capital: Georges Doriot and the Birth of Venture Capital*. Boston: Harvard Business Press, 2008, p. 185.

63 Ibid., pp. 191, 192.

64 WILSON, John W. *The New Venturers: Inside the High-Stakes World of Venture Capital*. Reading, Mass.: Addison-Wesley, 1985, p. 20.

65 ANTE, Spencer E. *Creative Capital: Georges Doriot and the Birth of Venture Capital*. Boston: Harvard Business Press, 2008, p. 167.

66 Ibid., p. 201. Os instintos de Doriot foram reforçados pela proibição regulatória de emissão de ações ou opções de ações para funcionários da ARD. Ver: NICHOLAS, Tom. *VC: An American History*. Cambridge, Mass.: Harvard University Press, 2019, p. 131.

67 Por exemplo: em 1955, as ações da ARD eram comercializadas a apenas 65% do seu valor patrimonial líquido. Ver: NICHOLAS, Tom. *VC: An American History*. Cambridge, Mass.: Harvard University Press, 2019, p. 126. Ver também: ANTE, Spencer E. *Creative Capital: Georges Doriot and the Birth of Venture Capital*. Boston: Harvard Business Press, 2008, p. 137.

68 O valor do ativo líquido da ARD por ação aumentou de 2,01 dólares, em 1946, para 69,67 dólares, em 1971, um retorno de quase 35 vezes. Nesse período, o preço de mercado de uma ação da ARD cresceu de 2,08 dólares para 54,88 dólares, sugerindo um retorno de pouco mais de 26 vezes. (A ARD pagava dividendos modestos, então isso não afeta muito os cálculos.) Entre fevereiro de 1947 e dezembro de 1971, o período de funcionamento da ARD, o S&P 500 cresceu pouco menos de dezoito vezes se os dividendos fossem reinvestidos. Dados da ARD de Georges Doriot para acionistas, 4 fev. 1972. Ver também: LILES, Patrick. "Sustaining the Venture Capital Firm", dissertação de doutorado. Harvard Business School, 1977, p. 83.

69 MEYER, Peter. "Eugene Kleiner: Engineer, Venture Capitalist, Founding Father of Silicon Valley". Office of University Relations, Polytechnic University, Brooklyn, fev. 2006, 17. Disponível em: <engineering.nyu.edu/news/_doc/article_69/giantsofpoly-kleiner.pdf>.

70 O autor agradece a Arthur Rock pelas diversas conversas ao longo de 2017 e 2018 e pelo acesso a seu arquivo pessoal, facilitado por Wendy Downing.

71 Quando criança, Rock sofreu um ataque tão violento que seus pais abriram um processo contra o valentão. Rock mencionou a infância em várias conversas com o autor.

72 "Sair de uma empresa que tinha todo o apoio do mundo da Beckman e todo o prestígio do Prêmio Nobel de Shockley porque ele não estava se comportando direito. Bem, isso era uma demonstração clara de caráter." Entrevista de Rock conduzida pelo autor em 7 de fevereiro de 2018.

73 Rock para Kleiner, 21 jun. 1957. Arquivo pessoal de Arthur Rock.

74 Jay Last, entrevista feita pelo autor, 20 set. 2017. Ver também: MALONE, Michael. *The Intel Trinity: How Robert Noyce, Gordon Moore, and Andy Grove Built the World's Most Important Company*. Nova York: HarperBusiness, 2014, p. 14. Outras fontes apresentam variações dessa troca. Veja, por exemplo: MOORE, Gordon. "The Accidental Entrepreneur", *Engineering and Science*, verão de 1994, p. 24. Disponível em: <calteches.library.caltech.edu/3777/1/Moore.pdf>.

75 Karl Marx previu que os funcionários seriam explorados pelos proprietários de empresas e que sofreriam uma forma de desmoralização que chamou de "alienação". Ironicamente, foi necessário um hipercapitalista — um capitalista de risco — para libertar os oito funcionários desmoralizados da Shockley Semiconductor.

76 Última entrevista do autor. "Fairchild 50th Anniversary Panel". Disponível em: <silicongenesis.stanford.edu/transcripts/Fairchild%2050th.htm>.

77 THACKRAY, Arnold, BROCK, David e JONES, Rachel. *Moore's Law: The Life of Gordon Moore, Silicon Valley's Quiet Revolutionary*. Nova York: Basic Books, 2015.

78 Rock, entrevista feita pelo autor, 7 fev. 2018.

79 Idem.

80 A ideia típica da Hayden envolvia levantar capital para um negócio que já havia co-

meçado; angariar dinheiro para um empreendimento inexistente constituiria um desvio radical. Além disso, a meta de mais de 1 milhão era quase sem precedentes. Em 1956, a oferta pública inicial da General Transistor havia rendido apenas 300 mil dólares; da mesma forma, em 1957, a ARD abriu a Digital Equipment por apenas 100 mil dólares.

81 BERLIN, Leslie. *The Man Behind the Microchip: Robert Noyce and the Invention of Silicon Valley*. Nova York: Oxford University Press, 2006, p. 78.
82 Ibid., p. 81.
83 Em seu artigo clássico sobre os Oito Traidores, Tom Wolfe descreve os olhos de Noyce como "um brilho de cem amperes". WOLFE, Tom. "Tinkerings of Robert Noyce", *Esquire*, dez. 1983. Disponível em: <web.stanford.edu/class/e145/2007_fall/materials/noyce.html>.
84 Rock, entrevistas do autor. Ver também: BERLIN, Leslie. *The Man Behind the Microchip: Robert Noyce and the Invention of Silicon Valley*. Nova York: Oxford University Press, 2006, p. 81.
85 Idem.
86 MALONE, Michael S. *The Big Score: The Billion-Dollar Story of Silicon Valley*. Garden City, NY: Doubleday, 1985, p. 70.
87 WILSON, John W. *The New Venturers: Inside the High-Stakes World of Venture Capital*. Reading, Mass.: Addison-Wesley, 1985, p. 33. Ver também: ROCK, Arthur. "Arthur Rock: Early Bay Area Venture Capitalists: Shaping the Economic and Business Landscape". Entrevista conduzida por Sally Smith Hughes, 2008, Regional Oral History Office, Bancroft Library, Universidade da Califórnia, Berkeley, 2009, p. 21. Disponível em: <digitalassets.lib.berkeley.edu/roho/ucb/text/rock_arthur.pdf>.
88 HARDYMON, Felda; NICHOLAS, Tom e KIND, Liz. "Arthur Rock Case Study", Harvard Business School, 18 jan. 2013, p. 3.
89 Um homem meticuloso na casa dos sessenta anos, Fairchild era um *bon vivant* que frequentava o elegante 21 Club de Nova York e carregava "uma nova garota bonita no braço a cada poucos dias, como se fossem uma nova flor na lapela do paletó", de acordo com a Fortune. Ver: "Multifarious Sherman Fairchild", *Fortune*, maio 1960, p. 170. Ver também: "Sherman Fairchild — Man of Few Miscalculations". *Electronic News*. 13 set. 1965. Fairchild herdou a fortuna do pai, um dos investidores originais da IBM.
90 BERLIN, Leslie. *The Man Behind the Microchip: Robert Noyce and the Invention of Silicon Valley*. Nova York: Oxford University Press, 2006, p. 85.
91 MALONE, Michael S. *The Big Score: The Billion-Dollar Story of Silicon Valley*. Garden City, NY: Doubleday, 1985, pp. 14, 15.
92 Na Shockley, cada um dos Oito Traidores ganhavam entre 8,1 mil dólares e 12 mil dólares. BERLIN, Leslie. *The Man Behind the Microchip: Robert Noyce and the Invention of Silicon Valley*. Nova York: Oxford University Press, 2006, p. 86.
93 Dizem que a Fairchild Camera and Instrument forneceu 1,5 milhão de dólares. Ver: ROCK, Arthur. "Arthur Rock: Early Bay Area Venture Capitalists: Shaping the Economic and Business Landscape". Entrevista conduzida por Sally Smith Hughes, 2008, Regional Oral History Office, Bancroft Library, Universidade da Califórnia, Berkeley, 2009, p. 25. Disponível em: <digitalassets.lib.berkeley.edu/roho/ucb/text/

rock_arthur.pdf>. No entanto, Berlin relata que Fairchild fez um empréstimo de 1,38 milhão de dólares, além de providenciar um auxílio de 3 mil dólares mensais por quase 18 meses. Ver: BERLIN, Leslie. "Robert Noyce and Fairchild Semiconductor, 1957-1968", *The Business History Review*, v. 75, n. 1. President and Fellows of Harvard College: Cambridge University Press, 2001, p. 76. Disponível em: <https://doi.org/10.2307/3116557>. Os documentos da fundação da Fairchild Semiconductor parecem confirmar os números de Berlin. Ver: LOJEK, Bo. *History of Semiconductor Engineering*. Nova York: Springer, 2007, p. 105.

94 A opção da Fairchild Camera expirou quando a Fairchild Semiconductor teve três anos sucessivos de lucro líquido superior a 300 mil dólares anuais. Depois disso, houve um período adicional em que a Fairchild Camera poderia comprar a Fairchild Semiconductor por 5 milhões de dólares. BERLIN, Leslie. *The Man Behind the Microchip: Robert Noyce and the Invention of Silicon Valley*. Nova York: Oxford University Press, 2006, p. 89.

95 MALONE, Michael S. *The Big Score: The Billion-Dollar Story of Silicon Valley*. Garden City, NY: Doubleday, 1985, p. 89.

96 WOLFE, Tom. "Tinkerings of Robert Noyce", *Esquire*, dez. 1983, p. 18. Disponível em: <web.stanford.edu/class/e145/2007_fall/materials/noyce.html>. MEYER, Peter. "Eugene Kleiner: Engineer, Venture Capitalist, Founding Father of Silicon Valley". Office of University Relations, Polytechnic University, Brooklyn, fev. 2006, 17. Disponível em: <engineering.nyu.edu/news/_doc/article_69/giantsofpoly-kleiner.pdf>. BERLIN, Leslie. "Robert Noyce and Fairchild Semiconductor, 1957-1968", *The Business History Review*, v. 75, n. 1. President and Fellows of Harvard College: Cambridge University Press, 2001, pp. 63-101. Disponível em: <https://doi.org/10.2307/3116557>.

97 Jay Last e Jean Hoerni eram os companheiros frequentes de escalada de Rock.

98 WILSON, John W. *The New Venturers: Inside the High-Stakes World of Venture Capital*. Reading, Mass.: Addison-Wesley, 1985, p. 34. Ver também: LECUYER, Christophe. "Fairchild Semiconductor and Its Influence", in LEE Chong-Moon et al. (eds.) *The Silicon Valley Edge: A Habit for Innovation and Entrepreneurship*. Stanford, Califórnia: Stanford University Press, 2000, p. 167.

99 Memorando de Rock para Coyle, 27 mar. 1958. Arquivo pessoal de Rock. A margem operacional está em um memorando separado escrito por Rock mais ou menos nessa época e também consta do seu arquivo pessoal.

100 Essa receita é apenas uma estimativa aproximada do autor. Em 1959, a Fairchild Semiconductor contava com um time de cerca de quarenta cientistas que recebiam uma média de 12 mil dólares, o que significa um valor de cerca de 480 mil dólares em salários. Havia outros 140 funcionários que ganhavam mais ou menos metade disso, implicando uma conta total de salários em torno de 1,3 milhão de dólares. (O número de funcionários em 1959 e 1960 está descrito em LECUYER, Christophe. "Fairchild Semiconductor and Its Influence", in LEE Chong-Moon et al. (eds.) *The Silicon Valley Edge: A Habit for Innovation and Entrepreneurship*. Stanford, Califórnia: Stanford University Press, 2000, p. 180.) Os custos de instalações, maquinário e matéria-prima talvez acrescentem mais 1 milhão de dólares. Isso implica uma receita, antes dos impostos, no valor de 4,2 milhões de dólares. A taxa de imposto corporativo era de 52%,

então o ganho após o pagamento teria sido de cerca de 2 milhões de dólares. Agradeço a Arthur Rock por ter ajudado nessa estimativa.
101 BERLIN, Leslie. "Robert Noyce and Fairchild Semiconductor, 1957-1968", *The Business History Review*, v. 75, n. 1. President and Fellows of Harvard College: Cambridge University Press, 2001, p. 81. Disponível em: <https://doi.org/10.2307/3116557>.
102 O índice preço/lucro da Eastman Kodak era mais baixo do que o da IBM, variando entre 21 e 35 vezes os lucros em 1959. Como a Fairchild estava em rápido crescimento, parece justo considerar o limite superior do índice de 1959 da IBM como referência. Ver: KIPLINGER, W. M (ed.). "Changing Times", *Kiplinger Magazine*, nov. 1967, p. 23.
103 Conforme mencionado, o lucro da ARD com a Digital Equipment foi maior. Mas esse lucro se realizou ao longo de um período de catorze anos, não de apenas dois.

CAPÍTULO DOIS: FINANÇAS SEM FINANÇAS

1 DRUCKER, Peter F. "The New Tycoons: America's Next Twenty Years, Part III", *Harper's Magazine*, maio 1955. Disponível em: <harpers.org/archive/1955/05/Americas--next-twenty-years-3>.
2 NOONE, Charles M e RUBER, Stanley M. *SBICs: Pioneers in Organized Venture*. Chicago: Capital, 1970, p. 30.
3 O chefe era Richard E. Kelley, que assumiu a gestão do programa da SBIC em 1963. SLOANE, Leonard. "US Is Changing SBIC Approach: Regulatory Stand Shifted on Investment Units", *New York Times*, 1º ago. 1965.
4 "Franklin P. 'Pitch' Johnson Jr., MBA 1952 — Alumni — Harvard Business School", Harvard Business School (website). Disponível em: <alumni.hbs.edu/stories/Pages/story-bulletin.aspx?num=11>.
5 Pitch Johnson e Frank Caufield, entrevista feita pelo autor, 26 abr. 2017.
6 DRAPER III, William H. *The Startup Game: Inside the Partnership Between Venture Capitalists and Entrepreneurs*. Nova York: Palgrave Macmillan, 2011, pp. 31-32.
7 Ibid., p. 33.
8 Idem, "William H. Draper III: Early Bay Area Venture Capitalists: Shaping the Economic and Business Landscape", entrevista feita por Sally Smith Hughes, 2008, Regional Oral History Office, Universidade da Califórnia, Berkeley, 2009, p. 86. Disponível em: <digitalassets.lib.berkeley.edu/roho/ucb/text/draper_william.pdf>.
9 Em uma conversa em 15 de maio de 2018, Draper e Johnson lembraram que ganharam 200 mil dólares cada quando o negócio foi vendido, um retorno de 2,7 vezes sobre os 75 mil que cada um havia investido no início. No mesmo período de três anos, o S&P 500 deu um retorno de cerca de 1,7 vez.
10 Em uma variante da necessidade de dividendos por parte das SBICs, a American Research and Development cobrava taxas de administração das empresas do portfólio, em vez de cobrar taxas dos investidores, e financiava suas empresas parcialmente com títulos conversíveis da dívida ou ações preferenciais sobre as quais arrecadava juros. Mais uma vez, o efeito perverso foi drenar o capital das empresas do portfólio que pre-

cisavam justamente de dinheiro para se desenvolver. Tom Nicholas, *VC: An American History*. Cambridge, Mass.: Harvard University Press, 2019, p. 125.

11 Em mais um sinal das deficiências do programa das SBICs, nove entre dez SBICs ficaram tão frustradas com os regulamentos que acabaram contornando-os. Ver: REINER, Martha Louise. *The Transformation of Venture Capital: A History of Venture Capital Organizations in the United States*. Tese de doutorado, Universidade da Califórnia, Berkeley, 1989, 282. Ver também: LERNER, Josh. *Boulevard of Broken Dreams: Why Public Efforts to Boost Entrepreneurship and Venture Capital have Failed — and What to Do About It*. repr., Princeton, NJ: Princeton University Press, 2012, 38. Lerner observa que o resultado mais útil do programa das SBICs foi indireto: encorajou o desenvolvimento de outras instituições para apoiar as start-ups, como advogados especializados e serviços de dados. Da mesma forma, o programa da SBIC ajudou a formar vários investidores, que mais tarde prosperaram em sociedades privadas de capital de risco. Ver: NICHOLAS, Tom. *VC: An American History*. Cambridge, Mass.: Harvard University Press, 2019, 109, 141. Ainda assim, é revelador o fato de os três investidores de risco mais influentes das décadas de 1960 e 1970 — Arthur Rock, Tom Perkins e Don Valentine — nada terem a ver com o formato da SBIC.

12 Entre 1961 e 1969, as SBICs geraram um retorno médio de 5% ao ano, menor do que os 8% que um investidor poderia obter do índice de ações Dow Jones. Noone e Rubel, *SBICs*, p. 108.

13 BYGRAVE, William D. e TIMMONS, Jeffry A. *Venture Capital at the* Boston: Harvard Business School Press, 1992, p. 22. Ver também: GOMPERS, Paul. "The Rise and Fall of Venture Capital", *Business and Economic* History 23, n. 2 (Winter 1994), pp. 7-8.

14 Em um discurso proferido no Harvard Business School Club, de São Francisco, em 31 de janeiro de 1962, Rock expôs seu descontentamento com o negócio de corretagem e seu motivo para se mudar para o oeste. Arquivo pessoal de Arthur Rock. Cópia também disponível na Biblioteca Baker, Harvard Business School.

15 MURPHY, Thomas P. "What Makes Tommy Davis Run?", *Forbes*, 25 abr. 1983.

16 ROCK, Arthur. "Arthur Rock & Co.", in GUPTA, Udayan (ed.). *Done Deals: Venture Capitalists Tell their Stories*. Boston: Harvard Business School Press, 2000, p. 142.

17 WILSON, John W. *The New Venturers: Inside the High-Stakes World of Venture Capital*. Reading, Mass.: Addison-Wesley, 1985, p. 35.

18 Em 1959, o general William Draper, pai da pioneira SBIC, ajudou a fundar a primeira sociedade de responsabilidade limitada de capital de risco, a Draper, Gaither & Anderson. Mas o segundo sócio no nome, Rowan Gaither, logo foi diagnosticado com câncer terminal, e a DG&A naufragou. Os principais sócios investidores se retiraram; a saúde de Anderson piorou, e Draper saiu. Coube a Davis e a Rock provar os pontos fortes do formato da DG&A. Não está claro se a Davis & Rock copiou conscientemente a estrutura da DG&A. Rock diz que desconhecia o precedente da DG&A, mas Davis devia saber a respeito. Ver: BERLIN, Leslie. "The First Venture Capital Firm in Silicon Valley: Draper, Gaither & Anderson", in SCHULMAN, Bruce J. (ed.). *Making the American Century: Essays on the Political Culture of Twentieth Century America*. Oxford: Oxford University Press, 2014, p. 158. Ver também: NICHOLAS, Tom. *VC: An American History* Cambridge, Mass.: Harvard University Press, 2019, pp. 158-59.

19 Rock disse em entrevistas que a sociedade garantiu 5 milhões de dólares em compromissos resgatáveis, mas não resgatou todo o capital porque ficou preocupado demais com as empresas do portfólio para considerar investimentos adicionais. No entanto, o Certificado de Sociedade informa um capital total de 3.390.000 dólares. Quando isso foi apontado, Rock cedeu alegremente e disse: "minha memória de 59 anos é vencida pelos fatos." Rock, em e-mail enviado ao autor, em 4 de março de 2019. Rock para os Sócios Investidores, 1961, e Certificado de Sociedade, 10 de outubro de 1961, arquivo pessoal de Rock. O número de sócios investidores é apontado por Rock a Jeffrey O. Henley, 7 de fevereiro de 1967, arquivo pessoal de Rock.

20 Por ter menos de cem "investidores credenciados", uma sociedade poderia evitar ser regulamentada pela Lei de Sociedades de Investimento de 1940, que a obrigaria a divulgar detalhes de seu portfólio. A lei também proibia os sócios administradores de fazer parte do conselho de uma start-up e limitava os investimentos a uma participação de 10% em qualquer empreendimento individual. Ver: GOMPERS, Paul A. e LERNER, Joshua. *The Money of Invention: How Venture Capital Creates New Wealth*. Boston: Harvard Business School Press, 2001, 89, p. 97.

21 Rock não apenas desaprovou o pagamento de títulos de dívidas, mas se opôs ao pagamento de dividendos com a mesma veemência. Uma vez, quando Pete Bancroft, da Bessemer Securities Corporation, confessou, no topo de uma pista de esqui, que pressionou uma empresa do portfólio a dar algum dinheiro aos acionistas, Rock anunciou que foi a coisa mais idiota que ele já tinha ouvido e desapareceu montanha abaixo em alta velocidade. Bancroft, entrevista feita pelo autor, 18 nov. 2017.

22 O critério era uma divisão de propriedade meio a meio entre o empresário e o fundo de risco, com ações para funcionários sendo retiradas da alocação de ambos os lados. (Rock, entrevista com o autor, 16 nov. 2017.) Embora a alocação de funcionários variasse de caso para caso, o comum era 10%. Ver: De Rock para Davis, 30 dez. 1960, arquivo pessoal de Rock.

23 Rock, entrevista feita pelo autor, 30 jan. 2018.

24 Dos Oito Traidores que fundaram a Fairchild, apenas Robert Noyce e Gordon Moore não investiram. Como eram os dois altos executivos da Fairchild, foram impedidos de colocar dinheiro em um fundo de risco que pudesse apoiar os concorrentes da empresa. Arquivo pessoal de Rock. Ver também: BERLIN, Leslie. *The Man Behind the Microchip: Robert Noyce and the Invention of Silicon Valley*. Nova York: Oxford University Press, 2006, p. 123.

25 Rock fez o mesmo que Davis, dizendo que o portfólio precisava de um ou dois *grand slams* para "nivelar os idiotas e ainda ter um retorno decente". Discurso proferido no Harvard Business School Club de São Francisco, 31 jan. 1962, arquivo pessoal de Rock.

26 As citações de Davis neste parágrafo e o retorno esperado da Davis & Rock vêm de Thomas J. Davis Jr., "How to Pick a Winner in the Electronics Industry", em discurso para a Western Electronic Manufacturers' Association, Palo Alto, 19 set. 1966. Coleções Especiais da Biblioteca Baker, Harvard Business School.

27 De Rock para Davis, 30 dez. 1960, arquivo pessoal de Rock.

28 Davis, "How to Pick a Winner in the Electronics Industry".

29 ROCK, Arthur. "Strategy vs. Tactics from a Venture Capitalist", *Harvard Business Review*, nov.-dez. 1987, p. 63.
30 Rock, discurso no Harvard Business School Club de São Francisco, 31 jan. 1962.
31 Rock confessou: "Não estou preparado para ir ao laboratório e decidir se o trabalho que está sendo feito pode gerar vendas lucrativas." Rock, discurso no Harvard Business School Club de São Francisco, 31 jan. 1962.
32 ROCK, Arthur. "Strategy vs. Tactics from a Venture Capitalist". *Harvard Business Review*, nov.-dez. 1987, p. 63. Ver também: Rock, entrevista concedida a Amy Blitz, mar. 2001, 9. Disponível em: <hbs.edu/entrepreneurs/pdf/arthurrock.pdf>.
33 WILSON, John W. *The New Venturers: Inside the High-Stakes World of Venture Capital*, p. 36.
34 MARKOFF, John. "An Evening with Legendary Venture Capitalist Arthur Rock in Conversation with John Markoff", Computer History Museum, 1º mai. 2007, p. 16. Disponível em: <archive.computerhistory.org/resources/access/text/2012/05/102658253-05-01-acc.pdf>.
35 Rock, entrevista com o autor, 7 fev. 2017.
36 ROCK, Arthur. "Strategy vs. Tactics from a Venture Capitalist", *Harvard Business Review*, nov.-dez. 1987, p. 64. Max Palevsky concordou que Rock tinha "a capacidade de ouvir, não tanto o que as pessoas dizem, porque isso pode ser técnico, mas o que elas estão expressando sobre si mesmas. Ele tem muita intuição." Citado em: HARDYMON, Felda, NICHOLAS, Tom e KIND, Liz. "Arthur Rock", Harvard Business School Case Study, 9-813-138, 18 jan. 2013.
37 As trocas entre Davis e Palevsky foram retiradas principalmente de WILSON, John W. *The New Venturers: Inside the High-Stakes World of Venture Capital*.
38 DETAR, James. "A Chip Charger to the Max; Persevere: Max Palevsky Rose from Poverty to Help Spark the Computer/Space Age", *Investor's Business Daily*, 19 ago. 2010. A duração da conversa entre Davis e Palevsky equivalente à de uma maratona foi citada por WILSON, John W. *The New Venturers: Inside the High-Stakes World of Venture Capital*, p. 36.
39 WILSON, John W. *The New Venturers: Inside the High-Stakes World of Venture Capital*, p. 36.
40 ROCK, Arthur. "Strategy vs. Tactics from a Venture Capitalist", p. 66.
41 Ibid., p. 67.
42 O tamanho do investimento inicial foi retirado do arquivo de Rock. Em relação ao múltiplo, Wilson informa que o ganho da SDS era de 60 milhões de dólares. Ver: WILSON, John W. *The New Venturers: Inside the High-Stakes World of Venture Capital*, p. 37. Enquanto isso, em várias conversas Rock estimou em 100 milhões de dólares. Parece provável que o número de Wilson reflita o valor da SDS quando a sociedade Davis & Rock foi fechada, enquanto a quantia revelada por Rock é fruto do valor de quando a empresa foi vendida para a Xerox, em 1969. Se todos os sócios da Davis & Rock tivessem mantido as ações até a venda para a Xerox, o múltiplo do investimento da SDS teria sido de 389 vezes.
43 MORITZ, Michael. "Arthur Rock: The Best Long — Ball Hitter Around", *Time*, 23 jan. 1984, p. 64.

44 A maior contribuição de Rock para a SDS veio quando ele persuadiu a equipe de vendas de Palevsky a vender o primeiro computador da SDS, montado a um custo de 18 mil dólares, pelo preço agressivo de 100 mil dólares. Tendo testemunhado a Fairchild vender seus semicondutores com uma vasta margem de lucro, Rock entendeu que a tecnologia da SDS era suficientemente inovadora para receber um adicional e que esse adicional lhe permitiria investir em mais pesquisa, consolidando ainda mais seu poder de precificar de forma agressiva. WILSON, John W. *The New Venturers: Inside the High-Stakes World of Venture Capital*, p. 39. Em seu discurso para os ex-alunos da HBS, em 1962, Rock comentou: "Um dos maiores erros que as empresas cometem é o de definir preços baixos demais para seus produtos."
45 Rock, entrevista feita pelo autor, 8 fev. 2018.
46 WILSON, John W. *The New Venturers: Inside the High-Stakes World of Venture Capital*, p. 39. Para colocar a valorização da SDS em perspectiva, a fabricante de minicomputadores Wang Laboratories estava avaliada em 70 milhões de dólares quando o mercado fechou no dia de seu IPO, em 1967. A valorização da Wang foi considerada notável, mas era menos de um décimo daquela da SDS. O'MARA, Margaret. *The Code: Silicon Valley and the Remaking of America*. Nova York: Penguin Press, 2019, p. 86.
47 Foster Parker (um sócio investidor em Houston) para Rock e Davis, 23 ago. 1968, arquivo pessoal de Rock.
48 VANDERVELD, Richard L. "SF Investor Team Bankrolls High — Flying Firms of Future", *Los Angeles Times*, 28 ago. 1967.
49 "The Money Men", *Forbes*, 1º nov. 1968, p. 74.
50 Dados da Venture Economics Inc.
51 WOLFE, Tom. "The Tinkerings of Robert Noyce", *Esquire*, dez. 1983. Disponível em: <web.stanford.edu/class/e145/2007_fall/materials/noyce.html>.
52 BERLIN, Leslie. *The Man Behind the Microchip: Robert Noyce and the Invention of Silicon*. Nova York: Oxford University Press, 2006, p. 120. Antes da Fairchild Semiconductor, empresas de tecnologia da Costa Oeste, como a Varian Associates, haviam concedido ações a engenheiros. NICHOLAS, Tom. *VC: An American History*. Cambridge, Mass.: Harvard University Press, 2019, p. 192.
53 Last, entrevista feita pelo autor, 20 set. 2017.
54 BERLIN, Leslie. *The Man Behind the Microchip: Robert Noyce and the Invention of Silicon*. Nova York: Oxford University Press, 2006, p. 123.
55 Rock, entrevista feita pelo autor, 8 nov. 2017.
56 ROBERTS, George A. *Distant Force: A Memoir of the Teledyne Corporation and the Man Who Created It*. Teledyne Corporation, 2007, p. 14. Uma ligeira variação nesse relato é fornecida em BERLIN, Leslie. *The Man Behind the Microchip: Robert Noyce and the Invention of Silicon*. Nova York: Oxford University Press, 2006, p. 123.
57 "Companies | The Silicon Engine | Computer History Museum", website. Acesso em 13 set. 2017. Disponível em: <www.computerhistory.org/siliconengine/companies>.
58 O designer do chip foi Bob Widlar. MALONE, Michael. *The Intel Trinity: How Robert Noyce, Gordon Moore e Andy Grove Built the World's Most Important Company*. Nova York: Harper Business, 2014, p. 31.

59 BERLIN, Leslie. *The Man Behind the Microchip: Robert Noyce and the Invention of Silicon*. Nova York: Oxford University Press, 2006, p. 150.
60 MALONE, Michael. *The Intel Trinity: How Robert Noyce, Gordon Moore e Andy Grove Built the World's Most Important Company*. Nova York: Harper Business, 2014, p. 33.
61 BERLIN, Leslie. *The Man Behind the Microchip: Robert Noyce and the Invention of Silicon*. Nova York: Oxford University Press, 2006, p. 150.
62 ISAACSON, Walter. *Os inovadores: uma biografia da revolução digital*. São Paulo: Companhia das Letras, 2014.
63 ROCK, Arthur. "Early Bay Area Venture Capitalists: Shaping the Economic and Business Landscape", entrevista feita por Sally Smith Hughes, Regional Oral History Office, Bancroft Library, Universidade da Califórnia, Berkeley, 2009, p. 47.
64 O próprio Rock investiu 300 mil dólares a uma taxa de 5 dólares por ação. Os 10 mil que ele teve permissão para investir a uma taxa de 1 dólar representaram sua recompensa por conseguir o financiamento. Rock, entrevista feita pelo autor, 30 jan. 2018.
65 HOLLAR, John e FAIRBAIRN, Douglas. "Gordon Moore e Arthur Rock Oral History Panel", Computer History Museum, 9 jul. 2014, p. 23. Disponível em: <archive.computerhistory.org/resources/access/text/2015/09/102739934-05-0-acc.pdf>.
66 WOLFE, Tom. "Tinkerings of Robert Noyce".
67 Rock lembra: "Quase todos os funcionários aceitavam salários mais baixos do que receberiam de empresas estabelecidas. Portanto, achei que eles deveriam ser recompensados se a empresa (Intel) fosse bem-sucedida." (Rock, em e-mail enviado ao autor, 1º mar. 2019.) Em uma conversa anterior, Rock explicou: "Noyce, Moore e eu formávamos o comitê executivo. Decidimos que devíamos dar opções, e a questão era para quem dar. Sugeri que fosse a todos os funcionários. E a questão era em que estágio dentro da empresa. Decidimos que seria depois de um ano de adesão. Estive no conselho de outras empresas que concederam opções, então sabia como funcionava." Rock, entrevista feita pelo autor, 8 nov. 2017. A ressalva é que em outras entrevistas Rock foi menos explícito ao dizer que foi ideia dele, e não de Noyce, dar opção de compra de ações a todos, embora nunca tenha sugerido o contrário.
68 BERLIN, Leslie. *The Man Behind the Microchip: Robert Noyce and the Invention of Silicon*. Nova York: Oxford University Press, 2006, p. 150.

CAPÍTULO TRÊS: SEQUOIA, KLEINER PERKINS E CAPITAL ATIVISTA

1 ISAACSON, Walter. *Os inovadores: uma biografia da revolução digital*. São Paulo: Companhia das Letras, 2014.
2 BERLIN, Leslie. *Troublemakers: Silicon Valley's Coming of Age*. Nova York: Simon & Schuster, 2017, p. 120.
3 COLL, Steve. "When the Magic Goes", *Inc.*, 1º out. 1984.
4 BERLIN, Leslie. *Troublemakers: Silicon Valley's Coming of Age*. Nova York: Simon & Schuster, 2017, p. 123.
5 DORMEHL, Luke. *A revolução Apple*. Rio de Janeiro: Alta Books, 2013, p. 56.

6   BERLIN, Leslie. *Troublemakers: Silicon Valley's Coming of Age*. Nova York: Simon & Schuster, 2017, p. 124.
7   Ver: STROSS, Randall E. *eBoys: The First Inside Account of Venture Capitalists at Wor*. Nova York: Ballantine Books, 2001; "Peaks and Valleys", *Inc.*, 1º mai. 1985. Disponível em: <inc.com/magazine/19850501/7289.html>.
8   KEATES, Nancy. "A Penthouse Fit for a King", *Wall Street Journal*, 27 jul. 2012. Disponível em: <www.wsj.com/news/articles/SB10000872396390444025204577545980352957576>. Perkins também recusou um convite para discursar em Harvard, dizendo: "Desculpe, mas estarei no Taiti. Viajo neste fim de semana e só retorno no final de abril. Vou tentar capturar vídeos de grandes tubarões em profundidade usando meu submarino. Fui o primeiro a fazer isso com as baleias jubarte em Tonga, em setembro." NICHOLAS, Tom. *VC: An American History*. Cambridge, Mass.: Harvard University Press, 2019, p. 222.
9   VALENTINE, Donald T. "Donald T. Valentine: Early Bay Area Venture Capitalists: Shaping the Economic and Business Landscape", entrevista feita por Sally Smith Hughes, 2009, Regional Oral History Office, Bancroft Library, Universidade da Califórnia, Berkeley, 2010, p. 8. Disponível em: <digitalassets.lib.berkeley.edu/roho/ucb/text/valentine_donald.pdf>.
10 A Capital Research and Management ainda existe e agora é conhecida como Capital Group. VALENTINE, Donald T. "Donald T. Valentine: Early Bay Area Venture Capitalists", p. 22.
11 BERLIN, Leslie. *Troublemakers: Silicon Valley's Coming of Age*. Nova York: Simon & Schuster, 2017, p. 127.
12 De acordo com Gordon Crawford, um gerente de portfólio veterano da Capital Research, Valentine criou o Capital Management Fund para investir dinheiro de clientes externos que ele mesmo recrutou. Os céticos dentro da liderança do Capital Group haviam rejeitado a ideia de que Valentine deveria investir o capital dos clientes do Grupo. Enquanto isso, Valentine também administrava um fundo separado chamado Sequoia, que investia em nome dos funcionários da Capital Management. Os executivos seniores da Capital poderiam investir no fundo Sequoia sem pagar as taxas usuais de capital de risco. Em troca, Valentine poderia usar os benefícios de saúde e pensão que a Capital oferecia e poderia consultar os analistas da Capital. Crawford, entrevista feita pelo autor, 15 mai. 2018.
13 Valentine deu à filha o nome do meio Ayn. Ele expressou sua opinião sobre o governo federal dizendo a seu protegido Michael Moritz: "Seria fácil ser otimista se conseguíssemos promover um terremoto em algumas das principais ruas de Washington DC." Michael Moritz, *DTV* (autopublicado, 2020), p. 31.
14 Valentine, entrevista feita pelo autor, 7 abr. 2018.
15 Idem.
16 Moritz, *DTV*, p. 36.
17 Valentine, entrevista do autor.
18 Às vezes, dizem que o primeiro fundo da Sequoia é de 7 milhões de dólares, mas fontes de lá confirmaram que 5 milhões de dólares é o número correto.
19 Na década seguinte, o fundo patrimonial de Harvard investiu ou comprometeu mais de 130 milhões de dólares em capital de risco. WILSON, John W. *The New Venturers:*

Inside the High-Stakes World of Venture Capital. Reading, Mass.: Addison-Wesley, 1985, p. 29.

20 Em 1990, Yale fez o primeiro investimento universitário em um fundo de multimercado, o Farallon Capital, estendendo o papel das dotações universitárias no cultivo de métodos de investimento de ponta.
21 VALENTINE, Donald T. "Donald T. Valentine: Early Bay Area Venture Capitalists", p. 33.
22 GELLER, Daniel; GOLDFINE, Dayna e BROSON, Po. *Something Ventured: Risk, Reward, and the Original Venture Capitalists*, gravação de vídeo. Zeitgeist Films, 2011.
23 WILSON, John W. *The New Venturers: Inside the High-Stakes World of Venture Capital*. Reading, Mass.: Addison-Wesley, 1985, p. 53.
24 VALENTINE, Donald T. "Atari", Sequoia. Disponível em: <sequoiacap.com/company-story/atari-story>. Acesso em 29 set. 2016.
25 Al Alcorn, chefe de engenharia da Atari, lembra que Bushnell solicitou que ele desenvolvesse uma versão doméstica do *Pong* já em 1973. Mas essa foi apenas uma das muitas ideias que partiram de Bushnell no departamento de engenharia. Ver: ALCORN, Allan. "First-Hand: The Development of Pong: Early Days of Atari and the Video Game Industry", *Engineering and Technology History Wiki*, 12 jan. 2015. Disponível em: <ethw.org/First-Hand:The_Development_of_Pong:_Early_Days_of_Atari_and_the_Video_Game_Industry>. Segundo Valentine, "só depois de sermos persuadidos pela ideia de que a empresa seguiria o rumo de um produto doméstico é que fomos convencidos a investir". KENT, Steve L. *The Ultimate History of Video Games*. Nova York: Three Rivers Press, 2001.
26 A contagem de IPOs é proveniente de um relatório de 1985 do Morgan Stanley.
27 A cotação do capital de risco é de O'MARA, Margaret. *The Code: Silicon Valley and the Remaking of America*. Nova York: Penguin Press, 2019, p. 158. Sobre o atrito entre os fundos de multimercado, ver: MALLABY, Sebastian. *More Money Than God: Hedge Funds and the Making of a New Elite*. Nova York: Penguin Press, 2010, p. 41.
28 Dados da Venture Economics Inc.
29 O'MARA, Margaret. *The Code: Silicon Valley and the Remaking of America*. Nova York: Penguin Press, 2019, p. 168. Relembrando 1975, Len Baker, da Sutter Hill, diz: "Existia uma dúvida real sobre a possibilidade de se ganhar a vida neste negócio." Baker, entrevista feita pelo autor, 20 set. 2017.
30 Prospecto preliminar de IPO para Atari, Al Alcorn Papers (M1758), Departamento de Coleções Especiais e Arquivos Universitários, Bibliotecas da Universidade Stanford. Ver também: VENDEL, Curt e GOLDBERG, Marty. *Atari Inc.: Business Is Fun*. Carmel, NY: Syzygy Press, 2012, p. 152.
31 Ibid., p. 155.
32 Valentine, entrevista do autor. O icônico catálogo da Sears chegou à maioria dos lares americanos, e 57% dos domicílios possuíam um cartão da Sears. Ver: BERLIN, Leslie. *Troublemakers: Silicon Valley's Coming of Age*. Nova York: Simon & Schuster, 2017, p. 129.
33 Ibid.
34 A relação entre a mediação de Valentine e a visita do comprador da Sears não estava clara para alguns funcionários da Atari, que desde então descrevem a aliança Sears-Atari

sem mencionar Valentine. Mas tanto Valentine quanto Gordon Crawford, o investidor da Capital Research que tinha uma grande participação na Sears, lembram-se de uma conferência sobre a intermediação de uma conexão entre a Sears e a Atari. Crawford, entrevista do autor.

35 Ver também: VENDEL, Curt e GOLDBERG, Marty. *Atari Inc.: Business Is Fun*. Carmel, NY: Syzygy Press, 2012, p. 158.
36 Prospecto preliminar de IPO da Atari, Alcorn Papers (M1758).
37 COHEN, Scott. *Zap! The Rise and Fall of Atari*. Filadélfia: Xlibris, 1984, p. 50.
38 Em 1976 houve 34 IPOs, levantando um total de 234 milhões de dólares. Por outro lado, em 1969 houve 1.026 IPOs, levantando um total de 2,6 bilhões de dólares. Dados do Morgan Stanley.
39 WILSON, John W. *The New Venturers: Inside the High-Stakes World of Venture Capital*, p. 63.
40 Em 1975, Valentine deixou a Capital Group e dirigiu a Sequoia de forma independente, embora continuasse a gerir o fundo investindo em nome dos funcionários da Capital. Crawford, entrevista do autor; Valentine, entrevista do autor.
41 Crawford, entrevista do autor. De acordo com Berlin, Eastwood fez o sanduíche para Bushnell no voo de volta para a Costa Oeste. Mas Crawford, que estava no voo para o leste, tem certeza de que testemunhou esse episódio. Ver: BERLIN, Leslie. *Troublemakers: Silicon Valley's Coming of Age*. Nova York: Simon & Schuster, 2017, p. 173. Valentine relembra: "Foi o ponto alto da viagem de Nolan. Não foi por acaso que ele fez um sanduíche para o Nolan. Ele não preparou meu sanduíche. Ele fez um sanduíche para o Nolan."
42 Cálculo do autor baseado, em parte, nas informações fornecidas em WILSON, John W. *The New Venturers: Inside the High-Stakes World of Venture Capital*, p. 60. O retorno do S&P 500 com dividendos reinvestidos foi de 9,1% entre junho de 1974 e junho de 1980.
43 O CEO da Qume era Bob Schroeder. Baker, entrevista do autor. A ousadia do capital de risco da Costa Oeste ajuda a explicar a força da região quanto a outros centros de tecnologia aparentemente superiores. Em meados da década de 1970, a área de Boston dominava o negócio de minicomputadores, a IBM de Nova York dominava o ramo e o Texas produzia mais microprocessadores de grande porte do que a Califórnia. Mas outras regiões careciam de redes densas de investidores de risco e da prática de compensar as pessoas com ações. No final da década de 1970, Boston recebeu metade dos dólares de capital de risco do Vale do Silício. Ver: O'MARA, Margaret. *The Code: Silicon Valley and the Remaking of America*. Nova York: Penguin Press, 2019, pp. 101, 111. Além disso, os investidores de risco de Boston eram mais avessos ao risco. Por exemplo, a Greylock, fundada em 1965, preferiu fornecer "capital de desenvolvimento" para as empresas já existentes a apoiar as start-ups. Durante os primeiros doze anos de operação, os investimentos de desenvolvimento mais seguros geraram a maior parte dos retornos. NICHOLAS, Tom. *VC: An American History*. Cambridge, Mass.: Harvard University Press, 2019, pp. 163, 165-66.
44 PERKINS, Tom. *Valley Boy: The Education of Tom Perkins*. Nova York: Gotham Books, 2008, p. 45.

45 Ibid., p. 47.
46 "Tom Perkins: Early Bay Area Venture Capitalists: Shaping the Economic and Business Landscape", entrevista feita por Sally Smith Hughes, 2009, Gabinete de História Oral Regional, Biblioteca Bancroft, Universidade da Califórnia, Berkeley, 2010, p. 4. Disponível em: <digitalassets.lib.berkeley.edu/roho/ucb/text/perkins_tom.pdf>, p. 28.
47 O anfitrião do café da manhã foi Sandy Robertson, um banqueiro da área de tecnologia com quem Perkins e Kleiner investiram.
48 ROBERTSON, Sanford R. "Sanford R. Robinson: Early Bay Area Venture Capitalists: Shaping the Economic and Business Landscape", entrevista feita por Sally Smith Hughes, Gabinete de História Oral Regional, Biblioteca Bancroft, Universidade da Califórnia, Berkeley, 2011. Ver também: MARSHALL, Matt. "San Jose, Califórnia — Area High-Tech Icon Dies at Age 80", *Knight-Ridder/Tribune Business News*, 25 nov. 2003.
49 PERKINS, Tom. *Valley Boy: The Education of Tom Perkins*. Nova York: Gotham Books, 2008, p. 103.
50 PERKINS, Tom. "Tom Perkins: Early Bay Area Venture Capitalists", pp. 31-32.
51 Ibid., p. 33. De forma um pouco menos ilustrativa, Kleiner concordou: "Os outros investidores de risco entregariam o dinheiro ao empreendedor e, em seguida, apenas assistiriam na arquibancada (...). Não investiríamos em talão de cheques." Ver: MEYER, Peter. "Eugene Kleiner: Engineer, Venture Capitalist, Founding Father of Silicon Valley", Gabinete de Relações da Universidade, Universidade Politécnica, Brooklyn, fev. 2006. Disponível em: <engineering.nyu.edu/news/_doc/article_69/giantsofpoly-kleiner.pdf>.
52 PERKINS, Tom. *Valley Boy: The Education of Tom Perkins*. Nova York: Gotham Books, 2008, p. 101.
53 KAPLAN, David A. *The Silicon Boys and their Valley of Dreams*. Nova York: Perennial, 2000, p. 172.
54 PERKINS, Tom. *Valley Boy: The Education of Tom Perkins*. Nova York: Gotham Books, 2008, pp. 109-10.
55 CLEMSON, Gaye I. *Tandem Computers Unplugged: A People's History*. Campbell, Calif.: FastPencil, 2012, p. 19.
56 Treybig, entrevista feita pelo autor, abr. 2018.
57 PERKINS, Tom. *Valley Boy: The Education of Tom Perkins*. Nova York: Gotham Books, 2008, pp. 110-11.
58 O cientista da computação era Bill Davidow. Treybig, entrevista feita pelo autor, abr. 2018.
59 O engenheiro de hardware era Jim Katzman; o engenheiro de software era Mike Green. Gaye I. Clemson, *Tandem Computers Unplugged: A People's History*. Campbell, Calif.: FastPencil, 2012, p. 12.
60 Byers, entrevista feita pelo autor, 16 mai. 2018.
61 PERKINS, Tom. *Valley Boy: The Education of Tom Perkins*. Nova York: Gotham Books, 2008, pp. 110-11.
62 Treybig, entrevista do autor.

63 PERKINS, Tom. "Tom Perkins: Early Bay Area Venture Capitalists", p. 39.
64 Por volta de 1974-1975, a Sutter Hill não fez nenhum investimento de risco, preferindo comprar ações públicas subvalorizadas. Isso se provou uma boa aposta, mas tornou a vida mais difícil para start-ups como a Tandem. Bill Younger, entrevista feita pelo autor, 16 mai. 2018.
65 PERKINS, Tom. *Valley Boy: The Education of Tom Perkins*. Nova York: Gotham Books, 2008, p. 112.
66 O único outro investidor de risco que entrou no negócio foi Pitch Johnson, o homem que havia alugado os Pontiacs com Bill Draper uma década e meia antes. Mas a aposta de Johnson na Tandem totalizou 50 mil dólares.
67 Embora a Tandem não fosse o único bom resultado no primeiro fundo da Kleiner Perkins, o outro, da Genentech, ainda não tinha sido bem-sucedido quando a KP lançou seu segundo fundo, em 1977. A confissão de Perkins foi retirada de Clemson. CLEMSON, Gaye I. *Tandem Computers Unplugged: A People's History*. Campbell, Calif.: FastPencil, 2012, p. 13.
68 BENNER, Susan. "Tandem Has a Fail-Safe Plan for Growth", *Inc.*, 1º jun. 1981.
69 KAPLAN, David A. *The Silicon Boys and their Valley of Dreams*. Nova York: Perennial, 2000, p. 176.
70 Em relação a Swanson, David Arscott disse: "Ele era um jovem abusado." BERLIN, Leslie. *Troublemakers: Silicon Valley's Coming of Age*. Nova York: Simon & Schuster, 2017. Ver também: PERKINS, Tom. "Tom Perkins: Early Bay Area Venture Capitalists", p. 43.
71 Swanson, entrevista feita por Sally Smith Hughes, Gabinete Regional de História Oral, Universidade da Califórnia, Berkeley, 1996-1997. Disponível em: <content.cdlib.org/view?docId=kt9c6006s1&&doc.view=entire_text>.
72 BERLIN, Leslie. *Troublemakers: Silicon Valley's Coming of Age*. Nova York: Simon & Schuster, 2017, p. 193.
73 HUGHES, Sally Smith. *Genentech: The Beginnings of Biotech*. Chicago: University of Chicago Press, 2011, pp. 33-34.
74 PERKINS, Tom. *Valley Boy: The Education of Tom Perkins*. Nova York: Gotham Books, 2008, p. 119.
75 HUGHES, Sally Smith. *Genentech: The Beginnings of Biotech*. Chicago: University of Chicago Press, 2011, p. 32.
76 Ibid., p. 34.
77 BERLIN, Leslie. *Troublemakers: Silicon Valley's Coming of Age*. Nova York: Simon & Schuster, 2017, pp. 194-95.
78 Ibid., p. 195.
79 Uma estátua de bronze, representando o primeiro encontro entre Swanson e Boyer em uma taverna de São Francisco, agora fica do lado de fora de uma instalação de pesquisas no campus da Genentech.
80 Swanson, entrevista feita por Hughes.
81 PERKINS, Tom. "Tom Perkins: Early Bay Area Venture Capitalists", p. 46.
82 HUGHES, Sally Smith. *Genentech: The Beginnings of Biotech*. Chicago: University of Chicago Press, 2011, p. 37.

83 Sem que ninguém na sala soubesse, este foi o mesmo dia em que Jobs e Wozniak formaram a Apple.
84 PERKINS, Tom. *Valley Boy: The Education of Tom Perkins*. Nova York: Gotham Books, 2008, p. 120.
85 Perkins, entrevista feita por Glenn E. Bugos, Gabinete Regional de História Oral, Universidade da Califórnia, Berkeley, 2001. Disponível em: <content.cdlib.org/view?docId=ktlp3010dc&brand=calisphere>.
86 SYLVESTER, Edward J. e KLOTZ, Lynn C. *The Gene Age: Genetic Engineering and the Next Industrial Revolution*. Nova York: Scribner, 1983, p. 87.
87 Perkins, Coleção de História Oral da Biblioteca Bancroft, citado em: BERLIN, Leslie. *Troublemakers: Silicon Valley's Coming of Age*. Nova York: Simon & Schuster, 2017, p. 200.
88 PADGETT, John F. e POWELL, Walter W. *The Emergence of Organizations and Markets*. NJ: Princeton University Press, 2012, p. 419.
89 Outras start-ups de sucesso da época foram lançadas em condições tão duras quanto as oferecidas por Perkins. Em novembro de 1977, Michael Markkula investiu 91 mil dólares em 26% da Apple. Ver: ISAACSON, Walter. *Steve Jobs*. São Paulo: Companhia das Letras, 2011, p. 75.
90 Kleiner para Nathaniel I. Weiner, 7 mai. 1976, caixa 342652, arquivo "Genentech", Chiron Corporation, citado em: HUGHES, Sally Smith. *Genentech: The Beginnings of Biotech*. Chicago: University of Chicago Press, 2011, p. 41.
91 Essas participações são calculadas a partir dos dados dos arquivos públicos da Genentech. "Form S-1 Registration Statement: Genentech, Inc.", Comissão dos Valores Mobiliários dos Estados Unidos, 14 out. 1980.
92 Dave Goeddel, um cientista da Genentech, lembra: "Nós entendemos que a Genentech só poderia continuar se ganhássemos a corrida pela insulina humana sintética, e isso foi motivante." Goeddel, entrevista feita pelo autor, 11 jun. 2018.
93 PERKINS, Tom. "Tom Perkins: Early Bay Area Venture Capitalists", p. 53.
94 Dave Goeddel se lembra de um intercâmbio entre um pesquisador da equipe e Swanson. "Um cara disse: 'Bob, e se eu só quiser economizar meu dinheiro e não comprar as ações?'" Swanson respondeu: 'Bem, você pode economizar dinheiro para examinar a sua cabeça.'" Goeddel, entrevista do autor.
95 O cientista era Richard Scheller. Ver: HARDYMON, Felda e NICHOLAS Tom. "Kleiner-Perkins and Genentech: When Venture Capital Met Science". Harvard Business School, 27 out. 2012, p. 6. Ver também: MICHAELSON, Judith. "Genentech Soars: $300 in Stock Turns Buyer into Millionaire", *Los Angeles Times*, 16 out. 1980.
96 Fred Middleton, diretor financeiro da Genentech, diz o seguinte em relação a Swanson: "Bob e eu tínhamos um grande respeito por Tom Perkins como promotor, comerciante, estrategista e financeiro altamente visível (...). Bob achava que, se fosse necessário escalar montanhas e sair estabelecer uma praça-d'arma em algum lugar novo, Tom era o cara que lideraria o ataque." Middleton, entrevista feita por Glenn E. Bugos, Escritório Regional de História Oral, Universidade da Califórnia, Berkeley, 2001. Disponível em: <content.cdlib.org/view?docId=kt8k40159r&brand=calisphere&doc.view=entire_text>.

97   Goeddel, entrevista do autor. Ver também: HALL, Stephen. *Invisible Frontiers: The Race to Synthesize a Human Gene*. Oxford: Oxford University Press, 1987, pp. 244-45.
98   "Fiquei feliz em receber o pedido. E feliz por ter vindo de Perkins, que era peixe grande." Goeddel, entrevista do autor.
99   Perkins, Coleção de História Oral da Biblioteca Bancroft, citado em: BERLIN, Leslie. *Troublemakers: Silicon Valley's Coming of Age*. Nova York: Simon & Schuster, 2017, p. 263.
100 MARCH, John. "The Fascination of the New", *HBS Bulletin*, out. 1982, pp. 55-62.
101 De acordo com as contas internas da sociedade de 1984, os cheques emitidos em 1976 e 1977 geraram um aumento na magnitude de 236 vezes. WILSON, John W. *The New Venturers: Inside the High-Stakes World of Venture Capital*. Reading, Mass.: Addison-Wesley, 1985, p. 70. Os números de Wilson mostram um investimento de 200 mil dólares em 1976, mas isso representa dois investimentos, que ocorreram em 1976 e 1977.
102 Cálculos do autor com base em dados apresentados em: WILSON, John W. *The New Venturers: Inside the High-Stakes World of Venture Capital*. Reading, Mass.: Addison-Wesley, 1985, p. 70.

CAPÍTULO QUATRO: OS RUMORES DA APPLE

1   BERLIN, Leslie. *Troublemakers: Silicon Valley's Coming of Age*. Nova York: Simon & Schuster, 2017, p. 213.
2   FINKEL, Robert e GREISING, David. *The Masters of Private Equity and Venture Capital: Management Lessons from the Pioneers of Private*. Nova York: McGraw-Hill Education, 2009, p. 160.
3   Gordon Moore reagiu de maneira semelhante quando um funcionário da Intel sugeriu construir um computador doméstico. "Por que alguém ia querer ter um computador em casa?", indagou Moore. O único caso de uso que ele encontrou foi o de donas de casa armazenando receitas. MOORE, Gordon. "The Accidental Entrepreneur", *Engineering and Science*, verão de 1994, 3. Disponível em: <calteches.library.caltech.edu/3777/1/Moore.pdf>.
4   BERLIN, Leslie. *Troublemakers: Silicon Valley's Coming of Age*. Nova York: Simon & Schuster, 2017, p. 230.
5   ISAACSON, Walter. *Steve Jobs*. São Paulo: Companhia das Letras, 2011.
6   PERKINS, Tom. "Tom Perkins: Early Bay Area Venture Capitalists: Shaping the Economic and Business Landscape", entrevista de Sally Smith Hughes, 2009, Regional Oral History Office, Bancroft Library, Universidade da Califórnia, Berkeley, 2010, p. 61. Disponível em: <digitalassets.lib.berkeley.edu/roho/ucb/text/perkins_tom.pdf>.
7   A adequação de Valentine como investidor da Apple é enfatizada pelas próprias descrições de sua abordagem de investimento. "Não passamos muito tempo imaginando onde as pessoas estudaram, se são inteligentes e tudo mais. Estamos interessados na ideia deles sobre o mercado que procuram, a magnitude do problema que estão resolvendo." HARDYMON, Felda; NICHOLAS, Tom Nicholas e KIND, Liz.

"Don Valentine and Sequoia Capital". Harvard Business School Case Study, 13 abr. 2014, p. 49.
8   ISAACSON, Walter. *Steve Jobs*. São Paulo: Companhia das Letras, 2011.
9   LIVINGSTON, Jessica. *Founders at Work: Stories of Startups' Early Days*. Berkeley, Califórnia: Apress, 2008, p. 44.
10 SCHLENDER, Brent e TETZELI, Rick. *Como Steve Jobs virou Steve Jobs*. Rio de Janeiro: Intrínseca, 2015.
11 ISAACSON, Walter. *Steve Jobs*. São Paulo: Companhia das Letras, 2011.
12 MARKKULA, Mike. "Oral History of Armas Clifford (Mike) Markkula, Jr.", entrevista de John Hollar, Computer History Museum, 1º mai. 2012, 24. Disponível em: <archive.computerhistory.org/resources/access/text/2012/08/102746385-05-01-acc.pdf>. Ver também: "Interview with Mike Markkula", *Silicon Genesis: Oral Histories of Semiconductor Industry Pioneers*, 3 jun. 2014. Disponível em: silicongenesis.stanford.edu/transcripts/markkula.htm.
13 "Apple Computer, Inc.: IPO Prospectus", 12 dez. 1980, p. 25. Disponível em: <www.swtpc.com/mholley/Apple/Apple_IPO.pdf>.
14 Markkula, entrevista feita pelo autor, 16 mai. 2018.
15 BERLIN, Leslie. *Troublemakers: Silicon Valley's Coming of Age*. Nova York: Simon & Schuster, 2017, p. 239.
16 Michael Phillips, entrevista feita pelo autor, 6 dez. 2017. Ver também: PHILLIPS, Michael. "Rock", Pro Commerce (blog), 3 ago. 2005. Disponível em: <phillips.blogs.com/goc/2005/08/rock.html>. O futuro investidor Michael Moritz, que conheceu Rock nessa época, capturou seu estilo: "Ele era bem antiquado, acreditando que a televisão era a maldição da sociedade moderna, que a maconha estragava a mente e que não houve nenhum desenvolvimento significativo na literatura ou na arte durante algumas décadas." MORITZ, Michael. *Return to the Little Kingdom: Steve Jobs, the Creation of Apple, and How It Changed the World*. Nova York: Overlook Press, 2009, p. 227.
17 Rock, entrevista feita pelo autor, 30 jan. 2018.
18 ROCK, Arthur. "Arthur Rock: Early Bay Area Venture Capitalists: Shaping the Economic and Business Landscape", entrevista de Sally Smith Hughes, 2008, Regional Oral History Office, Bancroft Library, Universidade da Califórnia, Berkeley, 2009, p. 56.
19 Peter Crisp, entrevista feita pelo autor, 26 abr. 2018; Smith, entrevista feita pelo autor, 26 abr. 2018.
20 CRISP, Peter. "Oral History of Peter Crisp", entrevista de Marguerite Gong Hancock, Computer History Museum, 30 ago. 2018. Disponível em: <archive.computerhistory.org/resources/access/text/2019/04/102717367-05-01-acc.pdf>.
21 Smith, entrevista do autor.
22 Crisp, entrevista do autor.
23 "Esse investimento era muito incomum para nós. Naquela época, não investíamos em start-ups inexperientes." Smith, entrevista do autor. A cultura de capital de risco da Costa Leste relativamente conservadora foi resumida por Paul Ferri, fundador da Matrix, com sede em Boston: "Não somos visionários como algumas pessoas na Costa Oeste. Não atticamos o nosso pescoço." SOUTHWICK, Karen. *The Kingmakers:*

Venture Capital and the Money Behind the Net. Nova York: Wiley, 2001, p. 84. Da mesma forma, a Greylock, com sede em Boston, focava mais no "capital de desenvolvimento" do que em start-ups, conforme observado anteriormente.

24 Crisp, entrevista de Carole Kolker, National Venture Capital Association Oral History Project, out. 2008, p. 47. Disponível em: <digitalassets.lib.berkeley.edu/roho/ucb/text/vcg-crisp.pdf>.

25 Crisp, entrevista do autor.

26 Como na maioria dos financiamentos de risco, é difícil estabelecer números exatos. O plano inicial de investir 300 mil dólares por 10% da Apple é lembrado por Peter Crisp. Ver: Crisp, entrevista de Kolker. De acordo com o prospecto do IPO, datado de 31 de dezembro de 1997, a Apple finalmente vendeu um total de 5.520.000 ações ordinárias a 0,09 de dólar por ação, por um valor agregado de 517.500 dólares. Fonte: "Apple Computer, Inc.: IPO Prospectus", 31 dez. 1980, p. II-2. Tendo compartilhado parte de sua alocação com Arthur Rock, a Venrock levou 288 mil dólares do total.

27 Por essa metáfora, tenho uma dívida com Moritz, *Return to the Little Kingdom*, p. 223.

28 MORITZ, Michael. *Return to the Little Kingdom*. Abram Press, 29 out. 2009, p. 227.

29 Markkula, entrevista do autor. O tamanho do investimento de Valentine não é relatado no S-1. É relatado como 150 mil dólares em: MORITZ, Michael. *Return to the Little Kingdom*. Abram Press, 29 out. 2009, p. 227. Wilson informa o valor de 200 mil dólares. Ver: WILSON, John W. *The New Venturers: Inside the High-Stakes World of Venture Capital*. Reading, Mass.: Addison-Wesley, 1985, p. 64.

30 Às vezes, os investimentos de impulso parecem funcionar nos mercados de ações públicas porque as notícias sobre as empresas chegam aos investidores aos poucos, fazendo com que os preços das ações se movam na mesma direção conforme as informações são absorvidas. Mas há uma justificativa muito mais forte para o investimento de impulso no Vale do Silício, onde o burburinho em torno das empresas pode se tornar uma profecia quase autorrealizável.

31 Esse telefonema, distante de outras histórias sobre o financiamento da Apple, foi lembrado por Kramlich e confirmado por Crisp. Crisp, entrevista do autor; Kramlich, entrevista feita pelo autor, 17 nov. 2017.

32 Crisp, entrevista do autor.

33 Kramlich, entrevista do autor.

34 A história que envolve Montagu e a Apple se baseia em uma entrevista com Kramlich e em e-mails de Peter Dicks, sócio de Montagu na Abingworth. Kramlich, entrevista do autor; Dicks, e-mails para o autor, 25 jan. 2019.

35 A família de Montagu tinha fundado o Samuel Montagu, um banco comercial de Londres. Seu irmão mais velho, David, tinha se tornado presidente do conselho, e o irmão mais novo, Anthony, montou a própria empresa.

36 Anthony Hoberman, então executivo da Fundação Ford, lembra que Valentine o consultou sobre a venda antecipada da participação da Apple, antes do IPO. Tendo investido o dinheiro da Ford na Sequoia como cotista, Hoberman ficou encantado com o fato de Valentine estar apresentando uma adversidade de risco adequada. Hoberman, entrevista feita pelo autor, 4 dez. 2019; Hoberman, e-mail para o autor, 4 dez. 2019. Isso contradiz a sugestão de Valentine de que a participação foi vendida quando ele

estava viajando e sem contato com o escritório. Valentine, entrevista feita pelo autor, 7 abr. 2018. Os múltiplos sobre a Apple foram fornecidos pela Sequoia.

37 Para a Venrock, a Apple foi o investimento da lei de potência que transformou seu desempenho de sólido em excelente durante os anos 1970. NICHOLAS, Tom. *VC: An American History*. Cambridge, Mass.: Harvard University Press, 2019, pp. 171-72.
38 Crisp, entrevista do autor.
39 MORITZ, Michael. *Return to the Little Kingdom*. Abram Press, 29 out. 2009, p. 230.
40 Ibid., p. 286.
41 Ibid., p. 276.
42 Hambrecht, entrevista feita pelo autor, 7 fev. 2018.
43 GOMPERS, Paul e LERNER, Josh. "Money Chasing Deals? The Impact of Fund Inflows on Private Equity Valuations, jan. 1998, pp. 6-7. Disponível em: <ssrn.com/abstract=57964>. Em 1978, os fundos de pensão respondiam por 15% do financiamento de risco. Em 1988, eles se tornaram a maior fonte de capital, respondendo por 46% dos 3 bilhões de dólares de entradas. GOMPERS, Paul. "The Rise and Fall of Venture Capital", *Business and Economic History* 23, n. 2, inverno de 1994, p. 13.
44 Cortes na taxa de imposto sobre ganhos de capital podem ter encorajado investidores tributáveis (indivíduos ricos) a investirem em sociedades de risco ou a serem ativos como "investidores-anjos". (O efeito é enevoado pela exclusão da regra do homem prudente e pelo influxo do capital de pensão.) Ao mesmo tempo, os cortes nos ganhos de capital podem ter aumentado a oferta de inventores dispostos a correr o risco de dedicar seu tempo a uma start-up. Nesse ponto, Nicholas cita a pesquisa de James Poterba. NICHOLAS, Tom. *VC: An American History*. Cambridge, Mass.: Harvard University Press, 2019, p. 181.
45 Dados da Venture Economics Inc.
46 BYGRAVE, William D., e TIMMONS, Jeffry A. *Venture Capital at the Crossroads*. Boston: Harvard Business School Press, 1992, p. 149.
47 WILSON, John W. *The New Venturers: Inside the High-Stakes World of Venture Capital*. Reading, Mass.: Addison-Wesley, 1985, p. 60.
48 PERKINS, Thomas K. "Kleiner Perkins, Venture Capital, and the Chairmanship of Genentech, 1976-1995", entrevista de Glenn E. Bugos, 2001, Regional Oral History Office, Bancroft Library, Universidade da Califórnia, Berkeley, 2002.
49 Em 1984, a New Enterprise Associates levantou um fundo de 125 milhões de dólares. GUPTA, Udayan (ed.). *Done Deals: Venture Capitalists Tell Their Stories*. Boston: Harvard Business School Press, 2000, p. 195.
50 No início da década de 1980, pelo menos 150 escolas de pós-graduação estavam oferecendo cursos ou montando centros de pesquisa na nova ciência do lançamento de start-ups. WILSON, John W. *The New Venturers: Inside the High-Stakes World of Venture Capital*. Reading, Mass.: Addison-Wesley, 1985, p. 211.

CAPÍTULO CINCO: CISCO, 3COM E A ASCENSÃO DO VALE DO SILÍCIO

1   O relatório da Merrill Lynch foi publicado em 1978, bem quando o capital começou a fluir para os fundos de capital de risco. Ver: O'MARA, Margaret. *The Code: Silicon*

Valley and the Remaking of America. Nova York: Penguin Press, 2019, p. 177. Deve-se observar que a visão da Merrill Lynch parecia razoável, visto que os gastos com P&D das principais empresas públicas reduziram os investimentos de capital de risco por um fator de quase dez. NEWHALL, Charles."Financing Technical Change", apresentação para o Comitê de Políticas Científicas e Tecnológicas da OECD, *circa* 1984, p. 6. Cópia fornecida ao autor por Dick Kramlich.

2 Em 1987, os fabricantes de chips do Japão tiveram uma liderança de 19% no rendimento da produção em relação às empresas rivais dos Estados Unidos; em 1991, eles ainda tinham uma vantagem de 9%. Ver: MACHER, Jeffery T.; MOWREY, David C. e HODGES, David A. "Reversal of Fortune? The Recovery of the U.S. Semiconductor Industry", *California Management Review*, outono de 1998, p. 116, tabela 2. A Sematech também ajudou os fabricantes americanos de equipamentos de produção de chips a aumentar a participação no mercado global para 53% em 1993. Ver: Congresso dos EUA, Escritório de Avaliação de Tecnologia, *Contributions of DOE Weapons Labs and NIST to Semiconductor Technology, OTA-ITE-585*. Washington, D.C.: Departamento de Impressão do Governo dos EUA, 1993, p. 67. No entanto, o principal fator por trás do retorno da indústria de chips dos Estados Unidos foi a mudança dos chips de memória para os microprocessadores de margem mais alta. Isso não aconteceu por causa da Sematech. Na verdade, a Intel decidiu essa mudança antes da formação da Sematech, e o foco no novo design de chips também foi incentivado por start-ups de semicondutores lançados antes do início da Sematech, notadamente Cypress Semiconductor, Altera e Micron. Sobre o custo-benefício difícil de medir da Sematech, ver: IRWIN, Douglas A. e KLENOW, Peter J. "High-Tech R&D Subsidies: Estimating the Effects of Sematech", em "Symposium on Growth and International Trade: Empirical Studies", edição especial, *Journal of International Economics 40*, n. 3 (maio 1996), pp. 323-44. Disponível em: <doi.org/10.1016/0022-1996(95)01408-X>.

3 SAXENIAN, AnnaLee. *Regional Advantage: Culture and Competition in Silicon Valley and Route 128*. Cambridge, Mass.: Harvard University Press, 1994.

4 Pela mesma lógica, os clusters têm concentrações profundas de empresas complementares: um fabricante de roteadores em busca de um microchip esotérico pode encontrar exatamente o tipo certo de empresa de design de semicondutores em um raio de oitenta quilômetros. Ver: MORETTI, Enrico. *The New Geography of Jobs*. Nova York: Mariner Books, 2013, pp. 126-27, 134.

5 O artigo de Granovetter de 1973 no *The American Journal of Sociology*, "The Strength of Weak Ties", é o sétimo artigo de ciências sociais mais citado de todos os tempos, de acordo com uma análise do Google Scholar feita por Elliott Green da LSE.

6 MACFARQUHAR, Larissa. "The Deflationist: How Paul Krugman Found Politics", *New Yorker*, 1º mar. 2010.

7 FERGUSON, Niall. *A Praça e a Torre: Redes, hierarquias e a luta pelo poder global*. São Paulo: Planeta, 2018.

8 Ver: BARNETT, Jonathan M. e SICHELMAN, Ted. "The Case for Noncompetes", *University of Chicago Law Review* 86, jan. 2020. O documento aponta que as cláusulas de não concorrência são aplicáveis na Califórnia sob algumas condições e não aplicáveis em Massachusetts sob outras: assim, o contraste entre os dois estados é menos rígido do que

se costuma afirmar. Além disso, os empregadores da Califórnia usam outros mecanismos para restringir a mobilidade dos funcionários. Isso inclui acordos de sigilo, processos de violação de patentes e mecanismos de compensação futura. Do outro lado do debate, ver: MARX, Matt; SINGH, Jasjit e FLEMING, Lee. "Regional Disadvantage? Non-Compete Agreements and Brain Drain", 21 jul. 2010. Disponível em SSRN: <ssrn.com/abstract=1654719> ou <dx.doi.org/10.2139/ssrn.1654719>; e STARR, Evan. "The Use, Abuse, and Enforceability of Non-compete and No-Poach Agreements", fev. 2019, Issue Brief, Grupo de Inovação Econômica. Pesquisando a literatura, Starr cita o exemplo revelador do Havaí, que proibiu a aplicação de cláusulas de não concorrência para funcionários de tecnologia em 2015. O resultado foi um aumento na mobilidade da mão de obra dentro do estado, com a média de permanência no emprego caindo 11%, o que implica uma polinização cruzada adicional de ideias e uma correspondência mais dinâmica entre as habilidades do funcionário de tecnologia e as oportunidades emergentes. Um veredito justo seria que o não cumprimento das cláusulas de não concorrência é saudável para ecossistemas de start-ups por tentativa e erro impulsionados por empreendimentos, mas não é uma variável decisiva para determinar o sucesso. Seu poder pode residir principalmente em amplificar os esforços de formação de empresas dos investidores de risco.

9   Dos muitos empresários comentados neste livro, apenas um (Patrick Brown) foi professor de Stanford, embora David Cheriton seja mencionado de passagem. Enquanto isso, este livro apresenta várias figuras que trabalharam em Stanford, mas não tinham estabilidade, tornando irrelevante a suposta distinção em relação ao MIT. Os exemplos incluem os fundadores da Cisco, do Yahoo e do Google. Se o argumento para a permeabilidade pró-empreendedora de Stanford não está especificamente ligado à estabilidade, mas repousa em uma afirmação mais vaga de que Stanford tem uma vibração favorável às start-ups, temos uma questão do ovo e da galinha. Como mostra a história de Patrick Brown (veja a introdução), a presença de Sand Hill Road ao lado de Stanford provavelmente influenciou a cultura acadêmica pelo menos no mesmo nível em que a academia impulsionou o empreendedorismo.

10 Younger, entrevista feita pelo autor, 16 mai. 2018.

11 Com base na pesquisa de Granovetter e Saxenian, uma análise posterior traça conexões de capital de risco dentro de clusters de tecnologia. A principal revelação desses gráficos de rede é que os clusters são produtivos na medida em que os agentes dentro deles estão ativamente ligados uns aos outros. O papel desempenhado pelos investidores de risco no cultivo dessas conexões é esclarecido no estudo de clusters de ciências da vida por Woody Powell, de Stanford, e seus coautores. Ver: POWELL, Walter W.; PACKALAN, Kelly A. e WHITTINGTON, Kjersten Bunker. "Organizational and Institutional Genesis: The Emergence of High-Tech Clusters in the Life Sciences", Queen's School of Business Research Paper n. 03-10. Para mais informações sobre o papel da rede de investidores de risco, ver: FERRARY, Michel. "Silicon Valley: A Cluster of Venture Capitalists?", *Paris Innovation Review* (blog), 26 out. 2017, parisinnova. Disponível em: tionreview.cn/en/2017/10/26/silicon-valley-a-cluster-of-venture-capitalists/. Ver também: GRANOVETTER, Mark e FERRARY, Michel. "The Role of Venture Capital Firms in Silicon Valley's Complex Innovation Network", *Economy and Society* 18, n. 2 (2009), pp. 326-59.

12   TAYLOR, Dennis. "Cradle of Venture Capital", *Silicon Valley Business Journal*, 18 abr. 1999. Disponível em: <bizjournals.com/sanjose/stories/1999/04/19/focus1.html>.
13   SHAFFER, Richard A. "To Increase Profits, Venture Capital Firms Are Investing Earlier in Fledgling Concerns", *Wall Street Journal*, 31 out. 1983.
14   KOTKIN, Joel. "The Third Wave: U.S. Entrepreneurs Are Filling New Niches in the Semiconductor Industry", *Inc.*, fev. 1984.
15   CHASE, Marilyn. "Venture Capitalists Rush in to Back Emerging High-Technology Firms", *Wall Street Journal*, 18 mar. 1981.
16   CHASE, Marilyn. "Venture Capitalists Rush in to Back Emerging High-Technology Firms". Chase também cita A. Robert Towbin, da L. F. Rothschild, que descreveu o fluxo contínuo de casamentos perfeitos entre investidores e empreendedores como "uma terra de sonhos".
17   LIVINGSTON, Jessica. *Startup*. Rio de Janeiro: Agir, 2009.
18   Len Baker, entrevista feita pelo autor, 20 set. 2017.
19   O gerente de tecnologia era Gordon Bell, vice-presidente de engenharia da DEC. Citado em: SAXENIAN, AnnaLee. *Regional Advantage*: Culture and Competition in Silicon Valley and Route 128. Cambridge, Mass.: Harvard University Press, 1994, p. 65.
20   Allen Michels, citado em: SAXENIAN, AnnaLee. *Regional Advantage*: Culture and Competition in Silicon Valley and Route 128. Cambridge, Mass.: Harvard University Press, 1994, p. 65. Da mesma forma, Rick Burnes, da Charles River Ventures, com sede em Boston, lembra: "Quando a Apple foi fundada, era uma esperança e um sonho e um cara de calça jeans que não tinha se formado na faculdade. Aqui na Nova Inglaterra, não era assim que as coisas funcionavam. Queríamos experiência. Precisávamos de pessoas que sabiam o que estavam falando." Burnes, entrevista feita pelo autor, 11 out. 2017.
21   Cox, entrevista feita pelo autor, 12 out. 2017. O fundador da Greylock, Bill Elfers, tinha concluído logo no início que "capital de desenvolvimento", aquisições e ações públicas de empresas não reconhecidas eram apostas mais seguras do que "novas empresas especulativas". NICHOLAS, Tom. *VC: An American History*. Cambridge, Mass.: Harvard University Press, 2019, p. 163.
22   A história da 3Com a seguir foi construída a partir de várias fontes e, depois, verificada em uma troca de e-mail com Metcalfe. Metcalfe, e-mail para o autor, 2 abr. 2019.
23   METCALFE, Robert. "Oral History of Robert Metcalfe", entrevista feita por Len Shustek, Computer History Museum, 29 nov. 2006. Disponível em: <archive.computerhistory.org/resources/text/Oral_History/Metcalfe_Robert_1/Metcalfe_Robert_1_2.oral_history.2006.7.102657995.pdf>.
24   WILSON, John W. *The New Venturers: Inside the High-Stakes World of Venture Capital*. Reading, Mass.: Addison-Wesley, 1985, p. 177.
25   Em outro exemplo de investidores da Costa Leste que não capitalizaram em cima de uma invenção, a primeira empresa de redes Ungermann-Bass saiu de uma cisão de uma empresa chamada Zilog. Assim como a Xerox, a Zilog tinha o DNA da Costa Leste: foi financiada pela equipe de desenvolvimento corporativo de Nova York da empresa de petróleo Exxon. Assim como a Xerox, a Zilog se mostrou péssima em levar produtos para o mercado. Charlie Bass, entrevista feita pelo autor, 12 jun. 2018.

26 Metcalfe, entrevista de Shustek.
27 Metcalfe, ibid.
28 Metcalfe, ibid.
29 Howard Charney, e-mail para o autor, 19 mar. 2019. Ver também: RICHMAN, Tom. "Who's in Charge Here? Travel Tips Article", *Inc.*, 1º jun. 1989. Disponível em: <www.inc.com/magazine/19890601/5674.html>.
30 Bill Krause, entrevista feita pelo autor, 15 mai. 2018.
31 Krause diz sobre Treybig: "Ele e Tom Perkins eram o modelo a ser seguido por muitos de nós. Ele me inspirou a estar disposto a correr o risco de me juntar a Bob." Krause, entrevista do autor.
32 Trinta e oito anos depois, Krause brincou que a esposa ainda o deixava amarrado às suas condições. Krause, entrevista do autor. Charney confirma que compareceu ao jantar. Charney, e-mail para o autor, 19 mar. 2019.
33 Krause lembra que tomou a decisão de deixar a HP no início de janeiro, quase um mês antes da conclusão das negociações de financiamento. Krause, e-mail para o autor, 11 mar. 2019.
34 O investidor da Fidelity Ventures era Tom Stephenson, que mais tarde desistiu da Costa Leste e se juntou à Sequoia. Metcalfe, e-mail para o autor, 2 abr. 2019.
35 Essa citação e o relato que se segue foram retirados principalmente do excelente relato em: WILSON, John W. *The New Venturers: Inside the High-Stakes World of Venture Capital*. Reading, Mass.: Addison-Wesley, 1985, pp. 178-79.
36 WILSON, John W. *The New Venturers: Inside the High-Stakes World of Venture Capital*. Reading, Mass.: Addison-Wesley, 1985, pp. 178-79. Ver também: Metcalfe, entrevista de Shustek.
37 Charney, entrevista feita pelo autor, 18 jul. 2018.
38 WILSON, John W. *The New Venturers: Inside the High-Stakes World of Venture Capital*. Reading, Mass.: Addison-Wesley, 1985, pp. 178-79.
39 Valentine disse sobre o Wagon Wheel: "Aquilo ali foi a minha pós-graduação." Valentine, entrevista feita pelo autor, 7 abr. 2018.
40 Krause, entrevista do autor. O aforismo sobre compartilhar segredos é atribuído a Ed McCracken, ex-CEO da Silicon Graphics. Ver: LEE, Chong-*Moon et al.* (eds.). *The Silicon Valley Edge: A Habitat for Innovation and Entrepreneurship*. Stanford, Califórnia: Stanford Business Books, 2000, p. 10.
41 Joe Kennedy, entrevista feita pelo autor, 11 jun. 2018.
42 Charles Bass, entrevista de James L. Pelkey, Computer History Museum, 16 ago. 1994. Disponível em: <arquivo.computerhistory.org/resources/access/text/2018/03/102738753-05-01-acc.pdf>.
43 Bass, entrevista de Pelkey. Bass acrescentou: "Achei que ele ia ter uma parada cardíaca bem ali." Doerr diz que não tem nenhuma lembrança desse episódio e que nunca esteve perto de desmaiar em nenhuma reunião. Doerr, entrevista com o autor, 5 mar. 2021.
44 Bass, entrevista de Pelkey.
45 Kennedy, entrevista do autor.
46 A decisão da KP de compensar a Ungermann-Bass é justificada por pesquisas que mostram a relação positiva entre a "centralidade da rede" de um capitalista de risco e os

retornos. Ver: HOCHBERG, Yael V.; LJUNGQVIST, Alexander e LU, Yang. "Whom You Know Matters: Venture Capital Networks and Investment Performance", *Journal of Finance* 62, n. 1, fev. 2007. Os autores observam que a relação é duas vezes mais forte no Vale do Silício do que em todo o país. Além disso, Arthur Patterson, fundador da Accel, que aparece no capítulo seis, observa que a reputação disciplinou o comportamento na indústria de risco de muitas outras maneiras. Os empreendedores compartilhavam seus planos com os investidores de risco, mesmo na ausência de acordos de sigilo. Ficou entendido que os investidores de risco honrariam a confidencialidade e seriam punidos pela indústria se não o fizessem.

47 Em 1997, as empresas americanas controlavam 50% do mercado de semicondutores, em comparação com 29% das empresas japonesas. MACHER, Jeffery T.; MOWERY, David C. e HODGES, David A. "Reversal of Fortune? The Recovery of the U.S. Semiconductor Industry", *California Management Review*, out. 1998, p. 41.

48 As empresas de unidades de disco apoiadas por capital de risco tiveram um sucesso mais claro em termos de construção da liderança industrial do Vale do Silício do que em termos de geração de retornos para os investidores: os retornos públicos superaram os privados. Como os investidores de risco apoiaram muitos fabricantes de unidades de disco, a maioria inevitavelmente fracassou. Ver: NEUMANN, Jerry. "Heat Death: Venture Capital in the 1980s", *Reaction Wheel* (blog), 8 jan. 2015. Disponível em: <reactionwheel.net/2015/01/80s-vc.html>. Ver também: GUPTA, Udayan. "Recent Venture Funds Perform Poorly as Unrealistic Expectations Wear Off", *Wall Street Journal*, 8 nov. 1988; MOAX, Jeff. "When Your Investors Are Entrepreneurs", *Venture*, out. 1980; CHRISTENSEN, Clayton M. "The Rigid Disk Drive Industry", *Business History Review* 67, n. 4, inverno de 1993, p. 542.

49 Saxenian cita uma grande quantidade de dados que demonstram que o Vale do Silício ultrapassou a Rota 128 de Boston durante a década de 1980. Ver: SAXENIAN, AnnaLee. *Regional Advantage*: Culture and Competition in Silicon Valley and Route 128. Cambridge, Mass.: Harvard University Press, 1994, pp. 106-8.

50 NOCERA, Joseph e FAIRCLOTH, Anne. "Cooking with CISCO", *Fortune*, 25 dez. 1995. Sobre a maneira robótica de Bosack, um contemporâneo disse: "Cada tópico que você lhe dava, ele queria meio que analisar cada pedacinho para entender tudo." Ver: Edward Leonard, entrevista de Charles H. House, Computer History Museum, 11 set. 2015, p. 19. Leonard foi o advogado do Vale que apresentou Lerner e Bosack à Sequoia.

51 Kirk Lougheed, entrevista feita pelo autor, 20 jul. 2018. Lougheed foi um dos primeiros funcionários da Cisco. Sobre os estudos de Lerner, ver também: "Women in Computing: The Management Option, Panel Discussion", Computer History Museum, YouTube, 30 ago. 2016. Disponível em: <youtube.com/watch?v=QmckAhX4U5w>.

52 LINDEN, Dana Wechsler. "Does Pink Make You Puke?", *Forbes*, 25 ago. 1997.

53 "Nerds 2.0.1: A Brief History of the Internet, Part 3", PBS, 1998; Disponível em: <archive.org/details/Nerds_2.0.1_-_A_Brief_History_of_the_Internet_-_Part3>.

54 WEEKS, Linton. "Network of One", *Washington Post*, 25 mar. 1998.

55 "Nerds 2.0.1: A Brief History of the Internet, Part 3", PBS, 1998; Disponível em: <archive.org/details/Nerds_2.0.1_-_A_Brief_History_of_the_Internet_-_Part3>.

56 Ibid. Bosack aparentemente compartilhava da disposição de Lerner para violar as regras. Lougheed relembra: "Len era alguém que pensava que as regras eram feitas para outras pessoas." Lougheed, entrevista do autor.
57 As parcerias privadas de capital de risco levantaram 1,4 bilhão de dólares em 1982, 3,4 bilhões de dólares em 1983 e 3,2 bilhões de dólares em 1984. *Venture Capital Journal*, jan. 1986, p. 8.
58 CAREY, Pete."A Start-Up's True Tale", *San Jose Mercury News*, 1º dez. 2001. Disponível em: <pdp10.nocrew.org/docs/cisco.html>.
59 "Nerds 2.0.1: A Brief History of the Internet, Part 3", PBS, 1998; Disponível em: <archive.org/details/Nerds_2.0.1_-_A_Brief_History_of_the_Internet_-_Part3>.
60 Valentine, entrevista do autor.
61 O executivo-chefe era Bill Graves. O cliente da Cisco ligado aos militares era Ed Kozel, que então trabalhava para a SRI International. Kozel, entrevista feita pelo autor, 19 jul. 2018. Mais tarde, Kozel trabalhou para a Cisco.
62 Kozel, entrevista do autor.
63 Leonard, entrevista de House, p. 19.
64 Bass, entrevista do autor.
65 Refletindo sobre o acordo da Sequoia com a Cisco anos depois, Bass se admirou com a coragem necessária. "Não tenho certeza se teria feito aquele investimento", admitiu. "A abordagem de Don era cercar os fundadores de adultos. Eu não tinha visão para pensar em termos daqueles recursos e daquele nível de compromisso." Bass, entrevista do autor.
66 MORGRIDGE, John e VALENTINE, Don. "Cisco Oral History Panel Part One", entrevista de John Hollar, Computer History Museum, 19 nov. 2014, p. 11.
67 BUNNELL, David e BRATE, Adam. *Making the Cisco Connection: The Story Behind the Real Internet Superpower*. Nova York: John Wiley & Sons, 2000, p. 11.
68 O banqueiro era Thom Weisel, chefe da Montgomery Securities. MORITZ, Michael. *DTV*. autopublicado, 2020, p. 61.
69 A Cisco vendeu 2.365.000 de suas ações preferenciais da Série A por 1 dólar cada para três fundos de capital de risco administrados pela Sequoia e para a Suez Technology Fund, coadministrada pela Sequoia. Outros 135 mil dólares foram investidos por duas outras afiliadas da Sequoia. Ver o formulário S-1 da Cisco.
70 Valentine, entrevista do autor.
71 Leonard, entrevista do autor; John Bolger, entrevista feita pelo autor, 23 jul. 2018; John Morgridge, entrevista feita pelo autor, 23 jul. 2018.
72 Lougheed, entrevista do autor.
73 Lamond, entrevista feita pelo autor, 17 mai. 2018.
74 Valentine e Morgridge, entrevista de Hollar, p. 8.
75 NOCERA, Joseph e FAIRCLOTH, Anne. "Cooking with CISCO", *Fortune*, 25 dez. 1995.
76 O formulário S-1 da Cisco afirma que Morgridge recebeu opções de compra de 745.812 ações ordinárias, o equivalente a 5,9% da empresa. O S-1 também coloca a propriedade total de Morgridge em 6,1%, talvez porque tenha comprado ou recebido ações além das opções de ações. Sua participação era maior do que a de alguns fundadores do Vale

na flutuação. Por exemplo, T. J. Rodgers, da Cypress Semiconductor, tinha apenas 3,1% da própria empresa na época de sua flutuação de 1986. Ver: "Amendment No. 2 to Form S-1 Registration Statement: Cypress Semiconductor Corporation", Securities and Exchange Commission, 30 mai. 1986.

77 Morgridge, entrevista de Dayna Goldfine, Stanford University Libraries, Department of Special Collections and University Archives, 17 jul. 2009. Disponível em: <purl.stanford.edu/ws284fg2355>.

78 Lougheed, entrevista do autor. Ver também: SLATER, Robert. *The Eye of the Storm: How John Chambers Steered Cisco Through the Technology Collapse*. Nova York: HarperBusiness, 2003, p. 81.

79 Relembrando a operação de fabricação antes do investimento de Valentine, Kirk Lougheed diz: "Eu era o departamento de produção, montando essas máquinas sozinho. Sandy contratou pessoas para me ajudar, mas elas não tinham habilidades de produção. Não sei onde ela encontrou essas pessoas." Lougheed, entrevista do autor.

80 SLATER, Robert. *The Eye of the Storm: How John Chambers Steered Cisco Through the Technology Collapse*. Nova York: HarperBusiness, 2003, p. 86.

81 A Cisco vendeu quase 28 milhões de dólares em equipamentos no ano até julho de 1989, mais do que o 1,5 milhão de dólares de dois anos antes. A receita líquida saltou de quase nada para 4,2 milhões de dólares. Cisco S-1A, conforme arquivado na SEC em 16 fev. 1990, p. 6.

82 *Something Ventured*, dirigido por Dayna Goldfine e Daniel Geller. Miralan Productions, 2011.

83 Bolger, entrevista do autor.

84 Valentine, entrevista do autor.

85 Valentine e Morgridge, entrevista de Hollar, p. 25.

86 Lerner, entrevista de Dayna Goldfine, 21 jun. 2010. Disponível em: <purl.stanford.edu/mb678nw9491>.

87 LAMBERT, Laura. *The Internet: A Historical Encyclopedia*. Santa Barbara, Califórnia: ABC-CLIO, 2005, p. 37.

88 Refletindo sobre o Vale de 25 anos depois, o investidor de risco Marc Andreessen observa: "Portanto, o mito no Vale do Silício é que o investidor de risco se volta contra o fundador, o chuta e contrata um CEO. O padrão mais comum que vemos é a equipe da empresa que se vira contra o fundador." Andreessen, entrevista feita pelo autor, 14 mai. 2019.

89 CORBETT, Christianne e HILL, Catherine. "Solving the Equation: The Variables for Women in Engineering and Computing", AAUW (relatório), 2015, p. 9. Disponível em: <files.eric.ed.gov/fulltext/ED580805.pdf>.

90 QUITTNER, Jeremy. "Sandy Lerner: The Investor Is Not Your Friend", *Inc.*, 27 fev. 2013. Disponível em: <www.inc.com/magazine/201303/how-i-got-started/sandy-lerner.html>.

91 Leonard, entrevista de House.

92 O formulário S-1 da Cisco informa que cada fundador tinha 1.781.786 ações, ou seja, 17,6% da empresa. Dois terços dessas ações estavam sujeitos a serem integralizados, e

isso aconteceu todo mês ao longo de quatro anos, a partir de dezembro de 1987. Como deixaram a empresa 32 meses depois, os fundadores perderam um terço das opções, ou dois nonos do patrimônio líquido total. Mas a Cisco pode ter pagado as opções não integralizadas como parte do acordo de rescisão não divulgado.

93 A pressão dos investidores sobre Severino foi mitigada pelo fato de que ambos os patrocinadores tinham ganhado dinheiro com sua start-up anterior, Interlan, e eram amigos dele. Ver: PELKEY, James. "Internetworking: LANs and WANs, 1985-1988", em *Entrepreneurial Capitalism and Innovation: A History of Computer Communications, 1968-1988* (website), 2007. Disponível em: <historyofcomputercommunications.info/Book/12/12.27_Wellfleet.html>. Russ Planitzer, presidente da Wellfleet, lamenta não ter contestado a decisão de Severino de aceitar um projeto de engenharia sob medida para um cliente que desviou a empresa de seu mercado principal. Planitzer, entrevista feita pelo autor, 30 abr. 2020.

94 "15 Years, a Lifetime", *Network World*, 26 mar. 2001, 87. Em outro contraste entre as costas, a Cisco conquistou participação de mercado ao abocanhar outras start-ups, uma estratégia arriscada e cara que Valentine apoiou de todo o coração. "Se eu fosse ao meu conselho e dissesse que queria comprar a empresa por 150 milhões de dólares e que tinha dez dias para fazer isso (…), eles teriam me olhado como se eu fosse louco", admirou-se Severino.

CAPÍTULO SEIS: PLANEJADORES E IMPROVISADORES

1 ROSE, Frank. "Mitch Kapor and the Lotus Factor", *Esquire*, dez. 1984, p. 358. Disponível em: <frankrose.com/Mitch_Kapor_and_the_Lotus_Factor.pdf>.

2 A história que se segue sobre a GO é tirada diretamente da autobiografia de Kaplan. Todos os fatos e citações foram tirados do relato de Kaplan, exceto quando declarado o contrário. Ver: KAPLAN, Jerry. *Startup: A Silicon Valley Adventure*. Nova York: Penguin Books, 1996.

3 A citação sobre cavalo de corrida é de Kaplan. Ver: SWARTZ, John. "Tech's Star Capitalist", *San Francisco Chronicle*, 13 nov. 1997. A citação do capitalista de risco rival é de Len Baker, da Sutter Hill. Baker, entrevista feita pelo autor, 20 set. 2017.

4 KAPLAN, David A. *The Silicon Boys and Their Valley of Dreams*. Nova York: Perennial, 2000, p. 188.

5 Doerr, entrevista com o autor, 5 mar. 2021.

6 Idem.

7 Kapor, entrevista feita pelo autor, 21 jun. 2018. Ao comentar sobre a GO, Doerr argumentou que start-ups precisam de um apoio fervoroso e que isso não tem nada a ver com excesso de confiança. Doerr, entrevista do autor.

8 ZACHARY, G. Pascal. "Computer Glitch: Venture-Capital Star, Kleiner Perkins, Flops as a Maker of Laptops", *Wall Street Journal*, 26 jul. 1990.

9 Doerr agenciou essas tecnologias em um discurso na Associação Nacional de Capital de Risco dos EUA em 1990. Ver: BYGRAVE, William e TIMMONS, Jeffry. *Venture Capital at the Crossroads*. Boston: Harvard Business School Press, 1992, p. 149. Citado em:

NEUMANN, Jerry. "Heat Death: Venture Capital in the 1980s", *Reaction Wheel* (blog), 8 jan. 2015.

10 Don Gooding, entrevista feita pelo autor, 12 jun. 2018.

11 Don Gooding, um analista da Accel, se recorda: "Jim era uma pessoa com firmes princípios em um setor que não é muito conhecido por princípios. Grande parte da minha firmeza de caráter vem de seguir o exemplo dele." Gooding, entrevista do autor. Ver também: SWARTZ, Jim. "Oral History of Jim Swartz", entrevista conduzida por John Hollar, Computer History Museum, 11 out. 2013, p. 2. Disponível em: <archive.computerhistory.org/resources/access/text/2015/05/102746860-05-01acc.pdf>.

12 Refiro-me à empresa PictureTel. Brian Hinman, entrevista feita pelo autor, 11 jul. 2018.

13 A Accel fechou a sede de Princeton em 1997.

14 Documento de oferta do fundo de telecomunicações da Accel, 1985. Arquivos pessoais de Jim Swartz. Meus agradecimentos a Swartz por me dar acesso a esses documentos e pelas nossas inúmeras conversas.

15 Houve um ano em que George Gilder impressionou os convidados da Accel ao prever que a telefonia abandonaria sua estrutura fixa a favor de conexões sem fio, enquanto a TV faria o caminho inverso, trocando a transmissão sem fio por cabos de internet. Swartz, entrevista feita pelo autor, 8 nov. 2017.

16 Swartz, entrevista do autor.

17 Nos primeiros dez anos, a Accel havia se retirado de 45 empresas; sete faliram, 24 abriram capital e 14 passaram por fusões. Apresentação que Jim Swartz fez na Carnegie Mellon University, 27 set. 1994. Arquivos pessoais de Swartz.

18 Patterson, entrevista com o autor. Meus agradecimentos a Patterson por nossas inúmeras conversas e por me apresentar a outros investidores.

19 Patterson era admirador da Bain Consulting, que defendia a visão de que, ao se especializar em um nicho e dominá-lo, os negócios acumulariam propriedade intelectual que, por sua vez, se traduziria em mais lucros.

20 As companhias eram PictureTel, Vivo e Polycom. A PictureTel e a Polycom conseguiram um resultado de catorze vezes o investimento. Minha gratidão a Swartz e a Accel por fornecerem extensos dados de desempenho dos primeiros cinco fundos da Accel.

21 Além dessa abordagem característica, a Accel era forte de formas mais típicas. Empreendedores respeitavam Patterson e Swartz e os usavam para ajudar a recrutar funcionários-chave. John Little, fundador da Portal Software, a primeira jogada certeira nos cinco primeiros fundos da Accel, disse sobre Patterson: "Quando queríamos fechar o negócio com algum engenheiro importante, nós o levávamos para conversar com Arthur. As pessoas desligavam o telefone depois de falar com ele com a certeza de que esse era o maior investimento que já tinha chegado ao Vale do Silício. E, então, assinavam. É claro que estávamos competindo para contratar pessoas que tinham muitas opções. E, se eles mencionassem essas outras opções, Arthur sabia como plantar a semente de dúvida em relação a elas." Little, entrevista feita pelo autor, 22 mai. 2018.

22 A Accel Telecom conseguiu uma taxa interna de retorno líquido de 18,7%. O fundo de risco mediano lançado em 1985 atingiu uma taxa interna de retorno líquido de 8%. Os dados dos primeiros fundos da Accel foram fornecidos por Jim Swartz. Minha

compreensão dos dados do setor como um todo se deve muito a Steven N. Kaplan, da Universidade de Chicago. Seguindo o conselho de Kaplan sobre conjuntos de dados de investidores de risco concorrentes, usei os números da Burgiss, pois seus dados não apresentam muitas distorções.

23   Para ser preciso, 95% dos retornos da Accel Telecom vieram das cinco primeiras entre as 24 empresas do seu portfólio.
24   Rick Adams, fundador da UUNET, recorda-se: "Escolher um nome é uma coisa bem difícil. O plano de negócios tinha que ser enviado às cinco horas da tarde e nele literalmente dizia 'Nova companhia'. O protocolo no qual o modem funcionava se chamava UUCP NXTX. Em algum ponto aquela era a parte do UU. E havia a EUnet, Europe Unix Users Network. E nós conversamos sobre a U.S. Unix Users Network — outra UU. Oficialmente eu diria que a UUNET não é um acrônimo e não significa nada. Mas existem diversas versões por aí, algumas inclusive como citações minhas. Pessoas com quem nem conversei fizeram citações minhas." Adams, entrevista feita pelo autor, 12 jun. 2018.
25   Em 1983, a estimativa era de que duzentas máquinas estavam conectadas à internet. Em 1989, o número era de apenas 159 mil. Ver: MEEKER, Mary e DEPUY, Chris. "The Internet Report". Pesquisa do Morgan Stanley, fev. 1996, p. 18. Ver também: ABBATE, Janet. *Inventing the Internet*. Cambridge, Mass.: MIT Press, 2000, p. 186.
26   A associação livre de cientistas da computação foi a sociedade USENIX, que reuniu programadores que usavam computadores Unix.
27   A UUNET simplificou muito o processo de conexão à rede informal de computadores Unix, chamada Usenet. Antes, só era possível entrar na Usenet com um convite. Com a UUNET, qualquer cliente poderia enviar e receber e-mail, acessar notícias e executar transferências de arquivo.
28   Para um relato enfatizando o papel do setor público na criação da internet, ver: MAZZUCATO, Mariana. *The Entrepreneurial State: Debunking Public vs. Private Sector Myths*. Nova York: Anthem Press, 2013, p. 76.
29   Para ver um exemplo da animação despertada pela visão de Al Gore, ver: MARKOFF, John. "Building the Electronic Superhighway", *New York Times*, 24 jan. 1993.
30   A figura-chave nesse processo foi Stephen S. Wolff, o diretor do programa para redes de computadores na NSF. Em novembro de 1991, Wolff apresentou um plano para substituir a NSFNET com redes comerciais concorrentes. De 1992 a 1995, a NSF trabalhou com provedores de serviços para transferir infraestrutura de internet para o setor privado. Em 30 de abril de 1995, a infraestrutura da NSFNET foi desativada, tendo sido totalmente substituída por provedores comerciais concorrentes. CASSIDY, John. *Dot.Con: The Greatest Story Ever Sold*. Nova York: HarperCollins, 2003, pp. 22-23.
31   Em 1992, a UUNET tinha 2.400 assinantes corporativos. "Offering Memorandum UUNET Technologies, Inc.", ago. 1992, p. 3.
32   Kapor, entrevista do autor.
33   O'Dell, entrevista feita pelo autor, 2 jun. 2018.
34   Kapor, entrevista do autor.
35   KAPOR, Mitch. "Oral History of Mitch Kapor", entrevista conduzida por Bill Aspray. Computer History Museum, 19 nov. 2004, p. 12.

36 Kapor para Ben Rosen, reproduzido na totalidade em: SAHLMAN, William A. "Lotus Development Corporation". Estudo de caso da Harvard Business School, 1985, pp. 13-14.
37 Kapor, entrevista do autor.
38 Kapor fundara a Electronic Frontier Foundation, uma empresa sem fins lucrativos que defendia acesso aberto à Web. Sua missão complementava o objetivo da UUNET de conectar usuários privados. Nas entrevistas com o autor, tanto Kapor quanto Adams reconheceram a importância do idealismo sem fins lucrativos para formação da parceria de negócios.
39 Kapor inicialmente fez um empréstimo para a UUNET, pegando como garantia uma participação na futura expansão da UUNET. Posteriormente, ele fez um investimento de capital no valor de 200 mil dólares, que foi finalizado em novembro de 1992.
40 Doerr, entrevista feita pelo autor, 13 set. 2018.
41 Kevin Compton, entrevista feita pelo autor, 12 fev. 2019. Floyd Kvamme, entrevista feita pelo autor, 13 fev. 2019.
42 A citação foi lembrada por Joe Schoendorf, o executivo da Accel que atendeu a ligação de Kapor. Schoendorf, entrevista feita pelo autor, 19 jul. 2018.
43 McLean, entrevista feita pelo autor, 12 jul. 2018.
44 Kapor, e-mail para Adams, 29 jan. 1993.
45 McLean, entrevista do autor.
46 Kapor, e-mail para Adams, 23 fev. 1993.
47 Adams, entrevista do autor. Adams, e-mail para Kapor, 6 mar. 1993.
48 Adams, e-mail para Kapor, 26 mar. 1993.
49 Barris se lembra: "Eu fiquei tão surpreso com o fato de Arthur Patterson vir até Dallas para me conhecer. Aquilo serviu como uma aula para mim, quando entrei para o setor de investimento de risco, sobre a importância de se construir uma 'rede de comunicação com pessoas'." Barris, e-mail para o autor, 3 jan. 2021.
50 Barris, entrevistas feitas pelo autor, 30 mai. e 2 jun. 2018.
51 Kapor, e-mail para Adams, 9 jul. 1993.
52 Jarve, entrevista feita pelo autor, 18 jul. 2018.
53 A rodada da Série A foi assinada em 4 e outubro de 1993. A UUNET levantou um total de 1,7 milhão de dólares (incluindo o investimento de 200 mil dólares de Kapor feito em novembro do ano anterior) a uma avaliação de 8,3 milhões.
54 Adams, entrevista do autor.
55 Barris, entrevista do autor.
56 Adams, e-mail para Kapor, 6 dez. 1993. No fim das contas, os três investidores de risco investiram mais 294 mil dólares cada, com Kapor entrando com um valor um pouco menor. A avaliação e o preço por ação foram mais baixos do que do financiamento anterior.
57 MARKOFF, John. "A Free and Simple Computer Link", *New York Times*, 8 dez. 1993.
58 BARRIS, Peter. "Eulogy to John Sidgmore", 2004.
59 Barris também enfatizou a oportunidade de usar a rede para fazer negócios de dia e em casa à noite, um truque que a GE tinha descoberto para os seus serviços de compartilhamento de tempo. Barris, entrevistas do autor.

60 Ao manter as ações da UUNET por mais tempo, a NEA recebeu 300 milhões de dólares. Barris, entrevistas do autor.
61 Adams, e-mail para Kapor, 26 mai. 1995. A fortuna de Adams cresceu ainda mais com a valorização das ações da UUNET.
62 SANDBERG, Jared. "The Rumpled Genius Behind Netscape". *Globe and Mail*, 14 ago. 1995.
63 CLARK, Jim, *Netscape Time: The Making of the Billion-Dollar Start-Up That Took On Microsoft*. Com Owen Edwards. Nova York: St. Martin's Griffin, 2000, pp. 40-42. Ver também: GILDER, George. "The Coming Software Shift". *Forbes*, 28 ago. 1995.
64 Ibid., p. 58.
65 Na verdade, Clark tinha recebido um tratamento duro, mas não tão duro quanto acreditava: T. J. Rodgers, o fundador e superastro da Cypress Semiconductor, também só ficou com 3,1% da sua empresa quando ela abriu o capital em 1986, porque empresas de semicondutores precisam de uma quantia enorme de capital para começar.
66 LEWIS, Michael. *The New New Thing: A Silicon Valley Story*. Nova York: W. W. Norton, 2014, pp. 39-41.
67 CLARK, Jim. *Netscape Time: The Making of the Billion-Dollar Start-Up That Took On Microsoft*. Com Owen Edwards. Nova York: St. Martin's Griffin, 2000, pp. 75-77.
68 Ibid., p. 7.
69 Alteração n. 6 ao Fomulário "S-1 Registration Statement: Netscape Communications Corporation", Comissão de Valores Mobiliários dos Estados Unidos, 23 jun. 1995, p. 48.
70 Doerr comentou: "Metcalfe me ensinou tudo sobre sua lei, e eu conseguia enxergar que o valor de uma rede cresceria de acordo com o quadrado do número de usuários. Então, o Netscape seria enorme." Ele acrescentou: "Essas ondas de inovação tipo tsunami chegam mais ou menos a cada treze anos, cada qual estimulada pela lei de potência. O PC por volta de 1980-1981; a internet em 1994; a tecnologia móvel e a nuvem em 2007. A próxima é a Inteligência Artificial." Doerr, entrevista feita pelo autor, 13 set. 2018.
71 Para uma análise lúcida da relação entre a lei de Metcalfe e a lei de Moore, ver: METCALFE, Bob. "Metcalfe's Law Recurses Down the Long Tail of Social Networks" Blog de VC Mike, 18 ago. 2006. Disponível em: <vcmike.wordpress.com/2006/08/18/metcalfe-social-networks>.
72 Khosla, entrevista feita pelo autor, 30 jul. 2018. O diferencial em Doerr e Khosla não foi o fato de estarem dispostos a investir em um navegador em 1994, "estava muito claro para todos nós o que estava acontecendo no mundo dos navegadores", comentou Jim Swartz, da Accel (Swartz, e-mail para o autor, 11 mai. 2020). Na verdade, o diferencial da KP era o tamanho do entusiasmo em relação aos efeitos combinados da lei de potência, o que fez com que não se importassem com o preço.
73 O sócio era Frank Caufield. Ver: KAPLAN, David A. *The Silicon Boys and Their Valley of Dreams*. Nova York: Perennial, 2000, p. 243.
74 "Amendment No. 6 to Form S-1 Registration Statement: Netscape Communications Corporation", Comissão de Valores Mobiliários dos Estados Unidos, 8 ago. 1995, p. 1.

CAPÍTULO SETE: BENCHMARK, SOFTBANK E "TODO MUNDO PRECISA DE 100 MILHÕES DE DÓLARES"

1. Gooding, entrevista feita pelo autor, 12 jun. 2018.
2. DRAPER III, William H. *The Startup Game: Inside the Partnership between Venture Capitalists and Entrepreneurs*. Nova York: Palgrave Macmillan, 2011, pp. 4-9.
3. REID, Robert H. *Architects of the Web: 1,000 Days That Built the Future of Business*. Nova York: Wiley, 1997, p. 254.
4. ANGEL, Karen. *Inside Yahoo! Reinvention and the Road Ahead*. Nova York: John Wiley & Sons, 2002, p. 18.
5. MCCULLOUGH, Brian. "On the 20th Anniversary — the History of Yahoo's Founding", *Internet History Podcast* (blog), 1º mar. 2015. Disponível em: <http://www.internethistorypodcast.com/2015/03/on-the-20th-anniversary-the-history-of-yahoos-founding↗>.
6. "David Filo & Jerry Yang", *Entrepreneur*, 9 out. 2008. Disponível em: <www.entrepreneur.com/article/197564>.
7. Valentine, entrevista feita pelo autor, 7 abr. 2018. Doug Leone da Sequoia comentou: "É muito engraçado, essa experiência no mercado editorial não é particularmente útil para investimento em tecnologia. Cara, quando a internet chegou com tudo, essa experiência se tornou central e frontal. De repente, Mike se tornou um perito. O que eu sabia sobre aquilo?" Leone, entrevista feita pelo autor, 14 mai. 2019. Em seu tributo para Valentine, Moritz enfatizou os riscos da contratação dele em detrimento de sócios de risco mais experientes. MORITZ, Michael. *DTV*. Autopublicação, 2020, p. 40.
8. Moritz, entrevistas feitas pelo autor, 14 mai. e 5 out. 2019, e 21 mai. e 23 nov. 2020. Ver também: REID, Robert H. *Architects of the Web: 1,000 Days That Built the Future of Business*. Nova York: Wiley, 1997, pp. 254-255.
9. Yang, entrevista feita pelo autor, 13 fev. 2019.
10. KRANTZ, Michael. "Click till You Drop", *Time*, 24 jun. 2001. Disponível em <content.time.com/time/magazine/article/0,9171,139582,00.html?iid=sr-link1>.
11. Moritz e Yang também se recordaram, em momentos distintos, de terem feito piada com o fato de que os principais investimentos da Sequoia tinham cinco letras: Atari, Apple, Cisco. Moritz, entrevistas do autor; Yang, e-mail para o autor, 18 dez. 2019.
12. "Como jornalista, entendi que dois jovens fundadores que eram gente boa seriam um prato cheio para os artigos de revista." Moritz, entrevistas do autor. Assim como dar conselhos sobre o posicionamento público, Moritz apresentou outras lições para Yang com base nas lições da Apple: certifique-se de que o produto seja fácil de usar; não tenha medo de desafiar a sabedoria convencional. Yang, e-mail para o autor, 18 dez. 2019.
13. ANGEL, Karen. *Inside Yahoo! Reinvention and the Road Ahead*. Nova York: John Wiley & Sons, 2002, p. 32.
14. As despesas de vendas e marketing do Yahoo chegaram a 815 mil dólares em 1995, 15 milhões em 1996 e 44 milhões em 1997. As despesas de vendas em marketing ultrapassaram as despesas de desenvolvimento do produto por ampla margem; por exemplo, em 1997, a razão era quase de quatro para um. Ver: *Yahoo Annual Report*, 1997, p. 24.
15. *National Venture Capital Association 2010 Yearbook*, p. 20, fig. 2.02.

16 Son falou sobre sua infância no discurso da reunião de acionistas para a comemoração do trigésimo aniversário do SoftBank. Ver: SON, Masayoshi. "SoftBank's Next 30-Year Vision". SoftBank Group, 25 jun. 2010. Disponível em: <group.softbank/en/philosophy/vision/next30>.
17 VIRSHUP, Amy. "Yahoo! How Two Stanford Students Created the Little Search Engine That Could", *Rolling Stone*, 30 nov. 1995.
18 NEGISHI, Mayumi. "Ties to Saudi Prince Weigh on SoftBank Fund's Future", *Wall Street Journal*, 17 out. 2019.
19 REID, Robert H. *Architects of the Web: 1,000 Days That Built the Future of Business*. Nova York: Wiley, 1997, p. 259.
20 De acordo com os arquivos SB-2 do Yahoo, a empresa levantou 5 milhões de dólares no financiamento da Série B. Desses, 1 milhão veio da Sequoia; 2 milhões, do SoftBank; e um valor não revelado veio da Ziff Davis, um dos outros veículos da Son. A avaliação foi de 35 milhões antes do investimento ou 40 milhões depois. Para saber a reação de Yang, ver: REID, Robert H. *Architects of the Web: 1,000 Days That Built the Future of Business*. Nova York: Wiley, 1997, p. 259.
21 A título de comparação, o cofundador da Accel, Arthur Patterson, lembra que, por volta da mesma época, sua empresa atraiu a atenção ao liderar uma rodada de financiamento de 110 milhões de dólares. O valor era considerando surpreendentemente alto, mas o capital foi levantado a partir de diversos fundos de capital de risco.
22 O tamanho médio de um fundo quando se leva em conta firmas de capital de risco menores era muito mais baixo. A Associação Nacional de Capital de Risco dos EUA deu o valor de 57 milhões de dólares em 1995. Ver: *National Venture Capital Association Yearbook 2010*, p. 17, fig. 1.04.
23 Em meados da década de 1990, um trio de "*growth funds*" (fundos de crescimento) com base em Boston se especializou em investimentos menores, entre 15 e 20 milhões de dólares. Estou me referindo à TA Associates, fundada em 1968; à Summit Partners, estabelecida em 1984; e à Spectrum Equity, fundada em 1994. Além do valor relativamente baixo dos cheques, os investidores de *growth funds* eram essencialmente diferentes de Son em relação aos tipos de empresa que apoiavam. Eles queriam distância de empresas que não tinham provado seu valor ou que eram deficitárias, evitavam empresas com apoio de capital de risco e visavam retorno de três a cinco vezes. Em suma, não eram investidores que levavam em conta a lei de potência.
24 Essa cena foi reconstituída com base nas entrevistas com Moritz, com Ron Fisher e Gary Rieschel, que participaram da reunião como assistentes de Son. Moritz, entrevistas do autor; Fisher, entrevista feita pelo autor, 21 mar. 2019; Rieschel, entrevista feita pelo autor, 18 mar. 2019.
25 Rieschel, entrevista do autor. Ver também: WAKABAYASHI, Daisuke e TROIANOVSKY, Anton. "Japan's Masayoshi Son Picks a Fight with U.S. Phone Giants", *Wall Street Journal*, 23 nov. 2012. O artigo é excelente, mas combina os investimentos da Série B e da Série C de Son.
26 Moritz refletiu: "Uma coisa que aprendi naquela reunião foi nunca mais ser intimidado por um investidor com um caminhão de dinheiro. Eu só cometi esse erro uma vez." (Moritz, e-mail para o autor, 29 out. 2020.) A determinação da Sequoia de evitar ser

esmagada por Son contribuiu para sua decisão posterior de alavancar uma série de grandes fundos de crescimento. Moritz, entrevistas do autor. Doug Leone, sócio de Moritz, reforça a mesma coisa: "O fato de a Sequoia ter um fundo de crescimento impede que alguém diga: 'Aceite meu capital ou eu vou investir no seu maior concorrente.'" Leone, entrevista do autor. Ver também: LEE, Alfred. "SoftBank Exerts More Control over Startups". *Information*, 1º out. 2018.

27 A essência dessa conversa foi reconstituída a partir de Yang, entrevista feita pelo autor, 13 fev. 2019, e Moritz, entrevistas do autor.

28 O dinheiro chegou em duas parcelas: quase 64 milhões de dólares em março de 1996 e mais 42 milhões no início de abril. "Amendment No. 4 to Form SB-2 IPO Registration Statement: Yahoo! Inc.". Comissão de Valores Mobiliários dos Estados Unidos, 11 abr. 1996.

29 O Yahoo havia rejeitado o conselho de Goldman de 25 dólares por ação para o IPO, optando por um preço mais cauteloso de 13 dólares. O pico daquele primeiro dia confirmava a recomendação de Goldman, embora o pico também atendesse ao objetivo do Yahoo de conseguir com a flutuação o máximo de atenção da mídia.

30 Moritz, entrevistas do autor.

31 O investidor em questão é Brad Feld. Feld, entrevista feita pelo autor, 14 mar. 2019.

32 Rieschel, entrevista do autor. A atmosfera da época também foi lembrada por Jerry Colonna. Colonna, entrevista feita pelo autor, 14 abr. 2019.

33 Conforme observado anteriormente, os fundos de crescimento baseados em Boston buscavam tipos diferentes de negócio. Son foi o primeiro a lançar um fundo de crescimento que assumiu participações em empresas de alto risco apoiadas por empreendimentos.

34 Em vários casos, as imitações japonesas de Son eram mais bem administradas e mais bem-sucedidas do que suas parentes americanas. Sua habilidade para lançar empresas de tecnologia americanas no Japão o ajudou a conseguir entrar em negociações na Califórnia.

35 No início dos anos 2000, a *Forbes* estimou a fortuna pessoal de Son em 19,4 bilhões de dólares, contra 4,6 bilhões na primavera de 1996, quando fez sua aposta monstruosa no Yahoo. Grande parte desses 15 bilhões adicionais pode ser explicada pela entrada de Son nos investimentos de tecnologia nos Estados Unidos.

36 Moritz, entrevistas do autor.

37 Ibid.

38 Ibid.

39 Ibid.

40 A Benchmark tentou abrir escritórios em Londres e em Israel, mas logo fechou as duas operações.

41 A conta da Benchmark e do eBay deve muito ao maravilhoso trabalho de Randall Stross, que tinha um acesso extraordinário à sociedade nos primeiros anos. Ver: STROSS, Randall E. *eBoys: The First Inside Account of Venture Capitalists at Work*. Nova York: Ballantine Books, 2001. Minha gratidão aos três dos quatro fundadores da Benchmark — Dunlevie, Kagle e Rachleff — por lerem um rascunho inicial do meu relato e por me darem feedback.

42 No seu primeiro fundo, os sócios da Benchmark mantiveram 20% dos lucros até os investidores receberem o dinheiro de volta. Depois disso, eles mantinham 30%. Em fundos subsequentes, mantiveram 30% de todos os lucros. Rachleff, e-mail para o autor, 19 jan. 2020.
43 Rachleff disse: "Se eu descrevesse para você cada empresa de tecnologia bem-sucedida na época da sua fundação e dissesse o que íamos fazer, você diria que era a ideia mais idiota que já tinha ouvido." Rachleff, entrevista feita pelo autor, 9 nov. 2017.
44 Dunlevie, entrevista feita pelo autor, 10 fev. 2017.
45 Rachleff manteve essa visão mesmo que depois tenha começado a discordar dela. Mais tarde passou a acreditar que um membro extraordinário do conselho é capaz de melhorar em três vezes o resultado, podendo sextuplicá-lo. Mas isso não é o suficiente para um impacto significativo no estágio inicial de um fundo de risco. Em comparação, um resultado de vinte vezes, o que tem um impacto significativo no fundo, tem uma probabilidade de ser um grande vencedor a despeito do membro do conselho. No entanto, ser considerado um ótimo membro do conselho ajuda a aumentar a probabilidade de você ter uma oportunidade para investir em outras empresas que possam entregar um retorno de vinte vezes. Rachleff, e-mail para o autor, 19 jan. 2020.
46 Dunlevie reflete: "Você precisa aconselhar em termos empáticos. Eu costumo dizer: 'Veja bem, eu não estou mandando que você faça isso. Só estou dizendo que eu acho que essa talvez seja a melhor abordagem para o plano que você fez'. Isso costuma ser ignorado, e acredito que, na metade das vezes, eles estão certos em ignorar, e eu acho que é isso que torna esse negócio interessante." Dunlevie, entrevista do autor.
47 Dunlevie, entrevista do autor.
48 STROSS, Randall E. *eBoys: The First Inside Account of Venture Capitalists at Work*. Nova York: Ballantine Books, 2001, p. 28.
49 Ibid., pp. 21-22.
50 SAXENIAN, AnnaLee. *Silicon Valley's New Immigrant Entrepreneurs*. São Francisco: Public Policy Institute of California, 1999.
51 STROSS, Randall E. *eBoys: The First Inside Account of Venture Capitalists at Work*. Nova York: Ballantine Books, 2001, p. 26.
52 Dunlevie, entrevista do autor.
53 STROSS, Randall E. *eBoys: The First Inside Account of Venture Capitalists at Work*. Nova York: Ballantine Books, 2001, p. 24.
54 Ibid., p. 27.
55 Alex Rosen, entrevista feita pelo autor, 29 maio 2018.
56 Rachleff, entrevista do autor.
57 STROSS, Randall E. *eBoys: The First Inside Account of Venture Capitalists at Work*. Nova York: Ballantine Books, 2001, p. 28.
58 Rachleff, entrevista do autor.
59 HOLSON, Laura. "Defining the On-Line; Ebay's Meg Whitman Explores Management, Web Style", *New York Times*, 10 maio 1999.
60 STROSS, Randall E. *eBoys: The First Inside Account of Venture Capitalists at Work*. Nova York: Ballantine Books, 2001, p. 59.

61   Ibid., p. 60.
62   Ibid., pp. 209-210.
63   O colunista era Christopher Byron, da MSNBC.com. Ver: Ibid., p. 211.
64   A aposta da Sequoia no Yahoo no fim das contas ganharia mais que isso, porque a sociedade manteve algumas ações até 1999. Nesse meio-tempo, outra aposta da Kleiner Perkins, na Juniper Networks, ofuscaria os lucros da Benchmark com o eBay depois que a Juniper decolou com sua flutuação de abril de 1999.
65   STROSS, Randall E. *eBoys: The First Inside Account of Venture Capitalists at Work*. Nova York: Ballantine Books, 2001, p. 213.
66   A ação do eBay tinha se dividido, então o valor nominal de cada ação era menor.
67   Esse múltiplo se elevaria à medida que mais empresas do portfólio amadurecessem. Em janeiro de 2000, o fundo mais maduro da Benchmark atingiu uma multiplicação incrível de 92 vezes.
68   O hábito de Son de delegar detalhes operacionais é enfatizado por todos que trabalharam com ele, incluindo Jan Boyer, um sócio investidor do SoftBank entre 1999 e 2002. Boyer, entrevista feita pelo autor, 7 mar. 2020.
69   Entre a oferta pública inicial do Alibaba em 2014 e o fracasso da WeWork de abrir capital, em 2019, Son era possivelmente o investidor mais influente na área de tecnologia.
70   A média de uma negociação de capital de risco tinha subido de 5,3 milhões de dólares em 1996 para 15 milhões em 1999. STROSS, Randall E. *eBoys: The First Inside Account of Venture Capitalists at Work*. Nova York: Ballantine Books, 2001, pp. 294-297.
71   Ibid., p. 296.
72   Ibid., pp. 294-295.
73   Ambas as apostas, principalmente a feita na Uber, geraram grandes lucros. No início de 2020, a Uber estava a caminho de ser o segundo negócio mais lucrativo da história de 25 anos da Benchmark. (Dunlevie, e-mail para o autor, 4 fev. 2020.) No caso da WeWork, a Benchmark relatou ganho de cerca de quinze vezes o capital, conseguindo vender parte de suas ações antes que a cotação despencasse.

CAPÍTULO OITO: DINHEIRO PARA O GOOGLE, MEIO QUE POR NADA

1   Bechtolsheim, entrevista feita pelo autor, 30 nov. 2018.
2   Little, entrevista feita pelo autor, 22 mai. 2018.
3   A empresa de Little, a Portal Software, vendeu um sistema de faturamento para os primeiros provedores de serviços de internet. Foi o maior sucesso nos primeiros cinco fundos da Accel, gerando um múltiplo de 293 vezes para a Accel e um lucro de 1,7 bilhão de dólares (dados da Accel). Com base em um cálculo apressado, Little concluiu que Bechtolsheim provavelmente ganhou mais com seu investimento na Portal do que com a cofundação da Sun. Little, entrevista do autor.
4   BRANDT, Richard. *The Google Guys: Inside the Brilliant Minds of Google Founders Larry Page and Sergey Brin*. 2ª ed. Nova York: Portfolio/Penguin, 2011, p. 48.
5   VISE, David e MALSEED, Mark. *The Google Story: Inside the Hottest Business, Media, and Technology Success of Our Time*. 2ª ed. Nova York: Bantam Dell, 2008, p. 48.

6   Ibid.
7   JOLIS, Jacob. "Frugal After Google", *Stanford Daily*, 16 abr. 2010.
8   Bechtolsheim, entrevista do autor. Em 2013, o hábito dos investidores-anjos de investir em start-ups sem dizer o quanto da empresa estavam comprando encontrou respaldo em uma inovação chamada nota SAFE. Isso permitiu que os anjos injetassem capital em start-ups enquanto adiavam a avaliação para uma rodada de investimento posterior e mais formal.
9   Outros investidores-anjos pioneiros incluíam Ross Perot. Ver: GRUPTA, Udayan. "Venture Capital Dims for Start-Ups, but Not to Worry", *Wall Street Journal*, 4 jan. 1990, B2.
10 Conway levantou um segundo fundo-anjo, muito maior, em 1999, com capital de 150 milhões de dólares.
11 Por um ajuste de contas, os anjos forneceram mais dinheiro para as start-ups do que os investidores de risco. Ver: WONG, Andrew. "Angel Finance: The Other Venture Capital", Escola de Pós-Graduação em Negócios da Universidade de Chicago, ago. 2001. Disponível em: <www.ssrn.com/abstract=941228>.
12 AULETTA, Ken. *Googled — a história da maior empresa do mundo virtual — e como sua ascensão afeta as empresas do mundo real*. Rio de Janeiro: Agir, 2011.
13 Shriram, entrevista com o autor, 2 dez. 2020.
14 Shriram lembra que a avaliação do Google foi de 10 milhões de dólares e não havia "mecanismos de controle" na carta de intenções. Shriram, entrevista do autor. A falta de mecanismos de controle era típica dos investidores-anjos, que geralmente não recorriam às salvaguardas utilizadas pelos investidores de risco para mitigar o risco em investimentos ilíquidos em estágio inicial. Ver: WONG, Andrew. "Angel Finance: The Other Venture Capital", Escola de Pós-Graduação em Negócios da Universidade de Chicago, ago. 2001, pp. 2-3. Disponível em: <www.ssrn.com/abstract=941228>.
15 Anuário da Associação Nacional de Capital de Risco dos EUA 2010, p. 20, fig. 2.02.
16 Idem, p. 9, fig. 1.0.
17 Dois extravagantes corretores de fundos de multimercado que apostaram contra ações de tecnologia foram Stanley Druckenmiller e Julian Robertson. Em 1999, Druckenmiller mudou de lado e se juntou ao movimento da tecnologia.
18 CASSIDY, John. *Dot.Con: The Greatest Story Ever Sold*. Nova York: HarperCollins, 2002, p. 213.
19 AULETTA, Ken. *Googled — a história da maior empresa do mundo virtual — e como sua ascensão afeta as empresas do mundo real*. Rio de Janeiro: Agir, 2011.
20 O aluno autor do plano de negócios do Google foi Salar Kamangar. O executivo de desenvolvimento de negócios era Omid Kordestani. Shriram, entrevista do autor.
21 O investidor interno foi o cofundador da Netscape, Jim Clark. HEILEMANN, John. "The Networker", *New Yorker*, 11 ago. 1997.
22 Heilemann, "Networker".
23 Ibid.
24 Ibid.
25 A descrição do encontro entre Doerr e os Googlers foi extraída principalmente de: DOERR, John. *Avalie o que importa: como o Google, Bono Vox e a Fundação Gates sacudi-

ram o mundo com os OKRs. Rio de Janeiro: AltaBooks, 2019. Ver também: AULETTA, Ken. *Googled — a história da maior empresa do mundo virtual — e como sua ascensão afeta as empresas do mundo real*. Rio de Janeiro: Agir, 2011.

26 Um sócio da Sequoia comentou: "Doug construiu as relações que nos permitiram existir no ecossistema."

27 Sameer Gandhi se lembra de estar com Leone durante a reunião. Ele diz que depois a dupla discutiu sobre o Google no carro. "Nós dois estávamos tipo 'eu não tenho ideia do que tem ali, mas tem algo. Precisamos fazer com que eles topem.'" Gandhi também se lembra de uma discussão com Moritz na qual ele descreveu o Google como um mecanismo de busca "folheado a ouro". Gandhi, entrevista feita pelo autor, 17 maio 2019.

28 Moritz, entrevistas do autor.

29 Khosla, entrevista feita pelo autor, 31 jul. 2018.

30 A percepção de que as marcas iriam dominar a internet foi confirmada pelo preço flutuante das ações da America Online, um portal que agregava conteúdo e serviços. Moritz, entrevistas do autor.

31 Mais tarde, Moritz comentou que havia investido no Google pelo menos parcialmente "para ajudar a garantir que o Yahoo fosse bem cuidado". VISE, David e MALSEED, Mark. *The Google Story: Inside the Hottest Business, Media, and Technology Success of Our Time*. 2ª ed. Nova York: Bantam Dell, 2008, p. 65.

32 Shriram, entrevista do autor.

33 VISE, David e MALSEED, Mark. *The Google Story: Inside the Hottest Business, Media, and Technology Success of Our Time*. 2ª ed. Nova York: Bantam Dell, 2008, p. 67.

34 MALIK, Om. "How Google Is That?", *Forbes*, 4 out. 1999. Disponível em: <www.forbes.com/1999/10/04/feat.html # 10cf995a1652>.

35 Moritz lembrou: "O entendimento quando investimos era de que, com o tempo, um CEO seria contratado, além de outros funcionários." Moritz, entrevistas do autor.

36 LEVY, Steven. *In the Plex: How Google Thinks, Works, and Shapes Our Lives*. Nova York: Simon & Schuster, 2011, pp. 79-80.

37 O braço-direito era Dave Whorton. Ver: HEILEMANN, John. "Journey to the (Revolutionary, Evil-Hating, Cash-Crazy, and Possibly Self-Destructive) Center of Google", *GQ*, 14 fev. 2005.

38 VISE, David e MALSEED, Mark. *The Google Story: Inside the Hottest Business, Media, and Technology Success of Our Time*. 2ª ed. Nova York: Bantam Dell, 2008, p. 106.

39 HEILEMANN, John. "Journey to the (Revolutionary, Evil-Hating, Cash-Crazy, and Possibly Self-Destructive) Center of Google."

40 Esse resumo do desempenho do empreendimento é baseado em dados fornecidos pela empresa de dados Burgiss, com cálculos adicionais realizados por Steven N. Kaplan, da Universidade de Chicago.

41 Leone, entrevista do autor.

42 SWARTZ, Jim. "Oral History of Jim Swartz", entrevista feita por John Hollar, Computer History Museum, 11 out. 2013. Disponível em: <archive.computerhistory.org/resources/access/text/2015/05/102746860-05-01acc.pdf>.

43 Alex Rosen, entrevista feita pelo autor, 29 mai. 2018.
44 Doerr, entrevista feita pelo autor, 12 mar. 2021.
45 LEVY, Steven. *In the Plex: How Google Thinks, Works, and Shapes Our Lives*. Nova York: Simon & Schuster, 2011, p. 80.
46 HEILEMANN, John. "Journey to the (Revolutionary, Evil-Hating, Cash-Crazy, and Possibly Self-Destructive) Center of Google."
47 Idem.
48 LEVY, Steven. *In the Plex: How Google Thinks, Works, and Shapes Our Lives*. Nova York: Simon & Schuster, 2011, p. 80.
49 AULETTA, Ken. *Googled — a história da maior empresa do mundo virtual — e como sua ascensão afeta as empresas do mundo real*. Rio de Janeiro: Agir, 2011.
50 Doerr, entrevista com o autor, 5 mar. 2021.
51 AULETTA, Ken. *Googled — a história da maior empresa do mundo virtual — e como sua ascensão afeta as empresas do mundo real*. Rio de Janeiro: Agir, 2011.
52 "Schmidt April Fool Cars 1986 & 2008", 16 mai. 2008. Disponível em: <www.youtube.com/watch?v=cs9FjfSv6Ss>.
53 AULETTA, Ken. *Googled — a história da maior empresa do mundo virtual — e como sua ascensão afeta as empresas do mundo real*. Rio de Janeiro: Agir, 2011; HEILEMANN, John. "Journey to the (Revolutionary, Evil-Hating, Cash-Crazy, and Possibly Self-Destructive) Center of Google."
54 AULETTA, Ken. *Googled — a história da maior empresa do mundo virtual — e como sua ascensão afeta as empresas do mundo real*. Rio de Janeiro: Agir, 2011. Essa reconstrução também se baseia em Schmidt, entrevista feita pelo autor, 8 mai. 2019.
55 Schmidt, entrevista do autor.
56 Moritz lembrou que a combinação de experiência administrativa e profundamente técnica de Schmidt foi o argumento decisivo, acrescentando que Doerr merece o crédito pela contratação. Moritz, e-mail para o autor, 29 out. 2020. Em outra ocasião, ele ainda lembrou: "Eric tinha um comportamento profissional. Isso ajudou em tudo." Moritz, entrevistas do autor.
57 Por volta de 2001, o anjo que patrocinou David Cheriton brincou que tudo o que recebeu de seu investimento no Google foi a "camiseta mais cara do mundo". LEVY, Steven. *In the Plex: How Google Thinks, Works, and Shapes Our Lives*. Nova York: Simon & Schuster, 2011, p. 79.
58 Schmidt, entrevista do autor.
59 Apesar de outras fontes, o arquivo do formulário S-1 do Google mostra que os gerentes seniores e investidores pré-IPO deveriam reter 82,1% do poder de voto após a flutuação. Brin e Page controlariam 15,8% cada. Ver a Declaração de registro do Formulário S-1 do Google, 18 ago. 2004, p. 103.
60 Moritz também sentiu que a estrutura de duas classes de ações contradizia o ideal que o Google incorporava: o de que as informações deveriam ser amplamente divulgadas, para que as decisões pudessem partir de um debate aberto, e não de chefes entrincheirados. Moritz, entrevistas do autor.
61 Aqueles que afirmam que os investidores do mercado de ações subestimam os lucros futuros das empresas estão, por definição, argumentando que não ocorrerá a sobre-

valorização das ações. Dado o histórico de bolhas de mercado, essa afirmação não é convincente.

62 Prospecto do IPO do Google, 18 ago. 2004. Disponível em: <www.sec.gov/Archives/edgar/data/1288776/000119312504143377/d424b4.htm>. Novamente, deve-se observar que as empresas de tecnologia de capital aberto, incluindo Netflix, Amazon, Salesforce e Tesla, fizeram declarações semelhantes e foram recompensadas com preços de ações lá em cima. Há poucas evidências de que não estar na lista seja um pré-requisito confiável para se prever o futuro. As vantagens de não estar na lista consistem em outra coisa: custos regulatórios mais baixos, supervisão mais clara dos gerentes (desde que os conselhos sejam vigilantes) e uma maior capacidade de surpreender os concorrentes com inovações desenvolvidas sob o radar.

63 Entre 1999 e 2019, uma média de apenas dois IPOs por ano eram conduzidos como leilões. Ver os dados de Jay Ritter, da Universidade da Flórida, tabela 13. Disponível em: <site.warrington.ufl.edu/ritter/files/IPOs2019Statistics.pdf>. Após o leilão holandês do Google, as start-ups de tecnologia tenderam a optar pelos IPOs tradicionais: os exemplos incluem Facebook, LinkedIn e Twitter. Mais tarde, tentaram-se outros tipos de IPOs. Spotify e Slack escolheram listagens diretas, não leilões. O sócio da Benchmark Bill Gurley emergiu como um campeão da reforma do IPO, patrocinando uma conferência sobre o assunto em out. 2019. Sobre a defesa de Gurley, ver: TULLY, Shawn. "Why Famed VC Bill Gurley Thinks IPOs Are such a Rip-Off", *Fortune*, 16 jun. 2020. Disponível em: <fortune.com/2020/06/16/vc-bill-gurley-ipo-rip-off-venture-capital>.

64 Este foi o fundo da Sequoia arrecadado após aquele que acertou o pote de ouro com o Google.

65 As sociedades de capital de risco que retornaram capital aos cotistas incluíram a Accel e a Kleiner Perkins, bem como a operação europeia da Benchmark. Ao todo, quase 4 bilhões de dólares foram devolvidos aos cotistas no primeiro semestre de 2002. BRANSTEN, Lisa. "A Slow Environment, High Fees Prompt Return of Uninvested Capital", *Wall Street Journal*, 1º jul. 2002. Disponível em: <wsj.com/articles/SB1025209176769923200>.

66 Dados da Associação Nacional de Capital de Risco dos EUA. No final de 2004, até mesmo uma sociedade de elite como a Accel ainda estava tendo problemas. As dotações de Princeton e Harvard se encerraram. Yale e o MIT se recusaram a assumir seus lugares. Jim Breyer, entrevista feita pelo autor, 9 fev. 2019. Breyer era o sócio-gerente da Accel na época.

67 O empresário foi Sean Parker, que será mais abordado no capítulo nove. Ver: FISHER, Adam. *Valley of Genius: The Uncensored History of Silicon Valley*. Nova York: Hachette, 2018, p. 318.

68 Essas citações foram retiradas de: GRAHAM, Paul. "How to Start a Startup", paulgraham.com (blog), mar. 2005. Disponível em: <paulgraham.com/start.html>.

69 GRAHAM, Paul. "The Venture Capital Squeeze", paulgraham.com (blog), nov. 2005. Disponível em: <paulgraham.com/vcsqueeze.html>.

70 Graham explicou: "A Fairchild precisava de muito dinheiro para começar. Tiveram que construir fábricas de verdade. Hoje, na primeira rodada de financiamento de risco, em

que se gasta para montar uma start-up baseada na Web? Mais dinheiro não pode fazer com que o software seja desenvolvido com mais rapidez; não é necessário para instalações, porque agora são muito baratas; tudo o que o dinheiro pode realmente comprar são as vendas e o marketing. Uma força de vendas vale alguma coisa, admito. Mas o marketing é cada vez mais irrelevante. Na Internet, qualquer coisa genuinamente boa se espalhará de boca em boca." GRAHAM, Paul. "Hiring Is Obsolete", paulgraham.com (blog), mai. 2005. Disponível em: <paulgraham.com/hiring.html>.
71 GRAHAM, Paul. "A Unified Theory of VC Suckage", paulgraham.com (blog), mar. 2005. Disponível em: <paulgra ham.com/venturecapital.html>.
72 Idem. "Hiring Is Obsolete", paulgraham.com (blog), mai. 2005. Disponível em: <paulgraham.com/hiring.html>.

CAPÍTULO NOVE: PETER THIEL, Y COMBINATOR E A REVOLTA DA JUVENTUDE DO VALE

1   Valentine, entrevista feita pelo autor, 7 abr. 2018.
2   Botha, entrevistas feitas pelo autor, 14 mai. e 24 set. 2019 e 4 nov. 2020.
3   KIRKPATRICK, David. "With a Little Help from His Friends", *Vanity Fair*, 6 set. 2010.
4   MANGALINDAN, Mylene. "Spam, or Not? Plaxo's Service Stirs Debate", *Wall Street Journal*, 27 fev. 2004.
5   BERTONI, Steve. "Sean Parker: Agent of Disruption", *Forbes*, 21 set. 2011.
6   Idem.
7   KIRKPATRICK, David. "With a Little Help from His Friends", *Vanity Fair*, 6 set. 2010.
8   BERTONI, Steve. "Sean Parker: Agent of Disruption", *Forbes*, 21 set. 2011.
9   Idem.
10 KIRKPATRICK, David. *The Facebook Effect: The Inside Story of the Company That Is Connecting the World*. Nova York: Simon & Schuster, 2010, p. 48.
11 Anteriormente, Moritz apresentou Parker a Thiel e convidou Thiel a investir na Plaxo. Então Parker conheceu Thiel antes de ser reapresentado por Hoffman. Moritz, e-mail para o autor, 29 out. 2020.
12 Pincus acabou fundando a Zynga, empresa de games sociais. A empresa de Thiel, o PayPal, experimentou técnicas de marketing viral, e Thiel fez outros investimentos em redes sociais, incluindo no LinkedIn e em um rival do Facebook chamado Friendster.
13 FISHER, Adam. *Valley of Genius: The Uncensored History of Silicon Valley*. Nova York: Twelve, 2018, p. 318.
14 O diálogo e a cena que se seguem são baseados nas lembranças de Levchin. Levchin, entrevistas feitas pelo autor, 18 e 20 set. 2017.
15 Moritz lembra que alguns parceiros da Sequoia inicialmente resistiram em diluir a participação da empresa. Moritz, entrevista feita pelo autor, 28 mai. 2020.
16 Jeremy Stoppelman, entrevista feita pelo autor, 15 nov. 2017.
17 Botha, entrevistas do autor.

18 Luke Nosek, entrevista feita pelo autor, 12 mai. 2019.
19 Levchin, entrevistas do autor.
20 Esse episódio foi relembrado em detalhes por Levchin. Moritz não se lembrava de tudo, mas endossou a ideia principal do relato de Levchin. Levchin, entrevistas do autor; Moritz, entrevistas do autor.
21 David Sacks, amigo de Thiel que trabalhava para a Confinity, disse à *Fortune*: "Peter nunca foi um cara de operações práticas. Mas ele tinha um talento especial para identificar todas as grandes questões estratégicas e acertá-las." Ver: PARLOFF, Roger. "Peter Thiel Disagrees with You", *Fortune*, 22 set. 2014.
22 "Se você é um investidor, não tem noção do dia a dia da empresa. Você não sabe como o CEO está gerenciando os vice-presidentes. Portanto, se os vice-presidentes declararem que estão no ponto de ruptura, você deve respeitar isso." Moritz, entrevistas do autor.
23 O investidor era Tim Hurd, da Madison Dearborn.
24 Nosek, entrevista do autor.
25 O plano de Thiel foi descrito por várias fontes, incluindo Luke Nosek, John Malloy e Roelof Botha.
26 Malloy, entrevista feita pelo autor, 12 fev. 2019.
27 Idem, 24 set. 2019 e 21 mai. 2020.
28 Idem, 28 mai. 2020; Levchin, e-mail para o autor, 7 jun. 2020.
29 Roelof Botha relembrou: "Honestamente, Peter não queria de fato dirigir uma empresa. Não era sua aspiração." Botha, entrevistas do autor.
30 Thiel falou sobre empreendedorismo em uma série de palestras proferidas em Stanford em 2012. Posteriormente, as palestras apareceram em formato de livro. Ver: THIEL, Peter e MASTERS, Blake. *De zero a um: o que aprender sobre empreendedorismo no Vale do Silício*. Rio de Janeiro: Objetiva, 2014.
31 Ibid.
32 Roelof Botha refletiu sobre a experiência da Sequoia com Zuckerberg: "Parte do que percebi nesse negócio é que é preciso se modular. Há uma aula em Stanford sobre dinâmica de potência, o que mostra quando se joga alto e quando se joga baixo. Acho que o perigo é que, se você é um investidor de sucesso e ganhou muito dinheiro, em especial se cresceu em uma época em que o capital era uma fonte de poder, você joga alto o tempo todo. E não acho que seja uma receita para o sucesso neste negócio." Botha, entrevistas do autor.
33 "Quando o comunicado à imprensa foi divulgado, foi uma surpresa para nós descobrir que nosso CEO havia partido. Não foi legal." Botha, entrevistas do autor.
34 GUYNN, Jessica. "The Founders Fund Emerges as Venture 2.0", *San Francisco Chronicle*, 13 dez. 2006.
35 Idem.
36 Howery planejava chamar o fundo de Clarium Ventures até que Nosek fez uma contraproposta com o nome Founders Fund. Nosek, entrevista do autor.
37 Nosek, entrevista do autor.
38 Dos 50 milhões de dólares do primeiro fundo, 35 milhões vieram de Thiel e Howery. Havia apenas um investidor institucional — um britânico. Nosek, entrevista do autor.

39   THIEL, Peter e MASTERS, Blake. *De zero a um: o que aprender sobre empreendedorismo no Vale do Silício*. Rio de Janeiro: Objetiva, 2014.
40   BROWNING, Lynnley. "Venture Capitalists, Venturing Beyond Capital", *New York Times*, 15 out. 2000.
41   Nos 45 anos entre 1974 e 2019, até mesmo a principal empresa de capital de risco, a Sequoia, teve apenas 42 investimentos que deram um retorno de vinte vezes ou mais. Ver: MORITZ, Michael. *DTV* (autopublicado, 2020), p. 51.
42   Nosek também acreditava que uma atitude *laissez-faire* para com os fundadores atrairia os melhores fundadores para o fundo de risco de Thiel. "Os empreendedores que estão realmente comprometidos em dirigir essas empresas sabem que são eles que fazem isso e ninguém mais é capaz de fazê-lo (...). São os empreendedores mais fracos que se autosselecionam para um investidor de risco que pode demiti-los." Nosek, entrevista do autor.
43   Trae Stephens, entrevista feita pelo autor, 29 mar. 2019. Stephens se tornou parceiro da Founders Fund em 2014.
44   A analogia com o comércio de diamantes é tirada de Browning, "Venture Capitalists".
45   "Os perigos da competição imitativa podem explicar parcialmente por que os indivíduos com uma inépcia social semelhante à de Asperger parecem estar em vantagem no Vale do Silício hoje", escreveu Thiel. Ver: THIEL, Peter e MASTERS, Blake. *De zero a um: o que aprender sobre empreendedorismo no Vale do Silício*. Rio de Janeiro: Objetiva, 2014.
46   Idem.
47   Ibid.
48   Nosek, entrevista do autor.
49   Ibid.
50   MALLABY, Sebastian. *More Money than God: Hedge Funds and the Making of a New Elite*. Nova York: Penguin Press, 2010, pp. 84-86.
51   Questionado em 2019 se a Founders Fund pressionaria o princípio de ser amigável com o fundador no sentido de não demitir um líder claramente problemático como Travis Kalanick, da Uber, Trae Stephens respondeu que a Founders Fund não teria afastado Kalanick. Stephens, entrevista do autor.
52   Cyan Banister foi parceiro da Founders Fund de 2016 a 2020. Banister, entrevista com o autor, 16 mai. 2019.
53   Em um caso célebre em 1992, Soros exortou Druckenmiller a "ir para a jugular" — multiplicar por dez o tamanho de sua notória aposta contra a moeda britânica, um movimento que precipitou a expulsão da Grã-Bretanha do mecanismo europeu de taxa de câmbio. Ver: MALLABY, Sebastian. *More Money Than God: Hedge Funds and the Making of a New Elite*. Nova York: Penguin Press, 2010, pp. 84-86.
54   Em um fundo de 1 bilhão de dólares, a Founders Fund pode muito bem apostar metade de seu dinheiro em apenas cinco empresas. Stephens, entrevista do autor.
55   Nosek, entrevista do autor.
56   GUYNN, Jessica. "The Founders Fund Emerges as Venture 2.0", *San Francisco Chronicle*, 13 dez. 2006.
57   Nosek, entrevista do autor.

58 KONRAD, Alex. "Move Over, Peter Thiel — How Brian Singerman Became Founders Fund's Top VC", *Forbes*, 25 abr. 2017.
59 O outro investidor potencial era a gigante aeroespacial Northrop Grumman. Ver: KONRAD, Alex. "Move Over, Peter Thiel — How Brian Singerman Became Founders Fund's Top VC", *Forbes*, 25 abr. 2017.
60 O primeiro fundo de risco de Thiel, levantado em 2005, retornou seis vezes o capital líquido, livre de taxas. Seu segundo fundo, de 2007, teve um retorno oito vezes maior. Seu terceiro fundo, de 2010, retornou 3,8 vezes em 2019. Ver: ROOF, Katie. "Founders Fund, a Premier Venture Firm in Transition, Has Outsize Returns", *Wall Street Journal*, 26 fev. 2019.
61 A capacidade oficial da sala 305, na Emerson, é de 85 pessoas. Ohanian relata que cerca de cem pessoas se aglomeraram para ouvir Graham. Ver: OHANIAN, Alexis. *Without Their Permission: The Story of Reddit and a Blueprint for How to Change the World*. Nova York: Grand Central Publishing, 2013, p. 47.
62 LAGORIO-CHAFKIN, Christine. *We Are the Nerds: The Birth and Tumultuous Life of Reddit, the Internet's Culture Laboratory*. Nova York: Hachette, 2018, p. 20.
63 GRAHAM, Paul. "Paul Graham on Doing Things Right by Accident", entrevista feita por Aaron Harris e Kat Manalac, *Startup School Radio, Y Combinator* (blog), 17 fev. 2016. Disponível em: <blog.ycombinator.com/paul-graham-startup-school-radio-interview>.
64 OHANIAN, Alexis. *Without Their Permission: The Story of Reddit and a Blueprint for How to Change the World*. Nova York: Grand Central Publishing, 2013, pp. 47-54.
65 LAGORIO-CHAFKIN, Christine. *We Are the Nerds: The Birth and Tumultuous Life of Reddit, the Internet's Culture Laboratory*. Nova York: Hachette, 2018, p. 4.
66 GRAHAM, Paul. "Paul Graham on Doing Things Right by Accident", entrevista feita por Aaron Harris e Kat Manalac, *Startup School Radio, Y Combinator* (blog), 17 fev. 2016. Disponível em: <blog.ycombinator.com/paul-graham-startup-school-radio-interview>.
67 Livingston, entrevista feita pelo autor, 6 jun. 2019.
68 Graham, e-mails para o autor.
69 Ibid. Livingston relembrou: "Para um programador como Paul, a ideia de padronizar tudo sobre investimentos era inteligente e eficiente. Em vez de investir *ad hoc*, processamos as pessoas como um grupo." Livingston, entrevista do autor.
70 Antes da Y Combinator, havia "incubadoras" de start-ups. A primeira foi a Idealab, com sede em Pasadena, na Califórnia, e fundada em 1996. Oferecia escritórios, suporte administrativo e outros serviços para start-ups. Ver: HOLSON, Laura M. "Hard Times in the Hatchery", *New York Times*, 30 out. 2000.
71 OHANIAN, Alexis. *Without Their Permission: The Story of Reddit and a Blueprint for How to Change the World*. Nova York: Grand Central Publishing, 2013, p. 138.
72 SINGEL, Ryan. "Stars Rise at Startup Summer Camp", *Wired*, 13 set. 2005. Disponível em: <wired.com/2005/09/stars-rise-at-startup-summer-camp>.
73 O palestrante era Olin Shivers, da Northeastern University. Ver: LAGORIO-CHAFKIN, Christine. *We Are the Nerds: The Birth and Tumultuous Life of Reddit, the Internet's Culture Laboratory*. Nova York: Hachette, 2018, p. 48.

74 KANE, Margaret. "Say What? Young People Are Just Smarter", *CNET*, 28 mar. 2007. Disponível em: <cnet.com/news/say-what-young-people-are-just-smarter>.
75 GRAHAM, Paul. "Startup Investing Trends", paulgraham.com (blog), jun. 2013. Disponível em: <paulgraham.com/invtrend.html>.
76 Ibid. Graham também explorou o deslocamento de hierarquias corporativas por redes de start-ups em: GRAHAM, Paul. "The High-Res Society", paulgraham.com (blog), dez. 2008. Disponível em: <paulgraham.com/highres.html>.

CAPÍTULO DEZ: VÁ PARA A CHINA E AGITE

1 Rieschel, entrevistas feitas pelo autor, 18 mar. e 7 nov. 2019.
2 Rieschel se lembrava de um mentor no Japão que o aconselhou: "Gary-san, tenho uma coisa muito importante para lhe contar. Não tente ser japonês. Somos melhores nisso do que você." Rieschel, entrevistas feitas pelo autor.
3 Os dados são do banco de dados FRED, mantido pelo Federal Reserve Bank de St. Louis.
4 Rieschel, entrevistas do autor.
5 "The Valley of Money's Delight", *Economist*, 27 mar. 1997. Disponível em: <economist.com/special-report/1997/03/27/the-valley-of-moneys-delight>.
6 Nos cinco anos a partir de 2015, os investidores de risco com foco na China levantaram um total de 216 bilhões de dólares, e os investidores de risco dos Estados Unidos levantaram 215 bilhões de dólares. Os dados sobre o capital de risco chinês vêm do Zero2IPO Research Center da China. Os dados sobre o capital de risco dos Estados Unidos vêm da Associação Nacional de Capital de Risco dos EUA.
7 Os três primeiros fundos da Qiming, levantados entre 2006 e 2011, geraram retornos de 1,8, 7,1 e 3,4 vezes líquidos para os investidores. O capital total levantado foi de 961 milhões de dólares. As distribuições líquidas totais para investidores foram de 4,1 bilhões de dólares. Na área da saúde, os *home runs* incluíram Gan & Lee, Venus, Zai, Tigermed e CanSino.
8 Em 2018, a China ostentava 206 unicórnios, em comparação com 203 nos Estados Unidos. Enquanto isso, a Lista Midas da *Forbes* apresentava vários investidores chineses entre os dez principais: Neil Shen (1), JP Gan (5), Kathy Xu (6) e Hans Tung (7). Ver: ELSTROM, Peter. "China's Venture Capital Boom Shows Signs of Turning into a Bust", *Bloomberg*, 9 jul. 2019. Disponível em: <bloomberg.com/news/articles/2019-07-09/china-s-venture-capital-boom-shows-signs-of-turning-into-a--bust>.
9 Shen ficou em primeiro lugar na Lista Midas da *Forbes* em 2018, 2019 e 2020.
10 Em 2016, 17% dos investidores de risco chineses eram mulheres, em comparação com 10% no Vale do Silício. OSTER, Shai e WANG, Selina. "How Women Won a Leading Role in China's Venture Capital Industry", *Bloomberg*, 19 set. 2016.
11 Os bancos chineses geralmente não se dispunham a emprestar nem mesmo para grandes empresas privadas com base em seus fluxos de caixa. As start-ups estavam muito fora de seus radares.

12 Antes de Lin, havia um punhado de investidores de risco asiáticos, especificamente Ta-lin Hsu, da H&Q Asia Pacific, e Lip-Bu Tan, da Walden International. Esses pioneiros tinham sido treinados nos Estados Unidos e financiaram empreendimentos de risco na China continental no início da década de 1990. Mas, assim como o general Doriot na Nova Inglaterra nas décadas de 1950 e 1960, eles se apoderavam da maior parte do patrimônio dos projetos que financiavam e se recusavam a dividir os lucros com a própria equipe de investimentos. E assim, também como Doriot, eles logo foram substituídos por rivais que estavam mais preparados para dividir a recompensa.
13 CLARK, Duncan. *Alibaba: The House That Jack Ma Built*. Nova York: HarperCollins, 2016, p. 112.
14 Lin, entrevista feita pelo autor, 9 out. 2019. Agradeço a Lin pela maratona de entrevistas, que durou quase um dia, bem como pelos inúmeros e-mails de acompanhamento.
15 Ibid.
16 Ibid. Ver também: CLARK, Duncan. *Alibaba: The House That Jack Ma Built*. Nova York: HarperCollins, 2016, p. 114.
17 Ibid.
18 Ibid.
19 Ibid.
20 Son, entrevista de David Rubenstein, *The David Rubenstein Show*, 11 out. 2017.
21 Gary Rieschel, que na época trabalhava para Son no SoftBank, diz que o acordo de Pequim selou o investimento no Alibaba e especificou os termos: 20 milhões de dólares por 20% da empresa. No entanto, Lin lembra que o aparente compromisso de Son ainda precisava ser traduzido em um acordo firme, até porque a Goldman detinha direitos sobre o Alibaba que davam à empresa o poder de vetar uma nova injeção de capital. Son, portanto, precisava negociar com Lin, e a reunião em Tóquio deu início a esse processo. A conta de Lin é apoiada por Mark Schwartz e também por Ed Sun, que cuidava do trabalho jurídico associado aos investimentos privados da Goldman na Ásia. Rieschel, entrevista do autor; Lin, entrevista do autor; Sun, entrevista com o autor, 29 jul. 2020.
22 Lin, entrevista do autor.
23 Rieschel, entrevistas do autor.
24 Nas negociações subsequentes, Son tentou persuadir a Goldman a deixá-lo fazer um investimento de 40 milhões de dólares no Alibaba. Assim como no caso do Yahoo, quando ele via uma aposta de que gostava, queria investir o máximo possível. No fim, a Goldman permitiu a Son que investisse apenas 20 milhões de dólares, mas permitiu-lhe que tivesse uma participação maior do que a prevista: não 20%, mas 30%. Lin, entrevista do autor. Ver também: CLARK, Duncan. *Alibaba: The House That Jack Ma Built*. Nova York: HarperCollins, 2016, p. 127.
25 Son diz que por três dias no início de 2000 ele foi mais rico do que Bill Gates. Son, entrevista de Rubenstein.
26 O lucro exato que Son obteve com o Alibaba não é claro, porque seu investimento inicial de 20 milhões de dólares foi complementado por uma promessa de absorver as perdas no braço de comércio eletrônico do Alibaba. Os *insiders* do SoftBank não têm

muita certeza do custo dessa promessa. No entanto, o pagamento de 58 bilhões de dólares permite dizer que foi a maior aposta de capital de risco de todos os tempos.

27 O golpe de Son no Alibaba não o protegeu de outra rodada de desgraça em 2019-2020, quando as apostas enormes e apressadas feitas pelo seu Vision Fund azedaram.

28 As reivindicações dos detentores de ações preferenciais precedem as dos detentores de ações ordinárias em processos de falência, e as ações preferenciais podem conferir proteção contra a diluição da propriedade quando a empresa levanta mais capital.

29 Shirley Lin, da Goldman Sachs, estava entre os investidores ocidentais que pressionaram para conseguir uma nova estrutura jurídica. Ela relembra: "Passei muito tempo com os advogados para chegar a uma estrutura semilícita com a qual o comitê de investimentos da GS concordasse, e isso era difícil." Seus projetos de lei com os escritórios de advocacia Davis Polk e Sullivan & Cromwell eram "astronômicos". Lin, entrevista do autor.

30 Às vezes, as licenças da internet pertenciam a cidadãos chineses, e não a uma empresa operada por chineses. Ver: JOHNSON, Kaitlyn. "Variable Interest Entities: Alibaba's Regulatory WorkAround to China's Foreign Investment Restrictions", *Loyola University Chicago International Law Review 12*, n. 2 (2015), pp. 249-66. Disponível em: <lawecommons.luc.edu/cgi/viewcontent.cgi?article=1181& context=lucilr>.

31 A ambiguidade da posição da China sobre a situação jurídica das start-ups de internet apoiadas por estrangeiros gerou incerteza para os investidores ocidentais nos primeiros anos do século XXI.

32 Os primeiros sucessos de start-ups da China ilustram o fato de que muitas vezes é mais fácil as economias em desenvolvimento terceirizarem instituições jurídicas do que criá-las. Essa é uma percepção enfatizada com frequência por Paul Romer, ganhador do Nobel e ex-economista-chefe do Banco Mundial, que promoveu a polêmica ideia de *charter cities* (algo semelhante às zonas francas). Ver: MALLABY, Sebastian. "The Politically Incorrect Guide to Ending Poverty", *Atlantic*, jul.-ago. 2010.

33 Sobre a atmosfera em Xangai em 1999, o proeminente empresário Bo Shao lembrou: "Ninguém sabia que diabo era uma opção de compra de ações. Lutei por vários meses pensando em como traduzir o conceito." Shao, entrevista feita pelo autor, 14 fev. 2019.

34 Wu, entrevista feita pelo autor, 12 nov. 2019.

35 Idem.

36 Lau, entrevista feita pelo autor, 31 jul. 2019.

37 Olhando para trás, Lin acredita que a sócia podia estar tentando alertá-la para abandonar um caminho de investimentos que não faria bem à sua carreira na Goldman. Lin, entrevista do autor.

38 Wu, entrevista do autor. Ed Sun, advogado da Goldman Sachs responsável pelas participações privadas da empresa na Ásia, confirma que o comitê de investimentos em Nova York estava disposto a liquidar as posições de risco de Lin "em troca de nada". Sun, entrevista do autor.

39 A venda das ações da Goldman Sachs no Alibaba foi concluída em duas parcelas, em dezembro de 2003 e em março de 2004. Em um incidente paralelo, o grupo de capital de risco americano IDG transferiu sua participação na Tencent para uma empresa de mídia sul-africana, a Naspers, ganhando entre dez e vinte vezes. Se tivesse resistido

até 2020, o grupo teria sido proprietário de uma grande participação na sétima maior empresa do mundo.
40 Xu, entrevista feita pelo autor, 8 nov. 2019. Ver também: GLAIN, Stephen. "Rainmaker", *Forbes*, 28 mar. 2008.
41 Glain, "Rainmaker".
42 Xu mudou da empresa de auditoria para um banco de investimentos e, depois, para uma empresa de *private equity*: Baring Private Equity Asia. Xu, entrevista do autor. Ver também: GLAIN, Stephen. "Rainmaker", *Forbes*, 28 mar. 2008.
43 Xu, entrevista do autor.
44 Em seus primeiros anos, a JD.com teve vários nomes, incluindo 360buy.com.
45 Xu, entrevista do autor.
46 Ibid.
47 Ibid.
48 Shen, entrevistas feitas pelo autor, 20 jun. e 10 nov. 2019 e 6 nov. 2020.
49 Quando os chineses usam um primeiro nome ocidental, ele é apresentado antes do sobrenome. Quando usam um primeiro nome chinês, a prática chinesa é seguida e o primeiro nome é apresentado depois do sobrenome.
50 Leone, entrevista feita pelo autor, 14 mai. 2019.
51 Shen, entrevistas do autor.
52 O primeiro fundo da Sequoia China também era um pouco menor que o da Qiming, com 192 milhões de dólares.
53 Glen Sun, que ingressou na Sequoia China pouco depois da sua fundação, ficou impressionado com a modéstia do escritório. Ele tinha trabalhado na empresa de *private equity* americana General Atlantic. Sun, entrevista feita pelo autor, 10 nov. 2019.
54 David Su, entrevista feita pelo autor, 8 nov. 2019. Su era um dos sócios da KP na China.
55 A Kleiner Perkins decidiu levantar um segundo fundo para a China em 2011. Este teve um desempenho melhor do que o primeiro. Doerr, entrevista feita com o autor, 5 mar. 2021.
56 Leone assumiu a responsabilidade de supervisionar os negócios na China no início. Por volta de 2008, ele mudou o foco para os fundos de crescimento da Sequoia, e Moritz assumiu a liderança na supervisão da China e da Índia. Anos depois, Gary Rieschel deu crédito a Moritz e Leone por terem investido uma quantidade incomum de tempo na China, o que possibilitou a integração de Shen e sua equipe. Rieschel, entrevistas do autor.
57 Moritz, entrevistas do autor.
58 Shen, entrevistas do autor.
59 A empresa de pesquisa médica era a Green Villa Holdings. Ver: ORR, Amy. "Carlyle Suing Rival over a Deal in China", *Wall Street Journal*, 10 dez. 2008.
60 No momento da saída de Zhang, o comunicado público da Sequoia China listou os negócios que ele tinha conduzido. Desses, o mais proeminente era a Asia Media, mas a empresa foi forçada a sair da Bolsa de Valores de Tóquio em setembro de 2008, depois de alegações de que o CEO tinha desviado fundos. Ver o comunicado à imprensa da Sequoia China, 25 jan. 2009. Disponível em: <it.sohu.com/20090125/n261946976.

shtml>. Ver também: WHIPP, Lindsay. "Audit Problems Hit Asia Media", *Financial Times*, 25 jul. 2008.

61 Os IPOs da Sequoia China incluíram uma empresa gestora de fortunas e uma rede de fast-food. O fato de esses empreendimentos exigirem menos tecnologia do que uma start-up normal do Vale sinalizava que Moritz tinha permitido que Shen se adaptasse às condições chinesas. Shen, entrevistas do autor.

62 Os dados sobre levantamento de capital foram extraídos da Zero2IPO. Os dados sobre as negociações dos Estados Unidos na China foram extraídos de: HANEMANN, Thilo et al., "Two-Way Street: 2019 Update US-China Direct Investment Trends", Rhodium Group, mai. 2019. Disponível em: <wita.org/atp-research/china-us-fdi-trends>.

63 Shen, entrevistas do autor.

64 Sun, entrevista do autor.

65 Em uma caminhada em setembro de 2019, Wang fez perguntas ao autor sobre seus livros anteriores, mas evidentemente já sabia a maioria das respostas.

66 Sun, entrevista do autor.

67 Quando estava na Ctrip, Shen tinha aumentado a avaliação da empresa antes de finalizar um acordo com a Tiger Global, investidora de capital de crescimento de Nova York. O motivo foi que o fim da epidemia de SARS tinha mudado o panorama dos negócios. Scott Shleifer, entrevista feita pelo autor, 16 set. 2019.

68 LEE, Kai-Fu. *AI Superpowers: China, Silicon Valley, and the New World Order*. Boston: Houghton Mifflin Harcourt, 2018, p. 24.

69 Também em 2015, os investidores de risco dos Estados Unidos concluíram cerca de 350 negócios na China. HANEMANN, Thilo et al., "Two-Way Street: 2019 Update US-China Direct Investment Trends", Rhodium Group, maio 2019, p. 38. Disponível em: <wita.org/atp-research/china-us-fdi-trends>. Dados também encontrados em Zero2IPO.

70 A Lista Midas da *Forbes* de 2015 classificou Steven Ji, da Sequoia China, em 22º lugar, principalmente por causa dos lucros da Dianping. Ela classificou Kui Zhou, da Sequoia China, em 61º lugar.

71 O setor de capital de risco da China continuou a se diferenciar do dos Estados Unidos por ser geograficamente mais disperso, com centros em Pequim, Xangai e Hong Kong. No entanto, por causa da revolução nos transportes e nas comunicações que tinha ocorrido desde os anos de desenvolvimento do Vale do Silício, a extensão geográfica da China não era surpreendente. Um cluster não precisava mais estar em um local.

72 Xu, entrevista do autor.

73 No caso da fusão anterior entre Didi e Kuaidi, os investidores de risco não parecem ter desempenhado um papel importante. Em vez disso, esse papel foi interpretado pelo banqueiro de investimentos Bao Fan e por Jean Liu, da Goldman Sachs.

74 O autor agradece a Shen por compartilhar fotos dessa cena.

75 Shen, entrevistas do autor.

76 Em janeiro de 2016, a Meituan-Dianping levantou capital com uma avaliação pré-monetária de 16,2 bilhões de dólares, um aumento de 5 bilhões de dólares na avaliação combinada das duas empresas nos financiamentos anteriores.

77 No fim de 2020, o investimento original de 12 milhões de dólares da Sequoia no que era a Meituan valia mais de 5 bilhões de dólares, excedendo o ganho sobre o investimento de 12,5 milhões de dólares da Sequoia no Google.

CAPÍTULO ONZE: ACCEL, FACEBOOK E O DECLÍNIO DA KLEINER PERKINS

1. Efrusy, entrevistas feitas pelo autor, 7 jun. 2018 e 18 ago. 2020.
2. Idem.
3. Os dois ciclistas entusiasmados eram Peter Fenton e Jim Goetz, que emergiram como superestrelas do capital de risco na década seguinte.
4. Registros internos da Accel, acesso fornecido ao autor por Jim Swartz.
5. Swartz, e-mail para o autor, 19 ago. 2020.
6. Golden, entrevista com o autor, 25 jul. 2018.
7. Idem.
8. Efrusy, entrevistas do autor. Em 2005, o eBay comprou o Skype por 2,6 bilhões de dólares.
9. Golden, entrevista do autor.
10. Aqui e em muitos pontos do meu relato, tenho uma dívida com o trabalho magistral de David Kirkpatrick, cuja exatidão foi confirmada pelas minhas fontes. Ver: KIRKPATRICK, David. *The Facebook Effect*. Nova York: Simon & Schuster, 2010, p. 115.
11. Golden relembrou: "Todo mundo saiu desse processo percebendo que às vezes é necessário abafar os ruídos. Não importa a natureza dos fundadores; concentre-se só no uso e na adoção e decida com base nisso." Golden, entrevista do autor.
12. Efrusy, entrevistas do autor.
13. Idem.
14. KIRKPATRICK, David. *The Facebook Effect*. Nova York: Simon & Schuster, 2010, p. 116.
15. Fenton, entrevista feita pelo autor, 14 mai. 2019.
16. O jovem colega da Accel era Ping Li. Li, entrevista feita pelo autor, 27 mar. 2019.
17. O encontro a seguir no escritório do Facebook se baseia muito no livro de Kirkpatrick, *O efeito Facebook*.
18. Patterson relembra: "Eu só consegui reforçar o excelente julgamento analítico de Kevin de que aquele era um projeto imperdível e pedir para ele ficar perto deles no fim de semana e fazer com que eles se apresentassem para a empresa na segunda-feira. Ele executou o plano com perfeição." Patterson, e-mail para o autor, 2 mai. 2019.
19. Efrusy relembra: "Graças ao nosso exercício de mente preparada, Arthur ficou tão envolvido que, quando viu o Facebook naquele fim de tarde de sexta-feira, disse na mesma hora que tínhamos que conseguir aquele negócio." Efrusy, entrevistas do autor. Da mesma forma, Jim Swartz comenta: "As pessoas olham para nós e pensam que o Facebook simplesmente aconteceu. Mas não foi assim. Foi o resultado de um exercício de mente preparada." Swartz, entrevista feita pelo autor, 8 nov. 2017.
20. KIRKPATRICK, David. *The Facebook Effect*. Nova York: Simon & Schuster, 2010, p. 118.

21 Theresia Gouw, entrevista feita pelo autor, 29 mar. 2019.
22 Idem.
23 KIRKPATRICK, David. *The Facebook Effect*. Nova York: Simon & Schuster, 2010, p. 120.
24 Efrusy, entrevistas do autor.
25 Gouw, entrevista do autor; Fenton, entrevista do autor; Jim Breyer, entrevista feita pelo autor, 9 fev. 2019.
26 Breyer, entrevista do autor.
27 KIRKPATRICK, David. *The Facebook Effect*. Nova York: Simon & Schuster, 2010, p. 123.
28 Ibid.
29 Em 2008, Zuckerberg convidou Graham para fazer parte do conselho do Facebook.
30 KIRKPATRICK, David. *The Facebook Effect*. Nova York: Simon & Schuster, 2010, p. 146.
31 Ibid., p. 148.
32 TAM, Pui-Wing e RAYCE, Shayndi. "A $9 Billion Jackpot for Facebook Investor", *Wall Street Journal*, 28 jan. 2012.
33 HEILEMANN, John. "The Networker", *New Yorker*, 11 ago. 1997.
34 Em uma entrevista com o autor, Doerr contestou isso com vigor. (Doerr, entrevista feita com o autor, 5 mar. 2021.) No entanto, um *slide* de 2017 que acompanhava a mudança nas percepções das principais sociedades de capital de risco ao longo do tempo, produzido pelo fundo patrimonial da Universidade Brown, listou a Kleiner Perkins como a número um de 1980 a 2005, mas a deixou de fora da lista das oito principais depois disso. (O *slide* da Universidade Brown é reproduzido no apêndice.) Em outra indicação típica, um artigo da Reuters de 2013 relata que a Kleiner Perkins não figurava em uma lista do setor com as dez principais sociedades de capital de risco. A lista foi feita por pesquisadores do Morgan Stanley e do 451 Group e se baseou em um estudo de saídas bem-sucedidas de empreendimentos. (Ver: MCBRIDE, Sarah e GROOM, Nichola. "How CleanTech Tarnished Kleiner e VC Star John Doerr", *Reuters*, 16 jan. 2013.) A Lista Midas anual compilada pela *Forbes* oferece uma terceira medida, embora (como qualquer classificação de capital de risco) seja retrospectiva. Conforme relatado no texto, em 2001, os principais sócios da Kleiner, Vinod Khosla e John Doerr, ficaram em primeiro e terceiro lugar, respectivamente. Todos os anos, de 2005 a 2009, Doerr foi classificado em primeiro ou segundo lugar na Lista Midas. Em 2015, ele ficou em trigésimo, e só uma outra sócia da Kleiner (Mary Meeker) apareceu entre os cinquenta primeiros; dois outros sócios da KP, Beth Seidenberg e Ted Schlein, ficaram em 91º e 99º. A Lista Midas de 2020 mostrou mais desgaste. Doerr ficou em 44º lugar, e a única outra figura da Kleiner na lista era Mamoon Hamid, que ficou em 93º lugar.
35 Um estudo de 2005 sugere uma correlação de quase 0,7 entre os retornos de um fundo de capital de risco e o próximo fundo da mesma empresa. Ver: KAPLAN, Steven N. e SCHOAR, Antoinette. "Private Equity Performance: Returns, Persistence, and Capital Flows", *Journal of Finance* 60, n. 4, ago. 2005: 1791-823. Outro estudo descobriu que "uma taxa de IPO dez pontos percentuais mais alta entre os primeiros dez

investimentos de uma empresa de capital de risco — ou seja, um IPO adicional — correspondeu a uma taxa de IPO de mais de 1,6 ponto percentual mais alta para todos os investimentos subsequentes da mesma empresa". Ver: NANDA, Ramana; SAMILA, Sampsa e SORENSON, Olav. "The Persistent Effect of Initial Success: Evidence from Venture Capital", trabalho 17065 da Harvard Business School Entrepreneurial Management, 25 jul. 2018. Conforme observado na conclusão, os dois estudos indicam que a dependência da trajetória não é absoluta. As empresas de capital de risco não podem se apoiar nos louros.

36 DOERR, John. "Salvation (and Profit) in Greentech", TED2007, mar. 2007.
37 Idem.
38 Enquanto a Kleiner apostava na tecnologia limpa, a Accel fez um exercício de mente preparada e decidiu evitá-lo.
39 O fundo da Kleiner em 2006 acabou retornando capital principalmente graças a dois investimentos em saúde, Arresto e Inspire Medical Systems, e dois investimentos em segurança cibernética, Carbon Black e LifeLock. Dados de John Doerr e Amanda Duckworth, 14 mar. 2021. O retorno bruto médio ponderado (ou "combinado") sobre os fundos vintage de 2006 do setor de capital de risco foi de cerca de duas vezes; portanto, ao meramente "retornar capital", o fundo de 2006 da Kleiner teve um desempenho inferior. Em separado, Doerr enfatiza que apenas um fundo da KP perdeu dinheiro: o fundo atingido pela queda da Nasdaq em 2000. Doerr, entrevista do autor.
40 A Kleiner informou que seu fundo vintage de 2010, KPCB XIV, subiu sete vezes antes dos impostos até março de 2021. No entanto, os resultados relatados pela Kleiner são "como se fossem detidos", o que significa que incluem a valorização das ações mesmo depois de distribuídas aos cotistas.
41 A Kleiner enfatizou para o autor que, a partir do primeiro trimestre de 2021, seu portfólio total de tecnologia limpa tinha gerado 5,7 bilhões de dólares sobre os investimentos de 1,9 bilhão de dólares antes da dedução dos impostos. Sem mais detalhes e desagregação, que a Kleiner se recusou a fornecer, é difícil avaliar esse número. Em primeiro lugar, os resultados relatados pela Kleiner são inflados a um grau desconhecido pelo uso da convenção não padronizada de "como se fossem detidos" (veja a nota anterior). Em segundo lugar, não está claro a qual ano de início do investimento o resultado deve ser comparado. O retorno de três vezes da Kleiner se compara favoravelmente com a média de retorno bruto de 2,8 vezes para os investimentos iniciados em 2008, mas desfavoravelmente com a média de retorno bruto de 3,6 vezes os investimentos do setor que foram iniciados em 2010. Terceiro, todos os dados de benchmark usados aqui terminam no terceiro trimestre de 2020. Como a Kleiner estava informando resultados no fim do primeiro trimestre de 2021, a valorização do mercado de ações nesse ínterim embeleza o desempenho da sociedade. Os dados de benchmark são de Steven N. Kaplan, da Universidade de Chicago.
42 Conforme declarado na nota 34, a Lista Midas é retrospectiva. Portanto, Doerr podia aparecer na lista apesar de ter deixado de ser sócio investidor da Kleiner.
43 O relato a seguir da cultura interna da Kleiner se baseia em entrevistas com vários sócios, incluindo Brook Byers, Frank Caufield, Kevin Compton, John Doerr, Vinod Khosla, Aileen Lee, Mary Meeker, Ted Schlein e Trae Vassallo.

44 Frank Caufield, entrevista feita pelo autor, 15 mai. 2018.
45 Khosla lembra que Mackenzie era "um grande controle para todos os outros porque ele sempre fazia as perguntas difíceis". Khosla, entrevista do autor.
46 Aileen Lee, entrevista feita pelo autor, 20 jun. 2019; Trae Vassallo, entrevista pelo autor, 24 jun. 2019.
47 Um ex-sócio da Kleiner relembra: "Contratar administradores muito mais velhos era um risco. Nesse ponto da carreira, as pessoas mais velhas estão acostumadas a dar as cartas. Mas, no conselho de uma empresa de portfólio, um investidor de risco é só uma voz: você precisa exercer influência, e não vociferar comandos. Além disso, nem todos os operadores são bons investidores. Se você analisasse o histórico de [Ray] Lane como investidor, veria que era ruim. Ele não tinha noção do quanto deveria ser teimoso em relação a algumas empresas. Ele não sabia quando se dobrar."
48 "Acho que não vi nada em tecnologia limpa que fosse dez vezes diferente", observou Compton mais tarde. Compton, entrevista feita pelo autor, 12 fev. 2019.
49 Doerr, entrevista do autor.
50 GROMPERS, Paul A. e WANG, Sophie Q. "Diversity in Innovation", trabalho 17-067, Harvard Business School, 2017. Disponível em: <hbs.edu/faculty/Publication%20Files/17-067_b5578676-e44c-40aa-a9d8-9e72c287afe8.pdf>. Os autores acrescentam que a proporção de mulheres que recebiam ph.D. em ciências e engenharia era pelo menos três vezes maior do que a proporção de mulheres que entravam no setor de risco: aumentou de 30% para mais de 40% entre 1990 e 2012. Da mesma forma, a proporção de mulheres que recebiam MBAs aumentou de 35% para 47% durante esse período.
51 Lee, entrevista com o autor, 20 jun. 2019.
52 Ibid.
53 Ibid.
54 Ibid.
55 Ibid.
56 Vassallo, entrevista feita pelo autor, 25 jun. 2019.
57 Idem.
58 Mais tarde, o julgamento de Pao trouxe à tona e-mails de Pao para Doerr. Em um deles, ela escreveu: "Não tenho nenhum problema com Randy assumir um assento no conselho. (...) Estou muito feliz com o resultado e não tenho absolutamente nenhum problema com isso." Ver: BOWLES, Nellie e GANNES, Liz. "At Kleiner Perkins Trial, Randy Komisar Accuses Ellen Pao of 'Politicking'", *Recode*, 17 mar. 2015. Disponível em: <vox.com/2015/3/17/11560414/at-kleiner-perkins-trial-randy-komisar-accuses-ellen-pao-of>.
59 "Os coroas deviam investir tempo nos sócios mais jovens para cultivá-los. Eles não devem explorar os jovens para alavancar as próprias marcas." Vassallo, entrevista do autor. Comentando sobre esse assunto, Doerr descreveu a questão de se os sócios seniores deviam assumir assentos em conselhos como "uma decisão judicial". Doerr, entrevista do autor.
60 PAO, Ellen. "This Is How Sexism Works in Silicon Valley", *New York*, ago. 2017. Disponível em: <thecut.com/2017/08/ellen-pao-silicon-valley-sexism-reset-excerpt.html>.
61 GAGE, Deborah. "Former Kleiner Partner Trae Vassallo Testifies of Unwanted Advances", *Wall Street Journal*, 25 fev. 2015.

62 As reclamações de Pao aconteceram em 16 out. 2013. Disponível em: <s3.amazonaws.com/s3.documentcloud.org/documents/1672582/pao-complaint.pdf>.
63 Esses detalhes foram retirados do testemunho sob juramento de Vassallo no julgamento de Pao. Ver: GAGE, Deborah. "Former Kleiner Partner Trae Vassallo Testifies of Unwanted Advances", *Wall Street Journal*, 25 fev. 2015.
64 VASSALLO, Trae et al., "Elephant in the Valley". Disponível em: <www.elephantinthevalley.com>.
65 GOMPERS, Paul A. et al., "Gender Effects in Venture Capital", SSRN, mai. 2014. Disponível em: <ssrn.com/abstract=2445497>.
66 As quatro mulheres que tinham sido da Kleiner e dirigiam as próprias empresas eram Mary Meeker, Aileen Lee, Beth Seidenberg e Trae Vassallo. As três primeiras também estavam na Lista Midas em 2018, 2019 e 2020, com Meeker classificada entre os dez principais investidores de risco do mundo todo. Doerr investiu sua fortuna pessoal com todas essas administradoras.
67 Ao comentar esse veredicto, Doerr argumentou que a falta de gestão formal é típica e de fato saudável em sociedades de capital de risco e que ele não era pessoalmente responsável pela sociedade, já que a liderança era coletiva. Doerr, entrevista do autor.
68 As sete maiores vencedoras da Accel depois de 2006 foram CrowdStrike (Sameer Gandhi), Qualtrics (Ryan Sweeney), Slack (Andrew Braccia), Atlassian (Rich Wong), Flipkart (Subrata Mitra), Supercell (Kevin Comolli) e Tenable (John Locke e Ping Li). Essas sete incluíam três start-ups e quatro investimentos de crescimento em três locais: Estados Unidos, Europa e Índia.
69 Theresia Gouw se tornou sócia-gerente da Accel; Sonali De Rycker se tornou colíder do escritório de Londres.
70 Swartz, entrevistas do autor.
71 Em 2015, confirmando que empresas de capital de risco famosas não podiam considerar sua supremacia garantida, um estudo mostrou que pouco mais da metade dos principais investimentos de capital de risco desde 2000 tinham sido feitos por sociedades novas e emergentes. Cambridge Associates, "Venture Capital Disrupts Itself: Breaking the Concentration Curse", 2015.

CAPÍTULO DOZE: UM RUSSO, UM TIGRE E A ASCENSÃO DO PATRIMÔNIO DE CRESCIMENTO

1 Yuri Milner, entrevistas feitas pelo autor, 13 mai. e 27 jul. 2019 e 24 nov. 2020. Ver também: HEMPEL, Jessi. "Facebook's Friend in Russia", *Fortune*, 4 out. 2010. Disponível em: <fortune.com/2010/10/04/facebooks-friend-in-russia>.
2 O sócio era Alexander Tamas, que mais tarde fundaria a Vy Capital.
3 Milner, entrevistas do autor.
4 KIRKPATRICK, David. *O efeito Facebook: os bastidores da história da empresa que conecta o mundo*. Rio de Janeiro: Intrínseca, 2012.
5 Milner, entrevistas do autor.
6 Idem.

7   BOORSTIN, Julia. "Facebook Scores $200 Million Investment, $10 Billion Valuation", *CNBC*, 26, mai. 2009. Disponível em: <cnbc.com/id/30945987>.
8   PRIMACK, Dan. "Marc Andreessen Talks About That Time Facebook Almost Lost 80% of Its Value", *Fortune*, 18 jun. 2015. Disponível em: <fortune.com/2015/06/18/marc-andreessen-talks-about-that-time-facebook-almost-lost-80-of-its-value>.
9   Milner, entrevistas do autor.
10 Idem.
11 Depois de seu investimento inicial no Facebook, Milner continuou a acumular ações de ex-funcionários e investidores precoces, terminando com ações que valiam 800 milhões de dólares no fim de 2010. Milner, entrevistas do autor.
12 O investimento de Milner de 2009 ajudou o Facebook a adiar a abertura de capital até 2012. Essa extensão de três anos parece típica. Nos anos 1990, a idade média de uma empresa de tecnologia dos Estados Unidos na época da abertura de capital era de sete anos e meio; na década seguinte às negociações do Facebook, a média subiu para dez anos e meio. Ver os dados de Jay Ritter, da Universidade da Flórida, Tabela 4a. Disponível em: <site.warrington.ufl.edu/ritter/files/IPO-Statistics.pdf>.
13 O estilo de Milner de não se envolver exigia nervos de aço. Investidores do mercado de ação podem ser indiferentes à governança porque detêm posições líquidas: não precisam votar suas ações porque podem facilmente vendê-las. Em comparação, Milner estava adquirindo uma posição ilíquida. Milner, entrevistas do autor.
14 Nos anos 1980, a maioria das ofertas públicas iniciais de empresas de tecnologia, mas não todas, envolvia empresas lucrativas. Em 1999, apenas 14% eram lucrativas. Ver os dados de Jay Ritter, da Universidade da Flórida, Tabela 4a. Disponível em: <site.warrington.ufl.edu/ritter/files/IPO-Statistics.pdf>.
15 Ver: LACY, Sarah. "How We All Missed Web 2.0's 'Netscape Moment'", *TechCrunch*, 3 abr. 2011. Disponível em: <techcrunch.com/2011/04/03/how-we-all-missed-web-2-0s-netscape-moment>.
16 Coleman, entrevistas feitas pelo autor, 18 jun. e 17 set. 2019.
17 Shleifer, entrevistas feitas pelo autor, 16 e 17 set. 2019. O amigo de Shleifer era Andrew Albert, da Jacob Asset Management.
18 LYNCH, Peter. "Stalking the Tenbagger", *One Up on Wall Street: How to Use What You Already Know to Make Money in the Market*, com John Rothchild. Nova York: Simon & Schuster, 1989, pp. 95-106.
19 Coleman, entrevistas do autor.
20 Coleman, carta de investimento, jul. 2003.
21 Shleifer, entrevistas do autor.
22 Idem.
23 Coleman, entrevistas do autor.
24 Coleman se recorda: "Há uma boa analogia para o que estavam tentando fazer." Da mesma forma, a Tiger perdeu a oportunidade de investir precocemente na ferramenta de busca chinesa Baidu, em parte porque a imensa lucratividade do Google ainda não tinha sido demonstrada nos Estados Unidos. Na ausência de uma analogia melhor, a Tiger era cautelosa ao comprometer o capital. A Tiger já estava correndo riscos o

suficiente ao se aventurar na China, confiando na estrutura não comprovada de VIE, *Variable Interest Entity* (entidade de participação variável), e saindo do mercado de empresas de capital aberto para o de *private equity*. Como Coleman diz: "Em termos institucionais, há um limite para o risco que uma firma de investimentos está disposta a correr." Coleman, entrevistas do autor.

25 Shen, entrevista feita pelo autor, 6 nov. 2020.
26 Shleifer, entrevistas do autor.
27 Coleman, entrevistas do autor.
28 WOLFF, Michael. "How Russian Tycoon Yuri Milner Bought His Way into Silicon Valley", *Wired*, 21 out. 2011.
29 WOLFE, Alexandra. "Weekend Confidential: Yuri Milner", *Wall Street Journal*, 22 nov. 2013. Disponível em: <wsj.com/articles/weekend-confidential-yuri-milner-1385166742>.
30 Começando em 2005, sucessivas sociedades de investimento privado da Tiger apoiaram a DST. Quando a DST abriu capital em Londres, em 2010, a Tiger detinha dois quintos da empresa. Àquela altura, o sócio da Tiger que liderava o relacionamento com Milner era Lee Fixel. Shleifer, entrevistas do autor; Fixel, entrevista feita pelo autor, 4 dez. 2019.
31 Milner, entrevista feita pelo autor, 13 mai. 2019.
32 A Sequoia tinha levantado um fundo de crescimento no pico da bolha em 1999. Depois que a bolha estourou em 2000, seu valor tinha se reduzido a 0,3 vez o capital inicial. O fundo acabou dobrando, mas só porque os sócios da Sequoia reinvestiram suas ações de posições vencedoras no fundo, trabalhando essencialmente para investidores externos de graça até produzir retornos. Leone, Moritz e Botha, entrevistas do autor.
33 No decorrer de várias compras, a Tiger Global adquiriu cerca de 2% do Facebook antes da abertura de capital, a uma avaliação média de 20 bilhões de dólares.
34 Coleman, entrevistas do autor.
35 Em agosto de 2011, Milner liderou uma rodada de investimento na mídia social Twitter, combinando a compra de 400 milhões de dólares em ações primárias emitidas pela empresa com uma negociação para a compra de mais 400 milhões dos funcionários. Nos dois anos desde a transação do Facebook, a estrutura de negócios de Milner não tinha mudado, mas o valor negociado tinha dobrado.
36 Para saber a quantia total de capital em investimentos em empresas de tecnologia, ver: ERDOGAN, Begum et al. "Grow Fast or Die Slow: Why Unicorns Are Staying Private". McKinsey & Company, 11 mai. 2016. Outras fontes sugerem que, em 2018, foram investidos quase 120 bilhões de dólares.
37 LEE, Aileen. "Welcome to the Unicorn Club, 2015: Learning from Billion-Dollar Companies", *TechCrunch*, 18 jul. 2015. Disponível em: <techcrunch.com/2015/07/18/welcome-to-the-unicorn-club-2015-learning-from-billion-dollar-companies>.
38 MILNER, Yuri. "Looking Beyond the Horizon". Discurso de formatura de MBA, Wharton School da Universidade da Pensilvânia, Filadélfia, 14 mai. 2017.
39 Em uma publicação posterior em seu blog, Horowitz listou nada menos que 24 empresas longevas de tecnologia cujos fundadores permaneceram no trono durante anos. Ver: HOROWITZ, Ben. "Why We Prefer Founding CEOs". Andreessen Horowitz,

28 abr. 2010. Disponível em: <a16z.com/2010/04/28/why-we-prefer-founding-ceos>.
40 Uma análise das cem principais saídas apoiadas por capital de risco entre 2009 e 2014 feita pela CB Insights, um fornecedor de dados, mostra que 22 empresas eram do portfólio da Sequoia Capital. A NEA e a Accel Partners apareceram com 13 cada uma. Ver: "The Venture Capital Power Law — Analyzing the Largest 100 U.S. VC-Backed Tech Exits", CB Insights Research, 8 mar. 2014. Disponível em: <cbinsights.com/research/venture-capital-power-law-exits>.
41 Andreessen apareceu no programa de Charlie Rose em 19 fev. 2009.
42 A citação foi tirada do blog de Andreessen. Ver: ANDREESSEN, Marc. "The Truth About Venture Capitalists". *pmarca* (blog), 8 jun. 2007. Além disso, um trabalho de pesquisa acadêmica sugere que a habilidade mais importante de um investidor de risco é a seleção de negócios. Ver: GOMPERS, Paul A. et al. "How Do Venture Capitalists Make Decisions?", *Journal of Financial Economics* 135, n. 1, jan. 2020, pp. 169-190.
43 Casado, entrevista feita pelo autor, 7 ago. 2019.
44 Idem.
45 Horowitz, entrevista do autor.
46 Andreessen, entrevista do autor.
47 Horowitz, entrevista do autor.
48 Idem.
49 Ibid.
50 Andreessen diz: "Esse lance de amigável ao fundador é uma coisa que veio de fora. Não de nós. Esse foi um dos grandes mitos. Nós somos a favor do desempenho do fundador." Andreessen, entrevista do autor.
51 Horowitz trabalhou como engenheiro de rede no início da carreira e investiu na Nicira em parte porque ficou surpreso ao ver como o setor de rede tinha se desenvolvido pouco desde então. Horowitz, entrevista do autor.
52 O investimento na Zynga foi lucrativo. O da Foursquare foi uma decepção.
53 PRIMACK, Dan e ANDREESSEN, Marc. "Taking the Pulse of VC and Tech", 18 jun. 2015, in *The a16z Podcast*, produzido pela Andreessen Horowitz. Disponível em: <youtu.be/_zbZ9ja19RU>. Andreessen também citou as comparações de Milner entre os diferentes países e sua disposição de comprar ações secundárias como inovações influentes. Andreessen, entrevistas do autor.
54 BERNARD, Zoë. "Andreessen Horowitz Returns Slip, According to Internal Data", *Information*, 16 set. 2019. Disponível em: <theinformation.com/articles/andreessen-horowitz-returns-slip-according-to-internal-data>.
55 Idem. Os fundos citados aqui são os Fundos II e III, iniciados em 2010 e 2012, e não os fundos de acompanhamento Annex ou Parallel lançados em 2011 e 2012. Ambos os fundos ainda precisam amadurecer totalmente, então essa medida de desempenho não é definitiva.
56 KONRAD, Alex. "Andreessen Horowitz Is Blowing Up the Venture Capital Model (Again)", *Forbes*, 30 abr. 2019. Ambos os fundadores admitiram para Konrad que seu *pitch* original de marketing foi exagerado. "O capital de risco não era um setor em crise", diz Andreessen. "Eu exagerei", confessa Horowitz. A pessoa sem um histórico de empreendedor que se tornou sócio administrador foi Connie Chan.

57 HOCHBERG, Yael V.; LJUNGQVIST, Alexander; e LU, Yang. "Whom You Know Matters: Venture Capital Networks and Investment Performance", *Journal of Finance*, 62, n. 1, fev. 2007, p. 253. Além disso, evidências de um grande estudo sobre investidores de risco sugerem que apenas um a cada dez investimentos de risco são feitos em empresas de portfólio que não tinham nenhuma ligação preexistente com a rede de investidores de risco. Ver: GOMPERS, Paul A. et al. "How Do Venture Capitalists Make Decisions?", *Journal of Financial Economics 135*, n. 1, jan. 2020. A Accel, a Benchmark e a Founders Fund são exemplos de firmas de risco que inauguraram alegando uma nova abordagem, mas cujo sucesso se deve bastante a redes de contato preexistentes dos sócios fundadores.

CAPÍTULO TREZE: A FORÇA DA SEQUOIA EM NÚMEROS

1 Ver: SCHOENFELD, Bruce. "What Happened When Venture Capitalists Took Over the Golden State Warriors", *New York Times*, 30 mar. 2016. Sobre os dados de basquete, ver: COHEN, Ben. "The Golden State Warriors Have Revolutionized Basketball", *Wall Street Journal*, 6 abr. 2016; e SMITH, Chris. "Team of the Decade: Golden State Warriors' Value Up 1,000% Since 2009", *Forbes*, 23 dez. 2019.
2 "Why Startups Are Leaving Silicon Valley", *Economist*, 20 ago. 2018.
3 Ver: MIMS, Christopher. "China Seeks Out Unlikely Ally: U.S. Tech Firms", *Wall Street Journal*, 21 set. 2015; e HARRIS, Gardiner. "State Dinner for Xi Jinping Has High-Tech Flavor", *New York Times*, 25 set. 2015.
4 Em 2009, havia 1.400 investidores em busca de negócios nos Estados Unidos. Uma década depois, havia 3.500. Antes de 2009, menos de cinco mil start-ups eram financiadas por ano. Em 2019, eram cerca de dez mil. Ver: "NVCA 2020 Yearbook", Associação Nacional de Capital de Risco, mar. 2020. Disponível em: <nvca.org/wp-content/uploads/2020/04/NVCA-2020-Yearbook.pdf>.
5 A Sequoia tinha contratado duas mulheres para fazer investimentos em biociências no fim das décadas de 1980 e 1990. Elas saíram da empresa no fim da década de 1990. Depois disso, a próxima sócia investidora da Sequoia nos Estados Unidos foi Jess Lee, contratada em 2016. Em 2017, uma ex-analista foi promovida a sócia. Em 2018, mais duas mulheres se tornaram sócias investidoras. Em 2020, as mulheres representavam pouco mais de um quinto da equipe de investimentos dos Estados Unidos. O foco da Sequoia em apoiar novos sócios investidores, explicado posteriormente neste capítulo, ajudou as mulheres da empresa a evitarem a frustração vivida pelas suas colegas na Kleiner Perkins. O ponto baixo para a Sequoia na questão de gênero veio em 2016, quando um sócio chamado Michael Goguen foi acusado por uma dançarina exótica de ter cometido um abuso terrível. Goguen saiu da empresa e mais tarde venceu a batalha judicial contra sua acusadora.
6 Sobre as preferências de contratação, Moritz estava descrevendo a abordagem de seu mentor, Don Valentine, mas também era a abordagem dele. MORITZ, Michael. *DTV* (autopublicado, 2020), p. 40.
7 FERGUSON, Alex e MORITZ, Michael. *Liderança*. Rio de Janeiro: Intrínseca, 2016. As citações são retiradas do epílogo, escrito por Moritz.

8   Calacanis, e-mail para o autor, 3 out. 2019. Da mesma forma, um investidor que passou alguns anos na Sequoia, mas não se saiu bem o suficiente para ficar, fez a mesma observação ao autor: "O segredo da Sequoia é que eles trabalham mais do que você."
9   FERGUSON, Alex e MORITZ, Michael. *Liderança*. Rio de Janeiro: Intrínseca, 2016.
10 O sócio sênior era Pierre Lamond. Botha, entrevistas feitas pelo autor, 14 mai. e 24 set. 2019 e 4 nov. 2020.
11 Botha, entrevistas do autor.
12 Leone, entrevistas do autor.
13 Botha, entrevistas do autor. O jogador musculoso era Jim Goetz.
14 "Esse é só um pequeno exemplo de como ir além das suas obrigações", afirmava o memorando. Sequoia Capital, "WhatsApp Milestone Note", 19 fev. 2014.
15 Formalmente, a mudança ocorreu em 2009, mas começou de modo informal um ano ou menos antes. Goetz, entrevista do autor.
16 O problema de ser reativo era ainda mais sério, porque os fundadores tendiam a fazer o *pitch* para a Sequoia depois das outras; eles treinavam as falas com públicos menos exigentes antes de se apresentarem na Broadway. O resultado foi que a Sequoia não era só reativa. A empresa precisava reagir a *pitches* sob a pressão de prazos curtos.
17 Falando sobre os esforços de Botha, Jim Goetz disse: "O trabalho que ele fez em psicologia comportamental foi possivelmente a mudança mais importante que fizemos no capital de risco." Goetz, entrevista do autor.
18 O investidor de risco citado aqui é George Zachary, da CRV. A citação foi tirada da edição de 12 out. 2020 da impressionante série de podcasts *20VC*, produzida por Harry Stebbings.
19 Botha, entrevistas do autor.
20 Botha também enfatizou a literatura comportamental sobre "ancoragem". Ao atribuir um valor a uma start-up, os sócios da Sequoia às vezes eram influenciados por aquilo que outros investidores acreditavam que poderia valer a pena, mesmo quando esses outros investidores sabiam menos do que eles. Em janeiro de 2015, por exemplo, a Sequoia dispensou a oportunidade de duplicar a plataforma de software 3D Unity porque estava ancorada ao valor atribuído à empresa em uma recente oferta de aquisição. Sete meses depois, a Sequoia reconheceu seu erro e fez o investimento. Mas, a essa altura, a avaliação da Unity tinha quase duplicado. Sequoia Capital, "Unity Milestone Note", 18 set. 2020.
21 Botha, entrevistas do autor.
22 Goetz, entrevista do autor.
23 Leone, entrevistas do autor.
24 Botha, entrevistas do autor.
25 Amira Yahyaoui, entrevista feita pelo autor, 11 nov. 2020. Yahyaoui era uma fundadora apoiada pela Sequoia.
26 Apesar do problema de saúde não especificado, Moritz continuava em forma; em seu 65º aniversário, em 2019, ele liderou um pelotão de homens mais jovens em um passeio de bicicleta comemorativo.

27 Em uma carta de despedida aos cotistas, Goetz invocou a tradição da Sequoia de apostar na juventude. "Essa vontade de renovar e reinventar — muitas vezes capacitando os menos experientes entre nós — tem sido a base do nosso sucesso." LA MERCED, Michael J. de. "Sequoia Capital Reshuffles Leadership", *New York Times*, 31 jan. 2017.

28 Refletindo sobre a cultura vencedora da Sequoia, um investidor de fundos de patrimônio bem conectado observou: "A Sequoia consegue ter titãs de alto nível que querem estar no time A. Eles são ricos o suficiente para não precisar trabalhar nem mais um dia. Qualquer um deles poderia sair e levantar bilhões de dólares por conta própria. Mas todos querem ficar no time A."

29 Yang, entrevista do autor. Para encontrar a citação de Zingale, ver: ANDERS, George. "Inside Sequoia Capital: Silicon Valley's Innovation Factory", *Forbes*, 26 mar. 2014.

30 Os assentos da diretoria da sociedade no Dropbox e no Airbnb foram ocupados por Bryan Schreier e Alfred Lin; nenhum dos dois tinha levado os negócios para a empresa, mas ambos eram talentos em ascensão.

31 O compromisso de Leone em treinar recrutas se refletia no seu desprezo por uma panaceia comum no capital de risco: que você não pode identificar bons recrutas até que anos tenham se passado e você possa avaliar o histórico deles. Na estimativa de Leone, só um gerente distraído poderia ter essa opinião. Gerentes engajados sabem quem é bom em um estágio muito anterior, porque estão prestando atenção. "Você não precisa esperar até a prova final para saber se alguém é bom aluno." Leone, entrevistas do autor.

32 Gandhi, entrevista feita pelo autor, 17 mai. 2019.

33 Y Combinator. "Jim Goetz and Jan Koum at Startup School SV 2014". Disponível em: <youtube.com/watch?v=8-pJal1YvCs>.

34 Mais tarde, a ideia de rastrear os downloads da loja de aplicativos foi adotada por todos os investidores de risco do Vale, e as informações eram vendidas por um provedor terceirizado. Mas, na época do investimento no WhatsApp, a Sequoia tinha uma vantagem por causa de seu rastreador proprietário. Goetz, entrevista do autor.

35 STONE, Brad. *As Upstarts: Como a Uber, o Airbnb e as killer companies do Novo Vale do Silício estão mudando o mundo*. Rio de Janeiro: Intrínseca, 2017.

36 Graham se lembra, em relação ao Airbnb: "Eles podiam não ter levantado dinheiro nenhum, mas, por coincidência, Greg McAdoo, nosso contato na Sequoia, era um dos poucos investidores de risco que entendiam do negócio de aluguel por temporada, depois de passar grande parte dos dois anos anteriores investigando o assunto." Ver: GRAHAM, Paul. "Black Swan Farming" (blog), set. 2012. Disponível em: <paulgraham.com/swan.html>.

37 Sequoia Capital, "Dropbox Milestone Note", 23 mar. 2018.

38 Outros iranianos-americanos em tecnologia incluem Ali e Hadi Partovi, empreendedores e investidores-anjos em empresas de software; Shervin Pishevar, investidor de risco que apoiou a Uber; e Omid Kordestani, um dos primeiros executivos do Google. Para encontrar mais de cinquenta outros exemplos, ver: TAMASEB, Ali. "Iranian-Americans in Silicon Valley Are Getting More Powerful", *Medium*, 28 ago. 2017.

39   ANDERS, George. "Inside Sequoia Capital: Silicon Valley's Innovation Factory", *Forbes*, 26 mar. 2014.
40   O programa de caçadores de talentos também deu à Sequoia a chance de testar a perspicácia de investimento de contratações em potencial, incluindo Alfred Lin, Mike Vernal e Jess Lee.
41   ARMSTRONG, Stephen. "The Untold Story of Stripe, the Secretive $20 Billion Startup Driving Apple, Amazon, and Facebook", *Wired*, 5 out. 2018.
42   Além de suas outras virtudes, o plano dos Collisons envolvia direcionar o serviço para os programadores — as pessoas que construíam sites de comércio eletrônico. Essa comunidade entenderia por que a solução dos Collisons funcionava melhor do que os cartões de crédito, que pareciam confiáveis em teoria, mas eram desajeitados e caros para incorporar às plataformas on-line.
43   Graham, e-mail para o autor, 31 mai. 2021. Os dois fundadores da YC eram Harj e Kulveer Taggar.
44   Altman e Collison mantiveram contato, compartilhando ideias sobre software e start-ups. "Nós simplesmente nos demos bem. Eu não esperava que desse em alguma coisa", disse Altman mais tarde. Altman, entrevista feita pelo autor, 20 set. 2017.
45   Altman, entrevista do autor.
46   "Patrick estava disposto a nos dar 4% por 30 mil dólares. Em um momento de maior generosidade do que percebi na época, eu disse que ia dividir o valor com Sam." Graham, e-mail para o autor, 8 dez. 2020.
47   Botha, entrevistas do autor.
48   John Collison, entrevista feita pelo autor, 21 set. 2019.
49   Patrick Collison, entrevista feita pelo autor, 19 set. 2017.
50   Outros investidores iniciais no Stripe incluíram Peter Thiel, a16z, Elon Musk e General Catalyst, bem como Paul Graham e Sam Altman.
51   Dados de Burgiss.
52   Provando que não tinha medo do risco, a Sequoia perdeu dinheiro em quase metade dessas 155 apostas de risco.
53   LARSON, Shahed Fakhari. "Silicon Valley's Quiet Giant", *Brunswick Review*, 18 set. 2019. Disponível em: <brunswickgroup.com/sequoia-capital-doug-leone-silicon-valley-i11786>.
54   A Sequoia Índia levantou um fundo de crescimento de 400 milhões de dólares em 2006 e um fundo de estágio inicial de 300 milhões de dólares em 2007.
55   Shailendra Singh, entrevista feita pelo autor, 20 jun. 2019.
56   Idem.
57   Shah, entrevista feita pelo autor, 4 nov. 2020.
58   SINGH, Manish. "Sequoia Announces $1.35 Billion Venture and Growth Funds for India and Southeast Asia", *TechCrunch*, 6 jul. 2020. Disponível em: <techcrunch.com/2020/07/06/sequoia-announces-1-35-billion-venture-and-growth-funds-for-india-and-southeast-asia>.
59   Botha, entrevistas com o autor; Leone, entrevistas com o autor.
60   O primeiro fundo de crescimento Moritz-Leone terminou multiplicado em duas vezes. De maneira confusa, esse fundo foi chamado de Fundo de Crescimento III, por-

que a Sequoia tinha feito experiências com um fundo de crescimento no fim da década de 1980, sob a liderança de Don Valentine. Esse fundo inicial teve um bom desempenho, gerando 4,5 vezes líquido para os investidores, mas o tamanho médio do cheque era de 2 milhões de dólares, o que significa que foi investido de maneira bem parecida com um fundo de risco. Leone, entrevistas do autor.

61   Em 2006, a Sequoia contratou Scott Carter e Alexander Harrison, da Summit Partners. Em 2007, contratou Pat Grady e Mickey Arabelovic. O quinto especialista em crescimento era Chris Olsen, da TCV. Em 2015, todos, exceto Grady, já tinham saído da empresa.
62   Pat Grady, entrevista feita pelo autor, 28 out. 2020.
63   A história dos fundos de multimercado está repleta dessas fusões inovadoras. Por exemplo, na década de 1980, figuras como Stanley Druckenmiller combinaram a análise da empresa de selecionadores de ações com as tradições gráficas dos investidores em *commodities*.
64   Leone, entrevistas do autor.
65   Grady, entrevista do autor.
66   Idem.
67   Grady lembrou: "Quando começamos no negócio de crescimento [na Sequoia], muitas das coisas que fazíamos eram impulsionadas por planilhas. Quando investimos na ServiceNow, em 2009, construí o modelo em sessenta minutos, agitado no meu sofá um minuto antes de tomarmos a decisão final. A questão não era o modelo, e sim a equipe, o produto, o mercado." Grady, entrevista do autor.
68   O relato do passeio de Luddy pelo Vale vem principalmente de Grady. Grady, e-mail para o autor, 11 nov. 2020.
69   Esse ponto da lei não era bem compreendido em parte porque os investidores de risco muitas vezes têm ações preferenciais que conferem direitos para bloquear a venda de uma empresa. A Sequoia tinha comprado ações secundárias da ServiceNow e, portanto, não tinha essa vantagem.
70   Leone, entrevistas do autor.
71   Esses resultados dos fundos de crescimento da Sequoia são líquidos de taxas e prejuízos. Eles podem ser comparados ao QQQ, o fundo de capital aberto que acompanha o índice Nasdaq-100 de ações de tecnologia. O retorno do QQQ no período de 2009 a 2021 foi de 21,5% ao ano. O retorno de 2011 a 2021 foi de 20,3% ao ano.
72   Goetz, entrevista do autor.
73   CHAPMAN, Lizette. "'Psychological Torture': The Alleged Extortion of a Venture Capitalist", *Bloomberg*, 14 mar. 2020. Disponível em: <bloomberg.com/news/features/2020-03-14/the-story-behind-the-alleged-extortion-of-michael-goguen?sref=C-3NLmz0P>.
74   Moritz, memorando para o Conselho de Administradores, 14 abr. 2016.
75   Jeff Wang, e-mail para o autor, 3 nov. 2020.
76   Desde a abertura, em setembro de 2009, até dezembro de 2020, o retorno líquido anual composto do fundo foi de 19%. De 1º de junho de 2016 a dezembro de 2020, foi de 34,5%. Em ambos os períodos, a taxa composta de crescimento anual do MSCI World Index foi de cerca de 11,5%.

77   Moritz, entrevistas do autor.
78   Johnson, entrevista com o autor, 24 set. 2019.
79   Ibid.
80   Ibid.
81   Ibid.
82   Leone, entrevistas do autor.
83   O valor se refere ao retorno líquido de taxas a partir de setembro de 2020. Ele se baseia na média ponderada de 53 fundos de capital de risco capturados no banco de dados de alta qualidade mantido por Burgiss. A comparação é com o S&P 500 com dividendos reinvestidos. Os 5% dos fundos do topo superaram o índice do mercado em 23 pontos percentuais ao ano. Dados de Steven N. Kaplan, da Universidade de Chicago.
84   No verão de 2019, Moritz avisou a Wall Street que suas taxas de IPO podiam ser instáveis. Ele previu que as empresas de tecnologia logo criariam suas próprias listagens públicas, sem buscar os serviços de Wall Street. Ver: MORITZ, Michael. "Investment Banks Are Losing Their Grip on IPOs", *Financial Times*, 18 ago. 2019. Disponível em: <ft.com/content/7985bb78-bdbf-11e9-9381-78bab8a70848>.

CAPÍTULO CATORZE: PÔQUER COM UNICÓRNIOS

1   CARREYROU, John. *Bad Blood: fraude bilionária no Vale do Silício*. Rio de Janeiro: Alta Books, 2019.
2   Para ter um exemplo da mudança radical na opinião popular em relação a start-ups apoiadas por capital de risco, ver: GRIFFITH, Erin. "The Ugly Unethical Underside of Silicon Valley", *Fortune*, 28 dez. 2016. Na opinião de alguns críticos muito insistentes, os gigantes da tecnologia tinham banido a contemplação privada e o pensamento autônomo. Ver: FOER, Franklin. *World without Mind: The Existential Threat of Big Tech*. Nova York: Penguin Press, 2017.
3   CARREYROU, John. *Bad Blood: fraude bilionária no Vale do Silício*. Rio de Janeiro: Alta Books, 2019.
4   ALDEN, William. "How Zenefits Crashed Back Down to Earth", *BuzzFeed*, 18 fev. 2016.
5   Idem. "Startup Zenefits under Scrutiny for Flouting Insurance Laws", *BuzzFeed*, 25 set. 2015.
6   WINKLER, Rolfe. "Zenefits Touts New Software in Turnaround Effort", *Wall Street Journal*, 18 out. 2016.
7   Wondery. "WeCrashed: The Rise and Fall of WeWork | Episode 1: In the Beginning There Was Adam", 30 jan. 2020. Disponível em: <youtube.com/watch?v=pJSgJpcx-1JE>.
8   Dunlevie se lembra: "Não fazemos negócios imobiliários, mas fizemos a WeWork porque achamos que o empreendedor era muito especial." Dunlevie, entrevistas feitas pelo autor, 15 mai. 2019 e 12 out. 2020.
9   BEINOIT, David; FARRELL, Maureen e BROWN Eliot. "WeWork Is a Mess for JP-Morgan. Jamie Dimon Is Cleaning It Up", *Wall Street Journal*, 24 set. 2019.
10 Idem.

11. PLATT, Eric et al. "WeWork Turmoil Puts Spotlight on JPMorgan Chase and Goldman Sachs", *Financial Times*, 24 set. 2019.
12. Dunlevie, entrevistas do autor.
13. Em outubro de 2015, nove das dez empresas privadas de tecnologia mais valiosas apoiadas por capital de risco nos Estados Unidos instituíram ações de classe dupla. Ver: LEE, Alfred. "Inside Private Tech Voting Structures", *Information*, 29 out. 2015.
14. O JPMorgan detinha uma participação maior na WeWork do que os outros bancos de investimento. A Benchmark era dona de quase o dobro das ações que o JPMorgan detinha. Mas, com o próprio Neumann como maior acionista, a Benchmark não poderia invalidá-lo, a menos que tivesse o JPMorgan e os outros bancos ao seu lado. Depois que Neumann adquiriu ações com direito de supervoto, sua posição se tornou inexpugnável. Antes do IPO planejado, seus direitos de voto foram aumentados mais uma vez, de dez votos por ação para vinte.
15. BROWN, Eliot. "WeWork's CEO Makes Millions as Landlord to WeWork", *Wall Street Journal*, 16 jan. 2019.
16. Em vez de vetar as propostas de autonegociação, o conselho criou um processo para examiná-las e, no fim das contas, aprová-las.
17. BROWN, Eliot. "WeWork's CEO Makes Millions as Landlord to WeWork", *Wall Street Journal*, 16 jan. 2019.
18. Idem.
19. TIKU, Nitasha. "WeWork Used These Documents to Convince Investors It's Worth Billions", *BuzzFeed*, 9 out. 2015.
20. A WeWork esperava atrair outros clientes permitindo que eles usassem seus espaços WeWork em todo o mundo quando viajassem a negócios. No entanto, essa forma de efeito de rede era comparável à de uma rede global de hotéis com um programa de fidelidade; não era um efeito de rede no estilo tecnológico.
21. FARRELL, Maureen e BROWN, Eliot. "The Money Men Who Enabled Adam Neumann and the We Work Debacle", *Wall Street Journal*, 14 dez. 2019.
22. Idem.
23. Antes do lançamento do Vision Fund, o maior fundo de risco tinha sido levantado em 2015 pela New Enterprise Associates.
24. Michael Moritz, e-mail para os líderes da Sequoia, 17 set. 2017.
25. BERTONI, Steven. "WeWork's $20 Billion Office Party: The Crazy Bet That Could Change How the World Does Business", *Forbes*, 24 out. 2017.
26. Idem.
27. CHOZICK, Amy. "Adam Neumann and the Art of Failing Up", *New York Times*, 2 nov. 2019.
28. FARRELL, Maureen e BROWN, Eliot. "The Money Men Who Enabled Adam Neumann and the We Work Debacle", *Wall Street Journal*, 14 dez. 2019.
29. O valor dessa proteção contra *downside* logo se tornou evidente. Na primavera de 2020, o relatório de lucros do SoftBank indicou que o valor da WeWork tinha desmoronado de um pico de 47 bilhões para 2,9 bilhões de dólares.
30. STROSS, Randall. *eBoys: The First Inside Account of Venture Capitalists at Work*. Nova York: Ballantine Books, 2001, pp. 233-34.

31 Idem, p. 239.
32 Arthur também mencionou a "rotina do cliente" (*customer groove in*) — a tendência dos clientes de se limitarem a um serviço depois de o dominarem. Ver: ARTHUR, W. Brian. "Increasing Returns and the New World of Business", *Harvard Business Review*, jul.-ago. 1996.
33 Claro que a penetração de 90% significava que o representante de São Francisco estava buscando um número pequeno de alvos residuais. Mas essa desvantagem foi superada pelo forte efeito de rede local. Gurley, entrevista feita pelo autor, 16 mai. 2019.
34 Ibid.
35 Ibid. Gurley também tinha considerado investir em um mercado de táxis chamado Cabulous.
36 A Benchmark comprou 11 milhões de dólares em ações primárias, mas também pagou 1 milhão de dólares por ações secundárias vendidas por Garrett Camp, cofundador ao lado de Kalanick. O total foi de 12 milhões de dólares em uma avaliação pós-monetária de 60 milhões de dólares. Gurley, entrevista do autor.
37 Ibid.
38 O amigo era Mark Cuban. Ibid.
39 Ibid.
40 ARRINGTON, Michael. "SGN Founder's Rambling, Jetlagged, Semi-lucid, and Beautiful Email on Entrepreneurism", *TechCrunch*, 27 set. 2008.
41 ARRINGTON, Michael, idem.
42 Kalanick achou que a a16z estava oferecendo 300 milhões de dólares em uma base "pré-monetária". A Benchmark tinha investido com uma avaliação pós-monetária de 60 milhões de dólares. Comparar o valor pós-monetário depois da Série A com o valor pré-monetário na Série B é a melhor maneira de avaliar o múltiplo criado pela empresa nesse meio-tempo.
43 Pishevar, entrevista feita pelo autor, 13 abr. 2019.
44 Ibid.
45 Ibid.
46 O amigo de Kalanick era Michael Robertson; os dois se conheciam de uma start-up anterior. Ver: STONE, Brad. *As Upstarts: Como a Uber, o Airbnb e as killer companies do Novo Vale do Silício estão mudando o mundo*. Rio de Janeiro: Intrínseca, 2017.
47 Pishevar, entrevista do autor.
48 ISAAC, Mike. *A guerra pela Uber*. Rio de Janeiro: Intrínseca, 2020.
49 STONE, Brad. *As Upstarts: Como a Uber, o Airbnb e as killer companies do Novo Vale do Silício estão mudando o mundo*. Rio de Janeiro: Intrínseca, 2017.
50 LYNLEY, Matthew. "Hailo Raises $30.6 Million, Looks to Digitize New York's Cabs", *Wall Street Journal*, 5 fev. 2013.
51 Gurley, entrevista do autor.
52 Ibid.
53 Ibid.
54 DAMODARAN, Aswath. "Uber Isn't Worth $17 Billion", *FiveThirtyEight*, 18 jun. 2014.
55 O investidor-anjo era Rob Hayes. Além disso, o investidor-anjo Chris Sacca foi instruído a parar de ir às reuniões do conselho como observador.

56 LACY, Sarah. "The Horrific Trickle Down of Asshole Culture: Why I've Just Deleted Uber from my Phone", *Pando*, 22 out. 2014.
57 SMITH, Ben. "Uber Executive Suggests Digging Up Dirt on Journalists", *BuzzFeed*, 17 nov. 2014.
58 ISAAC, Mike. *A guerra pela Uber*. Rio de Janeiro: Intrínseca, 2020.
59 Os direitos de supervoto davam a Kalanick cerca de 16% dos votos. Seus cofundadores, investidores-semente, alguns funcionários e os investidores das Séries A e B, excluindo a Benchmark, controlavam outros 59%. Ver o gráfico de pizza em: LEE, Alfred. "Uber Voting Change Proposal Could Face More Hurdles", *Information*, 2 out. 2017.
60 GURLEY, Bill. "Investors Beware: Today's $100M+ Late-Stage Private Rounds Are Very Different from an IPO", *Above the Crowd*, 25 fev. 2015.
61 Embora Gurley não tivesse citado os números, eles embasavam sua afirmação. Na década anterior a 2015, as avaliações em todos os estágios de investimento tinham aumentado: o valor médio nas transações das Séries A, B e C tinha praticamente dobrado. Mas as rodadas de investimento de estágio avançado eram mais superficiais, como disse Gurley; o valor mediano tinha mais do que triplicado. Depois que Gurley alertou sobre uma bolha em 2015, a avaliação mediana nas rodadas da Série D ou posteriores caiu em 2016 e 2017, confirmando sua sensação de que os unicórnios tinham sido supervalorizados. Subsequentemente, em 2018 e 2019, as avaliações de estágio avançado aumentaram de forma mais drástica do que nunca, refletindo a enorme e imprudente influência de Masayoshi Son. Os índices indicados aqui são calculados a partir de dados fornecidos ao autor pela Cambridge Associates, consultora de investimentos.
62 Por exemplo, uma empresa de marketplace pode destacar a soma total dos pagamentos que fluem pela sua plataforma, deixando de observar que pelo menos 80% desse dinheiro foi para empresas externas que forneceram bens ou serviços.
63 Ironicamente, a Didi era uma rival formidável, porque era produto de uma fusão no estilo do Vale, arquitetada por acionistas como SoftBank e Yuri Milner.
64 Além de desfrutar das preferências na liquidação, os investidores de estágio avançado podiam receber promessas de concessões de ações adicionais gratuitas (os chamados dividendos *payment in kind*) ou uma compensação garantida no caso de um IPO. Mais uma vez, o efeito era reduzir o risco que eles assumiam e encorajá-los a pressionar em busca de mais ambição.
65 GURLEY, Bill. "On the Road to Recap: Why the Unicorn Financing Market Just Became Dangerous... for All Involved", *Above the Crowd*, 21 abr. 2016.
66 "Ter bilhões a mais no balanço patrimonial significava que íamos continuar gastando." Gurley, entrevista do autor.
67 Ibid.
68 Ibid.
69 De acordo com a Crunchbase, a Didi levantou dinheiro em uma avaliação pré-monetária de 23,5 bilhões de dólares em junho de 2016 e, mais uma vez, em uma avaliação pré-monetária de 33,6 bilhões de dólares em setembro, depois de engolir a Uber China. A participação de 18% da Uber teria valido algo próximo aos 6 bilhões de dólares da segunda avaliação. A Uber vendeu algumas de suas ações na Didi em setembro de 2020, quando a empresa estava avaliada em 6,3 bilhões de dólares.

70 Ao contrário do caso da WeWork, no qual a Benchmark teve sorte com a disposição do SoftBank de comprar parte das suas ações, Gurley não teve a oportunidade de vender uma única ação da Uber.
71 KOLHATKAR, Sheelah. "At Uber, a New C.E.O. Shifts Gears", *New Yorker*, 30 mar. 2018.
72 Gurley, entrevista do autor.
73 ISAAC, Mike. "How Uber Deceives the Authorities Worldwide", *New York Times*, 3 mar. 2017. O conselho geral da Uber determinou que a prática Greyball podia continuar porque não havia leis específicas contra a carona remunerada na Filadélfia, onde o programa foi usado pela primeira vez. No entanto, quando a Greyball ficou conhecida pelo público, a Uber interrompeu seu uso, e o Departamento de Justiça abriu uma investigação criminal.
74 Gurley, entrevista do autor.
75 KOLHATKAR, Sheelah. "At Uber, a New C.E.O. Shifts Gears", *New Yorker*, 30 mar. 2018.
76 ISAAC, Mike. *A guerra pela Uber*. Rio de Janeiro: Intrínseca, 2020.
77 Ibid.
78 LESSIN, Jessica E.; SAITTO, Serena e EFRATI, Amir. "At $45 Billion Price, SoftBank Talks Enflame Uber Tensions", *Information*, 4 ago. 2017.
79 Um porta-voz de Kalanick negou as acusações no processo, dizendo: "O processo não tem mérito e é repleto de mentiras e falsas alegações." ISAAC, Mike. "Uber Investor Sues Travis Kalanick for Fraud", *New York Times*, 10 ago. 2017.
80 *Benchmark Capital Partners VII, L.P., v. Travis Kalanick and Uber Technologies, Inc.* (2017). Disponível em: <online.wsj.com/public/resources/documents/BenchmarkUber-Complaint08102017.PDF>.
81 Notícias da imprensa retratam Khosrowshahi e a Goldman Sachs como os principais arquitetos dessa remodelagem. Mas a ideia de eliminar os poderes de supervoto foi desenvolvida pelos advogados da Benchmark durante a preparação para o ultimato de Chicago, antes de Khosrowshahi ser recrutado. Ver: ISAAC, Mike. *A guerra pela Uber*. Rio de Janeiro: Intrínseca, 2020.
82 LEE, Alfred. "Uber Voting Change Proposals Could Face More Hurdles", *Information*, 2 out. 2017.
83 DUHIGG, Charles. "How Venture Capitalists Are Deforming Capitalism", *New Yorker*, 30 nov. 2020.
84 O próprio SoftBank forneceu 33,1 bilhões de dólares ao Vision Fund. A Arábia Saudita forneceu 45 bilhões de dólares; Abu Dhabi, 15 bilhões de dólares. Um punhado de empresas de tecnologia investiu 5,5 bilhões de dólares em conjunto, mas 3,4 bilhões de dólares dessa parte surgiram na forma de ações preferenciais semelhantes a debêntures.
85 EWENS, Michael e FARRE-MENSA, Joan. "The Deregulation of the Private Equity Markets and the Decline in IPOs", *Review of Financial Studies* 33, n. 12, dez. 2020, pp. 5463-509.
86 SOMERVILLE, Heather. "Toyota to Invest $500 Million in Uber for Self-Driving Cars", Reuters, 27 ago. 2018.

87   NUSSEY, Sam. "SoftBank's Son Admits Mistakes After Vision Fund's $8.9 Billion Loss", Reuters, 6 nov. 2019.
88   MASSOUDI, Arash e INAGAKI, Kana. "SoftBank Imposes New Standards to Rein In Start-Up Founders", *Financial Times*, 4 nov. 2019.
89   O número abrange os IPOs de empresas apoiadas por capital de risco sediadas nos Estados Unidos. O recorde anterior, de 24 bilhões de dólares, tinha sido estabelecido em 2019. Em 2016, era de apenas 5 bilhões de dólares. RITTER, Jay. "Initial Public Offerings", 1º fev. 2020, tabela 4d (atualizada). Disponível em: <site.warrington.ufl.edu/ritter/files/IPO-Statistics.pdf>.

CONCLUSÃO: SORTE, HABILIDADE E A COMPETIÇÃO ENTRE AS NAÇÕES

1   SULLIVAN, Tim. "That Hit Song You Love Was a Total Fluke", *Harvard Business Review*, 1º nov. 2013. Disponível em: <hbr.org/2013/11/was-gangnam-style-a-fluke>.
2   O fundo de risco no 95º percentil gerou um retorno de 2,9 vezes o "equivalente do mercado de ações", o que significa o retorno do S&P 500 com os dividendos reinvestidos. O 75º percentil teve um retorno de 1,3 vez. O fundo mediano teve um retorno de 0,95 vez. Esses retornos são líquidos para os cotistas. Para uma apresentação visual, ver o Apêndice. Dados de Steven N. Kaplan, da Universidade de Chicago.
3   Para uma ótima exploração dos laços de retroalimentação nas firmas start-up, ver: EASLEY, David e KLEINBERG, Jon. *Networks, Crowds, and Markets: Reasoning About a Highly Connected World*. Nova York: Cambridge University Press, 2010, pp. 549-550.
4   NANDA, Ramana; SAMILA, Sampsa e SORENSON, Olav. "The Persistent Effect of Initial Success: Evidence from Venture Capital", artigo de pesquisa 24887, Instituto Nacional de Pesquisa Econômica, 2018. Disponível em: <nber.org/papers/w24887.pdf>.
5   Além disso, os autores do NBER relatam que metade do 1,6% pode ser explicada por fatores que não são a dependência da trajetória. Sociedades de investimento de risco tendem a se especializar em setores ou tecnologias específicas e estágios de investimentos específicos. Se um setor ou estágio é lucrativo no início da firma de investimento de risco, talvez continue sendo lucrativo por mais alguns anos, o que explica parte da correlação em série no desempenho de investimentos de risco. Isso é diferente de vantagens e acesso a negociações de uma marca associados com a dependência da trajetória. GOMPERS, Paul A. et al. "How Do Venture Capitalists Make Decisions?", *Journal of Financial Economics*, 135, n. 1, jan. 2020, pp. 169-190.
6   O estudo analisou os cem principais negócios de cada ano entre 1995 e 2012. Em um ano normal, sociedades de risco novas e emergentes conquistaram metade do valor. Cambridge Associates. "Venture Capital Disrupts Itself: Breaking the Concentration Curse", 2015.
7   O valor do treinamento de investidores de risco foi confirmado em SØRENSEN, Morten. "How Smart Is Smart Money? A Two-Sided Matching Model of Venture Capital", *Journal of Finance* 62, n. 6, dez. 2007, pp. 2725-2762. E em HOCHBERG, Yael V.; LJUNGQVIST, Alexander; e LU, Yang. "Whom You Know Matters: Venture Capital Networks and Investment Performance", *Journal of Finance* 62, n. 1, fev. 2007,

pp. 251-301. O valor do treinamento de investidores de risco também foi confirmado, mas apenas nos casos de fundadores de primeira viagem ou fundadores que já tinham falido anteriormente, ver: GOMPERS, Paul et al. "Skill vs. Luck in Entrepreneurship and Venture Capital: Evidence from Serial Entrepreneurs", artigo de pesquisa 12592, Instituto Nacional de Pesquisa Econômica, 2006. Disponível em: <nber.org/papers/w12592>.

8 BERNSTEIN, Shai; GIROUD, Xavier e TOWNSEND, Richard R. "The Impact of Venture Capital Monitoring", *Journal of Finance* 71, n. 4 ago. 2016, pp. 1591-1622.

9 Esses dados se referem à receita bruta, antes dos impostos, e são da Sand Hill Econometrics. Eles são citados em LERNER, Josh e NANDA, Ramana. "Venture Capital's Role in Financing Innovation: What We Know and How Much We Still Need to Learn", *Journal of Economic Perspectives* 34, n. 3, verão 2020, p. 246. Disponível em: <pubs.aeaweb.org/doi/pdfplus/10.1257/jep.34.3.237>.

10 Investimentos em tecnologia limpa tanto dentro como fora dos Estados Unidos tiveram um retorno bruto anual de pouco mais de 21% entre 2014 e 2018. Em comparação, o retorno bruto anual entre 2005 e 2009 foi de menos 1,2%. Dados de Liqian Ma, da Cambridge Associates.

11 Dados da Sand Hill Econometrics confirmam que esses exemplos são representativos. Em 1992, investidores de primeira rodada conseguiam uma média de um terço de participação. Entre 2017 e 2019, a participação era um pouco menos que um quinto.

12 Apesar da suposta inadequação do capital de risco para projetos ecológicos, muito dinheiro está sendo usado em apostas na teoria contrária. Corporações e filantropos bilionários criaram fundos para apostas em tecnologia limpa. Eles poderiam ter usado o dinheiro para a pesquisa verde da forma que escolhessem, mas optaram por usar o modelo de capital de risco. O exemplo mais proeminente é o Breakthrough Energy Ventures, criada por Bill Gates. John Doerr é um dos membros do conselho.

13 Wolfe, entrevista feita pelo autor, 3 out. 2017.

14 A Lux Capital informou que seus retornos estavam no quartil superior para investidores de risco. Eles foram impulsionados principalmente pela venda espetacular da companhia de robótica da área médica chamada Auris.

15 Entre seu surgimento, em 2000, e o início de 2018, a Flagship Pioneering e as empresas do seu portfólio conduziram mais de cinquenta estudos clínicos para novas terapias e patentearam mais de quinhentas invenções. A firma informou que sua taxa interna de retorno de fundos levantados entre 2007 e 2015 foi de 35%. Ver: LUO, Hong; PISANO, Gary P. e YU, Huafeng. "Institutional Entrepreneurship: Flagship Pioneering", estudo de casos da Harvard Business School, pp. 9-718-484, 26 abr. 2018.

16 NVCA-Deloitte Human Capital Survey, 3ª ed., mar. 2021, fig. 1.

17 Os dados de mulheres atuando na área de direito são do Departamento do Censo dos Estados Unidos. Ver: DAY, Jennifer Cheeseman. "More Than 1 in 3 Lawyers Are Women", U.S. Census Bureau, 8 mai. 2018. Disponível em: <census.gov/library/stories/2018/05/women-lawyers.html>. Quanto ao número de mulheres na área médica, ver: "Active Physicians by Sex and Specialty, 2017", Association of American Medical Colleges. Disponível em: <aamc.org/data-reports/work force/interactive-data/active-physicians-sex-and-specialty-2017>. Deve-se dizer que as mulheres ocupam

apenas 17% das posições de chefia no setor de investimentos, uma participação praticamente igual à de investimentos de risco. Para dados sobre mulheres em negócios bancários, ver: BOORSTIN, Julia. "Survey: It's Still Tough to Be a Woman on Wall Street — but Men Don't Always Notice", CNBC, 26 jun. 2018. Disponível em: <cnbc.com/2018/06/25/surveyon-wall-street-workplace-biases-persist---but-men-dont--see-t.html>.

18 KOSTKA, Pam. "More Women Became VC Partners Than Ever Before in 2019 but 65% of Venture Firms Still Have Zero Female Partners", *Medium*, 7 fev. 2020. Disponível em: <link.medium.com/RLcsLvmNxbb>.

19 GORNALL, Will e STREBULAEV, Ilya A. "Gender, Race, and Entrepreneurship: A Randomized Field Experiment on Venture Capitalists and Angels", artigo de pesquisa, 2020, 1.

20 "The US VC Female Founders Dashboard", *PitchBook*, 28 fev. 2019. Disponível em: <pitchbook.com/news/articles/the-vc-female-founders-dashboard>.

21 Os asiáticos representam 6% da força de trabalho, de acordo com um relatório de 2018 do Departamento de Estatísticas Trabalhistas dos Estados Unidos. Ver: "Labor Force Characteristics by Race and Ethnicity, 2018", *BLS Reports*, out. 2019. Os dados da porcentagem de asiáticos em firmas de capital de risco são da NVCA-Deloitte, fig. 2.

22 NVCA-Deloitte Human Capital Survey, 3ª ed., mar. 2021, fig. 2. Ver também: KERBY, Richard. "Where Did You Go to School?", *The Journal Blog*, 30 jul. 2018. O financiamento para empreendedores negros se refere a dados de 2020 retirados da Crunchbase.

23 "Gestor financeiro" é um termo usado pelo Departamento do Censo dos Estados Unidos para se referir a trabalhadores que criam "relatórios financeiros, realizam atividades de investimentos diretos e desenvolvem planos para objetivos financeiros de longo prazo para a organização em que trabalham". Existem 697.000 nos Estados Unidos, com um salário médio de 130.000 ao ano. Ver: "Labor Force Statistics from the Current Population Survey", U.S. Bureau of Labor Statistics (Departamento do Censo dos Estados Unidos), modificado pela última vez em 22 jan. 2020. Disponível em: <bls.gov/cps/cpsaat11.htm>.

24 Dados sobre hispânicos no setor de investimento de risco podem ser vistos em NVCA-Deloitte, fig. 3. Sobre o mercado de trabalho de hispânicos, ver: U.S. Bureau of Labor Statistics. "Labor Force Statistics from the Current Population Survey".

25 COOK, Lisa e GERSON, Jan. "The Implications of U.S. Gender and Racial Disparities in Income and Wealth Inequality at Each Stage of the Innovation Process", Washington Center for Equitable Growth, 24 jul. 2019.

26 Andreessen Horowitz. "Introducing the Talent x Opportunity Fund", 2 jun. 2020. Disponível em: <a16z.com/2020/06/03/talent-x-opportunity>.

27 GOMPERS, Paul A. e CALDER-WANG, Sophie. "Diversity in Innovation". Artigo em trabalho 17-067, Harvard Business School, 2017, p. 67. Algumas coisas tornam o elitismo do setor de investimento de risco ainda mais pronunciado. Em um cálculo, 40% dos investidores de risco ou estudaram em Harvard ou em Stanford, um resultado ao qual se chegou com uma contagem de participantes graduados ou pós-graduados. Ver: KERBY, Richard. "Where Did You Go to School?", *The Journal Blog*, 30 jul. 2018.

28 SULLIVAN, Tim. "Blitzscaling", *Harvard Business Review*, abr. 2016. Disponível em: <hbr.org/2016/04/blitzscaling>.
29 JOHNSON, Eric. "'Venture Capital Money Kills More Businesses Than It Helps,' Says Basecamp CEO Jason Fried", *Vox*, 23 jan. 2019.
30 O'REILLY, Tim. "The Fundamental Problem with Silicon Valley's Favorite Growth Strategy", *Quartz*, 5 fev. 2019. O'Reilly estava repetindo a crítica aos investidores de risco que data de pelo menos os anos 1990. Quando John Doerr fundou a GO, o empreendimento do computador de mão que era um conceito sem uma tecnologia para apoiá-lo, seus críticos denunciaram uma atitude de "pense grande ou nem tente"; com menos ambição e mais paciência, a GO talvez tivesse conseguido atingir seu objetivo.
31 GRIFFITH, Erin. "More Start-Ups Have an Unfamiliar Message for Venture Capitalists: Get Lost", *New York Times*, 11 jan. 2019.
32 KENNEY, Martin e ZYSMAN, John. "Unicorns, Cheshire Cats, and the New Dilemmas of Entrepreneurial Finance", *Venture Capital: An International Journal of Entrepreneurial Finance* 21, n. 1, 2019, p. 39.
33 O'REILLY, Tim. "The Fundamental Problem with Silicon Valley's Favorite Growth Strategy", *Quartz*, 5 fev. 2019.
34 PURI, Manju e ZARUTSKIE, Rebecca. "On the Life Cycle Dynamics of Venture-Capital- and NonVenture-Capital-Financed Firms", *Journal of Finance* 67, n. 6, dez. 2012, p. 2248.
35 LERNER, Josh e NANDA, Ramana. "Venture Capital's Role in Financing Innovation: What We Know and How Much We Still Need to Learn", *Journal of Economic Perspectives* 34, n. 3, verão 2020, p. 240. Disponível em: <pubs.aeaweb.org/doi/pdfplus/10.1257/jep.34.3.237>.
36 Sobre o elo causal entre investimentos de risco e pedidos de patentes, ver: KORTUM, Samuel e LERNER, Josh. "Assessing the Impact of Venture Capital on Innovation", *Rand Journal of Economics* 31, n. 4, 2000, pp. 674-692. Sobre a qualidade das patentes financiadas por investidores de risco, ver: HOWELL, Sabrina et al. "Financial Distancing: How Venture Capital Follows the Economy Down and Curtails Innovation", artigo de trabalho 20-115, Harvard Business School, 2020, p. 4. Disponível em: <ssrn.com/abstract=3594239>. Os autores observam que as firmas financiadas por capital de risco são desproporcionalmente propensas a ter mais patentes originais, mais patentes gerais e patentes mais relacionadas com ciência fundamental.
37 Cálculos do autor com base na tabela 4 em RITTER, Jay. "Initial Public Offerings: Updated Statistics". Disponível em: <site.warrington.ufl.edu/ritter/files/IPO-Statistics.pdf>. Além disso, empresas apoiadas por investidores de risco são responsáveis por um aumento no emprego dos Estados Unidos. No período entre 1981 e 1985, sua participação foi de 2,7% e 2,8%. No período entre 1996-2000, o valor aumentou para 5,3% e 7,3%. Ver: PURI, Manju e ZARUTSKIE, Rebecca. "On the Life Cycle Dynamics of Venture-Capital- and NonVenture-Capital-Financed Firms", *Journal of Finance* 67, n. 6, dez. 2012, p. 2256. Além disso, dados da Sand Hill Econometrics indicam que o valor de firmas americanas com apoio de capital de risco como uma porcentagem do valor de empresas de capital aberto subiu de 0,5% em 1992 para 6% no início de 2000.

38 Entre 1995 e 2018, ativos intangíveis aumentaram de 68% para 84% do valor das empresas no S&P 500. Ver: THOMAS, Jason. *Global Insights: When the Future Arrives Early*. Carlyle Group, set. 2020. Disponível em: <carlyle.com/sites/default/files/Global%20Insights_When%20The%20Future%20Arrives_Sept_2020.pdf>.

39 HASKEL, Jonathan e WESTLAKE, Stian. *Capitalism Without Capital: The Rise of the Intangible Economy*. Princeton, NJ: Princeton University Press, 2017, p. 68.

40 Considerando sociedades de capital de risco nos Estados Unidos com lugar no conselho de pelo menos uma start-up nas cinquenta maiores firmas, 69% estavam localizadas na área da Baía de São Francisco, nos Estados Unidos, ao passo que apenas 11% eram sediadas em Nova York e outros 11%, em Boston. Ver: LERNER, Josh e NANDA, Ramana. "Venture Capital's Role in Financing Innovation: What We Know and How Much We Still Need to Learn", *Journal of Economic Perspectives* 34, n. 3, verão 2020, p. 240. Disponível em: <pubs.aeaweb.org/doi/pdfplus/10.1257/jep.34.3.237>. De forma semelhante, o Vale gerou 17 das 22 empresas americanas que receberam uma avaliação privada de mais de 10 bilhões de dólares. Ver: STANFORD, Kyle. "The Bay Area Still Holds the Keys to VC", *PitchBook Analyst Note*, 26 fev. 2021. Para obter os dados sobre a distribuição regional de arrecadação de fundos de risco, ver o apêndice.

41 LONSDALE, Joe. "California, Love It and Leave It", *Wall Street Journal*, 15 nov. 2020.

42 KERR, William R. e ROBERT-NICOUD, Frederic. "Tech Clusters", *Journal of Economic Perspectives* 34, n. 3, verão 2020, p. 57.

43 Dados sobre capital de risco na Europa são de TEARE, Gene e KUNTHARA, Sophia. "European Venture Report: VC Dollars Rise in 2019", *Crunchbase*, 14 jan. 2020.

44 LERNER, Josh e NANDA, Ramana. "Venture Capital's Role in Financing Innovation: What We Know and How Much We Still Need to Learn", *Journal of Economic Perspectives* 34, n. 3, verão 2020. Disponível em: <pubs.aeaweb.org/doi/pdfplus/10.1257/jep.34.3.237>.

45 Além disso, os críticos argumentam que start-ups alavancam a ciência de base apoiada pelos contribuintes, de modo que a riqueza resultante para os fundadores levanta questões sobre justiça. Mas os governos apoiam a pesquisa e o desenvolvimento justamente com a esperança de que o setor privado use isso para impulsionar o progresso econômico. Considerando a contribuição dos investidores de risco para o crescimento e a inovação, eles estão gerando futuros pagamentos de impostos que compensam a assistência que receberam da pesquisa governamental.

46 Em 2018, uma avaliação global da Universidade Tsinghua descobriu que a China era a líder mundial em artigos acadêmicos, patentes e investimentos de capital de risco em Inteligência Artificial. Além disso, o impulso das start-ups chinesas em inteligência artificial foi encorajado pelo estado chinês. Em julho de 2017, o Conselho de Estado da República Popular da China emitiu o *Novo Plano de Desenvolvimento de Inteligência Artificial de Próxima Geração*. "A inteligência artificial (...) é uma importante estratégia para aprimorar a competitividade nacional e proteger a segurança nacional", afirma o plano. ALLEN, Gregory C. "Understanding China's AI Strategy", Center for a New American Security, 6 fev. 2019.

47 "Life Is Getting Harder for Foreign VCs in China", *Economist*, 9 jan. 2020.

48 O desenvolvimento de software da DJI é parcialmente feito em Palo Alto por uma equipe que consiste praticamente em cidadãos americanos.
49 ALLEN, Gregory C. "Understanding China's AI Strategy", Center for a New American Security, 6 fev. 2019.
50 MURPHY, Meg. "MIT-SenseTime Alliance Funds Projects from All Five Schools", *MIT News*, 24 ago. 2018.
51 Em 2015, os orçamentos combinados em pesquisa e desenvolvimento das quatro empresas de defesa eram equivalentes a apenas 27% dos gastos em pesquisa e desenvolvimento do Google. *Innovation and National Security: Keeping Our Edge*. Independent Task Force Reports. Nova York: Conselho de Relações Exteriores, 2019. Disponível em: <cfr.org/report/keeping-our-edge/pdf/TFR_Innovation_Strategy.pdf>.
52 NOBLE, Lance. "Paying for Industrial Policy" *GavekalDragonomics*, 4 dez. 2018. Ver também: LERNER, Josh. *Boulevard of Broken Dreams: Why Public Efforts to Boost Entrepreneurship and Venture Capital Have Failed — and What to Do About It*. Reimp. Princeton, NJ: Princeton University Press, 2012, p. 32.
53 Idem, pp. 155-157. Também sou grato a Fiona Darmon, do grupo israelense de capital de risco JVP, por me explicar o cenário de risco em Israel. Darmon, entrevista feita pelo autor, 17 abr. 2017.
54 Idem, p. 154.
55 Idem, p. 123.
56 Um estudo de 2010 em 25 países descobriu que pequenos subsídios podem ajudar start-ups, mas quantias maiores demonstraram uma diminuição das suas perspectivas. Ver: BRANDER, James; DU, Qianqian e HELLMAN, Thomas F. "The Effects of Government-Sponsored Venture Capital: International Evidence", NBER Working Paper Series, artigo de trabalho 16521. Para mais evidências sobre 14 países europeus, ver: RIN, Marco Da; NICODANO, Giovanna e SEMBENELLI, Alessandro. "Public Policy and the Creation of Active Capital Markets", *Journal of Public Economics* 80, n. 8-9, 2006, pp. 1699-1723.
57 Nos anos 1990 no Canadá, foi feita uma tentativa de subsidiar investimentos de risco pelo cidadão comum, criando fundos robustos para sindicatos trabalhistas e seus aliados. Ver: LERNER, Josh. *Boulevard of Broken Dreams: Why Public Efforts to Boost Entrepreneurship and Venture Capital Have Failed — and What to Do About It*. Reimp. Princeton, NJ: Princeton University Press, 2012, pp. 119-122. Na Austrália, o governo apoiou onze incubadoras de start-ups, apenas para descobrir que os gestores da incubadora embolsaram grande parte do dinheiro. (*Ibid.*, p. 11.) Sobre o fracasso do WFG, um fundo público de capital de risco na Alemanha, ver: NOBLE, Lance. "Paying for Industrial Policy", *GavekalDragonomics*, 4 dez. 2018. Em diversos outros casos, as condições ligadas aos subsídios de capital de risco — que eles deveriam se concentrar em projetos "pré-comerciais" ou em regiões em dificuldades — acabaram complicando fatalmente o trabalho já difícil de escolher os vencedores.
58 HALL, Robert E. e WOODWARD, Susan E. "The Burden of the Non-diversifiable Risk of Entrepreneurship", *American Economic Review* 100, jun. 2010, pp. 1163-1194.
59 Esses detalhes foram tirados de um guia on-line publicado pelo VC Partnership Index Ventures. Ver: Index Ventures, "Rewarding Talent: The Guide to Stock Options".

60 Dados do Rhodium Group.
61 Devo essa formulação aos colegas do Conselho de Relações Exteriores. Ver: *Innovation and National Security: Keeping Our Edge*, Independent Task Force Reports. Nova York: Conselho de Relações Exteriores, 2019. Disponível em: <cfr.org/report/keeping-our-edge/pdf/TFR_Innovation_Strategy.pdf>.
62 Os dados são da Organização para a Cooperação e Desenvolvimento Econômico (OCDE) e se referem aos gastos nacionais (não apenas do governo). OCDE. "Gross Domestic Spending on R&D (Indicator)", 2021. Disponível em: <Doi:10.1787/d8b-068b4-en>.
63 "China's Rulers Want More Control of Big Tech", *Economist*, 10 abr. 2021.
64 Stephens, entrevista feita pelo autor, 29 mar. 2019.

LINHA DO TEMPO

1946: As famílias Rockefeller e Whitney lançam experimentos com capital de risco.

1946: Georges Doriot funda a American Research and Development Corporation, veículo de investimento listado publicamente.

1957: Reid Dennis forma "o Grupo", um clube de corretores de São Francisco que apoia start-ups de tecnologia.

1957: Arthur Rock financia os "Oito Traidores", criando a Fairchild Semiconductor e dando o pontapé inicial da indústria de chips da Costa Oeste.

1958: O governo federal americano começa a subsidiar fundos de risco conhecidos como Small Business Investment Companies.

1961: Arthur Rock deixa Nova York para fundar a primeira parceria de sucesso de investimento em fundo de capital por tempo limitado, a Davis & Rock.

1962: Durante um discurso em São Francisco, Rock explica que empresas de portfólio precisam de *grand slams* para "tirar a média dos patetas".

1968:   Davis e Rock recompensam seus apoiadores com um retorno de mais de 22 vezes, saindo-se melhor do que Warren Buffet e o pioneiro do fundo de multimercado Alfred Winslow Jones.

1968:   Rock financia a Intel, ajudando dois membros dos Oito Traidores a repetir a deserção de 1957.

1972:   A American Research and Development Corporation fecha, sinalizando um triunfo do modelo de investimento de Rock na Costa Oeste.

1972:   Don Valentine, um dos veteranos da Fairchild Semiconductor, funda a Sequoia Capital.

1972:   Eugene Kleiner, um dos membros dos Oitos Traidores, junta-se a Tom Perkins, executivo da Hewlett-Packard, para fundar a Kleiner Perkins.

1973:   Sutter Hill junta o inventor da roda eletrônica do tipo margarida para impressoras com um forte CEO de fora, estabelecendo o "modelo Qume".

1974:   Valentine apoia a Atari, mostrando como um investidor de risco prático consegue transformar uma empresa caótica em um empreendimento de sucesso.

1974:   A Kleiner Perkins "incuba" a Tandem Computers internamente antes de prolongá-la como uma start-up.

1976:   A Kleiner Perkins apoia a Genentech, tornando-a um sucesso por meio de investimentos em estágios.

1977:   Depois de inúmeras rejeições, a Apple garante o investimento, provando que uma rede de contato entre investidores de risco é superior a apenas algumas poucas pessoas.

1977:   Dick Kramlich e dois sócios da Costa Leste fundam a New Enterprise Associates.

1980:   A Apple e a Genentech encenam ofertas públicas iniciais dramaticamente bem-sucedidas, antecipando a euforia tecnológica que viria mais tarde.

1981:   Bob Metcalfe se esforça para levantar investimento de risco na Costa Leste, mas acaba com financiadores da Costa Oeste, uma prova da força dos investidores de risco do Vale do Silício.

1983: Arthur Patterson e Jim Swartz fundam a Accel Capital, o primeiro fundo de capital de risco especializado em empresas de nicho.

1983: Após impostos oportunos e reformas regulatórias, os fundos de risco americanos reportam ativos sob gestão de 12 bilhões de dólares, o quádruplo do total de seis anos antes.

1987: A Sequoia apoia a Cisco e reformula sua gestão, gerando à parceria seu primeiro ganho de 100 milhões de dólares vindo de um único investimento.

1993: Depois de funcionar apenas ancorada no carisma de John Doerr, a GO fracassa sem acabar com o apetite de Doerr por jogadas estilo "quem arrisca não petisca".

1993: Israel cria o Yozma Group, um programa governamental de sucesso para promover investimento de risco.

1993: Accel, NEA e Menlo Ventures apoiam a UUNET, transformando a internet antes do governo em um meio de comunicação de massa.

1994: A Kleiner Perkins apoia a Netscape, transformando a experiência on-line.

1995: Michael Moritz, da Sequoia, apoia o Yahoo, emergindo como o líder da empresa e mais tarde da indústria de risco.

1996: Masayoshi Son, do SoftBank, investe 100 milhões de dólares no Yahoo, anunciando o surgimento do *growth investing*, ou investimento de crescimento, e ganhando a inimizade de Moritz.

1996: John Doerr apoia a Amazon, sinalizando seus status como o maior investidor de internet do Vale do Silício.

1997: Bob Kagle, da Benchmark, apoia o eBay, gerando um lucro de 5 bilhões de dólares e demonstrando o poder do modelo "pequeno é bonito" da Benchmark.

1998: Sergey Brin e Larry Page levantam 1 milhão de dólares sem falar com investidores de risco, anunciando o surgimento de investimento-anjo.

1999: O Google dita os termos de financiamento para a Kleiner Perkins e a Sequoia, demonstrando a influência dos fundadores de softwares.

1999: Shirley Lin, da Goldman Sachs, financia o Alibaba, munindo-o de opções de ações que facilitam sua decolagem.

2000: Novos compromissos de capital para fundos de capital de risco nos Estados Unidos atingem um pico de 104 bilhões de dólares.

2000: Masayoshi Son segue os passos da Goldman Sachs no Alibaba, por fim recompensando suas enormes perdas na crise da tecnologia americana.

2003: A Tiger Globar se torna o primeiro fundo de multimercado a levantar uma quantidade de capital dedicado a investimentos privados em tecnologia.

2004: O Google abre capital usando a estrutura de duas classes de ações, preservando o controle dos fundadores e estabelecendo um precedente de enfraquecimento dos acionistas para IPOs posteriores.

2004: A Kleiner Perkins passa por um experimento problemático com tecnologia limpa.

2005: Peter Thiel lança a Founders Fund, diferenciando-se de investidores de risco tradicionais ao ceder para os fundadores.

2005: Paul Graham e Jessica Livingston fundam a Y Combinator, criando um novo modelo para incubadoras de start-ups.

2005: Kathy Xu funda a Capital Today, a primeira empresa de capital de risco de sucesso chinesa mas sob o estilo ocidental.

2005: A Accel financia o Facebook, mostrando a força do trabalho em equipe entre as sociedades de risco.

2005: A Sequoia recruta Neil Shen e funda a Sequoia China.

2009: Yuri Milner faz um investimento de crescimento no Facebook, oferecendo aos fundadores de empresas de tecnologia uma forma de adiar IPOs.

2009: Marc Andreessen e Ben Horowitz formam uma sociedade de risco e rapidamente se tornam líderes do setor.

2010: A Sequoia China apoia a Meituan, que mais tarde ultrapassa o Google como a aposta mais rentável na história da Sequoia.

2010: Vinod Khosla financia a Impossible Foods, anunciando uma nova e mais bem-sucedida onda de investimentos em tecnologia limpa.

2012: Ellen Pao processa a Kleiner Perkins por discriminação.

2013: Enquanto grandes empresas de tecnologia continuam privadas, Aileen Lee cunha o termo "unicórnio".

2017: Masayoshi Son funda a Vision Fund, sua empresa de 99 bilhões de dólares.

2017: Com Moritz comparando Son ao ditador da Coreia do Norte, a Sequoia responde com um fundo de crescimento avaliado em 8 bilhões de dólares.

2017: A China gera mais retornos de capital de risco do que os Estados Unidos.

2017: Surfando na onda do sucesso com Palantir e SpaceX, a Founders Fund apoia uma terceira empresa na área de defesa, a Anduril.

2018: A Benchmark e seus aliados expulsam Travis Kalanick, o fundador da Uber, demonstrando os limites da "cordialidade com o fundador".

2019: O fracasso do IPO da WeWork demonstra os perigos de turistas do capital de risco distantes que negligenciam a governança corporativa.

2020: A pandemia de coronavírus turbina o valor de empresas apoiadas por investidores de risco.

2021: A China reprime seu setor tecnológico.

ÍNDICE

A
Abingworth, 112-114
Academia Nacional de Ciências, 11-12
Academia Nacional de Medicina, 11-12
Accel Capital, 150-151, 157-162, 299-313, 449-450, 529*n*
  abordagem com especialistas, 158-161, 265-266
  abordagem da "mente preparada", 150-151, 157-158, 252-253, 300-302, 302-303, 368-370
  crise das pontocom, 222-224
  Facebook, 235-236, 303-313, 316-317, 324-325, 325-326, 365-366, 453-454, 455-456
  Fundação da, 157-159
  Google, 220-221
  Hailo, 425-426
  Kleiner Perkins comparada com, 252-253, 317-318, 323, 325-326
  MySpace, 302-304
  Portal Software, 211-212, 529*n*, 537*n*
  questões de gênero, 325-326
  Skype, 230-231, 301-303, 341-343
  Spotify, 346-347
  UUNET, 165-171, 174-176, 342-343
Accel Índia, 386-387
Accel Telecom, 158-161, 529*n*-530*n*, 530*n*
ações preferenciais, 277-278, 329-332
acordos de não concorrência, 120-123, 521*n*-522*n*
acordos de sigilo, 365-366, 521*n*-522*n*, 524*n*-525*n*
Adams, Rick, 162-176, 530*n*
Adobe, 123
afrouxamento quantitativo, 401, 402-403, 403
Airbnb, 361-362, 420-421
  blitzscaling, 462
  investimento da Andreessen Horowitz, 357-358
  investimento da Sequoia Capital, 363-364, 376-377, 561*n*-562
Alcorn, Allan, 512*n*

Alemanha nazista, 39-40
Alibaba, 271-278, 279-282, 289-291, 468, 547n-548n
  ações do governo chinês contra, 480-481
  Hanguang 800, 480-481
  investimento da Goldman Sachs, 273-277, 279-282, 291, 449-450, 548n-549n
  investimento da Tiger, 341-342
  investimento de Son, 275-278, 547n-548n
  IPO, 275-276
"alienação", 502n
Altair, 33-34
Altman, Sam, 261-262, 379-381, 562n
  Amazon, 23-24, 206-207, 213-214, 223-224, 401, 463-464
  American Research and Development (ARD), 39-40, 42-47, 69-71, 123
  Digital Equipment, 42-44, 46-47, 51-53, 63, 500n-501n, 501n
  estrutura financeira e jurídica, 45-47, 58-59, 63, 69-71, 501n, 504n-505n
  Fairchild Semiconductor, 50-51
  investimento de Doerr, 217-219, 315-316
  IPO, 25-26
  preço da ação, 46-47, 502n
America Online (AOL), 174-175, 185-186, 539n
Ampersand, 372-373
Ampex, 40-42
análises quantitativas, 26-27, 65-66
"ancoragem", 370-372, 560n
Andreessen, Marc, 347-359, 527n
  Facebook, 330-332
  "It's Time to Build", 26-27
  Mosaic, 33-34, 175-177, 178-179, 180-181, 285, 471-472
  Netscape, 178-181, 183-184, 285, 331-333, 347-348
Andreessen Horowitz (a16z), 347-359, 371-372
  Clubhouse, 26-27
  Instagram, 255-256
  Nicira, 351-354, 354-355, 452-453

Okta, 353-355, 452-453
Skype, 356-358, 358-359
Uber, 420-423, 450-451
Zenefits, 406-408
Anduril, 481-482
Ant Group, 480-481
Ante, Spencer, 44
Apple, 104-115, 132-133, 452-454, 519n
  investimento da Abingworth, 112-114
  investimento da Sequoia Capital, 105-107, 107-109, 113-115, 195, 519n-520
  investimento da Venrock, 108-110, 111-112, 113-115, 519n, 520n
  investimento de Markkula, 106-110
  investimento de Rock, 110-113, 113-115
  IPO, 114-115, 195-197
Apple I, 104-105
Apple II, 106-108
Arábia Saudita, Fundo de Investimento Público da, 432-433, 433-434, 441-442, 442-443
"arbitragem global", 345-346
Archie, 33-34
ARD. Ver American Research and Development
Ariba, 206-207
ARPANET, 496n
@Home, 206-207, 217-218, 223-224
Arthur, Brian, 417-418
Asian Sources, 273
assédio sexual, 323-325, 434-435, 437-438, 458-459
AT&T, 156-157, 352-353
ataques de 11 de setembro (2001), 229-231
Atari, 77-79, 81-83, 84-87, 102
ativista, investimento, 79-80, 83, 86-90, 102, 103-104, 106-107
Atlassian, 555n
Augmented Human Intellect Research Center, 32-33
"autofinanciamento", 388
Avaya, 397-398

B

Bacon, Louis, 214-215
Baidu, 269-270, 280-281, 286-287, 557n
Bain Consulting, 529n
Banco da China, 282-283
Bancroft, Pete, 507n
Bao Fan, 296-297, 550n
Barksdale, Jim, 217-218
Barris, Peter, 169-175
Barron's, 40-41
Base Camp, 371-372
Bass, Charlie, 140-141, 143-144, 158-159, 526n
Bechtolsheim, Andy, 210-214, 221-222, 255-256
Beckman, Arnold, 353-637, 48-49, 50-51, 497n
Beckman Instruments, 35-38, 58-59
Beco do Silício, 268-269
Beijing Hyatt, 289-290
Beirne, David, 203-204, 204-205, 205-206, 207-208
Bell Labs, 33-34, 54-55, 158-159
Benchmark Capital, 19, 196-209, 317-318
   Ariba, 206-207
   eBay, 199-207, 417-418, 535n, 537n
   Facebook, 238-239
   filosofia de investimento, 197-199, 207-209, 348-349
   fundação, 196-198
   negócios com a China, 287-288
   negócios com Londres e Israel, 209, 535n
   OpenTable, 417-421, 426-427
   papel de mentoria e aconselhamento, 252-253
   Red Hat, 206-207
   Uber, 209, 416-424, 426-442, 442-443, 453-454, 537n, 566n-567n, 568n
   1-800-Flowers.com, 209
   Webvan, 216
   WeWork, 209, 407-416, 420-421, 441-443, 565n

Bentinck, Alice, 265-266
Berners-Lee, Tim, 323-334
Beyond Meat, 315-316
Bezos, Jeff. *Ver também* Amazon
   crítica a Trump, 480-481
   Google, 217-219, 222-223, 225
   Kalanick e Uber, 420-421
   lei de potência e, 18
Bill, Jobs., 104-105
Black Lives Matter, 459-460
BlackBerry, 395
blitzscaling, 425-426, 431-432, 433-434, 459-464
Blue Box, 137-139
Bochner, Steve, 392-393
Boeing, 23-24, 471-472
Bohemian Grove, 115-116
Bolger, John, 143-144
bolha da tecnologia, 185-187, 207-208, 213-216, 184–85, 229-231
bolha das pontocom, 185-187, 207-208, 213-216, 184–85, 229-231
Bonderman, David, 426-427, 428-429, 431-433, 437-438
Bono, 32-33, 33-34
boom do capital de risco, 117-118, 120-122, 138-139
Bosack, Leonard, 135-147
   fundação da Cisco, 138-140
   histórico, 135-137
   investimento da Sequoia Capital, 140-147
Boston, 31-32, 39-40, 118-120, 123-125, 135-136, 466-467
Botha, Roelof, 364-376, 389-390
   aplicação da ciência comportamental ao capital de risco, 369-372
   histórico, 364-366
   investimento no Facebook, 234-237, 543n
   investimento no Stripe, 381-383
   investimento no WhatsApp, 367-369, 375-376
   investimento no Xoom, 365-366, 374
   investimento no YouTube, 365-367, 369-371

Boulevard of Broken Dreams (Lerner), 474-475
Boyer, Herbert, 94-101
Breyer, Jim, 309-313, 365-366
Brin, Sergey, 210-214, 216-231, 347. *Ver também* Google
Brown, Patrick, 111-617, 22-23, 23-24, 522*n*
Buffett, Warren, 38, 46-47, 68-69, 310-311, 433-434
Burns, Terri, 459-460
Bush, Vannevar, 31-32
Bushnell, Nolan, 78-79, 81-83, 84-87, 104-106, 120-121
Business Week, 92-93
Byers, Brook, 91
BYJU, 386-387
ByteDance, 298, 363-364

C

Café Algiers, 259-261
Calacanis, Jason, 364-365
Camp, Garrett, 418-419, 566*n*
Canova, Frank, 33-34
capital de aventura, 30-32, 394-142
capital de libertação, 31-32, 34-35, 49-50, 55-56
"capital de risco", uso do termo, 498*n*
Capital Group, 346-347, 511*n*
Capital Management Fund, 511*n*
Capital Research and Management, 79-81, 84-85, 86-87, 511*n*
Capital Today, 282-285
capitalismo acionista, 228-230, 228-230
Carlyle Group, 288-289
carry trades, 494*n*
"cartas de intenções", 130-131
Carter, Gene, 114-115
Carter, Scott, 563*n*
Casado, Martin, 351-354
Caufield, Frank, 316-317
CBS, 23-24
"centralidade da rede", 524*n*-525*n*
Centro de Estudos Sísmicos, 162-164

Centro Nacional para Aplicações de Supercomputação, 175-177
centros de capital de risco, 27-28, 31-32, 119-121, 466-468
centros de inovação, 27-28, 31-32, 119-121, 466-468, 496*n*, 522*n*
Cerent, 20-21, 21-22
Cervélo, 381
Chandler, Bill, 392-394
Charles River Ventures, 123, 252-253
Charney, Howard, 127-129
Cheriton, David, 213-214, 522*n*, 540*n*
Chicago Bulls, 416
Chien, Chi-Hua, 303-304
China, 28-29, 267-298. *Ver também empresas específicas*
ChinaHR, 282-283
Christensen, Clayton, 104-105
Chu, Allen, 281-282
Cisco Systems, 135-147, 276-277
   aquisição da Cerent, 21-22
   aquisição da Granite, 211-212
   demissão de Lerner, 143-145
   fundação, 138-140
   histórico dos fundadores, 135-137
   investimento da Sequoia Capital, 140-147, 160-161, 192-193, 196-197, 527*n*
   Nicira e, 352-353
Citibank, 270-271
Citicorp, 93-94
Claremont McKenna College, 137
Clarium Capital, 250-251
Clark, Jim, 175-181, 285
cláusulas de "cancela baixa", 131-132
cláusulas de "conselho explosivo", 131-132
Clifford, Matt, 265-266, 359
Clinton, Bill, 163-164
Clubhouse, 26-27, 463-464
CNBC, 214-215
Coase, Ronald, 232-526, 27-28
Coatue, 402-403
Cohler, Matt, 305-312, 438-440, 440-441
Coleman, Chase, 333-335

apostas na China, 336-337, 339-343, 557*n*
Facebook, 345-346
Colina do Silício, 268-269
Collison, Patrick e John, 378-383, 561*n*
Comissão de Serviços Públicos da Califórnia, 425-426
Comissão de Valores Mobiliários dos Estados Unidos (SEC), 45-46
Comissão Europeia, 473
Compaq, 286, 148-150
Compaq, 132-133, 151-152
compra de ações por funcionários, 63-65, 115-116, 475-476
   Alibaba, 277-278, 280-281
   Apple e Markkula, 107-108
   eBay, 206-207
   Facebook e Milner, 329-332
   Fairchild Semiconductor, 51-53, 63, 64-65, 73-74
   Genentech, 99
   Intel e Rock, 75-76, 106-107, 510*n*
   JD.com, 285
   lei chinesa e, 277-278, 279, 280-281, 288-289
   política fiscal e, 115-116, 475-476
"competição", 119-120, 133-136
Compton, Karl, 500*n*
Compton, Kevin, 317-319
CompuServe, 167--168
Confinity, 242-246, 249
contracultura, 31-32, 32-33, 33-35, 105-106, 186-187
contratos de defesa, 31-33, 470-472, 496*n*
contratos militares, 31-33, 470-472, 496*n*
Convergent, 124-125
Conway, Ron, 212-213, 219-220, 221-222, 239-240, 361-362, 538*n*
Corrigan, Wilfred, 121-122
Cox, Howard, 124-125
Coyle, Alfred "Bud", 474-51, 54-55, 100-101
Crawford, Gordon, 511*n*, 513*n*
CRED, 386-387
criptomoedas, 362-363, 469-470
Crise da Bolsa de Wall Street de 1929, 38

crise do petróleo de 1973, 83-85, 88-89
crise financeira de 2007-2008, 328-329, 329-330, 342-343, 362-363, 395, 401, 402-403
Crisp, Peter, 108-110, 111-113, 114-115
Crosby, Bing, 404-142
CrowdStrike, 555*n*
Ctrip, 280-281, 286-288, 292-293, 341-343
cultura da Atari, 78-79, 83
Curry, Steph, 361-362
custo de aquisição do cliente (CAC), 385-386
Cypress Semiconductor, 133-134, 135-136, 526*n*-527*n*

D

DAG Ventures, 409
Dambrackas, William, 121-122
Damodaran, Aswath, 427-428
Data General, 118-119
Davidow, Bill, 514*n*
Davis & Rock, 61-70
   estratégia de investimento da, 64-67, 69-70, 88-89, 455-456
   estrutura financeira e jurídica, 61-65, 474-475, 506*n*-507*n*
   SDS, 66-69, 508*n*-509*n*
Davis, Tommy, 616-970, 88-89, 111-112, 125-126
Davis, Wally, 127-128
De Rycker, Sonali, 555*n*
déficit de diversidade, 26-28, 458-460, 490, 570*n*-571*n*
Dell, Michael, 222-223
Dennis, Reid, 404-142
dependência da trajetória, 312-313, 315-316, 325-326, 358-359, 449-450, 452-453, 569*n*
derivativos, 214-215, 401-403
Deserto do Silício, 268-269
desigualdade, 27-28, 361-362, 458-460, 468
devida diligência, 121-123, 130-131, 141-142, 257, 288-289, 385-386

Dianping, 293-298
Didi-Kuaidi, 294-295, 431-432, 432-433, 433-434, 550n
Digital Equipment Corporation, 42-44, 118-119
   investimento da ARD, 42-44, 46-47, 51-53, 63, 500n-501n, 501n
Digital Sky Technologies (DST)
   Facebook, 330-332, 556n
   Tiger Global e, 330-332, 344, 557n
   WeWork, 444
   Zynga, 345-347, 357-358
dilema do inovador, 104-105, 113-114, 117-118, 470-471
Dimon, Jamie, 409-410
direitos de supervoto, 410, 412-413, 427-432, 441-442
diversidade de gênero, 26-27, 319-326, 458-460, 490
diversidade racial, 26-28, 458-460, 490
diversificação, 57-58, 64-65, 209, 398-399
DJI Technology, 469-470, 471-472
DNA recombinante, 93-101
Doerr, John, 316-318, 318-319, 362-363, 495n
DoorDash, 393-394
Doriot, Georges, 424-647, 51-53, 123, 500n
   aulas de administração em Harvard de, 59-60, 87-88
   como fundador do capital de risco, 44-47
   estrutura financeira e jurídica da ARD, 45-47, 58-59, 63, 69-71
   histórico, 42-43
   investimento na Digital Equipment, 42-44, 46-47, 51-53, 63, 500n-501n
Dracopoulos, Andreas, 406-407
Draper, Gaither & Anderson, 61-62, 506n
Draper, Tim, 183-184, 185-186, 280-281, 406-407
Draper, William "Bill", 596-61, 123
   Apple e, 104-105
   formato SBIC, 59-61
   impostos sobre ganhos de capital, 114-116
   investimento na Electroglas, 59-61, 505n
   investimento na Illumitronic, 59-60
   investimento na Qume, 86-88
   investimento no Yahoo, 182-186
Draper, William Henry, Jr., 506n
Drive Capital, 466-467
Dropbox, 371-372, 376-378
Druckenmiller, Stanley, 255-256, 544n
Drucker, Peter, 575-859, 60-61, 61-62, 71, 74-75
DST. *Ver* Digital Sky Technologies
du Pont, Lammot, 498n
Dunlevie, Bruce
   fundação da Benchmark, 196-198
   investimento na WeWork, 407-409, 410, 428-429, 441-443
   investimento no eBay, 201-202, 203-204, 203-204, 205-206, 207-209
   oferecendo conselhos, 197-199, 201-202, 536n
Durant, Kevin, 361-362
Dylan, Bob, 447
Dynabook Technologies, 157-158, 178-179

E

E*Trade, 193-194
E*Trade Japan, 193-194
EachNet, 280-281
Eastwood, Clint, 86-87, 512n
eBay, 199-207, 344, 349-350
   aquisição do PayPal, 248-251, 298
   aquisição do Skype, 230-231, 356, 551n
   fundação, 199-201
   investimento da Benchmark, 199-207, 417-418, 535n, 537n
   Whitman como CEO, 203-206, 222-223
   geografia econômica, 119-121
Efrusy, Kevin, 299-309, 364-365
   investimento no Facebook, 303-313, 551n-552n
   investimento no MySpace, 302-304
   investimento no Skype, 301-303
"*early bird*", 375-376
efeitos de feedback, 448-450

efeitos de rede proprietária, 199-200
efeitos de rede, 51-52, 199-200, 203-204, 411-412, 416, 417-418, 433-434
8VC, 466-467
Electroglas, 59-61, 505n
Electronic Frontier Foundation, 531n
Elfers, Bill, 69-71, 523n
embargo do petróleo imposto pelos árabes em 1973, 83-85
empresas de telecomunicações, 20-22, 158-161
Emtage, Alan, 33-34
Engelbart, Doug, 32-33
Enphase, 315-316
Entrepreneur First, 265-266
epidemia de SARS, 338-340, 341-342, 342-343
especialização, 158-161
espionagem industrial, 477-478
Esquire (revista), 71-72, 148-149
"est" (Erhard Seminars Training), 32
estabilidade acadêmica, 120-121, 522n
Ethernet, 124-134, 132-133, 137
eventos de cauda, 26-27
Evvia, 243-244, 391-392
Excite, 190-191, 191-193

F
Facebook, 234-239, 303-313, 463-464
  brincadeira do pijama de Zuckerberg, 234-237, 249, 309-310
  investimento da Accel Capital, 235-236, 303-313, 316-317, 324-325, 325-326, 365-366, 453-454, 455-456
  investimento da DST, 330-332, 557n
  investimento da Tiger Global, 327-333, 345-346, 557n
  investimento de Milner, 327-333, 345-346, 556n
  IPO, 556n
  Parker e, 234-239, 305, 307-308, 308-313, 453-454
  Thiel e Founders Fund, 238-239, 239-240, 249, 250-252, 481-482

Washington Post Company e, 309-312
Fairchild Camera and Instrument, 51-56, 58-59
Fairchild Semiconductor, 54-56, 71-75, 79-80, 468
  compra de ações por funcionários, 51-53, 63, 64-65, 73-74
  fundação pelos Oito Traidores, 30-32, 34-35, 42-43, 50-56, 72, 87-88, 507n
  lucro depois dos impostos, 54-55, 504n-505n
  relato de Wolfe a respeito da, 71-72, 75-76, 76
Fairchild, Sherman, 505-53, 75-76, 117-118, 502n
família Cox, 406-407
família DeVos, 406-407
família Oppenheimer, 406-407
família Rockefeller, 40-41, 47-48, 50-51, 69-70, 75-76, 92-93
Federal Reserve Bank of Boston, 41-43
feiras de tecnologia, 44
Fenton, Peter, 305, 438-440, 440-441, 551n
Ferdowsi, Arash, 376-378
Ferguson, Alex, 364-365
fibra óptica, 163-165
Fidelity Investments, 38, 335-336, 346-347
Fidelity Ventures, 130-133
Filo, David, 182-195
financiamento do governo, 118-119, 471-475. *Ver também* Small Business Investment Companies
financiamento em estágios, 79-80, 98-99, 102, 103-104
First Round Capital, 459-460, 460-461
Fixel, Lee, 557n
Flagship Pioneering, 457, 570n
Flickr, 302-303
Flipkart, 555n
Floresta do Silício, 268-269
Forbes (revista), 69-70, 84-85, 135-136, 195, 270-271, 346-347, 358-359

Lista Midas, 269-270, 315-316, 363-364, 374, 375-376, 386-387, 466-467, 551n
Ford, Horace, 500n
Ford Motor Company, 114-115
Fortune (revista), 38, 69-70, 349-350, 404-405
Founders Fund, 250-259, 325-326, 348-349, 354-355, 426-427, 481-482, 543n, 544n-545n
Foursquare, 357-358, 558n
Fowler, Susan, 434-435
Freecharge, 384-387
Freud, Sigmund, 88-89
Fried, Jason, 460-461
Friendster, 291, 302-304, 309-310, 449-450
Fuld, Dick, 223-224
Fundação Ford, 81-82, 519n-520n
Fundação Nacional da Ciência, 163-165
"fundo de multimercado", 39-40, 68-69
fundos de multimercado, 339-342, 395-398, 401-403
fundos de pensão, 57-59, 80-81, 103-104, 328-329
fundos patrimoniais universitários, 81-82, 495n
fundos Heritage da Sequoia, 383-384, 397-401
fundos patrimoniais. *Ver* fundos patrimoniais universitários

G

Gaither, Rowan, 506n-507n
Gan, JP, 270-271
Gandhi, Sameer, 374, 539n
Gates, Bill, 188, 222-223
GE Information Services, 169, 170-172, 173-175, 452-453
Genentech, 93-101, 316-317, 457, 515n
General Atlantic, 218-219, 292-293
General Catalyst, 562n
General Electric (GE), 42-43, 169-175
General Motors Institute, 198-199
General Transistor, 47-48

GeoCities, 193-194
geopolítica do investimento de risco, 468-472
Geschke, Chuck, 123
gestão de riscos, 23-24, 57-58, 64-66
Gilder, George, 529n
GitHub, 369-370
Glossier, 396-397, 463-464
GO Corp., 150-158, 156-160, 212-213
Goeddel, Dave, 99-101, 516n
Goetz, Jim, 367-371, 395, 551n
  abordagem da "mente preparada", 368-370, 376-377, 389-390
  aposentadoria, 372-373, 561n
  Golden State Warriors e, 372-373
  investimento no WhatsApp, 367-369, 375-376
Goguen, Michael, 395-397, 559n
Gojek, 386-387
Golden State Warriors, 360-362, 372-373
Golden, Bruce, 301-303
Goldman Sachs
  Facebook e, 328-329
  investimento na Uber, 420-421
  investimento no Alibaba, 273-277, 279-282, 281-282, 449-450, 547n-548
  investimentos na China, 270-272, 277-279, 280-282
  IPO do Yahoo, 190-191, 191-192, 535n
  preço das ações, 402-403
Gompers, Paul, 252-253, 324-325
Gooding, Don, 166-167, 182-183, 183-184, 529n
Google, 210-214, 216-231
  aquisição do YouTube, 369-371
  capitalização de mercado, 218-220
  estrutura de ações, 227-229
  Facebook e, 238-239
  investidores-anjo, 210-214, 216-218, 238-240, 258-259
  investimento da Kleiner Perkins, 217-228, 229-230, 315-316, 391-392, 455-456

investimento da Sequoia Capital, 217-218, 219-222, 229-230, 455-456
investimento de Bechtolsheim, 210-214, 221-222, 255-256
IPO, 227-231, 540*n*
procura por CEO, 221-227
Projeto Maven, 470-472
Google Ventures, 426-427, 459-460
Gopher, 33-34
Gore, Al, 163-165, 173-174
Gouw, Theresia, 555*n*
Grady, Pat, 389-394, 397-398, 563*n*
Graham, Benjamin, 38, 46-47
Graham, Don, 310-312
Graham, Paul, 230-233, 238-239, 258-266, 347-349, 425-426, 495*n*, 541*n*-542*n*
  Horowitz comparado com, 354-355
  investimento em estágio de semente, 450-451
  investimento no Airbnb, 376-377, 561*n*
  investimento no Stripe, 379-381, 562*n*
  investimento-semente baseado em lote, 260-266, 359, 450-451
  palestra em Harvard, 258-260
  "teoria unificada em relação à chatice dos investidores de risco", 232-233, 239-240, 258-259, 311-312
  Viaweb, 230-232, 260-261, 261-263
  Y Combinator, 19, 260-266, 359, 376-377, 379-380, 450-451, 495*n*
Grande Depressão, 38, 195
grandes empresas de tecnologia, 27-28, 453-454, 463-464
Granite Systems, 211-212, 213-214
Granovetter, Mark, 119-120
Graves, Bill, 526*n*
Graves, Ryan, 418-420
Green, Mike, 514*n*
Greyball, 434-436, 439-440, 568*n*
Greylock Partners, 71, 123, 124-125, 459-460, 513*n*
Grinich, Victor, 53, 497*n*
Grinnell College, 75-76
Gross, Daniel, 265-266

Groupon, 291, 293-294, 294-295, 346-347, 357-358
Grove, Andrew, 110, 121-122
Guardant Health, 377-378
Gurley, Bill, 19, 460-461
  crítica aos unicórnios, 430-433, 444, 567*n*
  investimento na Uber, 416-424, 426-442, 442-443, 462-464
  reforma dos IPOs, 541*n*

H
hackers, 32-33, 230-231, 258-259, 262-264
Hailo, 425-427
Hambrecht, Bill, 69-70, 114-115
Hanguang 800, 480-481
Harris, Bill, 242-246
Harrison, Alexander, 563*n*
Harsh, Griffith, IV, 204-205
Harvard Business School (HBS), 42-43, 59-60, 86-88, 157-158, 252-253, 383-384, 444, 474-475
Harvard Business School Club, 65-66
Harvard Law School, 292-293, 323
Harvard Medical School, 261-262
Harvey, Kevin, 197-198
Hasbro, 203-204
Hayden, Stone & Company, 464-849, 50-53, 61-62, 64-65
Hefner, Hugh, 78-79
Hells Angels, 89-90
Hewlett-Packard (HP)
  Apple e, 104-105, 114-115
  Cisco e, 140-141
  Krause e, 127-128, 524*n*
  Perkins e, 87-88, 91, 96-97, 120-121
  Treybig e, 89-90, 127-128
High Voltage Engineering Corporation, 42-43
Hillhouse, 288-290
Hillman, Henry, 88-89
história das origens, 30-35
Hitler, Adolf, 39-40
Ho Chi Minh, 105-106

Hoberman, Anthony, 519n-520n
Hoerni, Jean, 72-74, 75-76, 504n
Hoffman, Reid, 238-239, 250-251, 255-256, 305-307, 459-460
Holmes, Elizabeth, 404-407
Home Inns & Hotels Management, 286-287
Home Pong, 84-86, 102
"homem organizacional", 35-36
Horowitz, Ben, 347-359, 361-362
Horsley Bridge, 19-21
hospital City of Hope, 96-97, 99-101
Houston, Drew, 371-372, 376-378
Howery, Ken, 250-251, 251-252, 253-254, 257, 543n
Hsu, Ta-lin, 547n
Huffman, Steve, 259-261, 261-262

I

IBM, 33-34, 54-55, 55-56, 66-67, 67-68, 117-118
Idealab, 545n
IDG Capital, 280-281
igualitarismo, 32-33, 71-72, 75-76, 76
Iguodala, Andre, 361-362
Ilha Hayman, 295-297
Ilhas Cayman, 277-281, 292-293
Illumitronic Systems, 59-60
imigrantes asiáticos, 186-187
imigrantes chineses, 477-479
impacto social, 26-28
Impossible Foods, 12-16, 26-27
imposto sobre ganhos de capital, 103-104, 114-116, 158-159, 471-472, 520n
Índia, 383-387
inflação, 84-85, 498n
Instagram, 255-256, 396-397, 463-464
Instituição Hoover, 405-406
Instituto de Tecnologia da Califórnia (Caltech), 96-97
Instituto de Tecnologia de Massachusetts (MIT), 31-32, 32-33, 41-43, 81-82, 87-88, 93-94, 319-320, 378-379
Instituto Nacional de Pesquisa Econômica dos Estados Unidos, 449-450
Institutos Indianos de Tecnologia, 384-385
Intel, 74-76, 104-105, 110, 121-122, 268-269
inteligência artificial (IA), 470-472
inteligência extraterrestre, 144-145
investidores iranianos-americanos, 561n-562n
investimento-anjo, 107-108, 212-214, 371-372, 377-378
  Facebook, 238-240, 250-251
  Google, 210-214, 216-218, 258-259
investimento de crescimento, 334-336, 338, 344-346, 346-347, 371-372
investimento de impulso, 214-216, 494n, 519n
investimento em Martha Stewart, 217-218, 223-224
investimento focado em pessoas, 66-67, 69-70
investimento na Amazon, 217-219, 315-316
investimento na GO Corp., 150-158
investimento na Netscape, 178-181, 203-204, 203-204, 217-218, 532n
investimento na UUNET, 165-167
investimento no Google, 217-228, 315-316, 391-392, 452-453, 539n
investimentos em tecnologia limpa, 314-316, 324-326
investimentos na China, 287-289, 318-319
investimento-semente, 85-86, 91, 260-266. *Ver também* Y Combinator
IPOs (ofertas públicas iniciais), 115-116, 212-213, 442-445, 464-466, 541n
  Alibaba, 275-276
  Amazon, 25-26
  Apple, 114-115, 195-197
  Facebook, 555n-556n
  Google, 227-231
  Netscape, 178-179, 180-181, 331-333
  Uber, 442-444
Wang Laboratories, 509n
Webvan, 216
Yahoo, 190-191, 191-192, 533n, 534n-535n

Isaac, Mike, 438-439
Israel, 268-270, 281-282, 466-467, 473-475, 476-477

J

J.H. Whitney & Company, 39-40
Jamba Juice, 198-200
Japão, 117-119, 398-399, 521*n*
Jarve, John, 170-171, 172-173
Jay-Z, 424
JD.com, 283-285
Jobs, Steve, 13-14, 104-110, 225, 364-365, 404-405, 453-454. *Ver também* Apple
   contracultura e, 32-33, 33-35, 105-106, 186-187
Johnson, Franklin Pitcher "Pitch", 596-61, 498*n*
   Apple e, 104-105
   formato SBIC, 59-61
   investimento na Electroglas, 59-61, 505*n*
   investimento na Illumitronic, 59-60
   investimento na Tandem Computers, 514*n*-515*n*
Johnson, Keith, 398-401
Jones, Alfred Winslow, 39-40, 68-69, 69-70
Jordan, Jeff, 420-421, 421-422, 424
Joy, Bill, 317-318
JPMorgan Chase, 409-410, 565*n*
Juniper Networks, 20-21, 21-22, 537*n*

K

Kagle, Bob
   fundação da Benchmark, 196-198
   investimento no eBay, 202-208, 361-362
   investimento no Golden State Warriors, 361-362
   investimento no Jamba Juice, 198-200
   investimento no Starbucks, 198-199
Kalanick, Travis, 418-442
   ataque e renúncia de Gurley, 436-440
   Benchmark e Gurley, 418-424, 426-442, 442-443, 453-454, 566*n*
   cultura tóxica da Uber, 428-429, 434-438
   Founders Fund e, 253-254, 543*n*-544*n*

   investimento da Menlo Ventures, 421-422, 423-426, 438-439
   investimento na Andreessen Horowitz, 420-423, 450-451
Kaplan, Jerry, 148-158
   GO Corp., 150-158
   Lotus Development, 148-150
Kaplan, Steven N., 528*n*, 553*n*
Kapor, Mitch, 148-158
   Electronic Frontier Foundation, 531*n*
   investimento na GO Corp., 150-158, 212-213
   investimento na Lotus Development, 148-150, 165-166, 316-317
   investimento na UUNET, 164-171, 172-174, 175-176, 212-213, 217-218, 530*n*-531*n*, 532*n*
Katzman, Jim, 514*n*
Kern County Land Company, 61-62, 66-68
Khosla Ventures, 12-13, 493*n*
Khosla, Vinod
   aposta em Patrick Brown, 12-16, 23-24
   contrariedade, 20-21, 22-23
   histórico, 15-16
   investimento na GO Corp., 150-151, 152-153
   investimento na Mosaic, 180-181
   investimento no Google, 220-221
   investimentos em tecnologia limpa, 12-16, 315-316
   lei de potência e, 20-23
   Lista Midas da *Forbes*, 315-316, 552*n*
   na Kleiner Perkins, 15-17, 20-23, 317-318, 362-363
Khosrowshahi, Dara, 377-378, 440-442, 442-443, 568*n*
Kim Jong-Un, 413-414
King, Martin Luther, Jr., 13-14
Kirby, Bob, 80-81
Kleiner Perkins (KP), 79-80, 87-102, 115-116, 449-451
   Cypress, 133-134, 135-136
   declínio, 312-326, 449-450, 552*n*
   Facebook, 448-450

fundação, 87-90
Genentech, 93-101, 316-317
GO Corp., 150-158
Golden State Warriors, 360-362
Google, 217-228, 229-230, 315-316, 391-392, 455-456
investimento ativista, 79-80, 86-90, 102
investimento em estágios, 79-80, 98-99, 102
investimentos em tecnologia limpa, 12-14, 314-319, 324-326, 330-331, 553n
Khosla na, 15-17, 20-23
Lista Midas da *Forbes*, 315-316, 363-364, 552n
LSI Logic, 121-122
mudança na cultura, 316-319
negócios com a China, 287-289, 318-319
Netscape, 178-181
questões de gênero, 319-326
Sequoia Capital comparada com, 362-364
Silicon Compilers e Ungermann-Bass, 133-135, 524n-525n
Sun Microsystems, 133-134
Tandem Computers, 91-94, 96-97, 101-102
Treybig na, 89-94, 108-109
UUNET, 165-167
Zynga, 346-347
Kleiner, Eugene, 123
aposentadoria, 150-151
fundação da Kleiner Perkins, 87-90
investimento na Apple, 104-105, 105-106
os Oito Traidores e, 38, 46-48, 49-52, 73-74
Teledyne e, 73-74
Kleiner, Rose, 46-47
Komisar, Randy, 322-323
Kopelman, Josh, 460-461
Kordestani, Omid, 538n, 561n-562n
Koum, Jan, 368-369, 375-376
Kozel, Ed, 526n
Kramlich, Dick, 69-70, 115-116
investimento na 3Com, 125-126, 128-133
investimento na Apple, 111-114
investimento na Netscape, 177, 178-179
Krause, Bill, 127-131
Krause, Gay, 128-129
Kravis, Henry, 344
Kroc, Ray, 13-14
Krugman, Paul, 119-120
Kuang, Duane, 267-269, 269-270

L
Lacob, Joe, 360-362
laços fracos, 119-120
Lacy, Sarah, 428-429
Lamond, Pierre, 141-143
Lane, Ray, 317-318
Last, Jay, 48-49, 72-74, 75-76
Lau, Martin, 280-281, 294-298
Lee, Aileen, 319-322, 323, 362-363
Lee, David, 361-362
Lee, Kai-Fu, 293-294
Lee, Spike, 361-362
legislação das Ilhas Cayman e, 277-281, 292-293
    arrecadação de fundos de risco, 491, 547n
    geopolítica do investimento de risco, 468-472, 476-482
    Tiger Global, 333-346
    Uber na, 431-433, 433-434
Lehman Brothers, 223-224, 270-271, 328-329, 342-343
Lei Bayh-Dole de 1980, 476-477
lei de Metcalfe, 179-181, 201, 315-316, 532n
lei de Moore, 179-181, 315-316
lei de Perkins, 93-94, 96-97
lei de potência, 16-21, 21-22, 46-47, 101-102, 162, 179-180, 216, 252-254, 448-450
    distribuição da lei de potência, 18
    distribuição normal, 16-17
Lei de Sociedades de Investimento de 1940, 507n
leilões holandeses, 541n
Lennon, John, 13-14
Leonard, Ed, 139-141, 525n
Leone, Doug. *Ver também* Sequoia Capital

Botha e, 364-369, 374-376
fundos de crescimento, 386-394, 534*n*, 563*n*
fundos de multimercado, 395
fundos Heritage, 398-399, 400-401
investimento na ServiceNow, 390-394
investimento no Facebook, 309-310
investimento no Google, 219-220, 222-224, 539*n*
investimento no WhatsApp, 367-369, 375-376
investimento no YouTube, 365-367
liderança da Sequoia, 195, 362-369, 371-376
Moritz e, 363-365, 372-373, 533*n*
negócios com a China, 286-290, 548*n*-549*n*
negócios com a Índia, 383-384
treinamento de recrutas, 371-372, 377-378, 561*n*
Valentine e, 533*n*
Lerner, Josh, 464-465, 474-475, 506*n*
Lerner, Sandy, 135-147, 140-147
demissão, 143-145, 245-246
fundação da Cisco, 138-140
histórico, 135-137
Levchin, Max, 239-249, 255-256, 349-350
Levi Strauss, 34-35
Levy, Steven, 496*n*-497*n*
libertarianismo, 32-33, 80-81, 239-240, 241, 254-255, 471-472
Lietz, Nori Gerardo, 444
LimeBike, 361-362
Lin, Alfred, 372-373
Lin, Syaru Shirley, 270-277, 334-335
histórico, 270-272
investimento na Asian Sources, 273
investimento no Alibaba, 271-277, 280-282, 291, 480-481
lei chinesa e, 277-278, 548*n*
Lincoln Laboratory, 42-43
LinkedIn, 238-239, 250-251, 305, 318-319, 345-346, 384-385, 459-460, 541*n*

Linux, 33-34
Lisp, 230-231, 259-260
Lista Midas da *Forbes*, 315-316, 550*n*
Little, John, 211-212, 213-214, 529*n*
Liu, Jean, 550*n*
Liu, Richard, 283-285, 296-297
Livingston, Jessica, 259-263
Locke, Sondra, 86-87
Lockheed Missiles, 23-24, 31-32
London School of Economics, 254-255
Lone Pine, 402-403
Lord & Taylor, 409
Los Angeles Lakers, 361-362
Los Angeles Times, 69-70
Lotus Development, 148-150, 165-166, 197-198, 316-317
Loudcloud, 347-348, 348-349
Lougheed, Kirk, 141-142, 525*n*, 526*n*
Loustaunou, Jack, 91-93
LSD, 32-33
LSI Logic, 121-122, 135-136
Luddy, Fred, 390-392, 563*n*
Lux Capital, 455-457, 570*n*
Lycos, 190-191, 191-193
Lyft, 425-428, 462
Lynch, Peter, 335-336

M

Ma, Jack, 271-278, 279-282, 341. *Ver também* Alibaba
ações do governo chinês contra, 480-481
machismo, 144-145, 319-325, 428-429, 458-460
Machu Picchu, 21-22
Mackenzie, Doug, 317-319, 554*n*
Mail, 344
"malha aberta", 81-82
Malloy, John, 246-247
margens incrementais, 334-336, 341-342, 411-412
marketing viral, 542*n*
Markkula, Mike, 106-110, 120-121, 212-213
Markoff, John, 173-174
Marx, Karl, 502*n*

Matrix Partners, 123
Maverick Capital, 346-347
Mayfield Fund, 69-70, 449-450
   investimento na Netscape, 177, 178-179, 180-181
   investimento na 3Com, 125-126, 127-128, 128-129, 131-133
Mayflower, 80-81
McAdoo, Greg, 376-377, 381, 561n
McCollum, Andrew, 234-237
McDonald's, 12-13
McGwire, Mark, 205-206
McKenna, Regis, 105-106, 106-107, 107-108, 110-112
McKinnon, Todd, 353-355
McLean, Jim, 166-167
McMurtry, Burt, 69-70, 81-82
MedVenture, 406-407
Meeker, Mary, 318-320, 344-346, 346-347, 357-358
Meituan, 291-298, 363-364
Melchor, Jack, 128-129, 131-133
Menlo Ventures
   Uber, 421-422, 423-426, 438-439
   UUNET, 172-173, 175-176
mentalidade de capital de risco, 26-27
"mente preparada", 150-151, 157-158, 300-302, 302-303, 368-370
Merrill Lynch, 117-118
Metcalfe, Bob, 124-134, 137, 179-180, 186-187
Metropolitan Fiber Systems, 167--168, 170-171, 174-176
Microsoft, 69-70, 174-175, 219-220, 327-328, 357-358
Milken, Michael, 34-35, 344
Milner, Yuri, 342-348, 358-359
   estratégia de investimento em cresci mento, 331-332, 345-348, 354-355, 414-415, 450-451, 558n
   histórico, 342-344
   investimento na DST, 330-332, 344, 346-347
   investimento na Zynga, 345-347
   investimento no Facebook, 327-333, 345-346, 556n
   investimento no Spotify, 346-347, 476-477
   investimento no Twitter, 557n
Minute Maid, 39-40
"modelo keiretsu", 133-134
Moderna, 457
Mohr Davidow, 252-253
MongoDB, 369-370, 374
Montagu, Anthony, 112-114, 452-453
Montagu, Samuel, 519n
Montgomery, DuBose, 172-173
Moore, Gordon
   Fairchild e, 36-37, 48-49, 73-74, 74-75, 507n, 509n
   Intel e, 74-75, 75-76, 517n
Morgan Stanley, 114-115, 216, 270-271, 296-297, 318-319, 319-320, 344, 346-347, 402-403
Morgan, John Pierpont, 34-35
Morgridge, John, 142-145, 174-175, 526n
Moritz, Michael. *Ver também* Sequoia Capital
   aposentadoria, 372-373, 560n
   Botha e, 364-369, 374-376
   fundos de crescimento, 386-388, 413-414, 563n
   fundos de multimercado, 396-398
   fundos Heritage, 398-399, 400-401
   histórico, 183-184, 363-364
   investimento na Cisco, 196-197
   investimento na WeWork, 413-414
   investimento na X.com, 242-249
   investimento no Facebook, 236-237, 237-238, 239-240, 249, 309-310
   investimento no Google, 219-221, 222-224, 226-228, 539n
   investimento no Stripe, 381-383
   investimento no Yahoo, 183-188, 190-191, 191-193, 195-197, 248, 349-350, 374, 533n
   Leone e, 363-365, 372-373, 533n
   liderança da Sequoia, 362-369, 374-376

ÍNDICE 597

negócios com a China, 286-290
negócios com a Índia, 383-384
Parker e Thiel, 237-238, 239-240, 542n
Rock e, 518n-519n, 533n
Son e, 207-208, 534n
Morris, Robert, 261-262
Mosaic Communications, 178-181. *Ver também* Netscape
Mosaic, 173-174, 175-181
MOST (Missão, Objetivos, Estratégia e Táticas), 127-128
mudanças climáticas, 454-455
Mueller, Glenn, 177-179
Murdoch, Rupert, 193-194, 406-407
Musk, Elon, 253-254
  investimento no Stripe, 561n
  SpaceX, 23-24, 257-259, 481-482
  Tesla, 23-24, 257, 361-362
  Thiel e, 246-248, 253-254, 257-259
  X.com, 242-248
Myers, Gib, 127-128
MySpace, 302-304

N

Nanda, Ramana, 464-465
Napster, 236-237
Ames Research Center da Nasa, 31-32
Nasdaq, 246-248, 276-278, 279, 333, 345-346, 386-387
Natera, 374
National Semiconductor, 73-74, 79-80, 104-105, 105-106
Nazre, Ajit, 323-325
Nest Labs, 322-323
NetEase, 271-272, 280-281, 282-283, 334-338
Netscape
  fundação, 175-179, 285
  investimento da Kleiner Perkins, 178-181, 203-204, 217-218
  investimento do Mayfield Fund, 177, 178-179, 180-181
  IPO, 178-179, 180-181, 331-333
  Yahoo e, 183-184, 185-186, 188, 191-192

Neumann, Adam, 407-416, 442-444. *Ver também* WeWork
New Enterprise Associates (NEA), 115-116
  investimento na Netscape, 173-174, 175-176, 177
  investimento na 3Com, 125-126, 128-129
  investimento na UUNET, 169-171
New York Knicks, 361-362
New York Times Company, 227-228
New York Times, 39-41, 173-174, 175-176, 434-435, 438-439, 439-440
New Yorker, 39-40, 84-85, 217-218, 441-442
News Corp, 193-194
Nicholson, Jack, 361-362
Nicira, 351-354, 354-355, 452-453, 558n
Nokia, 242-243, 246-247, 275-276
Nosek, Luke
  Founders Fund, 250-251, 251-252, 253-259, 544n
  Levchin e PayPal, 239-241
notícias falsas, 26-27, 227-228, 453-454, 463-464
Novell, 225-227
Noyce, Robert, 71-76
  histórico, 71
  Intel e Rock, 74-76
  os Oito Traidores e fundação da Fairchild, 49-56, 72, 73-75, 507n
  relato de Wolfe a respeito de, 71-72, 75-76, 76
Nozad, Pejman, 376-378

O

O lado difícil das situações difíceis (Horowitz), 348-349
O'Dell, Mike, 164-165, 170-171
O'Reilly, Tim, 460-462
"o software está engolindo o mundo", 354-355, 369-370
Obama, Barack, 404-405
Ohanian, Alexis, 259-261, 261-262
Oito traidores, 30-32, 34-35, 39-40, 42-43, 46-56, 72, 87-88, 507n
Okta, 353-355, 452-453

Olsen, Chris, 563n
Omidyar, Pierre, 199-207, 377-378
1-800-Flowers.com, Inc., 209
OpenTable, 417-421, 426-427
Oracle, 317-318
organizações hierárquicas, 35-36, 118-120, 199-200, 264
Organization Man, The (Whyte), 35-36

P

Page, Larry, 210-214, 216-231, 347. *Ver também* Google
Palantir, 250-252, 481-482
Palevsky, Max, 66-69, 75-76, 508n
PalmPilot, 241
Palo Alto Research Center (PARC) da Xerox, 104-105, 120-121, 124-125, 125-126
pandemia de coronavírus, 26-27, 371-373, 397-398, 457, 466-467
Pao, Ellen, 322-325
Pareto, Vilfredo, 251-252
Parker, Sean
    Facebook, 234-239, 305, 307-308, 308-313, 453-454
    Founders Fund, 250-251, 254-255
        Plaxo, 236-239, 239-240, 249
Parque Tecnológico da Pirâmide no Egito, 268-269
Partido Comunista Chinês, 270-271, 277-278, 480-481
Partovi, Ali e Hadi, 561n-562n
Pasteur, Louis, 157-158
patentes, 475-477
Patterson, Arthur, 157-162. *Ver também* Accel Capital
    abordagem com especialistas de, 158-161, 529n
    confidencialidade e capital de risco, 524n
    Efrusy e, 299-301, 551n-552n
    fundação da Accel, 157-159
    histórico, 157-159
    investimento na UUNET, 169, 170-171, 172-173
    investimento no Facebook, 306-308
    investimento no Google, 211-212
    investimentos em telecomunicações, 158-161
PayPal, 253-254
    aquisição do eBay, 248-251, 298, 349-350
    marketing viral, 541n
    Stripe e, 378-379, 381, 382-383
    X.com e Musk, 242-249, 257, 391-392
PCs (computadores pessoais), 104-116, 132-134
pecuária, 11-13, 14-15
Perella, Joseph, 216
Perelman, Ronald, 344
Perkins, Tom, 79-80, 87-94, 95-102, 316-317, 450-451
    estratégia de investimento, 79-80, 89-91, 93-94, 96-97, 157-158, 318-319
    fundação da Kleiner Perkins, 87-91
    investimento na Apple, 104-105, 105-106
    investimento na Genentech, 95-102, 102
    investimento na GO Corp., 150-152
    investimento na Tandem Computers, 91-94, 102
    riscos extremos, 91, 96-97, 98, 102, 157-158, 318-319
    Silicon Compilers e Ungermann-Bass, 134-135, 243-245
Perot, Ross, 538n
Pincus, Mark, 238-239, 255-256, 542n
Pinduoduo, 480-481
Pinterest, 357-358, 361-362
Pioneer, 265-266
Pishevar, Shervin, 421-422, 423-426, 438-439
Plaxo, 236-239, 249
Players Technology Summit, 361-362
política do governo, 471-481. *Ver também* política fiscal
política fiscal, 115-116, 474-476
    imposto sobre ganhos de capital, 103-104, 114-116, 158-159, 471-472, 520n
Pong, 77-79, 83, 512n
Portal Software, 211-212, 529n, 537n
"possibilidades adjacentes", 160-161

"preferência na liquidação", 430
Postmates, 361-362
Powell, Colin, 317-318
Powerset, 253-254
prêmio Howard Hughes, 11-12, 14-15
Prêmio Nobel, 30-31, 36-37, 87-88, 119-120
Price Waterhouse, 283
sociedades de responsabilidade limitada, 58-59, 606-465, 115-116, 474-476
princípio de Pareto. *Ver* regra 80/20
Procurando Sugar Man (documentário), 447-449
Prodigy, 167--168
Projeto Maven, 470-472
projetos impossíveis, 14-15, 232-526, 257, 457
propriedade intelectual (PI), 33-35, 165-166, 301-302, 476-478, 479
proxy caches, 226-227
Prudential Financial, Inc., 38

Q

Qiming, 268-271, 281-283, 477-478, 546n
Qualtrics, 555n
QuantumScape, 315-316
Quartermaster Corps, 42-43
questões de gênero, 319-326
Quist, George, 69-70
Qume, 126-127, 229-230, 250-251, 513n
 acordo com a Sutter Hill, 86-88, 123, 127-128, 128-129, 142-143, 222-223, 226-228, 347-348

R

Rachleff, Andrew, 196-198, 203-204, 207-209, 494n, 534n-536n
Radar Partners, 317-318
Rambler, 344
Ramsey Beirne, 204-205
Rand, Ayn, 80-81
Raytheon Technologies, 31-32, 471-472
Reagan, Ronald, 115-116
"reconhecimento de padrão", 369-370

Red Hat, 206-207
Reddit, 261-262
redes sociais. *Ver* redes
redes, 44, 103-105, 113-115, 119-122
"regra do homem prudente", 80-81, 114-115, 115-116, 158-159
regra 80/20, 18, 160-161, 251-253
regulamentação de emissões de carbono, 314, 454-455
relação preço-lucro, 65-66
Research in Motion, 395
revolta da juventude, 234-238, 325-326, 362-363
Reynolds, Ryan, 438-439
Rickey's Hyatt House, 87-89
Rieschel, Gary, 267-271, 281-283, 298, 546n, 547n
RingCentral, 397-398
riqueza mediana e lei de potência, 16-18
risco do homem selvagem, 78-79
riscos de mercado, 93-94, 186-187
riscos extremos, 91, 96-97, 98, 102, 111-112, 157-158, 318-319, 457
Roberts, Sheldon, 49-50, 73-74
Robertson, Julian, 19, 333, 336-337, 338, 339-340, 402-403
Robertson, Michael, 565n
Robertson, Sandy, 514n
Rock, Arthur, 606-76, 101-102, 251-252, 264, 450-453, 455-456, 465-466, 506n-509n
 Apple, 108-115, 275-276, 449-450
 Fairchild Semiconductor, 46-56, 71-75, 270-271
 histórico, 46-48
 Intel, 74-76, 285, 450-451
 investimento na SDS, 66-69
 Kapor e, 165-166
 modelo financeiro de, 57-58, 64-67, 69-70, 270-271, 455-456
 na Davis & Rock, 61-70, 455-456
 na Hayden, Stone, 46-49, 50-53, 61-62, 64-65, 270-271
 Tandem Computers, 92-93

"valor contábil intelectual", 65-66, 100-101, 465-466
Rockefeller, Laurance, 40-41
Rodgers, T. J., 526n-527n, 532n
Rodriguez, Sixto, 447-449, 452-453
ROLM Corporation, 128-129
Romer, Paul, 548n
Roosevelt, Franklin, 31-32
Ross, Steve, 86-87
RPX Corporation, 322-323

S
Sacks, David, 543n
Salesforce, 230-231, 361-362
Salganik, Matthew, 448-449, 449-450
Salomon Brothers, 80-82
San Francisco Ballet, 108-109
Sand Hill Road, 88-89, 183-184
Saxenian, AnnaLee, 118-121, 121-122, 264, 464-466
SBICs (Small Business Investment Companies), 58-61, 71, 80-81, 102, 471-472, 503n-506n
Schillage, Tanya, 368-369
Schmidt, Eric, 225-228, 250-251
Schoendorf, Joe, 531n
Schroeder, Bob, 513n
Schultz, Howard, 206-207
Schwartz, Mark, 275-277
Scientific Data Systems (SDS), 68-69, 508n-509n
Scott, Mike, 107-109, 112-114
Sears Tower, 84-85
Sears, 84-86, 102, 512n
"seasteading", 254-255
Seedcamp, 264-266
Seeq, 132-133, 133-134
Segunda Guerra Mundial, 32, 39-40, 42
Sematech, 118-119, 521n
SenseTime, 469-472, 477-478
Sentry Towers, 481-482
Sequoia Capital, 362-403, 561n
aliança Seeq-3Com, 132-133, 133-134
aplicação da ciência comportamental ao
capital de risco, 369-372
Apple, 105-107, 107-109, 113-115, 195-197
arrecadação de fundos, 80-82, 115-116, 470-471
Atari, 81-83, 84-87, 102
Botha e, 364-464, 369-372, 374-376
Cisco, 140-147, 160-161, 192-193, 196-197, 525n-526n
Company Design Program, 371-373
Facebook, 234-237, 249, 309-310
formação de equipes, 367-369
fórmula do sucesso, 363-366, 367, 372-378, 449-451
fundação, 79-82, 402-403
fundo Heritage, 383-384, 397-401
fundos de crescimento, 386-394, 413-414
fundos de multimercado, 395-398
Google, 217-218, 219-222, 229-230, 455-456
Kleiner Perkins comparada com, 362-364
negócios com a China, 270-271, 286-298, 383-384
negócios com a Índia, 383-387
Plaxo, 237-238
programa de caçadores de talentos, 371-372, 377-378, 562n
Stripe, 378-383
Uber, 419-420
Webvan, 216
WeWork, 413-415
WhatsApp, 375-376
X.com, 242-249
Yahoo, 183-188, 189-191, 195-197, 206-207, 210
Sequoia Capital Global Equities, 395-398
Sequoia China, 270-271, 286-298, 375-376, 383-384, 550n
Sequoia Índia, 383-387, 389-390
Série A, 85-86, 91-93, 171-172, 195, 228-230, 409, 417-418, 455-456
Série B, 92-94, 189-191, 192-193, 195, 409
Série C, 426-430, 432-433

Série D, 248, 426-427, 427-428
ServiceNow, 389-394
Severino, Paul, 139-140, 146, 528n
Shah, Kunal, 384-387
Shao, Bo, 548n
Shaw, George Bernard, 13-14
Shen, Neil, 269-271, 285-290, 330-331, 372-373, 375-376
  Ctrip, 285-287, 292-293, 341-342
  histórico, 269-271
  Meituan, 292-298
Shleifer, Scott, 333-346
  Sina, Sohu e NetEase, 334-338
Shockley Semiconductor Laboratory, 34-38, 464-849, 58-59
  os Oito Traidores e, 30-32, 34-35, 39-40, 42-43, 46-49, 72, 87-88, 507n
Shockley, William, 30-31, 34-38, 46-48, 87-88
Shopify, 396-398
Shriram, Ram, 213-214, 216-218, 218-219, 220-222, 239-240, 538n
Siara Systems, 20-21, 21-22
Sidecar, 426-427
Sidgmore, John, 173-175, 204-205
Silicon Compilers, 133-135
Silicon Compilers e Ungermann-Bass, 133-135, 523n
Silicon Graphics, 177, 178-179
Silver Lake Partners, 346-347, 356-358
Simon Personal Communicator, 33-34
Sina, 271-272, 280-281, 334-338
Singh, Shailendra, 383-387
Singleton, Henry, 72-74
SixDegrees.com, 33-34
Skype, 476-477
  aquisição do eBay, 230-231, 356, 551n
  investimento da Accel Capital, 230-231, 301-303, 341-343
  investimento da Andreessen Horowitz, 356-358
  Silver Lake e, 356-358
Slack, 555n
Slim, Carlos, 406-407

Small Business Investment Companies (SBICs), 58-61, 71, 80-81, 102, 471-472, 503n-506n
Smith, Hank, 108-110, 113-114
Snowflake, 393-394
Snow-Job, 89-90
sociedades quotistas, 58-59, 606-465, 115-116, 474-476, 506n-507n
SoftBank, 188-195, 207-208, 398-399
  Alibaba, 275-278
  Uber, 440-442
  Webvan, 216
  WeWork, 412-416, 440-444
  Yahoo, 189-195
Sohu, 271-272, 280-281, 334-338
Son, Masayoshi, 188-195, 207-208, 534n
  blitzscaling e, 462-464
  histórico, 188, 534n
  investimento na Uber, 440-442
  investimento na WeWork, 412-416, 440-444
  investimento no Alibaba, 275-278, 449-450, 547n-548n
  investimento no Yahoo, 189-195, 212-213, 331-332, 414-415, 534n
  "mais loucas, mais rápidas, maiores", 414-415, 444, 459-460
  Rieschel e, 267-268, 547n
  Vision Fund, 189-190, 412-414, 568n
Sony, 118-119
Soros, George, 239-240, 254-256, 339-340, 544n
SPAC (empresa de aquisição de propósito específico), 444-445
SpaceX, 23-24, 257-259, 481-482
SPARC (Arquitetura de Processadores Escaláveis), 133-134
Spectrum Equity, 534n
Sperling, Scott, 155-157
Spotify, 346-347, 476-477
"spread", 401
Sputnik, 58-59
Square, 374
Squarzini, Joe, 170-173

SRI International, 526n
Standard and Poor's 500 (S&P 500), 19-21, 39-40, 40-41, 84-85, 101-102, 357-358, 358-359, 397-398, 402-403
Stanford Business School, 15-16, 198-199, 364-365
Stanford Law School, 239-240, 250-251
Stanford Review, 239-240
Starbucks, 198-199, 206-207, 327-329
Stephens, Trae, 481-482
Stephenson, Tom, 524n
Stevens, Cat, 447
Stevens, Mark, 361-362
Stewart, Martha, 217-218, 223-224
Stripe, 378-383, 396-397, 450-451, 463-464, 562n
Stross, Randall, 202, 534n
Sullivan & Cromwell, 271-272
Summit Partners, 388-394, 534n
Sun Microsystems, 15-16, 69-70, 133-134, 151-152, 211-212, 225, 317-318
Sun, Ed, 547n
Sun, Glen, 292-294
Supercell, 555n
"superestrada da informação", 163-165, 165-166, 173-174
Sutter Hill Ventures, 71, 86-88, 104-105, 120-122, 123, 127-128
acordo com a Qume, 86-88, 123, 127-128, 128-129, 142-143, 222-223, 226-228, 347-348
Swanson, Bob, 93-101, 516n
Swartz, Jim, 157-162. *Ver também* Accel Capital
abordagem com especialistas, 158-161, 529n
crise das pontocom, 222-224
Efrusy e, 299-302
fundação da Accel, 157-159
histórico, 157-159
investimento no Facebook, 325-326
investimentos em telecomunicações, 158-161

T
T. Rowe Price, 346-347, 412-413, 416
Tan, Lip-Bu, 547n
Tandem Computers, 91-94, 96-97, 101-102, 120-121, 316-317
"tartã de Don Valentine", 367
taxas de juros, 60-61, 402-403, 445
Taxi Magic, 418-419
TCV (Technology Crossover Ventures), 563n
Tech Model Railroad Club, 32-33
Techstars, 264-266
tecnologia limpa, 12-16, 330-331, 454-455, 570n
investimentos da Kleiner Perkins, 12-14, 314-319, 324-326, 330-331, 553n
Teledyne Corporation, 68-69, 72-74, 74-75, 77-78
tempestade de transmissão, 137-139
Tenable, 555n
Tencent, 269-270, 280-281, 294-296, 345-346, 470-471, 480-481, 549n
teoria moderna de portfólio, 57-58, 64-66
Terman, Fred, 30-31
tese de aleatoriedade, 448-450
tese que refuta a habilidade, 449-453
Tesla, 23-24, 257, 361-362
Texas Instruments, 54-55
Thefacebook. *Ver* Facebook
Theranos, 404-408
Thiel, Peter, 238-259
Facebook e, 238-239, 239-240, 249, 250-252
Founders Fund, 250-259, 348-349, 354-355, 426-427, 481-482, 544n, 545n
investimento no Stripe, 450-451, 562n
lei de potência e, 19, 20-21, 251-252, 252-254, 265-266, 331-332
Musk e, 246-248, 253-254, 257-259
oposição à mentoria dos investidores de risco, 251-254, 348-349
PayPal, 238-239, 242-246, 248-252, 253-254, 257, 542n
3Com, 125-134, 141-142, 169, 465-466

Tickle, 302-303
Tiger Global, 333-346, 402-403
   Baidu, 556n
   Ctrip, 341-343, 550n
   DST, 330-332, 344, 557n
   Facebook, 327-333, 345-346, 557n
   fundo Private Investment Partners, 340-343
   modelo híbrido de fundo de multimercado/capital de risco, 339-343, 358-359, 389-390, 450-451
   SenseTime, 469-470
   Sina, Sohu e NetEase, 334-338
Tiger Management, 333, 336-337, 402-403
TikTok, 298, 463-464
Tilbury, Charlotte, 396-397
Time (revista), 23-24, 33-34, 183-184, 404-405
Tokopedia, 386-387
Torvalds, Linus, 33-34
Toshiba, 118-119
Toys "R" Us, 84-85
TPG Capital, 426-427, 428-429
transações de câmbio, 239-241
Treybig, Jimmy, 89-94, 108-109, 127-128
Trump, Donald, 480-481, 481-482
Tsai, Joe, 271-273, 274-276, 279-281
Tung, Hans, 270-271
23andMe, 374, 457
Twilio, 397-398
Twitter, 23-24, 253-254, 357-358, 367, 459-460, 556n
TX-0 (computador), 32-33, 42-43
Tyson, Mike, 413-414

U

Uber, 416-442
   ataque de Gurley e renúncia de Kalanick, 436-440
   blitzscaling, 425-428, 431-432, 433-434, 459-460, 462
   crítica de Gurley, 430-433, 444
   cultura tóxica, 428-429, 434-436
   Didi-Kuaidi, 431-432, 432-433, 433-434, 567n-568n
   Founders Fund e, 253-254, 544n
   Greyball, 434-436, 439-440, 568n
   investimento da Andreessen Horowitz, 420-423, 450-451
   investimento da Benchmark Capital, 209, 416-424, 426-442, 442-443, 453-454, 537n, 566n-567n, 568n
   investimento da Menlo Ventures, 421-422, 423-426, 438-439
   investimento de Son, 440-442
   IPO, 442-444
   na China, 431-433, 433-434
UberX, 425-427
Ungermann-Bass, 133-135, 140-141, 158-159, 244-245, 523n
Ungermann, Ralph, 133-135
União Soviética, 58-59, 346-347
unicórnios, 25-27, 346-347, 354-355, 362-363, 363-364, 442-443, 492
   crítica de Gurley, 430-433, 444, 566n-567n
WeWork, 407-408, 409, 412-414
Union Street Railway, 38
Unity, 369-370, 374
Universidade Carnegie Mellon, 15-16, 496n, 529n
Universidade Columbia, 269-270
Universidade da Califórnia, São Francisco (UCSF), 94-95, 96-97
Universidade da Virgínia, 259-260
Universidade de Chicago, 67-68
Universidade de Illinois, 33-34, 175-177, 241, 285
Universidade de Nanjing, 282-283
Universidade Tsinghua, 286-287, 291
Universidade do Estado da Califórnia, Chico State, 135-137
Universidade Duquesne, 307-308
Universidade Fordham, 79-80, 81-82
Universidade Harvard, 31-32, 81-82, 157-158, 270-271, 324-325
   palestra de Graham, 258-260

Universidade McGill, 33-34
Universidade Nacional de Tecnologia de Defesa da China, 470-471
Universidade Rockefeller, 88-89
Universidade Stanford, 12-13, 30-31, 31-32, 120-121, 137-139, 239-240, 398-399, 405-406
Universidade Yale, 183-184, 270-271, 271-272, 398-399
Urban Decay, 144-145
Usenet, 530n
UUNET, 162-176, 180-181, 212-213, 217-218, 342-343, 529n

V
Vacuum Foods, 39-40
Vale do Silício, 361-363, 466-467
  concorrentes *versus*, 117-121
  história das origens, 30-35
  tese de Saxenian sobre, 118-121, 464-466
Valentine, Donald, 79-87, 101-102, 121-122
  aposentadoria, 195, 363-364
  arrecadação de fundos, 80-82, 115-116, 470-471
  Botha e, 365-366
  Capital Group, 511n, 513n
  financiamento em estágios, 79-80, 86-87, 102
  fundação da Sequoia, 79-82
  histórico, 79-81
  Horowitz comparado com, 354-355
  investimento na Apple, 105-110, 113-115, 120-121, 195-197, 516n, 519n-520n
  investimento na Atari, 81-83, 84-87, 102, 120-121, 452-453, 512n-513n
  investimento na Cisco, 140-147, 160-161, 192-193, 452-453, 528n
  investimento no Facebook, 234-236
  investimento no Yahoo, 195
"valor contábil intelectual", 65-66, 100-101, 465-466
"valor contábil", 65-66. *Ver também* "valor contábil intelectual"
Vassallo, Trae, 322-323, 324-325

Veit, Stan, 104-106, 110
venda de volatilidade, 494n
"vendido" (short), 339-340
Venrock, 69-70, 92-93, 108-110, 111-112, 113-115, 275-276
via Comercial, 59-60
via Industrial, 59-60
Viaweb, 230-232, 260-261, 261-263
vício em telas, 26-27
Vida (filme), 438-439
"viés de confirmação", 370-371
Vivendi, 193-194
VKontakte, 328-330, 344

W
Waite, Charles P., 46-47
Walker's Wagon Wheel, 73-74, 120-121, 132-133, 524n
Wall Street Journal, 271-272, 354-355, 404-405
Walmart, 23-24
Wang, Jeff, 396-398
Wang Laboratories, 509n
Wang Xing, 291-298
Warner Communications, 86-87, 102
Washington Post, 220-221, 480-481
Washington Post Company, 227-228, 309-312
WEB, 245
Webvan, 216, 222-223
Weinreich, Andrew, 33-34
Welch, Jack, 433-434
Wellfleet Communications, 139-140, 146
West, Donda, 282-283
West, Kanye, 282-283
WestBridge Capital, 383-384
Western Association of Venture Capitalists, 41-42, 69-70, 500n
WeWork, 407-416, 441-444, 564n-565n
  direitos de supervoto, 410, 412-413, 427-428, 441-443, 444
  investimento da Benchmark Capital, 209, 407-416, 420-421, 441-443, 564n

investimento de Son, 412-416, 440-444
investimento do JPMorgan Chase, 409-410
problemas de governança e corrupção, 409, 410-412, 427-428
processo de IPO, 442-444
Wharton School, 196-197, 293-294, 344, 347-348
WhatsApp, 363-364, 367-369, 375-376, 463-464
Whitman, Meg, 203-206
Whitney, John Hay, 394-41, 44, 498n
Wikipédia, 378-379
Wilson Sonsini Goodrich & Rosati, 392-393
Wirehog, 235-236, 236-237, 249, 262-263, 305, 311-312
Wolfe, Josh, 455-457
Wolfe, Tom, 71-72, 75-76, 76
Wolff, Stephen S., 530n
World Wide Web, 32-34
Wozniak, Steve, 104-108, 108-109, 113-114, 125-126
Wu, John, 279-281

X

X.com, 242-249
Xangai, 267-269, 277-278
Xi Jinping, 361-363, 471-472
Xiaomi, 269-270, 457
Xoom, 365-366, 374
Xu, Kathy, 282-285, 287-288, 294-296, 334-335

Y

Y Combinator, 19, 260-266, 359, 376-377, 379-380, 450-451, 495n
Yahoo, 182-197
aquisição da Viaweb, 230-231
Draper e, 183-184, 185-186, 406-407
Google e, 219-220
investimento da Sequoia Capital, 183-188, 189-191, 195-197, 206-207, 210, 248, 537n
investimento de Son, 189-195, 212-213, 331-332, 413-414, 414-415, 534n-545n
IPO, 190-191, 191-192, 534n, 535n
vendas e marketing, 186-188, 533n
Yahoo Japan, 193-194
Yale Law School, 271-272
Yandex, 344
Yang, Jerry, 183-195. *Ver também* Yahoo
Google e, 219-220
Moritz e Sequoia Capital, 183-188, 190-191, 191-193, 219-220, 349-350, 374
Son e, 189-195
Younger, Bill, 120-122
YouTube, 21-22, 23-24
investimento da Sequoia Capital, 365-367, 369-371, 374
Yozma Group, 473
Yu, Gideon, 327-329

Z

Zenefits, 406-408
Zhang Fan, 286-290
Zhang Tao, 293-294, 295-296
Zhang Ying, 273-275
Zilog, 523n
Zimride, 425-426
Zingale, Tony, 374
Zoom, 393-394, 397-398
Zuckerberg, Mark. *Ver também* Facebook
Accel e Efrusy, 235-236, 307-313, 316-317
evento de Stanford, 262-263
Milner e, 328-332
Parker e, 236-239, 305, 307-308, 308-313
pegadinha do pijama na Sequoia, 234-237, 249, 309-310, 543n
"ser rápido e quebrar as coisas", 459-460
Wang comparado com, 292-293
Zynga, 345-347, 357-358, 542n, 558n

- intrinseca.com.br
- @intrinseca
- editoraintrinseca
- @intrinseca
- @editoraintrinseca
- editoraintrinseca

1ª edição	junho de 2022
impressão	geográfica
papel de miolo	polen 70g/m²
papel de capa	cartão supremo alta alvura 250g/m²
tipografia	register